Floride

2022/23

Cofondateurs : Philippe GLOAGUEN et Michel DUVAL

Directeur de collection et auteur
Philippe GLOAGUEN

Secrétaire général
Gavin's CLEMENTE-RUIZ

Rédacteurs en chef
Amanda KERAVEL (France)
Benoît LUCCHINI (Étranger)

Directrice administrative
Bénédicte GLOAGUEN

Conseiller à la rédaction
Pierre JOSSE

Responsable voyages
Carole BORDES

Direction éditoriale
Élise ERNEST

Rédaction
Isabelle AL SUBAIHI
Emmanuelle BAUQUIS
Mathilde de BOISGROLLIER
Thierry BROUARD
Marie BURIN des ROZIERS
Diane CAPRON
Véronique de CHARDON
Laura CHARLIER
Florence CHARMETANT
Fiona DEBRABANDER
Anne-Caroline DUMAS
Éléonore FRIESS
Géraldine LEMAUF-BEAUVOIS
Olivier PAGE
Alain PALLIER
Anne POINSOT
André PONCELET

hachette

TABLE DES MATIÈRES

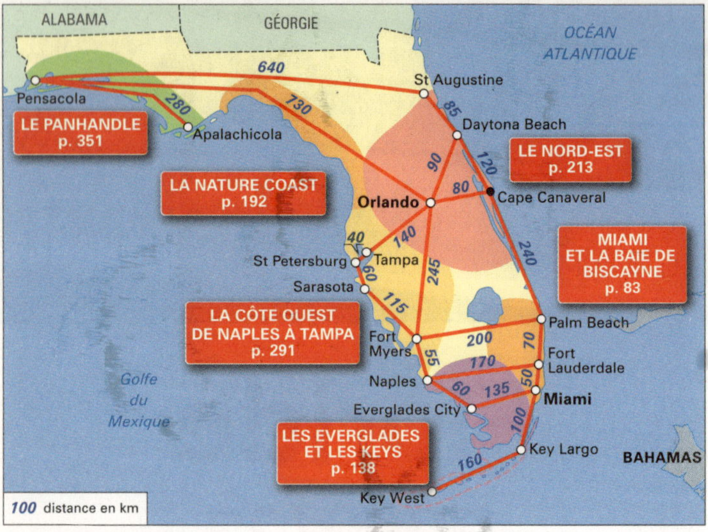

PRÉAMBULE

COMMENT Y ALLER ? 36

FLORIDE UTILE 44

CHICAGO
CITY 1203 Mi
CANCUN
FORT LAUDERDALE
RY TORTUGAS 70 MI.
MIAMI 132
HONOLULU 4788 MI
FRANCISCO 2550 mi
HABANA 105 MI
NASSAU 281 MI
NEW ORLEANS 630 MI
TAMPA 239 MI

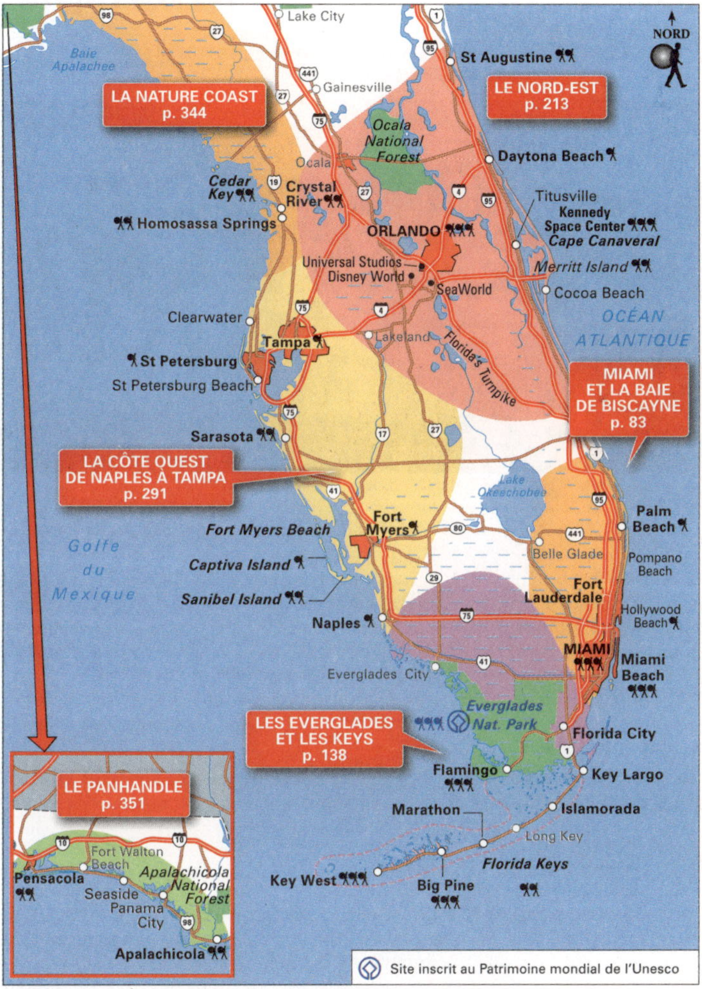
NORD
Lake City
St Augustine
Baie Apalachee
LA NATURE COAST p. 344
Gainesville
LE NORD-EST p. 213
Ocala National Forest
Ocala
Daytona Beach
Cedar Key
Crystal River
Titusville
Kennedy Space Center
Cape Canaveral
Homosassa Springs
ORLANDO
Universal Studios
Disney World
SeaWorld
Merritt Island
Cocoa Beach
Clearwater
OCÉAN ATLANTIQUE
Tampa
Lakeland
Florida's Turnpike
St Petersburg
St Petersburg Beach
MIAMI ET LA BAIE DE BISCAYNE p. 83
Sarasota
LA CÔTE QUEST DE NAPLES À TAMPA p. 291
Lake Okeechobee
Palm Beach
Fort Myers Beach
Fort Myers
Belle Glade
Pompano Beach
Golfe du Mexique
Captiva Island
Sanibel Island
Fort Lauderdale
Hollywood Beach
Naples
MIAMI
Miami Beach
Everglades City
Everglades Nat. Park
LES EVERGLADES ET LES KEYS p. 138
Florida City
Flamingo
Key Largo
LE PANHANDLE p. 351
Marathon
Islamorada
Long Key
Fort Walton Beach
Florida Keys
Pensacola
Apalachicola National Forest
Seaside
Panama City
Key West
Big Pine
Apalachicola
Site inscrit au Patrimoine mondial de l'Unesco

LA FLORIDE

LA RÉDACTION DU ROUTARD

(sans oublier nos 50 enquêteurs, aussi sur le terrain)

© R. Delalande et E. Dessons

Jean-Sébastien, Olivier, Mathilde, Thierry, Alain, Gavin's, Éléonore, Anne-Caroline, André, Laura, Florence, Véronique, Isabelle, Géraldine, Fiona, Amanda, Benoît, Emmanuelle, Bénédicte, Philippe, Carole, Diane, Anne, Marie.

La saga du *Routard* : en 1971, 2 étudiants, Philippe et Michel, avaient une furieuse envie de découvrir le monde. De retour du Népal germe l'idée d'un guide différent qui regrouperait tuyaux malins et itinéraires sympa, destiné aux jeunes fauchés en quête de liberté. 1973. Après 19 refus d'éditeurs et la faillite de leur 1re maison d'édition, l'aventure commence vraiment avec Hachette. Aujourd'hui, le *Routard*, c'est plus d'une cinquantaine d'enquêteurs impliqués et sincères. Ils parcourent le monde toute l'année dans l'anonymat et s'acharnent à restituer leurs coups de cœur avec passion.

Merci à tous les Routards qui partagent nos convictions : liberté et indépendance d'esprit ; découverte et partage ; sincérité, tolérance et respect des autres.

NOS SPÉCIALISTES FLORIDE

Anne-Caroline Dumas : à 14 ans, 1er *Routard* en poche, elle file à Londres sur les traces de David Bowie. Et rejoint la rédaction de son guide favori après une fac d'anglais et d'histoire de l'art. Arpenteuse des villes comme des grands espaces, fan d'architecture et incorrigible gourmande, elle ne part jamais sur le terrain sans cette petite montée d'adrénaline qui fait aussi le piment du voyage.

Laura Charlier : bercée par des récits de voyages depuis l'enfance, cette Marseillaise curieuse et observatrice aime les périples en sac à dos et les sentiers peu empruntés. Accompagnée de son appareil photo, elle immortalise ses rencontres et se nourrit des histoires qu'elle capte en chemin. Après avoir étudié les langues étrangères, elle a rejoint l'équipe du *Routard* pour partager ses trouvailles.

Claude Hervé-Bazin : passionné d'îles perdues et de nature très sauvage, il décline le voyage et l'écrit depuis l'âge de 17 ans. Un métier ? Non, une pulsion qui pousse à additionner les heures de vol, les *road trips* et les formules de politesse (dans toutes les langues) pour vérifier si l'herbe est plus verte ailleurs, si les couettes sont plus douillettes et les hommes plus heureux.

Nicolas George : après 12 ans comme journaliste à la radio, il ajoute l'image au son et se consacre à l'information internationale et culturelle sur TV5MONDE. 2 passions qui l'ont mené aux 4 coins du monde pour dénicher les meilleurs spots de street art, les derniers lieux alternatifs ou les nouveaux QG de noctambules. Son credo : voyager pour transmettre, sans perdre sa curiosité et son âme d'enfant.

Pictogrammes du Routard

Établissements

- Hôtel, auberge, chambre d'hôtes
- Camping
- Restaurant
- Terrasse
- Pizzeria
- Boulangerie, sandwicherie
- Pâtisserie
- Glacier
- Café, salon de thé
- Café, bar
- Bar musical
- Club, boîte de nuit
- Salle de spectacle
- Boutique, magasin, marché

Infos pratiques

- Office de tourisme
- Poste
- Accès Internet
- Hôpital, urgences
- Adapté aux personnes handicapées

Sites

- Présente un intérêt touristique
- Point de vue
- Plage
- Spot de surf
- Site de plongée
- Recommandé pour les enfants
- Inscrit au Patrimoine mondial de l'Unesco
- Pas de côté

Transports

- Aéroport
- Gare ferroviaire
- Gare routière, arrêt de bus
- Station de métro
- Station de tramway
- Parking
- Taxi
- Taxi collectif
- Bateau
- Bateau fluvial
- Piste cyclable, parcours à vélo

« OSONS LE PAS DE CÔTÉ »

Le surtourisme ? Tous concernés. Et pourtant, à l'écart des grands flux touristiques, il existe plein de pépites méconnues, souvent oubliées des circuits trop encombrés. Ici un site ignoré ; là un quartier secret ; plus loin un village caché au charme discret, avec un troquet d'une autre époque. Il existe une infinité de lieux peinards que l'on a envie de mettre en avant avec ce pictogramme. Un vagabondage enfin calme favorisé aussi par les **visites aux heures creuses**. Vive le *slow trip* !

#osonslepasdecote

UNE PANDÉMIE INOUÏE !

Depuis toujours, ***Le Routard* se plaît à dénicher hôteliers et restaurateurs** qui accueillent nos lecteurs avec sourire et professionnalisme. Malgré toute notre vigilance, certains d'entre eux auront fermé quand ce livre sortira. De même, les horaires et modalités d'accueil de certains sites et musées auront été momentanément modifiés. Cette terrible **pandémie de coronavirus** a, on le sait, des conséquences importantes pour tous les professionnels du tourisme. **Nous sommes de tout cœur avec eux !**

Le *Routard* est imprimé sur un papier issu de forêts gérées.

I.S.B.N. 978-2-01-787134-7

« Là où le soleil passe l'hiver. »

Dicton local

Couverte de marécages, infestée de moustiques, de serpents et d'alligators, la Floride n'a guère tenté les 1ers colonisateurs. Ponce de León y aurait cherché la fontaine de Jouvence, dit-on... Mais il n'y avait là que beaucoup d'eaux saumâtres. Parenthèse refermée, il fallut attendre le XIXe s pour que débarquent du Nord les 1ers aventuriers en quête de bonne fortune. Les plus riches d'entre eux, dans l'opulence de leur pouvoir quasi absolu, virent loin, virent grand : cette terre de misère serait leur **eldorado** grâce à son unique ressource (gratuite) : le soleil ! Et voilà, grâce au chemin de fer, le « Sunshine State » sur les rails du tourisme, gavé de capitaux et orné de villes nouvelles gagnées sur les marais asséchés. Exit les *gators,* bonjour les canaux et les villas de rêve.

Un siècle plus tard, la Floride est l'héritière de cette folie et de cette démesure. Les parenthèses enchantées des **stations balnéaires huppées** et tape-à-l'œil y côtoient **de beaux pans de nature préservée** (Everglades aux 1res loges). **Porte d'entrée naturelle à l'Amérique latine et aux Caraïbes, Miami** (encore un peu *Vice* à ses heures) est à ce titre une ville hors du commun, prélude à l'Amérique de demain, sans doute : 70 % de la population y parle l'espagnol avant l'anglais.

Et les visiteurs dans tout ça ? Ils affluent plus que jamais chaque hiver, tels des oiseaux migrateurs délaissant les frimas nordiques pour le **climat subtropical.** Pour les occuper, la Floride additionne les golfs (1 300 recensés !), les **plages** de sable (parfois incroyablement) blanc (1 070 km !) et les **chapelets d'îles** littorales paradisiaques, voguant sur les eaux tièdes... Tout au bout de la route, tout au bout de la croisière, l'emblématique **Key West,** aux maisons en bois centenaires et aux jardins foisonnant de végétation, rissole sous le soleil. Exactement.

Retraite assumée, la Floride reste toutefois une destination **familiale,** alignant tout ce que l'Amérique a su inventer de fun, surtout du côté d'**Orlando** – avec 4 parcs **Disney** et 2 parcs **Universal.** Toboggans, grands huit délirants, manèges innovants, la région s'est faite une religion du toujours plus haut, toujours plus grand, toujours plus vite. Et pour couronner l'odyssée, **Cape Canaveral,** porte d'entrée sur la fabuleuse histoire de l'**aventure spatiale.**

Islamorada

© Bibikow Walter/Hemis.fr

NOS COUPS DE CŒUR

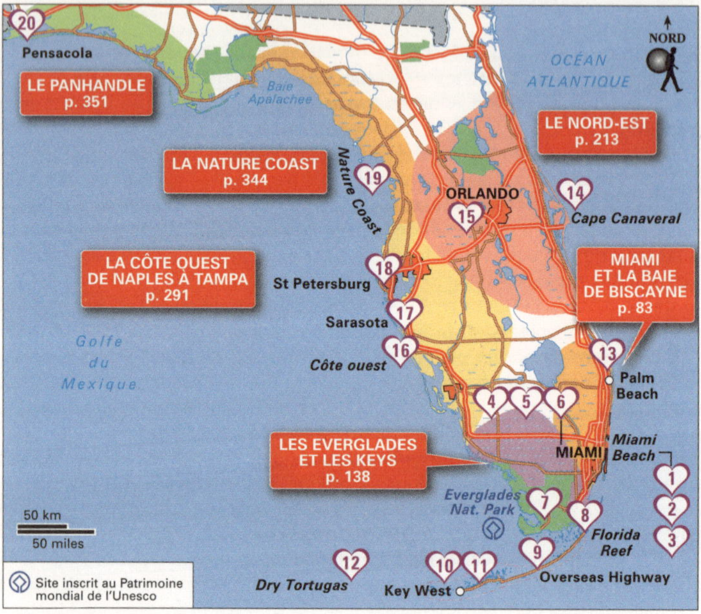

(1) Découvrir Miami sous un autre jour et admirer les façades couleur pastel des immeubles Art déco de South Beach.

Miami Beach, c'est la carte postale de Miami : une station balnéaire construite au début des années 1930 pour un tourisme haut de gamme, le long d'une immense plage s'étirant à l'infini vers le nord. Sa grande richesse : une architecture Art déco unique au monde, combinant éléments géométriques et motifs floraux spécifiques à la Floride. Plus de 960 édifices de ce style ont été recensés ! *p. 122*
***Bon à savoir :** des visites guidées de l'Art Deco District sont proposées par des architectes ou historiens de la* Miami Design Preservation League • *mdpl.org* •

2 **Flâner le long de la plage de Miami Beach, si emblématique avec ses célèbres postes de secours en bois, colorés et rétro.**

Le regard embrasse l'océan d'un côté et de l'autre l'arrière des hôtels de luxe, avec piscines de rêve et jardins tropicaux luxuriants. Une chouette balade consiste à arpenter la *beachwalk*, la promenade (tantôt en brique, tantôt en bois) qui longe la plage sur des kilomètres depuis la pointe sud de South Beach jusqu'au grand hôtel-resort *Fontainebleau*. *p. 117*

3 Faire la fête jusqu'à pas d'heure à Miami Beach, notamment sur Ocean Drive.

Déambuler le soir venu au milieu des limousines fait partie des clichés floridiens ! Les enseignes lumineuses des façades Art déco étincellent de mille accents rétro dans une ambiance bling-bling ancrée dans le XXIe s. Plusieurs options pour de folles nuits miamiesques : siroter un cocktail sur un *rooftop* au coucher du soleil, se prendre pour une star au bar d'un hôtel design ou danser jusqu'au bout de la nuit, enivré de musique pulsée par un DJ de renommée mondiale. *p. 118, 119*

Bon à savoir : *les parties communes des grands hôtels design de Miami Beach sont souvent accessibles, même sans y résider. N'hésitez pas à y entrer pour vous faire une petite idée du luxe démesuré qui y règne !*

4 Passer de l'autre côté du mur à Wynwood, ancien pôle industriel de Miami devenu le quartier du street art.

Entrepôts et usines désaffectées ont été investis par les galeristes et les artistes, qui en ont fait un véritable musée à ciel ouvert. La marque de fabrique de Wynwood, ce sont ses *murals* (murs peints), à découvrir le nez en l'air, en profitant aussi des bonnes petites adresses de bars et restos à l'image d'une Miami *arty*, innovatrice et tournée vers l'avenir. *p. 126*

Bon à savoir : *dans la foulée, faites un tour dans le Miami Design District, à quelques blocs au nord, un autre* hot spot *urbain dédié au design, à l'architecture contemporaine et au shopping haut de gamme.*

5 **Sauter à bord du métro aérien *(Metromover)* pour admirer la diversité urbaine de Miami Downtown, entre gratte-ciel, architecture Art déco et mer turquoise.**

Un moyen de transport gratuit pour un point de vue en hauteur, original et amusant, de ce Downtown en perpétuelle évolution. Les passionnés d'art contemporain en profiteront pour visiter le Pérez Art Museum, avec sa façade végétalisée qui fait face à la baie de Biscayne. *p. 123*

***Bon à savoir :** on conseille de le prendre plutôt en journée le week-end, car Downtown est alors plus calme, désertée par les employés des bureaux.*

© Rudy Sulgan/Age fotostock

6 **À Coconut Grove (Miami), visiter la fastueuse villa Vizcaya, rêve d'un milliardaire amoureux de la vieille Europe.**

Elle fut construite en 1914, dans un style Renaissance italienne, par un riche industriel passionné d'art. Malgré son « jeune âge », on a l'impression d'entrer dans une maison vieille de plus de 4 siècles ! Quant au parc, il rappelle celui de la villa d'Este, avec ses fontaines, bosquets et statues. Flâner ensuite dans le quartier résidentiel et verdoyant de ***Coral Gables,*** aux larges avenues bordées de villas luxueuses cachées sous les banians, piquer une tête dans la ***Venetian Pool,*** une étonnante piscine datant des années 1920, creusée dans une ancienne carrière ! Et terminer la journée par un cocktail au bar de celle du dément et historique ***Biltmore Hotel.*** *p. 131*

7 **Filer vers l'ouest pour une journée dans les hautes herbes des Everglades à traquer (sans mal) les alligators et les myriades d'échassiers qui peuplent les marais.**

Couvrant tout le sud de la Floride, le parc national des Everglades (classé réserve de biosphère par la communauté internationale et Patrimoine mondial par l'Unesco) est un immense marécage subtropical, où la flore et la faune règnent encore en maîtres, notamment les alligators. Randos (à pied, à vélo ou en canoë), sorties en mer pour aller voir les dauphins, tour en *air boat*... Souvenirs inoubliables assurés ! Mais gare à ne pas se faire croquer par un croco... *p. 142*

8 **Plonger sur le Florida Reef, la 3e plus grande barrière de corail au monde.**

Les Keys abritent un véritable paradis sous-marin, avec près de 500 épaves qui émaillent la barrière de corail. Certains gros navires ont été coulés volontairement au large des côtes pour créer des récifs artificiels, un must pour les plongeurs de bon niveau. Mais même avec un simple masque et un tuba, les amateurs de snorkelling auront des myriades de poissons colorés à observer, parfois aussi des conques et des langoustes ! *p. 189*

Bon à savoir : nombreuses activités sous-marines, dont un festival de musique sous-marin tous les ans à Big Pine Key (mi-juillet).

© M. Timothy O'Keefe/Alamy/Hemis

9 **Rouler sur l'Overseas Highway, l'autoroute au-dessus de la mer, en faisant route vers Key West au soleil couchant...**

Situés à l'extrême sud des États-Unis, les Keys forment un archipel d'îlots coralliens, que l'on parcourt en voiture sur une route panoramique étonnante conduisant de Key Largo à Key West, sur 175 km et 42 ponts ! Le plus long survole sur 11 km le bleu profond du golfe du Mexique. Impressionnant ! *p. 169*

***Bon à savoir :** compter 3h de route entre Miami et Key West, le point le plus au sud des États-Unis.*

10 Humer l'ambiance caraïbe de Key West et faire la tournée des vieux rades de marins hantés par Hemingway.

Avec ses charmantes maisons victoriennes en bois noyées dans des jardins tropicaux (les constructions neuves sont interdites !), la légendaire Key West entretient le souvenir d'Hemingway dans un climat chaud toute l'année. Il faut y flâner 2-3 jours au moins, se balader à vélo et prendre du bon temps le soir, dans les vieux bars historiques (et touristiques...) où la *live music* pulse toute la journée et jusque tard dans la nuit en pleine saison. *p. 169, 180*

***Bon à savoir :** la vie à Key West est très chère, surtout le week-end et en période de pointe, de Noël à Pâques.*

11 Se rejouer *Le Vieil Homme et la Mer* au large de Key West lors d'une sortie de pêche en mer.

Une expérience sportive inoubliable, d'autant que les eaux des Keys abritent les poissons les plus recherchés lors des compétitions de pêche : tarpon, daurade coryphène, *bonefish,* sans parler des grosses pointures comme le marlin... Si les formules en bateau privé sont absolument hors de prix, celles en bateau collectif *(party boats)* sont bien plus abordables. Dans la plupart des cas, c'est du *catch & release* : une fois les mensurations relevées et la photo prise, on relâche la bestiole ! *p. 188*

12 Sauter dans un hydravion ou un bateau et rejoindre les Dry Tortugas, un archipel de rêve baigné par des eaux turquoise.

Ce petit chapelet d'îlots paradisiaques, situé à une centaine de kilomètres à l'ouest de Key West et dominé par l'énorme fort Jefferson (pénitencier perdu au milieu de la mer), est classé parc national. On peut même planter la tente en surface, face à une superbe plage de sable blanc, avant de glisser sous le miroir pour une séance de snorkelling. *p. 190*

Bon à savoir : *1er arrivé, 1er servi (une dizaine d'emplacements seulement, à bon entendeur) !*

13 À Palm Beach, découvrir les riches collections du Norton Museum of Art et lécher les luxueuses vitrines de Worth Avenue.

Rouvert après un lifting récent de 100 millions de dollars, l'incontournable Norton est le plus grand musée d'art de Floride : art européen du XVe au XXe s, œuvres chinoises, peintures américaines... Visite incontournable ! On déambule ensuite sur Worth Avenue, la rue des milliardaires, entre boutiques de grand luxe et galeries d'art prestigieuses. Eh oui, ces Picasso et ces Fernand Léger en vitrine sont bien des originaux à vendre ! Offrez-vous une brève plongée dans cet univers-là au bar du *Breakers*, l'hôtel emblématique de l'opulence de Palm Beach. *p. 211*

Bon à savoir : *entrée au Norton gratuite les vendredi et samedi.*

14 Assister, les yeux écarquillés, au lancement d'une fusée à Cape Canaveral, après avoir visité le formidable et légendaire Kennedy Space Center.

Bien plus qu'un musée, Cape Canaveral est un vaste complexe où la NASA poursuit inlassablement ses recherches spatiales. Depuis ses pas de tir, elle fait décoller une vingtaine d'engins par an : à ne pas manquer si vous êtes dans le coin ! Mais après 2 mn passées dans le simulateur du Kennedy Space Center, on se dit que, finalement, le plancher des vaches a du bon ! *p. 266*

Bon à savoir : dates de lancement disponibles sur • kennedyspacecenter.com •

15 Retrouver son âme d'enfant dans les parcs d'attractions d'Orlando. Avec un peu de temps et pas mal d'argent (!), on peut s'offrir une overdose de sensations dans les décors les plus fous. Une compétition débridée est engagée entre Disney World et Universal Studios pour vous propulser toujours plus haut, toujours plus fort, toujours plus loin, et vous en mettre plein les mirettes ! Embarquez dans un taxi-brousse pour un safari à Animal Kingdom chez Disney, grimpez à bord du *Poudlard Express* et baladez-vous dans le Chemin de Traverse à Universal Studios. Et avalez sans compter des kilomètres de montagnes russes ! *p. 229*
Bon à savoir : *prévoir au moins 3 jours rien que pour les parcs Disney ; 2 j. de plus avec Universal.*

© Moirenc Camille/hemis.fr

16 **Étaler sa serviette sur les plages de sable blanc de la côte ouest.**
Quand on dit blanc, c'est blanc. Un blanc de gypse et d'albâtre, souvent poudreux et farineux, qui s'envole par endroits à chaque pas. Telle est la côte ouest de la Floride et telles sont les merveilleuses plages de Siesta Key, Longboat Key, Lido Key et celles des îles de Caladesi et Anna Maria – notamment. Le sable de Sanibel est un peu plus grossier, un peu moins éclatant, mais on y fait les plus belles récoltes de coquillages qui soient. Les habitués y vont même de nuit, à la lampe frontale, pour être les 1ers servis ! *p. 309, 322, 343*

17 S'asseoir au pied du *David* de Michel-Ange et admirer le palais à l'italienne de Ringling à Sarasota.

Qui aurait cru que le cirque pouvait enrichir un homme à ce point ? Roi de la piste dans les années 1900 à 1920, John Ringling s'est fait bâtir à Sarasota un palais rose à colonnades de style Renaissance et une résidence vénitienne en bord de mer, où il a accumulé les chefs-d'œuvre de l'art européen. Voilà l'occasion d'admirer 5 énormes Rubens, le 1er ascenseur privé du pays et l'ancien lustre en cristal du 1er *Waldorf Astoria* de New York ! *p. 321*

© Jon Arnold Images/hemis.fr

18 **Plonger dans l'univers surréaliste du Dalí Museum à St Petersburg.** On ne s'attend vraiment pas à le trouver ici. Et pourtant. Enfant chéri d'un couple de riches industriels tombés amoureux de l'œuvre déjantée du roi des surréalistes, le Dalí Museum de St Petersburg expose certaines des plus grandes toiles du maître catalan, dans un vaste édifice moderniste conçu à l'image de son œuvre novatrice – dont sa *Découverte de l'Amérique par Christophe Colomb*. C'est la plus importante collection privée au monde de Dalí. *p. 341*

Bon à savoir : *n'oubliez pas de demander l'audioguide en français !*

19 **Nager avec les lamantins de la Nature Coast.**
Ils avaient presque disparu des radars dans les années 1970-1980, victimes des collisions avec les bateaux à moteur et le surdéveloppement des côtes. Miracle : grâce à une intelligente politique de protection, les lamantins, ces grosses « vaches des mers », ont fait un *comeback* remarqué. L'hiver, on peut parfois en voir des dizaines se regrouper dans les sources aux eaux tièdes de la Nature Coast, du côté de Crystal River et d'Homosassa Springs. Mieux encore : les approcher en kayak ou carrément masque sur le nez. Inoubliable… *p. 346, 347*
Bon à savoir : *c'est lorsque le thermomètre chute sous les 10 °C en journée et frôle le gel la nuit que les lamantins se regroupent en plus grand nombre (décembre-février).*

20 Découvrir les immenses plages désertes du Panhandle, sur la côte nord-ouest, parmi les plus sauvages de Floride.

Pour découvrir la Floride la plus méconnue, direction le nord-ouest. Le coin est réputé pour les somptueuses plages de ses très longues îles-barrières, dont le sable, composé presque entièrement de quartz, est blanc comme neige ! L'idéal est de longer la côte depuis Tallahassee jusqu'à Pensacola, où vous ne manquerez pas la visite du National Naval Aviation Museum s'il a rouvert. Une collection d'avions et autres machines volantes qui retrace l'histoire grandeur nature de l'aviation navale américaine ! *p. 365*

ITINÉRAIRES CONSEILLÉS

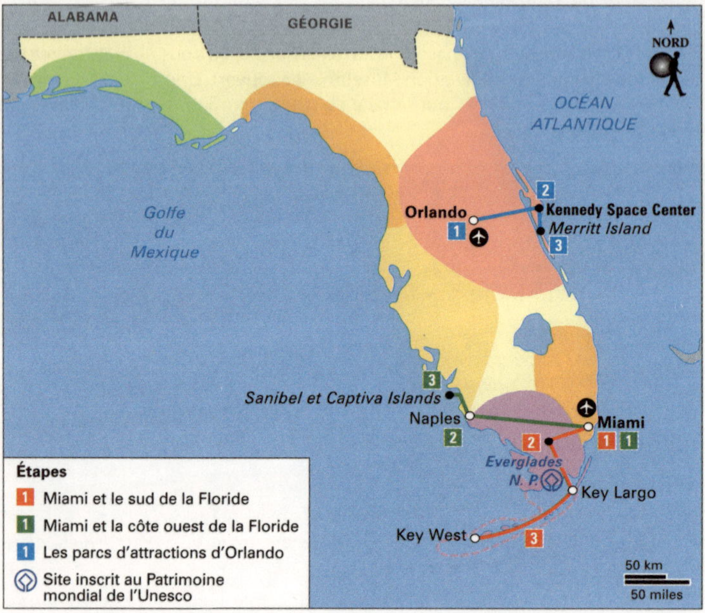

Comme partout aux États-Unis, les distances sont longues. Une semaine, honnêtement, c'est trop court, vous resterez sur votre faim, à moins bien sûr de vous concentrer sur une région spécifique. Une dizaine de jours, c'est le minimum pour avoir un aperçu de la Floride, l'idéal étant au moins 15 jours.

En une semaine

Plusieurs combinaisons envisageables, avec le moins de route possible entre les étapes, pour optimiser le temps sur place.

Miami et le sud de la Floride

Miami (**1** ; 3 j.) la cosmopolite, sa plage, son architecture Art déco et ses quartiers *arty* ; nature et faune sauvage dans les **Everglades** (**2** ; 1 j.) ; atmosphère tropicale et activités nautiques à **Key West** et dans les **Keys** (**3** ; 3 j.) puis retour à Miami.

Miami et la côte ouest de la Floride

Miami (**1** ; 3 j.) puis cap sur le **golfe du Mexique à Naples** (**2** ; 1 j.), pour sa somptueuse baie et, pour terminer en beauté, les belles îles de **Sanibel** et **Captiva** (**3** ; 2 j.).

Les parcs d'attractions d'Orlando

5 jours intensifs à **Orlando (1)** la capitale mondiale des parcs de loisirs, 1 journée au **Kennedy Space Center (2)** et la dernière à explorer la réserve sauvage de **Merritt Island (3)** et sa splendide plage, histoire de renouer avec la nature et le monde réel !

En 10-13 jours

Là encore, plusieurs circuits thématiques.

Floride mythique

Orlando (**1** ; 3 j.), puis la **côte ouest de St Petersburg à Naples** (**2** ; 3 j.), **Miami** (**3** ; 2 j.), **les Everglades** (**4** ; 1 j.), **Key West** et les **Keys** (**5** ; 3 j.). Vol retour par Miami.

Floride nature

Au départ de **Miami** (**1** ; 1 j.), un petit tour aux jardins botaniques de Coconut Grove avant de mettre le cap sur les **Everglades** (**2** ; 1 j.), immense étendue de prairie humide, de lacs, de cours d'eau et d'îles, où vivent des centaines de milliers d'alligators et 350 espèces d'oiseaux. Enchaînez avec les **Keys** (**3** ; 2 j.) et la barrière corallienne du **Florida Reef,** où abondent poissons et tortues. On remonte ensuite toute la côte ouest (côté golfe du Mexique), avec étape à **Sanibel Island** (**4** ; 1 j.), puis **Sarasota** (**5** ; 2 j.) pour ses kilomètres de plages de sable blanc et l'exubérance tropicale du **Myakka River State Park** tout proche. De là, extension possible jusqu'à l'extrémité ouest du Panhandle, la portion de littoral la plus sauvage de Floride, via la **Nature Coast** (**6** ; 2 j.) pour y observer les lamantins, les plages de sable blanc et fin de **St George Island** (**7** ; 1 j.), puis celles du superbe **Gulf Islands National Seashore** (**8** ; 1 j.), aux portes de la ville historique de **Pensacola** (**9** ; 1 j.).

Floride en famille

Orlando (**1** ; 5 j.), **Cape Canaveral** (**2** ; 1 j.), **Miami** (**3** ; 3 j.), les **Everglades** (**4** ; 1 j.) et la dernière journée à **Key Largo (5)** pour goûter aux joies du snorkelling et observer coraux et poissons multicolores.

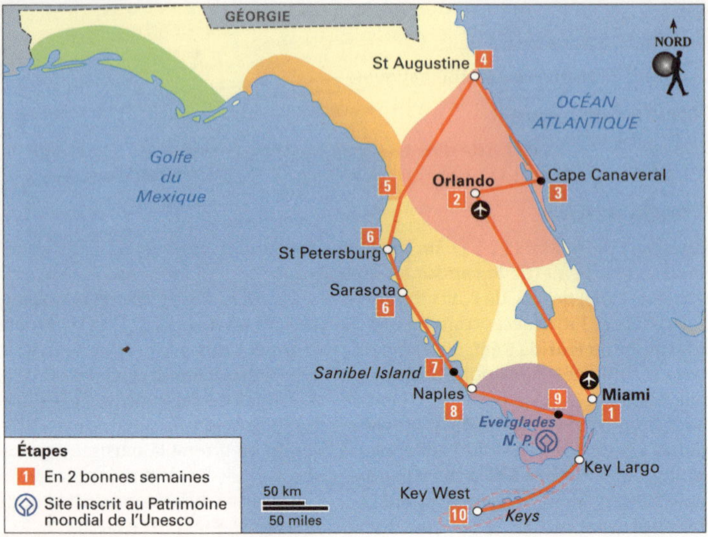

En 2 bonnes semaines

La totale ! **Miami** (**1** ; 2 j.), **Orlando** (**2** ; 3 j. ; mix de parcs d'attractions et de musées), **Cape Canaveral** (**3** ; 1 j.), **St Augustine** (**4** ; 1 j.), **Crystal River** (**5** ; 1 j.), **St Petersburg, Sarasota** (**6** ; 2 j.), **Sanibel Island** (**7** ; 2 j.), **Naples** (**8** ; 1 j.), les **Everglades** (**9** ; 1 j.), **Key West** et les **Keys** (**10** ; 3 j.).

Flagler College à St Augustine

© Allen Creative/Steve Allen/Alamy/Hemis

À NE PAS RATER SI VOUS ÊTES...

En amoureux : Miami et les Keys ! À **Miami,** offrez-vous au moins un cocktail dans un sublime hôtel design de l'**Art Deco District,** puis louez une décapotable pour descendre dans les Keys. Un peu osé mais rien de choquant, allez jeter un œil au **musée de l'Érotisme.** Là, sortez le vélo, pour flirter dans les rues de **Key West** bordées de maisons victoriennes en bois donnant sur de petits jardins tropicaux. Programmez quelques **activités nautiques** : sortie en mer au coucher du soleil, *snorkelling, paddle*... Et le soir, faites la tournée des **bars historiques** avant de regagner votre ***guesthouse* de charme.** Si vous êtes en fonds, cassez le petit cochon et envolez-vous en hydravion vers les **îlots déserts des Dry Tortugas.**

Avec des enfants et des ados, prêts à s'éclater : cap au nord ! C'est dans les gigantesques et turbulents **parcs à thème d'Orlando** que se concentrent toutes les attractions. Une compétition débridée est engagée entre **Disney World et Universal Studios** pour vous propulser toujours plus haut, toujours plus fort, toujours plus loin, et vous en mettre plein les mirettes ! Mais attention, pensez à mettre votre carte de paiement au frigo le soir en rentrant à l'hôtel, car ça va chauffer ! C'est également la région où l'on trouve les **parcs aquatiques** les plus délirants de la planète. En option complémentaire : **Busch Gardens,** à Tampa.

Branché art et culture : à Miami, l'incontournable **quartier Art déco,** le **Wolfsonian Museum** (design Art déco), **Wynwood et ses *murals*** et la **villa Vizcaya.** À Palm Beach, le **Norton Museum of Art. À Orlando,** le **musée d'Art** affiche un prix d'entrée largement moins élevé que chez la souris aux mains gantées. Sur la côte ouest, le **musée Dalí** de St Petersburg et le sublime palais néo-Renaissance du **Ringling Museum** de Sarasota.

Tendance nature : le plus grand jardin botanique des États-Unis est au sud de Miami. Mais qu'est-ce là, comparé aux **Everglades** qui débutent à 3 pas ? À découvrir à pied, en voiture, en barque, à vélo ou même en ***air boat*** (hydroglisseur), cette immense étendue de prairie humide, de lacs, de cours d'eau et d'îles occupe toute l'extrémité sud de la Floride. **Des centaines de milliers d'alligators** y côtoient 350 espèces d'oiseaux, parmi lesquelles d'innombrables échassiers venus hiverner. Côté baie de Floride, les naturalistes passionnés iront en quête du rare crocodile, qui vit aussi ici... Et ceux qui n'ont pas peur de se mouiller chausseront palmes, masque et tuba pour explorer la **barrière corallienne du Florida Reef,** où abondent poissons et tortues ; certains ont même parfois la chance d'y voir des lamantins – sinon, on les rencontre à coup sûr, l'hiver, dans les sources de la **Nature Coast,** au nord de Tampa. Le petit cerf des Keys se laisse facilement voir à **Big Pine Key** à l'aube et au couchant. Le **Cape Canaveral** possède aussi un grand parc naturel de toute beauté. Sans oublier les **îles du golfe du Mexique,** paradisiaques : si Sanibel est assez développée, d'autres, plus petites et vierges, s'amarrent au large du littoral, comme **Cayo Costa** et **Shell Key.** Et si vous voulez découvrir la Floride la plus *wild,* direction le **Panhandle,** au nord-ouest, réputé pour ses réserves naturelles, ses forêts de pins et ses îles-barrières constituées de longues plages de sable blanc. Très blanc.

Fresque dans Wynwood, Miami

Interview #experienceroutard

Par la rédaction du *Routard*

En quoi cette destination est-elle unique ?
La Floride est une destination épatante, où chacun est à même de trouver son compte : villes au patrimoine architectural affirmé, parcs d'attractions les plus délirants qu'on connaisse, musées d'art et de sciences, espaces naturels préservés... sans parler des plages. À moins de 7h de vol de l'Europe, le Sunshine State est une destination où l'on peut trouver du soleil et une mer agréablement tiède toute l'année !

Une rencontre sensationnelle ?
Alors que nous étions en train de pique-niquer dans le grand parc naturel qui jouxte la base de la NASA à Cape Canaveral, voilà que nous ressentons une présence derrière nous. Tadam, un alligator ! Nous sortions tout juste des studios Universal, où une attraction mettant en scène un *gator* géant dans un film en 4D nous avait particulièrement impressionnés. Du virtuel, ce pays nous projetait tout à coup vers le réel le plus concret qui puisse exister !

Une activité à faire absolument ?
Amateurs de culture urbaine, il faut sans hésiter partir pour un safari-photo dans le quartier de Wynwood à Miami. On y mesure toute l'énergie créatrice de la Floride. Véritable musée à ciel ouvert, les plus grands noms du street art s'y expriment dans un festival de thèmes et de couleurs absolument unique ! Se balader à vélo à la découverte de toutes ces œuvres est un véritable ravissement pour l'œil. Et c'est gratuit !

Un souvenir de voyage mémorable ?
Nous nous sommes fait embarquer dans une drôle d'aventure à Orlando. L'attraction promettait de nous emmener au pôle Nord : soit à pied, soit en hélico. Comme la veille nous avions crapahuté non-stop (dur métier !), nous avons choisi sur le papier le moyen le plus rapide. C'était sans compter sur le fait que nous n'étions pas dans la vraie vie mais dans un parc d'attractions : il s'agissait en réalité d'une simulation de crash en hélico ! Total : 5 mn d'enfer pour débarquer au pôle Nord, aussi pâles que la banquise...

Une anecdote ?
En avril 1982, l'archipel des Keys a tenté une « sécession » très publicitaire pour s'opposer aux barrages routiers mis en place par le gouvernement fédéral dans sa lutte contre le trafic de drogue, qui décourageaient les touristes de venir. Arguant du fait que les îles étaient traitées comme une nation étrangère, le maire de Key West proclama l'indépendance du comté sous le nom de *Conch Republic* – une allusion au surnom des insulaires... Depuis, on célèbre la fête de l'indépendance chaque 23 avril !

LES QUESTIONS QU'ON SE POSE AVANT LE DÉPART

➢ Quels sont les papiers nécessaires ?

Passeport biométrique ou électronique valide (enfants compris), billet aller-retour ou de continuation et une ***autorisation de voyage ESTA*** à demander sur Internet (14 $), valable 2 ans. Visa nécessaire pour un séjour de plus de 3 mois.

En période de ***Covid,*** les conditions d'entrée aux États-Unis peuvent être adaptées pour limiter les déplacements des voyageurs et la circulation du virus. Pensez à vérifier sur • *fr.usembassy.gov/fr* • et • *interieur.gouv.fr* • la nature des mesures mises en place (tests, quarantaine, etc.).

➢ Quelle est la meilleure saison ?

La ***haute saison*** s'étend ***de décembre à avril,*** avec un pic en février-mars. Le climat est doux et sec, mais les prix sont alors très élevés. ***L'été est très chaud et humide,*** mais le soleil brille aussi généreusement et ***les tarifs des hôtels chutent presque de moitié*** ! Le nord-ouest de la Floride est à part, les meilleures périodes s'étendant d'avril-mai à octobre.

➢ Quel budget prévoir ?

Copieux, surtout concernant l'hébergement et les repas. Prévoir aussi un bon ***budget loisirs*** si vous programmez des ***activités nautiques*** et quelques ***parcs d'attractions*** : comptez minimum 100 $ par jour et par adulte dans les gros parcs comme Disney et Universal ; toute petite réduc enfants. Aux prix affichés, ***ajouter les taxes*** (entre 5 et 15 %) ***et le pourboire*** dans les restos (15-20 % !).

➢ Comment se déplacer ?

En ***voiture.*** Le carburant et les voitures de location sont bien meilleur marché que chez nous. Un ***GPS*** ou une bonne ***appli de navigation*** sur smartphone vous seront utiles. Prévoir aussi un budget pour les parkings en ville (et parfois à l'hôtel), ainsi que pour les péages sur les autoroutes.

➢ Y a-t-il des problèmes de sécurité ?

Certains quartiers de Miami sont à éviter une fois la nuit tombée. Mais il suffit de respecter quelques règles de bon sens, valables partout.

➢ Quel est le décalage horaire ?

6h de moins par rapport à l'heure française ; 7h pour la région de Pensacola. Quand il est 12h à Paris ou Bruxelles, il est 6h du matin à Miami.

➢ Quel est le temps de vol ?

Depuis Paris, compter environ ***9h30*** pour Miami à l'aller, 45 mn de moins au retour.

➢ Côté santé, quelles précautions prendre ?

Être à jour de ses ***vaccinations universelles.*** De nombreux médicaments sont délivrés sans ordonnance dans les drugstores-pharmacies.

➢ Peut-on y aller avec des enfants ?

Parcs d'attractions à gogo, ***plages*** immenses, ***activités nautiques, faune peu craintive...*** La Floride est une destination familiale par excellence, même s'il faut prévoir un budget important.

➢ Quel est le taux de change ? Comment payer sur place ?

1 $ = 0,83 € au printemps 2021. Le plus pratique est de ***payer avec une carte de paiement.*** Elles sont acceptées presque partout, même pour de petites sommes. Distributeurs automatiques de billets partout aussi.

➢ Quelle langue parle-t-on ?

L'***anglais,*** mais aussi beaucoup l'***espagnol*** à Miami et dans la région.

➢ Combien de jours faut-il prévoir sur place ?

Une semaine est le minimum, idéalement 2 ou 3.

➢ Peut-on vraiment voir des alligators en liberté ?

Bien sûr ! Des ***sentiers aménagés dans les Everglades*** permettent d'observer en toute sécurité de sacrées bestioles. Il n'est pas rare non plus d'apercevoir des ***dauphins,*** et des oiseaux par milliers, surtout en hiver.

COMMENT Y ALLER ?

LES COMPAGNIES AÉRIENNES

Compagnies régulières

▲ **AIR FRANCE**
Rens et résas au ☎ 09-69-39-36-54 (appel non surtaxé), sur • airfrance.fr •, en agences de voyages. Egalement à votre écoute 24h/24, 7j./7 sur Messenger, Facebook et Twitter.
➢ Air France dessert ***Miami*** avec 1 vol direct/j. au départ de Paris-Roissy-Charles-de-Gaulle. La compagnie dessert aussi, en partenariat avec Delta Airlines, de nombreuses destinations en Floride (avec correspondance), parmi lesquelles ***Orlando, Tampa, Key West, Fort Myers, Tallahassee, Palm Beach*** et ***Sarasota...***
Air France propose à tous des tarifs attractifs toute l'année. Pour consulter les meilleures offres du moment, allez directement sur la page « Nos meilleurs tarifs » sur *• airfrance.fr •* *Flying Blue,* le programme de fidélité gratuit d'Air France-KLM, permet de gagner des *miles* en voyageant sur les vols Air France, KLM, Transavia et les compagnies membres de *Skyteam,* mais aussi auprès des nombreux partenaires non aériens *Flying Blue...* Les *miles* peuvent ensuite être échangés contre des billets d'avion ou des services (surclassement, bagage supplémentaire, accès salon...) ainsi qu'auprès des partenaires. Pour en savoir plus, rendez-vous sur *• flyingblue.com •*

▲ **AMERICAN AIRLINES**
☎ 0821-980-999 (0,12 €/mn ; service en français lun-ven 8h-21h, sam-dim 9h-17h, en anglais 24h/24). • americanairlines.fr •
➢ American Airlines propose, au départ de Paris-CDG, 1 vol/j. pour ***Miami.***

▲ **DELTA AIRLINES**
☎ 0892-702-609 (0,35 €/mn ; lun-ven 10h15-13h, 14h-18h). • fr.delta.com •
➢ Delta dessert la Floride en partenariat avec Air France, avec 1 vol direct/j. Paris-***Miami,*** ainsi qu'une douzaine d'autres villes en Floride (dont ***Orlando, Fort Lauderdale, Key West, West Palm Beach*** et ***Tampa***) avec escale.

▲ **UNITED AIRLINES**
☎ 01-71-23-03-35. • united.com •
➢ Au départ de Paris-CDG, la compagnie et ses partenaires desservent tlj ***Miami, Orlando, Fort Lauderdale, Tampa, Jacksonville, West Palm Beach*** et d'autres villes en vols non directs.

LES ORGANISMES DE VOYAGES

En France

▲ **BACK ROADS**
– Paris : 14, pl. Denfert-Rochereau, 75014. ☎ 01-43-22-65-65. • backroads.fr • Ⓜ ou RER B : Denfert-Rochereau. Lun-ven 9h30-19h, sam 10h-18h.
L'équipe, entièrement composée de passionnés, sillonne depuis 1994 les routes américaines afin de vous faire partager son expérience. Du circuit au séjour en passant par la croisière, en autotour, train, ou camping-car, ils vous conseilleront le voyage qui sera le reflet de vos envies et de votre budget. Spécialiste de l'Amérique du Nord à la carte, Back Roads dispose d'hébergements dans les parcs nationaux ou à proximité. Du séjour en ranch aux expéditions en rafting, sans oublier différentes expériences uniques, profitez d'un grand choix d'activités et de services tout en bénéficiant d'une assistance francophone.

▲ CERCLE DES VOYAGES

– Paris : 4, rue Gomboust (angle 31, av. de l'Opéra), 75001. ☎ 01-40-15-15-05. • cercledesvacances.com • Ⓜ Pyramides ou Opéra. Lun-ven 9h-20h, sam 10h-18h30.

Le vrai voyage sur mesure, à destination des États-Unis (l'Est et New York, le Sud et la Floride, l'Ouest et la Californie) et du Canada (voyages d'hiver et d'été, d'est en ouest).

Cercle des Voyages propose un large choix de voyages adaptés à chaque client : séjours *city break,* randonnées et séjours ski, voyages au volant d'une voiture de location, croisières, circuits en petits groupes, combinés, voyages de noces... Les experts Cercle des Voyages partagent leurs conseils et leurs petits secrets pour faire de chaque voyage une expérience inoubliable. Cercle des Voyages offre également un service liste de mariage gratuit. Les petits plus qui font la différence : une excursion en motoneige ou en traîneau à chiens, une balade à cheval au petit matin dans le désert de l'Ouest, un survol du Grand Canyon en hélicoptère, ou encore un parc d'attractions avec un grand huit spectaculaire en Floride.

▲ COMPTOIR DES VOYAGES

• comptoir.fr • Lun-sam 9h30-18h30.
– Paris : 2-18, rue Saint-Victor, 75005. ☎ 01-53-10-30-15. Ⓜ Maubert-Mutualité.
– Bordeaux : 26, cours du Chapeau-Rouge, 33800. ☎ 05-35-54-31-40.
– Lille : 76, rue Nationale, 59160. ☎ 03-28-04-68-20. Ⓜ Rihour.
– Lyon : 10, quai Tilsitt, 69002. ☎ 04-72-44-13-40. Ⓜ Bellecour.
– Marseille : 12, rue Breteuil, 13001. ☎ 04-84-25-21-80. Ⓜ Estrangin.
– Nice : 62, rue Giofreddo, 06000. ☎ 04-97-03-64-80.
– Toulouse : 43, rue Peyrolières, 31000. ☎ 05-62-30-15-00. Ⓜ Esquirol.

En plus de 30 ans, Comptoir des Voyages s'est imposé comme la référence incontournable du voyage sur mesure en immersion, avec plus de 90 destinations sur les 5 continents. Ses conseillers-spécialistes construisent des voyages uniques en s'adaptant à votre budget, vos goûts et vos envies. Pour favoriser les rencontres et l'immersion dans la vie locale, ils privilégient des hébergements typiques et des expériences authentiques. Sur place, des *greeters* francophones partagent avec vous conseils et bonnes adresses le temps d'un café. Sur votre smartphone, l'application mobile *Luciole* vous informe sur le déroulé de votre voyage et vous guide grâce à un GPS hors connexion.

Comptoir des Voyages est membre d'Agir pour un tourisme responsable depuis 2009, labellisation ATR renouvelée par Écocert Environnement en 2019.

▲ ÉQUINOXIALES

☎ 01-77-48-81-00. • equinoxiales.fr •

Véritable voyagiste spécialiste du sur mesure depuis plus de 30 ans. Son équipe de conseillers commence par vous écouter et est là pour vous accompagner et concrétiser vos envies en voyage, adapté à votre personnalité et à vos passions. Les destinations fortes d'Équinoxiales : toutes les Amériques (Canada, États-Unis, Mexique, Amérique centrale, Amérique du Sud), l'Australie et la Nouvelle-Zélande, l'Afrique australe, mais aussi les Caraïbes grâce à leur partenariat avec Sandals, collection d'hôtels-*resorts* de luxe *all inclusive.* Du circuit accompagné au séjour à la carte, tous les types de voyages sont proposés sur chaque destination. Petit plus : la garantie assistance April offerte à tous les voyageurs.

▲ TERRE VOYAGES

– Paris : 28, bd de la Bastille, 75012. ☎ 01-44-32-12-81. • terre-voyages.com • Ⓜ Bastille. Lun-ven 8h-18h30, sam 10h-18h.

Les créateurs de voyages de Terre Voyages sont de fins connaisseurs, des experts des pays proposés, car tous natifs ou passionnés de leur destination. Ils sauront écouter vos attentes pour créer une offre de voyages sur mesure qui réponde à vos envies de découverte, et ils vous proposeront une approche authentique des cultures et des peuples dans le respect de leur environnement naturel et au juste prix. Seul, à 2 ou en famille, laissez-vous

séduire par le soleil de la Floride, les Everglades et les parcs à thème qui raviront petits et grands. Pour tous les voyageurs qui attendent d'une échappée lointaine plus qu'une simple visite mais, aussi, une véritable connaissance et un apprentissage responsable des différentes cultures des États-Unis, Terre Voyages est le spécialiste qu'il leur faut.

▲ TERRES LOINTAINES

• terres-lointaines.com • Lun-ven 9h-19h, sam 10h-18h.
– Paris : ☎ 01-75-60-63-50.
– Bordeaux : ☎ 05-33-09-09-10.
– Lyon : ☎ 04-65-07-02-70.
– Lille : ☎ 03-59-61-59-40.
– Nantes : ☎ 02-52-59-48-00.
– Marseille : ☎ 04-65-07-02-80.

Terres Lointaines affiche clairement son ambition : démocratiser le voyage sur mesure au prix le plus juste. Convaincu qu'un voyage réussi est un voyage qui dépasse les attentes du client, c'est en visant l'excellence que Terres Lointaines met le monde à votre portée, en individuel ou en petit groupe allant jusqu'à 12 personnes. Afrique, Amériques, Asie, Europe, Océanie... La palette de destinations proposée est vaste, avec des conseillers à l'écoute de vos envies. Grâce à leur expertise et à des partenaires locaux de confiance, Terres Lointaines crée des voyages de qualité pour vous offrir des découvertes exceptionnelles et de merveilleux souvenirs.

▲ USA CONSEIL

Devis et brochures sur demande, réception sur rdv, agence à Paris 16e. Rens : ☎ 01-45-46-51-75. • usaconseil.com • canadaconseil.com •

Spécialiste des voyages en Amérique du Nord, USA Conseil s'adresse particulièrement aux familles ainsi qu'à toutes les personnes désireuses de visiter et de découvrir les États-Unis et le Canada en maintenant un bon rapport qualité-prix. USA Conseil propose une gamme complète de prestations adaptées à chaque demande et en rapport avec le budget de chacun : vols, voitures, hôtels, motels, bungalows, circuits individuels et accompagnés, itinéraires adaptés aux familles, excursions, *motor homes,* motos, bureau d'assistance téléphonique francophone tout l'été avec n° Vert USA et Canada. Sur demande, devis gratuit et détaillé pour tout projet de voyage.

▲ USA EN LIBERTÉ

• usa-en-liberte.com •

Contactez USA en Liberté, une agence locale de confiance, pour organiser votre voyage sur mesure aux États-Unis. Les conseillers, fins connaisseurs du terrain et de la réalité du pays, vous accompagnent dans la préparation de votre voyage, en couple, en famille ou en groupe d'amis. Vous avez ainsi accès à un service personnalisé en bénéficiant d'un prix accessible. Membre de *bynativ,* la communauté des agences de voyages locales, USA en Liberté vous propose un maximum de garanties et de services : règlement de votre voyage en ligne, et ce de façon sécurisée, possibilité de souscrire une assurance de voyage et de bénéficier de garanties solides en cas d'imprévu.

▲ VOYAGEURS DU MONDE

• voyageursdumonde.fr •
*– **Voyageurs aux États-Unis, au Canada et aux Bahamas** (Alaska, Bahamas, Canada, Québec, Hawaii) : ☎ 01-42-86-17-30.*
– Paris : La Cité des Voyageurs, 55, rue Sainte-Anne, 75002. ☎ 01-42-86-16-00. Ⓜ Opéra ou Pyramides. Lun-sam 9h30-19h. Avec une librairie spécialisée sur les voyages.
– Également des agences à Bordeaux, Grenoble, Lille, Lyon, Marseille, Montpellier, Nantes, Nice, Rennes, Rouen, Strasbourg et Toulouse, ainsi qu'à Bruxelles et Genève.

Parce que chaque voyageur est différent, que chacun a ses rêves et ses idées pour les réaliser, Voyageurs du Monde conçoit, depuis plus de 30 ans, des projets sur mesure. Les séjours proposés sur 120 destinations sont élaborés par leurs 180 conseillers voyageurs. Spécialistes par pays et même par régions, ils vous aideront à personnaliser les voyages présentés à travers une trentaine de brochures d'un nouveau type et sur le site internet, où vous pourrez également découvrir les hébergements exclusifs et consulter

votre espace personnalisé. Au cours de votre séjour, vous bénéficiez des services personnalisés Voyageurs du Monde, dont la possibilité de modifier à tout moment votre voyage, l'assistance d'un concierge local, la mise en place de rencontres et de visites privées, et l'accès à votre carnet de voyage via une application iPhone et Android. Voyageurs du Monde est membre de l'association ATR (Agir pour un tourisme responsable) et a obtenu sa certification Tourisme responsable Afaq Afnor.

Voir aussi au sein de chaque ville les agences locales que nous avons sélectionnées.

Comment aller à Roissy et à Orly ?

Toutes les infos sur notre site • *routard.com* • à l'adresse suivante : • *bit.ly/aeroports-routard* •

En Belgique

▲ CONNECTIONS

☎ 070-233-313. • connections.be •

Fort d'une expérience de plus de 20 ans dans le domaine du voyage, Connections dispose d'un réseau de 32 *travel shops,* dont un à Brussels Airport. Connections propose des vols dans le monde entier à des tarifs avantageux et des voyages destinés à des personnes désireuses de découvrir la planète de façon autonome. Connections propose une gamme complète de produits : vols, hébergements, locations de voitures, autotours, vacances sportives, excursions...

▲ TAXISTOP

Pour ttes les adresses Taxistop : ☎ 070-222-292. • taxistop.be •

– Bruxelles : rue Thérésienne, 7a, 1000.
– Gand : Maria-Hendrikaplein, 65, 9000.
– Gembloux : rue Buisson-Saint-Guilbert, 1b, 5090.

Taxistop propose un système de covoiturage, ainsi que d'autres services, comme l'échange de maisons ou le gardiennage.

▲ VOYAGEURS DU MONDE

• voyageursdumonde.com •
– Bruxelles : chaussée de Charleroi, 23, 1060. ☎ 02-543-95-50.

Le spécialiste du voyage individuel sur mesure. Voir texte dans la partie « En France ».

En Suisse

▲ VOYAGEURS DU MONDE

• voyageursdumonde.com •
– Genève : 19, rue de la Rôtisserie, 1204. ☎ 022-514-12-10. Lun-ven 9h30-19h, sam 9h30-18h30.
– Lausanne : 6, rue du Bourg (2e étage), 1003. Lun-ven 9h-18h30, sam sur rdv seulement.

Voir texte dans la partie « En France ».

Au Québec

▲ TOURS CHANTECLERC

• tourschanteclerc.com •

Tours Chanteclerc est un tour-opérateur qui publie différentes brochures de voyages : Europe, Amérique du Nord, Amérique du Sud, Asie et Pacifique sud, Afrique et le Bassin méditerranéen en circuits ou en séjours. Il s'adresse aux voyageurs indépendants qui réservent un billet d'avion, un hébergement (dans toute l'Europe), des excursions ou une location de voitures. Également spécialiste de Paris, le tour-opérateur offre une vaste sélection d'hôtels et d'appartements dans la capitale française.

FLORIDE UTILE

ABC de la Floride

- ***Surnom :*** The Sunshine State.
- ***Superficie :*** 151 670 km².
- ***Population :*** près de 22 millions d'habitants en 2021 (330,5 millions dans tous les États-Unis).
- ***Densité :*** 145 hab./km² (moyenne des États-Unis : 34,3).
- ***Taux de chômage :*** 4,7 % en mars 2021 (États-Unis : 6 %).
- ***Capitale :*** Tallahassee.
- ***Villes principales :*** Miami, Jacksonville, Tampa-St Petersburg, Orlando, Hialeah, Fort Lauderdale, Tallahassee.
- ***Gouverneur :*** Ron DeSantis, Parti républicain ; élu fin 2018.

AVANT LE DÉPART

Adresses et infos utiles

En France

Office de tourisme des États-Unis *(c/o Visit USA Committee) :* *☎ 0899-702-470 (3 € l'appel + 0,34 €/mn ; non surtaxé depuis un mobile). • office-tourisme-usa.com • Fermé au public, mais rens sur le site internet et par tél.* Bureau d'information privé, donnant accès à de nombreuses infos sur la plupart des États, les conditions d'entrée aux États-Unis et l'ESTA (autorisation de voyage), ainsi que des dossiers thématiques...

Office de tourisme des Bahamas : *113-115, rue du Cherche-Midi, 75006 Paris. ☎ 01-45-26-62-62. • bahamas.fr • Ⓜ Falguière, Duroc ou Montparnasse-Bienvenüe. Rens par tél et sur Internet, ou sur place en ayant pris rdv.* Cet archipel de rêve est planté devant la Floride, à seulement 2h de bateau de Fort Lauderdale. Brochures et prospectus sur place.

Ambassade des États-Unis, section consulaire : *2, av. Gabriel, 75008 Paris. ☎ 01-43-12-22-22. Rens sur les formalités d'entrée dans le pays : • fr.usembassy.gov/fr •, puis cliquer sur « Visas ». Ⓜ Concorde.*

– ***Le visa n'est pas obligatoire pour les Français pour un séjour de moins de 90 jours,*** en revanche ***obligation d'obtenir une autorisation ESTA*** (voir « Formalités d'entrée » plus loin).

En Belgique

Ambassade des États-Unis : *bd du Régent, 27, Bruxelles 1000. ☎ 32-2-811-4000. • be.usembassy.gov •*

– ***Le visa n'est pas obligatoire pour les Belges pour un séjour de moins de 90 jours, mais ESTA nécessaire*** (voir « Formalités d'entrée »).

En Suisse

Ambassade des États-Unis : *19, Sulgeneckstrasse, 3007 Berne. ☎ 031-357-70-11. • ch.usembassy.gov •*

– ***Le visa n'est pas obligatoire pour les Suisses pour un séjour de moins de 90 jours, mais ESTA nécessaire*** (voir « Formalités d'entrée »).

Au Canada

■ ***Ambassade des États-Unis :*** *490, chemin Sussex, Ottawa (Ontario). ☎ 613-688-5335. • ca.usembassy.gov •*
■ ***Consulat général des États-Unis :*** *1134, rue Sainte-Catherine Ouest, Montréal (Québec). ☎ 514-398-9695. • ca.usembassy.gov •*

■ ***Consulat général des États-Unis :*** *2, rue de la Terrasse-Dufferin, Québec (Québec). ☎ 418-692-2095. • ca.usembassy.gov •*
– ***Le visa n'est pas obligatoire pour les Canadiens pour un séjour de moins de 180 jours*** (voir « Formalités d'entrée »).

Formalités d'entrée

En période de ***Covid,*** les conditions d'entrée aux États-Unis peuvent être adaptées pour limiter les déplacements des voyageurs et la circulation du virus. Pensez à vérifier sur *• fr.usembassy.gov/fr •* et *• interieur.gouv.fr •* la nature des mesures mises en place (tests, vaccin, quarantaine, etc.).

ATTENTION : les mesures de sécurité concernant les formalités d'entrée sur le sol américain ne cessent de se renforcer depuis le 11 septembre 2001. ***Avant d'entreprendre votre voyage, consultez impérativement le site de l'ambassade des États-Unis,*** très détaillé et constamment mis à jour, pour vous tenir au courant des toutes dernières mesures : *• fr.usembassy.gov/fr •*, rubrique « Visas ».
– ***Passeport biométrique ou électronique obligatoire.*** Les ***enfants*** de tous âges doivent impérativement posséder leur propre passeport, bébés inclus. S'ils ne sont pas accompagnés par un de leurs parents, les ***mineurs*** doivent être munis d'une ***autorisation de sortie du territoire (formalité rétablie en France depuis 2017).*** Formulaire téléchargeable (complété et signé par un des parents) à remettre au mineur voyageant seul, avec la photocopie de la pièce d'identité du parent signataire. *Rens : • service-public.fr •*
– Les voyageurs (enfants compris) doivent aussi être en possession d'une ***autorisation électronique de voyage ESTA,*** à demander obligatoirement en ligne et ***exclusivement sur le site internet officiel*** *(• https://esta.cbp.dhs.gov/esta •).* ***Coût : 14 $ pour une validité de 2 ans (sauf si le passeport expire avant). Méfiez-vous des sites commerciaux d'ESTA (sur lesquels on tombe malheureusement très facilement en « googlisant » le mot ESTA), qui sont, eux, beaucoup plus chers.*** La demande ESTA doit être faite au moins 72h avant le départ, le plus tôt étant le mieux. La réponse est généralement immédiate. En cas de mise en attente d'une demande, il faut aller consulter son dossier sur le site officiel (on ne reçoit rien par mail). Lors de la saisie en ligne, c'est le numéro officiel du passeport à 9 caractères qui doit être inscrit. Les femmes mariées doivent se faire enregistrer sous leur nom complet (nom de jeune fille et d'épouse).
– ***Attention, en cas de refus d'ESTA, aucun recours n'est possible.*** Il faut passer par une procédure d'obtention de visa, coûteuse et parfois longue. Ce refus est quasi automatique, entre autres, si vous avez visité un pays classé « à risque » par les autorités américaines (Afghanistan, Iran, Irak, Libye, Somalie, Soudan, Syrie, Yémen). Vérifiez avant !
– Obligation de présenter un ***billet d'avion aller-retour*** ou un billet attestant l'intention de quitter les États-Unis. Lors du passage de l'immigration, on prendra vos empreintes digitales et une photo.
– Le ***visa*** n'est pas nécessaire pour les ***Français*** qui se rendent aux États-Unis pour tourisme. Cependant, le séjour ne doit pas dépasser 90 jours et n'est pas prolongeable.

Attention : le visa reste indispensable pour les diplomates, les stagiaires, les jeunes filles/garçons au pair, les journalistes en mission, et ceux dont l'ESTA aura été refusée. La procédure nécessite un entretien personnel du demandeur à l'ambassade des États-Unis à Paris (avis aux provinciaux !).

– Les conditions d'admission pour les ***Belges*** et les ***Suisses*** sont similaires à celles des Français. Quant aux ***Canadiens,*** ils doivent être munis eux aussi d'un passeport valide.

– Si vous entrez ***aux États-Unis depuis le Mexique ou le Canada*** par voie terrestre, les conditions sont les mêmes – à ceci près qu'il n'est pas, pour l'heure, nécessaire de faire de demande ESTA et qu'une taxe de 6 $, payable en espèces, vous sera demandée.

– Hors épidémie de Covid-19, pas de ***vaccination*** obligatoire (lire la rubrique « Santé » plus loin).

– ***Pour conduire sur le sol américain : le permis de conduire national suffit.***

– ***Interdiction d'emporter des denrées périssables non stérilisées*** (charcuterie, fromage, biscuits...) ***et des végétaux*** (même une malheureuse pomme emportée pour le voyage... – mangez-la avant de débarquer). Seules les conserves sont tolérées, à condition de les déclarer à l'entrée : faites-le, au risque, sinon, d'une forte amende si vous êtes contrôlé. Les adultes de plus de 21 ans peuvent importer 1 l d'alcool par personne, en soute.

– Pensez à ***recharger vos appareils électriques*** (smartphones, tablettes, ordinateurs portables...) avant de prendre l'avion, car sur tous les vols allant ou passant par les États-Unis et Londres, les agents de contrôle sont susceptibles de vous demander de les allumer. Par précaution, gardez votre chargeur à portée de main. Si votre appareil est déchargé ou défectueux, il sera confisqué.

– ***Les bagages enregistrés en soute sont souvent inspectés*** par les services de sécurité (surtout s'il y a des liquides). Mieux vaut donc avoir une valise avec système de fermeture intégré et agréé *TSA,* ce qui permet à la *Transportation Security Administration* de les ouvrir sans les endommager, ou tout simplement un cadenas *TSA-approved*.

Pensez à ***scanner*** passeport, carte de paiement, billet d'avion et *vouchers* d'hôtel. Ensuite, adressez-les-vous par e-mail, en pièce jointe. En cas de perte ou de vol, rien de plus facile pour les récupérer. Les démarches administratives en seront bien plus rapides.

Assurances voyage

■ ***Routard Assurance par AVI International :*** *Le Colisée Gardens, 10, av. de l'Arche, CS 70126, 92419 Courbevoie Cedex.* ☎ *01-44-63-51-00.* • *avi-international.com* • Ⓜ *La Défense.* Enrichie au fil des années par les retours des lecteurs, Routard Assurance reste l'assurance voyage référence des globe-trotters. Tout y est inclus, même pendant la ***Covid*** : frais médicaux, assistance rapatriement, bagages, responsabilité civile... Avant votre départ, appelez AVI pour un conseil personnalisé. Besoin d'une ***attestation Covid,*** d'un avis médical, d'une prise en charge dans un hôpital ? Téléchargez l'appli mobile *AVI International* pour garder le contact avec AVI Assistance et disposer d'un vaste réseau médical à travers le monde. AVI Assistance est disponible 24h/24 pour une réponse en temps réel. De simples frais de santé en voyage ? Envoyez les factures à votre retour, AVI vous rembourse sous 1 semaine.

■ ***AVA Assurance Voyages et Assistance :*** *25, rue de Maubeuge, 75009 Paris.* ☎ *01-53-20-44-20.* • *ava.fr* • Ⓜ *Cadet.* Un autre courtier fiable pour ceux qui souhaitent s'assurer en cas de décès-invalidité-accident lors d'un voyage à l'étranger, mais surtout pour bénéficier d'une assistance rapatriement, perte de bagages et annulation. Attention, franchises pour leurs contrats d'assurance voyage.

■ ***Pixel Assur :*** *18, rue des Plantes, BP 35, 78601 Maisons-Laffitte.* ☎ *01-39-62-28-63.* ● *pixel-assur.com* ● *RER A : Maisons-Laffitte.* Assurance de matériel photo et vidéo tous risques (casse, vol, immersion) dans le monde entier. Devis en ligne basé sur le prix d'achat de votre matériel. Avantage : garantie à l'année.

ARGENT, BANQUES, CHANGE

La monnaie américaine

Au printemps 2021, le dollar ($) valait environ 0,83 €.

– ***Les pièces :*** 1 cent *(penny)*, 5 cents *(nickel)*, 10 cents (*dime*, plus petite que la pièce de 5 cents), 25 cents *(quarter)* et 1 dollar (moins courante que le billet équivalent). Avis aux numismates, les *quarters* font l'objet de séries spéciales.

– ***Les billets :*** sur chaque billet, le visage d'une figure politique : 1 $ (Washington), 5 $ (Lincoln), 10 $ (Hamilton, secrétaire du Trésor et non président), 20 $ (Andrew Jackson, qui devait être remplacé par l'abolitionniste et ancienne esclave Harriet Tubman, mais le projet est repoussé), 50 $ (Grant), 100 $ (Franklin).

Pour l'anecdote, ***en argot, un dollar se dit « a buck ».*** L'origine de ce mot remonte au temps des trappeurs, lorsqu'ils échangeaient leurs peaux de daims *(bucks)* contre des dollars. C'est en 1957 qu'apparut la mention obligatoire *In God we trust* (*Others pay cash,* ironisent certains commerçants).

UN BILLET PLUS VERT QUE VERT

Nul besoin de décimer des forêts pour fabriquer les dollars. Contrairement aux apparences, le célèbre billet vert n'est pas fabriqué à base de papier mais de tissu : 75 % de coton et 25 % de lin. Avant la Première Guerre mondiale, des fibres de soie entraient même dans sa composition. Et, depuis 1991, un fil de polyester le renforce.

Argent liquide et change

Avertissement

Si vous comptez effectuer des retraits d'argent aux distributeurs, il est très vivement conseillé d'***avertir votre banque avant votre départ*** (pays visités et dates). En effet, ***votre carte peut être bloquée dès le 1er retrait*** pour suspicion de fraude. Vous pouvez aussi leur demander de ***relever le plafond*** de retrait aux distributeurs et pour les paiements par carte, quitte à le faire rebaisser à votre retour. Utile surtout pour les cautions des locations de voitures.

Pour un retrait, utilisez de préférence les ***distributeurs attenants à une agence bancaire.*** En cas de pépin avec votre carte (carte avalée, erreur de code secret...), vous aurez un interlocuteur dans l'agence, pendant les heures ouvrables.

– Le plus simple est de ***régler ses achats par carte de paiement*** et de ***retirer sur place du liquide.*** On trouve des ***distributeurs automatiques de billets*** partout

(appelés *ATM* pour *Automated Teller Machine* ou *cash machine*), jusque dans certaines petites épiceries ! Cela dit, évitez de retirer de petites sommes à tout bout de champ, car une commission fixe (3-7 $) est prélevée à chaque transaction en plus de celle appliquée par votre banque.
– En dernier ressort, si vous devez quand même ***changer de l'argent,*** adressez-vous aux ***petits bureaux de change en ville.*** Évitez ceux des aéroports, qui appliquent une commission encore plus élevée et des taux carrément défavorables...

Les cartes de paiement

Aux États-Unis, on parle de « *plastic money* », ou « *plastic* » tout court. ***C'est le moyen le plus simple et a priori le plus économique de payer.*** Les paiements par carte sont acceptés quasi partout, souvent ***sans montant minimum*** (gardez juste en tête les commissions fixes de votre propre banque...). ***Gardez toujours votre passeport*** (*ID* en anglais, prononcer « aïdi ») sur vous, il est parfois demandé lors des achats. Les cartes les plus répandues sont la *MasterCard,* la *Visa* et, bien sûr, l'*American Express,* qui applique les commissions les plus faibles.
Afin d'éviter les frais lors de chaque paiement ou retrait en dehors de la zone euro, ***certaines banques offrent la gratuité des retraits*** dans leurs propres distributeurs *(DAB)* dans le monde entier (comme *HSBC*) ou dans les banques avec lesquelles elles ont un accord selon les pays (se renseigner avant le départ). Les banques en ligne comme *Revolut, N26,* ou *Boursorama* proposent des cartes gratuites qui ne facturent aucune commission pour les paiements et retraits.
Aux États-Unis, ***une carte de paiement est un outil indispensable, pour ne pas dire obligatoire,*** ne serait-ce que pour louer une voiture ou réserver une chambre d'hôtel. Même si vous avez tout réglé avant le départ par l'intermédiaire d'une agence, on prendra systématiquement l'empreinte de votre carte, au cas où vous auriez l'idée saugrenue de partir sans payer les prestations supplémentaires *(incidentals)* genre parking, petit déj, téléphone, minibar...
Dans certains drugstores ou supermarchés, dès que vous présenterez une carte de paiement, on vous demandera généralement : « ***debit or credit ?*** ». Si vous n'avez pas de compte aux États-Unis, la réponse est « *credit* ».
Les ***cartes à puce*** (« *chip cards* ») sont enfin entrées en vigueur aux États-Unis ; on compose donc le code pour chaque transaction au lieu de signer comme dans le temps. De plus en plus, les additions se font sur ***iPad,*** avec facture envoyée par e-mail sur demande (insistez si vous voulez un reçu imprimé).

En cas de perte ou de vol

Avant de partir, notez bien le ***numéro d'opposition propre à votre banque*** (il figure souvent au dos des tickets de retrait, sur votre contrat ou à côté des distributeurs de billets), ainsi que le numéro à 16 chiffres de votre carte. Bien entendu, conservez ces informations en lieu sûr et séparément de votre carte.

N'oubliez pas non plus de vérifier la date d'expiration de votre carte bancaire avant votre départ !

En cas de perte, de vol ou de fraude, quelle que soit la carte que vous possédez, chaque banque gère elle-même le processus d'opposition et le numéro de téléphone correspondant. Le plus simple est de faire opposition en ligne via le site de votre agence bancaire ou leur application mobile, ou en les appelant directement. Sinon, voici les numéros des centres d'assistance des différentes cartes.

– **Carte Visa :** *numéro d'urgence depuis les États-Unis, ☎ + 1-800-847-2911.* • *visa.fr* •
– **Carte MasterCard :** *numéro d'urgence depuis les États-Unis, ☎ + 1-800-307-7309.* • *mastercardfrance.com* •
– **Carte American Express :** *numéro d'urgence, ☎ (00-33) 1-47-77-72-00.* • *americanexpress.fr* •

– Il existe aussi un ***serveur interbancaire d'opposition*** qui, en cas de perte ou de vol, vous met en contact avec le centre d'opposition de votre banque : *depuis la France, ☎ 0892-705-705 (prix d'un appel + 0,35 €/mn) ; depuis l'étranger, ☎ + 33-442-605-303.*

Besoin urgent d'argent liquide

Vous pouvez être dépanné en quelques minutes grâce au système ***Western Union Money Transfer*** présent dans les supérettes *7-Eleven* et les bureaux de change *Forex.* L'argent vous est transféré en moins de 1h. La commission, assez élevée, est payée par l'expéditeur. Possibilité d'effectuer un transfert auprès d'un des bureaux *Western Union* ou, plus rapide, en ligne, 24h/24 par carte de paiement (*Visa* ou *MasterCard*).
Même principe avec d'autres organismes de transfert d'argent liquide comme ***MoneyGram, PayTop*** ou ***Azimo.*** Transfert en ligne sécurisé, en moins de 1h.
Dans tous les cas, ***se munir d'une pièce d'identité.*** Toutefois, en cas de perte/vol de papiers, certains organismes permettent de convenir d'une question/réponse-type pour pouvoir récupérer votre argent. Chacun de ces organismes possède aussi des applications disponibles sur téléphone portable. Consulter les sites internet pour connaître les pays concernés, les conditions tarifaires (frais, commission) et trouver le correspondant local le plus proche : • *westernunion.com* • *moneygram.fr* • *paytop.com* • *azimo.com/fr* •

ACHATS

ATTENTION : ***les prix affichés sont toujours hors taxes (ajouter 6 à 7,5 % selon le type d'achat et le comté).*** Certains achats restent intéressants aux États-Unis, même si le taux de change est moins favorable depuis quelques années. Voici donc quelques idées d'articles à rapporter dans vos bagages.
– ***Les maillots de bain, tenues de plage et lunettes de soleil :*** choix énorme et rapport qualité-prix bien meilleur que chez nous dans ce style bling-bling paillettes *so Florida.* L'avantage, c'est qu'ici on peut en acheter toute l'année ! Pensez aussi aux ***vêtements de surf et de skateboard.***
– Les ***jeans,*** bien sûr. Les ***Levi's*** coûtent bien moins cher qu'en France (jusqu'à moitié prix hors soldes), même si vous les achetez dans un *Levi's Store* officiel. On trouve encore ici des jeans *unwashed* (pas prélavés), en matière brute, bien plus résistants que les autres. Ils sont bon marché et rarement exportés.
– Le ***prêt-à-porter décontracté,*** particulièrement les T-shirts, sweats à capuche *(hoodies)* et baskets (on dit *sneakers*) notamment *New Balance, Converse* et compagnie. Voici quelques ***marques*** que l'on retrouve à peu près dans tous les *malls* : pour les jeunes, *Urban Outfitters* (*streetwear* branché tendance *hipster* rock) et *American Eagle Outfitters.* Plus classe mais coloré et dans un style un peu vintage : *J. Crew,* ainsi que sa déclinaison

HAMILTON FOR EVER

Les montres Hamilton sont mythiques aux États-Unis. Créée en 1892, la marque cessa, pendant la Seconde Guerre mondiale, la vente aux particuliers et ne fabriqua plus que pour les soldats. La légende était née. Depuis, elle apparaît au poignet de la majorité des acteurs américains, dans plus de 300 films. Le jour de son assassinat, Kennedy portait le modèle Linwood Viewmatic.

plus jeune mais pas moins chère, *Madewell.* Dans un style très américain tendance néo-Far West, *Lucky Brand.* Et aussi *Anthropologie,* dans le genre bohème chic (pour femmes seulement), avec de superbes boutiques au décor *arty.*
Les ***vêtements pour enfants*** sont également intéressants, à condition d'aimer les couleurs flashy.
- ***Les produits dérivés :*** vous noterez bien vite cette pratique typiquement américaine. Pas une auberge de jeunesse qui ne vende un T-shirt ou un mug à son effigie, pas un resto, un *coffee shop* ou un bar qui n'en fasse de même.
- Les ***chaussures et vêtements de sport et de loisirs*** (yoga et pilates, mais aussi *outdoor*).
- Les ***produits de beauté (cosmétiques, maquillage),*** genre *L'Oréal, Maybelline* ou *Neutrogena,* coûtent moitié moins cher qu'en France. On les trouve dans les drugstores type *Duane Reade, CVS, Rite Aid* ou *Walgreens.* Les grandes marques américaines comme *Clinique* ou *Kiehl's* sont également un peu plus intéressantes. Beaucoup de choix aussi dans les gammes ***bio et végane.***
- ***De la « bouffe » typiquement américaine :*** des friandises en tout genre (*M&M's* introuvables en France), des chewing-gums aux parfums insolites, des mélanges d'amandes et autres graines pour l'apéro, des sachets de *beef jerky* (snack de bœuf séché aromatisé très protéiné), des épices pour BBQ, pléthore de produits bio et encore plein d'idées à glaner dans les rayons des supermarchés.
- Les ***smartphones, appareils photo, ordinateurs...*** On ne conseille ce type d'achat que si vous êtes un spécialiste. De retour en France, en cas de problème, les garanties sont très difficiles à faire appliquer, autant le savoir. Si vous achetez un appareil électronique, assurez-vous qu'il peut fonctionner en France. Pour les ordis, là encore on déconseille : les claviers ne sont pas les mêmes. Aucun problème en revanche pour les ***iPhone*** et ***iPad.*** Mais méfiez-vous des boutiques des quartiers touristiques, en particulier dans le Downtown de Miami, car derrière l'affaire en or se cache souvent une arnaque en béton armé !

Acheter moins cher

Au moment des ***soldes*** *(sales),* notamment en janvier et l'été, les réductions peuvent atteindre des sommets. Le ***Black Friday,*** lendemain de Thanksgiving (4e vendredi de novembre), est aussi une journée de discounts particulièrement exceptionnels, les Américains en profitant pour faire leurs courses de Noël.
Les ***factory outlets*** sont d'énormes centres commerciaux situés généralement à la périphérie des villes, accessibles depuis les autoroutes. Très nombreux en Floride, ils regroupent les ***magasins d'usines de grandes marques*** de vêtements et chaussures : *Ralph Lauren, Timberland, Converse, Reebok, Nike, Gap, Levi's, Tommy Hilfiger, J. Crew, Brooks Brothers, OshKosh* (pour les petits), mais aussi des marques étrangères comme *Adidas* ou *Zara...* Les articles sont souvent écoulés toute l'année à des prix défiant toute concurrence (parfois jusqu'à 75 % de réduction en période de soldes !). Ils présentent parfois des défauts mineurs (mention *irregular* sur l'étiquette). ***Le plus grand « temple des soldes » de Floride***, le ***Sawgrass Mills Factory Outlet Mall,*** se trouve à Sunrise, à proximité de Fort Lauderdale. Sinon, la chaîne ***Premium*** quadrille aussi stratégiquement la Floride dans des complexes assourdis de musique, où les Américains passent volontiers l'après-midi en famille.

Les tailles américaines

Les tailles américaines, que ce soit pour les vêtements, les chaussures et même la lingerie, n'ont rien à voir avec nos références. Voici donc un petit ***tableau d'équivalences*** pour vous aider à vous y retrouver.

Femme

Pantalon/Jupe/Robe		
France	USA	
34	2	XS
36	4	S
38	6	
40	8	M
42	10	
43	11	
44	12	L
46	14	
48	16	XL

Chemisier/Top		
France	USA	
34	2	XS
36	4	S
38	6	M
40	8	L
42	10	XL
44	12	XXL
46	14	
48	16	

Chaussures

France	USA	France	USA
35	4	39	7,5
35,5	4,5	39,5	7,5
36	5	40	8
36,5	5,5	40,5	8,5
37	5,5	41	9
37,5	6	41,5	9,5
38	6,5	42	9,5
38,5	7		

Soutien-gorge

France	USA	France	USA
85A	32A	95B	36B
85B	32B	95C	36C
85C	32C	95D	36D
85D	32D	95E	36DD
90A	34A	95F	36E
90B	34B	100A	38A
90C	34C	100B	38B
90D	34D	100C	38C
90E	34DD	100D	38D
90F	34E	100E	38DD
95A	36A	100F	38E

Homme

Pantalon		
France	USA	
34	24	XS
36	26	
37	27	S
38	28	
40	30	M
42	32	
43	33	L
44	34	
46	36	XL
48	38	
49	39	XXL

Chemise		
France	USA	
36	26	XS
38	28	
40	30	S
42	32	
44	34	
46	36	M
48	38	
50	40	L
52	42	
54	44	XL
56	46	XXL

Chaussures	
France	USA
39	6
39,5	6,5
40	7
40,5	7,5
41	8
41,5	8,5
42	9
42,5	9
43	9,5
43,5	9,5
44	10
45	10,5
46	11
47	12
48	13

BUDGET

La Floride est l'un des États les plus chers des États-Unis. C'est la Côte d'Azur des Américains. Si certains postes comme l'essence sont moins onéreux, l'hébergement atteint ici des sommets en saison... Ne vous attendez pas à des vacances bon marché !

Très important : ***les prix affichés (dans les restos, hôtels, boutiques...) s'entendent toujours SANS LA TAXE,*** qui varie de 8 à 14,5 % dans l'hôtellerie et parfois jusqu'à 10 % dans les autres secteurs (restauration, magasins...). Il en va de même pour les parcs d'attractions. Seuls les musées échappent à cette règle. Dans les hôtels, il faudra ajouter la ***taxe de séjour*** et parfois le ***resort fee*** (de 10 à... 50 $!), et dans les restos le *tip,* c'est-à-dire le pourboire (voir la rubrique « Taxes et pourboires » plus loin). Bref, gardez en tête qu'à la caisse ce sera toujours plus cher que le prix marqué.

La voiture de location et les parkings

Si vous prévoyez de bouger un tant soit peu en Floride, ***la voiture reste le moyen de transport le plus pratique,*** et certainement le plus rentable (même à 2) en considérant le temps gagné.
– ***Essence :*** plutôt bon marché, autour de 2,80-3 $ le *gallon* (3,8 l) d'essence sans plomb *(unleaded)* au printemps 2021.
– ***Stationnement :*** dans le Sud et sur la côte ouest, les ***parcmètres*** poussent comme les cocotiers, il y en a partout ! Souvent limités à 2h, ils coûtent entre 1 et 5 $/h. La plupart acceptent les cartes de paiement. Attention, dans certaines villes comme Miami Beach, on paie jusqu'à 3h du mat' et parfois même 24h/24 ! Vérifiez bien ce qui est indiqué sur le parcmètre. Si vous restez une journée au même endroit, utilisez les ***parkings publics*** de préférence, à l'heure (environ 1-3 $) ou à la journée (environ 10-25 $). Assurez-vous que, pour le prix, vous aurez le droit de ressortir et de revenir *(in-and-out privileges),* sinon il vous faudra repayer à chaque fois ! Les parkings privés sont encore plus chers. Les emplacements gratuits sont rares (sauf à Naples). Dans la plupart des ***hôtels urbains,*** surtout les grands établissements, le parking coûte dans les 20-30 $ les 24h (voire 45 $ et plus à Miami Beach), selon que l'on gare soi-même sa voiture *(self-parking)* ou qu'un portier s'en charge *(valet only).* De même, les parkings des administrations sont parfois payants (y compris ceux des postes et des *Visitor Centers* !) et généralement limités à quelques dizaines de minutes. Ne vous amusez pas à vous y garer après la fermeture de ces établissements, votre véhicule partirait automatiquement à la fourrière et il vous en coûterait minimum 300 $ et une perte de temps considérable ! Les endroits les plus restrictifs envers le stationnement sont ***Miami Beach, Fort Lauderdale*** et ***St Augustine.***
– ***Amendes :*** un vrai business ! Si vous écopez d'une amende avec une voiture de location, lisez le paragraphe consacré aux PV dans la rubrique « Transports ». En Floride, le montant des PV pour horaire dépassé de stationnement tourne autour de 25 $ et va jusqu'à 300 $ pour un stationnement illicite. Les villes n'ont pas toutes le même système de règlement.
Soyez particulièrement vigilant en ce qui concerne les panneaux « ***No red turn*** », qui vous interdisent de tourner à droite quand le feu est rouge alors que d'ordinaire vous pouvez le faire. Il y a des caméras vidéo sur les feux et des capteurs sur la ligne blanche. En cas d'infraction, l'amende est salée (de l'ordre de 150 $). Pour payer votre contravention, vous avez généralement 1 mois, parfois moins. Bref, autant régler le problème fissa !
– ***Péages :*** on en trouve sur les grands axes et les autoroutes entre Orlando et Miami (dans les 2 sens) ! Pas toujours bien indiqués et souvent sans barrière (la tentation de passer est grande mais ***les plaques d'immatriculation sont prises en photo systématiquement***). Pour la plupart, on paie en cash à une caisse automatique (prévoir l'appoint en pièces ou en billet d'un dollar). Possibilité d'acheter un *pass* type télépéage (en stations-service ou dans certains offices de tourisme – se renseigner). Les loueurs de voitures proposent souvent en option un forfait « péages » qui active une balise dans la voiture. Pas donné, mais bien pratique pour rouler l'esprit tranquille. N'oubliez pas : si vous ne payez pas le péage avec votre voiture de loc, vous serez débité directement sur votre compte bancaire (et certains loueurs se servent au passage !). Voir aussi plus loin « Les péages autoroutiers en Floride ».

L'hébergement

En Floride, ***la haute saison s'étend de novembre à mars,*** avec une pointe lors des fêtes de fin d'année et en février-mars, lors des vacances scolaires universitaires *(spring break),* période où les prix flambent. Le week-end (nuits des vendredi et samedi) est toujours plus cher que la semaine. Et les week-ends fériés, le tarif peut se voir multiplié par 2, 3 ou même 4 ! Attention aussi aux cas particuliers : lorsque de grandes conférences/salons ont lieu en ville, par exemple. À Daytona Beach, c'est au moment des courses (nombreuses) que les prix s'envolent, tandis qu'à Cape Canaveral, ce sont les jours qui entourent la date prévue pour le lancement d'une fusée... Bref, quelle que soit la saison, il n'est pas inutile de vérifier si des événements particuliers ont lieu au moment de votre passage. Même les AJ et les *B & B* appliquent une politique de l'offre et de la demande !
La basse saison s'étale d'avril à octobre, et là, les prix chutent carrément, atteignant en général un minimum vers mai-juin et septembre-octobre. Il vous sera alors souvent possible d'utiliser les ***coupons de réduction*** des magazines spécialisés, distribués un peu partout, ou de trouver de belles promos sur les sites internet des hébergements. À défaut, n'hésitez pas à marchander ; ça marche souvent si vous restez plusieurs nuits de suite. Une moyenne saison peut parfois s'insérer dans certaines régions pendant les périodes correspondant aux vacances.
Nous indiquons les ***tarifs pour 2 personnes, du prix le plus bas en basse saison au prix le plus haut en haute saison*** – exception faite, naturellement, des AJ (prix par personne) et des campings (prix par emplacement). Tous les prix sont mentionnés ***hors taxes,*** il faut donc toujours ***ajouter entre 8 et 14,5 % + la taxe de séjour*** (environ 5 $/j. par personne) et de plus en plus souvent en zone balnéaire un ***resort fee,*** qui peut varier entre 4-5 $ (pour un lit en AJ) et jusqu'à 50 $/j. par chambre dans un hôtel haut de gamme (hors taxes, à ajouter bien sûr...) ! ***Les prix des nuitées varient selon le confort bien sûr, mais surtout selon le taux de remplissage.***
Voici nos fourchettes indicatives :
– ***bon marché :*** moins de 80 $ (concerne surtout les AJ et campings, très rarement les motels, seulement en basse saison et plutôt dans des coins paumés) ;
– ***prix moyens :*** 80-150 $;
– ***chic :*** 150-220 $;
– ***plus chic :*** 220-300 $;
– ***très chic :*** plus de 300 $.
Le petit déj continental (léger, donc) est parfois inclus dans le prix de la chambre (nous le précisons dans le texte). Mais il s'agit alors généralement de café jus de chaussette servi dans le *lobby* avec quelques muffins sous plastique et des céréales (parfois aussi œufs, bacon et gaufres, mais qualité bas de gamme). Sinon, compter 9-15 $ pour le prendre à l'extérieur.
De même, ***le parking n'est compris que dans les motels*** (voir la rubrique « Hébergement » plus loin).

Les restos

On peut manger pour pas cher aux États-Unis, mais ce pas cher rime rarement avec nourriture saine ! Dès lors que vous souhaitez manger un peu plus fin et surtout plus équilibré, ***l'addition grimpe vite,*** surtout le soir. Dans ce guide, nous indiquons les ***prix du déjeuner*** (cuisine plus simple et légère) ***et ceux du dîner*** (plus travaillé et copieux), qui varient souvent du simple au double. Les fourchettes suivantes correspondent à un simple plat, généralement assez copieux pour pouvoir se passer d'autre chose, sauf dans les restos chics ou gourmets, où les quantités sont plus légères. ***Ne pas oublier d'ajouter la taxe et le pourboire*** (voir la rubrique « Taxes et pourboires » plus loin), donc 25-35 % en plus... Si vous mangez dans un lieu où vous commandez ***au comptoir*** (cafétéria, fast-food ou autre), le pourboire n'a rien d'obligatoire (même s'il y a toujours un bocal pour les *tips* !).

- ***Bon marché :*** moins de 10 $ (surtout des snacks à emporter, parfois un burger ou un sandwich dans les *diners* les plus modestes).
- ***Prix moyens :*** 10-25 $.
- ***Chic :*** 25-40 $.
- ***Plus chic :*** plus de 40 $.

Les loisirs

Prévoyez un budget conséquent si vous programmez quelques ***activités nautiques*** (sortie en mer, plongée, snorkelling...) et surtout si vous envisagez une halte dans les grands ***parcs d'attractions d'Orlando,*** où le ticket d'entrée dépasse allègrement les 100 $! La Floride est la destination idéale pour ce type de loisirs, mais ça chiffre vite.

Réductions

Dans les supermarchés, les lieux publics, les stations-service, les *Visitor Centers* ou même dans la rue, vous trouverez des ***journaux gratuits*** bourrés de pubs et de ***coupons de réduction,*** de 1 à 5 $ de remise sur les entrées de certains sites et musées. Parfois aussi des réductions intéressantes sur les parcs d'attractions d'Orlando en achetant les tickets sur les sites internet officiels des sites en question, ou directement au *Visitor Center.* Énormément de pubs également pour des motels qui pratiquent, par exemple, la gratuité de l'hébergement pour les enfants, quelquefois jusqu'à 16 ans.

CLIMAT

Cas à part aux États-Unis, la Floride bénéficie, au sud, d'un ***climat subtropical*** : c'est le seul État du pays où l'on peut se baigner toute l'année. L'été y est chaud et humide, marqué par de courtes et fortes pluies. L'hiver est sec et plus frais, avec même quelques gelées certains jours dans le nord et le centre de l'État. À cette époque débarque une importante clientèle de retraités fuyant le froid du reste des États-Unis et du Canada. Au printemps et en automne, douceur et humidité sont au rendez-vous.

UN BONUS POUR CELSIUS

En 1724, le physicien allemand Gabriel Fahrenheit crée une échelle de température qui voit l'eau geler à 32 °F et bouillir à 212 °F. Pas pratique ! Sa référence ? Le 0 correspond à la température la plus basse de sa ville de Dantzig (Gdansk) durant l'hiver 1708-1709 ! À se demander pourquoi les Américains utilisent encore cette échelle de fou. En 1742, le Suédois Celsius remporte la mise en étalonnant ces 2 phénomènes physiques universels sur des chiffres ronds : quand l'eau gèle, il fera 0 °C, quand elle bout ce sera 100 °C. Le bon sens même.

Spécial cyclones *(hurricanes)*

L'***automne,*** plutôt agréable, est la ***saison des cyclones.*** Sans être fréquents, ils sont récurrents et peuvent se montrer ravageurs, Miami étant la ville la plus vulnérable en raison de sa situation géographique et de la faible élévation de ses côtes. À chaque ouragan, on relève quelques morts, victimes de chutes d'arbres ou frappés par des objets emportés par le vent. La facture est souvent lourde : celle de Michael, qui a frappé le nord-ouest de la Floride en 2018, a atteint 25 milliards de dollars !

Si vous campez, au moindre signe suspect, on conseille de se réfugier à l'hôtel, le personnel étant au courant des manœuvres à suivre en cas d'urgence. Les niveaux

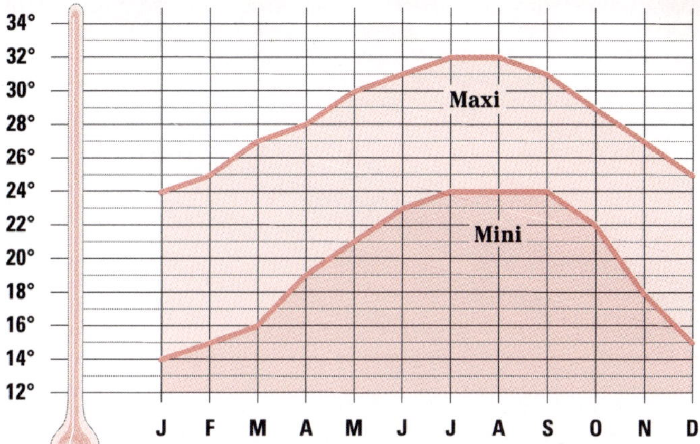

Moyenne des températures atmosphériques

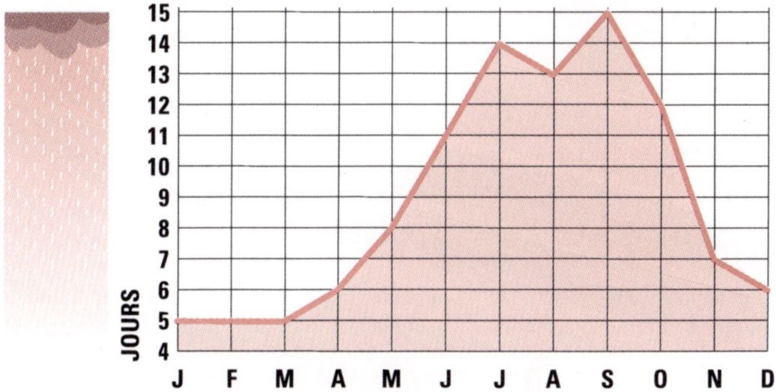

Nombre de jours de pluie

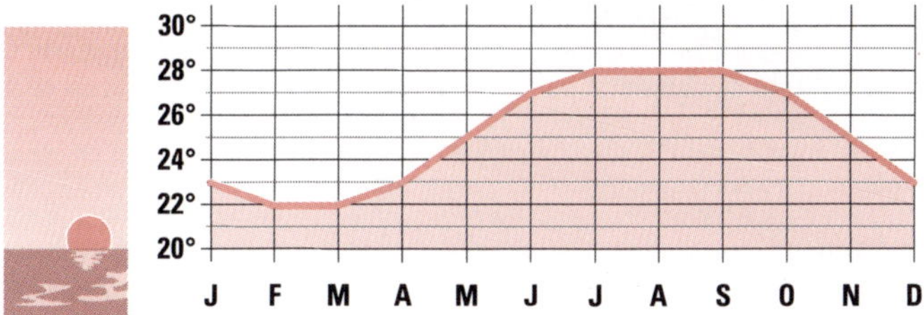

Moyenne des températures de la mer

FLORIDE (Miami)

d'alerte passent du stade de *hurricane watch* (danger d'ouragan dans les 36h) à celui de *hurricane warning* (arrivée dans les 24h). Les autorités décrètent alors pour certaines zones l'ordre d'évacuation des côtes.
Au cas où vous seriez pris dans un cyclone, le mieux est de vous mettre à l'abri dans un sous-sol (éloignez-vous des fenêtres, qui peuvent exploser lorsqu'elles sont frappées par des projectiles).
– ***Infos sur la météo :*** • *weather.com* • C'est le site de la chaîne TV *The Weather Channel,* disponible dans tous les hôtels.
– ***Pour suivre les ouragans en temps réel :*** • *nhc.noaa.gov* • C'est le site du National Hurricane Center. Ou branchez la radio : 91,3 FM ou 162,55 MHz.

Tableau d'équivalences des températures

Fahrenheit	Celsius	Fahrenheit	Celsius
108	42,2	52	11,1
104	40	48	8,9
100	37,8	44	6,7
96	35,6	40	4,4
92	33,3	36	2,2
88	31,1	32	0
84	28,9	28	- 2,2
80	26,7	24	- 4,4
76	24,4	20	- 6,7
72	22,2	16	- 8,9
68	20	12	- 11,1
64	17,8	8	- 13,3
60	15,6	4	- 15,6
56	13,3	0	- 17,8

DANGERS ET ENQUIQUINEMENTS

Si l'essentiel de la Floride ne connaît pas plus de problèmes que le reste du pays, Miami présente un cas à part. Pas de parano : vous ne risquez pas votre peau en allant boire un verre le soir sur Ocean Drive, à South Beach ! En revanche, mieux vaut éviter certains quartiers nord comme ***Opa-locka, Overtown*** ou ***Liberty City*** (mais qu'y feriez-vous ?). Ailleurs, le bon sens est de rigueur : évitez de traîner la nuit tombée dans les rues désertes situées ***à l'est de Little Havana,*** de même que dans le ***nord de Downtown,*** à ***Little Haiti*** et ***en périphérie de Wynwood.*** Ne perdez pas de vue que la Terre promise n'a pas tenu ses promesses pour tout le monde et que Miami est une plaque tournante du trafic de drogue. On vous conseille de ***lire également le paragraphe « Sécurité » à Miami*** (dans les « Adresses et infos utiles. Santé, sécurité »). ***Et n'hésitez pas à questionner le réceptionniste de votre hôtel.*** S'il vous conseille de prendre un taxi pour vous rendre dans un bar ou une salle de concert un peu excentrés, suivez ses recommandations.
– Autre nuisance (sans transition) : les ***moustiques,*** redoutables, surtout le soir en été. Eh oui, difficile d'oublier que la Floride était autrefois couverte de marécages... Ce n'est pas pour rien que certains campings des Everglades sont gratuits pendant la saison chaude et humide !
– ***En cas d'urgence, composez le ☎ 911.***

DÉCALAGE HORAIRE

Les États-Unis sont traversés par ***4 fuseaux horaires*** (6 avec l'Alaska et Hawaii). Une grande partie de la Floride observe l'*Eastern Time,* en ***retard de 6h*** sur l'Europe de l'Ouest. Quand il est 12h à Paris, il est 6h du matin à Miami.

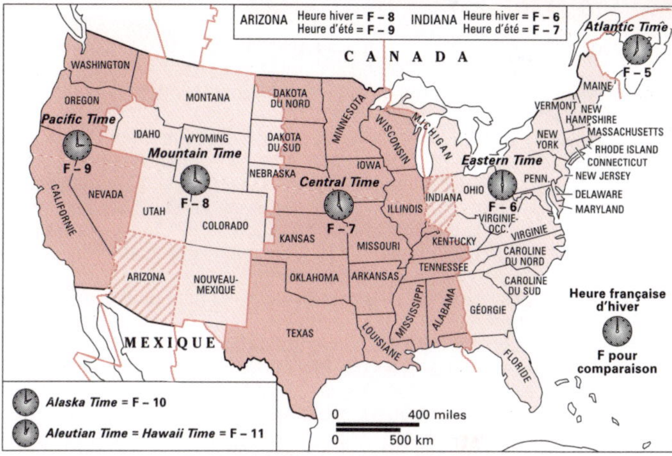

LES FUSEAUX HORAIRES

La région du Panhandle, à l'extrémité ouest de l'État, vers Pensacola, a 1h de moins que le reste de l'État et donc ***7h de décalage*** avec l'Hexagone, comme la Louisiane.

Attention, comme en Grande-Bretagne, quand on vous donne rendez-vous à 8.30 p.m. *(post meridiem),* cela veut dire 20h30. À l'inverse, 8.30 a.m. *(ante meridiem)* désigne le matin. Enfin, notez que 12 a.m., c'est minuit, et 12 p.m., midi... et non l'inverse.

ÉLECTRICITÉ

Les prises délivrent généralement du 110 volts. Les appareils se chargent quand même, mais plus lentement. Rasoirs électriques et *Epilady* fonctionneront au ralenti ! Les fiches électriques américaines sont à 2 broches plates. Vous aurez besoin d'un ***adaptateur*** pour recharger la batterie de vos appareils numériques, ordi, tablette ou téléphone portable, ainsi que d'une multiprise. En cas d'oubli, vous pourrez peut-être vous en procurer à l'aéroport, à la réception de certains hôtels ou dans une boutique d'électronique ou un drugstore (mais pas si facile).

ENFANTS

La Floride est une ***destination magique*** pour les enfants, à tous points de vue. Des ***parcs d'attractions*** déments, des kilomètres de ***plages*** de sable blanc ourlées de cocotiers, des ***musées insolites et ludiques,*** des ***espaces naturels*** préservés où l'on peut voir une foultitude d'animaux en totale liberté... Le seul bémol, ce sont les ***grandes distances*** qui séparent les spots touristiques. Soyez prêts à affronter de longues heures de voiture. C'est pourquoi il est important de bien cibler vos choix quand vous établirez votre itinéraire. Voici nos suggestions pour vous aider à concocter un programme qui soit adapté à la fois aux centres d'intérêt de vos gamins et à votre budget.

Conseils pratiques

– ***La période :*** en juillet et août, les prix sont bien plus accessibles côté hébergement, mais le climat est vraiment chaud et humide, pas l'idéal avec de tout jeunes enfants (avec des grands, ça passe très bien). L'hiver est la meilleure saison, mais les prix s'envolent.
– ***L'hébergement :*** en Floride, on dort souvent dans des ***motels.*** Une solution idéale et économique en famille, car on peut coucher à 4 par chambre (2 grands lits en général). La majorité des motels dispose d'une piscine, appréciable après un long trajet ou par grosse chaleur. Mieux vaut éviter les *B & B* ou bien se renseigner : beaucoup refusent les enfants de moins de 10, 12, 14 ou même parfois 18 ans – pour ne pas déranger la sacro-sainte tranquillité des *guests* ! La ***location d'appartement*** est une solution souvent plus pratique en famille.
– ***Parcs d'attractions : réservez à l'avance vos billets*** pour profiter des promos et éviter la queue à l'entrée.
– ***Alternez les réjouissances :*** visite de musée, pause burger-Coca, boutiques, pause glace, activité sportive ou de plein air, etc. Profitez de l'extraordinaire choix qu'offre la Floride. « Dis, quand est-ce qu'on y va, chez Mickey ? » Vous aurez beau céder à tous leurs caprices et vous plier à leurs 4 volontés avec un programme béton, il y a de fortes chances qu'ils reviennent sans cesse à la charge. On vous conseille de ne pas commencer le séjour par Orlando, pour que le reste ne leur paraisse pas trop fade !
– ***Les plages :*** il y en a partout. Côte atlantique ou golfe du Mexique, une journée les pieds dans le sable sera la bienvenue. Prévoyez écran total, chapeau et T-shirt et, si possible, le parasol (vous êtes sous les tropiques !).
– Les ***restos américains*** demeurent des paradis pour enfants. En dehors des restos chics (où il se peut qu'on vous jette un regard de travers), ils sont toujours bien accueillis, le plus souvent avec des coloriages, jeux et crayons de couleur. Et entre les burgers-frites-Coca, les pizzas, les sodas géants, les glaces crémeuses et autres milk-shakes, ils ne savent plus où donner de la tête ! En plus, on a le droit de manger avec les doigts, génial ! Dernière chose, la plupart des restos servent des ***menus-enfants vraiment très bon marché*** (même au petit déj).
En dehors des parcs d'attractions, il existe bien des alternatives, que vous retrouverez détaillées au cœur du guide. Les sites plus particulièrement destinés aux enfants sont désignés par le ***pictogramme spécial*** . Voici quelques pistes qui devraient leur laisser des souvenirs impérissables.

Miami Beach

La plage, le soleil, une ville qui se visite à pied, à rollers, à skate ou à vélo, et les immeubles de l'***Art Deco District*** qui ressemblent à de gros gâteaux colorés, les enfants sont à coup sûr séduits par le coin. En plus, on y voit passer des limousines longues comme des autobus et de belles Harley à chaque coin de rue. Dans les environs, plusieurs parcs et musées, comme le Miami Children's Museum, s'adressent plus particulièrement aux enfants.

Orlando

Attention, gros budget dépenses en perspective ! Prévoyez ***au moins 3 jours*** intensifs si vous vous contentez des parcs du Walt Disney World Resort. Compte tenu de la vaste étendue du royaume de Mickey, on vous conseille d'opter pour un ***hôtel Disney*** : décor « magique », navettes gratuites pour tous les parcs (hyper pratiques) et autres petits « plus ». Avec ***Universal Orlando Resort, SeaWorld Orlando*** et un ***parc aquatique*** pour se rafraîchir, 4-5 jours ne sont pas de trop ! Même très motivés, les plus petits auront du mal à suivre le rythme. Des ***poussettes*** sont en location à l'accueil, mais les journées restent bien remplies et fatigantes pour toute la famille. Universal Orlando Resort (à l'inverse de Legoland Florida) s'adresse plutôt aux enfants pas trop petits – vous pouvez donc envisager de sacrifier ce parc si les vôtres ont moins de 8-10 ans. S'ils sont plus grands, ils seront également ravis par la visite du ***Kennedy Space Center,*** à Cape Canaveral (moins de 1h de route d'Orlando). En revanche, mieux vaut ne pas l'imposer aux plus jeunes. Au sud d'Orlando, possibilité de visiter les ***Everglades subtropicales de Floride*** avec ses alligators et ses dizaines d'espèces d'oiseaux.

St Augustine

Le ***charme suranné de cette vieille ville*** emballe les petites Scarlett en herbe. On s'y croirait, les habitants sont parfois costumés pour accueillir les touristes et on peut même visiter la ville en calèche. Et les enfants adorent déambuler dans l'univers fascinant des corsaires au Pirate & Treasure Museum.

Tampa

Le parc d'attractions ***Busch Gardens*** et le ***Florida Aquarium*** demeurent les principales attractions de la ville. 2 bonnes raisons d'y aller avec des enfants. Un peu plus au sud, ***Sarasota*** peut valoir une étape pour son fabuleux musée du cirque, The Ringling. De quoi faire carburer à coup sûr l'imaginaire. À compléter par une visite aux ***alligators*** du Myakka River State Park, avant de filer rencontrer les ***lamantins*** de la proche Nature Coast.

Le parc des Everglades

Randonnées à pied, à vélo, en canoë, sorties en mer pour aller voir les dauphins, visite des fermes d'alligators, tour en *air boat,* sont autant d'activités à faire en famille. Un must : le tour de ***Shark Valley,*** où abondent *gators* peu farouches et oiseaux. Dépaysement assuré et souvenirs inoubliables.

Key West

À l'extrémité sud de l'archipel des Keys, il faut bien 3-4h de route pour y arriver depuis Miami, et il y a de fortes chances pour que vos bambins trouvent le trajet encore plus long que vous ! Mieux vaut à notre avis réserver cette étape aux plus grands, d'autant que les plages ne sont pas légion ici – et, en plus, elles sont artificielles. Cela dit, les ***balades à vélo*** pour découvrir les vieilles maisons coloniales, les activités sportives (dont le snorkelling) et les musées consacrés aux trésors retrouvés dans des épaves de vieux galions espagnols peuvent susciter l'enthousiasme des enfants. De même que les adorables daims des Keys.

FÊTES ET JOURS FÉRIÉS

Voici les jours fériés américains valables pour l'ensemble du territoire (presque toutes les boutiques sont fermées ces jours-là). Pour une liste des festivités locales, reportez-vous aux sections concernées de chaque chapitre.

– ***New Year's Day :*** *le 1er janv.*

– ***Martin Luther King Jr's Birthday :*** *le 3e lun de janv, celui le plus proche de son anniversaire, le 15 janv.* Un jour très important pour la communauté noire américaine.

– ***President's Day :*** *le 3e lun de fév.* Pour honorer la naissance du président Washington, le 22 février 1732.

– ***Easter*** *(Pâques)* **:** ce n'est pas une fête officielle, mais les boutiques sont souvent fermées le dimanche et certaines aussi le lundi.

– ***Memorial Day :*** *le dernier lun de mai.* En souvenir de tous les morts au combat. Correspond au début de la saison touristique.

– ***Independence Day :*** *le 4 juil.* Fête nationale commémorant l'adoption de la Déclaration d'indépendance en 1776.

– ***Labor Day :*** *le 1er lun de sept.* La fête du Travail. Marque la fin de la saison touristique.
– ***Columbus Day :*** *le 2e lun d'oct.* En souvenir de la « découverte » de l'Amérique par Christophe Colomb.
– ***Halloween :*** *la nuit du 31 oct au 1er nov.* Cette tradition celte, importée par les Écossais et les Irlandais, est célébrée avec une grande ferveur aux États-Unis. Sorcières ébouriffées, fantômes et morts vivants envahissent les rues, tandis que les enfants, déguisés eux aussi, font du porte-à-porte chez les voisins en demandant : « *Trick or treat ?* » (Farce ou friandise ?), et repartent les poches pleines de bonbecs.
– ***Veteran's Day :*** *le 11 nov.*
– ***Thanksgiving :*** *le 4e jeu de nov.* Cette fête typiquement américaine, chômée par à peu près tout le monde, commémore le repas donné par les 1ers immigrants (les Pères pèlerins) en remerciement à Dieu et accessoirement aux Indiens pour leur avoir permis de survivre à leur 1er hiver au Nouveau Monde. L'occasion de dévorer une dinde rôtie gigantesque avec sa farce et sa sauce aux canneberges, puis une part de tarte au potiron *(pumpkin pie)* en dessert !
– ***Christmas Day :*** *le 25 déc.*

TRAVAILLEURS DE TOUS LES PAYS...

Dans le monde entier, la fête internationale des Travailleurs se tient le 1er mai, jour commémorant une grève massive des ouvriers... américains, débutée le 1er mai 1886 et réprimée dans le sang à Chicago. Dans le monde entier sauf... aux États-Unis (et au Canada), qui la célèbrent bizarrement le 1er lundi de septembre !

HÉBERGEMENT

Quel que soit le type d'hébergement choisi, ***il est fortement conseillé de réserver*** le plus longtemps possible à l'avance. On vous demandera systématiquement votre numéro de carte de paiement. Attention, si vous changez d'avis et si vous n'en informez pas l'hôtel bien à l'avance (plusieurs jours, voire plusieurs semaines, vérifiez !), vous serez débité quand même, en général au moins du montant de la 1re nuit.
Aux États-Unis, ***les prix varient selon le taux de remplissage*** (système du *yield management*). Les différences sont parfois notables du jour au lendemain et les tarifs peuvent même varier selon le moment de la journée auquel on réserve ! Pour plus d'informations, reportez-vous à la rubrique « Budget. L'hébergement » plus haut ou à la rubrique « Où dormir ? » à Miami plus loin.

Les auberges de jeunesse *(youth hostels)*

Voilà une espèce en voie de disparition aux États-Unis, les jeunes Américains préférant le ***couchsurfing*** (logement gratuit chez des particuliers via le site • *couchsurfing.com* •), la location d'apparts en bandes, ou ***Airbnb.*** Il n'y a plus que quelques ***AJ privées en Floride,*** principalement à Miami Beach. Comme tout est plus cher, elles le sont aussi. Même les lits individuels en dortoir peuvent voir leurs tarifs (environ 25-45 $ en temps normal) s'envoler les jours fériés (jusqu'à 150 $ le lit en haute saison à Key West, par exemple)... Les chambres, elles, sont pratiquement au même prix que celles des petits hôtels ou motels moyens (environ 100-150 $, voire plus selon la saison). On bénéficie cependant d'un environnement pour routards, d'espaces communs souvent conviviaux (avec cuisine équipée la plupart du temps) et, surtout, de nombreux services : wifi, laverie à pièces, *coffee shop* parfois, sorties nocturnes quotidiennes ou hebdomadaires, voire excursions... ***Aucune limite d'âge*** pour y séjourner.

Les campings

Il existe 2 types de campings.

Les campings nationaux et d'État

Situés dans les *National Parks, National Monuments, National Recreation Areas, National Forests* et *State Parks,* ils sont les moins chers (10-40 $ pour un emplacement jusqu'à 6 personnes en général) et les plus agréables. Les emplacements, souvent vastes et bien isolés les uns des autres, sont la plupart du temps situés dans de beaux endroits préservés, en pleine nature. On y trouve toujours des toilettes et de l'eau froide, une table de pique-nique et un BBQ, mais pas nécessairement de douches ni d'électricité. ***Arrivez tôt le matin*** pour avoir une chance de trouver un emplacement ou, mieux, ***réservez,*** car en haute saison la demande peut être très forte. Dans les parcs d'État, les plus nombreux en Floride, c'est possible jusqu'à 11 mois à l'avance. Dans les parcs fédéraux, c'est seulement 6 mois. Et parfois, c'est tout simplement impossible ; dans ce cas, ***le 1er arrivé est le 1er servi*** *(first come, first served !).* Pensez aussi à faire vos courses avant de venir vous installer. Les boutiques sont rares ou alors plus chères et moins bien fournies.

– ***Réservations pour camper dans les parcs nationaux :*** • *recreation.gov* • C'est le plus pratique, même s'il faut s'inscrire pour accéder au système (c'est assez simple) et qu'il ne couvre qu'une partie des parcs. On règle par carte de paiement en ligne et on peut même choisir son emplacement, avec la localisation exacte dans le camping et les disponibilités affichées en temps réel ! *Sinon par tél : ☎ 1-877-444-6777 (nº Vert) ou, depuis l'étranger, ☎ 606-515-6777, entre 10h et minuit (18h30 en période Covid), heure de la côte est (6h de moins par rapport à la France). Un numéro de résa vous est attribué, à ne pas perdre puisque ce sera votre sésame une fois arrivé au parc.* En Floride, on trouve notamment des campings réservables dans la Ocala National Forest (au nord d'Orlando) et au Canaveral National Seashore. Ceux des Everglades doivent être réservés par l'intermédiaire d'un concessionnaire privé...

– ***Réservations pour camper dans les parcs d'État (State Parks) :*** • *floridastateparks.reserveamerica.com* • Pratique : un calendrier vous indique les emplacements disponibles. *Sinon par tél : ☎ 1-800-326-3521 (nº Vert ; tlj 8h-20h). On peut réserver jusqu'à 24h avt.* Il existe une soixantaine de parcs d'État avec camping en Floride. Une vingtaine propose aussi des ***cabins*** (bungalows 4-6 personnes, 30-180 $) qui peuvent être réservées pour une seule nuit du lundi au jeudi et 2 nuits le week-end et les jours fériés.

Les campings privés

Ils sont nettement moins bien situés, dans un environnement moins sauvage (certains sont même installés en zone urbaine, ce qui comporte toutefois des avantages), avec des emplacements plus entassés (question de rentabilité). En revanche, ils offrent souvent ***plus de commodités*** : sanitaires complets, électricité, machines à laver, épicerie, *ATM...* Dans certains, il y a même une piscine, une cuisine commune, le wifi et des bungalows en bois *(cabins)* ou des mobile homes à louer au même prix qu'une chambre dans un petit hôtel (le confort est cependant inégal : certains se contentent de sanitaires en commun, d'autres sont entièrement équipés). Ces campings sont beaucoup plus chers que ceux des parcs (50-70 $ l'emplacement, le plus souvent !). L'une des principales chaînes, *KOA* (Kampgrounds of America, • *koa.com* •), compte 450 campings affiliés ; elle édite une brochure avec toutes les infos, téléchargeable sur Internet et disponible en version papier dans tous ses campings.

Les motels

LEXIQUE DE L'HÉBERGEMENT AMÉRICAIN

Double : chambre double avec lit d'environ 1,40 m de large.

Queen : chambre double avec lit d'environ 1,50 m de large.

King : chambre double avec lit d'environ 1,90-2 m de large.

Two double beds : chambre avec 2 lits d'environ 1,40 m, pouvant loger 4 personnes.

Deluxe : chambre un peu plus spacieuse en général (ou avec vue).

Dorm bed : lit en dortoir.

Bunk beds : lits superposés.

Ensuite : avec salle de bains privée (en dortoir ou *B & B*). Par opposition, on parle de ***shared bath*** (salle de bains partagée).

Efficiency : avec cuisine (ou kitchenette) équipée.

Le nom provient de la contraction des mots « *motor* » (moteur) et « *hotel* ». Logique, puisqu'ils sont conçus pour que l'on puisse se garer directement devant sa chambre ! Indissociable de l'idée du *road trip* américain, le motel n'est pas au mieux de sa forme : en un demi-siècle, il a vu son nombre divisé par 4... En dehors des grandes villes, il reste ***le type d'établissement le plus répandu aux États-Unis.*** Un motel, c'est généralement un bâtiment bas autour d'une vaste cour qui fait office de parking (gratuit). D'un confort et d'un âge variables, ils ne brillent pas par leur originalité mais disposent toujours de chambres avec salle de bains, clim et TV, plus souvent un frigo, un micro-ondes et une cafetière. Pas de différence fondamentale entre les motels indépendants et ceux de chaîne. Au fil du temps, certains établissements se sont mués en motels « de charme », inspirés de l'architecture locale.

Les ***tarifs, dictés en priorité par le taux d'occupation,*** varient aussi (un peu) selon le nombre et la taille des lits (voir ci-dessus). Intéressant : ***en général, les moins de 17 ans ne paient pas*** s'ils sont dans la chambre des parents, prenez donc une chambre à 2 grands lits !

– ***Les motels de chaîne :*** les budgets plus serrés opteront pour *Econo-Lodge, Best-Value Inn, Red Roof* ou *Super 8.* Il y a aussi l'incontournable *Motel 6,* en général la moins chère des chaînes, dont beaucoup d'établissements ont été rénovés au goût du jour et offrent pour certains des chambres très correctes pour le prix – d'autres, vieillots, restant surtout squattés par des SDF... Attention, l'appartenance à une même chaîne ne garantit pas un niveau de confort ni une tenue équivalents. Un cran au-dessus, on trouve *Days Inn* et *Comfort Inn.* Et puis *Holiday Inn Express, Best Western, Howard Johnson by Wyndham* dans la catégorie moyenne gamme. Un peu plus haut de gamme, la chaîne *Homewood Suites by Hilton* est intéressante en famille : chambres-suites spacieuses avec cuisine équipée, copieux petit déj-buffet et dîner offert en semaine (lundi-jeudi).

Quelques infos valables pour les hôtels et les motels

– ***Mieux vaut réserver à l'avance.*** Que ce soit sur Internet ou par téléphone, il vous faudra fournir un ***numéro de carte de crédit.*** À votre arrivée, le réceptionniste vous la demandera, même si vous avez déjà réglé par agence et arrivez avec des *vouchers.* Cela doit permettre de couvrir les *incidentals* : frais de téléphone, minibar, *pay TV,* infraction à la consigne non-fumeurs, etc.

– Sauf exception (précisée), les prix que nous indiquons s'entendent ***hors taxes*** – soit 8-14,5 % de plus, comprenant la taxe d'État, éventuellement augmentée des taxes du comté et de la municipalité (taxe de séjour). Ajoutons, dans les zones balnéaires, le ***resort fee,*** une sorte de forfait comprenant théoriquement divers petits services (généralement inutiles) que de plus en plus d'hôteliers ajoutent – et se gardent souvent d'annoncer au moment de la réservation... Attention, il peut alourdir considérablement votre note au moment du *check out.*
– La plupart des hôtels proposent des chambres équipées de ***TV, clim, sanitaires, cafetière, micro-ondes*** et ***frigo,*** voire kitchenette. ***Wifi*** gratuit partout (avec plus ou moins de réseau).
– ***Certains hôtels proposent un petit déj continental inclus.*** Souvent, on doit se contenter de café, thé et muffins à prendre debout dans le *lobby,* parfois d'un buffet avec céréales, yaourts, fruits, gaufres, œufs et bacon (qualité pas terrible). Si le petit déj n'est pas compris, allez le prendre à l'extérieur : les restos dédiés ne manquent pas et sont bien meilleurs.
– Certains hôtels chics et *B & B* incluent dans le prix de la chambre une ***social hour,*** c'est-à-dire un *drink* offert (verre de vin ou bière avec un petit en-cas), vers 17-18h.
– Les hôtels et motels sont pratiquement tous ***non-fumeurs.*** On vous fait d'ailleurs signer une décharge à ce sujet. Si vous ne respectez pas la consigne « *no smoking* », comptez 200 ou 250 $ d'amende, automatiquement débitée sur votre carte de paiement en cas d'infraction ! L'interdiction inclut les balcons et terrasses.
– Si les appels locaux sont souvent gratuits, ***une communication longue distance depuis un téléphone de chambre d'hôtel coûte horriblement cher*** (lire plus loin la rubrique « Téléphone et Internet »).

Les hôtels Art déco de Miami Beach

Les hôtels de Miami Beach méritent une place à part. Beaucoup sont de vénérables établissements Art déco construits dans les années 1930-1940. Les façades et certaines parties communes arborent des éléments décoratifs représentant le milieu, la faune et la flore locales : flamants roses, palmiers, soleils, crustacés, etc. Certains ont été superbement rénovés et transformés en boutique-hôtels au design somptueux (voir ci-dessous). D'autres sont encore dans leur jus. La plupart, à mi-chemin, ont été plus ou moins bien retapés. Souvent, la peinture fraîche recouvre de vieux lambris, l'électricité date et l'isolation phonique manque. Les doubles vitrages sont rares, le bruit omniprésent, même dans des établissements chers. Détail pratique, le parking (quand il y en a un) est toujours payant et souvent hors de prix.

Les boutique-hôtels

Les 1ers boutique-hôtels sont apparus à New York dans les années 1980. Ils ont proliféré dans les endroits branchés comme Miami Beach, investissant certains buildings Art déco. Fréquentés par une clientèle d'affaires et de voyageurs branchés, ce sont des hôtels souvent indépendants, à l'origine de petite capacité, avec un service personnalisé et surtout une déco originale, cosy ou design. Ils sont aussi parfois qualifiés de *small luxury hotels.* Dans les catégories « Chic » et « Plus chic », leur rapport qualité-prix peut s'avérer plus intéressant que les grosses unités aux dizaines de chambres standardisées.

Les *Bed & Breakfast*

On en rencontre ***surtout dans les petites villes historiques*** comme ***Key West*** et ***St Augustine.*** Ces établissements occupent pour la plupart de belles demeures anciennes, souvent en bois, parfois classées. Ils proposent rarement plus d'une dizaine de chambres, souvent beaucoup moins, toutes différentes et généralement meublées dans le style victorien. Le petit déj (maison et souvent très copieux) et le parking sont en principe compris. Les plus grandes maisons ont une piscine, les plus petites un jacuzzi. L'ambiance y est vraiment relaxante, et puis c'est un bon moyen pour faire connaissance avec des Américains, même si l'ambiance est souvent un peu collet monté. Les proprios prêtent souvent des bicyclettes. Bien entendu, la qualité a un prix et ces adresses appartiennent souvent aux ***catégories « Plus chic » à « Très chic ».*** Il n'est pas rare que certaines adresses (nous le précisons) refusent les ***enfants,*** pour préserver la tranquillité des hôtes... Les parents apprécieront. Notons enfin que les *B & B* ont tendance à se raréfier depuis quelques années : plus assez rentables face à l'essor d'***Airbnb*** et consorts... Beaucoup ont en outre pris l'habitude de déléguer leurs résas à des plateformes ou des associations et ne se signalent même plus par un panneau dans la rue !

La location d'appartements ou de maisons

Une formule intéressante en famille, grâce à l'espace supplémentaire et à la cuisine pour économiser sur les repas. Pour réserver, on peut passer par une ***plateforme internet de mise en relation entre propriétaires et locataires*** (type *Airbnb*). L'offre est très tentante : prix attractifs, choix énorme dans tous les styles, du petit studio fonctionnel meublé Ikea au *penthouse* design avec vue sur l'océan en passant par la villa tropicale avec piscine ou carrément la maison d'architecte...

■ ***Airbnb :*** • *airbnb.fr* • Des centaines de chambres (avec ou sans salle de bains privative), apparts, lofts et villas à tous les prix (de 60 à plus de 500 $ la nuit). En cherchant bien et en s'y prenant à l'avance, on peut louer des lieux assez étonnants, voire très originaux. On paie en ligne, mais le proprio ne reçoit l'argent qu'après votre arrivée, ce qui limite les risques d'arnaques. Bien se renseigner cependant sur d'éventuels frais de ménage quelques fois peu visibles au moment de faire son choix.

■ ***VRBO :*** • *vrbo.com* • Même genre, mais site en anglais seulement.

L'échange d'appartements

Il s'agit d'échanger son propre logement (que l'on soit proprio ou locataire) contre celui d'un adhérent du même organisme dans le pays de son choix. Cette formule permet de passer des vacances aux États-Unis à moindres frais et intéressera en particulier les couples avec enfants. Voici 2 agences qui ont fait leurs preuves :

■ ***Intervac :*** ☎ *05-46-66-52-76.* 📱 *06-30-76-62-83.* • *fr.intervac-homeexchange.com* • *Adhésion annuelle dès 120 €, mais possibilité de tester gratuitement le service pdt une période limitée.*

■ ***Homelink International :*** ☎ *04-42-27-14-14.* • *homelink.org* • *Adhésion annuelle env 125 € (pour les mêmes services).*

LANGUE

Pour vous aider à communiquer, n'oubliez pas notre ***Guide de conversation du Routard en anglais.*** Sachant qu'une bonne partie de la population de Floride est hispanophone, vos notions d'***espagnol*** pourront aussi vous servir !

Vocabulaire anglais de base utilisé aux États-Unis

Politesse

S'il vous plaît	*Please*
Merci (beaucoup)	*Thank you (very much) / Thanks*
Bonjour !	*Hello ! (Hi !)*
Au revoir	*Goodbye / Bye / Bye bye*
À plus tard, à bientôt	*See you (later)*
Pardon	*Sorry / Excuse me*

Expressions courantes

Parlez-vous le français ?	*Do you speak French ?*
Je ne comprends pas	*I don't understand*
Pouvez-vous répéter ?	*Can you repeat please ?*
Combien ça coûte ?	*How much is it ?*

Vie pratique

Poste	*Post Office*
Office de tourisme	*Visitor Center*
Banque	*Bank*
Médecin	*Doctor / Physician*
Hôpital	*Hospital*
Supermarché	*Supermarket*

Transports

Billet	*Ticket*
Aller simple	*One way ticket*
Aller-retour	*Round trip ticket*
Aéroport	*Airport*
Gare	*Train station*
Gare routière	*Bus station*
À quelle heure est le prochain bus/train pour... ?	*What time is the next bus/train to... ?*

À l'hôtel et au restaurant

J'ai réservé	*I have a reservation*
C'est combien par nuit ?	*How much is it per night ?*
Petit déjeuner	*Breakfast*
Déjeuner	*Lunch*
Dîner	*Dinner*
L'addition, s'il vous plaît	*The check, please*
Le pourboire	*The tip / The gratuity*

Les chiffres, les nombres

1	*one*	8	*eight*
2	*two*	9	*nine*
3	*three*	10	*ten*
4	*four*	20	*twenty*
5	*five*	50	*fifty*
6	*six*	100	*one hundred*
7	*seven*		

LIVRES DE ROUTE

Littérature contemporaine

- ***Floride*** (2019), de Lauren Groff (L'Olivier). L'auteure des *Furies,* encensée par la critique et par Obama lui-même, revient sur la scène littéraire avec un implacable recueil de nouvelles principalement situées dans le Sunshine State. Il y est question de nature, d'animaux sauvages, de cyclones, de moiteur d'été... et bien sûr de personnages au bord de la rupture. Des tranches de vie singulières et brillantes de l'Amérique du XXIe s.
- ***Bloody Miami*** (2013), de Tom Wolfe (Pocket). Le 4e roman du journaliste-écrivain, auteur du *Bûcher des vanités,* décrit les tensions raciales dans les communautés de Miami, un melting-pot où personne ne se mélange. Un Miami excessif mais fascinant.
- ***Un été à Key West*** (2006), d'Alison Lurie (Rivages, coll. « Rivages-Poche »). Quand Wilkie Walker, éminent naturaliste, tombe dans un mutisme inexplicable, sa femme, Jenny, lui propose de passer l'hiver à Key West, espérant lui changer les idées. Or c'est pour elle, épouse discrète entièrement vouée à son mari, que le soleil généreux de Floride se révèle le plus bénéfique. L'occasion pour Alison Lurie, habituée des Keys, de laisser libre cours à son humour caustique, auquel n'échappent ni les touristes pâlots ni les résidents permanents et leurs touchantes excentricités. Une lecture sociologique de la Floride alerte et distrayante. De la même auteure, et avec le même génie comique, ***La Vérité sur Lorin Jones*** (1990, même éditeur), roman policier post-féministe.
- ***Croco-Deal*** (2010), de Carl Hiaasen (10/18). Ce journaliste et écrivain américain est le spécialiste du thriller écolo-rigolo, dont l'action se situe toujours en Floride, où il vit depuis son enfance. De sa plume grinçante, il s'en prend aux promoteurs qui ravagent la beauté de son pays. Une critique sociale déjantée. Du même auteur, ***Razor Girl*** (2016) est tout aussi cocasse.
- ***Duma Key*** (2009), de Stephen King (Le Livre de Poche). Une longue île presque inhabitée, du sable fin où s'impriment les empreintes du flâneur, une maison sur pilotis plantée sur des coquillages que viennent lécher les eaux du golfe du Mexique. À quelques pas, Siesta Key, Sarasota et ses galeries d'art. Une Floride idéale, synonyme de douceur de vivre ? Ce serait compter sans Stephen King, sa science de l'inquiétant, distillé subtilement au fil des pages. Car Duma Key recèle un étrange pouvoir. Exilé volontaire, Edgar Freemantle va en faire l'expérience et, grâce à l'influence de l'île, se révéler d'abord peintre génial puis bien plus que ça encore. L'art quitte alors le beau pour générer l'horreur.
- ***Ça n'existe pas l'Amérique*** (2010), de Dominique Falkner (Arléa Poche). L'auteur reprend la célèbre phrase de Henry Miller, non pour parler de l'Amérique, mais plutôt des Américains qu'il a côtoyés au fil d'un voyage initiatique qui l'a conduit de motel en motel, toujours plus vers l'ouest, sur la route de Kerouac, peut-être...
- ***La Vie sexuelle des sœurs siamoises*** (2017), de Irvine Welsh (Au Diable Vauvert). Dans un style toujours aussi décapant, l'auteur de *Trainspotting* s'attaque au culte du corps à travers la relation entre une coach de fitness de Miami méprisant les gros, les faibles, et sa cliente qu'elle se plaît à humilier. Un portrait au vitriol d'une Amérique décadente.
- ***Continents à la dérive*** (1985), de Russell Banks (Actes Sud, coll. « Babel »). Un père de famille abandonne sa vie étriquée dans son New Hampshire glacial pour tenter sa chance, avec femme et enfants, sous le soleil de Floride. Une jeune Haïtienne et son neveu fuient la misère et la violence de leur île, attirés par le même soleil. Le récit entremêlé, charnel et poignant, de 2 trajectoires vers l'abîme, fracassées sur la même illusion d'un rêve américain qui n'existe pas (ou si rarement).
- ***Ce monde disparu*** (2015), de Dennis Lehane (Payot et Rivages). En 1943, la mafia est prospère aux États-Unis. Après avoir régné sur le trafic d'alcool

en Floride, Joe Coughlin a passé la main à son second. Mais il continue d'agir comme conseiller pour d'autres gangsters. Un jour, il reçoit la visite d'un gardien de prison porteur d'un terrible message : un mystérieux commanditaire a mis sur sa tête un contrat dont l'exécution est proche. Joe n'a pas beaucoup de temps pour découvrir qui veut sa peau car il ne peut envisager de laisser son fils orphelin.

Les classiques

– ***Une femme noire*** (1937), de Zora Neale Hurston (L'Aube, 2006). Cette anthropologue aux idées très novatrices et au langage choc s'est interrogée sur l'identité féminine dans le monde rural de la Floride du début du XXe s. Une ancienne esclave, élevée par sa grand-mère, se voit contrainte de se marier à un riche propriétaire pour obtenir une reconnaissance sociale. La jeune femme se rendra vite compte qu'une vie meilleure l'attend, et tentera en s'émancipant de connaître le bonheur. Un classique de la littérature afro-américaine.
– ***En avoir ou pas*** (1937), d'Ernest Hemingway (Gallimard, coll. « Folio »). Certainement pas le meilleur bouquin du grand écrivain, il raconte les trafics d'un contrebandier dans les Keys, avec, à toutes les pages, le mot *cojones* (attributs masculins) !

MESURES

Même s'ils ont coupé le cordon avec la vieille Angleterre, même s'ils roulent à droite, pour ce qui est des unités de mesure, les Américains ont conservé un ***système anglo-saxon.*** Après les Fahrenheit (voir la rubrique « Climat » plus haut), les tailles de vêtements (voir le tableau dans la rubrique « Achats » plus haut) et le voltage (voir la rubrique « Électricité » plus haut), voici encore quelques spécificités à assimiler (bon courage pour les calculs !).

Longueur
1 yard = 0,914 mètre
1 foot = 30,48 centimètres
1 inch = 2,54 centimètres
0,625 mile = 1 kilomètre
1 mile = 1,6 kilomètre
1,09 yard = 1 mètre
3,28 feet = 1 mètre
0,39 inch = 1 centimètre

Poids
1 pound = 0,4536 kilogramme
1 ounce (oz) = 28,35 grammes

Capacité
1 gallon = 3,785 litres
1 quart = 0,946 litre
1 pint = 0,473 litre

PARCS NATIONAUX

Les parcs nationaux *(National Parks)* et les monuments nationaux *(National Monuments)* forment l'épine dorsale des zones protégées américaines, auxquels s'ajoutent *National Seashores* (zones littorales) et autres *National Historical Sites* et *Parks*. Les différences entre eux sont surtout d'ordre administratif. L'ensemble est géré par la même administration *(National Park Service)* et des réglementations très strictes préservent (théoriquement) ces territoires de toute dégradation humaine. Mais Trump le climatosceptique a entrepris de remettre en cause l'agrandissement de certains *Monuments* par Obama juste avant de quitter le pouvoir, et même d'ouvrir plusieurs zones à l'exploitation minière et pétrolière... Le sujet est actuellement porté devant les tribunaux.
Conçus avant tout pour que le public profite de ces zones préservées, ***les parcs ont presque tous été aménagés pour le tourisme*** : campings et bungalows sont ainsi disponibles presque partout, de même que *Visitor Centers* (voir ci-dessous)

et infrastructures diverses. Pour dormir dans un parc en saison, il est bon de ***réserver longtemps à l'avance*** ou de s'y rendre tôt le matin lorsque la résa n'est pas possible.
– ***Pass America The Beautiful** (ou **Interagency Annual Pass**) :* ce sésame vendu à l'entrée de chaque parc donne accès pendant 1 an à tous les parcs et monuments nationaux des États-Unis (nombre d'entrées illimité). Il coûte 80 $ pour une voiture, le titulaire du *pass* et 3 accompagnateurs adultes au maximum (les moins de 16 ans ne comptent pas). Ne vaut le coup que si vous prévoyez de visiter d'autres parcs en dehors de la Floride. Mieux vaut l'acheter une fois sur place, car sinon il est envoyé par courrier. ☎ *1-888-275-8747.* • *store.usgs.gov/pass* •
– ***Les centres d'accueil ou* Visitor Centers *:*** dans tous les parcs, il existe un ou plusieurs *Visitor Centers,* où l'on trouve un plan général du site, un bon choix de cartes topographiques pour les randonnées et des guides naturalistes souvent très bien documentés. C'est le 1er endroit où il convient de se rendre en arrivant. C'est souvent aussi le point de départ des visites guidées (souvent gratuites) et toujours une mine de renseignements. La plupart abritent même de véritables petits musées.
– ***Sites internet des parcs nationaux américains :*** • *nps.gov* •, pour toutes infos utiles, tarifs d'entrée, etc. ; • *recreation.gov* •, pour ***réserver un hébergement*** dans tous les parcs nationaux.

POSTE

Les ***bureaux de poste*** ont des horaires assez variables. Selon leur taille et leur localisation, ils ouvrent entre 7h30 et 10h jusqu'à 16h30-18h, voire plus tard dans les grandes villes ; les principaux sont aussi ouverts le samedi matin. Les ***timbres*** *(stamps)* s'achètent aussi aux guichets *UPS* ainsi que chez certains vendeurs de cartes postales, drugstores et marchands de souvenirs. ***Compter 1,20 $ pour l'envoi d'une lettre ou d'une carte postale en Europe.***

SANTÉ

La sécurité sanitaire est excellente aux États-Unis, mais elle coûte les yeux de la tête, même pour les Américains. Comme dirait l'humoriste Patrick Timsit : « En Amérique, le médecin te fait un diagnostic en une minute. Il appelle ta banque : t'as pas d'argent, t'es pas malade ! »
Pas de consultation médicale à moins de 100-200 $, et l'on ne vous parle même pas d'une visite aux urgences, qui, sans assurance, peut coûter (avec les soins qu'elle entraîne) plusieurs milliers de dollars. On ne plaisante pas. Pour les médicaments, multiplier par 2 au moins les prix français. Voilà pourquoi il est impératif de souscrire avant le départ une ***assurance voyage intégrale*** avec assistance rapatriement (voir la rubrique « Assurances voyage » dans « Avant le départ » plus haut).

Médicaments et consultations

– ***Prévoir une bonne pharmacie de base,*** avec éventuellement un antibiotique à large spectre prescrit par son généraliste, a fortiori si l'on voyage avec des enfants. Si vous souffrez de petits bobos courants ou facilement identifiables (rhume, maux de gorge...), vous pouvez pratiquer l'automédication. Certains médicaments, délivrés uniquement sur ordonnance en France, sont vendus en libre-service aux États-Unis, ***dans les drugstores type* Duane Reade, Walgreens, CVS *ou* Rite Aid** (certains sont ouverts 24h/24). Si vous cherchez du Doliprane, le nom déposé le plus répandu est Tylenol (le ***paracétamol se dit* acetaminophen** ici). Vous trouverez les coordonnées des médecins sur • *yellowpages.com* •, dans l'onglet « *Clinics* » ou « *Physicians and surgeons* ».

En cas de problème ponctuel, tournez-vous plutôt vers *Urgent Care centers (walk-in clinics)*. Mais attention, on le répète : les consultations sont très chères ! – Voir aussi la rubrique « ***Urgences*** » plus loin.

Risques et maladies

Si la ***maladie de Lyme*** *(Lyme disease),* transmise par les tiques lors des promenades en forêt, est assez fréquente dans le nord-est des États-Unis, elle est heureusement rare en Floride. Même chose pour le ***virus du Nil occidental*** *(West Nile virus),* responsable d'une infection le plus souvent asymptomatique mais s'accompagnant parfois d'une redoutable complication, l'encéphalite. Ce dernier est transmis par les moustiques. C'est aussi le cas de la ***dengue,*** qui, en 2010, a fait sa réapparition dans les Keys et dans la région de Miami, d'où elle avait disparu en... 1934. Le moustique tigre, aussi responsable de la transmission du ***chikungunya*** et du ***Zika*** (femmes enceintes attention !), sévit en Floride, notamment l'été pendant la saison humide. Évitez donc autant que possible les piqûres ! Si vous allez dans des zones infestées comme les Everglades, emportez des répulsifs efficaces (par exemple *Insect Ecran*), car ils sont beaucoup plus chers là-bas. Cela peut paraître idiot de vous le rappeler mais gare aux ***alligators,*** qui sont omniprésents en Floride (même aux abords de grandes villes comme Orlando !). Gardez toujours vos distances, même s'ils vous paraissent totalement inoffensifs, voire assoupis. Ce sont des animaux sauvages qui peuvent se réveiller en moins de deux !
Le ***site de Santé Voyages*** *(• boutique-sante-voyages.com •)* propose la vente en ligne de produits et matériel bien utiles aux voyageurs, parfois assez difficiles à trouver : infos complètes toutes destinations, boutique en ligne avec paiement sécurisé, expéditions Colissimo Expert ou Chronopost. ☎ *01-45-86-41-91 (lun-ven 14h-19h).*

Vaccins

Aucun vaccin n'est exigé sur le sol américain (sauf situations particulières, scolaires et universitaires en particulier, plus épidémie de Covid-19 bien sûr), mais, comme partout, soyez à jour de vos ***vaccinations « universelles »*** : tétanos, polio, diphtérie, coqueluche (DTCP), hépatite B et rougeole.

SITES INTERNET ET APPLIS

Sites internet

• ***routard.com*** • Le site de voyage n° 1, avec plus de 800 000 membres et plusieurs millions d'internautes chaque mois. Pour s'inspirer et s'organiser, près de 300 guides destinations actualisés, avec les infos pratiques, les incontournables et les dernières actus, ainsi que les reportages terrain et idées week-end de la rédaction. Partagez vos expériences avec la communauté de voyageurs : forums de discussion avec avis et bons plans, carnets de route et photos de voyage. Enfin, vous trouverez tout pour vos vols, hébergements, voitures et activités, sans oublier notre sélection de bons plans, pour réserver votre voyage au meilleur prix.
• ***frenchmorning.com/edition/miami*** • Créé par des journalistes francophones vivant aux États-Unis pour la plupart, ce webmagazine s'adresse aux Français s'installant à Miami comme aux visiteurs de passage. Revues de presse, chroniques en tout genre et aussi des tuyaux sur les nouveaux restos, les sorties branchées, les expos du moment... Des articles de fond également très intéressants.
• ***frenchdistrict.com/floride*** • Un site bien fait destiné aux Français, expats comme touristes. Dossiers thématiques pour les nouveaux arrivants, conseils de sorties et de visites, bons plans, petites annonces recensant des professionnels (médecins, restaurateurs...) francophones, etc.

- *visitflorida.com* • Le site officiel du Sunshine State ; la traduction automatique en français est médiocre, mieux vaut le consulter en anglais. Infos touristiques diverses et variées.
- *miamiherald.com* • Le site du plus important quotidien du sud de la Floride. Sorties, *news* locales, etc. Nombreux liens.
- *timeout.com/miami* • Actualité culturelle et bons plans : restos, bars, spectacles, festivals, etc., à Miami et ses environs.

Applis vraiment utiles

Certains forfaits des opérateurs de téléphonie mobile permettent d'utiliser son smartphone aux États-Unis sans surcoût. Sinon, profitez des nombreux accès wifi gratuits. Voici une petite ***sélection d'applis gratuites*** à télécharger sur iTunes ou Google Play qui vous rendront quelques services sur place !

- *Maps.me :* ***appli mobile de navigation.*** Il suffit de charger la carte de votre itinéraire en wifi. Ensuite, plus besoin de connexion Internet pour se diriger.
- *Waze :* ***appli mobile de navigation*** qui a la particularité de s'appuyer sur une cartographie élaborée par ses propres utilisateurs. Très pratique.
- *Lyft :* entreprise de mise en contact d'utilisateurs avec des ***conducteurs*** réalisant des ***services de transport.*** C'est l'un des principaux concurrents d'Uber.
- *Best Parking :* pour trouver ***le parking le plus proche et le moins cher*** en fonction de son heure d'arrivée et de son heure de départ. Dans le même registre, aussi ***ParkMe.***
- *Tip Calculator Plus :* permet de ***calculer rapidement le total d'une note de resto*** après y avoir inclus le pourboire et de diviser cette note si chacun paie sa part.
- *Cash Now :* permet de localiser rapidement un ***ATM*** (distributeur de billets).
- *Mia :* ***Miami International Airport*** vous aide à numériser votre carte d'embarquement, fournit infos en temps réel sur les vols, aide à l'orientation dans l'aéroport...
- *Miami-Dade Transit Tracker :* l'appli indispensable ***pour se déplacer à Miami,*** sélectionner ses arrêts, estimer les horaires et, surtout, localiser les attractions autour de chaque arrêt. Pour les personnes à mobilité réduite, l'appli précise aussi s'il y a des escalators ou des ascenseurs.
- *HotelTonight :* pour les adeptes de la ***réservation « à la dernière minute »,*** une appli qui les fera coucher dans un 4-étoiles au prix d'une nuit en auberge de jeunesse.
- *Wynwood Tour Guide :* cette appli payante (moins de 2 $) permet de ***localiser les murals incontournables du quartier de Wynwood*** à Miami, mais aussi les restos, les bars...

TABAC

Les sévères lois antitabac en vigueur un peu partout aux États-Unis sont désormais à peu près aussi strictes en Floride. S'il est ***interdit de fumer dans tous les lieux publics*** (*e-cigarettes* comprises), il reste toutefois possible de le faire dans les zones extérieures aérées de certains bars (hormis ceux des restos). Pour

L'ARNAQUE DE LA LIBERTÉ

Dans les années 1930, American Tobacco *engagea un certain Bernays, psychologue et neveu de Freud. Le but ? Convaincre les femmes de fumer. Son message : la cigarette, symbole de liberté, en fera les égales des hommes. On fit alors défiler des mannequins, une cibiche à la main. Mission réussie.*

les irréductibles, les cigarettes sont en vente dans les stations-service, les drugstores type *CVS, Rite Aid, Walgreens* ou *Duane Reade,* et les boutiques d'alcool *(liquor stores).* Il faut ***avoir au moins 21 ans, même pour les cigarettes électroniques.***

TAXES ET POURBOIRES

D'abord les taxes...

Dans tous les États-Unis, ***les prix affichés dans les magasins, les hôtels, les restos, etc., s'entendent HORS TAXE(S).*** Celle-ci est ajoutée au moment de payer et varie selon l'État, le comté et le type d'achat. Dans les hôtels, en Floride, elle oscille, en gros, entre 8 et 14,5 % ; pour tout ce qui est restos, vêtements, voitures de location..., elle varie entre 6 et 8,50 %. Seuls les produits alimentaires vendus en magasin et la pharmacie sont exemptés.

... puis les pourboires (*tip* ou *gratuity*)

Dans les restos, les serveurs ayant un salaire fixe de 10-15 $/h, le plus gros de leur revenu vient des pourboires. Voilà tout le génie du capitalisme : laisser aux clients, selon leur degré de satisfaction, le soin de payer les serveurs pour les motiver ! Bref, ***le tip est une institution à laquelle vous ne devez pas déroger*** (sauf dans les fast-foods et endroits self-service, où vous pouvez ne laisser que 1 ou 2 $). Un oubli vous ferait passer pour un plouc total !

L'ORIGINE DU *TIP*

Au XVIIIe s, le patron d'un café outre-Manche eut l'idée de disposer sur son comptoir un pot portant l'inscription « To Insure Promptness » *(littéralement, « Pour assurer la promptitude »). Les clients pressés y glissaient quelques pièces pour être servis plus vite. Les initiales formèrent le mot « tip », devenu un incontournable du savoir-vivre américain.*

Au fil du temps, le montant du pourboire n'a eu de cesse d'augmenter. Jadis tournant autour de 12 %, puis 15 %, il est maintenant standard de ***laisser 18-20 %*** du montant hors taxes de la note – les Américains, d'un naturel généreux, donnant jusqu'à 20-25 %. Et le ***nouveau système de paiement par tablette*** n'aide pas, avec ses 3 pourcentages préenregistrés que l'on doit valider avant le paiement. En général, on vous propose 15, 20 et 25 %. Si bien que pour éviter d'être radin, on a tendance à valider la touche centrale de 20 % de *gratuity.* Bien joué, non ? Gardez en tête qu'en additionnant la taxe de vente et le pourboire vous voilà à 25-35 % de plus que le prix affiché...

Si vous signez une facturette, n'oubliez pas de remplir vous-même la case « *Gratuity* », ou de la barrer clairement si vous choisissez de laisser un pourboire en liquide (c'est possible), puis d'indiquer le total. Sinon, le serveur pourrait s'en charger lui-même, ce que vous ne verriez qu'à votre retour, en épluchant votre relevé de compte (au fait, aux États-Unis, *1* s'écrit *I,* sans « tête », donc attention à ce que votre *1* ne soit pas pris pour un *7* qui, lui, s'écrit sans barre horizontale !).

Il arrive aussi – ***presque toujours à Miami et à Key West*** – que le service soit ajouté d'office au total, après la taxe. Bien vérifier votre addition, pour ne pas payer une 2de fois le *tip.*

Dans les ***bars,*** le barman s'attend à ce que vous lui laissiez un petit quelque chose, par exemple 1 $ par bière, même prise au comptoir. C'est une tradition très respectée.

Dans les ***taxis,*** il est de coutume de laisser 18 à 20 % en plus de la somme au compteur. Sinon, le chauffeur mécontent ne se gênera pas pour vous faire remarquer vertement votre oubli...
Enfin, ***prévoir des billets de 1 ou 5 $*** pour tous les petits boulots de service où le pourboire est attendu (bagagiste dans un hôtel un peu chic par exemple).

Calculer son pourboire

Le montant brut de l'addition est sur fond rose :

$	15 %	20 %	$	15 %	20 %	$	15 %	20 %	$	15 %	20 %
1	0.15	0.20	***11***	1.65	2.20	***21***	3.15	4.20	***55***	8.25	11
2	0.30	0.40	***12***	1.80	2.40	***22***	3.30	4.40	***60***	9	12
3	0.45	0.60	***13***	1.95	2.60	***23***	3.45	4.60	***65***	9.75	13
4	0.60	0.80	***14***	2.10	2.80	***24***	3.60	4.80	***70***	10.50	14
5	0.75	1	***15***	2.25	3	***25***	3.75	5	***75***	11.25	15
6	0.90	1.20	***16***	2.40	3.20	***30***	4.50	6	***80***	12	16
7	1.05	1.40	***17***	2.55	3.40	***35***	5.25	7	***85***	12.75	17
8	1.20	1.60	***18***	2.70	3.60	***40***	6	8	***90***	13.50	18
9	1.35	1.80	***19***	2.85	3.80	***45***	6.75	9	***95***	14.25	19
10	1.50	2	***20***	3	4	***50***	7.50	10	***100***	15	20

TÉLÉPHONE ET INTERNET

Les règles de base pour téléphoner des États-Unis

– ***États-Unis → France :*** 011 + 33 + numéro du correspondant à 9 chiffres (sans le 0).
– ***France → États-Unis :*** 00 + 1 + indicatif régional à 3 chiffres + numéro du correspondant.
– ***Tous les numéros de téléphone commençant par 1-800, 1-888, 1-877, 1-866 ou 1-855 (avec ou sans le 1 devant) sont gratuits depuis les États-Unis et le Canada*** (mais pas depuis votre téléphone mobile avec forfait français, attention). On appelle ça les ***toll free numbers.***
– ***Évitez absolument de téléphoner depuis les hôtels,*** qui pratiquent presque toujours des tarifs rédhibitoires. Il arrive souvent qu'une communication téléphonique soit facturée même si l'appel n'a pas abouti ! Il suffit de laisser sonner 4 ou 5 coups dans le vide pour que le compteur tourne...

HALLOD ?

Le 1er central téléphonique du monde fut monté à Budapest par un ingénieur nommé Puskas, collègue de Thomas Edison. Pour tester la ligne, il cria « Hallod », *qui en hongrois signifie « Tu m'entends ? ». Depuis,* « Hallod » *est devenu « Allô » pour une grande partie du monde.*

Le téléphone portable en voyage

Dans les aéroports, les appareils électroniques (smartphones, tablettes, portables...) ***doivent être chargés et en état de fonctionnement*** pour tous les vols allant ou passant par les États-Unis et Londres. Les agents de contrôle doivent être en mesure de pouvoir les allumer. Par précaution, ayez votre chargeur à portée de main. Si votre appareil est déchargé ou défectueux, il sera confisqué. Cette mesure étant susceptible d'être étendue à d'autres aéroports, nous vous conseillons de charger vos appareils électroniques avant le vol, quelle que soit votre destination.

On peut utiliser son propre portable en Floride, à condition de posséder un ***téléphone tri-bande ou quadri-bande*** (seuls les mobiles 3G/4G fonctionnent aux États-Unis) avec l'option « International », mais attention, certains smartphones de marque *Honor* ne sont pas compatibles avec les fréquences américaines. Bien se renseigner avant le départ.

– ***Activer l'option « international » :*** elle est en général activée par défaut. Pensez sinon à contacter votre opérateur pour souscrire à l'option (gratuite) au moins 48h avant votre départ.

– ***Le « roaming » ou itinérance :*** c'est un système d'accords internationaux entre opérateurs. Concrètement, cela signifie que lorsque vous arrivez dans un pays, le nouveau réseau local s'affiche automatiquement. Vous recevez rapidement un SMS de votre opérateur qui propose un ***pack voyageurs*** plus ou moins avantageux, incluant un forfait limité de consommations téléphoniques et de connexion Internet.

– ***Forfaits « étranger » inclus :*** certains opérateurs proposent des forfaits incluant ***35 jours de*** **roaming** ***offerts par an*** dans le monde entier. On peut donc cumuler plusieurs voyages à l'étranger sans se soucier de la facture au retour. Attention, si SMS, MMS et appels sont souvent illimités, la connexion Internet est, elle, limitée. D'autres opérateurs offrent carrément le **roaming** ***toute l'année vers certaines destinations***.

– ***Tarifs :*** ils sont propres à chaque opérateur et varient en fonction des pays (le globe est découpé en plusieurs zones tarifaires). ***N'oubliez pas qu'à l'international vous êtes facturé aussi bien pour les appels sortants que pour les appels entrants*** ; idem pour les textos. Donc, quand quelqu'un vous appelle à l'étranger, vous payez aussi. Soyez bref !

– ***Acheter une carte SIM sur place :*** une option avantageuse pour ceux qui appellent beaucoup. À l'arrivée, rendez-vous dans une boutique de téléphonie (mais évitez l'aéroport, plus cher) pour acheter une carte prépayée de l'un des opérateurs locaux (*Virgin Mobile, AT&T* ou *T Mobile,* par exemple). On vous attribue alors un numéro de téléphone local, un petit crédit de communication et de 4G (dès 30 $, la formule « spéciale touristes » valide en général 3 semaines). Évidemment, on ne pourra plus vous joindre sur votre numéro habituel, mais uniquement sur ce nouveau numéro – sauf si vous avez un téléphone double SIM, bien sûr. Avant de payer, essayez cette nouvelle carte SIM dans votre téléphone – préalablement débloqué – afin de vérifier si celui-ci est compatible. Ensuite, les crédits de communication s'achètent facilement dans les boutiques de téléphonie mobile, supermarchés, drugstores genre *CVS,* stations-service...

La connexion Internet en voyage

– ***Se connecter au wifi*** aux États-Unis est le seul moyen d'avoir accès au Web gratuitement si vous ne disposez pas d'un forfait avec *roaming* offert.

Il est important de désactiver la connexion « Données mobiles ». On peut aussi mettre le portable en ***mode « Avion »*** et activer ensuite le wifi. Attention, le mode « Avion » empêche, en revanche, de recevoir appels et SMS.
En Floride, une grande majorité d'hôtels, restos, bars et même certains espaces publics disposent d'un ***réseau wifi gratuit.***
– Une fois connecté au wifi, vous avez accès à tous les services de la ***téléphonie par Internet comme WhatsApp, Messenger*** (la messagerie de *Facebook*), ***Viber, Signal, Telegram, Imo, Wechat*** et ***Skype.***

Urgence : en cas de perte ou de vol de votre téléphone portable

Suspendre aussitôt sa ligne permet d'éviter de douloureuses surprises au retour du voyage ! Voici les numéros des 4 opérateurs français, accessibles depuis la France et l'étranger :

– ***Free :*** *depuis la France, ☎ 3244 ; depuis l'étranger, ☎ + 33-1-78-56-95-60.*
– ***Orange :*** *depuis la France, ☎ 3900 ; depuis l'étranger, ☎ + 33-969-39-39-00.*
– ***SFR :*** *depuis la France, ☎ 1023 ; depuis l'étranger, 📱 + 33-6-10-00-10-23.*
– ***Bouygues Télécom :*** *depuis la France, ☎ 1064 ; depuis l'étranger, 📱 + 33-6-60-61-46-14.*

Vous pouvez aussi demander la suspension de votre ligne depuis le site internet de votre opérateur.
Avant de partir, notez (ailleurs que dans votre téléphone portable !) ***votre numéro IMEI,*** utile pour bloquer à distance l'accès à votre téléphone en cas de perte ou de vol. Comment avoir ce numéro ? Il suffit de taper sur votre clavier *#06#

Internet et wifi

Si le wifi est disponible gratuitement presque partout, les cybercafés sont devenus une rareté aux States.

Attention piratage : les wifi publics sont de véritables passoires ! Il est très facile, même pour un débutant, de s'introduire sur un réseau. La seule parade véritablement fiable est de ne fréquenter que les sites « certifiés » à l'adresse commençant par « https:// » (avec petit cadenas à côté). Dans ce cas, vos transmissions sont cryptées et donc sécurisées. Les sites les plus sensibles et populaires, comme les banques, ont tous une connexion certifiée.

UN E-MAIL DU MOYEN ÂGE !

Aujourd'hui, le signe @ est entré dans le langage international, mais son origine daterait... du Moyen Âge ! On le trouve dans les écrits à partir du XIIe s, comme abréviation du « ad » latin, avec le « d » entourant le « a ». Les commerçants américains le reprirent au XIXe s comme abréviation de « at » pour désigner un prix. L'arobase a ainsi toujours figuré sur les machines à écrire puis sur les claviers d'ordinateur avant d'être choisi par Ray Tomlinson, l'inventeur de l'e-mail en 1971.

Si vous utilisez un ordinateur en libre-service, évitez d'entrer votre mot de passe ou toute information sensible ! Une quantité phénoménale de ces postes est infectée par des « enregistreurs de frappes », qui peuvent transmettre vos données à un destinataire mal intentionné. Et si, malgré tout, vous utilisez ces postes, pensez à bien vous déconnecter et à ne pas cliquer sur l'option « enregistrer mon mot de passe ».

TRANSPORTS

L'AVION

Les compagnies desservant l'intérieur des États-Unis restent nombreuses et les ***retards*** de vol presque banals tant le trafic est dense. Attention aux ***longs délais de passage à la police des frontières,*** lors d'une ***correspondance*** sur le sol américain en provenance d'Europe ; c'est interminable et ça peut vous faire rater le vol suivant ! ***Prévoir au moins 2h30-3h de battement entre les 2 avions*** quand vous arrivez (d'autant qu'il faut récupérer son bagage de soute sur le tapis et le redéposer plus loin). Sur les ***vols nationaux,*** le service est réduit à sa plus simple expression et la plupart des prestations sont payantes (boissons, collations, écouteurs...). Attention au poids de votre bagage en soute quand vous passez d'un vol international à un vol national.

Les compagnies aériennes

Les achats de billet par téléphone ou en personne au comptoir se voient appliquer des frais supplémentaires (25-50 $) ; mieux vaut donc réserver par Internet...

■ ***Air France :*** *• airfrance.fr •*
■ ***American Airlines :*** *• aa.com •*
■ ***Delta Airlines :*** *• delta.com •*
■ ***United Airlines :*** *• united.com •*

LA VOITURE

La location de voitures

C'est la ***formule idéale pour circuler*** : les distances sont grandes, certaines autoroutes sont gratuites (mais attention aux péages pas toujours bien indiqués ; prévoir l'appoint), tout est prévu pour la bagnole et ***le carburant est bon marché.*** Cela dit, le stationnement dans les grandes villes – Miami en tête – est enquiquinant et vous causera, outre des nœuds au cerveau, une bonne entorse au budget. Autre casse-tête : circuler sans ***GPS*** ou sans une bonne ***appli de navigation*** sur son smartphone (type ***Maps.me*** ou ***Osmand,*** qui fonctionnent hors connexion) n'est pas toujours simple. On passe parfois d'une ville à une autre sans indications claires, surtout au nord de Miami, où les agglomérations se succèdent, ou dans l'entité urbaine Tampa – St Petersburg. Le nom d'une même artère peut d'ailleurs changer plusieurs fois à la suite selon la municipalité qu'elle traverse... C'est la Main St(reet) ou la Central St(reet) de l'agglomération qui fait la différence entre N et S pour les adresses.

La location depuis la France

■ **BSP Auto :** *☎ 01-43-46-20-74 (lun-ven 9h-21h30, w-e 9h-20h). • bsp-auto.com • Réduc de 5 % aux lecteurs de ce guide avec le code « ROUTARD22 ».* Les prix proposés sont attractifs et comprennent le kilométrage illimité et l'assurance tous risques sans franchise (LDW). *BSP Auto* propose exclusivement les grandes compagnies de location sur place, assurant un très bon niveau de service. Le plus : vous ne payez votre location que 5 jours avant le départ.

■ Et aussi : **Hertz** *(☎ 0825-861-861, 0,18 €/mn ; • hertz.com •),* **Avis** *(☎ 0821-230-760, 0,15 €/mn ; • avis.fr •),* **Europcar** *(☎ 0825-358-358, 0,15 €/mn ; • europcar.fr •).*

Quelques règles générales

– Un véhicule peut coûter ***jusqu'à 2 fois moins cher*** quand on a fait sa résa en France plutôt que sur place.

– Les loueurs exigent une carte bancaire pour régler la location de voiture et bloquer une somme en guise de caution. Mais attention, il existe une ***différence entre les cartes de débit et les cartes de crédit.*** Certaines agences peuvent ***refuser la location en cas de paiement par carte de débit.*** Ou bien l'accepter en demandant de souscrire à une assurance complémentaire souvent très chère... Il faut donc avoir une carte de crédit. Vérifiez bien si une mention « CREDIT » (débit différé) ou « DEBIT » (débit immédiat) est inscrite sur votre carte bancaire, sinon renseignez-vous auprès de votre banque (avant votre départ).
Vous pouvez accéder à ces informations concernant les conditions de location des loueurs sur le site ● *bsp-auto.com* ● après avoir lancé votre recherche dans la rubrique « Informations détaillées ».
– Les voitures de location les moins chères sont les ***economy,*** les ***compact*** (catégorie A) et les ***subcompact*** ; ça suffit bien pour 3 personnes si on ne fait pas trop de route. Ensuite viennent les ***intermediate, mid-size, standard-size*** et ***full-size.*** De façon générale, les voitures sont bien plus spacieuses qu'en Europe, à catégorie égale. Le kilométrage est généralement illimité. Il est fréquent que les loueurs vous incitent à prendre une ***catégorie supérieure*** à celle réservée, « pour votre confort personnel », mais le supplément vous sera bien sûr facturé ! Méfiance donc, et lisez bien le contrat avant de partir avec le véhicule.
– Difficile, voire impossible, de louer une voiture si l'on a ***moins de 21 ans,*** et même 25 ans pour les grandes compagnies. Dans le meilleur des cas, en Floride, les moins de 25 ans devront prendre une assurance « Jeunes conducteurs » *(underage surcharge),* qui coûte au moins 27-30 $ par jour.
– ***Avec les cartes de paiement prestige*** comme *MasterCard Gold* ou *Visa Premier,* vous bénéficiez d'une assurance qui couvre en partie accidents, vols et dégradations (renseignez-vous précisément).
– ***Le permis national suffit.*** Le permis international n'est pas exigé.
– Seules les ***grandes compagnies*** sont représentées dans les aéroports. Les moins chères se trouvent en ville, mais si vous arrivez en avion, elles peuvent vous livrer le véhicule.
– ***Drop off :*** on peut rendre le véhicule dans un endroit différent de celui où on l'a pris *(one-way rental),* mais il faut alors payer un ***drop off charge*** (frais d'abandon), qui varie en général selon la distance. Bonne nouvelle : en Floride, c'est le plus souvent gratuit ! Sinon, bien se faire préciser ce tarif et essayer de le négocier : dans les petites boîtes, ça peut marcher.
– Évitez, si possible (certaines compagnies l'imposent), l'option qui permet de ***rendre la voiture avec le réservoir vide.*** Ce plein d'essence est évidemment facturé, et plus cher que si vous le faisiez vous-même. De plus, impossible de rendre le réservoir vraiment vide, ce qui profite à la compagnie. Si vous devez rendre votre voiture à l'aéroport de Miami réservoir plein, faites-le en ville : les stations proches de l'aéroport facturent le gallon plus cher...
– ***Le GPS :*** quelques rares loueurs l'incluent dans le tarif. Souvent, il est en supplément (jusqu'à 20 $ par jour, une véritable escroquerie !). Quitte à nous répéter : ***utilisez une appli de navigation qui fonctionne hors connexion*** (*Maps.me* ou *Google Maps*).

Les assurances

Elles sont nombreuses et on s'emmêle rapidement les pinceaux. Tout est bon pour essayer de vous vendre le maximum d'options, hyper chères, notamment à l'aéroport, quand vous avez votre vol et le décalage horaire dans les pattes !
– Quand on réserve depuis l'étranger, ***les assurances de base et les taxes sont souvent incluses (revérifiez !).***
– ***LDW (Loss Damage Waiver) ou CDW (Collision Damage Waiver) :*** l'assurance tous risques avec suppression de franchise, pour tout dommage occasionné au véhicule *(CDW)* ou pour dommages et perte d'accessoires *(LDW).* Obligatoire avec certaines compagnies et souvent incluse quand on réserve depuis l'Europe.

Distances en km	FORT LAUDERDALE	FORT MYERS	JACKSONVILLE	KEY WEST	MIAMI	ORLANDO	PENSACOLA	TALLAHASSEE	TAMPA	W PALM BEACH
CAPE CANAVERAL	308	396	256	605	350	87	800	498	205	239
COCOA BEACH	427	306	246	547	299	74	760	463	196	196
DAYTONA BEACH	369	333	143	652	404	87	684	377	224	301
FORT LAUDERDALE		214	510	285	40	336	1014	715	377	69
FORT MYERS	214		459	435	227	246	871	573	198	200
JACKSONVILLE	510	446		793	545	216	570	262	303	440
KEY WEST	285	435	793		250	597	1275	975	623	352
KISSIMMEE	311	227	245	571	340	30	710	410	120	241
MIAMI	40	227	544	250		367	1044	745	395	103
NAPLES	169	55	513	380	172	301	925	626	250	237
ORLANDO	336	246	216	597	367		689	390	137	267
SARASOTA	323	114	380	549	340	204	758	459	85	280
ST AUGUSTINE	452	404	63	734	486	158	621	314	285	383
ST PETERSBURG	377	177	335	610	394	169	700	402	32	322
TALLAHASSEE	715	573	262	975	745	390	307		385	645
TAMPA	377	198	303	623	394	137	684	385		310
W PALM BEACH	69	200	440	352	103	267	945	645	310	

Sinon, compter à partir de 9 $ par jour. Elle couvre le véhicule pour tous les dégâts (vol, incendie, accrochages, accidents...), même si vous êtes en tort (hors état d'ivresse), mais pas les dégâts occasionnés aux tiers si vous êtes responsable. Avec une carte de paiement « haut de gamme » *(MasterCard Gold, Visa Premier...)*, il est moins utile de prendre l'assurance *CDW* ou *LDW*, car ces cartes couvrent souvent les frais dus aux dégâts occasionnés aux véhicules.

- ***LIS ou SLI (Liability Insurance Supplement) :*** cette assurance complémentaire augmente le plafond de la garantie civile en cas de dommages corporels aux tiers, si vous êtes responsable de l'accident. Aucune carte de paiement ne l'inclut. Il faut savoir qu'aux États-Unis si vous renversez quelqu'un et que cette personne est hospitalisée pour 6 mois, votre responsabilité peut être engagée bien au-delà de la garantie civile de base prévue par le loueur. Il est donc important d'avoir une couverture en béton. Compter à partir de 15 $ par jour.
- ***PAI (Personal Accident Insurance) :*** assure le conducteur et les passagers pour les frais médicaux liés à un accident. Inutile si vous possédez une assurance personnelle incluant les accidents de voiture. Sinon, compter à partir de 7 $ par jour en moyenne.
- ***PEP (Personal Effect Protection) :*** elle couvre les effets personnels volés dans la voiture. Inutile à notre avis. Il suffit de ne jamais rien laisser de valeur à l'intérieur.

Les loueurs aux États-Unis

- ***Alamo :*** • *alamo.com* •
- ***Avis :*** • *avis.com* •
- ***Budget :*** • *budget.com* •
- ***Dollar Rent-a-Car :*** • *dollar.com* •
- ***Hertz :*** • *hertz.com* •
- ***National :*** • *nationalcar.com* •

Conduire une voiture automatique

Il n'y a que cela aux États-Unis. Voici la signification des différentes ***commandes internes.***

P : Parking (à enclencher lorsque vous stationnez, mais à ne pas utiliser comme frein à main).
R : Reverse (marche arrière).
N : Neutral (point mort).
D : Drive (position de conduite que vous utiliserez quasiment tout le temps).
1, 2 et 3 ou I et L : vous sélectionnez votre propre rapport de boîte (bien utile en montagne ou dans certaines côtes, mais ça consomme plus d'essence).
Pour démarrer, restez obligatoirement sur la position P, sinon le moteur ne se lance pas. Ensuite, pour oublier vos vieux réflexes, calez votre ***pied gauche*** dans le coin gauche et ne l'en bougez plus jusqu'à la fin de votre périple ! On se sert uniquement du ***pied droit*** pour accélérer ou freiner. Pour quitter la position P, ***appuyez sur le frein,*** sinon la manette restera bloquée ! Sinon, sachez que les voitures américaines sont souvent équipées d'un régulateur de vitesse ***(cruise control),*** qui se révèle très pratique sur les longues autoroutes et pour éviter les excès de vitesse.

Les règles de conduite

Les Américains sont globalement plus respectueux que nous du code de la route ; il ne leur viendrait pas à l'idée, par exemple, de bloquer la circulation en se garant en double file pour aller acheter leur journal... La voiture n'est pas ici un engin de course, mais un outil pratique de la vie moderne. On roule pépère, on respecte l'autre, on est tolérant et on ne fait pas n'importe quoi.

- ***Feux tricolores :*** ils sont ***situés après le carrefour*** et non avant comme chez nous. Si vous stoppez au niveau du feu, vous serez donc en plein carrefour ! Autant vous dire qu'après 1 ou 2 incartades (et grosses frayeurs), on prend vite le réflexe !

– ***De nombreux feux sont dotés de radars*** et parfois aussi de capteurs sensoriels, qui détectent les franchissements de ligne d'arrêt au feu orange ou rouge... ***Votre plaque d'immatriculation est relevée*** et l'amende envoyée illico à votre loueur de voitures, qui a précieusement gardé votre empreinte de carte bancaire...
– ***Priorité à droite :*** elle ne s'impose que si 2 voitures arrivent en même temps à un croisement et que celui-ci n'a ni feux ni panneaux, ce qui est rare ; la voiture de droite a alors la priorité.
– ***Tourner à gauche avec une voiture en face :*** un tournant à gauche, à un croisement, se fait au plus court, en passant l'un devant l'autre. Attention : si une pancarte indique « *No left turn* » ou « *No U turn* » (en toutes lettres ou dessiné), poussez jusqu'à la prochaine intersection pour vous engager à gauche.
– ***Tourner à droite à une intersection :*** à condition d'être sur la voie de droite, vous pouvez généralement tourner à droite même si le feu est rouge après avoir observé un temps d'arrêt et vous être assuré que la voie est libre, d'abord au niveau des piétons (qui conservent la priorité) puis des véhicules. Bien entendu, on ne le fait pas si une pancarte indique « *No red turn* ».
– ***Clignotants :*** facultatifs au regard de la plupart des conducteurs américains, tant pour tourner que pour doubler, mais pourtant obligatoires selon la loi. Ne vous laissez pas surprendre !
– ***Erreurs de direction sur l'autoroute :*** il n'est pas rare de devoir faire 10, 20, voire 30 km sans pouvoir faire demi-tour...
– Ne quittez pas vos rétros des yeux, les Américains ***doublent indifféremment par la gauche comme par la droite*** et ne se rabattent pas systématiquement. Le conducteur le plus lent de l'État peut très bien squatter la file de gauche indéfiniment, même si des panneaux l'invitent à se ranger à droite...
– ***Ronds-points (ou giratoires) :*** plutôt rares, ils donnent la priorité aux voitures déjà engagées.
– ***Stops :*** s'il y a plusieurs stops, le 1er qui s'est arrêté est le 1er à repartir. Le *4-way stop,* qui est un carrefour avec un stop pour chacune des 4 rues, est très fréquent aux États-Unis. S'il y a une voiture à chaque stop, bien retenir l'ordre d'arrivée et être fair-play ! Vous verrez, ça marche !
– ***Car pool :*** sur certaines autoroutes, pour faciliter la circulation et encourager le covoiturage, il existe une voie *car pool* (ou *HOV* pour *High Occupancy Vehicle*) réservée aux usagers qui roulent à 2, 3 ou plus par voiture (toute la journée ou seulement à certaines heures). On en trouve notamment à Miami et dans toute son agglomération. Beaucoup moins de monde que sur les autres voies, donc utile aux heures de pointe ! Elles sont généralement matérialisées par un losange blanc au sol. N'empruntez pas ces voies si vous êtes seul à bord (amende élevée).
– ***Limitations de vitesse :*** fixées par les États. Maximum 55 mph (88 km/h) sur de nombreuses routes. Mais sur les autoroutes *(interstates),* la limite peut atteindre 65 mph (104 km/h), voire 70-75 mph (113-120 km/h) en zone rurale. En ville : 15 à 45 mph (24-72 km/h) selon l'endroit et l'importance de la voie. Attention, les radars sont nombreux et la police plutôt vigilante.
– ***Stationnement en ville :*** dans certaines grandes villes (Miami en tête), se garer sans payer est impossible ; il y a ***des parcmètres et des horodateurs partout,*** qu'il faut alimenter toutes les heures, parfois même jusque tard dans la nuit ! Là, on peut souvent payer par carte, voire par téléphone. Dans d'autres villes (comme Naples), c'est beaucoup plus facile, voire gratuit, y compris en plein centre. En tout cas, faites toujours très attention à l'endroit où vous stationnez, sous peine de voir votre pare-brise décoré d'un PV... ou, pire, votre véhicule embarqué par la fourrière. ***Lisez bien les panneaux au coin de la rue,*** ce sont eux, surtout, qui régulent le stationnement : l'accumulation de restrictions peut rendre leur lecture complexe ! La présence de parcmètres et d'horodateurs ne veut pas forcément dire qu'on peut se garer tout le temps... ***Si le bord du trottoir est peint en jaune ou en rouge,*** il indique des restrictions ou interdictions. Le principe : si la bordure du trottoir est colorée, il y a un loup. Dans le doute, garez-vous ailleurs ! Et si le

parcmètre ou l'horodateur est hors service, ne pensez pas faire une bonne affaire : vous devez alors vous garer devant une machine qui fonctionne ! Enfin, ***ne vous garez JAMAIS sur un arrêt d'autobus, ni devant une borne d'incendie*** **(fire hydrant),** ni bien sûr s'il y a un panneau « *Tow away* », qui signifie « Enlèvement ». On vous emporterait la voiture en quelques minutes, et la ***fourrière,*** couplée à l'amende, est très chère (environ 300 $!). Ne dépassez pas l'heure limite de stationnement : les prunes tombent vite, sans sommation. C'est vrai également sur un stationnement privé ou sur le parking d'un commerce, qui peuvent aussi demander les enlèvements.

– ***Bus scolaires à l'arrêt :*** très important, lorsqu'un *school bus* (jaune) s'arrête et qu'il met ses feux clignotants rouges, l'arrêt est obligatoire dans les 2 sens, pour laisser traverser les enfants qui en descendent. Si on le suit, ne ***surtout pas le doubler.*** À l'arrêt, un petit panneau « stop » est souvent automatiquement déployé, sur la gauche du véhicule. C'est l'une des infractions les plus gravement sanctionnées aux États-Unis.

– ***Respect dû aux piétons :*** vous verrez souvent le panneau ou l'inscription au sol « *Xing* ». Ce n'est pas du chinois, c'est l'abréviation de *crossing* (croisement)... Ici, le respect des passages protégés n'est pas un vain mot. Dès qu'un piéton fait mine de s'engager sur la chaussée pour la traverser, tout le monde s'arrête (enfin, presque).

– ***PV :*** si vous avez un PV (*ticket* en anglais) avec une voiture de location, mieux vaut le payer sur place (par carte de paiement via le site internet indiqué au dos). Sinon, c'est votre loueur qui la réglera pour vous, avec votre carte de crédit évidemment, doublée d'une majoration et de frais de dossier. Ben voyons !

L'essence

Bonne nouvelle, elle est ***moins chère que chez nous*** (environ 2,80-3,20 $ pour 1 gallon, soit 3,8 l environ). Comme en Europe, les voitures roulent à l'essence sans plomb *(unleaded),* dont il existe plusieurs qualités. La moins chère, la ***regular unleaded 87,*** convient parfaitement ***pour les voitures de location.***

Dans les stations-service *(gas stations),* le ***règlement par carte de paiement à la pompe*** ne marche pas toujours avec une carte étrangère. Dans ce cas, ***il faut aller prépayer à la caisse*** en indiquant un montant... Euh, et comment je sais combien d'essence veut ma voiture ? Si vous avez surestimé le montant de ce plein (par exemple, si vous aviez annoncé 30 $ et que finalement vous n'en avez mis que pour 26 $), les 4 $ de différence vous seront recrédités sur-le-champ. Qui a dit « pas pratique » ?

Circuler et s'orienter

On distingue les ***freeways*** (larges autoroutes aux abords des grandes villes), les ***interstates*** (qui relient les États entre eux, désignées par la lettre « I ») et les ***routes secondaires*** (numéros à 2 ou 3 chiffres). Ouvrez bien l'œil et sachez vers quel point cardinal vous vous orientez, car les panneaux font plus souvent état du numéro de la route (avec indication North, South, West...) que du nom des villes. Sur les *interstates,* le numéro de la sortie correspond au mile sur lequel elle se trouve. Ainsi, la sortie après la n° 189 peut très bien être la n° 214.

Les péages autoroutiers en Floride

Certains tronçons d'autoroute (baptisés ***turnpikes***) et ponts desservant les îles littorales sont payants, notamment dans les agglomérations d'Orlando et de Miami. L'autoroute US 75 qui relie Naples à Fort Lauderdale ainsi que celle entre Orlando et Miami, avec prolongation jusqu'à Homestead, sont également payantes. Avis important : ***beaucoup d'autoroutes à péage en Floride n'acceptent plus les paiements en espèces ni même par carte,*** et ce système, appelé *cashless,* est en train de se généraliser ! Plus de barrière ni de guichet, mais un rack de caméras vidéo reliées à un ordinateur central qui lit votre plaque d'immatriculation (souriez). Si vous louez une voiture, votre loueur vous proposera de ***souscrire un forfait*** **SunPass** (à des tarifs très variables et de plus en plus cher...), couvrant vos frais de péage pendant toute la durée de la location. Les prix desdits péages étant très bas, c'est tout bénef pour eux et la société gestionnaire... Si vous optez pour cette formule, un ***transpondeur*** planqué dans la bagnole sera activé par le loueur. Si vous zappez cette option, ***tout passage devant une caméra sans que le transpondeur ait été activé par votre loueur vous coûtera une pénalité*** + le prix du péage (ne souriez plus)... Les champions (championnes) du GPS peuvent tenter de contourner les péages, au risque, au retour, de voir que plusieurs centaines d'euros ont été débitées de leur compte, parce qu'ils ont finalement oublié d'éviter tel ou tel tronçon...

Les cartes routières et GPS

Presque toutes les ***stations-service*** en vendent une large gamme à des prix tournant autour de 5-7 $ (notamment la collection *Rand McNally*). Celles (gratuites) des agences de location de voitures peuvent dépanner, sans plus. Lorsqu'on traverse la frontière d'un État, on trouve très souvent aussi un *Visitor Center* où il est possible d'obtenir gratuitement une carte routière de l'État. Quant au ***GPS, téléchargez votre parcours quand vous avez du wifi*** et optez pour un logiciel qui fonctionne hors connexion.

La location de camping-cars (ou *RV* ou *motor home*)

Voyager en *RV* (prononcer « anreviii », pour *Recreational Vehicle*) est une expérience unique. Comparés à nos camping-cars, les *RV* américains sont le plus souvent énormes, de la taille d'un bus ! Il y en a heureusement de plus modestes... À privilégier pour pouvoir stationner plus facilement. L'inconvénient, c'est que ce mode de transport est ***assez lent*** et surtout ***très cher*** (de l'ordre de 1 200 $ HT par semaine pour le plus petit des modèles) comparativement à un séjour voiture + motels. D'autant qu'au prix de la location s'ajoutent évidemment l'***essence*** (de 12 à 45 l aux 100 km selon les modèles !) et l'***emplacement dans les campings,*** puisqu'il est interdit de passer la nuit au bord d'une route. Compter 40-60 $ la place (voire jusqu'à 100 $, comme à Key West) avec *hook-up,* les branchements eau et électricité, dont vous aurez besoin pour l'AC ou le chauffage (*full hook-up* avec la vidange en plus). Même dans la journée, il est ***interdit de se garer n'importe où*** ; dans certaines grandes villes, on vous met en fourrière dans l'heure. Les parkings des hypermarchés ou des magasins sont parfois tolérés, à condition d'y faire ses courses avant, d'éviter tout déballage et de laisser les lieux propres.
Un permis classique suffit pour conduire un *RV,* encore faut-il évidemment se sentir capable de le faire ! Si vous êtes intéressé, mieux vaut louer le véhicule depuis la France, car, en haute saison, il est parfois difficile d'en trouver sur place.

L'auto-stop *(hitchhiking)*

Devenu rare, le stop n'est pas pour autant formellement interdit, sauf dans le comté de Monroe (les Keys) et partout sur les autoroutes (mais pas sur leurs voies d'accès). Il est aussi illégal de faire du stop dans les parcs fédéraux. Reste que, aux États-Unis, c'est louche de ne pas avoir de voiture.

LE BUS

Le ***réseau Greyhound*** *(• greyhound.com •)* couvre la quasi-totalité du pays. Mais il n'y a pas qu'eux ! D'autres compagnies proposent des offres très concurrentielles, comme ***Megabus*** *(• us.megabus.com •)*. Les ***billets*** s'achètent dans les gares routières, par téléphone et surtout sur Internet. Là, grâce aux offres spéciales, ***c'est souvent 2 fois moins cher*** !

En réservant, faites attention aux diverses formes de trajet : ***express, non-stop, local...*** Comparez simplement l'heure de départ et l'heure d'arrivée, vous saurez ainsi quel est le plus rapide. Les bus offrent un certain ***confort*** : w-c à bord et AC, ce qui veut dire qu'il peut y faire très frais : prévoyez un pull. Intéressant de nuit, car ils permettent de couvrir des distances importantes tout en économisant une nuit d'hôtel !

Chez *Greyhound,* pas de place numérotée ; donc, si vous ne voulez pas être obligé d'attendre le prochain bus, venez au moins 30 mn à 1h avant le départ, surtout si vous avez des bagages à mettre en soute ! En ***période de fêtes,*** c'est pire : les bus sont souvent pris d'assaut. Lors des ***arrêts en route,*** si vous descendez pour une courte pause, respectez impérativement le temps donné par le chauffeur. Ce dernier repartira à l'heure annoncée, sans état d'âme pour ceux qui ne sont pas remontés à bord ! Et relevez le numéro du bus pour remonter dans le bon !

LE TRAIN

➢ ***Bright Line :*** • *gobrightline.com* • Ce nouveau train à grande vitesse relie Fort Lauderdale à Miami en 30 mn. Compter 1h pour West Palm Beach. Gros plus : elle dessert directement les centres-ville, un vrai avantage, notamment à Miami. Les prix sont en revanche assez élevés (résa obligatoire). D'ici 2023-2024, la ligne devrait être prolongée jusqu'à Orlando et changer de nom. Les liaisons sont suspendues durant l'épidémie de Covid.

➢ ***Amtrak :*** • *amtrak.com* • 2 trains/j., le *Silver Meteor* et le *Silver Star,* relient Miami à New York (durée : 27-31h) via Orlando, Jacksonville, Savannah, Charleston et Washington DC.

URGENCES

– ☎ ***911*** *(numéro national gratuit).* L'opérateur vous mettra en relation, selon votre problème, avec le service adéquat (police, pompiers ou ambulances). Si vous ne parlez pas l'anglais, précisez-le *(« I don't speak English, I am French »).*

MIAMI ET LA BAIE DE BISCAYNE

Miami et Miami Beach sont 2 entités distinctes : d'un côté, Miami Beach, coquette, flambeuse et fêtarde, qui surfe encore sur la vague des Années folles ; de l'autre, la Miami bosseuse et innovatrice ayant misé sur l'art, le design et l'architecture pour séduire les investisseurs... Toutes 2 regroupées sous un seul et même vocable... « Miami » tout court !
Métropole cosmopolite ouverte sur la Caraïbe (à seulement quelques heures de bateau), Miami est donc tout naturellement imprégnée de culture latino... Terre d'accueil depuis toujours (la ville reçoit encore aujourd'hui une centaine d'émigrants par jour), « Magic City » s'est imposée en quelques années comme destination culturelle et touristique de 1er ordre, grâce notamment à la manne que représentent les bateaux de croisière en escale (6 millions de passagers annuels).
Et puis Miami, c'est avant tout la plage. Un long ruban de sable fin baigné de soleil toute l'année, qui égrène un ensemble quasi ininterrompu de stations balnéaires jusqu'à Palm Beach, la fameuse *Gold Coast* (développée plus loin).

MIAMI

471 000 hab. (2,75 millions dans le comté de Miami-Dade)

- Pour les plans de Miami, se reporter au plan d'ensemble et aux zooms détachables en fin de guide.

À la fois ***1er port croisiériste au monde et 2e ville la plus visitée des États-Unis*** (après New York), Miami a le vent en poupe depuis plusieurs années. Désormais affublée du surnom de « capitale de l'Amérique latine », cette terre d'exil (plus de la moitié des habitants du Grand Miami sont nés à l'étranger) doit en grande partie son essor économique à l'***importante communauté hispanique*** qui la compose, et plus particulièrement à la bourgeoisie cubaine accueillie à partir des années 1960.
Pourtant, si aujourd'hui rien ne semble pouvoir arrêter sa croissance dans des domaines aussi variés que le tourisme, l'industrie aéronautique, le numérique (Miami est la 1re ville des États-Unis pour l'activité des start-up) ou encore l'industrie culturelle, la ville a connu, au fil de son histoire, des périodes d'essor et de déclin.
Au boom immobilier initié dans les années 1920 succèdent la période mafieuse de l'après-guerre, puis ***la lente décadence des années 1980.*** Les images d'une Miami glamour diffusées sur fond de lutte contre le trafic de stupéfiants véhiculées par la série *Deux flics à Miami (Miami Vice)* n'y suffiront point. La ville des 90's, alors en proie aux trafics en tout genre, devient une plaque tournante du trafic de drogue aux États-Unis.

Dans les années 2000, et surtout à la sortie de la crise financière de 2008, ***les investisseurs sentent le vent tourner.*** Miami Beach, dont les façades Art déco des bâtiments historiques avaient un peu pâli, reprend alors de la vigueur à la faveur d'un programme de réhabilitation, tandis que de nouveaux projets sortent des cartons. C'est le cas de Wynwood, ancienne zone manufacturière désertée, devenue un véritable musée d'art à ciel ouvert, ou encore du Miami Art District, où se sont implantés designers et galeristes pour servir de faire-valoir au commerce haut de gamme.
Mais que dire des mégaprojets destinés à faire de Miami l'une des principales destinations du ***tourisme de luxe*** dans le monde, annoncés pour la décennie à venir ? Comme le *Miami Worldcenter* (2e plus grand chantier de développement des États-Unis), qui doit densifier l'actuel Downtown, ou l'*OVNI Resorts World Miami,* vaste complexe estimé à plus de 3 milliards de dollars, doté de 6 gratte-ciel en forme de corail et prévu en bordure de la baie de Biscayne... Ou encore le *Magic City Innovation District,* qui devrait voir le jour du côté de Little Haïti et de Little River, 2 quartiers parmi les plus défavorisés de la ville, connaissant déjà un embryon de gentrification. Que dire enfin du développement du port de croisière qui devrait, à l'horizon 2035, propulser des passagers à peine débarqués directement vers les parcs d'attractions d'Orlando à bord de trains nouvelle génération ?

UN PEU D'HISTOIRE

Bien avant la découverte de l'Amérique, un ***campement des Indiens calusa*** occupe l'embouchure d'une grande rivière sinueuse qu'ils appellent *Mayami* (signifiant « grande eau » ou « lac intérieur »). L'endroit est occupé par un fort militaire au début du XIXe s, avant de devenir une vraie ville par la volonté de ***Julia Tuttle,*** la « ***mère de Miami*** », une riche veuve qui a investi dans une vaste plantation de citronniers. Elle convainc ***Henry Flagler,*** grand promoteur de la Floride, de prolonger sa ligne de chemin de fer jusqu'ici en 1896. Désormais accessible, Miami Beach s'impose rapidement comme un ***lieu de villégiature pour les riches Américains*** séduits par les palaces récemment construits, la plage, le soleil et la mer... Dans les années 1920, la municipalité autorise les jeux d'argent et refuse d'appliquer la Prohibition, ce qui lui vaut un accroissement notable de population. Les 1ers ***édifices Art déco*** sortent de terre. En 1926, un terrible cyclone ravage la ville, faisant des milliers de sans-abri et, 3 ans plus tard, la crise de 1929 donne un sérieux coup de frein à l'expansion de la station balnéaire.
La région relance son économie grâce à l'industrie aéronautique. La Seconde Guerre mondiale fait de Miami l'***un des 1ers centres hospitaliers des forces armées,*** avant que les touristes américains n'y débarquent en masse dans les années 1950 et 1960, aux côtés des stars de la musique et du cinéma.

MIAMI LA COSMOPOLITE

The Gateway to the Americas (« la porte des Amériques ») ou encore *Capital of Latin America* (« capitale de l'Amérique latine »), ainsi surnomme-t-on Miami depuis l'afflux de ***400 000 Cubains fuyant la révolution castriste*** en 1959... 20 ans plus tard, un 2d exode (dit « de Mariel ») a lieu : quelque 150 000 Cubains, pour la plupart pauvres, anciens taulards ou handicapés mentaux, expulsés par Castro, trouvent refuge en Floride. Les bidonvilles et la misère côtoient le faste et l'arrogance. L'importante population hispanophone et les forts liens économiques de la Floride avec l'Amérique latine font aujourd'hui de Miami et de sa région un ***centre important du monde hispanique.*** À Miami, ***70 % des habitants parlent l'espagnol.*** Cela dit, les Cubains ne sont pas la seule composante du melting-pot hispanique de Miami : on trouve également des Nicaraguayens, des Honduriens, des Mexicains, des Portoricains, des Dominicains, des Colombiens...

La communauté noire (19,2 %) comprend en outre une communauté haïtienne, qui compte environ 30 000 âmes (100 000 dans le Grand Miami), lesquelles habitent (encore pour le moment, car le quartier est en ligne de mire des investisseurs) dans le quartier de Little Haïti et qui, elles, parlent le créole. Les Blancs non hispaniques ne sont guère que 12 % à Miami, parmi lesquels des Européens et des Canadiens. La ***communauté francophone*** s'affiche en bonne position dans le monde des affaires, de l'hôtellerie et de la restauration, grâce notamment aux ***Québécois,*** qui viennent prendre ici leurs quartiers d'hiver.

LA RENAISSANCE DE MIAMI BEACH

Miami Beach, cœur de la cité balnéaire, a bien failli sombrer dans l'ennui, tant les retraités étaient nombreux, en hiver, à venir chauffer leurs vieux os au généreux soleil de Floride. On la surnommait même « la salle d'attente de Dieu »... En ***1976,*** les bulldozers des promoteurs sont prêts à tout raser quand un groupe d'artistes emmenés par Barbara Baer Capitman obtient le ***classement de ce décor emblématique de l'*American way of life.**
Depuis 1979, ce sont quelque ***960 bâtiments décatis qui ont subi une cure de jouvence les uns après les autres,*** en arcs-en-ciel rétro de néons et béton coloré, lavande, turquoise ou menthe à l'eau. Aux fenêtres, à l'angle des rues, face à l'emblématique hôtel *Fontainebleau,* au pied de façades couvertes de mosaïques un rien aztèques ou de trompe-l'œil, se redessinent les images qui ont valu à l'***Art Deco District*** (ADD) d'être classé au registre national des lieux historiques. À travers ces lignes épurées, ces formes fluides, ornées de colonnades grecques et de frontons babyloniens, se révèle toute l'insouciance de l'entre-deux-guerres. Les colonies juives et québécoises, venues des froids new-yorkais et canadiens, fondent comme neige au soleil. Exit les ***retraités,*** bonjour les ***friqués.*** L'installation en 1991 du couturier ***Versace*** à la Villa Casuarina inaugure le temps des stars, qui rachètent à prix d'or – et avant que la crise ne s'en mêle – les mètres carrés situés entre les 5e et 21e Rues. Cette flambante renaissance doit beaucoup, sans doute, à la série télé ***Deux flics à Miami,*** qui redonna au lieu le *glitter* des jours ensoleillés. Miami Beach est aujourd'hui ***un des hauts lieux mondiaux de la mode,*** un vrai paradis du fric et de la frime, à l'instar de Saint-Trop' et d'Ibiza. Capitale économique du sud des États-Unis, elle reste aussi une plaque tournante du trafic de drogue, même si elle s'en défend... Bref, une atmosphère sulfureuse, doublée d'un parfum de scandale, qui continue d'attirer les ***vedettes du showbiz*** : Oprah Winfrey, Jennifer Lopez, P Diddy, Shakira, Matt Damon... beaucoup ne jurent que par Miami, et les prix s'en ressentent !

Arrivée à l'aéroport

✈ ***Miami International Airport*** *(MIA ; plan détachable Miami, A2-3) :* • *miami-airport.com* • L'aéroport comprend 3 terminaux formant un U : nord (*concourse* D), central (E, F, G) et sud (H et J). *Air France* est au H ou au J, *Swiss* et *Air Canada* sont au J, *XL Airways* et *Corsair* au F. Les arrivées internationales ont lieu au niveau 3. Kiosque d'information (*concourse* J), de même qu'aux 1er (D) et 2e niveaux (E et H).

■ ***Location de voitures :*** les principaux loueurs sont ***Alamo*** *(☎ 305-633-6076),* ***Avis*** *(☎ 305-341-0936),* ***Budget*** *(☎ 305-871-2722),* ***Dollar*** *(☎ 1-866-434-2226),* ***Enterprise*** *(☎ 305-633-0377),* ***Hertz*** *(☎ 305-871-0300),* ***National*** *(☎ 305-638-1026),* ***Payless*** *(☎ 305-870-0397),* ***Sixt*** *(☎ 305-503-9849)* et ***Thrifty*** *(☎ 1-800-367-2277).* Les compagnies sont regroupées au *Rental Car Center,* que l'on rejoint en 5-10 mn par le *MIA Mover* (métro automatique, niveau 3, gratuit). Elles disposent aussi pour la plupart d'un bureau dans Downtown ou à Miami Beach.

Pour rejoindre Miami

Emprunter le ***Mia Mover*** (métro automatique, niveau 3, gratuit) pour *Central Station,* attenante au *Rental Car Center.* Des distributeurs permettent l'achat de billets pour bus et métro, à l'unité (aller simple) ou sous forme de forfaits intéressants si vous comptez vous déplacer beaucoup en transports en commun : voir plus loin « Circuler dans Miami. Transports en commun ».

➢ ***Metrobus, bus urbains :*** • *miamidade.gov/transit/metrobus.asp* • Pour Miami Beach, le ***bus nº 150*** *(Airport Flyer)* va jusqu'à South Beach en descendant Collins Ave depuis le nord, puis Washington Ave jusqu'à South Point Drive. Tlj 6h-23h40, ttes les 20-30 mn ; durée du trajet 30 mn-1h. Dans le sens inverse : tlj 5h10-22h55. Tarif : 2,25 $. C'est le meilleur rapport efficacité-prix ! On demande l'arrêt en tirant sur la cordelette jaune (le chauffeur ne marque pas systématiquement tous les arrêts). Pour Downtown, il y a bien le ***bus nº 7*** mais préférer le *Metrorail* (voir ci-dessous), plus rapide.

➢ ***Metrorail :*** mêmes coordonnées et tarifs que le Metrobus ci-dessus. La ligne orange dessert Downtown en 15 mn max (stations Government Center et Brickell) et continue vers Coconut Grove. Fonctionne tlj, 5h-minuit (2h ven-sam), ttes les 10-15 mn en journée (30 mn 20h30-minuit). Le métro ne dessert pas Miami Beach.

➢ ***Navettes Super Shuttle :*** • *supershuttle.com* • Minibus privatisés ou collectifs assurant la navette jusqu'à Downtown (env 17 $/pers) ou Miami Beach (22 $/pers). Résa et paiement en ligne. Le 2ᵉ passager paie moitié prix. Départ niveau 1 des halls D et J, près des taxis.

➢ ***Taxis :*** au niveau 1. Compter env 30 $ pour Downtown et 35-40 $ pour Miami Beach.

➢ ***Voiture :*** l'*Airport Expressway* (payante) est la solution la plus rapide pour gagner l'échangeur de l'autoroute I-95. De là, on prend soit la I-95 (gratuite) vers le sud pour rejoindre *Downtown,* soit la I-195 (gratuite) pour *Miami Beach.* Pour éviter la portion payante, prendre Le Jeune Rd vers le nord puis NW 36th St vers l'est.

Arriver – Quitter

En bus

🚌 ***Gare routière Greyhound*** *(plan détachable Miami, B3) :* *3801 NW 21st St (à la Central Station de l'aéroport).* Ⓜ *Miami Int'l Airport. Ouv 24h/24.*

➢ ***Fort Lauderdale et West Palm Beach :*** mieux vaut prendre le *Bright Line* (voir plus loin).

➢ ***Key West :*** trajet env 4h30. Dessert toutes les Keys en chemin.

➢ ***Naples :*** trajet env 3h30.

➢ ***Tampa :*** trajet env 5-6h par le bus direct, sinon 10h avec transfert à Orlando.

➢ ***Orlando :*** prendre le bus de nuit (durée env 4h30), sinon certains mettent plus de 10h pour faire le trajet !

En train

🚆 ***Gare ferroviaire Amtrak*** *(plan détachable Miami, B1) :* *8303 NW 37th Ave.* • *amtrak.com* • *Au nord-ouest de la ville, à Hialeah (la gare ferme entre 21h15 et 7h). Tri-Rail depuis l'aéroport ou* Ⓜ *Tri-Rail depuis Downtown. De South Beach, prendre le bus, ligne L, depuis l'arrêt situé devant le Convention Center (17th St/Convention Center). Compter 20 mn de trajet. Fonctionne 24h/24.*

➢ Plusieurs trains/j. pour ***Orlando, Jacksonville, Savannah*** ; 1-2 trains/j. pour ***Boston, New York, Washington DC, Charleston,*** mais là il faut compter parfois jusqu'à 30h de trajet !

🚆 ***Gare Tri-Rail*** *(plan détachable Miami, A3) :* *3801 NW 21st St (à la Central Station de l'aéroport).* • *tri-rail.com* • Ⓜ *Miami Int'l Airport.* Cette sorte de RER relie l'aéroport de Miami à West Palm Beach en passant par Fort Lauderdale et son aéroport. Lun-ven ttes les 20 mn-1h 4h17-21h42 ; w-e ttes les heures 5h17-21h42.

Gare Bright Line *(zoom détachable Downtown, D3)* **:** *NW 1st Ave (entre NW 3rd St et NW 8th St).* • *gobrightline.com* • Permet de relier Fort Lauderdale en 30 mn et West Palm Beach en 1h par une sorte de TGV. À l'avenir, cette ligne poussera jusqu'à Orlando en 3h et sera rebaptisée. Départs ttes les heures ou presque 6h40-23h10.

S'orienter à Miami, quartier par quartier

D'un côté, ***Miami Beach,*** qui s'étire de tout son long en bord de plage sur une île reliée au continent par plusieurs grands axes dont un payant pour les voitures *(Venetian Causeway).* De l'autre, ***Miami,*** campée sur le continent et résultant d'un savant assemblage de quartiers le plus souvent communautaires formant comme un patchwork. L'une et l'autre de ces 2 entités, qui disposent de leur propre service de trolleys gratuits, sont reliées entre elles par un service de bus (lignes C, M, S, L, 120 et 150).

– ***Miami Beach :*** c'est LA station balnéaire par excellence, bâtie dans les années 1930 pour le tourisme de luxe. Les avenues y sont orientées nord-sud. Les rues, numérotées, les croisent sur un axe est-ouest. Ainsi, une adresse au 1550 Collins Avenue se trouve entre 15th et 16th Street ; une autre au 532 Washington Avenue se situe entre 5th et 6th Street... Fastoche, non ? Dans le sens nord-sud, c'est Lincoln Road, dont la majeure partie est piétonne, qu'il faut avoir en tête car elle s'intercale entre 16th et 17th Street.

Au sud de Miami Beach (***South Beach*** ou ***SoBe***) s'étend l'***Art Deco District,*** un ensemble architectural remarquable qui concentre l'animation nocturne, notamment sur Ocean Drive.

Miami Beach est séparée de Downtown par la baie de Biscayne, que traversent 4 grands axes. ***Le seul qui possède une piste cyclable est la Venetian Way.*** Mis à part la ligne de bus n° 150 (desserte de l'aéroport), qui emprunte la Julia Tuttle Causeway (Cswy 195), et la ligne L (desserte de la gare Amtrak), qui passe par la JF Kennedy Causeway, toutes les 2 situées au nord, les autres lignes de bus assurent la liaison entre Miami Beach et Miami par l'intermédiaire de la Mac Arthur Causeway au sud.

– ***Downtown*** et ***Brickell*** sont veillés aujourd'hui par plus de 80 gratte-ciel, dessinant une *skyline* somme toute relativement modeste comparée aux autres grandes villes américaines, mais pas dénuée d'allure pour autant. Miami peut même se targuer de posséder ***l'un des rares* downtowns *des États-Unis où les gens habitent vraiment*** et où les résidents des autres quartiers viennent pour se détendre ou faire du shopping. C'est ici que la ville a grandi, au débouché de la Miami River dans la baie de Biscayne. On y trouve des centres d'intérêt de 1re importance : ***Museum Park,*** qui rassemble le Perez Art Museum et le Frost Museum of Science, ***Adrienne Arsht Center for the Performing Art*** (le plus grand centre de spectacles des États-Unis après le Lincoln Center de New York) et un *mall* de dernière génération : ***Brickell City Centre.*** Downtown est aussi la porte d'accès au plus grand terminal de paquebots de croisière du monde par l'intermédiaire des excursions en bateau proposées à partir du très populaire ***Bayside Marketplace.***

Flagler Street d'est (E) en ouest (W) et ***Miami Avenue*** du nord (N) au sud (S) divisent Downtown en 4 secteurs : NW, NE, SW et SE. Les avenues sont orientées nord-sud, les rues est-ouest ; la plupart sont numérotées, parfois baptisées d'un nom. Mais le plus sympa ici, c'est de « survoler » le quartier en *Metromover.* C'est gratuit et ça permet de s'arrêter où l'on veut.

Le quartier est en restructuration permanente. Il bénéficie d'une ***belle animation le soir*** à l'heure des *happy hours* dans l'un des nombreux bars ou restos du ***Mary Brickell Village,*** qui rassemblent les habitants du quartier. Un excellent moyen de faire miam-miam avec les Miamians !

– ***Wynwood et Miami Design District :*** à quelques encablures au nord de Downtown (accessible gratuitement en trolley depuis Adrienne Arsht Metromover Station), ***Wynwood,*** quartier autrefois mal famé, est aujourd'hui en plein boom urbanistique. Autrefois temple de la création artistique – suite à la « décentralisation » de l'expo mondiale d'art contemporain *Art Basel* –, ***Wynwood est désormais le quartier le plus en vogue de la Magic City.*** Remarquable non pour la présence d'ateliers d'artistes (ces derniers ont migré vers le nord dès l'arrivée de la 1re pelleteuse) mais pour **ses centaines de murals** (murs peints de fresques), attirant de nombreux visiteurs de jour comme en soirée. On adore l'ambiance propice à la découverte et à l'émerveillement que procure un safari-photo à vélo ou à pied. Juste au-dessus, le ***Miami Design District*** propose quant à lui galeries d'art et ateliers de design. Ces quelques blocs coincés entre 41st et 38th Street, la NE 2nd Avenue et la N Miami Avenue sont devenus ces dernières années la vitrine du luxe à Miami. Avec ses nombreuses boutiques haut de gamme, ses restos chics et quelques surprenantes réalisations architecturales, dont l'emblématique ***Museum Garage*** *(angle NE 41st St/NE 1st Ave),* c'est l'endroit m'as-tu-vu par excellence ; alors, préparez vos selfies ! ***De Miami Beach, on se rend sans problème à vélo dans ces 2 quartiers en empruntant la* Venetian Way.** Compter 30-40 mn quand même, mais la promenade est agréable et se fait sans problème. En revanche, en soirée, préférez vous y rendre en *Uber* ou en *Lyft* car il n'y a souvent pas de lumière sur les vélos et certains quartiers périphériques ne sont pas tout à fait sûrs.

– ***Little Havana :*** à l'ouest de Downtown. Rien ne laisse présager durant une visite de Little Havana que le véritable essor économique de Miami est principalement dû à la vague d'émigration cubaine des années 1960. Little Havana se présente aujourd'hui comme un quartier tout ce qu'il y a de plus ordinaire, rien à voir avec La Havane. Il y a belle lurette que la bourgeoisie cubaine, très impliquée politiquement dans la marche de la cité et dans ses affaires, a migré vers des quartiers plus riants. Cependant, ***si Little Havana est un quartier plutôt banal en journée, ce n'est pas du tout la même chose en soirée,*** où la *Calle Ocho,* son épine dorsale, regorge de restos et de bars *caliente.* Pas facile de s'y garer.

– ***Little Haïti :*** au nord de Miami Design District, Little Haïti est un quartier en pleine métamorphose. Promis à un développement urbanistique du même acabit que celui qui a permis à Wynwood de décoller, le quartier amorce aujourd'hui un phénomène avéré de gentrification. Si la communauté haïtienne débarquée ici dans les années 1980 occupe encore majoritairement les petites maisons basses qui bordent ses larges rues à angle droit, elle assiste aujourd'hui à l'arrivée en masse des investisseurs. ***Ici réside une communauté créole francophone, avec ses habitudes, ses petits restos et bars, ses boutiques ésotériques,*** les traditionnelles *botanicas*. Un quartier agréable et surprenant, à découvrir à la faveur d'une visite guidée.

Pour y aller depuis Downtown, bus nº 9 ou trolley (gratuit) depuis Downtown avec changement dans Miami Design District, mais c'est plus pratique en voiture.

– ***Coconut Grove et Coral Gables :*** en longeant la côte vers le sud, on rejoint la verdoyante ***Coconut Grove.*** Jadis repaire des artistes et des intellectuels, elle s'est par la suite embourgeoisée avant de connaître un regain d'intérêt. Ce fut le quartier habité le plus ancien de Miami. Il aligne aujourd'hui ses hôtels et ses restos noyés dans une végétation exubérante, mais excepté le ***Vizcaya Museum and Gardens*** et quelques jardins botaniques, rien de bien transcendant à y faire, c'est plutôt un quartier pour résidents tendance *hipster*. Pour s'y rendre depuis Downtown, trolley *Coconut Grove Route* depuis Ⓜ Douglas Road ou bus nº 48 depuis Ⓜ Brickell.

Plus à l'intérieur des terres, ***Coral Gables*** est un quartier résidentiel de style méditerranéen datant des années 1920. Intéressant pour ses résidences splendides, son légendaire hôtel ***Biltmore,*** la ***Venetian Pool,*** très rafraîchissante, et le ***Lowe Arte Museum.*** C'est un quartier vert intéressant à arpenter à vélo à la découverte des différents « villages » : Italian Village, French Normandie Village, Chinese Village... L'axe est-ouest, le fameux ***Miracle Mile,*** rassemble de nombreux magasins et des galeries d'art. Depuis Downtown, trolley *Coral Way* depuis le *Metromover* Freedom Tower ou depuis le Ⓜ Brickell. Sur place, *Freebee,* une navette gratuite « à la demande », permet de partir à la découverte du quartier.

– ***Key Biscayne :*** cette île résidentielle, réputée pour son tournoi international de tennis, est fort prisée des golfeurs et des retraités pleins aux as, qui s'y sentent en sécurité (pour vous donner une idée, Julio Iglesias a mis en vente un bout de terrain là-bas pour la bagatelle de 150 millions de dollars !). Nous, on aime bien son parc naturel et sa plage, à l'extrémité sud de l'île, quand bien même ils ont eu à pâtir du passage de l'ouragan Irma en 2017. L'accès se fait par le pont Bear Cut Bridge (payant) depuis le sud de Downtown.

Circuler dans Miami

La ***marche*** et le ***vélo*** sont les meilleurs moyens pour découvrir Miami Beach. Pour le reste de Miami, le réseau de transports en commun (en partie gratuit et très efficace) permet de faire le tour de la question. Circuler en voiture peut être un choix, mais le prix du stationnement risque rapidement d'assécher votre porte-monnaie.

Transports en commun

Miami bénéficie d'un excellent réseau de transports en commun. Les tarifs sont très accessibles. ***Le EASY Ticket coûte le même prix quelle que soit la distance*** : 2,25 $ (2,65 $ pour les bus express) et donne accès à tous les changements pour une durée de 3h. Si vous comptez bouger pas mal, autant acheter un forfait ***EASY Card,*** valable 1 jour (5,65 $) jusqu'à 2h le lendemain matin, ou 7 jours consécutifs (29,25 $). On se les procure ***dans toutes les stations de métro*** ou chez des distributeurs agréés (liste sur Internet).

– ***Renseignements sur les transports en commun de Miami (Miami Dade Transit) :*** *Transit Service Center, 111 NW 1st St, 1er étage, attenant à la station Government Center (zoom détachable Downtown, D4). • miamidade.gov/global/transportation/transit-pass.page • Lun-ven 7h-18h.* Possibilité de récupérer les horaires papier sur place ou, le plus simple, de télécharger en ligne sur votre smartphone le ***Transit Tracker Mobile,*** très bien fait. Sinon, l'appli ***Easy Pay Miami,*** vous permet de régler vos déplacements avec votre smartphone.

➢ ***Metrorail :*** ce métro aérien compte 2 lignes. La ***ligne orange*** relie l'aéroport à Dadeland South via Downtown, Brickell, Vizcaya, Coconut Grove et l'université (Lowe Art Museum). La ***ligne verte*** emprunte le même itinéraire dans sa partie sud et remonte au nord-ouest pour desservir la gare *Amtrak* moyennant un transfert à la station *Earlington Heights.* Sur le tronçon commun, les trains passent toutes les 5-7 mn 5h-20h30, puis toutes les 15 mn jusqu'à minuit (15 mn également le week-end). Sur le reste du réseau, le temps d'attente est double (10-30 mn). Au sud, au-delà de la station Dadeland South, le bus n° 34, en site propre, prend le relais pour rallier Florida City.

➢ ***Metrobus :*** ce vaste réseau d'une centaine de lignes de bus couvre tout le comté Miami-Dade. On peut payer à bord (appoint exigé). En cas de correspondance, favoriser l'*EASY Ticket.* Nous indiquons les lignes et correspondances avec le métro pour chaque site éloigné.

➢ ***Metromover :*** *tlj 5h-minuit.* Interconnecté au *Metrorail* et aux bus, ce joli métro aérien automatisé ***dessert gratuitement le centre-ville*** en 3 lignes. La ***Inner Loop*** tourne sur elle-même autour de l'hypercentre ; correspondance avec *Metrorail* et bus pour l'ouest à Government Center. La ***Omni Loop*** monte au nord jusqu'à l'*Omni Terminal / Arsht Metromover,* d'où l'on peut prendre un bus pour Miami Beach et le nord de la ville. La ***Brickell Loop*** descend jusqu'au Financial District en desservant le *Brickell City Centre* au passage ; correspondance avec *Metrorail* et bus pour le sud à la station Brickell. Nous indiquons les stations les plus proches de chacune de nos adresses et sites à voir. Gratuit, ce métro aérien est quasiment une attraction touristique en soi (voir plus loin « À voir. À faire. À Miami Downtown »).

➢ ***Trolleys de Miami :*** *• miamigov.com/trolley • Lun-sam 6h30-23h (celui de Little Haïti ne fonctionne que jusqu'à 20h), dim 8h-20h (pas de trolley dim à Wynwood).* En tout, une douzaine de lignes de ***bus GRATUITS*** et relookés en trolley d'antan. Principales lignes : ***Wynwood,*** qui relie *Omni (Adrienne Arsht Metromover Station)* à la 36th Street (2 blocs au sud de Miami Design District) et dessert tout Wynwood ; ***Biscayne,*** qui relie Brickell au Miami Design District en remontant Biscayne Blvd ; ***Little Haïti,*** qui relie Miami Design District à la partie nord du quartier (84th St) ; ***Little Havana,*** que l'on prend à partir de la station Brickell et qui circule au retour sur la *Calle Ocho* ; ***Coral Way,*** qui va de Coral Gables au port de Miami en desservant au passage Brickell et Vizcaya. Et enfin ***Coconut Grove Route,*** qui part du Ⓜ Douglas Rd pour rejoindre l'est de Coconut Grove.

➢ ***Trolleys de Miami Beach :*** *• miamibeachfl.gov/city-hall/transportation/trolley/ • Tlj 6h (8h dim)-minuit.* 6 trolleys ***GRATUITS*** sillonnent Miami Beach en boucle *(loop)* du sud au nord. Leurs fréquences varient de 15 à 20 mn. 3 circulent à South Beach, les ***South Beach Loops*** (la A, la B et celle qui passe par 11th Street, avec une fréquence de 40 mn pour cette dernière) avec possibilité de transfert de l'une à l'autre ; la ***Middle Beach Loop,*** qui intéresse la partie comprise entre Lincoln Rd au sud et 43rd St au nord ; la ***North Beach Loop*** (entre 65th St et 88th St) et la ***Collins Express,*** qui assure la liaison entre la *South Beach Loop A* au niveau de 17th St et la *North Beach Loop.*

Vélos et skates, trottinettes *(push scooters)* et rollers

Ces moyens de transport sont complètement adaptés à l'exploration de Miami Beach, notamment grâce à la ***piste cyclable en site propre*** qui longe la plage du sud au nord.
En principe : ***port du casque*** obligatoire pour les moins de 18 ans.

CitiBike : *• citibikemiami.com • Tarifs (30 mn-24h max) : 4,50-24 $.* Vélos en libre-service 24h/24, dans une centaine de stations. Attention, il faut avoir au moins 18 ans pour en bénéficier. On prend son vélo directement après avoir fait glisser sa carte de paiement dans la fente et choisi sa durée de location. Si vous dépassez le temps imparti, il vous en coûtera 4,60 $ par tranche de 30 mn, donc privilégiez les sauts de puce...

■ ***South Florida Trikke*** *(zoom détachable Miami Beach, G3,* ***6****) : 226 14th St. ☎ 305-830-9440. • southfloridatrikke.com • Tlj 9h-20h.* Location de vélos *(env 25 $/j.),* rollers et skates. Très central, c'est également le plus matinal des loueurs. Personnel accueillant. Propose aussi des visites guidées à vélo ou à Segway, et même... en Ferrari !

Miami Beach Bicycle Center *(zoom détachable Miami Beach, G4,* ***4****) : 746 5th St (angle Meridian Ave). ☎ 305-674-0150. • bikemiamibeach.com • Tlj 10h-19h (17h dim).* Un marchand de vélos sérieux et gentil, qui propose de louer des vélos électriques ou non *(5-20 $/h et 18-50 $/j.).* Matériel bien entretenu mais « 1er arrivé, 1er servi », alors se pointer dès l'ouverture.

■ ***Fritz's*** *(zoom détachable Miami Beach, G3,* ***5****) : 1014 Lincoln Rd. ☎ 305-532-1954. • fritzsmiamibeach.com • Tlj 11h-21h.* Location de vélos *(env 25 $/j.),* rollers, *push scooters* (trottinettes), skates et... *long boards* (longs skates très populaires ici). Son grand avantage : ferme tard.

Taxis

Très nombreux (particulièrement à Miami Beach), ils fonctionnent 24h/24.

Vous pouvez les prendre n'importe où, ou en appeler un *(**Central Cab,** ☎ 305-532-5555 ; • centralcab.com •).* Les tarifs sont de 6,90 $ pour le 1er mile, puis 2,40 cents pour chaque mile supplémentaire, plus 40 cents par minute d'attente. Les éventuels péages routiers sont en supplément. Au moment de régler la note, n'oubliez pas d'***ajouter 18 à 20 % de pourboire*** au prix affiché au compteur (sauf si le chauffeur l'a déjà intégré en vous annonçant oralement le montant, ce qui arrive souvent quand ils prennent des étrangers, et en particulier des Français).

Voiture

Si vous comptez séjourner à Miami Beach avant de vous rendre dans les Everglades, dans les Keys ou de monter jusqu'à Orlando, inutile de louer votre voiture dès votre arrivée à l'aéroport. Faites-le juste avant de quitter la ville. La raison ? ***À Miami Beach, les parkings sont chers, et stationner est un vrai casse-tête*** (minimum 15-20 $ par nuitée dans un parking municipal, le moins cher étant celui situé sur 5th St et Alton Rd), alors qu'à Miami Downtown il ne vous en coûtera que 5 $ la nuitée. Comptez bien 25-30 $ la nuitée dans un parking privé à Miami Beach. Ne comptez pas non plus vous garer dans la rue, car la plupart des places sont réservées aux résidents, tandis que les ***parcmètres*** et ***horodateurs*** sévissent généralement de 8h à 2h du matin à raison de 2 $/h, voire de 4 $/h à Miami Beach (faites le calcul, ça fait cher la journée à la plage !). Sachez également que les horodateurs acceptent les cartes de paiement mais plus rarement les billets. Le moindre oubli ou stationnement gênant (bien lire les instructions sur chaque place) est aussitôt sanctionné par une prune, voire la ***fourrière (fuyez les panneaux « Tow away » ou « Tow zone »)*** ; c'est un vrai business ! Pour vous aider à trouver le parking le moins cher, le site *• parkme.com/fr/ •* ou l'appli du même nom sont très utiles car ils donnent le taux d'occupation des places en temps réel et vous indiquent le prix. Si vous visitez Downtown, un petit parcmètre tout jaune (qui ne fonctionne qu'avec des pièces) situé au pied de la station de ***Metromover Bayfront Park*** permet d'***acheter des minutes de stationnement au profit des* homeless** (les sans-abri). Enfin, puisque c'est ça aussi Miami, la plupart des ***hôtels*** vous permettent de faire le grand seigneur en confiant vos clés au *valet,* qui la parquera pour vous : compter alors ***30-45 $ les 24h...***

Adresses et infos utiles

Informations touristiques et services

ℹ ***Art Deco Welcome Center*** *(zoom détachable Miami Beach, G3,* ***2****)* **:** *1001 Ocean Dr. • mdpl.org/welcome-center • Dans le hall du musée. Tlj 9h-17h (19h jeu).* Renseignements sommaires, brochures (en français) et plans. Organise des visites guidées de la ville (voir ci-après).

ℹ ***Greater Miami Convention & Visitors Bureau*** *(zoom détachable Downtown, E4,* ***3****)* **:** *701 Brickell Ave, suite 2700 (dans le building de la Bank of America), à Downtown. • miamiandbeaches.com • Metromover : 8th St. Lun-ven 8h30-18h ; fermé w-e.* Renseignements sommaires, cartes, infos et brochures sur Miami.

– ***Bons plans :*** procurez-vous le bimensuel gratuit *Where (• wheretraveler.com •)* ou l'hebdomadaire *New Times (• miaminewtimes.com •)* et le supplément du vendredi du quotidien *Miami Herald* (payant ; *• miamiherald.com •*) pour connaître les dernières adresses tendance et les manifestations culturelles du moment. Dans la même veine, la brochure *Welcome,* disponible dans tous les lieux touristiques, fournit de nombreuses informations utiles. Également *• miami.com • timeout.com/miami •* et *• miamiandbeaches.com •* pour leurs calendriers d'événements. Voir aussi les journaux en ligne *• courrierdesameriques.com/floride •* et *• frenchdistrict.com •* pour les événements dans la sphère francophone, mais pas que...

Consulats

■ ***France*** *(zoom détachable Downtown, D4) : 1395 Brickell Ave, immeuble du Conrad Hotel, suite 1050. ☎ 305-403-4150. • miami.consulfrance.org • Metromover : Financial District. Sur rdv uniquement (en ligne). En cas d'extrême urgence seulement (perte de passeport d'un mineur voyageant sans ses parents, disparition inquiétante d'un mineur, décès, arrestation ou accident grave), le consulat est joignable après 17h au ☎ 786-682-0834.* Le consulat peut, en cas de difficultés financières, vous indiquer la meilleure solution pour que des proches vous fassent parvenir de l'argent (avec *Western Union* par exemple), ou encore vous assister juridiquement en cas de problème.

■ ***Canada*** *(zoom détachable Downtown, E4) : 200 S Biscayne Blvd, Wachovia Financial Center, suite 1600. ☎ 305-579-1600. En cas d'urgence : ☎ 1-888-949-9993 ou 613-996-8885. • international.gc.ca • Metromover : Bayfront. Sur rdv uniquement.*

■ ***Belgique*** *(zoom détachable Downtown, E4) : 990 Biscayne Blvd, suite 701. ☎ 305-600-0982. • consulmiami@gmail.com •* Pas de bureaux ouverts au public, il s'agit d'un consulat honoraire.

■ Pour la ***Suisse,*** il existe un consulat honoraire mais les bureaux ne sont pas ouverts au public. Les questions administratives sont traitées à Atlanta, en Géorgie.

Santé, sécurité

✚ ***Mount Sinai Medical Center*** *(plan détachable Miami, F-G2) : 4300 Alton Rd, à Miami Beach. ☎ 305-674-2121 ou 305-674-2200 (urgences). • msmc.com • Bus M depuis Downtown Omni ou South Beach.*

✚ ***Jackson Memorial Hospital*** *(plan détachable Miami, C-D3) : 1611 NW 12th Ave, à Miami Downtown. Ouv 24h/24. ☎ 305-585-1111. • jacksonhealth.org/Jackson-memorial • Ⓜ Civic Center ou bus M depuis Miami Beach.* C'est le plus grand hôpital du comté de Miami-Dade.

– ***Sécurité :*** si les autorités ont pris des mesures efficaces pour enrayer l'insécurité, évitez de traîner dans certains coins peu fréquentés après 18h tels que Little River, Biscayne Boulevard (entre 64th et 79th Street), Allapattah (en particulier Liberty City) et Opa-locka.

Culture, visites guidées

■ ***Art Deco Welcome Center*** *(zoom détachable Miami Beach, G3,* ***2****) : 1001 Ocean Dr, au sein de la* Miami Design Preservation League. *☎ 305-763-8026. • mdpl.org/welcome-center • Tlj 9h-17h (19h jeu).* Infos sur l'Art déco et South Beach en général. Différents tours thématiques y sont proposés, à Miami Beach et dans les autres quartiers de la ville : l'architecture moderne de Miami, Miami juif, gay & lesbien, *culinary tour...* Résa en ligne possible pour certains tours. Propose aussi un audioguide en français à télécharger sur votre smartphone via leur application *(durée de la visite : env 1h30 ; prix 25 $).*

■ ***Miami Culinary Tours :*** *☎ 786-942-8856. • miamiculinarytours.com • Départs tlj à 12h et 17h pour explorer South Beach ; à 11h30, 12h30 et 15h30 pour Little Havana ; à 12h30 pour Wynwood, Design District et Coconut Groove. Durée : 2h-2h30. Résa conseillée 1-2 j. avt. Compter 59-79 $ (dégustations incluses).* Une manière amusante de découvrir Miami, son histoire et son architecture, à travers sa cuisine ! Excellents guides.

■ ***City Tours – HistoryMiami*** *(zoom détachable Downtown, D4) : 101 W Flagler St, au* Miami Dade Cultural Center. *☎ 305-375-1492. • e.info@historymiami.org • historymiami.org • Metromover : Government Center. Résa par e-mail, tél ou au comptoir du musée. À partir de 30 $ la balade de 2h.* Itinéraires à la découverte des quartiers ou de sites spécifiques. Balades thématiques (architecture, histoire, musées, etc.) à pied, à vélo et également en bateau.

■ ***Miami-en-français :*** *☎ 05-56-52-96-36 (depuis la France) ou*

917-423-5808. ● miami-en-francais.fr ● Réserver à l'avance. À partir de 45 $ la balade de 2-3h à pied, 65 $ à vélo (groupe de 4-12 pers max). Cette agence bordelaise propose de découvrir différents quartiers de Miami accompagné d'un expat français. Pas de problème de langue, donc. Excellentes prestations et accueil personnalisé.

Où dormir ?

Quelques conseils avant de réserver son hôtel

Les hôtels (et auberges de jeunesse) de Miami et de Miami Beach connaissent d'***énormes variations de prix*** en fonction des événements qui s'y déroulent, du jour de la semaine, de l'emplacement de l'hôtel, de sa catégorie et du type de chambre. Autant de paramètres qui peuvent faire tripler, voire quadrupler le prix d'une chambre, alors mieux vaut se pencher sérieusement sur le problème avant de partir.

Avant toute chose, bien ***se renseigner pour savoir si son séjour ne coïncide pas avec un événement majeur*** en consultant un site type *● miamiandbeaches.com ●,* et si possible décaler son séjour (à moins d'y aller spécialement pour cet événement, évidemment...). Ensuite, ***éviter d'y dormir le vendredi et le samedi*** car le week-end les prix sont parfois le double de ceux de la semaine. Sachez aussi que certains hôtels proposent des chambres à 2 lits *queen size,* ce qui permet de dormir à 4 dedans moyennant – ou parfois même pas – un supplément de l'ordre de 20-30 $ par personne environ. Contrairement à l'Europe, il est ***parfois plus avantageux de réserver sa chambre par l'intermédiaire d'un site de résa en ligne*** (type *Booking, Expedia...*) qu'en s'adressant directement à l'hôtel. Enfin, on peut aussi tenter de ***réserver à la toute dernière minute*** par l'intermédiaire d'une appli type *Hoteltonight (● hoteltonight.com ●).* Pour le prix d'une nuit en auberge de jeunesse, on peut parfois coucher dans un 4-étoiles !

Quel quartier choisir ?

Miami Beach, et plus particulièrement ***SoBe,*** concentrant l'essentiel de l'intérêt de la ville, c'est surtout ici qu'il faut résider. À moins d'être venu pour faire la fête, on évitera quand même les charmants hôtels de l'***Art Deco District,*** car ils sont au cœur de l'activité nocturne (prévoir des bouchons d'oreilles, les doubles vitrages sont rares). Sachez aussi que la pointe sud de South Beach est plus résidentielle que la partie nord, donc souvent plus calme. À Miami, ***Downtown*** offre une alternative intéressante dans la mesure où c'est souvent moins cher, notamment en ce qui concerne le parking et les restaurants. Peu d'intérêt à séjourner dans les autres quartiers, hormis éventuellement ***Coconut Grove.***

Attention au *resort fee* !

Désormais, ***pratiquement tous les hôtels exigent un* resort fee *en plus du prix de la chambre, même les auberges de jeunesse !*** Le *resort fee* est un supplément facturé par nuit et par chambre quel que soit le nombre de personnes. Il est censé couvrir les avantages mis à disposition par l'hôtelier : prêt de serviette de plage, wifi, accès à la piscine, thé, café, accord avec un plagiste pour le prêt de transats, etc. Hors taxes (qui sont de 14 % à Miami), il varie de 4-5 $ pour un lit en dortoir en auberge de jeunesse à plus de 40 $ pour un hôtel haut de gamme. On le précise dans le texte quand il nous paraît exagéré.

Enfin, plusieurs établissements proposent une navette pour l'aéroport comprise dans leur *resort fee* (toujours gratuite depuis l'aéroport, parfois payante dans l'autre sens). Sachez que ces navettes ressemblent à du ramassage scolaire et qu'on met un temps fou pour arriver à l'aéroport. Mieux vaut prendre le bus n° 150 à notre avis (meilleur marché et souvent plus rapide).

À Miami Beach

Bon marché (auberges de jeunesse)

Si les **dortoirs** des auberges de jeunesse restent le plus souvent en catégorie « Bon marché », les chambres individuelles tapent vite dans la catégorie « Prix moyens », voire carrément « Chic ».

Freehand Miami (plan détachable Miami, G2-3, **39**) : *2727 Indian Creek Dr (angle 28th St). ☎ 305-531-2727. • freehandhotels.com/miami/ • Lits en dortoir 4-8 pers 26-70 $; doubles et bungalows avec sdb 90-350 $ (200 $ en moyenne), petit déj inclus.* Une AJ nouvelle génération qui a investi les locaux de l'ancien hôtel Art déco *Indian Creek.* L'ensemble a été entièrement relooké, et le résultat est plutôt pas mal. Dortoirs (spacieux) avec sanitaires, chambres privées avec soit 1 lit *king size,* soit 2 lits superposés ; et aussi 3 bungalows avec cuisine. Déco pimpante. Grande salle commune. Cuisine, prêt de vélos et diverses activités au programme. Toujours beaucoup de monde autour de la piscine. Le bar, *The Broken Shaker,* est réputé pour ses cocktails d'anthologie. Bonne ambiance le soir dans le jardin. Resto *Twenty Seven* apprécié aussi le soir. Petite faiblesse sur la propreté et sur l'insonorisation... Mais on vient ici surtout pour y faire des rencontres !

Rock Hostel (zoom détachable Miami Beach, G3, **32**) : *1351 Collins Ave. ☎ 305-763-8146. • rockhostel.com • Transfert gratuit depuis l'aéroport (pour s'y rendre, compter 10 $). Lits en dortoir 6-10 pers 25-45 $, petit déj inclus.* Le hall est vraiment super agréable avec son bar et son balcon-terrasse regardant la rue. Ensuite, un long couloir veillé par d'immenses portraits de stars du showbiz distribue les dortoirs, chacun doté de sa propre salle de bains, d'un mini-coffre-fort et d'une table (et fer) à repasser. Les filles disposent même de 2 dortoirs de 10 lits aménagés spécialement pour elles. Cuisine commune. Propre. Nombreuses activités proposées. Un excellent point d'ancrage à Miami Beach !

Tropics Hotel (zoom détachable Miami Beach, G3, **16**) : *1550 Collins Ave. ☎ 305-531-0361. • tropicshotel.com • Lits en dortoir 4-6 pers 23-40 $; doubles 60-140 $.* Avec son néon aguicheur, cette structure mi-*hostel* mi-hôtel, un tantinet vieillissante, vous promet quelques économies grâce à des promos de dernière minute vraiment avantageuses (merci le *yield management* !). Chambres doubles de bonne taille et dortoirs 4-6 lits – le tout agrémenté d'une grande cuisine extérieure avec d'immenses frigos pour stocker vos denrées. Piscine. Prévoir des bouchons d'oreilles.

De prix moyens à chic

Generator (plan détachable Miami, G2, **21**) : *3120 Collins Ave. ☎ 786-496-5730. • staygenerator.com • Lits en dortoir 4 pers 50-100 $; doubles 200-500 $; petit déj inclus.* À 100 m à peine de la plage, voici un édifice Art déco tout blanc aux balcons soulignés de rouge. Structure mi-hôtel (lits *king size*) mi-*hostel* (beaux dortoirs de 4) des plus séduisante, répartie sur 8 étages (les chambres privées occupant les 4 étages supérieurs). Avec leur déco vintage, les parties communes respirent le bien-être, avec resto façon *martini bar,* véranda garnie de tables basses, force coussins, billard et Photomaton. À l'extérieur : piscine haricot et un bar pour refaire le monde, dont l'esprit rappelle étrangement celui de son concurrent voisin le *Freehand.* Location de skates et de vélos à prix raisonnables. Clientèle éclectique qui va de la bande de potes en vadrouille aux cadres en déplacement pro. Un bon plan.

El Paseo Hotel (zoom détachable Miami Beach, G3, **13**) : *405 Española Way. ☎ 305-400-0767. • elpaseohotel.com • Doubles 100-300 $.* En plein cœur de Miami, dans ce qui fut dans les années 1920 le centre mondial de la rumba. Ce vieil hôtel entièrement relooké dans une dominante taupe rehaussée de pointes de couleur et de céramiques semble tout droit sorti d'un tableau de Hopper. Certaines chambres possèdent un petit balcon sur Española Way, idéal pour un apéro le soir. Dans le bâtiment attenant, quelques apparts avec cuisine tout équipée et 2 chambres. La plage ? À moins de 5 mn à pied ! Bon accueil.

Stardust Hotel *(zoom détachable Miami Beach, G3,* ***17****)* **:** *910 Collins Ave. ☎ 305-763-8653. • thestardusthotel@gmail.com • Doubles 85-250 $.* Stratégiquement situé, ce petit complexe disposant de chambres spacieuses réparties sur 3 niveaux, toutes dotées d'un grand lit *king size* ou de 2 lits *queen* et d'une grande cuisine tout équipée, bénéficie d'un bon rapport qualité-prix. Cependant, à moins d'y être contraint (pas d'ascenseur), on évitera quand même celles du rez-de-chaussée, qui manquent un peu d'intimité. Pas de petit déj, dommage... Pour le reste, c'est un bon plan, d'autant que l'accueil est courtois.

Casa Boutique-Hotel *(zoom détachable Miami Beach, G3,* ***24****)* **:** *1334 Washington Ave. ☎ 786-216-7780. • casamiamihotel.com • Doubles 120-400 $; resort fee 25 $.* Belle petite adresse aux chambres certes petites mais confortables pour peu qu'on sache en choisir une qui ne donne ni sur la poste (réveil garanti à 3h du mat'), ni sur la gaine d'extraction du resto d'à côté. Sinon, excellente literie, propreté au rendez-vous et surtout excellent accueil d'Alex, toujours prêt à vous refiler de bons tuyaux. Un bémol toutefois : le prix franchement exagéré du *resort fee*.

La Flora *(zoom détachable Miami Beach, G3,* ***23****)* **:** *1238 Collins Ave. ☎ 305-531-3406. • laflorahotelsouthbeach.com • Doubles 150-320 $, petit déj continental (léger) compris.* Voilà un hôtel très central qui, derrière sa façade Art déco assez sévère, s'est offert quelques touches de folie dans le *lobby*. Chambres simples et assez classiques (parquet, frigo) mais de bon confort et à des prix relativement raisonnables. Celles de l'arrière sont bien calmes mais assez sombres. Bons services et bons conseils.

Impala Hotel *(zoom détachable Miami Beach, G3,* ***34****)* **:** *1228 Collins Ave. ☎ 305-673-2021. • impala-hotel.miamibeachfl-hotel.com • Doubles 90-180 $; pas de petit-déj.* Lové au fond d'une cour fleurie et arborée, à l'écart du brouhaha de l'avenue, un petit hôtel de charme nickel, situé en plein cœur de ce quartier animé. Chambres spacieuses et de bon confort, avec salle de bains coquette. Accueil pro et souriant. Un bon pied-à-terre pour quelques jours, à l'excellent rapport qualité-prix.

President Hotel *(zoom détachable Miami Beach, G3,* ***18****)* **:** *1423 Collins Ave. ☎ 844-768-9738. • presidentsouthbeach.com • Doubles 130-300 $. Réduc si résa directe sur Internet.* Cet agréable hôtel Art déco qui joue au yo-yo avec sa grille tarifaire (profitez-en quand elle est en bas !) est situé au cœur de l'animation du quartier. *Lobby* avenant avec un petit côté vintage, chambres claires toutes de blanc et de vert vêtues réparties dans 2 bâtiments mais présentant parfois quelques faiblesses côté acoustique (préférez le bâtiment le plus récent). On peut ne pas aimer les photos de nature dans les chambres, mais pour le prix en basse saison, on fermera les yeux... Breakfast tout à fait convenable à prendre dans la salle à côté du *lobby*, en terrasse ou, encore mieux, dans le petit jardin. Évitez l'heure de pointe pour être plus tranquille. Un bon compromis au cœur de la ville.

Townhouse *(zoom détachable Miami Beach, G3,* ***20****)* **:** *150 20th St, à l'angle de Collins Ave. ☎ 305-534-3800. • townhousehotel.com • Doubles 80-275 $.* Construit en 1939 avec une façade dominée par une sorte de kiosque, cet hôtel a bénéficié d'un lifting design d'un blanc immaculé, tempéré par des notes de rouge de la réception aux chambres. Épurées, confortables, avec pour la plupart une banquette en L qui peut faire office de lit gratuit pour invité surprise ! Également 2 *penthouses* avec terrasse privée. Sur le toit, terrasse en teck au-dessus de la mêlée mais sans vue sur la mer, avec parasols et coussins gris et blanc. Location de vélos. Une adresse branchée à 2 pas de la plage, qui bénéficie d'un accueil avenant et décontracté mais qui mériterait d'être mieux entretenue.

– Et aussi : ***Freehand Miami*** (voir « Bon marché »), pour ses chambres doubles et ses 3 bungalows.

De chic à très chic

Pelican Hotel *(zoom détachable Miami Beach, G3-4,* ***28****) : 826 Ocean Dr. ☎ 305-673-3373. • pelicanhotel.com • Doubles 165-235 $ (vue océan jusqu'à 365 $), petit déj léger inclus.* Un coup de cœur pour l'aménagement intérieur de ce petit hôtel Art déco, appartenant à la marque de vêtements italienne *Diesel.* Les 30 chambres sont toutes différentes (on peut s'amuser à les visualiser une à une sur leur site internet), décorées dans un esprit vintage. Parquet ancien, mobilier et objets de déco chinés dans des brocantes de Floride, beaucoup de caractère et d'humour. La douche est un pur plaisir aussi. Quant aux 2 *penthouses,* absolument sublimes (mais inabordables), ils arborent un look fifties que Jacques Tati n'aurait pas renié ! Plage privée pour les clients de l'hôtel, mais pas de piscine.

The Julia *(zoom détachable Miami Beach, G4,* ***15****) : 336 Collins Ave. ☎ 888-336-9841. • thejuliahotel.com • Doubles 160-450 $, petit déj inclus.* ***Hôtel réservé aux plus de 21 ans.*** Un peu à l'écart de l'animation, cet hôtel, entièrement refondu par un designer sur la base d'un antique hôtel Art déco de 1932, est un petit bijou de simplicité. Édifié en l'honneur de Julia Tuttle, la fondatrice de Miami, il offre une trentaine de chambres au design épuré mêlant le gris souris aux teintes corail. Toutes sont très soignées, à l'image des papillons flottant au ciel de certaines chambres, découpés dans du papier par une artiste japonaise. De la literie à mémoire de forme à la salle de bains high-tech, tout est très classe. Machine à expresso, TV grand écran, atmosphère adoucie par de nombreux jeux de lumière naturelle. Petit déj continental d'inspiration française. Terrasse. Vin offert au retour de la plage. Les amoureux, vous allez être comblés !

The Local House *(zoom détachable Miami Beach, G4,* ***36****) : 400 Ocean Dr. ☎ 305-538-5529. • localhouse.com/sleep • Doubles 165-500 $. Réduc si résa directe sur Internet.* Petit boutique-hôtel frais et coloré à 100 m de la mer, dans la partie tranquille d'Ocean Drive. La petite vingtaine de chambres fleure bon la fibre écolo. Déco façon *Côté Sud,* avec juste ce qu'il faut de lumière et de couleurs douces pour arrondir les angles d'un mobilier contemporain. Évidemment, tout confort : thé-café-tisane, et même un siège relaxant pour détendre son corps meurtri par une pleine journée de plage. Sur le toit, piscine et terrasse permettent de parfaire son bronzage. Excellent accueil et prêt de vélos.

Albion Hotel *(zoom détachable Miami Beach, G3,* ***19****) : 1650 James Ave. ☎ 305-913-1000 ou 1-877-782-3557. • rubellhotels.com • Doubles 100-500 $. Parking 35 $.* Cet hôtel Art déco, surmonté d'une tourelle avec son enseigne en néon, ne manque pas d'élégance. Malgré les 100 chambres (tout rond) au compteur, il y règne une atmosphère paisible qui contraste avec l'animation du quartier. Déco élégante inspirée des bateaux de croisière des années 1930, agrémentée des œuvres d'art de la famille Rubell (voir Wynwood Art District), toujours propriétaire des lieux. Attention, les chambres standard sont petites, préférez la taille au-dessus. La piscine, ouverte 24h/24, permet aux nageurs de se faire photographier du dessous comme dans un aquarium. Accueil irréprochable.

The Redbury *(zoom détachable Miami Beach, G3,* ***27****) : 1776 Collins Ave. ☎ 305-604-1776. • redburymiami.com • Doubles 190-500 $, petit déj parfois offert si résa directe à l'hôtel ; resort fee 30 $.* Superbe boutique-hôtel de dimension humaine, calme malgré la présence de Collins Avenue (double vitrage), et au design plaisant d'inspiration Art déco moyennant quelques touches de couleur savamment dosées. L'ambiance générale fleure bon les vacances les doigts de pied en éventail, notamment grâce à la piscine en *rooftop.* Les chambres sont très confortables, même celles d'entrée de gamme, avec minibar, machine à café et un électrophone assorti de vieux vinyles pour s'endormir au grésillement du diamant. Resto italien. Accès à la plage et au *fitness center* du *Delano.* Reste plus qu'à surveiller les promos !

Cadet Hotel *(zoom détachable Miami Beach, G3,* ***41****) : 1701 James Ave. ☎ 305-672-6688. • cadethotel.com • Doubles 120-250 $.* Construit en 1941, l'hôtel accueillit jusqu'en 1949 les Cadets de l'armée de l'air américaine sous le commandement du capitaine Clark Gable (oui, l'acteur), dont la photo trône dans le *lobby.* Aujourd'hui, ce charmant boutique-hôtel situé à 100 m de la plage propose des chambres somme toute assez classiques, dont les salles de bains ont été récemment entièrement relookées. Petite piscine, jacuzzi et spa. Bar à whiskys et très bon restaurant de cuisine française, *Pied à Terre,* mais pas donné !

Urbanica – The Meridian *(zoom détachable Miami Beach, G4,* ***25****) : 418 Meridian Ave. ☎ 305-495-5362 ou 305-392-7752 (résa). • urbanicathehotels.com • Doubles 150-350 $.* À vrai dire, la façade sur rue de cet hôtel pour *hipsters* qui compte désormais 5 unités dans le quartier ne paie pas de mine, austère et blanche comme un cierge de Pâques. Pourtant, le lieu ravira les amateurs d'intérieurs minimalistes et de design pointu. Sur les 4 types de chambres, on retiendra que la « mini » est vraiment petite mais avantageuse. Les autres vont de la taille moyenne à la vraiment grande (terrasse privée, jacuzzi...) mais à des prix parfois franchement borderline. Jolie (petite) piscine. Si celui-ci est complet, on vous conseille, juste à côté, l'excellent ***Urbanica – The Euclid Hotel,*** appartenant au même groupe *(426 Euclid Ave ; ☎ 305-397-8144 ; doubles 150-300 $).*

Gale South Beach Hotel *(zoom détachable Miami Beach, G3,* ***42****) : 1690 Collins Ave. ☎ 305-673-0199. • galehotel.com • Doubles 150-450 $; aussi des studios.* Né de la réunion de 2 hôtels Art déco, cet établissement a fait l'objet d'une rénovation de qualité, intégrant des éléments contemporains aux richesses de son passé architectural. Le hall est la réplique de celui d'origine, avec des bois chauds, des meubles d'inspiration Art déco et des photos noir et blanc regardant avec nostalgie la splendeur de la Miami des 40's. Dans les chambres, assorties de leur salle de bains en marbre, l'élégance à l'italienne est de mise, et le confort très haut de gamme. Superbe piscine chauffée à débordement sur le toit.

The Marlin Hotel *(zoom détachable Miami Beach, G3,* ***48****) : 1200 Collins Ave. ☎ 305-695-3000. • themarlinhotel.com • Doubles 155-500 $; sérieuses promos si vous optez pour 3 nuits consécutives en réservant à l'avance.* Voilà un drôle d'oiseau : cet hôtel de poche de 33 chambres (22 ou 40 m^2), installé dans un édifice typique de 1939, a subi un lifting asiatisant (version contemporaine, bien sûr), mais un peu surprenant dans cet écrin Art déco. *Lobby,* resto et bar traités dans un style un peu chargé à dominante noir et or. Plus de zénitude dans les chambres, aux tons clairs et doux. Pour la petite histoire, la maison a abrité pendant un demi-siècle un studio d'enregistrement qui a vu passer les plus grands.

Blanc Kara *(zoom détachable Miami Beach, G4,* ***26****) : 205 Collins Ave. ☎ 786-216-7205. • blanckara.com • Doubles 130-320 $ en moyenne.* ***Moins de 21 ans refusés.*** Petit boutique-hôtel très smart dont la proprio belge a fait designer par un compatriote la vingtaine de studios, dont certains disposent d'une terrasse privative, dans un style qui brasse avec élégance les matières, les formes et les couleurs. Beaucoup de cachet. Côté confort, de grands lits *king size,* une cuisine bien équipée (plaques de cuisson, frigo, lave-vaisselle) et des salles de bains avec douche à gros pommeau. À cela, ajoutez plein de petites attentions d'un personnel latino avenant, de bons conseils et la proximité de la plage. Une adresse qu'apprécieront les amoureux – d'ailleurs, toutes les chambres sont limitées à 2 personnes et interdites aux mineurs. Bon accueil.

Kimpton Surfcomber Hotel *(zoom détachable Miami Beach, G3,* ***33****) : 1717 Collins Ave. ☎ 305-532-7715. • surfcomber.com • Doubles 200-550 $.* Boutique-hôtel de 200 chambres avec accès direct à la plage, bénéficiant d'une déco pêchue et colorée, à l'image de la chaîne *Kimpton.* Éclairage zénithal, petits coins propices aux papotages et beaux volumes rehaussés par quelques sculptures bizarroïdes. Des couloirs longs comme des tunnels mènent aux chambres, très belles, dont la déco privilégie confort et modernité. Tout un tas de petits plus : peignoirs, chaussettes, parapluie (eh oui, même ici !). Les stores vénitiens permettent de doser la lumière extérieure. Pour ne rien gâcher, une belle piscine. Côté papilles : le *Social Club* sert une cuisine fusion au wok et le *High Tide* fait plus resto-bar de plage. Seul bémol, son voisin le *SLS* s'excite parfois en décibels jusqu'à pas d'heure, alors mieux vaut choisir sa chambre.

Essex House *(zoom détachable Miami Beach, G3,* ***22****) : 1001 Collins Ave, à l'angle de 10th St. ☎ 877-532-4006. • essexhotel.com • Doubles 135-400 $.* À un bloc de la mer, un boutique-hôtel au cachet indéniable, édifié en 1938 par le fameux architecte Art déco Henry Hohauser, avec une façade soutenue d'un liseré rose, et un toit qui se prolonge par une mâture de néons. Chambres classiques dans les tons crème-chocolat avec double vitrage et tout le confort moderne, même si ça reste souvent assez sonore quand même. Nos préférées donnent sur le jardinet tropical. Bar-*lounge* en terrasse devant, prolongé par une toute petite piscine séparée de la route par une haie végétale. Tout dépend vraiment de la chambre que vous obtiendrez. Accueil moyen.

Lennox Miami Beach *(zoom détachable Miami Beach, G3,* ***35****) : 1900 Collins Ave. ☎ 305-531-6800. • lennoxmiamibeach.com • Doubles 200-450 $.* Une bulle de luxe et de volupté que cet hôtel au cadre Art déco d'origine. Pour la petite histoire, sachez que le lieu, construit en 1936, était loué par l'armée américaine pendant la Seconde Guerre mondiale et utilisé comme base de commandement. Bon, désormais, c'est un hôtel de caractère aux chambres élégantes et sophistiquées, designées et décorées par le célèbre architecte d'intérieur argentin Juan Ciavarella, rien que ça. Un doux mélange de matériaux écologiques recyclés et de meubles artisanaux du monde entier. Et le résultat est somptueux ! Belle piscine intérieure baignée par un puits de lumière.

Greystone *(zoom détachable Miami Beach, G3,* ***45****) : 1920 Collins Ave. ☎ 305-847-4000. • greystonemiamibeach.com • Doubles 240-440 $.* ***Hôtel réservé aux plus de 21 ans.*** Ce nouvel écrin bohème-chic occupe un bâtiment Art déco des années 1940. Il abrite une centaine de chambres spacieuses, lumineuses et cosy, où les lignes brutes des boiseries s'entremêlent harmonieusement avec les couleurs douces. Excellent resto de cuisine japonaise flirtant avec les saveurs françaises. Cerise sur le *Greystone* : un superbe *rooftop* avec piscine et bar, surplombant Collins Avenue.

Spécial folie

Miami Beach compte de (très) nombreux ***hôtels exceptionnels par leur passé, leur architecture et leur aménagement intérieur*** souvent confié à de grands noms de la déco et du ***design.*** Hormis quelques salutaires promos sur Internet, c'est évidemment trèèèèèès cher. Mais si vous avez décidé de ne pas être regardant, lâchez-vous ! Et sinon, allez-y en simple visiteur, juste pour vous rincer l'œil.

The National Hotel *(zoom détachable Miami Beach, G3,* ***30****) : 1677 Collins Ave. ☎ 305-532-2311. • nationalhotel.com • Doubles 200-500 $.* Hôtel grand luxe, joliment rénové dans un caractère typiquement Art déco, ce qui fait d'ailleurs son principal intérêt (contrairement à d'autres établissements estampillés Art déco qui ne sont en définitive que des coquilles vides). Dans la salle du petit déj, mosaïque de Tamara de Lempicka et piano à queue. Réparties sur 11 étages, les chambres sont classiques et cosy, avec meubles d'époque en acajou pour certaines. Également des *cabanas* entièrement relookées, plus chères mais plus spacieuses, disposées dans un plus petit bâtiment qui donne sur l'immense piscine. Pour compléter le paradis, palmiers et hamacs dans le jardin, en accès direct à la plage. Terrasse pour déjeuner. Cours de yoga et de Pilates pratiquement quotidiens. *Live music* tous les soirs à partir de 20h30. Accueil et service impeccables.

Delano (*zoom détachable Miami Beach, G3,* ***30***) *:* *1685 Collins Ave. ☎ 305-672-2000. • sbe.com/hotels/delano/south-beach • Doubles 350-950 $.* Datant des années 1940, celui qui fut le 1er grand hôtel design de South Beach semble droit sorti de l'univers de *Batman,* surmonté qu'il est d'une curieuse tourelle « ailée ». Philippe Starck a dirigé son relooking au début des années 1990. Entrée théâtrale et *lobby* grandiose, tout en longueur, avec voilages et mobilier design (comme ce piano à queue transparent !) menant à un bar à sushis très conceptuel. L'impression d'être coupé du monde dès l'entrée. Comme la façade, les chambres sont d'un blanc immaculé. Côté farniente : piscine chauffée ourlée de palmiers fins comme des mikados et bordée de salons individuels avec écrans plats, spa avec solarium à fleur de ciel, plage privée et salle de sport.

SLS (*zoom détachable Miami Beach, G3,* ***33***) *:* *1701 Collins Ave. ☎ 305-674-1701. • sbe.com/hotels/sls-hotels/south-beach • Doubles 200-815 $.* *SLS ? « Something Lovely's Started ». Lovely indeed.* Avec Starck à la déco – entre baroque et design –, la patte de Lenny Kravitz dans les suites du dernier étage et une longue piscine veillée par un canard géant (!), cette vieille dame Art déco a subi un sacré lifting. *Trendy.* Flashy. Superficiel. Ludique. Même s'il a un peu vieilli, le *SLS* possède encore beaucoup de caractère. Les chambres, ornées de trompe-l'œil « starckiens », ne sont pas bien grandes pour le prix – mais qu'est-ce que l'argent, après tout ?... On ne compte pas quand on fait la nouba. En prime : 2 restos renommés – un bar à tapas signé José Andrés (le *Bazaar*) et *Katsuya,* une référence en matière de cuisine nipponne mondialement célèbre pour ses *sushi-bars.*

Dans Downtown

De prix moyens à très chic

The Langford Hotel (*zoom détachable Downtown, E4,* ***44***) *:* *121 SE 1st St. ☎ 305-420-2200. • eurostarshotels.fr/eurostars-langford.html • Doubles 95-350 $ (petit déj offert si résa en direct à l'hôtel).* Ce sont bien les marches de feu la *Miami National Bank* que vous gravirez pour passer la nuit. La frise du *lobby* et les ascenseurs rappellent les splendeurs et décadences passées de cette institution. Les chambres, elles, ont tout ce qu'il faut : un style classique de bon ton, un joli niveau de confort, une taille honorable, un personnel aux petits soins et surtout un prix tout à fait raisonnable (le week-end, les tarifs font néanmoins la culbute). Pour compléter le tableau, ne manquez pas d'aller boire un coup au bar situé sur le toit de l'hôtel : on s'y rince l'œil devant l'impressionnante crête des gratte-ciel de Downtown.

Aloft Miami (*zoom détachable Downtown, D4,* ***45***) *:* *1001 SW 2nd Ave. ☎ 305-854-6300. • marriott.com/hotels/travel/miaba-aloft-miami-brickell/ • Doubles 140-320 $.* Les hôtels *Aloft* sont les *low cost* (toutes proportions gardées !) de la chaîne *Marriott.* On retrouve dans celui-ci, situé au cœur de Downtown, les principaux ingrédients qui font son succès auprès des urbains branchés. Design pop dans les parties communes, touche vintage chic dans les chambres spacieuses qui n'en oublient pas pour autant d'être fonctionnelles en plus d'être classe et high-tech. Certaines ont même un balcon. Petite piscine chauffée. Une alternative intéressante à South Beach pour ceux qui privilégient les musées, d'autant que les parkings du coin sont bon marché.

The Copper Door B & B (*zoom détachable Downtown, D4,* ***46***) *:* *439 NW 4th Ave. ☎ 305-454-9065. • copperdoorbnb.com • Doubles 190-350 $.* Un *B & B* de chic et de choc qui vous replonge dans l'atmosphère des années 1940 ! C'est à cette adresse qu'était implanté, à cette époque, le mythique hôtel *Demetree.* Akino et Jamila, les nouveaux proprios, ont souhaité garder l'esprit de ce glorieux ancêtre, en multipliant les touches vintage dans les chambres et les parties communes : meubles anciens, papiers peints à motif floral, carreaux de salles de bains avec des motifs originaux. Petit déjeuner continental à base de produits frais, préparé par Akino *himself,* ancien chef de restos réputés. Une adresse où l'on se sent comme à la maison.

À Coconut Grove

Chic

☗ ***Commodore Inn The Grove*** *(plan détachable Miami, B6,* ***49****) : 3162 Commodore Plaza (suite 1H). ☎ 305-921-9770 ; résas au ☎ 786-671-8884. • commodoreinnthegrove.com • Bureau ouv lun-ven 9h30-17h30. Réserver à l'avance, surtout en hte saison. Studios dès 140 $, parking inclus.* En plein cœur de Coconut Grove, une vingtaine de studios et apparts (1 ou 2 chambres), la plupart bénéficiant d'une terrasse. Une solution d'hébergement idéale pour ceux qui comptent rester un petit moment. Spacieux, excepté la salle de bains, ils sont bien équipés (cuisine, salon, machine à laver, *stereo system*). Les *1-bedroom* ont un balcon et les 4 plus grands disposent même de 2 salles de bains et d'un *sundeck* avec jacuzzi ! Magasins et restos sont à 2 pas.

☗ ***Hotel Arya Coconut Grove*** *(plan détachable Miami, B-C6,* ***97****) : 2889 McFarlane Rd. ☎ 305-529-2828. • hotelaryacg.com • Doubles 140-260 $, petit déj inclus.* Ce nouvel écrin, récemment ouvert, surplombe toute la baie de Biscayne. Quelle vue, on en prend plein les mirettes ! Chambres spacieuses et bien équipées (certaines avec coin cuisine et balcon). Envie d'un petit plouf dans la piscine ? C'est sur le toit que ça se passe, histoire de nager les yeux plongés dans l'horizon. Espace de remise en forme avec sauna, bain à remous et court de squash. Une belle adresse !

À Little Havana

Chic

☗ ***Life House*** *(plan détachable Miami, D4,* ***50****) : 528 SW 9th Ave. ☎ 1-866-466-7534. • lifehousehotels.com/hotels/miami/little-havana • Doubles 120-400 $, petit déj-buffet compris. Parking dans la rue.* Un hôtel nouvelle génération conçu comme une « maison à vivre » dont la philosophie est de favoriser l'immersion dans la vie locale. Ici, à Little Havana, c'est donc tout naturellement vers un Cuba colonial que se tourne le design des chambres, distribuées sur 3 étages. Leur déco en bois exotique et leur éclairage particulièrement soigné leur confèrent une ambiance intime. Tout est fait pour qu'on s'y sente bien : *rooftop bar* avec minipiscine pour siroter un cocktail, petit *courtyard* sur l'arrière avec hamac spécial câlin, jeux de société, bibliothèque. Idéal pour celles et ceux qui veulent écumer la *Calle Ocho* jusqu'au bout de la nuit.

Où manger ?

Attention, ***réservation indispensable*** dans la plupart des restos chics. À Miami, les 18 %, voire 20 % de pourboire (*tip, gratuity* ou *propina*) sont presque systématiquement inscrits d'office sur la note (vérifiez pour éviter de généreusement le payer 2 fois !). En août-septembre, ne pas manquer le ***Miami Spice,*** durant lequel les grands restos proposent des menus 3 plats à 39 $ le soir (23 $ le midi). À quelques rares exceptions, les ***restos racoleurs d'Ocean Drive*** sont très décevants. En revanche, les ***food trucks,*** toujours plus nombreux à sillonner les rues (voir la rubrique « Cuisine » dans « Hommes, culture, environnement » en fin de guide), sont une parade idéale pour soulager une faim et le porte-monnaie.

À Miami Beach

Spécial petit déjeuner

Une bonne raison de se lever tôt : le breakfast. L'occasion de profiter des charmes de Miami et de l'Art Deco District à la fraîche, sans la foule et sans trop casser sa tirelire.

Sur Ocean Drive, séquence racolage avec les restos à touche-touche, dont le très touristique ***News Cafe*** *(zoom détachable Miami Beach, G4, **81**)*. Ailleurs à Miami Beach, le meilleur rapport qualité-prix reste quand même le ***Whole Foods Market*** *(zoom détachable Miami Beach, F-G3, **74**)*, hyper bien fourni et disposant de tables en extérieur. Voir également le ***11th Street Diner*** *(zoom détachable Miami Beach, G3, **72**)*, où l'on sert des breakfasts typiquement ricains 24h/24 ; ***Rosetta Bakery*** *(zoom détachable Miami Beach, G3, **60**)* ; ***Juice & Java*** *(zoom détachable Miami Beach, G3, **82**)* ; ***Las Olas Cafe*** *(zoom détachable Miami Beach, G4, **83**)* et ***La Sandwicherie*** *(zoom détachable Miami Beach, G3, **64**)*, pour ses horaires élargis. Voir plus loin pour les descriptifs de ces adresses. Les petits budgets, eux, dévaliseront en fruits frais et cookies un drugstore type ***Walgreens*** *(zoom détachable Miami Beach, G3, **64**)*, avant d'aller consommer sur la plage (attention, pas de café à *Walgreens,* il faut penser à l'acheter ailleurs).

Bon marché

Bodega *(zoom détachable Miami Beach, F3, **73**) : 1220 16th St. Tlj 12h-5h. Tacos 4-5 $.* Attention les p'tits cocos, l'armée mexicaine qui œuvre jour et nuit dans sa roulotte alu n'a pas l'habitude de décevoir son monde. La preuve : la queue qui s'allonge sur le trottoir jusqu'au bout de la nuit. Une fois servi, poussez donc la porte de la chambre froide située juste à droite, et vous nous en direz des nouvelles... (voir plus loin « Où boire un verre ?... »).

Rosetta Bakery *(zoom détachable Miami Beach, G3, **60**) : 1666 Collins Ave. Tlj 7h30-21h30 (22h30 ven-sam). Sandwichs 7-10 $.* Cette boulangerie italienne propose de délicieux sandwichs, frais et copieux. Pain aux céréales, *rosetta* (miches typiques) ou parts de focaccia. Également *cornetti* (croissants à la crème) et tartelettes.

Las Olas Cafe *(zoom détachable Miami Beach, G4, **83**) : 644 6th St (angle avec Euclid Ave). Tlj 6h-20h. Moins de 10 $; petit déj spécial 6,50 $.* Snack qui débite des plats cubains présentés en vitrine, face à une poignée de tables. Ambiance néons et assiettes (en plastique) bien garnies, avec *chuleta* (côtelette), *tamales, ropa vieja* (porc émincé aux oignons et tomates) et *lechón* (cochon de lait). Tout dépend du jour et de l'heure. On vous conseille le jus de canne, un bon carburant pour débuter la journée. Un lieu simple et populaire qui prolonge le voyage dans le voyage.

Joe & the Juice *(zoom détachable Miami Beach, G3, **75**) : 1600 Collins Ave. Tlj 7h (8h sam-dim)-20h. Moins de 10 $.* Dans ce bar à jus haut de plafond à l'ambiance décontractée où les centrifugeuses ronronnent en boucle sur fond de musique hip-hop, on sert des jus *healthy* 100 % végans et des sandwichs basses calories. Autres adresses en ville pour cette franchise dont l'objectif est de faire de ses clients des potes.

Juice & Java *(zoom détachable Miami Beach, G3, **82**) : 1346 Washington Ave. Tlj 9h-22h. Plats 8-13 $.* Ici, tout est frais, bio, bon pour la santé et préparé à la demande : du breakfast aux pitas en passant par les *wraps,* les salades, les smoothies et autres cocktails aux vertus antioxydantes, digestives, etc. Service un peu lent et peu souriant.

La Sandwicherie *(zoom détachable Miami Beach, G3, **64**) : 229 14th St. Tlj 7h-5h. Moins de 10 $.* Pour les nostalgiques, voici des croque-monsieur comme chez nous ! Et aussi une large variété de sandwichs préparés à la demande, sans oublier les smoothies, *shakes,* jus de fruits frais (à l'*açaï,* un délice !) ou de légumes à déguster sur un petit comptoir bariolé directement dans la rue.

Whole Foods Market *(zoom détachable Miami Beach, F-G3, **74**) : 1020 Alton Rd. Tlj 8h-23h. Prix du buffet au poids. Parking gratuit.* On ne présente plus cette chaîne de supermarchés presque exclusivement bio, qui connaît un succès fou aux États-Unis. Superbes rayons de fruits et légumes, et coin traiteur des plus alléchant : buffet de salades, soupes, plats chauds délicieux et originaux (végétariens, méditerranéens, asiatiques...). Boulangerie top aussi (bagels, croissants, *scones...*), bon café. Tables à l'intérieur et à l'extérieur sur la grande terrasse.

Atelier Monnier *(zoom détachable Miami Beach, G3,* ***84****) : 1300 Collins Ave. Tlj 7h30-15h. Plats 6-12 $.* Le mal du pays ? Voici l'une des boulangeries françaises parmi les plus réputées de Miami ! De l'incontournable baguette aux quiches lorraines en passant par les pains au chocolat et croissants aux amandes... Parfait pour se sentir comme à la maison. Et au déjeuner, large choix de sandwichs, tartines, croques et salades à emporter sur la *playa* ou à déguster sur la sympathique terrasse arborée.

Prix moyens

Mister 01 *(zoom détachable Miami Beach, G3,* ***68****) : 1680 Michigan Ave (si, si, c'est bien là). ☎ 305-397-8189. Tlj 12h-minuit. Pizzas 6-17 $ selon taille et garniture, salades 8-14 $.* Cette pizzeria perdue au fond d'un immeuble d'habitation fait partie de ces lieux d'initiés dont on se passe l'adresse sous le manteau (plutôt sous la serviette de bain, à Miami). Cuisine ouverte, petite salle aseptisée, déco minimaliste et clim réglée sur polaire (finalement, venez avec votre manteau). Pizzas fines, goûteuses et croustillantes, préparées avec des ingrédients bio et délicieusement présentées. Également des salades à confectionner selon ses goûts, *burrata* et mozzarella... Miam !

Time Out Food Hall *(zoom détachable Miami Beach, G3,* ***65****) : 1601 Drexel Ave (angle 16th St). Tlj 10h-minuit, voire plus tard le w-e. À partir de 8 $. CB uniquement.* Plus de 1 600 m² dédiés à la cuisine des chefs, c'est le pari lancé par *Time Out,* dont le 1er concept-resto a vu le jour en 2014 dans le *Mercado da Ribeira* de Lisbonne. Le principe : créer de la convivialité autour de grandes tablées où l'on mange bien, beau et bio ! Ici, un bar central, 2 bars pop-up servant des cocktails d'anthologie et 17 concepts culinaires pour faire faire le tour du monde à vos papilles. Cours de cuisine, événements musicaux et surtout plein de rencontres à faire !

11th Street Diner *(zoom détachable Miami Beach, G3,* ***72****) : 1065 Washington Ave, à l'angle de 11th St. Ouv 24h/24 (7h-minuit lun-mer). Burgers 11-15 $, plats 15-25 $, today specials env 16 $.* Le *diner* comme on se l'imagine, dans un authentique wagon en aluminium de 1948 transporté de Pennsylvanie et restauré. Il a préservé ses néons fifties, chromes lustrés, alcôves de moleskine rouge, un vrai décor de film. À la carte, une honnête cuisine américaine : burgers à gogo, salades, pâtes, grillades et poisson. Intéressants *today specials* le soir. Terrasse agréable. Un lieu souvent bondé, victime de son succès...

Suviche *(zoom détachable Miami Beach, F3,* ***62****) : 1119 16th St. Tlj 11h30 (12h30 sam-dim)-23h. Ceviches en 2 portions 8-16 $.* Dans cet intérieur de bois patiné, on s'assoit où l'on veut. En face de la cuisine ouverte, c'est mieux, on peut regarder les mirlitons jouer du couteau. Ici, on marie allégrement le quinoa au *tataki* de thon ou aux sushis, la cuisine de la Cordillère à celle du Soleil-Levant, dans une fusion péruano-nipponne qui en étonnera plus d'un. C'est bon, c'est frais et c'est régime !

Fratelli La Bufala *(zoom détachable Miami Beach, G4,* ***76****) : 437 Washington Ave (angle 5th St). ☎ 305-532-0700. Tlj 11h30-minuit (1h ven-dim). Pizzas 10-20 $, plats 15-25 $.* Des tables sur le trottoir (vite prises d'assaut) ; à l'intérieur, c'est déjà l'Italie, ça parle fort, ça virevolte entre les tables sur fond de bonnes odeurs d'origan. L'assiette est goûteuse, généreuse et servie rapidement. Bière *Moretti* à la pression, vins à prix raisonnables. Une bonne adresse.

Spris *(zoom détachable Miami Beach, G3,* ***70****) : 731 Lincoln Rd. Tlj 12h-23h. Pizzas 12-19 $.* Une pizzeria dont la réputation est assise sur le principe de l'*happy hour (17h30-19h).* Envie d'une pizza à 17h30 ? Vous la paierez 5,50 $! Une commande juste avant 19h ? Ça fera 7 $! Au menu, une trentaine de pizzas taille XXL à la pâte aussi fine que légère, carpaccios, salades et bruschettas. À l'intérieur, vue sur le four à bois et les pizzaïolos ; à l'extérieur, large terrasse parsemée de parasols bleus.

Puerto Sagua *(zoom détachable Miami Beach, G4,* ***71****) : 700 Collins Ave. Tlj 7h-2h. Plats 10-12 $ le midi, 12-25 $ le soir.* Resto cubain ouvert depuis 1962, réputé et très populaire. Grosse carte, à prix variés : cochon, poulet, bœuf, accompagnés de riz et *frijoles negros* bien sûr, mais aussi quelques incontournables américains (burgers, *T-bone*). Le tout servi au comptoir ou sur les tables en bois verni de la petite salle, si vous trouvez de la place évidemment...

De prix moyens à chic

Sylvano *(zoom détachable Miami Beach, G3,* ***78****) : 1925 Liberty Ave (perpendiculaire à 19th St). ☎ 305-673-3959. Tlj 12h-minuit. Pizzas et pâtes 10-17 $, plats 16-30 $.* Un petit resto italien à l'écart des foules. Ça sent bon les retrouvailles entre amis, en salle, autour du bar au coude à coude avec vue sur les cuisines, ou, mieux, dans le jardin. Le chef, originaire de Bergame, propose une cuisine de trattoria bien ficelée : raviolis aux truffes noires, *linguine* aux palourdes ou au crabe, et une des meilleures pizzas de tout Miami Beach ! Seul bémol : la carte des vins ruineuse. Autre adresse dans Midtown *(2426 NE 2nd Ave ; ☎ 786-703-8200).*

The Alley *(zoom détachable Miami Beach, G3,* ***67****) : 1433 Collins Ave (dans une petite rue perpendiculaire qui rejoint Ocean Dr). ☎ 305-760-6903. Tlj 11h30-minuit, voire plus tard. Pizzas et pâtes 10-17 $, plats 16-30 $.* Encore un italien, nous direz-vous ? OK, on assume ! Celui-là propose une cuisine fine et travaillée avec attention. Cuite et servie sur du papier sulfurisé, la pizza garde sa croustillance, la *pasta* est cuite al dente et les *gelati* maison sont à tomber par terre. Ambiance un peu sombre, il est vrai, mais en terrasse ou dans la grande salle on passe un bon moment. Attention aux 20 % de *gratuity* facturés d'office !

Sweet Liberty *(zoom détachable Miami Beach, G3,* ***85****) : 237-B 20th St. ☎ 305-763-8217. Lun-sam 16h-5h, dim 12h-17h. Plats 18-25 $.* Intérieur feutré souligné par quelques néons rouges, tables en formica imitation bois, banquettes de moleskine, vaisselle en émail, torchon en guise de serviette... Nous voilà dans les années 1960 ! Dans l'assiette, une douzaine d'huîtres, un bol poké ou un hamburger servi avec des pommes allumettes croustillantes. La carte des desserts se limite aux 3 suggestions maison du jour. Musique vers 17h30 le dimanche pour le brunch, sinon le lundi à 22h, c'est plutôt *Motown,* histoire d'être raccord avec la déco.

News Cafe *(zoom détachable Miami Beach, G4,* ***81****) : 800 Ocean Dr. ☎ 305-538-6397. Ouv 24h/24. Salades, paninis, burgers, pizzas et pâtes 12-16 $, plats 17-28 $.* La terrasse du *News Cafe,* c'est comme qui dirait le *Sénéquier* à Saint-Tropez ! Gianni Versace y avait ses habitudes. Mais honnêtement, on y vient plus pour se montrer que pour la qualité de la cuisine. Tables bistrot à l'ombre de petits arbres et terrasse ensoleillée avec vue sur le va-et-vient d'Ocean Drive. Grand choix de salades, sandwichs, pâtes, pizzas, plats méditerranéens. Service escargot en pleine saison et facturé d'office 20 %.

CVI.CHE105 *(zoom détachable Miami Beach, F3,* ***66****) : 1245 Lincoln Rd. ☎ 786-534-8651. En gros, tlj 12h-22h30 (minuit ven-sam). Ceviches 15-25 $, plats plus chers.* On aime beaucoup le *CVI.CHE105* de Downtown. Mis à part l'ambiance, ici un peu plus guindée, celui-ci est similaire en tout point : déco franchement moderne, qualité du service et des ceviches d'une grande fraîcheur.

Yardbird Southern Table & Bar *(zoom détachable Miami Beach, F-G3,* ***61****) : 1600 Lenox Ave (angle 16th St). ☎ 305-538-5220. Tlj 11h (9h sam-dim)-minuit ; brunch sam-dim servi jusqu'à 16h. Plats au déj et brunch dès 16 $, le soir 15-40 $.* Dans un décor actuel, voici un resto de cuisine du Sud raffinée et revisitée par un ancien du *Top Chef* américain. *Ribs* à la mode de St Louis, *chicken'n'waffles,* poulet au BBQ, *grits* (sorte de polenta) aux crevettes, tous les classiques sont là. Et les becs sucrés n'en sortent pas lésés avec les *sundays* au beurre de cacahuète ou le cheese-cake *Southern style*. Attention, l'addition peut vite monter.

Casa Tua *(zoom détachable Miami Beach, G3, **80**) : 1700 James Ave. ☎ 305-673-1010. Tlj sauf lun midi, 12h30-23h30. Plats 15-35 $.* Un spot à ne pas rater pour tous les amoureux de cuisine italienne (le risotto est somptueux !). Assiettes généreuses et joliment dressées. Très belle carte des vins. Un resto au cadre romantique, idéal pour un tête-à-tête en amoureux (optez alors pour la terrasse, plus intimiste que la grande salle). La douceur à l'italienne dans le microcosme nocturne de Miami Beach !

Chic

Joe's Stone Crab *(zoom détachable Miami Beach, G4, **90**) : 11 Washington Ave. Tlj 17h-22h (23h ven-sam), plus 11h30-14h30 mar-sam. Fermé 15 août-15 oct. Pas de résa : 1er arrivé, 1er servi. Plats 20-40 $, prix du crabe selon marché.* Si vous voulez vraiment essayer ce temple de la *seafood*, allez-y dès l'ouverture car sinon c'est minimum 1h d'attente sur le trottoir ! Ici, depuis 1913, on en pince pour *Joe's* et son crabe. Mais seulement pendant la saison (le resto est fermé sinon). Sa sauce (dont la recette est jalousement gardée) attire les amateurs des 4 coins du pays. Pourtant, le secret de *Joe's* est ailleurs : depuis plus de 100 ans, il ne tue pas les crabes mais leur prélève une seule pince avant de les rejeter à la mer : le membre repousse en 18 mois ! *Dress code* chicos à respecter le soir. Au ***take-away*** juste à côté *(tlj 8h-21h – 22h ven-sam – mais commande en ligne possible)*, on sert des plats plus simples (*fish & chips*, salades...), moins chers, et des petits déj.

Dans Downtown

Vous y trouverez pléthore de bars et de restos à qualité égale souvent ***meilleur marché qu'à South Beach.*** Notamment dans le ***Mary Brickell Village*** *(entre Brickell Plaza et SW 1st Ave dans le sens est-ouest et SW 8th St et SW 11th St dans le sens nord-sud).* C'est le point névralgique du quartier à l'heure bénite des *happy hours* entre 17h et 20h.

Bon marché

Whole Foods Market *(zoom détachable Downtown, E4, **74**) : 299 SE 3rd Ave (angle SE 3rd St). Tlj 7h30-23h. Moins de 10 $.* Pour celles et ceux qui veulent petit-déjeuner, déjeuner ou même dîner sans casser leur tirelire, le rayon traiteur de cette enseigne et les quelques tables et comptoir mis à dispo sont toujours un bon plan. Cela dit, le Bay Front Park n'est qu'à 5 mn à pied.

De prix moyens à chic

CVI.CHE105 *(zoom détachable Downtown, E4, **109**) : 105 NE 3rd Ave. ☎ 305-577-3454. Proche de Biscayne Blvd. Tlj 11h30 (12h sam-dim)-22h (23h ven-sam). Ceviches 15-25 $, plats cuisinés jusqu'à 37 $.* OK, cette cantine design et branchée sur le thème du poisson fait un peu usine quand la salle est pleine, mais c'est plus calme à l'heure du déj. Quand on ne se presse pas ici pour la *corvina a la chorrillana* (maigre à la sauce tomate), on y fait halte à midi pour le ceviche (spécialité péruvienne de carpaccio de poisson cru mariné dans une sauce citronnée) et son alter ego le *tiradito* (même chose mais sauce au pesto et huile d'olive remplacent le citron). C'est bien présenté, copieux, et le service est ultra-rapide. Bon rapport qualité-prix !

Latin Cafe 2000 Brickell *(zoom détachable Downtown, D4, **63**) : 1053 Brickell Plaza. Tlj 7h-23h (minuit ven-sam). Breakfast 7-9 $, salades et sandwichs 6-12 $, plats 14-22 $.* Dans un cadre vivifiant et lumineux, ce resto de cuisine cubaine, et plus largement latino, de qualité propose d'intéressantes formules déjeuner aux employés du quartier qui viennent s'accouder au bar. Le soir, la carte est plus fournie mais à peine plus chère. Bières et vins à prix (enfin) raisonnables. *Hasta la victoria siempre !*

Dolores but you call me Lolita *(zoom détachable Downtown,*

D4, **79**) : *1000 S Miami Ave (angle SW 10th St). ☎ 305-403-3103. Tlj 11h30 (10h sam-dim)-23h (1h ven-sam). Le midi chez* Lolita *(en bas),* lunch specials *env 11 $, salades, sandwichs et plats 13-17 $; le soir chez* Dolores *(en haut), 22-34 $.* Ancienne caserne de pompiers de style « *popular mediterranean revival* » reconvertie en resto-*lounge,* ce bâtiment classé de 1923 offre pour dîner un cadre parmi les plus agréables de Downtown. Sur son *rooftop* illuminé par la *skyline* ou dans son intérieur colonial, le chef propose une cuisine méditerranéenne fusion version *Dolores* (plus chicos et un poil guindé) ou *Lolita* (plus *casual,* avec chaque jour un *today special* à prix canon).

Fratelli Milano (zoom détachable Downtown, E4, **111**) : *213 SE 1st St. ☎ 305-373-2300. Tlj sauf dim 11h-22h (23h ven-sam). Le midi, salades et paninis 11-17 $, pizzas 11-15 $, plats 16-24 $; le soir, 18-30 $.* Bon resto italien tenu par des frères jumeaux. Pizzas, risottos, pâtes, mais aussi salades et paninis pour un déjeuner rapide ; plats de viande et de poisson pour le dîner. Quelques tables en terrasse vite prises d'assaut quand il fait beau. À l'intérieur, grande salle avec de belles photos en noir et blanc aux murs. Beaucoup de cols blancs à l'heure du déjeuner.

Garcia's (zoom détachable Downtown, D4, **112**) : *398 NW North River Dr. ☎ 305-375-0765. Prendre NW 3rd St vers l'ouest, jusqu'à la Miami River, puis prendre à droite. Tlj 11h-21h (22h ven-sam). Résa conseillée le w-e. Ceviches et crabcake 12-15 $, plats 22-35 $.* Ouvert en 1966 par une famille de pêcheurs cubains tout juste débarqués en Floride, c'est toujours un des bons spots de Miami pour déguster une *seafood* d'une fraîcheur garantie. Délicieux crabes et ceviches (poisson ou crustacés crus marinés dans du citron avec des oignons), huîtres et tous les poissons de Floride au gré de la pêche du jour : marlin, daurade coryphène (mahi-mahi), mérou, espadon, etc. Chouettes terrasses en bois sur la Miami River, sur 2 niveaux. Attention, beaucoup de monde le week-end, réserver ou prendre son mal en patience.

Jamón Iberico Pata Negra (zoom détachable Downtown, D4, **110**) : *10 SW South River Dr. ☎ 305-324-1111. Tlj 12h-22h (23h ven-sam, 21h dim). Tapas 12-15 $; menu déj 3 plats lun-ven 14 $.* Planqué au rez-de-chaussée d'un immeuble dominant la Miami River, ce petit resto hispanisant (matez les *matadors* au fond de la salle) promet l'Espagne jusqu'au fond de votre verre. Tapas, paella, *iberico,* chorizo, *queso* et crème catalane... Une cuisine qui vous fera faire le tour de la péninsule Ibérique.

À Wynwood et dans le Design District

Wynwood est devenu en quelques années l'un des quartiers de Miami les plus *hype* pour se restaurer. Étant donné sa fréquentation croissante, toutes les enseignes qui ont vu le jour à Miami Beach y ont désormais ouvert un 2d établissement.

Bon marché

Miam (zoom détachable Wynwood, D3, **113**) : *2750 NW 3rd Ave (suite 21). ☎ 786-703-1451. Tlj 8h (9h sam-dim)-17h. Petit déj et sandwichs 8-10 $.* Derrière sa devanture toute zébrée, le décor du *Miam,* à la fois café-resto et *market,* surfe avec élégance sur le design néo-indus du moment. En salle ou en terrasse (bien ombragée) sur le trottoir, on se délecte d'un bon petit déj (pâtisseries, croissants, bons expressos...) ou d'un break déjeuner (salades, tartes salées et sandwichs). Une bonne halte avant d'aller explorer les murs peints de Wynwood.

De prix moyens à chic

1-800-Lucky (zoom détachable Wynwood, D3, **96**) : *143 NW 23rd St. ☎ 305-768-9826. • 1800lucky.com • Tlj 12h-2h (3h sam). Plats 10-16 $.* D'abord un magasin de vinyles, puis à l'arrière un petit *food court* dont on a vite fait de faire sa cantine pour peu que l'on aime la sauce aigre-douce, la cuisine au wok, les nouilles et le piment. Chinoise, vietnamienne, nipponne ou des îles pacifiques, cette cuisine-là est préparée devant vous à la demande, bien servie et à un prix tout à fait démocratique. Reste à savourer tout ça sur les grandes tables pour lier connaissance, ou en terrasse. Chaude ambiance en soirée dans le *garden bar* attenant (voir programmation sur leur site).

Mister 01 *(zoom détachable Wynwood, D3,* ***68****) :* *2315 N Miami Ave. ☎ 786-991-9343. Tlj 11h30 (12h dim)-23h (minuit ven-sam). Pizzas 8-16 $, antipasti et salades 8-14 $.* Dans cet intérieur qu'on dirait scandinave, la pizza est le produit phare, puisque c'est ici même que tous les pizzaïolos en devenir du coin viennent se former. Faut dire que le résultat est là, avec des pâtes extrêmement bien travaillées et un savoir-faire dans le choix et la présentation de la garniture rarement vu. Les « plutôt salades » pourront la confectionner eux-mêmes.

SuViche *(zoom détachable Wynwood, D3,* ***62****) :* *2751 N Miami Ave. ☎ 305-501-5010. Tlj 11h30 (12h dim)-23h (minuit ven-sam). Ceviches en 2 portions 8-16 $.* Point de ralliement des amateurs d'art, ce *SuViche* situé dans le Midtown en plein boom urbanistique offre une carte de produits péruano-nippons à moins de 500 calories ! Tartare de thon, *lomo saltado,* tout ce qui se découpe en rondelles, se hache ou s'émince, finit immanquablement mariné dans du citron. Cuisine *healthy* ou *gluten-free* aussi, à consommer dans la grande salle avec clim réglée sur polaire ou en terrasse. Ici, il n'y a guère que le *pisco* ingurgité sur les balancelles au bar qui puisse vous faire prendre des hanches ! Musique live certains soirs.

Wynwood Kitchen & Bar *(zoom détachable Wynwood, D3,* ***92****) :* *2550 NW 2nd Ave (angle NW 26th St). ☎ 305-722-8959. Tlj 11h30-15h30, 17h30-22h30 (minuit ven-sam, 21h30 dim). Plats 12-24 $.* De jour comme de nuit, un régal que de se délecter d'un burger (spécialité de la maison) entouré des mosaïques de couleurs courant sur les murs de ce bar-resto emblématique de l'esprit *arty* du quartier. À la carte : soupes, salades et viandes dans des assemblages parfois étonnants (mais très bons !). Excellents cocktails maison, dont la signature est à mettre au crédit des artistes qui ont peint les fresques alentour (Shepard Fairey, Kenny Scharf, les frères jumeaux Os Gêmeos, le collectif Dearraindrop ou Eduardo Kobra). À déguster en terrasse, au bar, ou calé dans un des box de la grande salle.

Bakan *(zoom détachable Wynwood, D3,* ***94****) :* *2801 NW 2nd Ave. ☎ 305-396-7080. Tlj 12h-23h (2h jeu-sam). Plats 16-31 $.* Une petite haie de cactus pour faire plus mexicain (ça change des roues de charrette), un petit ciel d'abat-jour tressés, des tables rondes et un service rondement mené... Ce temple du taco, de l'enchilada et de la *quesadilla* a tout pour plaire avec sa terrasse dominée par le vert, sa cuisine goûteuse et ses 500 mezcals au compteur. Bonne ambiance mais portions parfois un peu justes.

À Little Haïti

Quartier en pleine métamorphose, Little Haïti offre encore (mais peut-être plus pour très longtemps) des restos traditionnels où l'on se délecte d'une ***cuisine créole*** comme là-bas, dis ! Pas de banque ici, seulement quelques *ATM* ; prévoir des espèces.

Bon marché

Piman Bouk *(plan détachable Miami, D-E1,* ***88****) :* *5921 NE 2nd Ave. Lun-sam 8h-minuit. Fermé dim. Menu (soupe, salade, plat du jour) moins de 10 $ le midi, à peine plus cher le soir. CB refusées.* Ambiance toile cirée, lambris façon chalet suisse et clim réglée sur polaire. Quand bien même le service demeure approximatif, on vient ici surtout pour une bonne cuisine créole bien dans la tradition.

Chef Creole *(plan détachable Miami, D2,* ***89****) :* *200 NW 54th St (angle NW 2nd Ave). Lun-mer 11h-22h, jeu-sam 11h-23h. Fermé dim. Plats 7-22 $. CB refusées.* Amateurs de poulet, de beignets de conque, de crevettes, de poisson, de saveurs épicées et plus globalement de cuisine créole, c'est ici que ça se passe ! Dans le petit *tiki* (paillote) planté sur le parking, sur de grosses bobines de câble en bois en guise de table, on mange vite fait bien fait après avoir commandé (et attendu un peu, tout dépend de l'affluence) au comptoir attenant. L'occasion de papoter en français en attendant d'être servi. Copieux et bon marché. Cet endroit a été rendu célèbre par (feu) Anthony Bourdain, le chef-baroudeur américain, grâce à son émission *Parts Unknown,* qui lui faisait parcourir le monde à la recherche de la cuisine authentique.

À Little Havana

Bien entendu, on vient dans ce quartier principalement en soirée (de jour, c'est plutôt fade) et surtout pour la ***cuisine latino.*** Ici, les cartes sont en espagnol avec quelques plats « sous-titrés » en anglais.

Bon marché

Yambo *(plan détachable Miami, C4,* ***101****)* **:** *1643 SW 1st St. Tlj 24h/24. Petit déj 5 $; plat env 8 $.* Ici, on sert des spécialités du Nicaragua, entre autres le *puerco asado* (porc grillé), mais le bœuf n'est pas en reste. On se croirait vraiment en Amérique centrale, entre les poteries pendues au plafond par dizaines, les objets décoratifs et fétiches en tout genre et les tables en mosaïque, le tout un peu kitsch. Sans oublier la radio en espagnol comme bruit de fond et les habitués qui font partie du décorum. Pratique pour les fringales de nuit...

De bon marché à prix moyens

El Exquisito Restaurant *(plan détachable Miami, C4,* ***102****)* **:** *1510 SW 8th St. Tlj 7h-23h (minuit ven-sam). Breakfast 5-7 $; plats 10-12 $.* Coincé au pied du Tower Theater, un resto à 2 entrées : à gauche, le comptoir pour les pressés ; à droite, une salle carrelée, décorée de toiles cubaines. Ouvert en 1976, il a été primé meilleur breakfast de Miami. Chaque jour des plats différents, et une carte où foisonnent les spécialités cubaines *(churrasco, bistec de pollo, costilla de puerco...),* accompagnées d'*arroz blanco, frijoles negros,* bananes plantain ou encore *papas fritas.* Le vendredi, c'est le jour de la morue ou des filets de poisson. Portions généreuses, mais on vous conseille de bien vérifier l'addition.

El Carajo *(plan détachable Miami, C5,* ***105****)* **:** *2465 SW 17th Ave. ☎ 305-856-2424. Resto tlj 12h-22h ; boutique 7h-1h (21h pour la boulangerie). Tapas 4-10 $, plats 10-17 $ le midi, 15-25 $ le soir.* Un caviste réputé planqué à l'intérieur d'une station-service *Mobil* ! L'adresse mérite le détour. Italiens, espagnols, chiliens, français, argentins, californiens, tous ces vins se dégustent sur place, au verre (choix réduit) ou à la bouteille, accompagnés de délicieuses tapas (crevettes à l'ail, chorizo sauce au vin, etc.), d'un bon plateau de charcuterie, de fromages ou... de fruits de mer, voire encore d'une vraie paella (servie pour 2 minimum).

Versailles *(plan détachable Miami, B4,* ***103****)* **:** *3555 SW 8th St (au niveau de 35th Ave). ☎ 305-444-0240. Tlj 8h (9h dim)-1h (2h30 ven-sam). Sandwichs 7-10 $, plats du jour 10-12 $, spécialités 10-26 $; dim, breakfast à volonté env 10 $.* Voici une institution de Little Havana... Façade classique surmontée de balustres et d'angelots, déco intérieure pleine de miroirs (idée lointaine de la galerie des Glaces), voilà le nom explicité... Pour le reste, c'est une banale cafétéria des 70's. Longue liste de spécialités cubaines pour tous les budgets, mais aussi des poissons et viandes à la créole, de bonnes soupes et de grosses salades, et les plats du jour. Le tout est complété par une ***cafétéria*** attenante *(lun-sam 6h30-1h – 2h30 ven-sam –, dim 8h-1h),* dont les vitrines regorgent de gâteaux et où se bousculent les gens du quartier pour prendre leur *café con leche* (café au lait) à prix doux et très sucré.

Chic

Mofongo *(plan détachable Miami, C4,* ***104****)* **:** *1610 SW 8th St. ☎ 786-542-1645. Mar-jeu 11h-22h, ven-dim 11h-23h. Fermé lun. Petits plats 6-12 $, grands plats 15-28 $.* Envie de cuisine portoricaine ? Mofongo vous accueille dans son resto tout en long où plane une bonne odeur de frichti et une saine atmosphère. Tables joliment dressées, service souriant. Ici, la spécialité de la maison, c'est le *churrasco monfongo,* un plat populaire à la Dominique et à Porto Rico, préparé à base de bananes plantains. Sinon, salade de poulpe, *alcapurrias* (beignets de pâte de banane verte garnie de viande), ceviches et variations sur le thème de la morue *(bacalao).* Le tout épicé à souhait et présenté avec goût. Une bonne étape avant d'aller se remplir les oreilles de salsa.

À Coconut Grove

De bon marché à prix modéré

Fresh Market *(plan détachable Miami, C5,* ***108****) : 2640 S Bayshore Dr. Tlj 7h-23h. Moins de 10 $. Parking gratuit.* Grand supermarché de produits frais avec un rayon traiteur bien fourni et un rayon boulangerie-pâtisserie appétissant.

Chic

Monty's *(plan détachable Miami, C5,* ***100****) : 2550 S Bayshore Dr. ☎ 305-856-3992. Tlj 11h30-23h30 (1h ven-sam). Burgers et sandwichs 12-18 $, plats 18-28 $. Parking gratuit avec validation.* Depuis 1969, ce grand *tikibar* planté en bordure de la marina accueille les « démantibuleurs » de crabes et tous ceux qui en pincent pour le homard, les fruits de mer et le poisson. Déco zéro pointé (chaises en plastoc) mais ambiance plus-plus pendant les *happy hours (lun-ven 16h-20h),* quand les virtuoses du ukulélé viennent saupoudrer les amateurs de margarita de quelques accords endiablés *(lun-ven 17h-22h, w-e 18h-1h)* – c'est de la *groove music.*

Peacock Garden Cafe *(plan détachable Miami, B-C6,* ***97****) : 2889 McFarlane Rd. ☎ 305-774-3332. Brunch sam-dim 9h-15h30, lunch lun-ven 11h30-17h, dîner tlj 17h-22h (23h ven-sam). Salades et burgers 14-18 $ le midi, plats 23-34 $ le soir.* Dans la salle façon *British yacht club,* lumineuse et ornée de vieux clichés racontant la fondation de Coconut Grove, ou (mieux) dans l'agréable jardin luxuriant au mobilier vaguement colonial. Dans l'assiette, salades bio très généreuses le midi, bons sandwichs, poissons grillés et risottos, steaks aussi – dont la variété s'accroît au dîner. Le fond jazzy aide à digérer la note franchement salée.

Où faire une pause sucrée autour d'un jus ou d'un café ?

À Miami Beach

The Frieze Ice Cream Factory *(zoom détachable Miami Beach, G3,* ***121****) : 1626 Michigan Ave. Tlj 12h-minuit (1h ven-sam).* Cet artisan à l'ancienne fabrique ses glaces et sorbets 100 % casher uniquement avec des produits naturels : au champagne (déroutant !), au citron vert des Keys, à la noix de coco fraîche ou à la Passion, etc. Gage de qualité, il livre l'*Eden Rock,* le *Ritz Carlton* et le *Mandarin Oriental* ! Délicieux et le tout à prix convenable.

The Smoothie Shop *(zoom détachable Miami Beach, G3,* ***123****) : 1229 Washington Ave. Tlj 10h-22h (minuit ven-sam).* La maison propose une vingtaine de smoothies avec ou sans lait. Également des jus de légumes et quelques *wraps.* Tout est préparé sous vos yeux, à la demande et avec le sourire. Y'a bon vitamines !

À Wynwood et dans le Design District

Zak The Baker *(zoom détachable Wynwood, D3,* ***86****) : 295 NW 26th St (angle NW 3rd Ave). Tlj 7h-19h (ferme du ven 17h au dim 7h pour cause de shabbat). Sandwichs 10-14 $.* Immanquable, la boulangerie de Zak Stern, peinte (en rappel à notre bonne mire télé des années 1980) par les graphistes néerlandais Jeroen Koolhaas et Dre Urhan ! Zak ? C'est THE boulanger du quartier. La céréale, c'est son truc, il sait la travailler : pain au levain, brioches, quiches, tartes. Résultat, du bon, du « goûtu ». Une adresse à l'image du renouveau du quartier.

Panther Coffee *(zoom détachable Wynwood, D3,* ***125****)* **:** *2390 NW 2nd Ave. Tlj 7h-21h (1h ven-dim).* Un des meilleurs cafés de Miami. Pas moins de 7 moutures venues de 5 pays (pour les cafés longs) et 2 qualités pour l'expresso. Cappuccino, *americano, macchiato, cortado* se pressent aussi pour donner la pêche à la *panther.* Également une belle carte de thés et autres boissons. À siroter dans la salle emplie d'effluves de torréfaction, ou sur une terrasse-jardin donnant sur la rue et ses fresques. Bien aussi pour un petit déj (bonnes viennoiseries).

The Salty Donut *(zoom détachable Wynwood, D3,* ***93****)* **:** *50 NW 23rd St. Tlj sauf lun 7h30 (8h w-e)-18h. Moins de 8 $.* Ce petit *coffee bar* grand comme un mouchoir de poche, prolongé sur l'extérieur par de solides tables de pique-nique, passe pour être la référence aux États-Unis en matière de beignets *(donuts)* maison et revisités avec légèreté (si, si !). Les assemblages sont surprenants, et le café (équitable) est un must. N'y allez pas trop tard car ça ferme quand tout est vendu !

OTL *(zoom détachable Wynwood, D2,* ***126****)* **:** *160 NE 40th St. Tlj 8h (9h sam-dim)-18h.* Envie d'un petit selfie sur fond blanc dans un café branchouille ? Rappliquez à l'*OTL,* un des derniers-nés de Miami Design District. Un café pour *hipsters* où l'on croise du beau monde. On peut aussi y grignoter une salade ou une part de gâteau, en salle ou en terrasse.

À Little Havana

Los Pinareños Fruteria *(plan détachable Miami, C4,* ***122****)* **:** *1334 SW 8th St. Tlj 7h-18h (15h dim). CB refusées.* Chouchou des parcours touristiques de Little Havana, une adresse qui propose d'excellents jus de fruits frais, coco, avocat ou gingembre... Du *café con leche* et des gâteaux aussi.

Où boire un verre ? Où écouter de la musique ?

Attention, certains bars ou lieux de sortie ont un ***minimum de paiement de 30 $ par carte bancaire*** ; venez avec du ***cash*** ! Et faites gaffe... les prix des *happy hours* facturés plein pot et les arnaques sur les notes sont routinières ici (contrôlez bien le pourboire, il est facturé d'office). On ne vous parle même pas de l'attitude souvent détestable des videurs et du temps interminable à poireauter devant les entrées de boîtes. Les amateurs du genre s'offriront un ou plusieurs ***pub crawls*** (tournée des bars), comme ceux proposés par *Miami Club Crawl (● laepicclubcrawls.com/miami ●)* ; départ du mardi au dimanche vers 20h-22h pour un programme de 4 ou 5 bars, *lounges* et clubs servis dans la foulée, sans avoir à faire la queue... Quelques boissons sont incluses mais bien se renseigner en amont car certaines adresses peuvent être réservées pour des soirées privées. Compter 85-100 $ pour 1 nuit, mais il existe des forfaits de plusieurs jours.

Les ***parkings de SoBe*** pratiquent pour la plupart des ***forfaits nocturnes*** intéressants *(env 10-15 $)* du vendredi au dimanche soir, à condition d'entrer vers 21h et de repartir avant 5h du matin (à jeun évidemment).

À Miami Beach

À la cool

Bodega *(zoom détachable Miami Beach, F3,* ***73****)* **:** *1220 16th St. Tlj 12h-5h.* Entrez donc au *Meat Market* après avoir poussé la lourde porte de la chambre réfrigérée située à droite du petit *trailer* en alu où l'on sert des tacos. Vous y découvrirez un *lounge* du genre speakeasy, avec mezzanine, long bar illuminé et quelques sofas qui vous tendent les bras. Intéressant choix de cocktails et bon mojito. *Live music* certains soirs et DJ jusqu'à pas d'heure la plupart du temps (surveiller leur compte Instagram).

Kill Your Idol *(zoom détachable Miami Beach, G3,* ***136****)* **:** *222 Española Way. Tlj 20h-5h. Live ou DJ surtout le w-e, à partir de 23h.* Ici, quoi de spécial ? Tout. Des tags déjantés. Un cabinet de curiosités improbable derrière le bar qui débite sa bière à la pression. *KYI* pour les intimes propose un concept qui va à l'encontre des bars-business du SoBe touristique en retournant aux valeurs que furent celles du mouvement punk *no wave* du New York de la fin des années 1970. Clientèle métissée, sans complication ni *dress code*. L'endroit est réputé pour ses soirées à thème qui se déroulent toujours dans la bonne humeur.

The Abbey Brewing Company *(zoom détachable Miami Beach, F3,* ***130****)* **:** *1115 16th St. Tlj 13h-5h.* Toujours au moins 6 bières pression brassées maison et certainement la mousse de SoBe facturée la moins chère, surtout quand on commande au pichet. À consommer sur la grande table pour lier connaissance, ou au sombre comptoir du bar. *Dards* et billard pour ceux qui s'embêtent.

Wet Willie's *(zoom détachable Miami Beach, G4,* ***131****)* **:** *760 Ocean Dr. Tlj 11h-2h (3h ven-sam).* Prenez soin de vous saper un minimum, sinon le grand monsieur avec une oreillette ne vous laissera pas entrer. Tout en couleurs acidulées et ouvert en balcon sur l'animation de la rue, façon pont de paquebot (c'est là son intérêt majeur), ce bar très prisé de la jeunesse débite non-stop des cocktails glacés décoiffants. Le choix sera difficile entre les 25 mixtures proposées, mais celle qui visiblement fait le buzz parmi la clientèle, c'est le « *Call-a-cab* », tout un programme !

Sling Bar *(zoom détachable Miami Beach, G3,* ***157****)* **:** *2445 Collins Ave. Tlj 16h-23h (minuit ven-sam).* C'est le tout nouveau bar à cocktails de l'hôtel *Como*. La carte revisite les standards asiatiques et notamment singapouriens ! La star, ici, c'est le « *SB Sling* » à base de gin, d'ananas et de cerise notamment. Des créations maison qui se mixent parfaitement avec la cuisine (là aussi d'inspiration asiatique) du bar. Et pour être parfaitement raccord avec l'ambiance feutrée du lieu, laissez donc votre short et vos tongs au placard...

Sur un *rooftop*

Impeccable en fin de journée pour profiter du coucher du soleil. Mais n'oubliez pas : les prix aussi prennent de la hauteur ! Voici une sélection non exhaustive de quelques lieux branchés.

The 1 Rooftop *(zoom détachable Miami Beach, G3,* ***145****)* **:** *2341 Collins Ave. Demander au portier qu'il vous appelle l'ascenseur. Tlj 18h (avt, c'est réservé aux clients de l'hôtel)-1h. Se renseigner avt d'y aller car l'endroit est très prisé pour des événements ou soirées.* Vous n'avez peut-être pas 1 000 $ à mettre dans l'une des chambres de cet hôtel haut de gamme, mais peut-être serez-vous intéressé par ses superbes piscines en *rooftop* (18e étage) et son bar attenant. Cocktails à peine plus chers que sur Ocean Drive et coucher de soleil inoubliable. On peut aussi y rester dîner.

Juvia *(zoom détachable Miami Beach, F3,* ***138****)* **:** *1111 Lincoln Rd (angle Lenox). Tlj 18h-23h ou minuit (plus 12h-15h sam-dim).* Mur végétal, terrasse en teck, bar en bois pétrifié, dominante pourpre et blanc, l'habillage de ce *rooftop* dessiné par Herzog et De Meuron est une vraie réussite. En plein air ou dans la salle climatisée vitrée sur l'horizon, on paie son cocktail une petite vingtaine de dollars (contentez-vous de la vue), mais l'ambiance de « ouf » qui s'en dégage est vraiment top.

TH Rooftop Lounge *(zoom détachable Miami Beach, G3,* ***20****)* **:** *150 20th St (angle Collins Ave). Tlj sauf lun 18h-minuit.* Terrasse ouverte aux non-résidents de l'hôtel *Townhouse* (voir plus haut « Où dormir ? »), qui attire du beau monde, surtout les week-ends en haute saison. Longues banquettes colorées, vue plongeante sur les palmiers et l'océan... Il y a de quoi séduire.

The Nest *(zoom détachable Miami Beach, G3,* ***133****)* **:** *723 North Lincoln*

Lane. Jeu-sam 17h-2h. Le dernier-né des *rooftops* de Miami Beach est rapidement devenu *the place to be.* Musique *lounge,* esprit cool et vue imprenable sur toute la ville. Un triptyque gagnant pour siroter un cocktail, cheveux au vent. Petite restauration sur place.

Pour s'éclater

Mango's Tropical Cafe *(zoom détachable Miami Beach, G3,* ***10****)* **:** *900 Ocean Dr. Tlj 11h-5h (DJ tlj dès 13h30). Entrée : 5-20 $ selon show (qui s'enchaînent 21h-2h), gratuit avt. Cours de salsa tlj à 20h.* Sur des rythmes salsa et percussions endiablés, *bombas latinas* et chippendales trémoussent leurs corps de rêve jusqu'au bout de la nuit dans une ambiance tropico-déjantée inondée de lumière noire. Ce n'est pas le Brésil, mais l'un des endroits les plus *caliente* de SoBe ! Cocktails décevants, en revanche.

Clevelander *(zoom détachable Miami Beach, G3,* ***134****)* **:** *1020 Ocean Dr. Tlj 11h-4h.* Un lieu incontournable, avec sa petite piscine et son enseigne lumineuse fifties, tel un phare éclairant la nuit. S'il vous faut une île, dirigez-vous vers le *dance floor,* où le DJ brille comme un sapin de Noël, inondant le quartier de ses watts ! C'est parfois du rock live (le lundi), parfois *noche caliente* sur des rythmes latinos (le mercredi), show (chaud !) *girls* le jeudi, *pool party* le samedi...

Pour jouer à la star dans un hôtel de luxe

The National Hotel *(zoom détachable Miami Beach, G3,* ***30****)* **:** *1677 Collins Ave. ☎ 305-532-2311. Daypass 50 $.* Ce très bel hôtel propose un forfait journalier pour découvrir les charmes d'un séjour dans un authentique hôtel Art déco et pour profiter de sa très longue piscine chauffée.

The Setai *(zoom détachable Miami Beach, G3,* ***152****)* **:** *2001 Collins Ave. ☎ 305-520-6000. Tlj 12h-1h.* Le luxe absolu en matière de design asiatique pour cet établissement classé parmi les meilleurs hôtels-spas des États-Unis. Si les chambres sont absolument inabordables (prix plancher 750 $!), on peut s'offrir le luxe plus raisonnable d'un verre au bar de la piscine, sous les palmiers illuminés la nuit.

Dans Downtown et à Little Havana

Sugar Bar *(Hotel East ; zoom détachable Downtown, E4,* ***137****)* **:** *788 Brickell Plaza. Tlj 17h-1h (3h ven-sam), mais attention, risque d'embouteillage après 21h, ne pas y aller trop tard.* Au 40e étage de l'hôtel *East,* notre préféré des *rooftop bars* de Downtown. L'ascenseur, déjà, vous transporte dans une autre dimension avec son étonnante mise en abîme lumineuse. Tout là-haut, vue panoramique. Un must au coucher du soleil, lorsque le ciel s'embrase et que les gratte-ciel de Downtown s'invitent à la fête !

Area 31 *(zoom détachable Downtown, E4,* ***139****)* **:** *270 Biscayne Blvd Way. Tlj 17h-23h ; happy hours lun-jeu 17h-19h.* C'est le *rooftop* du *Kimpton Epic Hotel.* Sapez-vous pour ne pas faire tache, et grimpez au 16e étage voir cette terrasse qui n'est pas un véritable *rooftop* mais qui permet d'apercevoir le coucher du soleil puis sur la *skyline* éclairée la nuit. Elle est réputée pour ses *happy hours* du lundi au jeudi et pour ses cocktails bien travaillés mais pas donnés. DJ en soirée. Dommage que le service manque un peu de sourire...

Cubaocho Museum & Performing Arts Center *(plan détachable Miami, C4,* ***132****)* **:** *1465 SW 8th St (angle SW 15th St). Tlj sauf lun 11h-0h30 (2-3h jeu-sam).* Des lampes Tiffany, une montagne de bouteilles qui luisent derrière le bar et des tableaux qui courent sur tous les murs. Sous la galerie extérieure, des anciens font claquer leurs dominos jusque tard dans la nuit... Vous êtes à La Havane ! Un vrai plongeon dans la culture cubaine, car cette adresse abrite l'une des plus grandes collections privées d'art cubain au monde. Un endroit de prédilection pour un mojito ! *Live music* tous les mercredis à 20h30 et en fin de semaine. Qui a dit « salsa » ?

À Coconut Grove

Barracuda Taphouse & Grill *(plan détachable Miami, B6,* ***115****) : 3035 Fuller St. Tlj 12h-3h. Burgers et sandwichs 11-14 $.* Si vous voulez échapper le temps d'une bière à la Miami touristique et mercantile, venez donc pêcher le barracuda ! Entièrement construit avec les planches de récup d'un ancien bateau de pêche à la crevette, ce rade que n'aurait pas renié Hemingway est réputé pour sa cinquantaine de bières artisanales à la pression. *Lager,* blanche, ambrée, stout, porter, *IPA* ou *Pale Ale,* elles sont toutes là ! Sinon, basket en boucle sur les écrans, billard et gros rock qui tache.

À Wynwood et dans le Design District

Pour descendre une bonne bière

Wynwood Brewing Company *(zoom détachable Wynwood, D3,* ***155****) : 565 NW 24th St. Tlj 12h-2h (22h dim-mar).* Intérieur minimaliste (une grande table) et clim poussée à fond. Ici, on joue la carte du producteur au consommateur puisque vous êtes dans la toute 1re microbrasserie artisanale de Miami, qui signe à l'occasion des collabs avec des artistes et autres.

Boxelder *(zoom détachable Wynwood, D3,* ***156****) : 2817 NW 2nd Ave. Lun-sam 13h-minuit (plus tard ven-sam), dim 16h-22h. Boxelder,* c'est le rendez-vous des *bikers* (le concessionnaire Ducati est juste à côté) dans un décor froid, à l'atmosphère houblonnée. Quelques tables à l'extérieur, rafraîchies par de gros ventilos. Bières américaines et belges.

Pour bruncher façon délire

R House *(zoom détachable Wynwood, D3,* ***140****) : 2727 NW 2nd Ave (angle NW 28th St). ☎ 305-576-0201. Mer-jeu 15h-22h, ven 15h-3h, sam 12h-3h, dim 11h30-21h ; « Beat the Clock »* happy hours *15h-19h. Fermé lun-mar. Formules brunch 40-60 $; plats env 15-20 $. R House,* une des adresses les plus branchées de Wynwood, s'est offert une façade par Eduardo Kobra, un des *street artists* les plus sollicités du moment. À partir du mercredi, le bon plan, ce sont les *happy hours* « Beat the Clock » : commandez dès 15h, c'est 3 $, et ainsi de suite jusqu'à 19h. Tous les dimanches, ce resto-galerie d'art haut en couleur fait le plein pour son brunch animé par Athena Dion, drag-queen de renom. Le spectacle a tellement de succès qu'il y a même 2 sessions, à 12h puis à 14h. Côté papilles, le chef Rocco Carulli marie avec allégresse les recettes de *mammas* italiennes qu'il réactualise au goût américain tout en restant fidèle au mouvement Slow Food.

Pour boire un verre à la cool

The Wynwood Market Place *(zoom détachable Wynwood, D3,* ***154****) : 2250 NW 2nd Ave. ● wynwood-marketplace.com ● Jeu-ven 16h-3h, sam 12h-3h, dim 12h-2h. Fermé lun-mer.* Un marché communautaire qui tient ses temps forts les vendredi et samedi. Belle atmosphère festive et surtout musicale. Programmation sur leur site.

Gramps *(zoom détachable Wynwood, D3,* ***144****) : 176 NW 24th St. Tlj 11h-1h (3h jeu-sam) ;* happy hours *à partir de 16h le w-e.* Après avoir commandé votre boisson, si vous n'optez pas pour un des box façon wagon-restaurant de la salle surclimatisée, allez donc la consommer au grand air, sous les étoiles. Ici, la zik, c'est plutôt électro, *deep house* ou *pumpin',* voire funk certains soirs. Si ça vous gonfle, traversez donc la rue, mes lapins : en face, au *Dirty Rabbit,* c'est plutôt *caliente* (voir ci-après) !

Dirty Rabbit *(zoom détachable Wynwood, D3,* ***144****) : 151 NW 24th St. Mar-sam 17h-4h, dim 16h-minuit.* Ambiance éclectique, poisseuse et sophistiquée dans ce bar qui annonce la couleur dès l'entrée en lettres de néon : « *Are you dirty enough ?* » Dans un décor bariolé dont on ne sait plus à partir d'une certaine heure s'il est intérieur ou extérieur, une escouade

de barmaids tatoués jusqu'aux oreilles propose des *carrot cakes* (merci, mon lapinou !), des cocktails détonants à base de mezcal et autres variations sur le thème du gin ou de la tequila. Côté ambiance, c'est latino ou électro groove.
🍸 ***Wood Tavern*** *(zoom détachable Wynwood, D3,* ***148****)* **:** *2531 NW 2nd Ave. Lun-sam 17h-3h.* À droite, une salle façon Dr Jekyll, proprette et fréquentée par une clientèle politiquement correcte. À gauche, une salle Mr Hyde, aveugle, taguée, peuplée de gars à casquettes tendance rappeurs. Mais c'est finalement dans l'arrière-cour que tout ce beau monde fusionne et que l'animation bat son plein !

Où danser ?

À Miami Beach

Miami est le royaume de la *night.* Il n'y a qu'à voir la tête de certains au petit matin pour s'en persuader. On peut se rendre dans la plupart des boîtes en transport en commun, mais ***retour en taxi, Lyft ou Uber obligatoire*** ! Et puis, un conseil d'ami, essayez d'acheter votre entrée en ligne si c'est possible, vous serez plus sûr d'entrer, et ***payez vos consos en espèces*** une fois sur place, pour éviter les cartes bancaires débitées plus qu'il ne faut.

Nikki Beach Club *(zoom détachable Miami Beach, G4,* ***141****)* **:** *1 Ocean Dr. • miami-beach.nikkibeach.com • Resto tlj 12h-18h (23h ven-sam), brunch dim à partir de 11h. Night-club dim seulement 19h-5h. Brunch dim (résa conseillée) env 50 $.* Un club de plage comme à Ibiza mais sans vue mer. En journée, c'est plutôt pépère, champ' au frais dans le seau à glace et bronzette. Le dimanche, brunch dès 11h, et en soirée les play-boys, top models et autres jet-setters s'y retrouvent pour la fiesta hebdomadaire, entre cocktails, petites tenues et musiques de tout poil.
LIV at Fontainebleau *(plan détachable Miami, G2,* ***142****)* **:** *4441 Collins Ave. • livnightclub.com • En général, mer-sam 23h-5h. Entrée : 30-100 $!* Après un lifting qui lui a coûté la bagatelle de 10 millions de dollars, le *LIV,* avec ses 1 700 m², est désormais l'une des plus grandes boîtes de nuit du monde. Point de ralliement des Sinatra, Sammy Davis JR et autres Presley dans les années 1950-1960, l'ancien *Tropigala* accueille désormais, dans une ambiance de FO-LIE, celles et ceux qui parviennent à y entrer. Car ici, comme le dit la formule, c'est « *dress to impress* », alors à bon entendeur...
Story *(zoom détachable Miami Beach, G4,* ***149****)* **:** *136 Collins Ave. • storymiami.com • Jeu-sam 23h-5h. Entrée variable : 20-60 $.* Encore un géant de la nuit ! Le *Story* est certainement l'une des boîtes les plus en vue de Miami. Les *locals* et les touristes s'y pressent (dans tous les sens du terme), surtout le samedi pour les fameuses *undergroundstories.* Si les Guetta, Steve Angello et autres Tiësto sont souvent au *LIV, Story* accueille, lui, des DJs qui sortent du lot, comme Dubfire ou Guy Gerber. Ah oui, on oubliait : pas la peine de s'y presser, les DJs ont pris la fâcheuse habitude de se mettre aux platines vers 1h ou 2h du mat', pas avant !
Twist *(zoom détachable Miami Beach, G3,* ***143****)* **:** *1057 Washington Ave. • twistsobe.com • Tlj 13h-5h. Twist,* c'est LA boîte gay de SoBe, quasi 2 décennies de fiesta ininterrompue autour de ses 7 bars (oui, 7 !) aux ambiances toutes différentes – dont le tropical *Bungalow Bar* avec strippers de rigueur... Le *Main Room* résonne sur des rythmes *tribal house* endiablés et le *BarFive* ouvre grand les écoutilles à la salsa et aux sons latinos. Les hétéros des 2 sexes sont les bienvenus et ne s'en privent pas d'ailleurs. En bonus : l'entrée toujours gratuite.

Dans Downtown

Blackbird Ordinary *(zoom détachable Downtown, D4,* ***146****)* **:** *729 SW 1st Ave. ☎ 305-671-3307. • blackbirdordinary.com • Tlj 15h (18h sam)-5h. Dress code : ni casquette ni vêtements de sport.* Une taverne branchée qui se remplit très (trop ?) rapidement. Panneaux de bois et banquettes noires. Tous les soirs, DJs, concerts live, karaokés, etc. Le mardi, c'est spécial filles sur fond de hip-hop (1 conso gratuite pour elles 22h-1h30). Terrasse agréable et *happy hours* 2 pour 1 appréciables car les consos sont chères.

À Little Havana

Dans un autre genre, les amateurs de vraie ambiance latino ne manqueront pas les ***Viernes culturales.*** Se reporter plus loin à la rubrique « À voir. À faire. À Little Havana ». Sinon, voici une adresse qui vaut le détour.

♩ 🕺 ***Ball & Chain*** *(plan détachable Miami, C4,* ***150****) : 1513 SW 8th St. • ballandchainmiami.com • Tlj 11h-minuit (2-3h jeu-sam).* C'est l'exact remake d'un *hotspot* des années 1930. Ici même se sont produits jadis Count Basie, Billie Holiday, Chet Baker, Nat King Cole et quelques autres grands noms du jazz. Mélange d'influences juives et cubaines, la maison a ressuscité d'anciennes recettes. On ne saurait trop vous conseiller quelques cocktails d'inspiration cubaine, et d'éponger le tout avec des tapas et des morceaux de porc aux frites de bananes plantains. Côté zik, c'est jazz à 18h du jeudi au samedi. Soirée salsa hyper *caliente* le samedi à partir de 21h (voir leur site pour plus de détails).

🍸 ♩ 🕺 ***Hoy Como Ayer*** *(plan détachable Miami, C4,* ***147****) : 2212 SW 8th St. • hoycomoayer.us • Jeu-sam 20h30-4h.* Certainement l'un des endroits les plus suavement rythmés de *Magic City* pour écluser un « *ron* » et y dîner « *fusión* » sur des airs de rumba. Programmation régulière et de bon niveau. Comme d'hab', inutile d'y aller dès l'ouverture, ça commence à chauffer vers minuit, pas avant.

Centres culturels

👓 ***Adrienne Arsht Center*** *(plan détachable Miami, E3,* ***153****) : 1300 Biscayne Blvd. ☎ 305-949-6722. • arshtcenter.org • Visites guidées gratuites sur résa, lun et sam à 12h ; durée : 1h30.* Dessiné par César Pelli et orné d'une danseuse en tutu signée E. Kobra, ce centre culturel très design est le plus grand des États-Unis après le Lincoln Center de New York. Il propose une programmation éclectique : opéras, comédies musicales, théâtre, concerts. Bon ***café-resto-librairie Books & Books*** sur place *(tlj 11h-20h),* avec *live music* certains soirs. Et ***farmers market*** le lundi *(16h30-20h30).*

👓 ***Little Haïti Cultural Center*** *(plan détachable Miami, D1,* ***161****) : 212 NE 59th Terrace. ☎ 305-960-2969. Lun-ven 10h-21h, sam 10h-16h (sauf si spectacles). Fermé dim. Concert gratuit le 3e ven du mois 19h-22h.* Point d'ancrage communautaire du quartier, ce centre culturel doté d'une salle de 300 places anime régulièrement des spectacles de chant et de danse ainsi que des expositions d'art. Une bonne manière de découvrir ou de redécouvrir la culture créole haïtienne, dont de nombreux artistes de renom tels le chanteur-guitariste Wyclef Jean, le DJ Michael Brun ou encore le groupe Klass sont issus.

Où assister à un match de la NBA ?

👓 ***American Airlines Arena*** *(zoom détachable Downtown, E3,* ***164****) : 601 Biscayne Blvd. ☎ 1-786-777-1000. • aaarena.com • ticketmaster.com • Metromover : Omni. Les matchs commencent souvent à 19h30.* Avec ses 20 000 places, c'est le chaudron où s'expriment les ***Miami Heat.*** Ambiance survoltée, on ne vous raconte pas ! Le prix des places peut s'envoler en fonction du match, mais rassurez-vous, si on peut espérer un emplacement convenable à partir de 50-60 $ en réservant à l'avance (les places les moins chères sont à 30 $), les prix s'effondrent en ligne plus on se rapproche du début du match. Si vous êtes 2, ou mieux, seul, il est donc ***préférable de réserver au dernier moment.*** Les meilleures places se situent au niveau du rang n° 100, les moins chères au rang n° 400. Le site internet est conçu de telle manière qu'il permet de visualiser la vue que vous aurez pendant le match avant d'acheter votre billet, alors il n'y a pas de mauvaise surprise.

Achats

Malls et centres commerciaux

À Miami, les ***outlets*** (magasins d'usine) sont éloignés les uns des autres. Notre choix s'est porté sur les plus accessibles en transport en commun.

Lincoln Road Mall *(zoom détachable Miami Beach, G3)* **:** *Lincoln Rd (entre Washington Ave et Alton Rd).* • *lincolnroadmall.com* • *Tlj 10h-23h. Mall* piéton qui égrène de grandes marques telles que *Anthropologie, J. Crew, Lucky Brand, All Saints, American Eagle Outfitters, Urban Outfitters, Havaianas,* les cosmétiques new-yorkais *Kiehl's* et tant d'autres...

Brickell City Centre *(zoom détachable Downtown, D4,* ***165****)* **:** *701 S Miami Ave.* • *brickellcitycentre.com* • *Lun-sam 10h-22h, dim 12h-20h. Parking gratuit 6h sur validation et preuve d'achat.* Étonnante architecture à moitié ouverte sur l'extérieur qui enjambe plusieurs rues en plein centre de Brickell sur plus de 45 ha. Certifié LEED (bâtiment ayant été conçu et construit dans l'intérêt des humains et de leur environnement) grâce à un astucieux treillis enveloppant les bâtiments, c'est le 1er projet de ce type aux États-Unis. Toutes les grandes marques y sont représentées. Plusieurs restos (chers).

Miami Design District *(zoom détachable Wynwood, D2,* ***163****)* **:** *dans la série de blocs compris entre NE 1rst St et NE 2nd Ave, et 41st St et 38th St.* • *miamidesigndistrict.net* • *Lun-sam 11h-20h, dim 12h-18h.* Accolé à Wynwood, ce quartier rassemble une bonne quarantaine de showrooms de designers et au moins autant de grandes enseignes du luxe. On y va pour s'offrir une séance de lèche-vitrines au sens propre, car ces boutiques de mode rivalisent de créativité dans leurs aménagements. Quelques galeries d'art aussi. Bon, d'accord, ça fait un peu zoo pour milliardaires, mais c'est ça aussi, Miami !

Upper Buena Vista *(plan détachable Miami, D2,* ***166****)* **:** *184-190 NE 50th Terrace.* • *upperbuenavista.com* • *De Downtown, trolley Biscayne, changement au niveau du Woodson Mini Park (NE 38th St), puis trolley Little Haïti jusqu'à NE 50th St. Tlj 12h-20h.* Entre Little Haïti et Edgewater, ce centre commercial en plein air qui se veut *ecofriendly* abrite une vingtaine de boutiques et quelques restos. Dans une ambiance zen 100 % *hype,* baignée par une douce musique *chill-out,* tout tourne autour d'un gros banian au tronc noué de mille rubans porteurs d'espoir. On y trouve des boutiques de créateurs colorées, des galeries d'artistes locaux ou sud-américains, un centre de retraite et de méditation (interrogez-vous sur la nécessité d'une carte de crédit), l'atelier de la peintre française Carolus, barbier, tatoueur et de quoi se restaurer dans la bonne humeur.

Shops at Merrick Park *(plan détachable Miami, B5)* **:** *SW 42nd Ave.* • *shopsatmerrickpark.com* • Ⓜ *Douglas Rd, puis 800 m à pied. Lun-sam 10h-21h, dim 12h-18h. Parking 3 $/2h.* Un vieil adage dans l'immobilier dit que « les commerces suivent toujours les toits ». Eh bien ici, dans ce centre commercial agréablement articulé autour d'une pelouse et de hauts palmiers, c'est tout le contraire. Depuis l'arrivée de quelques grandes marques du luxe, ce sont les condominiums qui poussent comme des champignons !

Miami Ironside *(plan détachable Miami, E1)* **:** *7610 NE 4th St (le long de la ligne de chemin de fer).* ☎ *305-438-9002.* • *miamiironside.com* • *Bus n° 3 depuis Downtown ou n° 16* *depuis Omni. Tlj 8h-23h. Miami Ironside* est un centre commercial nouvelle génération qui a vu le jour à Palm Grove, un quartier historique situé dans l'Upper Eastside de Miami, aujourd'hui très prisé par les artistes. Coincée entre la NE 4th Street et la voie de chemin de fer, sa structure tout en long entrecoupée de placettes égrène un chapelet de boutiques tendance, donnant sur un espace végétalisé abritant la plus grande collection d'eucalyptus de la région, un potager expérimental et de nombreuses plantes indigènes. Pizzeria, café, terrain de pétanque, lieux d'expo et de rencontre un tout-en-un.

Aventura Mall** (hors plan détachable Miami par G1) : 19501 Biscayne Blvd. • aventuramall.com • Bus S ou n° 120 depuis Downtown Omni et Miami Beach. Lun-sam 10h-22h, dim 12h-20h.* Aux antipodes de *Miami Ironside, Aventura Mall* est le 6e plus grand centre commercial des États-Unis et le 2e de Floride après le *Sawgrass Mills.* Pour des prix un peu plus intéressants, nous vous conseillons plutôt le ***Sawgrass Mills, à Fort Lauderdale (voir plus loin « Fort Lauderdale. Achats »), 4e plus grand centre commercial des États-Unis.

Livres et musique

Books & Books** (plan détachable Miami, B5, **160**) : 265 Aragon Ave. • booksandbooks.com • Tlj 9h-22h (minuit ven-sam).* Librairie avec petit ***café-resto et terrasse, à Coral Gables. Produits locaux pour une cuisine fraîche dans l'esprit « *farm to table* », servie du matin au soir (et à prix raisonnables).

***Libreri Mapou** (plan détachable Miami, D-E1, **167**) : 5919 NE 2nd Ave. ☎ 305-757-9922. Lun-sam 10h-19h (en principe). Fermé dim.* Depuis 25 ans, cette librairie francophone assure la diffusion de la culture créole à Miami en organisant des événements littéraires et culturels de haut niveau. Nombreux ouvrages en français (et en créole).

Sweat Records** (plan détachable Miami, D-E2, **168**) : 5505 NE 2nd Ave (angle NE 55ts St). • sweatrecordsmiami.com • Tlj 12h-17h (19h ven-sam).* Copie conforme de l'adresse homonyme de Port-au-Prince, ce disquaire assorti d'un petit ***café-resto est une perle rare. On y trouve de vieux vinyles (dont certains sont franchement labourés) pas chers du tout et on y boit un petit café dans la décontraction la plus totale. Quelques groupes s'y produisent de temps en temps le week-end, et peut-être aurez-vous la chance d'y croiser Iggy Pop : il possède son studio d'enregistrement un peu plus au nord dans le quartier.

Vêtements, sport

***KC 2000** (zoom détachable Wynwood, D3, **169**) : 2504 NW 5th Ave. Tlj 9h30-17h30 sauf dim.* Au débouché de 25th Street, cette friperie pour hommes propose un éventail de fringues originales et colorées assez impressionnant à des prix vraiment ras des pâquerettes.

***Grooveman Music** (zoom détachable Miami Beach, G3, **162**) : 1121 Washington Ave. Tlj 12h-22h.* Adeptes de l'*urban wear* et de la *street*, vous voulez soigner votre look ? C'est ici qu'il faut venir. T-shirts à messages, sneakers, accessoires, gadgets, tout est là.

***Fritz's** (zoom détachable Miami Beach, G3, **5**) : 1014 Lincoln Rd. • fritzsmiamibeach.com • Tlj 11h-22h.* Ici, nombreuses promos sur le sportswear et tout ce qui touche au skateboard.

***Andrew** (zoom détachable Downtown, D4, **170**) : 10 NE 1st Ave. Mar-sam 11h-19h, dim 12h-18h. Fermé lun.* Une marque née en Floride en 2017 au lendemain du passage de l'ouragan du même nom. En peu de temps, elle est devenue incontournable en matière de skate. Ici, rien que du rare, des T-shirts aux *pants* en passant par les *boards*, et même des préservatifs au logo de la marque !

***Fly Boutique** (plan détachable Miami, E1, **173**) : 7235 NE 72nd Ave (angle Biscayne Blvd). Tlj 12h-19h sauf sam.* Une boutique fouillis 100 % vintage comme on les aime, avec de la fringue, bien sûr, mais aussi des objets de déco, de vieux vinyles et des reliques des sixties.

À voir. À faire

Le ***prix d'accès aux musées et sites*** est parfois conséquent à Miami. Établissez un « *business plan* » pour ne pas vous retrouver trop vite sur la paille. Et pour amoindrir la douloureuse, pensez aux coupons de réduction disponibles dans les brochures et sur Internet.

À Miami Beach (zoom détachable)

The beach : dans Miami Beach, il y a « *beach* », et c'est vrai qu'on parle toujours en 1er de l'architecture Art déco du quartier en oubliant d'évoquer cette longue et magnifique plage sans laquelle ce décor de rêve ne serait pas ce qu'il est. Côté décor justement, les ***postes d'observation des maîtres nageurs*** aux allures de vaisseaux spatiaux des années 1950 font aussi partie intégrante du cliché floridien. La plage est artificielle : elle exige d'être réapprovisionnée chaque année en sable afin de compenser l'érosion naturelle ! Fréquentation cosmopolite et familiale, avec quelques particularités : les surfeurs dans l'alignement de South Point Drive, à la pointe sud, les apollons préférant les apollons au niveau de 12th Street, et au nord de Lummus Park les personnes âgées qui conversent en yiddish... Les States découpés selon les pointillés, quoi !
Une chouette balade consiste à arpenter la ***beachwalk*** (la promenade du front de mer), cyclable de la pointe sud de South Beach jusqu'à la 24th Street, puis pédestre jusqu'au grand hôtel-*resort Fontainebleau.* Elle se poursuit encore plus au nord, de façon discontinue. Le regard embrasse l'océan d'un côté et, de l'autre, l'arrière des hôtels de luxe, avec piscines de rêve et jardins tropicaux.
Au nord de Miami Beach, ***Haulover Beach*** *(au niveau des nos 14000 Collins Ave)* est la seule plage nudiste du comté de Miami. Au sud, à Key Biscayne, ***Crandon Park Beach*** *(vers le 4000 Crandon Blvd),* longue de 2 miles, n'est pas mal non plus avec ses aires de barbecue, ses sentiers de balades et ses locations de kayaks et de *paddleboards...*

Art Deco District *(zoom détachable Miami Beach, G3-4)* **:** *essentiellement entre 5th St et Lincoln Rd.* Les édifices les plus représentatifs sont situés sur Ocean Drive, Collins Avenue et Washington Avenue. Plusieurs possibilités pour découvrir en détail les richesses architecturales du quartier.

■ La ***Miami Design Preservation League*** organise différentes formules de visites guidées de l'Art Deco District. Départs de l'***Art Deco Gift Shop/ Welcome Center*** *(zoom détachable Miami Beach, G3,* ***2*** *; 1001 Ocean Dr ; • mdpl.org •).* Voir aussi plus haut « Culture, visites guidées » dans « Adresses et infos utiles ».
– ***Visites guidées à pied :*** *tlj à 10h30 (et 18h30 jeu) sauf j. fériés. Arriver 15 mn avt l'heure (résa possible in situ mais pas nécessaire). Bon niveau d'anglais requis. Durée : 1h30. Tarif : 30 $; réduc.* Guidées par des historiens ou des architectes. Avantage : on pénètre l'intimité de certains bâtiments.
– ***Audioguide :*** *disponible en français (entre autres), tlj 9h30-17h (dernier départ à 15h). Durée : env 1h30. Tarif : 25 $; réduc.* L'audioguide est à télécharger sur votre smartphone via leur application. Le commentaire est bien fait et on vous fournit un plan.
– ***Art Deco Museum :*** *dans le bâtiment de la* Miami Design Preservation League*. Tlj 10h-17h sauf lun. Tarif : 5 $; réduc (entrée incluse dans le prix des visites guidées).* Un petit musée présentant pas mal de vidéos sur le travail de conservation du quartier. Quelques plans et objets de la vie quotidienne durant les années 1930.

L'histoire de ce quartier débute véritablement ***après le passage de l'ouragan de 1926,*** qui détruisit la plupart des bâtiments de Miami Beach. Tout fut donc rebâti à la même époque, dans un style très en vogue. Les hôtels étaient conçus

pour les séjours balnéaires de la *middle class.* Un des architectes les plus prolifiques de cette époque fut ***Henry Hohauser.***
L'appellation *Art Deco* lui fut donnée tardivement, en 1968. D'ailleurs, à l'intérieur de cette définition, plusieurs sous-styles se dégagent : *Mediterranean Revival, Zig-zag Moderne, Streamline* et *Depression Moderne* : celui de Miami Beach est plus simple que le style européen, plus dépouillé, et avec des décors s'inspirant de l'environnement. Délaissé, délabré, ***le quartier était menacé de démolition dans les années 1970.*** Plusieurs promoteurs courageux se regroupèrent en 1976 dans la ***Miami Design Preservation League.*** Grâce à des aides fiscales et à des crédits avantageux, cette association investit dans la rénovation des façades aux formes arrondies, aux stucs blancs qui alternent avec toutes les teintes des *ice-creams,* et aux néons criards (il faut absolument faire une promenade de nuit !). À l'intérieur, les marbres côtoient les céramiques aux couleurs pastel, le bronze et le fer forgé. Après une 1re vie et une 1re mort, l'Art Deco District renoue aujourd'hui avec son passé prestigieux, comme en témoignent les façades, maintenues « en équilibre », des bâtiments en cours de rénovation.
Le caractère unique du quartier réside dans sa cohérence et sa surface. ***À l'origine, les bâtiments étaient enduits de blanc, seuls les éléments décoratifs étant peints de couleurs vives.*** Dans les années 1980, le designer Leonard Horowitz impose, malgré des controverses, le ***Deco dazzle,*** une ***palette de tonalités pastel*** qui sert de modèle obligé à chaque rénovation de façade. Il en résulte un véritable plaisir pour les yeux.
Côté ambiance, ***SoBe est le grand rendez-vous de la frime internationale.*** Tous ceux qui veulent se montrer se croisent, se décroisent et se recroisent à longueur de journée dans un incessant va-et-vient entre la plage et ses rues adjacentes : fêtards de la 1re et de la dernière heure, bimbos siliconées, dragueurs, retraités en hivernage brûlés de soleil... Le spectacle est continu, surprenant. Il n'y a guère que les *homeless* squattant le gazon sous les cocotiers qui puissent nous ramener à la vraie réalité de la vie.

UNE VILLE QUI A DU STYLE

Le style Art déco tire son nom du style en vogue lors de l'Exposition internationale des Arts décoratifs de 1925 à Paris. Il allie la géométrie cubique à des motifs égyptiens et floraux. L'Art déco floridien est appelé « Tropical Art Deco » en raison de l'apport de motifs spécifiques à la région. Miami Beach est l'endroit du monde qui rassemble le plus d'immeubles (960 au total) de ce style très uniforme car tout a été construit en même temps (1926-1943).

Quelques édifices remarquables sur Ocean Drive et sur Collins Avenue (du sud au nord)

– ***Imperial,*** *au nº 650 :* construit par Murray Dixon en 1939. Sa façade en 3 parties, aux couleurs blanc-bleu-mauve-vert, avec baie centrale, reliefs et « brise-soleil » couvrant les fenêtres d'angle, est un classique du style. L'*Imperial* est surmonté d'un fronton à hublots inspiré de l'architecture navale.
– ***Majestic,*** *au nº 660 :* Albert Anis l'a bâti en 1940, tout comme les hôtels *Avalon* et *Waldorf.* Rainures de couleur pour accentuer la verticalité, et balustrade de terrasse à la romaine.
– ***Avalon,*** *au nº 700 :* érigé en 1941. Son esthétique asymétrique, fonctionnaliste, et son absence d'ornementation sont souvent compensées par la présence d'une voiture de collection des années 1950-1960 au bord du trottoir.
– ***Beacon,*** *au nº 720 :* date de 1936. Asymétrie et motifs abstraits entre le rez-de-chaussée et le 1er étage. Un flamant rose est gravé sur la porte vitrée du hall.
– ***Colony,*** *au nº 736 :* encore une réalisation de Hohauser (1935). Son enseigne aux néons bleus et tout en verticalité est un des phares de la nuit sur Ocean Drive. Les « bandeaux » bleu et blanc sont typiques du style *streamline.* Une cheminée du *lobby* est garnie d'une œuvre du muraliste mexicain Diego Rivera, époux de Frida Kahlo.

- ***Waldorf Towers,*** *au n° 860 :* construit en 1936, il évoque incontestablement le domaine maritime avec sa tour lanterne d'angle.
- ***Breakwater,*** *au n° 940 :* d'Anton Skislewicz (1939). Un des plus spectaculaires d'Ocean Drive et représentatif du style *streamline* avec sa façade en rayures horizontales, ses rambardes de toit comme celles d'un pont de navire et son impressionnante tour qui évoque la majesté des totems indiens.
- *N° 960 et n° 1060 Ocean Drive :* Hohauser, en 1935, s'est essayé là au style *Mediterranean Revival* avec des fenêtres sous arcades et galerie romane (n° 960). Il avait été précédé dans cette inspiration par l'architecte de l'ancien ***Bon Air Hotel,*** au n° 1060, qui avait même ajouté des tuiles de terre cuite sur le toit. Ces 2 réalisations tranchent nettement avec le style environnant.
- ***Hotel Victor,*** *au n° 1144 :* à mettre au crédit de L. Murray Dixon (1937), l'un des architectes les plus prolifiques de Miami Beach. On lui doit notamment le *Raleigh,* l'ancien *Ritz Plaza (SLS South Beach)* et le *Regent Hotel.* Le *Victor* est particulièrement bien mis en valeur la nuit.
- ***Casa Casuarina,*** *au n° 1116 :* aussi appelée *Amsterdam Palace,* la tristement célèbre demeure de Gianni Versace (qu'il occupa de 1992 à son assassinat en 1997) s'inspire de l'*Alcazar* de Christophe Colomb, érigé à Saint-Domingue au début du XVIe s et reconstruit ici à South Beach en 1930 dans le style *Mediterranean Revival.* Richement restauré et redécoré par le couturier italien à grand renfort d'or, de mosaïques et de colonnes à l'antique, de soieries chamarrées et de marbres de Carrare, le palais accueille maintenant un hôtel-resto de grand luxe, mais rien ne vous empêche d'y jeter un œil depuis les grilles, celles-là mêmes devant lesquelles Versace fut assassiné. La coupole sur le toit était à l'origine un planétarium, transformé en bar-*party room* par Versace. Notez aussi que le propriétaire a pris quelques libertés avec la cohérence architecturale de la villa en construisant une piscine au détriment de la maison latérale.
- ***Leslie,*** *au n° 1244, et son voisin le* ***Carlyle,*** *au n° 1250 :* ils sont typiques du style classique Art déco. 3 étages, éléments verticaux, couleur jaune vif, le 1er assez sobre, le 2d tout en exubérance avec brise-soleil aux fenêtres d'angle du plus pur arrondi. Pour la petite histoire, le *Carlyle* a servi de décor à la série *Miami Vice,* mais aussi au film *Scarface* de Brian De Palma, ainsi qu'à *L'Ombre d'un soupçon* de Sydney Pollack.
- ***Cardozo Hotel,*** *au n° 1300 :* superbe bâtiment curviligne de Henry Hohauser. On le retrouve lui aussi au cinéma dans le film *Mary à tout prix* avec Cameron Diaz.
- ***The Cavalier,*** *au n° 1320 :* l'architecte en est Roy Frances, en 1936. Superbe façade polychrome avec incrustation d'ornementations de pierre d'inspiration aztèque ou égyptienne dignes d'un péplum hollywoodien. La lettrine en fronton est d'une délicatesse admirable.
- ***Essex House,*** *au n° 1001 Collins Ave :* du Hohauser, encore, mais dans une version *streamline* avec ses arrondis et ses visières en béton servant de pare-soleil. Sol en *terrazzo* dans le *lobby* et fresque représentant un Indien séminole en train de chasser.
- ***Marlin Hotel,*** *au n° 1200 Collins Ave :* avec sa façade en 3 parties, une constante de l'Art déco miamian (de Miami, quoi !), ce bâtiment signé Murray Dixon a appartenu au fondateur du label *Island Records,* dont la signature était à l'origine le reggae (Jimmy Cliff, Bob Marley) et qui y avait installé un studio d'enregistrement. Incorporé au groupe *Universal,* ce label a fêté son 60e anniversaire en 2019. Le bâtiment abrite aujourd'hui un bel hôtel.
- ***Washington Avenue*** est également bordée d'édifices remarquables, tels que l'***US Post Office,*** au n° 1300. Datant de 1937, ce bâtiment public prouve que le style Art déco n'était pas seulement réservé aux hôtels et villas de luxe.

Si vous avez le temps, n'hésitez pas à sortir des sentiers battus et ***faites un tour vers les rues de l'arrière*** (Euclid, Pennsylvania, Meridian, Michigan), qui recèlent quantité de trésors moins connus et quelques maisons particulières. Souvent plus modestes, elles sont par certains détails ou coloris un vrai ravissement pour les amateurs.

Les hôtels design de South Beach : Miami Beach (plus particulièrement sa partie nord) s'est spécialisée dans ce créneau d'établissements de luxe, conçus pour satisfaire la clientèle jet-set. Si les prix des chambres sont inaccessibles au commun des routards (sauf éventuellement résa de dernière minute via les sites spécialisés comme • *hoteltonight* •), n'importe qui en revanche peut entrer et jeter un œil dans les parties communes. Et ça vaut le coup ! Voici nos préférés, du nord au sud le long de Collins Avenue.
On commence par une architecture étonnante, le ***Faena Forum*** *(plan détachable Miami Beach, G2 ; 3300-3398 Collins Ave),* situé au cœur du Faena District. Construction monumentale de Rem Koolhaas, lauréat du prix Pritzker, il regroupe plusieurs bâtiments : un forum, un *bazaar,* un parking et 2 hôtels à la déco ébouriffante d'ingéniosité. On poursuit avec ***The Setai*** *(zoom détachable Miami Beach, G3,* ***152*** *; 2001 Collins Ave),* extérieurement austère, intérieurement luxueux dans un style asiatique (voir « Où boire un verre ?... » plus haut).
Un bloc plus bas, le ***SLS*** *(zoom détachable Miami Beach, G3,* ***33*** *; 1701 Collins Ave),* ouvert sur le site de l'ancien *Ritz Plaza,* le dernier bâtiment Art déco historique de son genre sur Collins Avenue. C'est à Philippe Starck, l'initiateur des 1ers boutique-hôtels dans les années 1980, que l'on doit la déco intérieure et les superbes dessins oniriques. Le musicien et designer Lenny Kravitz a aussi mis sa patte dans la rénovation. Juste au-dessous, le ***Delano*** *(zoom détachable Miami Beach, G3,* ***30*** *; 1685 Collins Ave ; voir « Où dormir ? »),* toujours à la pointe de la branchitude, et, tout à côté, le ***Sagamore*** *(zoom détachable Miami Beach, G3 ; 1671 Collins Ave),* au concept *arty* très pointu. Le *lobby,* où se trouve exposée la collection privée des proprios, est une vraie galerie d'art contemporain. Tout autour de la piscine, des aires de repos diffusent des vidéos genre happenings. Le ***Dream South Beach Hotel*** *(zoom détachable Miami Beach, G3 ; 1111 Collins Ave),* d'une blancheur éclatante, né de la réunion de 2 déjà très beaux ensembles Art déco *streamline* conçus par L. Dixon Murray, le *Palmer House* et le *Tudor,* recèle une déco époustouflante d'élégance arabo-mauresque, elle-même rehaussée par un zeste d'ambiance 70's (ce qui lui confère tout son charme). Sur le toit, une piscine à débordement semble vouloir remplir l'océan. Cette boîte à bijoux est, en outre, émaillée d'œuvres d'art contemporain.
Enfin, le ***1-Hotel South Beach*** *(zoom détachable Miami Beach, G3,* ***145*** *; 2341 Collins Ave)* surfe adroitement sur la vague éco-luxe avec un mur végétal composé de quelque 1 000 variétés de plantes locales, et un vaste *lobby* blanchi à la chaux garni de canapés en fibres naturelles dont le design est à mettre au crédit de l'agence *Meyer Davis.* Mais le plus ici, c'est la piscine et le bar-resto en *rooftop* au 18e étage pour embrasser du regard tout Miami au coucher du soleil (accès public à partir de 18h seulement, voir la rubrique « Où boire un verre ? Où écouter de la musique ? Sur un *rooftop* »). Et pour finir, ceux qui s'intéressent à l'architecture pourront jeter un œil au gratte-ciel futuriste de (feu) Zaha Hadid (1re femme architecte à avoir reçu le prix Pritzker) : le ***One Thousand Museum*** *(zoom détachable Downtown, E3 ; 1040 Biscayne Blvd),* dont les apparts se sont arrachés entre 5,2 et 20 millions de dollars chacun (faut dire qu'ils étaient meublés !).

Lincoln Road Mall *(zoom détachable Miami Beach, G3)* **:** *au nord-est de Flamingo Park.* Créée à l'origine pour rivaliser avec la 5e Avenue de New York, voire Rodeo Drive à Los Angeles, cette ***large rue piétonne axée sur le shopping*** est aujourd'hui le 2e pôle d'animation de South Beach avec Ocean Drive. Ici aussi, on a restauré les façades Art déco, planté des palmiers, ouvert quelques galeries d'art, beaucoup de boutiques, des petits bistrots et des restos en terrasse. 1 dimanche sur 2, très chouette ***marché aux puces*** (entre Meridian et Lenox Avenue et aussi sur Michigan), avec des stands variés, vraiment vintage, et quelques artistes contemporains. Et tous les dimanches, un petit ***marché aux fruits et fleurs exotiques.*** Des architectes de renom sont même venus poser leur griffe ici : le cabinet suisse Herzog & De Meuron, qui a signé un spectaculaire parking tout en hauteur (à l'angle d'Alton Road). Depuis le bar-resto *Juvia* situé au dernier étage, beau panorama sur tout le sud de Miami Beach (accès par l'ascenseur au nº 111). L'animation de Lincoln Road Mall (piétonne entre Washington Avenue et Alton Road) est à son comble à l'heure des *happy hours* et le dimanche toute la journée. Au nº 530, notez la mignonne ***église*** de style colonial espagnol et au nº 511 l'ancien ***Lincoln Theatre,*** investi par un magasin de prêt-à-porter.

The Wolfsonian-FIU *(zoom détachable Miami Beach, G3)* **:** *1001 Washington Ave. • wolfsonian.org • Tlj sauf mer 10h (12h dim)-18h (21h ven). Entrée : 12 $; gratuit enfants moins de 6 ans et pour ts ven après 18h ; réduc.*
Ouvert en 1995, ce musée-fondation qui possède un alter ego à Gênes, en Italie, montre l'***évolution du design,*** les relations entre l'art et les contextes socio-politico-culturels, mais aussi comment les arts décoratifs et la propagande influencent nos vies.
Le bâtiment lui-même est exceptionnel avec sa façade et son long hall, tous 2 de style Art déco. Au fond du hall, un superbe bassin hérité de la façade du Norris Theatre en Pennsylvanie.
Au 5ᵉ niveau, l'impressionnante collection de Mitchell Wolfson Jr établit un parallèle entre l'évolution du design et le développement de la société industrielle. La collection regroupe près de 300 pièces : livres, affiches de propagande politique ou commerciale, cartes postales, tableaux, sculptures et objets design ayant présidé à leur fabrication en série, etc. Parmi les œuvres les plus remarquables, de jolies pièces de mobilier et d'art décoratif, dont un étonnant téléviseur (1939) que l'on regardait par effet miroir. Plus loin, un miroir d'Archibald Knox, l'un des artistes les plus emblématiques de la période Art nouveau. Puis, pêle-mêle, des objets du quotidien : une superbe gazinière émaillée *Magic Chef* annonçant l'ère des cuisines aménagées, un mini-aspirateur Westinghouse, des *toasters* très... design, etc. Un vitrail en allégorie à l'indépendance irlandaise précède une inattendue représentation de la France d'outre-mer à l'Exposition universelle de 1937.
Au 7ᵉ niveau, les collections présentent le développement et les influences du style Art déco de part et d'autre de l'Atlantique. Dans la 1ʳᵉ salle, pour l'Europe, des ***couverts de Jean Puiforcat,*** quelques ***Lalique*** et des références à la compagnie maritime Transatlantique, très friande du style Art déco à l'époque (superbe fauteuil du paquebot *Normandie*) ; également de belles fioles à parfum en cristal de Baccarat de ***Félicie Wampouille,*** qui dirigea la maison Caron jusqu'en 1967.
La partie américaine présente des objets du quotidien, des radios, une superbe chambre à coucher dessinée par ***Donald Deskey*** (1931), le maître du style minimaliste de l'entre-deux-guerres. Enfin, la *Tropical House* présente une remarquable collection de meubles signée ***Ralph Widdicomd.*** Une très agréable visite pour ceux qui s'intéressent à la période ***Art déco.***

World Erotic Art Museum (WEAM) et musée George-Daniell *(zoom détachable Miami Beach, G3)* **:** *1205 Washington Ave. • weam.com • Tlj 11h-22h (minuit ven-dim). Entrée (réservée aux plus de 18 ans) : 20 $ pour le WEAM, 15-20 $ pour le musée George-Daniell selon expos en cours ; visite combinée 25-30 $; réduc.*
Soyons clairs : malgré la qualité des œuvres exposées (principalement des photos de l'Amérique des années 1950-1970, quelques portraits de stars et des toiles du maître) dans la section dédiée au photographe et peintre George Daniell, le prix de l'entrée nous semble un peu exagéré, alors autant combiner cette visite avec celle du WEAM.
Au sujet du WEAM, pas de confusion malgré le nom mal choisi de cet établissement. Ici rien de tendancieux, de vulgaire, ni de porno. C'est avant tout un ***musée d'art incroyable,*** réunissant une collection allant de la haute Antiquité, voire de la sortie du Néolithique, aux dernières productions en matière d'art érotique. Un vrai hymne à l'Amour. On y trouve pêle-mêle des peintures représentant des scè[illegible] de Walt Disney, revisitées de façon olé olé. Quelques beaux objets bi[illegible] relation avec le péché originel : notez les sculptures en forme de pom[illegible] cœur est un vagin. Attardez-vous près du siège de la Grande Catheri[illegible]

MIAMI ET LA BAIE DE BISCAYNE

Dans la salle de concert proprement dite, les fauteuils, positionnés en « feuille de vigne », sont distribués de telle manière qu'ils demeurent en relation constante avec les musiciens et ne sont jamais éloignés de plus de 13 rangées de la scène. Le plafond, quant à lui, finit d'habiller les sensations des spectateurs par une série de voiles curvilignes servant d'écrans de projection. ***Les soirs de concert, son et images sont diffusés simultanément en façade (Wallcast Concerts), ce qui permet à tout le monde d'en profiter gratuitement !*** On vous conseille franchement d'y aller, non sans avoir pris le temps de vous constituer un pique-nique avant, ce sera un grand moment de votre séjour à Miami. D'octobre à mai, un ***film*** est projeté gratuitement sur ce mur *(ts les mer à 20h).*

Bass Museum *(zoom détachable Miami Beach, G3)* **:** *2121 Park Ave, tt près de Collins Ave et de 21st St. ☎ 305-673-7530. • thebass.org • Tlj 10h-17h sauf lun-mar. Entrée : 15 $; réduc ; gratuit moins de 7 ans.* Élégant bâtiment en pierre de corail devancé par un parc où est érigée la très colorée *Miami Mountain* de l'artiste suisse Ugo Rondinone. Le musée propose surtout des expos temporaires. La collection permanente, elle, est assez riquiqui et sert de point de départ aux différentes expos. L'intérêt de ce musée dépend néanmoins de la qualité des œuvres présentées lors des expos temporaires.
Jolie petite ***cafétéria*** à prix raisonnables.

Holocaust Memorial *(zoom détachable Miami Beach, F-G3)* **:** *1933-1945 (sic) Meridian Ave (angle Alton Rd). • holocaustmemorialmiamibeach.org • Tlj de 9h30 au coucher du soleil. GRATUIT (mais donation bienvenue).* Ce mémorial est un hommage très fort aux 6 millions de juifs victimes de la Shoah. Des passages cloisonnés, des couloirs, favorisent l'intimité, le pèlerinage, la prière, le chagrin. On chemine sous des tonnelles le long de murs en marbre noir incrustés de photos très dures. Ce parcours mène à un tunnel qui descend, au son de chants d'enfants en hébreu se transformant peu à peu en sanglots, vers la sculpture centrale en partie cachée des regards de la rue : du trottoir, on ne voit qu'une main s'élevant vers le ciel. Dans la cour circulaire, des corps d'hommes, de femmes et d'enfants de tous âges, dans des poses torturées et insoutenables, accrochés le long du bras tendu. Une mise en scène grandiloquente (sujette à polémique lors de l'inauguration) pour tenter de transcrire la violence et l'horreur inouïes.

Jewish Museum of Florida-FIU *(zoom détachable Miami Beach, G4)* **:** *301-311 Washington Ave. • jmof.fiu.edu • Tlj 10h-17h sauf lun. Fermé certains j. fériés. Entrée : 12 $; formule famille (2 adultes + 2 enfants) 24 $; réduc ; gratuit jusqu'à 5 ans et pour ts sam.* Complémentaire de l'Holocaust Memorial, ce musée est un hommage à la communauté juive de Floride, à son histoire et à sa culture de 1763 à nos jours. Le bâtiment Art déco qui sert d'écrin à ses collections fut autrefois une synagogue orthodoxe, avant d'être transformée en musée en 1996. D'intéressantes expos temporaires complètent l'important fonds permanent. Ne manquez pas de poser toutes vos questions aux volontaires, qui seront ravis d'y répondre.

À Miami Downtown *(zoom détachable Downtown, D-E3-4)*

– ***Visites guidées à pied de Downtown :*** *départ du* ***Miami Center for Architecture & Design*** *(zoom détachable Downtown, E4,* ***7****), 310 SE 1st St (angle SE 3rd Ave). Le 2e sam de chaque mois à 10h (arriver 15 mn avt l'heure, résa obligatoire au moins la veille via Internet : • miamicad.org/walking-tour •). Bon niveau d'anglais requis. Durée : 2h. Tarif : 20 $; réduc.* Visite guidée qui met en valeur les principaux bâtiments du centre-ville de Miami, dont la plupart sont inscrits au registre national des lieux historiques. La visite se fait à pied et couvre une zone d'environ 3 blocs dans Downtown.

MIAMI ET LA BAIE DE BISCAYNE

Visite de Downtown en métro aérien *(zoom détachable Downtown, D-E3-4)* **:** *plan des lignes (Transit Map) auprès des points d'information touristique ou sur • miamidade.gov/transit •*
Les 3 lignes de métro aérien gratuit ***(Metromover)*** qui parcourent Downtown au milieu des buildings sont devenues une vraie attraction touristique ! Certains passages entre – voire à travers – les immeubles ajoutent un peu de sensations à la balade. On conseille de la faire plutôt en journée le week-end, car Downtown est alors plus calme, déserté par les employés des bureaux. Éviter de trop y traîner la nuit en dehors des stations les plus utilisées, car certains quartiers ne sont pas toujours très sécurisés.
Les 3 lignes accomplissent 3 boucles distinctes sur un total d'environ 7 km, avec une fréquence qui varie entre 2 et 3 mn entre chaque rame : ***Inner Loop*** (la plus petite ; parcourt le cœur de Downtown), ***Omni Loop*** (c'est par là qu'on commence en arrivant en bus de Miami Beach) et ***Brickell Loop*** (pour traverser la Miami River et visiter Mary Brickell Village). On peut les enchaîner en changeant aux stations Government Center ou Bayfront Park, voire descendre en cours de route histoire de faire un bout de chemin à pied (les 21 stations ne sont pas très éloignées les unes des autres). Les « stops » les plus intéressants : Adrienne Arsht Center, Government Center, Tenth Street Promenade, Bayfront Park. Pour s'y retrouver plus facilement, télécharger l'appli ***GO Miami-Dade Transit*** sur le site.

Pérez Art Museum Miami *(PAMM ; zoom détachable Downtown, E3)* **:** *1103 Biscayne Blvd (dans le Museum Park). • pamm.org • Metromover : Omni. Tlj sauf mer 10h-18h (21h jeu). Entrée : 16 $; réduc ; gratuit jusqu'à 6 ans et pour ts les 1er jeu et 2e sam du mois. Visites guidées incluses (en anglais, thèmes variés) tlj sauf mer à 11h, 12h, 14h30, plus jeu à 18h30 (sans résa) ; durée : 45 mn. Parking : 8 $ la 1re heure, 4 $/h au-delà.*
Inauguré en 2013, le PAMM est l'œuvre du cabinet d'architecture suisse Herzog & De Meuron. Ouvert sur la baie de Biscayne, face au port, le bâtiment de 3 étages repose sur une plateforme surélevée en partie végétalisée, faisant écho à des « lianes » de béton grimpant vers le toit. Un investissement de quelque 220 millions de dollars, dont 40 versés par le seul Jorge Pérez, le « roi du condo », un milliardaire d'origine cubaine grand amateur d'art contemporain – une partie du fonds est issue de sa collection personnelle. Si l'unité semble faire défaut, c'est que Pérez se fait le chantre de l'art contemporain des rivages de l'Atlantique. C'est ainsi que sont exposées côte à côte des œuvres d'artistes européens, nord-américains et surtout latinos – une sorte de ***miroir de la diversité culturelle de Miami.*** Parmi les 1 300 pièces du fonds (peintures, sculptures, photos, vidéos, installations...), on retrouve ainsi beaucoup d'œuvres d'artistes et designers du sud de la Floride, de Cuba et des Caraïbes. Dans les salles où les œuvres sont exposées en permanence, on croise Botero, Wifredo Lam, mais aussi Rauschenberg, Matta, Morris Louis, Lichtenstein, Adolph Gottlieb, Sol LeWitt, Anish Kapoor, Frank Stella, Ai Weiwei, Duchamp, Christo..., et dans les expos temporaires, beaucoup d'inconnus du grand public. La présentation des expos change régulièrement.

Patricia & Philip Frost Museum of Science *(zoom détachable Downtown, E3)* **:** *Biscayne Blvd, dans le Museum Park (à côté du Pérez Art Museum). • frostscience.org • Metromover : Omni. Tlj 9h30-18h (dernière entrée à 17h). Entrée (musée, aquarium, un show au planétarium) : 30 $; 22 $ enfants 3-11 ans. Parking : 8 $ la 1re heure, 4 $/h au-delà.*
Ce musée scientifique, une des plus anciennes institutions de Miami, a fait peau neuve pour devenir une composante high-tech du Museum Park Downtown, quartier voué à la culture et à l'apprentissage. Le bâtiment, sorte de paquebot du futur, est signé *Grimshaw's Architects.* Ce lieu pédagogique et interactif explore les concepts clés de la science, de la technologie et des enjeux écologiques du XXIe s. Accessibles à tous les publics, toutes les expositions bénéficient des ***techniques les plus avancées en matière d'interactivité.*** C'est particulièrement vrai pour

les expos à l'adresse des enfants (même petits) avec de nombreuses animations tactiles ou en 3D et des restitutions sonores particulièrement réalistes, notamment dans la section *Me Lab,* point de départ de la visite.
Des salles d'expo sur 6 niveaux, gravitant autour d'un ***gigantesque aquarium*** de près de 2 000 m³, que l'on observe au fil de la montée. Elles font le rapprochement entre l'évolution darwinienne et le développement des techniques. Ainsi passe-t-on des 1ers vols des dinosaures à la navette spatiale. Le tout servi par de petites expériences auxquelles le visiteur est appelé à participer. Le va-et-vient entre nature et culture est ainsi permanent et permet de faire cogiter petits et grands sur le devenir d'un monde de plus en plus sophistiqué. De nombreux aquariums accompagnent la visite, qui se termine au niveau 6, en plein air, par une initiation interactive à l'hydrologie. Tout là-haut, quelques vivariums présentent des reptiles et des amphibiens dans leurs différents biotopes. Enfin, l'étage ultime (belle vue sur la baie de Biscayne) fait le point sur les énergies nouvelles. À cela s'ajoute un ***planétarium de 250 places*** qui offre une projection 8K 16 millions de couleurs, agrémentée d'un *sound system* du tonnerre. Cependant, on peut rester sur sa faim en ce qui concerne cette dernière expérience car tout dépend du film projeté.

HistoryMiami *(zoom détachable Downtown, D4)* **:** *101 W Flagler St. • historymiami.org • Metromover : Government Center. Mar-dim 10h (12h dim)-17h. Fermé lun et j. fériés. Entrée : 10 $; réduc ; gratuit moins de 6 ans. Parking sur validation : 5 $.* Un petit musée qui retrace l'avènement de la ville depuis le Paléolithique. Ça commence par un gros caillou repêché au large de la baie de Biscayne, puis on enchaîne sur des vestiges préhistoriques mis au jour dans les marigots de la région : tessons de poteries, armes en os, pointes de flèche, hachereaux. Ensuite, on passe directement à l'arrivée des Européens (large place faite aux Français, belles cartes de 1650), non sans avoir salué le mode d'existence de la communauté séminole, avec quelques beaux objets de leur quotidien : vêtements, armes, bijoux. On poursuit par l'ère industrielle avec l'arrivée de la loco, de la marine à vapeur. Avec les villes naît un certain art de vivre (dont l'époque Art déco), le confort urbain est là, à l'image d'un wagon de trolley (l'anecdote veut qu'on ait construit le musée autour). L'après-guerre et le baby-boom annoncent l'Amérique florissante. Belles photos, documents d'époque et quelques objets cultes, comme les radeaux sur lesquels les Cubains arrivèrent. Bref, une visite instructive, adaptée aux familles, car nombre de sections sont interactives. Au rez-de-chaussée, expos temporaires relatives à Miami, souvent de qualité.
– Originales et ludiques, les ***visites à thème, privatives ou en groupe,*** animées par des historiens, à travers la ville (à pied, à vélo, en bateau...) font revivre des pans de son histoire. Voir plus haut la rubrique « Adresses et infos utiles. Culture, visites guidées ».

L'ART DE L'ESCROQUERIE

Elmyr de Hory (1905-1976) fut l'un des plus grands faussaires du monde. Si talentueux qu'il peignait des Modigliani ou des Matisse que s'arrachaient les collectionneurs avertis. Installé à Miami, il s'allia à un grand escroc, Fernand Legros. Orson Welles tourna un documentaire sur lui. Clifford Irving écrivit sa biographie et subit certainement son influence car il publia, ensuite, les mémoires du milliardaire Howard Hughes, qui étaient... bidon.

Jungle Island *(plan détachable Miami, E3)* **:** *1111 Parrot Jungle Trail, McArthur Cswy (route 395). • jungleisland.com • superflight.zone • Bus C, M, S ou nº 120 depuis Downtown Omni ou Miami Beach. Tlj 10h-17h (11h-18h – 20h ven-sam – pour le Superflight).* ***Entrée très chère*** *(réduc en ligne sur le site officiel) : 53 $; 40 $ enfants 3-10 ans. Pour jouer avec des lémuriens ou 2 paresseux en petit comité : 40 $ en plus (min 12 ans, accompagné d'un adulte si moins de 18 ans).*

Escape room env 17 $ en plus. Superflight (simulation de saut en parachute) très cher : 71 $ le vol de 2 mn (pour apprécier, il faut en prévoir 2 ou 3). Parking : 10 $. Dans ce fameux jardin tropical fondé par un Autrichien en 1936, on peut voir des centaines de perroquets de toutes les couleurs, des reptiles, des animaux sauvages de tous poils et plus de 500 espèces de plantes. Le tout dans une jungle artificielle à l'américaine, avec en bruit de fond le flux continu de la rocade. Un parc qui joue désormais la carte des attractions, avec une *escape room* et un simulateur de saut en parachute qui risque de vous laisser sur la paille. Tyrolienne et parcours accrobranche également au menu.

Miami Children's Museum *(plan détachable Miami, E3)* **:** *980 McArthur Cswy (route 395), entre Downtown et le sud de Miami Beach. ☎ 305-373-5437. • miamichildrensmuseum.org • Bus C, M, S ou n° 120 depuis Downtown Omni ou Miami Beach. Tlj 10h-18h. Fermé à Thanksgiving et Noël. Entrée : 22 $; gratuit moins de 1 an. Attention, les adultes sans enfant ne sont pas acceptés et les enfants sans adulte non plus ! Parking : 2 $/h.* Même si l'entrée est chère, on aime bien le « *Michimu* », ce musée didactique dont l'ambition est de familiariser les jeunes enfants à la vie quotidienne (métiers, institutions, médias, arts et environnement) à travers de nombreux jeux et saynètes interactives... Ici, on joue au pompier, au policier, au dentiste ou au médecin, on passe par la banque avant de faire ses courses au supermarché. On peut aussi s'offrir une séance de pêche à la ligne après avoir interagi avec un aquarium virtuel, ou carrément partir à l'ascension du mont Michimu *(w-e seulement 12h-17h),* ou encore tester un son et lumière. Le *Port of Miami,* ses maquettes radiocommandées, son cargo à charger et son paquebot en partance donnent l'occasion de se familiariser avec le monde de la mer. Puis déluge de peinture, feutres et autres crayons dans le *All about Art,* véritable atelier de création où les enfants laissent libre cours à leur créativité. Enfin, la *Construction Zone,* entièrement refondue en 2019, attire toujours avec autant d'enthousiasme les bâtisseurs(euses) en herbe. Les gamins s'amusent comme des fous et peuvent toucher à tout sans restriction. À visiter absolument si vous avez des petits et que la météo n'est pas de la partie ce jour-là.

Bayside Market Place *(zoom détachable Downtown, E3-4)* **:** *401 Biscayne Blvd. • baysidemarketplace.com • Metromover : College Bayside. Accès tlj 10h (11h dim)-22h (23h ven-dim). Horaires des boutiques variables.* C'est l'endroit le plus visité de Miami... Et pour cause, les 2,5 km de quais où stationnent les géants des mers en escale sont à une encablure, et les ***tours en bateau*** organisés qui proposent la visite du port et de la baie de Biscayne partent de là (voir plus loin « Dans les environs de Miami »). Touristique en diable, on doit bien avouer que c'est un peu la fête à neuneu. Boutiques de souvenirs à foison et restos de chaînes, petits concerts de rues...

– Tout près se trouve l'***American Airlines Arena,*** le repaire de l'équipe de basket-ball des *Miami Heat* (voir la rubrique « Où assister à un match de la NBA ? » plus haut).

À Wynwood et dans le Miami Design District *(zoom détachable Wynwood, D-E2-3)*

Si on n'opte pas pour les transports en commun, on peut facilement ***louer un vélo à South Beach et se rendre dans le quartier de Wynwood*** pour un petit safari-photo de ses *murals* en empruntant la piste cyclable matérialisée en vert qui suit la *Venetian Way.* Compter 30-40 mn de vélo pour y aller. Du centre de SoBe, remonter jusqu'à 17th Street, puis prendre à gauche vers la *Venetian Way,* qui se transforme ensuite en NE 15th Street. Une fois arrivé dans Downtown, prendre à droite la N Miami Avenue.

Wynwood Art District *(zoom détachable Wynwood, D-E2-3)* **:** *au nord de Downtown, autour de N Miami Ave, entre NW 20th et 29th St. Trolley Biscayne depuis Downtown Omni ou bus n° 2 depuis Ⓜ Government Center.*
Les entrepôts de Wynwood ont connu une cure de jouvence avec l'arrivée massive d'artistes et de galeries dans les années qui ont précédé puis suivi la 1re Art Basel (l'exposition mondiale d'art contemporain), en 2002. Depuis, s'il demeure quand même quelques grosses collections (Margulies, Rubell), les artistes de la 1re heure ont migré vers Little Haïti ou Little River, quelques dizaines de blocs plus au nord. Résultat : cela a permis un renouveau urbanistique d'envergure, avec des condominiums *lifestyle,* des restos à la pelle, des bars branchés, des boutiques et des *concept stores* dans l'air du temps, sans oublier aujourd'hui de grands parkings... Entre temps, ***Wynwood s'est habillé de magnifiques* murals** conférant au quartier une esthétique à nulle autre pareille, tandis que fleurissaient un peu partout des lieux de rencontre ou expérimentaux, témoins d'une Miami *arty,* innovatrice et tournée vers l'avenir. Car aujourd'hui, Wynwood (à la différence de South Beach) fait plutôt dans l'économie participative, le bio, l'échange, la fusion, même si on renifle quand même l'odeur des investisseurs (Tony Goldman, qui investit depuis 2006 sur Wynwood, est aussi celui qui relooka SoHo à New York dans les années 1970, puis South Beach dès 1980). Qualifié par les magazines *Forbes* et *Vogue* comme « un des endroits les plus cool de la planète », Wynwood est devenu un véritable musée à ciel ouvert. Les ***grands noms du street art*** y ont pignon sur rue (c'est le cas de le dire) : Eduardo Kobra, Swoon, La Pandilla, Shepard Fairey, Vhils, Miss Van, Roa, Ron English, Omnione, Faith 47, Kashink, le collectif Bushwick et bien d'autres... ***Un quartier très agréable à découvrir à vélo en journée.*** En revanche, le soir, mieux vaut prendre un taxi, un *Uber* ou un *Lyft* pour rentrer. C'est ici que l'on trouve d'ailleurs le tout 1er musée au monde entièrement dédié au graff et à l'art de rue : ***Museum of Graffiti*** *(299 NW 25th St ; ● museumofgraffiti.com ● ; tlj 11h-16h, jusqu'à 19h ven-dim ; entrée : 16 $, gratuit moins de 13 ans).* Expos régulières d'artistes du monde entier, ateliers graff (résa sur Internet), conférences et échanges avec des artistes... Ludique et bien documenté, même si ce type de lieu fera forcément grincer des dents les puristes, pour qui le graff ne doit s'exposer que dans la rue.
Dans ce dédale de rues tracées à l'équerre, les collections privées les plus réputées sont la ***Margulies Collection at the Warehouse*** *(591 NW 27th St ; ● marguliesswarehouse.com ● ; mar-sam 11h-16h ; fermé mai-oct ; entrée : 10 $, réduc),* un énorme espace d'expo d'art contemporain faisant la part belle à la photo, et le ***Rubell Museum*** *(1100 NW 23rd St ; ● rubellmuseum.org ● ; mer-dim 11h30-17h30, jusqu'à 19h30 ven-sam ; entrée : 15 $, réduc, gratuit moins de 7 ans ; visite guidée gratuite tlj à 15h),* qui présente une impressionnante collection de 7 200 pièces d'artistes du monde entier (Jeff Koons, Ai Weiwei, Keith Haring, Kehinde Wiley...), au sein d'un site composé de 6 anciens entrepôts rénovés. Spécialisé dans l'art latino (mais pas que...), le ***Gary Nader Art Center*** est, avec plus de 5 000 m^2 de surface d'exposition, ***la plus grande galerie d'art au monde*** *(62 NE 27th St ; ● garynader.com ● ; tlj 10h-18h sauf dim ; GRATUIT).* On y trouve du Botero à la pelle, mais aussi Basquiat, Matisse, Picasso, Torres-Garcia, Matta, Dubuffet, Wifredo Lam, Damien Hirst, Frank Stella, Zuñiga... Même si c'est fermé, rien que le parking vaut le coup d'œil...
Autre temps fort, historique celui-là puisque c'est d'ici que tout est parti, ***Bakehouse Art Complex*** *(561 NW 32nd Ave, entre NW 6th et NW 5th Ave ; ● bacfl.org ● ; tlj 12h-17h ; entrée et parking GRATUITS).* Ce n'est pas une véritable galerie mais plutôt un espace entièrement dédié à la création géré par une association à but non lucratif. Expos temporaires (voir leur site).
Pour un concentré de l'esprit du quartier, rendez-vous aux ***Wynwood Walls*** *(entrée au niveau du 2520 NW 2nd Ave, entre NW 25th et 26th St ; ● thewynwoodwalls.com ● ; tlj 10h30-23h30 – minuit ven-sam, 20h dim ; visite guidée du quartier 11h-18h, à réserver en ligne sur leur site ; tarif : 20-40 $, réduc),* un espace clos à ciel ouvert, couvert de magnifiques *murals* peints par les plus grands artistes

muralistes du moment. Un hangar-boutique sur place propose à la vente des bribes de graffs sous forme de tableaux... Original comme souvenir si vous avez une grande valise.

Wynwood est également un quartier qui bouge le soir. Ne vous privez surtout pas d'une petite balade nocturne. À la lueur des réverbères, on découvre les œuvres sous un tout autre aspect. Voir les quelques pistes qu'on vous donne dans la rubrique « Où boire un verre ? Où écouter de la musique ? ».

– ***Wynwood Art Walk :*** *• wynwoodartwalk.com •* Le 2e samedi du mois, les galeries et boutiques des Wynwood Art et Miami Design Districts ouvrent leurs portes et, ce jour-là, c'est l'effervescence dans les rues et les restos du quartier entre 20th et 40th Street ! Les rues sont alors interdites aux voitures. Les *food trucks* débarquent, en plus des nombreux vernissages dans les galeries, souvent accompagnés d'un cocktail. Une nouvelle façon de voir l'art, très rafraîchissante. Également de nombreuses options de ***tours guidés du quartier*** *(25-40 $/pers ; rens sur le même site internet),* certains en ***individuel*** (téléchargeables sur smartphone) pour découvrir une sélection de *murals* dans tout Wynwood. On peut même apprendre à peindre sa propre fresque auprès d'artistes de rue réputés *(28-36 $/pers ; rens sur Internet).* Histoire de faire naître chez vous une nouvelle vocation...

The Wynwood Market Place *(zoom détachable Wynwood, D3,* ***154****) : 2250 NW 2nd Ave. • wynwoodmarketplace.com • Jeu-ven 16h-3h, sam 12h-3h, dim 12h-2h.* Un marché qui cherche à soutenir l'innovation et le dynamisme des vendeurs locaux en partageant leurs créations et leur style de vie. Des groupes s'y produisent régulièrement. Stands de bouffe, bars à cocktails, *food trucks,* mais aussi marché aux puces, stands de créateurs de mode... Bref, un fort esprit communautaire. Programmation sur leur site internet ou sur leur page Facebook.

Fashion District *(zoom détachable Wynwood, D2-3)* **:** prolongement naturel de Wynwood, NW 5th Street est en quelque sorte la colonne vertébrale du quartier, où sont concentrées les boutiques de créateurs de mode et d'accessoires, principalement entre 27th et 29th Street. On trouve dans le secteur quelques beaux *murals,* notamment au débouché de NW 26th Street sur NW 5th Street, ainsi que sur NW 6th Avenue. Sans compter les murs de la Jose Diego Middle School et du Bakehouse Art Complex et des entrepôts alentour, où se sont exprimés Pixel Pancho, ZED 1 et Paola Delfin, pour ne citer qu'eux.

Miami Design District *(plan détachable Miami, D2)* **:** *entre Wynwood Art District et Little Haïti. • miamidesigndistrict.net • Trolley ou bus no 2 depuis Ⓜ Government Center.*

Longtemps abandonnée, cette zone (une ancienne plantation d'ananas du début du XXe s, puis un lieu où l'on fabriquait des meubles) a commencé à être réhabilitée dans les années 1990 par le promoteur Craig Robins, déjà à l'origine de la revitalisation du quartier Art déco de South Beach. Son objectif était de créer un centre d'art et de design pour la ville dans le sillage de la foire Art Basel, en misant sur une consommation urbaine des riches habitants et des touristes de Miami. Pari gagné : le Miami Design District, qui compte une bonne quinzaine de blocs compris surtout entre NE 2nd Avenue, N Miami Avenue, NE 38th Street et NE 42st Street, est devenu ***l'un des quartiers urbains d'Amérique qui concentrent le plus grand nombre de showrooms de designers et de boutiques de luxe*** !

Des architectes audacieux ont été sélectionnés pour transformer le secteur, reconfigurant d'anciens buildings ou créant de nouveaux espaces pour accueillir des boutiques de mode et de luxe, jusque-là reléguées dans les *malls.* Le tout saupoudré d'œuvres d'art contemporain en plein air comme le très remarqué (et remarquable) ***Museum Garage*** : un collectif d'architectes et d'artistes a réalisé une sorte de « cadavre exquis » photogénique en habillant les murs de sculptures en applique toutes plus colorées les unes que les autres et en lien avec l'univers des mangas ou le monde de l'automobile. Il est situé à l'angle de 41st Street et de NE 1st Avenue.

Palm Court est l'épicentre du Miami Design District, entre NE 38th Street, 39th Street et NE 2nd Avenue. Cette place piétonne piquée de palmiers est bordée par le centre commercial en panneaux de verre bleutés de ***Sou Fujimoto,*** au pied duquel trône un « dôme géodésique » – une géode, quoi –, conçu en 1965 comme une maison du futur *low cost* par l'architecte américain Buckminster Fuller. En mezzanine, de fines et élégantes ***balancelles*** en métal (œuvre du designer allemand Konstantin Grcic). À l'étage, sur la gauche après avoir pris l'escalator, un ***buste monumental de Le Corbusier*** en fibre de verre, dessinant à même le sol, créé par l'artiste français Xavier Veilhan. De là, on domine la très moderne ***Jungle Plaza*** avec ses structures en métal rouillé en forme de vagues, jouxtées par une immense peinture murale de jungle à faire pâlir le Douanier Rousseau. Tout autour de Palm Court, pléthore de restos branchés (et chers), de showrooms de luxe (sur 39th et 40th Streets), concentration des grandes maisons françaises, comme *Chanel, Hermès, Dior* – qui s'est même payé le « luxe » d'ouvrir un café en terrasse : le ***Dior Pop-Up Café*** *(162 NE 39th St ; lun-sam 11h-19h, dim 12h-18h),* une adresse de poche où des animaux sauvages habillés de toile de Jouy attendent les instagrammeurs –, mais aussi *Christian Louboutin, Louis Vuitton...* et quelques galeries d'art. Comme le turn-over est important, procurez-vous le bimensuel *Art Districts Florida* ou consultez le site *• artdistricts.com •* pour localiser les galeries et connaître leurs heures d'ouverture (certaines sont fermées le dimanche).

Voir aussi les expositions temporaires de l'***ICA,*** l'Institute of Contemporary Art *(61 NE 41st St ; • icamiami.org • ; tlj 11h-19h sauf lun ; GRATUIT).* Dans ce grand espace modulable ouvert sur le vert et le ciel, les œuvres se répartissent sur 3 niveaux. Juste à côté, la ***De la Cruz Collection*** *(23 NE 41st St ; • delacruzcollection.org • ; mar-sam 10h-16h ; fermé dim-lun ; GRATUIT),* qui expose sur 3 niveaux et près de 3 000 m² une riche collection d'art contemporain : pour moitié permanente (Dalí, Wifredo Lam, Tamayo, Laura Owens, Mark Bradford, entre autres...), l'autre moitié étant renouvelée chaque année au moment de l'Art Basel. À voir aussi, la galerie située au 4141 NE 2nd Avenue, qui abrite quelques grands noms du design.

Little Haïti *(plan détachable Miami, D-E1-2)*

Au nord de Miami Design District, dans le périmètre inscrit entre les 50th et 84th St dans le sens sud-nord, et entre Biscayne Blvd et N Miami Ave d'est en ouest. De Downtown Omni, trolley Biscayne avec changement au niveau du Woodson Mini Park (NE 38th St), puis trolley Little Haïti.

Bastion de la communauté créole, le quartier de Little Haïti, aux limites géographiques assez imprécises, doit son nom aux milliers d'Haïtiens qui, fuyant le régime de Duvallier, débarquèrent ici dans les années 1970-1980.

Longtemps à l'écart des circuits touristiques en raison d'une insécurité chronique, il est aujourd'hui dans la ligne de mire des investisseurs, lesquels reniflent ici l'opportunité d'un 2d Wynwood. Typique avec ses rues en damier bordées de maisonnettes en bois, ses petits restos de cuisine créole, ses ***épiceries ésotériques*** (les fameuses *botanicas*

> **DEUX POIDS, DEUX MESURES**
>
> *Terre d'accueil, les États-Unis ont toujours favorisé les ressortissants qui fuyaient les régimes communistes. Si les Cubains ont pu bénéficier de cette discrimination et sont aujourd'hui parfaitement intégrés politiquement à Miami, ce n'est pas tout à fait le cas des réfugiés haïtiens qui, eux, ont fui une « dictature comme une autre ».*

haïtiennes, chères au culte vaudou), le quartier s'éveille aujourd'hui gentiment au tourisme à la faveur de visites guidées. Il y a même une ***maison hantée*** (la *Villa Paola,* demeure du 1er consul cubain de Miami, datant de 1925) et un **Caribbean Marketplace** à l'architecture *gingerbread* caractéristique du début du XXe s (copie conforme de celui de Port-au-Prince). Une bonne occasion de parler le français à Miami ! Voir la rubrique « Adresses et infos utiles. Culture, visites guidées » plus haut.

Encore plus au nord (hors plan détachable Miami par E1)

Museum of Contemporary Art, MoCA : *770 NE 125th St (angle NE 8th Ave). • mocanomi.org • Tlj sauf lun 10h (11h w-e)-17h (22h dernier ven du mois). Entrée : 10 $; réduc. Le dernier ven du mois, donation libre pour le musée 17h-22h et concert de jazz inclus. Parking gratuit.* Du fait de la qualité de ses expos temporaires, ce musée implanté au nord de Little Haïti joue un rôle de 1re importance dans la mouvance artistique de Miami depuis 1996, même s'il est entré en concurrence sévère avec l'ICA de Miami Design District ces derniers temps. Son intervention dans le domaine de l'éveil des plus jeunes est reconnue. Vu son éloignement, on conseille de consulter le site internet avant de s'y rendre. Boutique.

The Ancient Spanish Monastery : *16711 W Dixie Hwy. • spanishmonastery.com • Tlj 10h (11h dim)-16h30 (dernière entrée à 16h). Pour les fermetures exceptionnelles, consulter le site internet. Entrée : 10 $; réduc ; gratuit pour ts dim. Visites guidées gratuites sam-dim à 13h (mais entrée payante).* Construit au XIIe s en Espagne (bien avant la découverte des États-Unis, donc), converti en grenier à grains dans les années 1830, il fut racheté par William Randolph Hearst, un magnat de la presse américaine, et reconstruit pierre par pierre ici, à Miami. Pas grand-chose à voir. Une visite réservée à ceux qui sont prêts à sacrifier une demi-journée de leurs vacances.

À Coconut Grove (plan détachable Miami, B-C5-6)

Promenade dans le quartier : *trolley Coconut Grove Route depuis Ⓜ Douglas Rd ou bus n° 48 depuis Ⓜ Brickell.* Surnommé « The Grove » (« Le Bosquet »), Coconut Grove était au XIXe s le quartier des immigrants des Bahamas. C'est aujourd'hui un quartier résidentiel en pleine restructuration. Boutiques chics, hôtels haut de gamme et restos chers. L'ambiance y est nettement plus calme qu'à SoBe, mais en réalité pas grand-chose à voir mis à part le *Vizcaya Museum and Gardens* et le *Barnacle Historic State Park* (voir plus loin), et, pour les inconditionnels de Michael Jackson, le ***Bahamian Cemetery*** (nommé aussi *Charlotte Jane Memorial Park*), situé au 3650 Charles Avenue. Selon la tradition des Bahamas, les sépultures contenant les cercueils sont construites en surface, pour éviter qu'elles ne soient immergées à la moindre montée des eaux (la nécropole étant située pile au niveau de la mer).

LE CIMETIÈRE DES MORTS-VIVANTS

C'est au Bahamian Cemetery de Coconut Grove que Michael Jackson aurait trouvé l'inspiration, en 1983, pour son clip interplanétaire Thriller. *Ce minifilm d'horreur de 14 mn, révolutionnaire pour l'époque, est une œuvre marquante de la culture américaine. Il a coûté la bagatelle de 1 million de dollars, un budget record. Quant au célèbre rire guttural final (ahh ahhh ahhh ahhh...), on le doit à l'icône du cinéma d'épouvante des années 1960, Vincent Price.*

Vizcaya Museum and Gardens (plan détachable Miami, D5) **:** *3251 S Miami Ave. • vizcaya.org • Ⓜ Vizcaya. ♿ Tlj 9h30-16h30 sauf mar. Fermé certains j. fériés. Entrée : 22 $; 10 $ enfants 6-12 ans. Plan en français. Audioguide en français : 5 $ (durée de la visite : 1h30). Parking gratuit.*

Dans un parc à l'italienne, cette superbe villa fut érigée en 1914 par James Deering, un fabricant de machines agricoles. Les nouveaux riches américains du début du XXe s, sans doute frustrés d'être privés d'un patrimoine multicentenaire, se sont approprié celui des familles nobles européennes appauvries. À coups de millions de dollars, ils se sont de la sorte façonné des intérieurs imprégnés d'une histoire prestigieuse que leur patrie n'avait pas vécue. Ainsi en fut-il de ce James Deering, dans son délire de posséder une demeure à la mesure de son rang. Amoureux d'art et d'architecture, c'est du côté de Florence, en Italie, qu'il craqua pour le ***style Renaissance italienne.*** La construction de Vizcaya, qui a requis la participation de près de 1 000 artisans, s'est échelonnée ***entre 1914 et 1916,*** alors que Miami comptait moins de 10 000 habitants...

Pour la petite histoire, le président Reagan et le pape Jean-Paul II se sont rencontrés ici en 1987 pour un entretien privé. En 1994, le Sommet des Amériques, conduit par Bill Clinton, y a accueilli les représentants de 35 pays. Elizabeth II et Juan Carlos y ont dormi (pas ensemble, bien sûr !)... Le site est souvent loué comme décor de cinéma, pour les mariages de la jet-set ou autres réjouissances comme la grande fête gay *The White Party,* chaque année en novembre.

Très vulnérable au regard de l'élévation du niveau de la mer, une ***modélisation 3D sur écran*** permet désormais d'en apprécier les effets ; ce dispositif permet aussi d'emporter le visiteur vers des éléments actuellement interdits à la visite, comme la piscine souterraine ou le brise-lame de pierre calcaire en forme de barge, conçu dès le départ pour préserver l'édifice et dont les sculptures ont été commandées par Deering à Alexander Stirling Calder (le père d'Alexander) en 1915.

Il faut bien l'avouer : l'illusion est complète ! On a vraiment l'impression que cette maison est vieille de plus de 4 siècles. Ce qui étonne, c'est la cohérence de l'ensemble, malgré la diversité des provenances et le mariage des styles. La visite débute par la ***salle de réception*** et se poursuit par le ***living-room,*** dans lequel on notera une très étonnante tenture murale du XVe s où se mêlent symboles juifs et chrétiens, le tout bordé d'écritures coufiques. Le ***patio à la romaine*** (couvert d'un toit) est plutôt sobre avec son dallage de calcaire incrusté de coraux. Dans la ***salle de musique,*** une harpe confectionnée par le luthier privé de Marie-Antoinette (XVIIe s). Dans la ***salle à manger*** aux influences asiatiques, levez les yeux pour admirer les plafonds. Le salon de thé est lumineux, il fait écho à la loggia située à l'est et s'ouvrait, à l'époque, sur le petit jardin à la française. Juste à côté, ne manquez pas la ***cuisine et sa belle collection de faïences de Quimper.***

Les chambres, toutes traitées différemment, vont ***du néoclassique au style chinois.*** Pour la sienne, Deering avait choisi le style Empire avec une tapisserie d'Aubusson et des éléments de décor faisant référence aux conquêtes napoléoniennes. Les robinets de sa baignoire sont en or et distribuent aussi de l'eau de mer. Il faut dire que l'appétit de notre homme pour les belles choses ne cédait en rien à son désir d'imposer sa patte, ce qui le conduisait parfois à « forcer » l'académisme des styles. Ainsi nombre d'objets, chinés lors de ses nombreux voyages en Europe, furent-ils adaptés « à la hussarde », comme en témoignent les rafistolages qu'on a fait subir au portail en fer forgé – trop grand pour la place prévue – et à la toile du XVIIe s coupée en 2 pour couvrir les 2 panneaux d'une porte... Enfin, faites un tour par la salle du petit déjeuner, ornée d'une splendide peinture murale du XVIIIe s, française mais d'inspiration chinoise.

La villa Vizcaya est bien une œuvre d'art à elle seule. Cela dit, quand bien même ses architectes ont tenu compte des particularités climatiques du sud de la Floride, elle a souffert de l'action combinée de l'air salin, de l'humidité floridienne et en 2017, des effets dévastateurs de l'ouragan Irma. Au bord de l'eau, en guise

de ponton, un ***étonnant bateau en pierre,*** copié sur la fontaine de *La Barcaccia* du Bernin, de la ***piazza di Spagna à Rome...***
Le parc rappelle furieusement celui de la villa d'Este : fontaines, petits ponts, gloriette, bosquets, statues... et même une piscine ! Une balade improbable à 2 pas de la plage de Miami Beach.

The Barnacle Historic State Park *(plan détachable Miami, B-C6)* **:** *3485 Main Hwy. • floridastateparks.org • Trolley Coconut Grove Route depuis Ⓜ Douglas Rd ou bus n° 48 depuis Ⓜ Brickell. Mer-lun 9h-17h. Fermé mar et certains j. fériés. Entrée : 2 $ pour le parc, 3 $ de plus pour la maison ; gratuit moins de 6 ans. Visites guidées de la maison à 10h, 11h30, 13h et 14h30 : 3 $; réduc.* C'est ici que Ralph Middleton Munroe, pionnier devenu riche négociant, s'installa en 1886 et construisit la maison que l'on visite – l'une des plus vieilles de la région (1891). De style bahaméen, adaptée au climat tropical, elle conserve son mobilier d'époque. Le parc est un bel endroit pour pique-niquer. Tout au bout se dresse la *boathouse,* avec sa rampe faite de traverses de chemin de fer.

The Kampong Garden *(plan détachable Miami, B6)* **:** *4013 Douglas Rd. • ntbg.org/gardens/kampong • Ⓜ South Miami puis bus n° 37.* ***Accès sur rdv seulement.*** *Visites libres mar-ven à 9h, 11h30 et 14h : 15 $; 5 $ enfants 4-12 ans. Visites guidées nov-juin seulement, jeu et sam à 10h et 12h (durée : 1h) : 25 $; 10 $ enfants 4-12 ans.* Superbe jardin d'arbres fruitiers, de fleurs et de plantes tropicales (plus de 2 000 espèces différentes), que l'on doit au botaniste David Fairchild (le même que celui du *Fairchild Tropical Garden,* voir plus loin à Coral Gables). Son nom signifie « village » en malais, les 1res plantations du jardin venant en effet d'Indonésie et de Malaisie. Une belle balade offrant une vue d'anthologie sur la baie depuis l'extrémité du parc, mais un peu chère tout de même !

À Little Havana *(plan détachable Miami, B-C-D4-5)*

Découverte du quartier : *Ⓜ Brickell puis bus n° 8.* La révolution castriste en 1959 a engendré, dans les années et décennies qui ont suivi, un afflux de réfugiés, une loi fédérale américaine garantissant l'asile politique à tous ceux qui fuyaient un régime communiste. Le cœur de ce quartier est ***SW 8th Street,*** également appelée ***Calle Ocho.*** « Trésor national » depuis 2017, Little Havana n'a malheureusement rien à voir avec La Havane. Si ***les soirées y sont plutôt animées,*** en particulier sur la *Calle Ocho,* il n'y a pas grand-chose à faire de jour. Juste regarder les anciens jouer aux dominos et aux échecs le dimanche, dans le petit square sur SW 8th Street, à la hauteur de SW 15th Avenue. Se payer (pour pas grand-chose) un repas typiquement cubain. Et puis faire un tour dans les boutiques ouvertes et les ***fabriques de cigares,*** bien sûr. Les passionnés d'histoire cubaine trouveront quant à eux 2 musées : l'*American Museum of the Cuban Diaspora* et le *Bay of Pigs Museum.* L'***American Museum of the Cuban Diaspora*** *(plan détachable Miami, D5 ; 1200 Coral Way ; • thecuban.org • ; Ⓜ Vizcaya ; mar-sam 10h-16h, dim 12h-17h ; entrée : 12 $, réduc, gratuit moins de 12 ans)* a posé ses valises ici en 2017, tout comme les innombrables réfugiés qui bravèrent les éléments pour fuir la dictature castriste. On y voit principalement des expositions d'art contemporain ayant trait à Cuba (les artistes sont majoritairement cubains), la fuite, les Droits de l'homme. Quelques vidéos et même des conférences. Le ***Bay of Pigs Museum*** *(musée du Débarquement de la baie des Cochons ; plan détachable Miami, C4 ; 1821 SW 9th St – et SW 18th Ave ; Ⓜ Brickell puis bus n° 8 ; en principe, lun-ven 9h-16h ; GRATUIT)* retrace, à travers de nombreux documents, photos et articles de journaux, la tentative manquée de la reconquête de Cuba en 1961 par les anticastristes soutenus par la CIA. Enfin et surtout, il faut assister aux ***Viernes culturales*** le 3e vendredi du mois *(16h-22h).* La *Calle Ocho* est alors animée par des artistes, marchands et musiciens, entre les 14th et 17th Avenues. Y participent aussi des galeries d'art et centres culturels.

À 19h ce soir-là, une ***visite guidée gratuite et sans réservation du quartier*** est proposée aux visiteurs *(rdv devant le Tower Theater, 1508 SW 8th St).* Plus d'infos sur • *viernesculturales.org* •

À Coral Gables (plan détachable Miami, A-B4-5-6)

La ville fondée dans les années 1920, sur un plan urbain très aéré, abrita dès 1925 l'université de Miami. Son architecture est presque entièrement de style méditerranéen. Le quartier était autrefois desservi par un trolley gratuit (principe maintenu aujourd'hui encore) dont on peut voir aujourd'hui une voiture au musée HistoryMiami. Coral Gables est connu pour ses rues bordées de demeures époustouflantes de richesse, à peine abritées des regards, où le plus grand raffinement côtoie le pire mauvais goût. Son centre-ville est réputé dans toute la Floride pour le shopping (et en particulier pour ses boutiques qui vendent des robes de mariée) : le célèbre ***Miracle Mile,*** une enfilade quasi ininterrompue de boutiques et de galeries d'art qui a certes un peu vieilli mais qu'il n'est pas inintéressant d'arpenter pour voir du beau monde (sauf le dimanche). On trouve aussi un cinéma d'art et d'essai, le ***Coral Gables Art Cinema*** *(260 Aragon Ave ; • gablescinema.com • ; à l'affiche, 3 ou 4 films en sem, 4-5 le w-e ; billet : env 13 $, réduc ; programmation sur leur site),* et encore un petit musée sur l'histoire de la ville, le ***Coral Gables Museum*** *(285 Aragon Ave ; • coralgablesmuseum.org • ; lun-ven 10h-17h, jusqu'à 18h sam-dim ; entrée : 10 $, réduc ; audioguide en anglais et en espagnol).* Outre des expos temporaires, il retrace l'épopée du visionnaire et créateur de Coral Gables, George Merrick, pour qui la devise était : « Faites de vos châteaux en Espagne une réalité. » Il a été aménagé dans l'ancienne prison et caserne de la ville. Enfin, une ***navette gratuite 100 % électrique*** à la demande (télécharger l'appli *Freebee*) permet de se déplacer un peu partout en ville entre 11h et 23h.

👁👁 ***The Biltmore Hotel*** (plan détachable Miami, A5) **:** *1200 Anastasia Ave. • biltmorehotel.com • À 2 km du terminus du Trolley Coral Way, sinon Ⓜ University puis bus n° 56. Visite guidée en anglais dim à 13h30 et 14h30. GRATUIT. Se pointer env 15 mn avt, mais l'hôtel peut aussi bien se visiter seul si vous savez vous montrer discret (dans les couloirs de chaque étage sont exposées des photographies d'époque relatant l'histoire de Coral Gables).*
Construit en 1926, ce gigantesque hôtel (on le voit de loin) aligne un style espagnol (la tour de la façade est la réplique de la Giralda de Séville) avec des accents italiens et mauresques. Il a hébergé nombre de célébrités : Ginger Rogers, Judy Garland, Bing Crosby, Al Capone (l'une des chambres les plus luxueuses porte le nom de « Suite Al Capone »)... Ce dernier y aurait même possédé un bar clandestin. Le duc et la duchesse de Windsor y chassaient le renard dans le parc (on s'amuse comme on peut !). Depuis, le parc est devenu un golf de 18 trous. Transformé en hôpital pendant la Seconde Guerre mondiale, il fut occupé par l'université de médecine de Miami jusqu'en 1968, avant que la Ville ne décide, en 1987, d'en refaire un hôtel de prestige.
Outre les immenses salons, les plafonds à caissons, les salles de réception aux planchers éclatants, le bijou du *Biltmore,* c'est sa ***piscine,*** mise en valeur quand le soleil se couche. Un gigantesque bassin (le plus grand jamais construit dans un hôtel américain), entouré de colonnes, où se sont déroulés de nombreux shows aquatiques, dont un avec Johnny Weissmuller, le 1er Tarzan. L'ensemble fait quand même un peu décor de théâtre : imitations de pierres et de marbres anciens, nombreux stucs, mélange de styles.

👁👁 👪 ***Venetian Pool*** (plan détachable Miami, A5) **:** *2701 De Soto Blvd. ☎ 305-460-5306. • coralgables.com • Mar-dim 9h (ou 10h)-17h (ou 18h) ; peut varier selon saison et j. de la sem, voir le site internet. Fermé lun (hors saison seulement) et nov-fév. Entrée : 15-20 $ selon saison ; 10-15 $ enfants 3-12 ans. Enfants de moins de 3 ans non admis.* La Venetian Pool a été aménagée dans une ancienne carrière dont les pierres ont servi à construire, au début des années 1920, les belles demeures qui l'entourent. Le trou est devenu piscine avec plagette de sable, escaliers dans la roche, grottes, pont des soupirs, passages, douches d'une autre époque, etc., le tout dans un style vénitien et dans un écrin de verdure.

Lowe Art Museum *(plan détachable Miami, A6)* **:** *1301 Stanford Dr. • lowe.miami.edu • Ⓜ University. Tlj sauf lun 10h (12h dim)-16h. Fermé vac universitaires. Entrée : 12,50 $; réduc ; gratuit jusqu'à 11 ans. Difficile de se garer.* Implanté sur le campus de l'université de Miami, cet intéressant musée d'art (le plus vieux de Miami, il date de 1950), dont la collection totalise 19 500 pièces (peu sont exposées, en revanche), présente des œuvres très variées. On commence directement dans le moderne et le contemporain avec Stella, Zao Wou-ki, Lichtenstein, Keith Haring, Jesús Rafael Soto, Vasarely, puis on passe à la verrerie contemporaine du *Palley Pavilion,* où sont exposées quelques belles réussites comme cette « variation sur kimono » très colorée d'Eric Markow et de Thom Norris, ou ces œuvres d'inspiration africaine de Williams Morris. Puis retour aux choses sérieuses : les grandes civilisations d'ici et d'ailleurs. On passe ainsi en revue Amérique précolombienne, îles du Pacifique (beaucoup d'objets du Sépik papou), Asie (la Chine, surtout), Afrique (momie de chat de la période ptolémaïque, drôle de masque We à la barbe... faite de cartouches !), puis Amérique du Nord amérindienne, en s'étonnant régulièrement de la qualité de certaines pièces. Après quelques antiquités romaines, on termine par les salles de peinture, avec quelques toiles et bois de la Renaissance italienne et du baroque, un beau portrait de savant attribué à Cranach l'Ancien, un Greco, un Tintoret – vous noterez la prépondérance du terme « attribué à »... Également des expositions temporaires.

Fairchild Tropical Botanic Garden *(hors plan détachable Miami par B6)* **:** *10901 Old Cutler Rd. • fairchildgarden.org • À env 8 km en voiture au sud de Coral Gables par Old Cutler Rd. Sinon, Ⓜ Douglas Rd, puis bus n° 136. Tlj 9h30-16h30. Entrée : 25 $; 12 $ enfants 6-17 ans ; réduc.* Le plus grand jardin tropical des États-Unis, créé en 1936 par le botaniste David Fairchild. Très bien entretenu et balisé, mais ne pas hésiter à sortir des chemins goudronnés dont les visiteurs s'éloignent généralement peu. On peut ainsi faire des rencontres amusantes avec des iguanes qui vous filent entre les jambes ou admirer tranquillement des ibis. Petit tour de 45 mn en train électrique, touristique mais pas inutile *(ttes les heures 10h-15h – 16h le w-e)* pour avoir une vue d'ensemble du parc, très étendu. Également, de novembre à mai, des visites guidées à pied de 45 mn *(en sem à 10h15, 11h15, 13h15 et 14h15).* On observe différents aspects de la végétation tropicale selon l'écosystème (sec, humide, mangrove, etc.), des fleurs (orchidées ou autres), des fruits, des bambous... Ne pas hésiter à demander quelles sont les éclosions du jour. Restauration possible et boutique. Nombreux concerts, conférences, expositions, salons, lectures et projections vidéo ; consulter leur site internet pour la programmation.

Encore plus au sud *(hors plan détachable Miami par A6)*

Zoo Miami *(hors plan détachable Miami par A6)* **:** *12400 SW 152nd St, à env 35 km au sud-ouest de Downtown. • zoomiami.org • En voiture par le Florida Turnpike (payant), sortie 16, ou par la US 1 puis la SW 152nd St (gratuit). Tlj 10h-17h (dernier billet à 16h). Entrée : 23 $; 19 $ enfants 3-12 ans ; gratuit moins de 3 ans. Compter bien 3h de visite. Parking gratuit.* Un beau et vaste zoo avec peu de cages. Classés par continents, les animaux sont pratiquement tous installés dans des espaces entourés d'un fossé qu'ils ne peuvent franchir. On y voit pas mal de bestiaux rares, tels ce grand gorille mâle et ses femelles qu'il honore sans pudeur en public (à la sauce Brassens), ainsi que panthère nébuleuse, okapi, rhinocéros d'Inde, oryx d'Arabie et lycaons. On peut s'amuser à nourrir soi-même différents animaux : tortues, girafes, chameaux, rhino, perroquets *(horaires spécifiés à l'entrée et sur Internet ; supplément : 3-12 $).* On se déplace dans le zoo grâce à un monorail *(10h30-17h15 ; 5 $/j. en supplément),* un petit train *(tours le w-e seulement à 12h, 13h30 et 15h ; tarif : 6,50 $)* ou des Rosalies *(compter 26-36 $ pour 2h selon nombre de pers à pédaler).*

Fêtes et manifestations

Pour une liste complète, penser à consulter le *Time Out* (● *timeout.com/miami* ●).
– ***Art Deco Weekend :*** *2e ou 3e w-e de janv.* ● *artdecoweekend.com* ● La Miami Design Preservation League organise dans l'Art Deco Historic District des conférences, balades accompagnées, séances de cinéma et concerts sur la plage.
– ***Coconut Grove Arts Festival :*** *2e ou 3e w-e de fév.* ● *cgaf.com* ● Sur 3 jours, programmation très éclectique et complète pour cette célébration des arts, visuels, culinaires ou encore scéniques.
– ***South Beach Wine & Food Festival :*** *4-5 j. fin fév.* ● *sobewff.org* ● Dégustations, conférences et rencontres avec les meilleurs chefs du moment, et tout ça sur la plage.
– ***Winter Party Festival :*** *début mars.* ● *winterparty.com* ● Le rendez-vous de la communauté gay de Miami. Une semaine de fête, de techno, de danse, de cinéma, dans les hôtels et discothèques de SoBe.
– ***Miami Film Festival :*** *env 10 j. début mars.* ● *miamifilmfestival.com* ● Festival de cinéma international, plutôt orienté vers les productions latino-américaines, organisé par le *Miami Dade College.* Diverses projections dans Downtown.
– ***Carnaval Miami et Calle Ocho :*** *10 j. début mars.* ● *carnavalmiami.com* ● Le carnaval de la communauté latino de Miami fête le début du printemps dans Little Havana : défilé sur la *Calle Ocho,* concours de beauté, concerts, salsa, merengue et dégustations.
– ***Masters de Miami (Miami Open) :*** *env 12 j. entre mi-mars et début avr.* ● *miamiopen.com* ● Les meilleurs tennismen s'affrontent sur les terrains de Key Biscayne.
– ***Ultra Music Festival :*** *souvent le dernier w-e de mars.* ● *ultramusicfestival.com* ● Inspiré de l'album *Ultra,* du groupe Depeche Mode, c'est le plus grand rassemblement de musique électronique du monde. 3 jours de concerts en plein air à Virginia Key *(4020 Virginia Beach)* et au Miami Marine Stadium *(3501 Rickenbacker Cswy)* de Key Biscayne.
– ***Miami Beach Pride :*** *3 j. fin mars ou début avr.* ● *miamibeachgaypride.com* ● Célébration de la Journée de la fierté gay à Miami. Festival, défilé traditionnel sur Ocean Drive et quelques jours de célébration dans la ville.
– ***Miami Spice :*** *août et sept.* De nombreux restos de Miami proposent des menus 3 plats à 25 $ au déjeuner et 39 $ au dîner. L'occasion de se faire une bonne table.
– ***Wynwood Life Festival :*** *4 j. début sept.* ● *wynwoodlife.com* ● Art, mode, design, musique live et cuisine *(food trucks)* à l'honneur dans le quartier de Wynwood.
– ***Design Miami :*** *5 j. mi-sept.* ● *designmiami.com* ● Version design de la foire d'Art Basel, l'événement réunit là encore créateurs, galeristes et passionnés du monde entier.
– ***Art Basel Miami Beach :*** *en général la 1re sem de déc.* ● *artbasel.com* ● La plus grande foire américaine d'art contemporain et de design réunit plus de 200 des galeristes les plus réputés, artistes et marchands du monde entier. Expos, conférences et soirées. La manifestation surfe sur une vague d'engouement sans précédent, mais « sur un créneau mode plutôt que présentant un art qui s'inscrit dans l'histoire de l'art », modèrent les spécialistes...
– ***Art Miami :*** *au même moment que l'Art Basel Miami Beach.* ● *artmiami.com* ● Cette foire d'art contemporain, avec un accent mis sur l'art américain, expose les œuvres de plus de 170 galeries face à la baie de Biscayne, à Downtown.

DANS LES ENVIRONS DE MIAMI

LES ÎLES DE LA BISCAYNE BAY

Key Biscayne (hors plan détachable Miami par F6) : • key-biscayne.com • *En voiture, de Downtown, route US 1 vers le sud et, après 2 km, à gauche sur le Rickenbacker Cswy (péage 3 $, SunPass 2,25 $, collecte électronique uniquement, pas de guichet) ; passer la 1re île, Virginia Key, sur laquelle se trouve le Seaquarium, avt d'arriver à Key Biscayne. Sinon, Ⓜ Brickell puis bus B (direction Crandon).* L'île la plus au sud de la baie forme une longue langue de terre, bien connue pour son tournoi de tennis. On y trouve aussi, au centre, une sorte de petite ville de villégiature pour retraités.

– À l'extrémité sud de l'île, le beau **Bill Baggs Cape Florida State Park** *(1200 South Crandon Blvd ; • floridastateparks.org • ; ouv de 8h au coucher du soleil ; entrée : 8 $/voiture, 4 $/conducteur seul, 2 $/piéton ou vélo).* Malgré les ravages subis lors du passage de l'ouragan Irma en 2017, ce parc est réputé pour sa grande plage de sable blanc, sauvage et pas trop fréquentée (7 espèces différentes de tortues y pondent toujours). Si vous venez le matin, en semaine, vous serez presque seul(e) ! On y trouve des emplacements pour pique-niquer, des transats et vélos à louer, et un grand phare tout blanc datant de 1825 *(visites guidées tlj sauf mar-mer à 10h et 13h)* avec, à côté, la maisonnette en bois restaurée de son gardien. Le chenal est aussi réputé pour servir de couloir de passage aux lamantins...

Key Biscayne Chamber of Commerce Visitors Center : *Village Hall, suite 100, 88 W McIntyre St. ☎ 305-361-5207. • keybiscaynechamber.org • Bus B depuis le Ⓜ Brickell. Lun-ven 9h-17h, mais le sas d'entrée reste ouv tlj 24h/24 !* Documentation sur Key Biscayne et le sud de la Floride. Également des coupons de réduction pour les attractions.

Lighthouse Café : *☎ 305-361-8487. Tt au bout de la route, entre plage et parking. Tlj 9h-19h. Salades et sandwichs 7-12 $, pâtes et viandes 13-24 $, poissons et paellas 18-27 $.* Un café tout en bois, séparé de la plage par une dune. Pour le coup, on entend le ressac sans voir les flots bleus depuis la grande terrasse surélevée. Ne vous attendez pas à de la grande cuisine et soyez patient. Le mieux : privilégier les plats cubains ou venir juste pour boire une bière bien fraîche.

Rusty Pelican (plan détachable Miami, E5, **91**) : *3201 Rickenbacker Causeway, **Virginia Key.** ☎ 305-361-3818. Fléché à gauche en arrivant sur Virginia Key, à la sortie du pont à péage. Tlj 11h-23h (minuit ven-sam).* Happy hours *lun-ven 16h-19h : snacks 6-12 $ et certains hors-d'œuvre à - 50 %.* Fini le temps béni où des papys en tablier vous régalaient ici pour pas trop cher. Après rénovation, le *Rusty* s'est dérouillé, a pris un côté chicos, et c'est le porte-monnaie qui dérouille. Mais la vue – et quelle vue ! – sur la *skyline* de Downtown est demeurée la plus belle qui soit. Parfait pour boire un verre pendant l'*happy hour.*

Miami Seaquarium (plan détachable Miami, E-F5) : *4400 Rickenbacker Cswy, sur **Virginia Key.** • miamiseaquarium.com • Tlj 10h-18h (fermeture des caisses à 16h30). Entrée : 50 $; 40 $ enfants 3-9 ans ; réduc sur Internet. Parking : 10 $ (espèces seulement).* Une institution à Miami, créée en 1955. Shows toute la journée (les derniers vers 16h) pour voir évoluer dauphins, orques et otaries. On y rencontre aussi des tortues de mer, des crocodiles, des lamantins, d'impressionnants lions de mer, des raies, et même des requins, mais également des oiseaux en liberté et des plantes tropicales à profusion. En fin de compte, difficile de se défaire de cette impression de parc vieillot malgré ses relookings successifs. Sans compter qu'on peut voir ces mêmes animaux en Floride dans la vraie nature, et que l'entrée est exorbitante !

La Biscayne Bay en bateau : *au départ de Bayside Market Place (voir plus haut « À voir. À faire. À Miami Downtown »).* On n'est a priori pas fans de ce genre de balade touristico-nautique, mais voici quand même l'occasion de découvrir le port de Miami (spectaculaire lors de la sortie de nuit) et de mesurer le gigantisme de la ville. C'est aussi, pour le commun des mortels, le seul moyen d'approcher des îles de milliardaires et d'espérer apercevoir Julio Iglesias en train de boire un verre sur sa terrasse, ou Al Pacino barbotant dans sa piscine. Préparez vos jumelles et vos appareils photo, le bateau longe les rives et détaille une à une les villas de stars – et barons de la drogue... – construites sur ces îles complètement artificielles. Au 1er ou au 2d degré, on s'amuse bien. Il faut entendre les « oh ! » d'admiration quand le capitaine annonce les tarifs des baraques. Qu'on se rassure, on ne voit que ce qu'ils veulent montrer, et l'intimité de nos stars est préservée.

PALM ISLAND, LE CRIME NE PAIE PAS !

Al Capone ne fit que 8 ans de prison puisqu'il fut condamné pour fraude fiscale et non pour crime. Ensuite, il passa les 8 dernières années de sa vie dans sa magnifique villa de Palm Island (au n° 93 Palm Avenue ; ne se visite pas). Il y mourut en 1947, à 48 ans, d'un infarctus... et non de remords.

Island Queen Cruises *(zoom détachable Downtown, E4)* **:** *401 Biscayne Blvd, Bayside Market Place. ☎ 305-379-5119. • islandqueencruises.com • Plusieurs types de croisières (45 mn-3h), la plus populaire étant le tour des milliardaires (1h30) ! Départ ttes les heures 11h-17h (jusqu'à 19h le w-e). Tarif : 28 $; 20 $ enfants 4-12 ans ; réduc en réservant en ligne. Commentaires en anglais et en espagnol.*

D'autres compagnies proposent des excursions équivalentes, comme ***Aquatours*** *(• miamiaquatours.com • ; tour de 90 mn : 27 $; 16 $ enfant ; bonnes promos en ligne aux heures les moins chargées)* ou ***Bayride*** *(• bayride.com •).*

Croisière Privée Miami : *Marina Waterways, 3585 NE 207th St. ☎ 06-22-72-16-76. • croisiere.prive@gmail.com • croisiere-miami.com • Résa par e-mail ou tél. Compter 90-150 $ selon formule. Réduc de 5 % sur présentation de ce guide.* Sandrine et Christophe – un couple amoureux de la mer (lui est ancien sauveteur de la SNSM) – proposent des sorties dans la baie de Miami (demi-journée, journée, coucher de soleil ou sortie snorkelling) sur leurs 2 bateaux à moteur (8 et 13 m), repas parfois inclus ! L'occasion de découvrir la ville à travers ses canaux, ses dauphins et ses maisons de stars. Possibilité de croisière sur plusieurs jours également.

LES EVERGLADES ET LES KEYS

Aux portes de Miami, le parc national des Everglades forme un immense et luxuriant marécage subtropical, couvert en partie de prairies humides piquetées de palmiers, mais aussi de forêts inondées de cyprès chauves, de pins, de palétuviers sur le littoral. Les alligators sont ici chez eux, tout comme les oiseaux : ibis, tantales (cigognes), spatules roses, hérons divers et variés, balbuzards, pélicans, etc. Si les ratons laveurs et les lamantins se montrent facilement, il en va tout autrement des rares panthères de Floride (une sous-espèce de puma) et du lynx. Les moustiques, eux, sont vraiment innombrables, surtout les soirs d'été...

Au-delà, à l'extrémité sud de la Floride, s'étire un archipel d'îlots d'origine corallienne, appelés *Keys,* que relient 42 ponts et une superbe route panoramique, sur 110 miles ! Tout au bout, Key West, l'île vedette, aux superbes maisons en bois, vous plonge dans l'univers d'Ernest Hemingway et de Tennessee Williams, qui y ont écrit leurs plus belles pages. Mais l'atmosphère qui règne ici n'incite guère à la mélancolie. Key West est une hédoniste, qui profite de la vie sous le soleil des Caraïbes. Fêtards, à vos marques !

FLORIDA CITY – HOMESTEAD

13 400 et 76 300 hab.

• Plan *p. 141*

Villes jumelles, Florida City et Homestead constituent la meilleure base arrière pour découvrir le parc des Everglades, dont l'entrée sud-est ne se trouve qu'à 17 km. Contrairement à Florida City (sans intérêt), le centre-ville de Homestead a un petit cachet avec ses devantures anciennes alignées sur Krome Avenue. La plage de Homestead Bayfront Park n'est pas désagréable non plus, avec ses postes de secours en bois coloré.

Cette région encore en partie rurale est aussi connue pour ses fermes établies au XIXe s pour alimenter Miami. Aujourd'hui encore, on s'y régale de fruits et légumes, et d'excellents jus et smoothies frais ! La plupart sont malheureusement fermées l'été, entre mai et octobre. Saison des fraises entre décembre et avril.

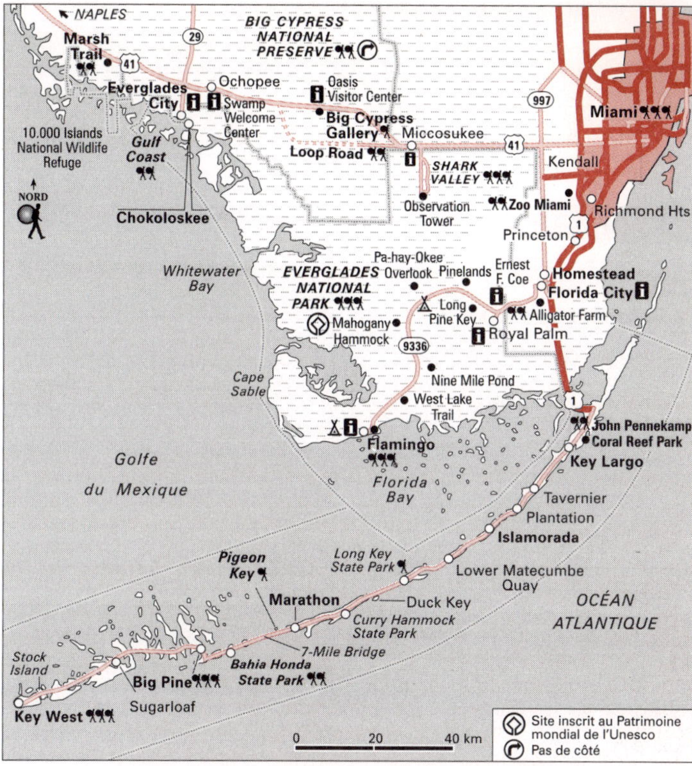

LES EVERGLADES ET LES KEYS

Arriver – Quitter

➢ ***De Miami :*** prendre le *Metrorail* jusqu'au terminus de *Dadeland South.* De là, le bus n° 38 dessert Florida City. Trajet total : 1h30. De Miami Beach, bus S jusqu'au *Government Center* puis *Metrorail* comme précédemment.

➢ ***Pour Key West (via toutes les îles des Keys) :*** bus n° 301 jusqu'à Marathon, puis bus de la *KWT.* Voir plus loin « Arriver – Quitter » aux Keys.

➢ ***De Florida City à Royal Palm*** *(via Ernest F. Coe – entrée sud-est)* **:** la partie orientale du parc, proche de Florida City, est desservie par une ligne de trolley (gratuit). Le w-e, fin nov-fin avr seulement. Compter 8 bus/j. : depuis Florida City, 9h26-16h04 ; depuis Royal Palm, 10h-17h26. Certains s'arrêtent au *Visitor Center* de l'entrée Ernest F. Coe.

➢ ***De Florida City vers Shark Valley, Big Cypress National Preserve et Gulf Coast :*** en voiture, prendre la FL 997 puis l'US 41 qui dessert *Shark Valley*, *Everglades City* (entrée ouest) et au passage *Big Cypress National Preserve.* Attention, peu de transports publics en direction de ces entrées du parc, et rien dans le parc même. Plus sage de prévoir une ***voiture*** ou un ***circuit organisé*** auprès d'un prestataire local.

Adresses utiles

Tropical Everglades Visitor Info Center *(plan B2)* **:** *160 SE 1st Ave.* • *tropicaleverglades.com* • *Tlj 8h-17h.* Des tas d'infos sur le parc et la Floride, distribuées par des volontaires souriants.

Walmart *(plan B1,* ***1****)* **:** *sur l'US 1. Tlj 7h-23h.* Un hypermarché pas cher où l'on trouve de tout, mais assez bas de gamme pour ce qui est de l'alimentation.

Où dormir ?

De prix moyens à chic

Hoosville Hostel *(plan B2,* ***10****)* **:** *20 SW 2nd Ave.* ☎ *305-363-4644.* • *hoosvillehostel.com* • *Lit en dortoir 35 $; doubles avec sdb commune 65 $, avec sdb privée 95-125 $. Camping possible dans le jardin : 15-18 $/pers. Prévoir de quoi se faire son petit déj.* Seule AJ à proximité du parc, elle occupe une vieille maison des années 1930, qui a épongé bien des cyclones. Nombreux types d'hébergements, cuisine tout équipée, chouettes parties communes avec meubles anciens chinés. Le tout est propre et bien tenu. Jardin sous les arbres très bien aménagé, avec « cascade » où l'on peut faire trempette. Grandes tentes orientalisantes pour se prélasser sur les coussins et canapés... et même des cabanes dans les arbres... Location de vélos *(15 $/j.)*, de canoës et de kayaks *(30 $/j.)*. Accueil très sympa. Une excellente adresse.

Baymont by Wyndham *(plan B1,* ***11****)* **:** *553 N 1st Ave.* ☎ *305-330-1359.* • *wyndhamhotels.com* • *Doubles 60-100 $, petit déj inclus.* Posé au cœur d'un nœud routier, un motel aux chambres spacieuses et fraîches. Du coffre-fort au coin repas en passant par le micro-ondes et le réfrigérateur, tout y est... avec des prix qui restent sages. En plus, le petit déjeuner en libre-service offre un choix correct. Piscine séparée du parking par une haie bienvenue.

Best Western Gateway to the Keys *(plan B2,* ***12****)* **:** *411 S Krome Ave.* ☎ *305-246-5100.* • *bestwestern.com* • *Doubles 80-160 $.* Un hôtel de chaîne fort bien entretenu, tout confort et sans surprise, proposant des chambres claires. Piscine (bon, l'environnement n'est pas super sexy). Idéal pour passer une bonne nuit avant d'attaquer les randonnées dès potron-minet...

Où manger ? Où boire un jus frais ?

Farmer's Market Restaurant *(plan B2,* ***20****)* **:** *300 N Krome Ave. Tlj 5h30-21h (ferme parfois plus tôt). Salades et plats 10-20 $.* Une coopérative montée à l'origine par des pêcheurs, qui ne propose que des produits de la mer ou de la ferme cuisinés maison. Le cadre est peu avenant, parmi les hangars, et l'accueil façon cantoche, mais c'est dans l'assiette que tout se passe, du petit déj au dîner, une cuisine qui tient au corps. Les locaux le savent bien, c'est souvent plein.

Ristorante Capri *(plan B1,* ***21****)* **:** *935 N Krome Ave.* ☎ *305-247-1544. Lun-sam 11h (16h lun et sam)-21h. Fermé dim. Plats du jour (en sem seulement) 8-10 $, salades, pâtes ou pizzas 10-25 $.* Salle classique (tables rondes nappées de blanc et tableaux aux murs suggérant la patrie de Dante) pour une cuisine italienne traditionnelle convenable. Service à l'ancienne, un peu maniéré.

Robert is Here *(plan A2,* ***30****)* **:** *au coin de SW 344th St (Palm Dr) et de la 197th Ave. Tlj 9h-18h.* Une institution que ce *Robert,* qui propose, derrière un étal coloré, un vaste choix de fruits frais, exotiques ou locaux, en smoothies et milk-shakes. À déguster dans le jardin, devant les perroquets multicolores. Également des confitures et marmelades. En fin de journée, quelques personnes viennent chanter, guitare à la main.

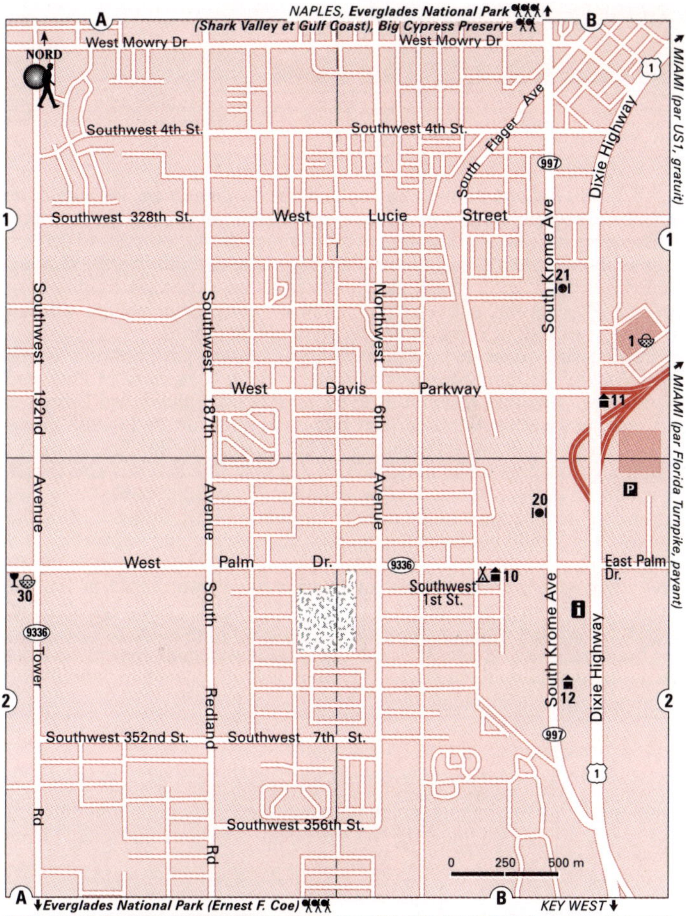

FLORIDA CITY – HOMESTEAD

Adresses utiles

- Tropical Everglades Visitor Info Center (B2)
- 1 Walmart (B1)

Où dormir ?

- 10 Hoosville Hostel (B2)
- 11 Baymont by Wyndham (B1)
- 12 Best Western Gateway to the Keys (B2)

Où manger ?
Où boire un jus frais ?

- 20 Farmer's Market Restaurant (B2)
- 21 Ristorante Capri (B1)
- 30 Robert is Here (A2)

EVERGLADES NATIONAL PARK

• Carte *p. 139*

Les Indiens séminoles l'appelaient *Pa-hay-Okee,* les « eaux herbeuses ». Ce gigantesque marécage, qui s'étendait jadis depuis le grand lac Okeechobee jusqu'à la pointe sud de la Floride (sur plus de 10 000 km²), forme un ensemble d'écosystèmes interdépendants d'une grande richesse : prairies humides, lacs, forêts de cyprès chauves, étendues de pins, mangroves... Plus de 400 espèces d'oiseaux y vivent, ainsi qu'une vingtaine d'espèces rares, dont l'emblématique panthère de Floride.
L'extrémité sud-ouest de ce territoire a été classée parc national en 1947 (sur 6 424 km²) et, plus récemment, réserve de la biosphère et Patrimoine mondial par l'Unesco. Mais, sous leurs abords intangibles, les Everglades sont menacés par le détournement des eaux au profit de l'usage domestique et de l'agriculture intensive qui s'est beaucoup étendue au nord de la région (canne à sucre et agrumes), et à la pollution due aux phosphates. Les mesures gouvernementales pour endiguer un futur désastre se heurtent encore au puissant lobby sucrier, appelé ici « Big Sugar »... Résultat : l'Unesco a inscrit le parc des Everglades dans sa liste du Patrimoine mondial en péril...
L'hiver, sec et ensoleillé, est la meilleure saison pour explorer les Everglades : la chaleur y est agréable (19 à 24 °C) et la vie sauvage s'y affiche au grand jour : les oiseaux débarquent du nord et les alligators se regroupent dans les points d'eau. Mieux encore, les moustiques marquent à cette époque-là une pause salutaire !

LES INDIENS SÉMINOLES

Welcome to Miccosukee tribe of Indians of Florida. Le panneau, planté au pied du (moche) QG de la tribu, juste à l'ouest de Shark Valley, surprend. Il y a donc des Indiens en Floride ? Une poignée, oui, descendant des Séminoles, un peuple composite formé principalement de Creeks venus de Géorgie et d'Alabama au début du XVIIIᵉ s pour échapper à la colonisation, et d'anciens esclaves (noirs) en fuite. Au XIXᵉ s, les (3) guerres séminoles ont vu l'essentiel de cette population massacrée ou déportée dans l'Oklahoma par l'armée américaine ; seuls quelque 500 Indiens sont demeurés sur place, cachés au fond des marécages. Ce sont eux qui sont à l'origine des 2 tribus actuellement présentes dans les Everglades : les Séminoles proprement dits et les Miccosukees (plus traditionnalistes) – qui n'ont toujours pas signé de traité de paix... Plusieurs « villages » indiens essaiment ainsi au long de l'US 41, arborant leur bannière assez semblable au drapeau allemand, noir-rouge-jaune surmonté d'une 4ᵉ bande, blanche. On y vit désormais du tourisme (balades en *air boat*).

LA REVANCHE DES SÉMINOLES

Dans les années 1960, les Indiens séminoles de Floride ont construit une salle de bingo dans un coin des Everglades, malgré l'interdiction du jeu par l'État de Floride. Saisie, la Cour suprême à Washington a décidé que les lois de la Floride n'étaient pas applicables dans les réserves. Depuis, la tribu a fait fortune et est devenue la principale actionnaire de la chaîne Hard Rock Cafe. *Bingo !*

Chaque année, début février, des Indiens de toutes les tribus américaines (et quelques descendants d'Aztèques) se retrouvent à Hollywood (FL) pour le *Seminole Tribal Fair and Pow Wow.* Défilés, danses rituelles, chants de guerre... et même des combats avec alligators ! Mieux qu'au cinéma.
• *semtribe.com* •

ALLIGATOR, MODE D'EMPLOI

Sous ses airs préhistoriques, l'alligator est une bête de course parfaitement adaptée à son milieu. Quand il s'enfonce dans l'eau, des clapets empêchent l'eau de pénétrer dans ses oreilles et dans sa gorge. En hiver, l'alligator réduit son activité et peut survivre plusieurs mois sans manger. Comme c'est un animal à sang froid, la chaleur extérieure est nécessaire pour accélérer les fonctions de son organisme. Voilà pourquoi il ne copule que le jour et au soleil *(sea, sex and sun !).* Aux alentours de juin, madame pond de 20 à 60 œufs. Si vous croisez une nichée de mignons petits alligators de quelques dizaines de centimètres, ***gardez une distance d'au moins 5 m*** : maman, jamais très loin, risque de mal le prendre... D'ailleurs, de façon générale, si ce vorace saurien a un air assoupi, c'est un sprinter hors pair qui peut bondir en un instant et monter en vitesse de pointe à 17 km/h sur une dizaine de mètres (dans l'eau, il peut atteindre 30 km/h). Il happe sa proie et l'enserre entre ses puissantes mâchoires, l'attire dans les eaux boueuses, la noie et la coince sous l'eau pour la laisser faisander et mieux la déguster quelques jours plus tard.
Pas de parano, mais soyez attentif, on tient à vous ! Sinon, inutile de nous envoyer des lettres d'injures si vous ne rencontrez pas d'alligators en été : en régime de hautes eaux, ils se dispersent et sont peu visibles.

ALLIGATOR OU CROCODILE ? CAÏMAN LA MÊME CHOSE ?

L'alligator a une tête en forme de U, plus large et plus courte que celle du croco. Il aligne « juste » 92 dents, contre 120 pour son cousin (on ne les a pas comptées personnellement) ; seules les supérieures restent visibles quand sa mâchoire est fermée, contrairement au croco, qui les montre toutes en même temps. Enfin, l'alligator a la réputation d'être moins dangereux pour l'homme. Mais on n'a pas vérifié non plus !

Infos préliminaires

– ***Téléphone et site officiel du parc :*** ☎ *305-242-7700.* • *nps.gov/ever* • Très bien fait.
– ***3 entrées*** donnent accès au parc. Au sud-est, à 17 km de Florida City, l'entrée principale ***Ernest F. Coe*** *(tlj 24h/24),* avec son grand *Visitor Center,* donne accès à *Royal Palm* et *Flamingo.* Au nord, sur la route US 41, l'accès de ***Shark Valley*** *(tlj 8h30-18h)* ne communique avec rien d'autre. Idem pour l'entrée ouest *(Gulf Coast),* également accessible par l'US 41, à ***Everglades City,*** sur le golfe du Mexique *(tlj 24h/24).*
– ***Tarifs :*** *30 $/véhicule ou 15 $/piéton ou vélo. Ticket valable 7 j. pour ttes les entrées du parc (conservez-le). Gratuit avec l'*Interagency Annual Pass *(pass des parcs nationaux).*
– ***Avant d'entrer dans le parc :*** faites le plein d'argent, d'essence et de nourriture pour pique-niquer. Prévoir également eau, chapeau, crème solaire, vêtements légers mais couvrants, ainsi qu'un ***répulsif antimoustiques efficace*** en été (et si vous partez sur le *Wilderness Waterway*). Les moustiques sont virulents ici, surtout au lever et au coucher du soleil, et après de grosses pluies. En journée, l'hiver, *no problemo.*
– ***Il est interdit de fumer*** sur les sentiers du parc, à cause du risque d'incendie.
– ***Urgences 24h/24 :*** ☎ *911.*

À faire à l'extérieur du parc – Tour en *air boat*

L'air boat* est un bateau à fond plat qui glisse sur l'eau et sur les surfaces de boue ou d'herbes,** propulsé par une sorte de gros ventilo de cinéma. On commence la balade moteur coupé et croquettes en mains, les animaux connaissent les horaires : alligators, tortues au nez pointu, échassiers... On bouche ensuite ses oreilles (coton ou casque fourni) et l'*air boat* s'élance à fond les manettes, moitié sur l'eau, moitié dans l'air. Pas franchement écolo (d'ailleurs l'*air boat* ne se pratique qu'en dehors du parc) et plutôt cher, mais sensations garanties, surtout quand le pilote s'amuse à faire des dérapages dans les virages. Les enfants et ados adoreront. ***De nombreux prestataires émaillent l'US 41 autour de Shark Valley, ainsi qu'à Everglades City. Sinon, à proximité de Florida City, l'***Alligator Farm*** propose ces virées atypiques.

Buffalo Tigers Airboat Tours : *29701 SW 8th St (US 41), West Miami. ☎ 305-559-5250. • buffalotigerairboattours.com • Tlj 9h-17h (dernier départ à 16h30). Tour de 45 mn avec 3 arrêts, 27,50 $/pers ; réduc. Résa non nécessaire.* Une petite compagnie tenue par une famille amérindienne qui permet d'éviter les usines à touristes. Les guides partagent leur passion et leur respect pour la nature environnante en alliant humour et commentaires intéressants. Gros avantage, seulement une dizaine de personnes sur chaque *air boat* contre une grosse vingtaine dans les autres tours du genre. Si les spectacles et animations proposés chez les autres prestataires du coin sont absents, la proximité des guides avec les animaux permet de voir des tours tout aussi impressionnants. En chemin, visite de l'ancien village Miccosukee pour découvrir un mode de vie particulier au cœur des Everglades.

Everglades Alligator Farm : *40351 SW 192nd Ave, à* ***Homestead.*** *• everglades.com • Bien fléché depuis la route 9336 vers l'entrée Ernest F. Coe du parc. Tlj 9h-17h30. Départ des bateaux ttes les heures, à 25 de chaque heure, 9h25-17h25 (20 pers max). Durée de la balade : 20-25 mn. Prix très élevé : 29 $; 21 $ enfant ; gratuit moins de 4 ans ; coupons de réduc (par Internet ou sur de nombreuses brochures papier). Visite de la ferme seulement : 21 $; 16 $ enfant.* Au retour de la virée en *air boat,* on visite la ferme aux alligators. Petits shows à 11h, 14h et 17h, où l'on peut caresser des bébés alligators et apprécier toutes les différences avec leurs cousins crocodiles. Repas des alligators à 12h et 15h. À 3-4 ans, la bête est tuée et transformée en ceinture pour les messieurs, en sac pour les dames et en steaks pour tout le monde ; c'est beau l'élevage, non ?... Autres petits shows à 10h, 13h et 16h, où sont présentés plusieurs serpents de Floride... Allez-y avant tout si vous êtes en famille. Entre adultes, on conseille des excursions plus naturalistes (type en canoë ou en kayak), respectueuses de l'environnement et de la cause animale.

ERNEST F. COE (ROYAL PALM ET FLAMINGO)

À 17 km au sud-ouest de Florida City par la FL 9336, l'entrée *Ernest F. Coe (ouv 24h/24)* est considérée comme l'accès principal au parc. De là, on atteint d'abord *Royal Palm* puis, par une route de 60 km, *Flamingo* à la pointe sud de la Floride continentale. Au programme de cette portion orientale du parc : sentiers de randonnée pédestre et circuits en canoë, à *West Lake* notamment. *Attention :* le soleil, comme les moustiques, darde sacrément en plein été.

Adresses utiles

Ernest F. Coe Visitor Center : *40001 SR 9336. Juste avt l'entrée du parc. Tlj 8h (9h de mi-avr à mi-déc)-17h.* Ce principal *Visitor Center* du parc propose de belles présentations de la vie sauvage que vous allez rencontrer, un film et toutes les infos nécessaires à son exploration, dont un plan très bien fait et une petite doc en français. Bon accueil.

Royal Palm Information Center : *à 6 km à l'ouest de l'entrée (fléché à gauche depuis la route principale). Tlj 9h-16h15.* Infos sur les randonnées organisées en hiver et sur les sentiers environnants. Propose aussi des balades guidées à vélo *(tlj à 9h)* et *slough-slog* *(tlj à 13h30),* à savoir les pieds dans le marécage.

Flamingo Visitor Center : *☎ 239-695-2945. Tlj 8h-17h (hors saison, horaires limités).* Propose des randonnées et balades guidées dans la mangrove et sur la baie de Floride.

Station-service et ravitaillement : une *pompe à essence* sur la marina *(8h-19h).* Mieux vaut quand même faire le plein avant d'entrer dans le parc. Également une petite *boutique-épicerie* assez peu fournie à la marina *(tlj 7h-19h).*

Location de vélos, canoës et kayaks, excursions en bateau : *à la marina. ☎ 855-708-2207. • flamingoeverglades.com • En hiver, résa conseillée. Loc 8h-15h (retour jusqu'à 17h). Excursion de 1h30 env 40 $; réduc.* Pour les canoës, voir également avec l'auberge de jeunesse de Florida City ou auprès des *Visitor Centers.*

Où camper ?

Long Pine Key Campground : *à 10 km d'Ernest F. Coe. • flamingoevergl ades.com/camping • Emplacement 25 $ (gratuit mai-oct, because mosquitos !).* En pleine nature, dans une forêt de pins maigrichons, les emplacements sont bien au large, clairement délimités, avec chacun son barbecue, sa table et ses bancs. Les Robinsons apprécieront, d'autant qu'il y a désormais des douches (froides).

Flamingo Campground : *à Flamingo Village. Résas au ☎ 855-708-2207. • flamingoeverglades.com/camping • Mêmes tarif et confort qu'à Long Pine Key.* Quelques palmiers et autres arbres fournissent un minimum d'ombre, et la mer toute proche assure la ventilation. Propose aussi désormais des *eco-tents (90 $),* sorte de tentes de safari avec lit et petite terrasse en bois.

Il existe aussi de nombreux ***sites de camping primitifs,*** accessibles seulement en bateau ou en kayak. Un permis (gratuit) doit être obtenu (la veille au plus tôt) au centre des visiteurs de Flamingo ou de la Gulf Coast.

Les visites et balades de Royal Palm à Flamingo

On mentionne les balades dans l'ordre depuis l'entrée du parc jusqu'à Flamingo. Noter qu'elles ne sont pas connectées entre elles. On peut en enchaîner plusieurs dans la journée. Les chemins principaux sont aménagés pour les personnes à mobilité réduite. Certains peuvent être parcourus avec un ranger ; programme et horaires aux *Visitor Centers.*

Nike Missile Site HM 69 : *rens et résas auprès du Visitor Center Ernest F. Coe. Rdv directement sur le site : suivre la route de Royal Palm puis tourner à droite, c'est à 8 km (bien fléché). Visite guidée (sur résa) de 1h30. GRATUIT.* Ce site est une relique de la guerre froide et du fameux épisode de la baie des Cochons. En 1962, les Américains observent médusés l'installation de missiles russes à Cuba. Des engins à tête nucléaire capables de frapper tout point du territoire des États-Unis. Les Américains déploient leurs propres batteries de missiles, dont certaines dans le parc des Everglades. À propos de cet épisode, Kennedy avait déclaré : « Il est inconcevable que 2 hommes assis aux extrémités du monde puissent décider de mettre fin à la civilisation. » À méditer.

Randonnées pédestres

➢ ***Anhinga Trail :*** *accès à la hauteur du* Royal Palm Information Center. ***Une balade de 1 200 m, géniale pour les enfants,*** sur une petite route bitumée puis un large ponton sur pilotis qui s'enfonce au milieu du marais. On est d'autant plus piqué de cette balade qu'il y a peu d'insectes mais que la faune y est très riche : grands hérons cendrés, alligators (aisément visibles), tortues et parfois des ratons laveurs en fin de journée... mais la star des lieux, c'est l'anhinga, un cousin du cormoran aussi appelé oiseau-serpent, car seul son cou dépasse de l'eau quand il nage ! Ses plumes n'étant pas imperméables, il passe son temps à écarter les ailes pour les sécher au soleil... Dans les environs, on croise aussi de nombreux panneaux routiers annonçant la rare panthère de Floride, dont on ne voit qu'exceptionnellement la couleur du pelage.

➢ ***Gumbo Limbo Trail :*** *à côté du circuit Anhinga.* Promenade de 20 mn à travers une végétation tropicale dense. Bien pour se familiariser avec la flore du site (nombreuses broméliacées, des orchidées, quoi !), car la faune est peu visible, sauf les moustiques, très nombreux !

➢ ***Long Pine Key Trail :*** *quelques km plus loin, sur la gauche de la route (panneau) ; commence au bout du camping.* Pour ceux qui veulent un peu pimenter leur exploration du parc, voici une boucle de 35 km, composée de route et de 11 km de chemins balisés à travers une forêt de pins peuplée d'espèces végétales rarissimes, qui sont imputrescibles et insectifuges, et où vivent opossums et ratons laveurs. À réaliser à pied ou à vélo.

➢ ***Pinelands Trail :*** *sur la droite de la route (panneau).* Encore une petite marche fastoche sur un joli sentier de 650 m de long, à travers une forêt de pins habitée par de nombreux animaux. Les rangers y organisent des randonnées guidées. Attention aux trous creusés par la pluie et quasi invisibles. Donc, ne pas quitter le sentier.

➢ ***Pa-hay-Okee Overlook :*** *à 20 km de l'entrée, sur la droite de la route (panneau).* Ce sentier surélevé, long de 250 m environ, aboutit à une plateforme d'observation, où l'on voit notamment de nombreux échassiers. À perte de vue s'étend le lit marécageux de la Shark River, véritable fleuve d'herbes. D'ailleurs, *Pa-hay-Okee* signifie « les eaux verdoyantes ».

➢ ***Mahogany Hammock Trail :*** *à 35 km de l'entrée, sur la droite de la route (panneau).* Promenade de 20 mn (800 m) dans un petit coin de nature tropicale particulièrement dense, où se cache le plus gros acajou des États-Unis. Vous y verrez des épiphytes (des plantes qui poussent en utilisant d'autres plantes comme support) et des escargots colorés qui, à la saison des pluies, font concours de leur lenteur.

➢ ***West Lake Trail :*** *à 47 km de l'entrée, à gauche de la route.* Un sentier qui serpente sur 800 m au cœur d'une forêt de palétuviers bien enracinés dans la lagune.

Randonnées en canoë

Le parc propose 7 randonnées en tout, du très court (*Bear Lake Canal,* 2,5 km) au très, très long (1 semaine, et 250 km à parcourir). Demander la brochure *Flamingo Canoe Trails.* Bien se renseigner avant pour savoir si des canoës sont disponibles pour la rando de votre choix, car ce n'est pas toujours le cas. On pourra aussi s'adresser à l'auberge de jeunesse de Florida City. Voici un aperçu de nos randonnées favorites.

➢ ***Nine Mile Pond Trail :*** *à un peu moins de 45 km de l'entrée, sur la gauche de la route (panneau).* Petite boucle de 8 km (3-4h) pour découvrir que la mangrove abrite une vie incroyable.

➢ ***Noble Hammock :*** *un peu après la précédente, sur la gauche de la route (panneau).* Une boucle de 3 km (1-2h) pour se faufiler au travers de passages parfois étroits dans la mangrove. Se renseigner du niveau de l'eau en saison sèche.

➢ ***West Lake Trail :*** *à 50 km de l'entrée, sur la gauche de la route (panneau).* Circuit de 12 km (5-6h) qui longe les berges du West Lake et vous emmène jusqu'à Alligator Creek. Un programme déjà bien complet !

➢ ***Florida Bay :*** *au départ de Flamingo.* Des balades à sa guise dans une baie étrangement épargnée par les moustiques. Possibilité de débarquer sur Bradley Key et d'observer la vie marine de plus près.

SHARK VALLEY

Sur l'US 41, à 62 km à l'ouest de Miami (Mile 36). Tlj 8h30-18h. Ce secteur du parc des Everglades se résume à une boucle goudronnée de 24 km avançant dans la prairie inondée, au fil de laquelle on peut voir une myriade d'alligators et d'oiseaux. En hiver, c'est tout simplement ex-tra-or-di-nai-re ! Le reste du temps, les animaux sont plus dispersés. On ne trouve aucun hébergement dans le secteur immédiat, juste des campings primitifs dans la *Big Cypress Preserve,* plus à l'ouest, dont certains le long de l'US 41 (voir plus loin). Shark Valley se situe en plein territoire tribal des Miccosukees, qui proposent de nombreux tours en ***air boat*** (pas tous recommandables).
La visite du *Miccosukee Indian Village* n'est pas franchement indispensable, à notre avis... Dans le genre, il vaut bien mieux aller voir le ***Ah-Tah-Thi-Ki Museum*** à ***Clewiston,*** au nord de la *Big Cypress Preserve (● ahtahthiki.com ● ; tlj sauf j. fériés 9h-17h, dernier accès au boardwalk à 16h ; entrée : 10 $, réduc).*

Adresse et info utiles

Visitor Center : *après l'entrée du parc. Tlj 9h-17h.* Toutes les infos (y compris en français) pour bien explorer le site. Choix complet de bouquins pour les ornithologues et vidéo. Organise des promenades guidées en saison. Attention : les voitures doivent avoir quitté le parking à 18h.
– Attention, en haute saison, le parking est souvent plein dès 10h... Venir de préférence avant, ou après 15h.

Comment faire le circuit ?

La ***boucle goudronnée de 24 km*** traverse la *sawgrass* (littéralement « herbe-scie »), parsemée d'îlots de végétation dense (palmiers, ficus, etc.) appelés *hardwood hammocks.* À mi-chemin, une tour de 19 m de haut offre une vue panoramique sur la prairie inondée.
Pour explorer Shark Valley, 3 options s'offrent à vous :
– ***en petit tramway sur pneus :*** *ttes les heures 9h-16h, à l'heure pile (seulement à 9h30, 11h, 14h et 16h de mai à mi-déc), pour env 2h de visite. Réserver en hte saison : ● sharkvalleytramtours.com ● Tarif : 27 $; 14 $ enfants 3-12 ans.* Sincèrement un peu attrape-touristes, mais les commentaires distillés par un naturaliste du parc sont instructifs.
– ***À vélo :*** *loc de vélos à l'arrière du Visitor Center. Tlj 8h30-16h (dernier retour à 17h). En hte saison, arriver tôt car pas de résa possible. Env 9-10 $/h.* La meilleure solution à notre avis, qui permet de parcourir toute la boucle en 3h minimum, et de s'arrêter là où l'on veut si l'on est fan de photo. Le matin tôt, il fait plus frais et les oiseaux sont plus actifs. Les alligators, eux, sortent surtout quand le soleil monte.
– ***À pied :*** difficile de parcourir la boucle complète dans la journée. Toutefois, les 2 premiers kilomètres sont ceux où

l'on voit le plus d'animaux et on peut rebrousser chemin à sa guise.
Penser à prendre eau, crème solaire, chapeau et de quoi manger. Et bien surveiller le pique-nique, car les oiseaux sont gourmands et... très inventifs quand il s'agit d'ouvrir un sac !

À voir

La faune : elle est particulièrement riche ici, et vous verrez des alligators comme nulle part ailleurs... Quand ils ne pataugent pas dans les marais, ils se font rôtir sur le bas-côté, queue négligemment dardée sur la bande de bitume... Croyez-nous, passer à vélo tout près d'individus de plus de 2 m donne des sensations fortes ! Plus inoffensifs, on observe également de nombreuses espèces de hérons (petits patapons... mais aussi grands, bleus, gris), des aigrettes en pagaille, des gallinules (des poules d'eau arc-en-ciel !), des balbuzards (les seuls rapaces pêcheurs) et des vautours à tête noire (urubus) ou rouge (auras, plus rares). Les belles spatules roses se montrent parfois. Les tantales (cigognes américaines) et les ibis (les plus communs), au long bec orange incurvé, semblent préférer la *sawgrass,* vers le milieu du parcours.

ANIMAUX DE (MAUVAISE) COMPAGNIE

Les pythons de Birmanie, espèce invasive, prolifèrent après avoir été abandonnés par des particuliers dans les années 1980. Résultat, l'équilibre écologique des Everglades est compromis et la position dominante des alligators dans la chaîne alimentaire menacée. En 2019, une femelle de 5,20 m a été capturée (nouveau record) ! Des labradors et un beagle ont été spécialement entraînés pour traquer ces « envahisseurs » et leur montrer de quel boa ils se chauffent... Mais le recours aux chasseurs privés est encore le plus efficace.

BIG CYPRESS NATIONAL PRESERVE

« Le temps est venu de se préoccuper de ce qui se passera lorsque nos forêts auront disparu. »
Theodore Roosevelt (1908)

Cette réserve naturelle de 2 950 km² n'est pas gérée par le parc des Everglades, mais vous la traverserez en reliant Shark Valley (à l'est) à Everglades City (à l'ouest) par l'US 41. ***Gros avantage : l'accès aux sites y est gratuit !*** Le paysage est ici bien plus boisé, avec ses cyprès des marais plantés dans des eaux noirâtres – d'où émergent leurs racines en forme de moignons. Si la variété naine (pas si petite d'ailleurs) subsiste largement, le grand cyprès, lui, a failli disparaître sous la cognée des forestiers, pour finir en gouttière, siège de stade, fût à cornichons... ou cercueil ! Ici aussi on observe très facilement alligators et échassiers, dont le tantale, seule cigogne d'Amérique. Il y a aussi d'innombrables anhingas (« l'oiseau-serpent »), hérons et aigrettes, des pics et dindons sauvages. Et puis c'est ici que résident principalement les derniers spécimens de ***panthères de Floride.*** Il en resterait une centaine... Un sursaut depuis le point bas des années 1990 (une douzaine), mais plusieurs sont percutées par des véhicules chaque année. Attention donc à votre vitesse : 60 miles/h grand max en journée, 45 miles/h de nuit.

Adresses utiles

Oasis Visitor Center : *52105 Tamiami Trail East (Mile 54,9), Ochopee. • nps.gov/bicy • Tlj 9h-16h30.* Feuillet en français et carte détaillée. Personnel serviable et compétent.

🅸 ***Big Cypress Swamp Welcome Center :*** *33000 Tamiami Trail East (Mile 73,7). Tlj 9h-16h30.* Pour l'anecdote, à 3 km à l'est, sur l'US 41, notez le ***bureau de poste*** qui serait le plus petit des États-Unis, toujours en usage !

Où dormir ?

La *Big Cypress Preserve* compte 8 ***campings*** sommaires, la plupart disponibles selon le principe du 1er arrivé 1er servi. Tous ont des toilettes, mais aucun n'a de douches. **Midway** (à réserver obligatoirement sur ● *recreation.gov* ●), situé contre l'US 41, dispose d'eau potable et d'électricité. On vous conseille plutôt **Burns Lake** (plus en retrait) ou **Mitchell Landing,** situé sur la *Loop Road* (mais attention aux serpents à sonnette ici !). Attention, certains campings sont fermés de mi-avril à mi-août. *Compter 10-30 $/emplacement par nuit.*

La ***Big Cypress Gallery*** (voir juste après) propose, en retrait dans un environnement parfaitement préservé, un ***cottage*** *(tte l'année, 350 $ pour 4 pers, 3e nuit gratuite mai-sept)* et un ***bungalow*** *(oct-avr seulement, 295 $ pour 2),* très bien aménagés mais très chers et souvent réservés longtemps à l'avance *(min 3 et 2 nuits respectivement oct-avr ; attention, arrivée obligatoire avt 17h !).* En période creuse, il y a une petite chance de disponibilité en dernière minute. Promenades guidées et balades photographiques *(tlj, 125-195 $).*

À voir. À faire

Loop Road : *débutant au Mile 39,6 de la US 41, à 3,5 miles à l'ouest de Shark Valley, cet itinéraire alternatif très nature la retrouve au Mile 59,2. Attention, si elle est bien indiquée en venant de l'ouest, elle ne l'est pas du tout en venant de l'est (Miami) !* Accessible à tous les véhicules *(24h/24)* hors grosses périodes de pluie, la *Loop Road* réunit 25 km de piste (côté ouest) et 13 km de goudron (côté est). On y chemine doucement au milieu des cyprès chauves (compter environ 1h), en essayant de repérer les alligators et oiseaux qui se cachent dans les trous d'eau formés sur les bas-côtés.

Un court sentier en boucle (800 m) et le très sauvage ***Gator Hook Trail*** (7,8 km aller-retour) permettent de s'enfoncer au-delà. Attention, sur ce dernier, en saison humide, on a de l'eau jusqu'aux genoux ! Une vraie aventure, entre alligators et mocassins (serpents)... Pour ne pas vous perdre, suivez bien les marques jaunes.

Big Cypress Gallery : *52388 Tamiami Trail, sur l'US 41 (Mile 54,1). ☎ 239-695-2428. ● clydebutcher.com ● Tlj 10h-17h, sauf principaux j. fériés.* Équipé de sa chambre photographique, Clyde Butcher, un vénérable barbu, immortalise en noir et blanc Big Cypress, les Everglades et les plus beaux espaces naturels américains, dans la tradition du grand photographe naturaliste Ansel Adams. D'autres photographes, notamment animaliers, sont exposés. Les prix sont très élevés, mais la galerie vaut le coup d'œil !

La « mare aux alligators » : *Mile 54,7.* Juste devant l'*Oasis Visitor Center,* les alligators ont pris possession d'une portion de canal. Ils sont très facilement observables, et de très près. Plein d'oiseaux leur tiennent compagnie.

HP Williams Picnic Area : *Mile 69,4.* C'est avant tout une aire de pique-nique, mais on peut y observer pas mal d'alligators et d'oiseaux depuis le *boardwalk.*

Turner River Trail : *départ au Mile 70,1.* Une belle descente en canoë de la Turner River, sur 16 km, depuis l'US 41 jusqu'à Chokoloskee, sur le golfe. Compter 5-6h. On traverse forêt de cyprès et mangroves basses. Pour une location et le transport, contacter *Ivey House (605 Buckner Ave N, à **Everglades City** ; ☎ 239-695-3299 ; • evergladesadventures.com • iveyhouse.com •).*

Juste derrière le ***Swamp Welcome Center*** *(Mile 73,7),* un court *boardwalk* permet d'observer des lamantins en hiver ! Ils remontent là dès que la température de la mer fraîchit.

Marsh Trail : *à 13 miles à l'ouest de la bifurcation d'Everglades City.* On n'est plus là dans la *Big Cypress Preserve,* mais dans le ***10,000 Islands National Wildlife Refuge,*** plus à l'ouest. Du parking, un court sentier (800 m) mène jusqu'à une tour d'observation où les amateurs d'ornithologie se donnent rendez-vous une demi-heure avant le coucher du soleil. Des centaines d'ibis, de tantales, de hérons bleus et d'aigrettes déferlent alors vers ce lieu, où chacun rejoint ses quartiers dans sa propre rookerie (colonie d'oiseaux). Le sentier se poursuit au-delà, mais inutile de faire plus de 200 m.

GULF COAST (EVERGLADES CITY)

À l'extrémité ouest des Everglades, un peu à l'écart de la US 41, la modeste bourgade d'Everglades City est située à seulement 59 km de Naples – qui marque le début de la côte ouest. La « capitale mondiale du crabe caillou noir » se vantent les locaux, qui ne rechignent pas sur les fruits de mer. Oh, rien d'affriolant au 1er coup d'œil, mais le golfe du Mexique est à 2 pas et, avec lui, le dédale verdoyant des ***10,000 Islands,*** un archipel très sauvage multipliant les îles, les plages indomptées et les mangroves – où l'on peut espérer observer dauphins et lamantins. On ne peut s'y aventurer qu'en bateau ou en kayak, à moins de sacrifier à l'incontournable *air boat.*

À quelques kilomètres, sur sa propre île desservie par la route, ***Chokoloskee*** est mignonne avec ses maisons en bois et son vieux magasin-musée sur pilotis *(Smallwood Store ; tlj 11h-16h mai-oct, 10h-17h nov-avr ; 5 $, réduc).*

Adresses utiles

Gulf Coast Visitor Center : *815 Oyster Bar Lane, tt au bout d'Everglades City, sur la droite. De mi-nov à mi-avr, tlj 8h-17h ; le reste de l'année, tlj 9h-16h30.* C'est le centre des visiteurs du parc des Everglades. Infos sur les randonnées en canoë-kayak et permis pour les campings primitifs des *10,000 Islands* et du *Wilderness Waterway* (voir plus loin). On y trouve aussi le concessionnaire proposant les sorties en bateau.

Location de kayaks : Everglades Adventures, *à l'Ivey House, 605 Buckner Ave N. ☎ 239-232-0441. • evergladesadventures.com • iveyhouse.com • Nov-avr. Compter 55 $/j. le 1er jour, 45 $/j. au-delà.* Propose locations et tours guidés *(90-190 $),* ainsi qu'un service de navettes pour rejoindre le départ des *waterways* ou être récupéré à la fin.

Où dormir ? Où manger ?

The Ivey House : *605 Buckner Ave N. ☎ 239-695-3299. • iveyhouse.com • Doubles 100-240 $, petit déj inclus.* On peut y louer son kayak, s'y inscrire pour un tour organisé, mais aussi y passer la nuit, agréablement, dans l'une des grandes chambres bien tenues aux lits très confortables. Elles donnent toutes sur un patio avec petite piscine, fermé par des moustiquaires. Les mêmes proprios gèrent l'***Everglades City Motel*** *(309 Collier Ave ; ☎ 239-695-4224 ; • evergladescitymotel.com • ; mêmes prix),* un gentil motel aux chambres rénovées confortables, mais un poil bruyantes. Autres bémols : il faut faire le *check-in* et aller prendre son petit déj à l'*Ivey House.* Studios pour 4 un peu plus chers.

Camellia Street Grill : *202 Camellia St E. ☎ 239-695-2003. Tlj 11h-21h. Plats 11-25 $.* Les colliers de flotteurs annoncent le ponton où se dressent les tables, face à l'eau et aux bateaux. Dans l'assiette, plutôt copieuse, crabes, crevettes, mérou et alligator en sandwichs, salades ou tacos regardent avec nostalgie les *air boats* qui tournent juste devant. Le chef s'en sort pas mal et ça permet d'avaler les prix un peu plus élevés qu'ailleurs (l'offre de restos ne brille pas dans le coin). Commande au comptoir, service à table.

Havana Café : *à* **Chokoloskee,** *à 6 miles au sud d'Everglades City (au bout de la route). ☎ 239-695-2214. Ouv de mi-oct à mi-avr seulement, tlj 7h-16h. Plats 9-20 $.* Si le sandwich œufs-chorizo et les haricots rouges du petit déj ne seront pas forcément à votre goût, au lunch, vous apprécierez plus aisément les sandwichs et plats oscillant entre cuisine cubaine classique (relevée d'ail) et produits de la mer locaux. Les bananes plantains apportent leur note d'exotisme. En bonus : la belle terrasse cernée de végétation tropicale.

À voir. À faire

Museum of the Everglades : *105 W Broadway. • evergladesmuseum.org • Tlj 9h-16h sauf dim. GRATUIT.* Installé dans la 1re blanchisserie du bourg, ce petit musée local se penche sur l'histoire d'Everglades City, développée dans les années 1920 comme base arrière des travailleurs employés à la construction du proche *Tamiami Trail* (la Highway 41). L'occasion d'apprendre que 2,5 millions de bâtons de dynamite furent utilisés à cet effet ! Il s'intéresse aussi aux Indiens qui peuplaient la zone, aux 1ers pionniers et aux pêcheurs.

Everglades National Park Boat Tours : *infos et résas au* Visitor Center, *ou en ligne. ☎ 855-793-5542. • evergladesfloridaadventures.com •*
– **Le Ten Thousand Islands Tour :** *tlj, ttes les heures de mi-déc à mi-avr, 10h-16h (sauf 13h), ttes les 2h le reste de l'année. Durée : 1h30. Tarif : 40 $; 20 $ enfants 5-12 ans ; réduc.* L'occasion de naviguer entre les îles couvertes de mangrove et de voir des dauphins en liberté ! Les rangers embarqués (2 fois/j.) vous aideront à repérer les lamantins ou à reconnaître pélicans, frégates et autres oiseaux marins.
– La compagnie devrait aussi bientôt à nouveau proposer un ***Mangrove Wilderness Tour,*** plus spécifiquement axé sur ce milieu très particulier et sa riche faune.

Wilderness Waterway : *au départ d'Everglades City jusqu'à Flamingo (dans le sens du courant). Obtenez votre permis de camper la veille auprès du* Visitor Center *(21 $, plus 2 $/j. par pers).* Un parcours incroyable de 160 km de rivières, lacs et plages sauvages, à parcourir en autonomie complète (eau incluse) en une bonne semaine de kayak avec, certains jours, des bivouacs nocturnes sur des pontons en bois *(chickees).* Vraiment magnifique mais uniquement pour les aventuriers sportifs et ceux qui ne craignent pas les moustiques... par endroits, ils sont des millions et vous, bien seul(e) ! N'oubliez pas votre table des marées, pour ne pas ramer pour rien.

LES KEYS

• Carte *p. 139*

Les Keys sont un étonnant chapelet de 1 700 îles, îlots et récifs coralliens qui s'égrènent sur 175 km, à la pointe sud de la Floride. Et comme les Ricains ne font rien comme les autres, une route non moins étonnante enjambe

les 42 détroits qui séparent les 43 îles principales : « l'autoroute de haute mer » *(Overseas Highway)*. Les sauts sont parfois impressionnants : entre Knights Key et Bahia Honda Key, le pont mesure plus de 11 km ! À gauche, c'est l'Atlantique et ses eaux d'un bleu profond ; à droite, le golfe du Mexique et ses tons de turquoise et de lapis-lazuli. Au bout du bout, la croisière s'achève à Key West, le point le plus méridional des États-Unis, juste en face de Cuba. C'est de là qu'arriva Hemingway dans les années 1930, lorsqu'il posa le pied sur l'île pour la 1re fois, sur le conseil éclairé de John Dos Passos. L'endroit, alors bastion des pilleurs d'épaves, lui plut tant qu'il s'y installa.

KEYS : LES CLÉS DE L'AUTONOMIE

Les Keys, se sentant considérés comme une nation étrangère, proclament leur indépendance en 1982 ! Depuis, le drapeau de la Conch Republic *flotte au-dessus des bâtiments officiels, à côté de la bannière étoilée. Il existe même un passeport (vendu aux touristes) et un hymne national (enregistré par le Key Lime Pie Band !)... L'indépendance est fêtée dignement chaque année pendant 10 jours, autour du 23 avril.*

Aujourd'hui, Key West attire chaque année une noria de paquebots de luxe, tandis qu'automobilistes et *bikers* s'y pressent par la route. Alors évidemment, ça embouteille un peu, surtout le week-end ! Car Key West vit exclusivement du tourisme. Cela dit, la bourgade n'en a pas pour autant perdu son âme, avec ses vieilles maisons de bois de style *gingerbread* colorées, enfouies sous les palmiers et les fromagers. Reste, aussi, un peu de cet esprit frondeur qui a forgé l'histoire des îles... Key West a longtemps été l'un des points de ralliement des gays du pays.

Plus calmes, même s'ils ont perdu une partie de leur charme consécutivement au passage de l'ouragan Irma en 2017, les autres districts, Key Largo, Islamorada, Marathon et Big Pine-Lower Keys, ne font pas que paver le chemin vers Key West, ils servent souvent de point d'ancrage aux amateurs de plongée, de snorkelling ou de pêche en mer. Classé *National Marine Sanctuary* depuis 1990, l'archipel des Keys se prête admirablement à la plongée et au snorkelling, au kayak de mer, à l'observation des oiseaux et à la pêche au gros. Malgré la pression touristique, les Keys, assises sur le 3e récif corallien du monde, demeurent un véritable trésor écologique. Si les plages n'y constituent pas l'attraction majeure (pour la bronzette, mieux vaut rester à Miami), la baignade n'en demeure pas moins fort agréable, surtout en été, quand l'eau dépasse les 30 °C !

DE LA VOIE À LA ROUTE...

Jadis accessibles uniquement par bateau, ***les Keys sortent de leur isolement en 1912,*** quand ***Flagler*** (personnage omniprésent dans l'histoire de la Floride) inaugure la ***voie ferrée reliant Miami à Key West.*** Le job n'est pas de tout repos : des ouragans frappent en 1906 (135 morts), 1909, 1910... Les coûts s'accumulent et l'impensable arrive : Flagler est contraint d'emprunter pour poursuivre les travaux.

Dans les années 1920, des bouts de route s'élancent parallèlement vers Key Largo. Bientôt, seul manque un tronçon pour relier les 65 km entre Lower Matecumbe Key et No Name Key : 2 ferries font la navette. Mais ***l'ouragan dévastateur qui s'abat sur la région le 18 septembre 1926 ravage tout sur son passage.*** Avec des vents enregistrés à plus de 240 km/h, les Keys et Miami sont rayés de la carte. La bulle immobilière qui s'était constituée depuis le début des années 1920 éclate, tant et si bien que le sud de la Floride entre dans la grande récession économique 3 ans avant la célèbre crise qui frappe tout le pays en 1929. Puis ***les années 1930-1934 connaissent un véritable déclin*** ; faute de travail, de nombreux insulaires rejoignent Miami. Le cyclone meurtrier de 1935 donne le coup de grâce à la ligne de chemin de fer, trop coûteuse à reconstruire. La compagnie jette l'éponge. Le gouvernement fédéral rachète les ponts et prend l'option de remplacer la ligne par une route, en reliant entre elles les portions déjà terminées. ***L'Overseas Highway (US 1) est achevée en 1938.*** Elle met aujourd'hui Key West à 3h de Miami.

ÇA FAIT FLIPPER LE DAUPHIN !

De nombreux pays (Norvège, Belgique, Australie, Brésil...) ont honni les delphinariums, jugeant cruel de capturer des dauphins, les parquer dans des bassins, les stresser par des exercices traumatisants au contact des touristes, mal préparés. Les États-Unis continuent d'autoriser ces pratiques : on peut donc avoir son moment de gloire avec Flipper. S'il sourit en permanence, cela ne signifie pas qu'il est heureux. Il mourra plus jeune que ses congénères libres...

PARENTHÈSE GÉOLOGIQUE

Les îles des Keys sont constituées d'***anciens récifs coralliens,*** qui ont sorti la tête de l'eau lors d'une régression glaciaire, il y a de cela 85 000 à 11 000 ans, lorsque la mer a baissé progressivement de près de 110 m. Le réchauffement qui a suivi a, a contrario, vu les eaux remonter. Aujourd'hui, les Keys « culminent » au nord à 7,50 m au-dessus du niveau de la mer et guère plus de 1,20 m au sud, ce qui les rend très vulnérables en cas d'ouragan.

En ***septembre 2017,*** l'archipel a été la zone la plus durement touchée en Floride par l'***ouragan Irma,*** avec des vents à plus de 215 km/h. Si les dégâts ont été considérables, les réparations et opérations de nettoyage ont été menées rapidement pour accueillir les touristes dans les meilleures conditions, quelques mois après la catastrophe. Seulement les Keys (à l'exception de Key West) y ont perdu une partie de leur âme, il faut bien l'avouer. Les petites bicoques en bois et leurs vieux pontons en équilibre sur la mer, qui faisaient en grande partie leur charme, ont été reconstruits en béton, tandis qu'il a fallu évacuer les gravats et parfois même reconstruire parkings et voiries... La patine et le côté un peu « fouillis » se sont envolés, cédant leur place au neuf, au solide et au bien rangé...

Arriver – Quitter

➢ ***En voiture :*** compter ***environ 3h*** pour couvrir les 215 km entre Miami et Key West, davantage le week-end. ***Stations-service*** tout le long (le gallon d'essence est un peu plus cher à Key West même). Si vous revenez des Keys pour prendre l'avion à Miami, prévoir une bonne marge car il peut y avoir de la circulation. L'autoroute (***Florida Turnpike,*** payante – voir « Les péages autoroutiers en Floride » dans la rubrique « Transports. La voiture » du chapitre « Floride utile ») permet d'éviter la longue traversée du sud de la ville.

➢ ***En bus :*** env 4h30 de route entre Miami et Key West en direct avec ***Greyhound*** *(● greyhound.com ●).* Ceux qui veulent faire des arrêts en route, des économies et qui ont tout le temps peuvent enchaîner les bus locaux.

Miami Dade Transit : *● miamidade.gov ●* La ligne n° 301 relie Florida City (SW 344 St/SW 2nd Ave) à Key Largo (MM 98), Tavernier (MM 87), Islamorada (MM 74), et certains continuent jusqu'à Marathon (MM 50, devant le *Publix*). Tlj 5h10-21h15, nombreux bus à l'aube pour les travailleurs, puis ttes les 1-2h pour Islamorada (trajet : 1h35 ;

2h10 jusqu'à Marathon). Au retour (mêmes fréquences) : de Marathon 7h40-23h ; d'Islamorada 6h55-23h35.

Key West Transit : • *kwtransit.com* • Les *Lower Keys Shuttles* joignent Marathon (MM 53,5) à Key West (Whitehead & Eaton) via Bahia Honda, Big Pine Key, Stock Island et Key West Airport. Tlj 5h40-21h48 (5h35-21h47 dans le sens Key West-Marathon).

Keys Shuttle : • *keysshuttle.com* • Env 6 transferts/j. (moitié moins en sept) en minivan depuis les aéroports de Fort Lauderdale et Miami jusqu'à Key West (via ts les Keys principaux), ttes les 2h, 10h30-20h30 depuis Fort Lauderdale, 11h-21h depuis Miami. Pratique mais nettement plus cher : env 90 $ pour 1 pers, 400 $ pour privatiser la navette (7 places). Dans tous les cas, réserver min 48h à l'avance.

➢ ***En avion :*** vols vers Key West depuis Miami et d'autres villes de Floride et des États-Unis. L'aéroport de Marathon est lui uniquement fréquenté par des vols privés.

➢ **En bateau :** le **Key West Express** (*plan détachable Key West, A1 ;* • *keywestexpress.net* •) assure 1-2 liaisons/j. tte l'année entre Fort Myers ou Marco Island, sur la côte ouest de la Floride, et Key West. Départ à 8h de Fort Myers ou Marco Island, 17h (vers Marco Island) ou 18h (vers Fort Myers) de Key West. Ouverture des guichets 1h30 avt. Durée de la traversée : 3h30. Compter 101 $ l'aller simple, 161 $ l'A/R (135 $ en réservant 8 j. avt pour un trajet effectué lun-jeu, ou 146 $ ven-dim) ; réduc. Les mineurs de moins de 18 ans doivent être accompagnés d'un adulte. Se pointer min 1h avant l'appareillage du bateau.

Comment se repérer sur la route des Keys ?

Sur tout le trajet, on se repère facilement avec les ***mile markers (MM),*** les bornes milliaires égrenées tout au long de l'*Overseas Highway.* Dans le sens nord-sud, le 1er MM débute au MM 126 après Florida City et le dernier est le MM 0 à Key West, à l'angle de Fleming et Whitehead Street. À défaut de noms de rue, les numéros donnés aux adresses correspondent presque partout aux *mile markers* (le nº 92630, par exemple, est le mile 92,6) SAUF à Marathon, où ils correspondent aux numéros de rues (le nº 12222, par exemple, est à la hauteur de la 122nd St). Si vous utilisez un GPS ou une appli de navigation, il faut prévoir quelques surprises...

Pour chaque adresse décrite dans le guide, ***nous indiquons la borne MM correspondante,*** ainsi que la position ***à droite* (bayside)** ou ***à gauche de la route* (oceanside)** par rapport à la direction nord-sud.

Infos utiles

– ***The Florida Keys & Key West :*** • *flakeys.com* • Infos en ligne ou par téléphone sur les hébergements, les activités, les transports, la météo avec les alertes ouragans, etc.

– La ***brochure gratuite* See Florida Keys** donne une vue d'ensemble des activités de la région avec quelques coupons de réduction. On la trouve dans les *Visitor Centers,* parfois utiles aussi pour réserver une chambre.

– ***Haute et basse saisons :*** du 1er décembre au 15 avril, c'est la pleine saison touristique, avec un pic du 15 février au 31 mars. La météo est alors plus agréable mais les prix flambent.

– ***Oceanside ou bayside ?*** Mis à part à Key West, choisir son lieu de résidence n'est pas sans incidence dans les Keys. *Oceanside,* l'océan peut être agité et les plages rendues inconfortables en cas d'arrivée d'algues rouges. *Bayside,* en revanche, on est un peu plus épargné par le phénomène.

– ***Observer les dauphins :*** sur la route des Keys, plusieurs établissements proposent d'interagir avec les dauphins enfermés dans un bassin (vraiment bof), tels *Dolphin Plus* à Key Largo *(MM 102 Bayside et MM 99,5 Oceanside)*, le *Theater of the Sea* à Islamorada *(MM 84,5)*, *Hawks Cay Resort* à Duck Key *(MM 61)* et le *Dolphin Research Center* de Grassy Key *(MM 59)* – où naquit Flipper, le héros de la série TV des années 1960. L'expérience, généralement interdite aux moins de 7 ans, coûte très cher (autour de 200 $ pour 20-30 mn !). Et bien souvent le simple accompagnant (qui ne nage pas) paie aussi ! ***Il est largement préférable d'approcher les dauphins en bateau*** (*dolphin safari* à Key West, compter 100 $ pour une sortie de 4h) ***dans leur milieu naturel, sans les toucher.*** Ils nagent, plongent, chassent et batifolent parfois devant l'étrave du bateau... C'est plus respectueux de la cause animale, les enfants sont ravis et votre porte-monnaie vous dit merci !

– ***Plongée :*** les Keys recèlent un véritable paradis sous-marin, avec ***près de 500 épaves*** qui émaillent la barrière de corail. Certains gros navires ont été coulés volontairement pour créer des récifs artificiels. Parmi eux, 3 sont des musts absolus pour les plongeurs de bon niveau : l'immense *Vandenberg* (158 m) au large de Key West (c'est le 2e plus grand navire du monde coulé à dessein, il gît entre 12 et 43 m de profondeur), le *Thunderbolt* à Marathon, par 35 m de fond, et enfin le non moins considérable *Spiegel Grove* (155 m), qui se situe à 9 km des côtes de Key Largo, entre 18 et 40 m de profondeur. Il y a aussi les épaves du *Molasses Reef,* réputé pour la clarté de ses eaux et sa profusion de poissons, du *Bibb* et de l'*USCG Duane* (100 m), qui gît à 37 m de fond dans un important courant (débutants s'abstenir). Autre spot à ne pas manquer dans le coin : le *Christ des Abysses,* situé à moins de 5 m de profondeur dans le John Pennekamp Coral Reef, copieusement recouvert de *Millepora* (corail de feu), alors pas touche !

KEY LARGO

La 1re des Keys doit une bonne partie de sa renommée au film *Key Largo,* interprété par Humphrey Bogart et Lauren Bacall – qui fut bien entendu tourné... à Hollywood. Cette longue bande de terre n'est pas la plus belle ni la plus authentique des Keys : très peuplée, elle s'étire du MM 110 au MM 87 le long de l'*Overseas Highway,* au trafic incessant. Les accès aux plages étant pour la plupart privés, Key Largo attire surtout les amateurs de fonds marins : plongeurs et adeptes du snorkelling rejoignent en bateau la barrière de corail pour explorer les récifs autour desquels gravite une myriade de poissons colorés. La municipalité s'est autoproclamée *diving capital of the world...*

BOUFFEZ DU LION !

Originaire de l'océan Indien, le lionfish *est considéré en Floride comme une espèce invasive car il ne connaît pas de prédateur sur son territoire d'adoption et se reproduit à vitesse grand V. Du coup, à l'inverse du* catch & release *qui anime les parties de pêche du coin, la* Reef Environmental Education Foundation *basée à Key Largo, d'ordinaire fervent défenseur du milieu marin, invite tous les pêcheurs à le cuisiner. Aujourd'hui, le* lionfish *figure à la carte de la plupart des restos !*

Adresses utiles

i *Florida Keys Visitor Center :* *MM 106, bayside (repérez l'enseigne* Scuba Outlet*).* • *keylargochamber.org* • *Attention, ne pas confondre avec l'organisme privé situé 200 m avt (marqué* Visitor Center *sur le toit). Tlj 9h-18h.* Petite expo interactive et nombreuses brochures, dont le guide gratuit *Oh, rangers* des parcs nationaux de la Floride du Sud. Réservation gratuite d'hôtel.

Supermarché Publix : *MM 101.4, oceanside. Tlj 6h-22h.* Très grand et bien approvisionné, avec des rayons traiteur et boulangerie parfaits pour préparer un pique-nique.

Où dormir ?

Ce serait un sacrilège de rouler vers Key West de nuit ! Alors si vous êtes en retard sur l'horaire, mieux vaut faire étape à Key Largo, Islamorada ou Marathon, pour reprendre la route au petit matin pour admirer le paysage. Pour le côté insolite, les plus fortunés de nos lecteurs pourront réserver (en s'y prenant bien à l'avance) une nuit au ***Jules' Undersea Lodge*** *(51 Shoreland Dr ; ☎ 305-451-2353 ; ● jul.com ● ; nuitée 850 $ pour 2 plongeurs certifiés, matériel de plongée, dîner et petit déj inclus).* Il s'agit d'une chambre sous-marine aménagée dans un ancien centre de recherche des années 1970 reposant à 8 m de profondeur.

Camping

Les campings, pas très engageants, bordent la *highway* (nuisances sonores) et sont plutôt aménagés à l'intention des camping-cars. Sans compter qu'il faut souvent réserver 1 an à l'avance !

John Pennekamp Coral Reef State Park Campground : *102601 Overseas Hwy (MM 102.5, oceanside). ● reserveamerica.com ● pennekamppark.com ● Résa indispensable (accessible 11 mois à l'avance). Emplacement env 50 $.* Au cœur du parc, une petite cinquantaine d'emplacements sur sable de corail, parfois bien ombragés, parfois pas, distribués de part et d'autre d'un large ruban d'asphalte. Peu d'intimité. Sanitaires impeccables.

Chic

The Pelican : *99446 Overseas Hwy (MM 99.3, bayside). ☎ 305-451-4407. ● pelicankeylargo.com ● Double env 200 $, petit déj inclus.* Une petite trentaine de bungalows dans un jardin tropical courant jusqu'au littoral. Certains abritent plusieurs chambres, parfois minuscules avec le lit enchâssé entre 2 murs (intéressantes pour les petits budgets), d'autres forment de vrais apparts pour 2, 4 ou 6 personnes avec ou sans cuisine, coin salle à manger et terrasse. Déco assez banale. Visitez si possible avant, et optez pour les *waterfront suites* (plus loin de la route). BBQ, canoës et kayaks à dispo gratuitement. Bon accueil.

Plus chic

Coconut Palm Inn : *198 Harbourview Dr, à* ***Tavernier.*** *☎ 305-852-3017. ● coconutpalminn.com ● Au MM 92, prendre à droite sur Harbourview Dr en venant du nord. Doubles 150-410 $, petit déj (léger) inclus ; resort fee 23 $.* Ce gentil petit hôtel, posé au calme, en retrait de la *highway,* donne sur une petite plage artificielle face à la baie de Floride. Il abrite une vingtaine de chambres de taille variable (certaines sont vraiment petites et tournées vers le jardin). Très confortables et soignées, avec mobilier en bois foncé, frigo, micro-ondes et machine à café. Belle piscine. Les kayaks et *paddleboards* en prêt sont les bienvenus.

Azul del Mar : *104300 Overseas Hwy. ☎ 305-451-0337. ● azulkeylargo.com ● Au MM 104.3 (bayside), à côté de l'Amoray Dive Resort. Doubles 200-390 $.* ***Adultes seulement*** *(enfants dès 16 ans).* Cette villa blanche, posée face à la baie de Floride, abrite une poignée de chambres d'un excellent niveau de confort : d'un côté, les vues sur « jardin », un peu sombres (car tournées sur un terrasson aveugle) ; de l'autre, les vues sur la « mer » (plein cadre), beaucoup plus attrayantes. Toutes disposent d'une cuisinette et s'apparentent à des studios assez spacieux. Le proprio, un Anglais de Manchester, parle plutôt bien le français ; il loue des kayaks et organise des balades en bateau sur le *reef* ou dans les Everglades (pas données toutefois).

Où manger ? Où prendre un petit déjeuner ? Où boire un verre ?

Spécial petit déjeuner

Doc's Diner : *99696 Overseas Hwy (MM 99.7, bayside). ☎ 305-451-2895. Tlj 6h-14h. Moins de 10 $.* Fondé par un ancien médecin (d'où le nom), un lieu incontournable sur la route des Keys. La carte du petit déj est impressionnante : *eggs Benedict,* omelettes, *burrito,* pancakes, gaufres, mais la spécialité de la maison, c'est un méga-sandwich *(The Champ)* constitué d'une galette de pommes de terre, d'œufs et de corned-beef, le tout noyé dans une sauce blanche à la saucisse à vous en retourner le foie ! Plein à craquer de locaux.

Harriette's Restaurant : *95710 Overseas Hwy (MM 95.7, bayside). ☎ 305-852-8689. Tlj 6h-15h. Moins de 10 $.* Ce petit *diner* de bord de route aux rideaux de grand-mère s'est installé dans une maisonnette en bois jaune et turquoise. Les habitués affluent, attirés par les œufs *Benedict* aux conques et les muffins du jour (dont le *Key Lime Muffin,* qui ravit ici la primeur à la *pie*). Ambiance familiale.

Café Moka : *91865 Overseas Hwy (MM 91.9, oceanside), à* ***Tavernier.*** *☎ 305-453-6271. Tlj 8h-15h. Sandwichs 9-11 $.* Les patrons, originaires de Perpignan, ont posé leurs valises ici en apportant leurs recettes de quiches et de viennoiseries (délicieux croissants), proposant aussi oranges pressées et tout un choix de bons cafés. Le tout à déguster dans la salle claire ou dans le petit *courtyard* gravillonné. Une bonne petite adresse.

De bon marché à prix moyens

Mrs Mac's Kitchen : *99336 Overseas Hwy (MM 99.3, bayside). ☎ 305-451-3722. Tlj 7h-21h30 sauf dim. Plats 7-17 $ le midi, 8-25 $ le soir.* Le resto « historique », notre préféré, se trouve en bord de route, *bayside* ; le nouveau *(99020 Overseas Hwy ; tlj 11h-22h sauf dim),* pas dénué de cachet non plus, un peu plus loin à gauche, entre les 2 doubles voies de la *highway.* L'ancien, pour y revenir, est une baraque criblée de plaques d'immatriculation. Dans l'assiette : excellents chilis (un must !) et *conch chowder* (chaudrée de conques), burgers, salades, sandwichs, poisson du jour, très bons *crabcakes* et mille et une autres choses entre terre et mer. Mais le top du top, c'est décidemment la *Key lime pie* glacée, dont la dégustation risque de vous hanter jusqu'à Key West (on en a connu qui s'arrêtent à leur retour sur Miami pour finir leur séjour en beauté !). Bière du mois pas chère du tout. Un coup de cœur dans son genre.

Key Largo Fisheries Backyard Cafe : *1313 Ocean Bay Dr (oceanside). ☎ 800-432-4358. Autour du MM 99.5, à la hauteur du* Bayside Inn, *prendre à gauche Atlantic Blvd, puis Ocean Bay Dr sur à peine 1 km. Tlj sauf dim 7h-20h (21h ven-sam). Plats 12-20 $.* Typique des Keys, cette poissonnerie propose de succulentes fritures de poisson frais (servies avec frites et *coleslaw*), de bons sandwichs au poisson (ou à la langouste !), des *wraps,* mais aussi du poulet. On avale le tout sur les grosses tables en plastoc imitation bois tournées face au port de plaisance, en compagnie des pélicans et mouettes.

Shipwreck's : *45 Garden Cove Dr. ☎ 305-453-3153. Prendre la 2e à gauche après le MM 107 ; c'est presque au bout à droite. Tlj 11h-21h. Plats 10-15 $ le midi, jusqu'à 18 $ le soir ; ven 19h-22h,* all-you-can-eat fish fry *env 23 $.* Baignant dans une déco naufrageurs, cette baraque en bois de récup et pièces de bateau recyclées est à l'image des Upper Keys : populaire, bon enfant et un poil chahuteuse certains soirs. Sa terrasse, avancée contre le port de pêche, s'adosse à une salle intérieure serrée autour d'un bar constellé de billets de 1 $. Au menu : la traditionnelle *comfort food* version « marine » avec en prime des frites de patate douce ou des *onion rings* à la noix de coco. Tout ou presque est frit. Musique live le mercredi *(17h30-20h30).*

De prix moyens à chic

The Fish House : *102401 Overseas Hwy (MM 102.4, oceanside). ☎ 305-451-4665. Tlj 11h30-22h. Sandwichs 10-15 $ et pêche du jour env 16 $ le midi, 18-30 $ le soir (salades moins chères).* Les amateurs de produits de la mer ne peuvent rater ce resto réputé, bastion de la *Conch Republic* (voir l'encadré dans l'intro des Keys). Extérieurement, ça ne paie pas de mine, mais poissons et crustacés, livrés directement du producteur au consommateur, sont de 1er choix et cuisinés avec savoir-faire. Les prix sont un peu élevés en revanche. Bon accueil.

Key Largo Conch House : *100211 Overseas Hwy (MM 100.2, oceanside). ☎ 305-453-4844. Tlj sauf jeu 8h-22h (21h lun-mer). Plats 10-19 $ le midi, 12-30 $ le soir.* Cette mignonne maison de style *gingerbread* est séparée de la route par un rideau de végétation et entourée d'une agréable terrasse. La journée débute par les *tropical pancakes* aux fruits frais pour se poursuivre avec *conch fritters,* salades, *wraps, fish tacos* (très bons) et paninis originaux (poisson grillé du jour, *mahi-mahi*/coco/noix de macadamia, etc.). Poissons cuisinés le soir. Belle carte de thés, cafés et smoothies. Accueil gentil.

Snappers Oceanfront Restaurant and Bar : *139 Seaside Ave (oceanside). ☎ 305-852-5956. Au MM 94.5, emprunter la Seaside Ave jusqu'à la mer. Tlj 16h (11h dim)-22h. Musique live tlj vers 20h.* Même si l'on n'est pas pêcheurs dans l'âme, ce *snapper*-là est de ceux qu'on apprécie de ferrer ! Gentiment abritée dans une petite anse, cette équipe enjouée s'est installée à la base d'un ponton où viennent s'amarrer les bateaux. On lève son verre face à l'océan et on oublie tout le reste !

Achats

Scuba Outlet : *106010 Overseas Hwy (MM 106, bayside). Juste à droite du Visitor Center. Lun-sam 9h-18h, dim 10h-14h.* Repérez le requin blanc en plastique, gueule ouverte, qui émerge du toit ! À proximité de tant de merveilles sous-marines, une boutique pour acheter du matériel de plongée à prix honnêtes. Également les plans des épaves coulées dans le coin. Vous ne retrouverez pas de telles affaires à Key West...

À voir. À faire

John Pennekamp Coral Reef State Park : *102601 Overseas Hwy (MM 102.6, oceanside). • pennekamppark.com • Tlj de 8h au coucher du soleil. Entrée : conducteur et véhicule 4,50 $, si 2 pers 8 $ puis 0,50 $/pers supplémentaire ; 2,50 $ par piéton ou cycliste. Au Visitor Center (☎ 305-451-1202 ; tlj 8h-17h), infos sur le parc, son camping (voir « Où dormir ? ») et ses sentiers nature ; un film, quelques dioramas et aquariums. Aires de pique-nique.*

Vous voici donc aux portes de l'une des plus grandes barrières de corail au monde ! Le parc, étendu sur 40 km de long pour 55 de large, complète l'immense Florida Keys National Marine Sanctuary, qui s'étend plus au sud jusqu'aux Dry Tortugas, bien au-delà de Key West – englobant en tout plus de 7 500 km² de fonds marins. Rien qu'au Pennekamp Park le spectacle est vraiment grandiose : plus de 600 espèces de poissons et une quarantaine de variétés de coraux peuplent ses eaux, que l'on peut explorer de différentes façons en s'adressant à la **Main Concession** *(située juste à côté du Visitor Center, à l'intérieur du parc, sur le parking ; ☎ 305-451-6300 ; tlj 8h-17h, dernière loc à 15h45 ; sorties snorkelling de 2h30 – 1h30 dans l'eau – env 30-40 $ avec le matos ; kayaks simple ou double 12-17 $/h, paddleboard 25 $/h ; plongée 75 $/pers si vous êtes déjà plongeur, cours de plongée – resort course – 185 $/pers, Open Water 485 $/pers, ajouter env 30 $ pour l'équipement).* Sur place, snack, douches, téléphones, et puis les activités suivantes :

– ***Snorkelling :*** pas vraiment d'intérêt de le pratiquer du bord, mieux vaut s'inscrire à une sortie organisée sur le *reef* *(snorkelling tours classiques à 9h, 10h30, 12h, 13h30, 15h et 16h30, et tour de 4h30 qui part à 9h ; résa vivement conseillée).* Le 1er tour de la journée est préférable (moins de monde et l'eau est souvent plus claire à cause de l'absence de vent). En général, une escale est incluse aux Dry Rocks sur le site du *Christ of the Deep* (« Christ des Abysses »), une statue ancrée par 7 m de fond depuis 1965.

– ***Paddle, canoë et kayak :*** on vous file un plan, et c'est parti pour un très agréable circuit de 4 km dans un beau paysage de mangrove. Un moyen idéal pour découvrir les nombreux oiseaux et ratons laveurs. En revanche, aucune chance d'atteindre le *reef* : il est à 5 km au large.

– ***Glass bottom boat tours*** *(bateau à fond de verre)* **:** *3 départs, à 9h15, 12h15 et 15h15, pour 2h30 d'excursion.* Déconseillé à ceux qui ont le mal de mer... les récifs visités sont situés à une dizaine de kilomètres au large. Pas de visite du *Christ des Abysses,* les eaux y sont trop peu profondes.

– ***Scuba Tours :*** *infos et résas au Gold Palm Dive Shop, situé à droite du Visitor Center. ☎ 305-451-6322.* Plongée avec bouteilles. Si vous avez déjà votre brevet *PADI Open Water,* 2 sorties possibles par jour *(à 9h et 13h30).* Si c'est votre 1re expérience, tentez donc le *resort course* : instruction dès 8h30 dans la marina pour plonger dans l'après-midi. Possibilité également de passer son brevet *PADI Open Water...*

Florida Keys Wild Bird Rehabilitation Center : *93600 Overseas Hwy (MM 93.6, bayside). • missionwildbird.com • Tlj du lever au coucher du soleil. Entrée libre (donation suggérée).* Il existe plusieurs de ces centres dans les Keys, où des volontaires se consacrent à soigner les oiseaux. Vous pourrez y voir des dizaines de pélicans, des aigrettes, des ibis, des hérons, des chouettes, des grands ducs et des rapaces dans leurs cages – et plein d'autres, aussi, en liberté mais fort peu farouches.

African Queen : *MM 99.6, oceanside. ☎ 305-451-8080. • africanqueenflkeys.com • Départ depuis Marina del Mar. Balade de 1h30, théoriquement tlj à 10h, 12h, 14h et 16h ; 59 $, réduc.* Avis aux cinéphiles : on peut voir sur le port l'*African Queen,* le célèbre (petit) bateau du film homonyme qui réunit en 1951 Humphrey Bogart et Katharine Hepburn. Entièrement restauré, il propose de courtes balades sur les canaux environnants. Cher.

➢ ***Florida Bay Outfitters :*** *104050 Overseas Hwy (MM 104, bayside). ☎ 305-451-3018. • paddlefloridakeys.com • Tlj 9h-17h. Mangrove Tunnel Kayak Tour de 3h (kayak ou paddleboard), compter 60 $/pers, départs vers 9h30 et 12h30.* Ce spécialiste de l'*outdoor* loue canoës, kayaks et *paddleboards* *(env 20 $/h pour un kayak, 25 $/h pour un paddleboard)* à ceux qui voudraient explorer les îles de la Florida Bay par eux-mêmes, et il organise des visites guidées. Une bonne manière de comprendre l'enjeu écologique de l'écosystème des Keys au fil d'une balade qui va de la mangrove à l'océan – au cours de laquelle on voit pas mal d'oiseaux. Groupe de 6 à 8 personnes en général, mais possible à partir de 2 (plus cher). Sorties en *paddleboard* à la pleine lune également (donc 1 fois/mois).

ISLAMORADA

Islamorada (prononcer « Aïleumoreudeu ») tient son nom des Espagnols, qui l'avaient baptisée « l'île pourpre ». C'est un spot mondialement connu de pêche au gros en général et au tarpon en particulier – une sorte de gros hareng verdâtre immangeable et très combatif, qui peut peser jusqu'à 80 kg. Physiquement parlant, les lieux jouent la continuité avec Key Largo : fin ruban de terre très construit de part et d'autre de l'*Overseas Highway,* pas vraiment serein. Islamorada a servi de cadre à la série Netflix *Bloodline.* Pour les fans, pèlerinage obligatoire au *Moorings Village,* la maison des Rayburn à l'écran (qui accueille un petit *resort* de villas ultra-chics). C'est à Islamorada que le rapport qualité-prix des hébergements et restos nous a semblé le plus acceptable.

Adresses utiles

Islamorada Chamber of Commerce Visitor Center : *87100 Overseas Hwy (MM 87.1, bayside).* ☎ *305-664-4503.* • *islamoradachamber.com* • *Tlj 9h-17h (16h sam, 15h dim).*

Supermarché Publix : *MM 83.2, bayside. Tlj 6h-22h.* Une halte salvatrice pour se concocter un pique-nique. Bon rayon sushis.

Où dormir ?

Chic

La Jolla Resort : *82216 Overseas Hwy (MM 82.2, bayside).* ☎ *305-664-9213.* • *lajollaresort.com* • *Doubles 150-220 $.* Avec son architecture vaguement *Mid-century modern* aux couleurs acidulées, ce motel est l'un des tout 1ers construits à Islamorada. Fonctionnelles, la plupart des chambres possèdent un lit *queen size* et presque toutes une cuisinette (ou frigo et micro-ondes), balcon ou terrasse. Elles peuvent accueillir de 2 à 7 personnes. La moins chère, située à l'étage, n'a pas de cuisine. Celles donnant sur la plage et le golfe du Mexique (avec large baie vitrée) sont les plus chères mais aussi les plus calmes. Une adresse discrète, de rapport qualité-prix relativement avantageux. Minipiscine, kayaks, *paddleboards* ou matos de snorkelling et vélos à dispo. Bon accueil francophone de la gérante montréalaise.

Best of Both Worlds : *75700 Overseas Hwy (MM 75.7, bayside).* ☎ *305-664-4747. Doubles 135-200 $. Séjour de 3 j. min dans la maison.* Au sud d'Islamorada, bien en retrait de la route, Kevin et Dana Walsh louent leur grande maison (jusqu'à 6 personnes), 2 cottages pour 2 et un petit bateau, le *Cosmos,* dont les commodités sont à l'extérieur. Du coup, les proprios habitent en caravane ! Il y en a vraiment pour tous les prix et tous les goûts. L'ensemble est très propre, idéal pour un séjour en famille ou entre potes, d'autant que tout est situé en bordure de la baie et que l'on peut louer kayaks et *paddleboards.* Un vrai bon rapport qualité-prix.

De plus chic à très chic

Islander Resort : *82100 Overseas Hwy (MM 82.1, oceanside).* ☎ *305-664-2031.* • *islanderfloridakeys.com* • *Doubles 180-325 $; resort fee 30 $.* Un *lobby* brillant de mille feux donne le *la* de cette très belle réalisation hôtelière où règne une ambiance « rilax » ! Ici, une centaine de chambres allant de la standard sans vue tournée vers le jardin à la *deluxe-seaview,* balcon et tout le tralala. N'empêche qu'elles sont toutes plus ou moins équipées de la même façon : frigo, micro-ondes, machine à café, tandis que leur mobilier vaguement colonial leur confère un charme certain. Côté détente, belle et large plage, 2 piscines d'eau de mer chauffée, jacuzzi extérieur, 2 restos, matériel nautique en location accessible depuis le ponton en bois face au soleil levant (idéal pour taquiner la carangue). Les vacances, quoi !

Cheeca Lodge and Spa : *81801 Overseas Hwy (MM 81.8, oceanside).* ☎ *305-664-4651.* • *cheeca.com* • *Doubles 300-650 $; resort fee 45 $.* Rénové de pied en cap après le passage dévastateur de l'ouragan Irma en 2017, ce vaste domaine de 10 ha intègre un golf de 9 trous (inclus dans le *resort fee*), 4 courts de tennis, une lagune artificielle, un *snorkelling lagoon,* 3 piscines, dont une construite à même la (fausse) plage, 2 jacuzzis, un spa, un quai et un front de mer privés, 3 bons restos – on en passe et des meilleures. Pas routard pour un sou, c'est juste une oasis de grand confort pour amateurs de séjours « parfaits ». Les chambres, diverses et variées, sont toutes spacieuses, voire ultra-spacieuses, certaines avec cuisine. Les plus chères, face à l'océan, ont un large balcon où repose un jacuzzi rond rempli par le haut, façon cascade. Chic, chic, chic...

Où manger ?

Spécial petit déjeuner

Mangrove Mike's : *82200 Overseas Hwy (MM 82.2, bayside). ☎ 305-664-8022. Tlj 6h-14h. Moins de 10 $.* Authentique : voilà le mot qui vient à l'esprit. Pancakes grands comme des assiettes, œufs très copieux et burgers énormes le midi s'avalent sur fond de déco rétro, voire de country à la radio. Les murs sont peints de poissons et couverts de photos souvenirs de pêche – dont une en compagnie de Bush Senior, *a great guy to share a bonefish flat with* (« un gars super pour une partie de pêche »).

De bon marché à prix moyens

Lazy Days Restaurant : *79867 Overseas Hwy (MM 79.9, oceanside). ☎ 305-664-5256. Tlj 11h-22h (23h ven-sam). Fresh-catch sandwichs du jour 15 $ au déj, 16-22 $ le soir ; salades 14-17 $.* Lassé de la *highway* et de sa circulation ? Le *Lazy,* resto les pieds dans l'eau, lui tourne le dos ! Un petit ruban de sable blanc, 3 cocotiers, un ponton au pied duquel picorent des oiseaux de mer, et on oublie presque de regarder son burger, son *conch chowder,* sa salade, pourtant copieux et servis avec rapidité. Rien n'interdit de se contenter d'un verre tout en profitant de la mer. Excellent expresso pour clore le repas...

M.E.A.T. : *88005 Overseas Hwy (MM 88, oceanside). ☎ 305-852-3833. Tlj 11h-21h (22h ven-sam). Compter 10-17 $.* Bon, OK, on vous l'accorde, ce n'est pas l'adresse rêvée pour la Saint-Valentin ! Mais pour les burgers, paraît qu'il n'y a pas mieux dans le coin. La raison ? Ici, on le prépare dans l'*Angus beef,* au *pulled pork* fondant (effilochée de porc comme dans le Sud), au poisson du jour, au chorizo maison... et on sert le tout avec des frites à la graisse de canard et un ketchup maison à base de tomates du coin ! On se parque sur les travées de tables en alu sous les auspices d'une tête de wapiti XXL, ou au bar, pour écluser l'une de la douzaine de bières proposées (échantillons gratuits). Il y a aussi les *adult-only milk shakes... Guinness* et *Nutella* ! Musique rock bien forte ou TV pour pimenter l'ambiance.

Très chic

Chef Michael's : *81671 Overseas Hwy (MM 81.7, oceanside). ☎ 305-664-0640. Tlj 17h-22h sauf dim. Plats 32-48 $.* Envie d'une adresse plus raffinée pour une soirée en tête à tête ? *Peace, love and Hogfish,* devise de la maison, vous confirmera la spécialité du lieu : le *hogfish,* alias labre capitaine, même si le plus commandé reste le *lionfish.* Tendre et goûteux, servi de manière plus imaginative qu'à l'accoutumée : à la créole, à l'asiatique fusion ou juste grillé avec herbes et huile d'olive. Les carnassiers ne sont pas oubliés. Les cuissons sont parfaites, le service au poil, les vins au verre de bon aloi, quoique franchement pas donnés. Terrasse.

À voir

Diving Museum : *82990 Overseas Hwy (MM 83, bayside). • divingmuseum.org • Tlj 10h-17h. Entrée : 15 $ (coupon de 2 $ de réduc sur le site) ; 7 $ enfants 6-11 ans. Le 3e mer de chaque mois 19h-20h, événement gratuit autour d'un thème* *(consulter le site).* On y entre un peu dubitatif, mais on en ressort conquis. Un couple de médecins de l'Ohio, passionné de plongée, a fondé ce musée autour de sa collection privée. Il ravira tous ceux qui aiment faire des bulles sous l'eau. On y trouve un incroyable ensemble de scaphandres et de casques du monde entier, remontant pour les plus anciens aux XVIIe et XVIIIe s ! Certains sont des exemplaires uniques, comme le 1er casque de plongée mis au point par Halley (celui de la comète) en 1691. D'autres sont de vraies œuvres d'art. Toute une section expose des scaphandres originaux bricolés dans des hangars ou des garages... dont un fabriqué avec une chaudière ! Plus avant, on découvre le MarkV de l'US Navy (68 kg), alimenté à l'hélium, puis les énormes armures conçues pour les opérations à très grande profondeur (là, on atteint la tonne !). La visite se fait en suivant un parcours ponctué d'ateliers pour les jeunes scaphandriers (feuillet au guichet).

MARATHON

Marathon est un spot de plongée très prisé qui offre, d'après les spécialistes, une meilleure visibilité que les eaux entourant Key West. On y embarque aussi facilement pour une journée de pêche, sans compter la découverte en kayak du *Curry Hammock State Park,* certainement le plus agréable du coin, avec ses plages pour une fois éloignées de la route. Chaque année en mars, la ville accueille le *Seafood Festival,* 2 jours de gastronomie et de festivités sur le thème de la mer, qui attirent plus de 20 000 personnes. • *marathonseafoodfestival.com* •

Mais le meilleur reste à venir : l'*Overseas Highway* quitte Marathon vers le sud par le célèbre Seven Mile Bridge, le plus long de l'itinéraire, qui survole les eaux pendant 11 km ; au-delà, les Keys retrouvent leur visage nature.

LE MARATHON DE... MARATHON

Tous les ans au printemps se tient le Seven Mile Bridge Run, *une des rares courses à pied entièrement au-dessus de l'eau du début à la fin, sur le plus long pont des Keys.*

Adresse utile

Greater Marathon Chamber of Commerce : *12222 Overseas Hwy (MM 53.3, bayside). • floridakeysmarathon.com • Tlj 9h-17h.* Infos très complètes, cartes marines des sites de plongée à dispo gratuitement. Demandez l'*Environmental Passport* pour ses réductions sur les attractions du coin.

Où dormir ?

Camping

Possible de camper au ***Long Key State Park*** *(MM 67.5)* et au ***Curry Hammock State Park*** *(MM 56.2). ☎ 1-866-422-6735 (résas). • reserveamerica.com • Résa possible jusqu'à 11 mois à l'avance. Compter 45 $ l'emplacement.* Attention, le camping du Long Key State Park est en reconstruction suite au passage de l'ouragan Irma, renseignez-vous sur sa réouverture. Quant au *Curry Hammock* : 28 emplacements gravillonnés, la plupart en plein soleil, sur une boucle largement conquise par les camping-cars (bien proches les uns des autres). En revanche, la plage, juste devant, est très jolie.

De prix moyens à chic

Key Colony Beach Motel : *441 E Ocean Dr. ☎ 305-289-0411. • kcbmotel.com • Au MM 53.5, au feu, prendre à gauche Sadowski Cswy et poursuivre sur E Ocean Dr. Doubles 150-230 $, petit déj (léger) inclus.* Situé au bord de l'eau, ce motel blanc et bleu propose une quarantaine de chambres correctes, dans un endroit relativement calme. La plupart ont 2 lits doubles, une dizaine un *king,* toutes ont frigo et TV. Notre préférence va aux 4 petites « suites » pour 4-5 personnes, qui donnent sur la petite plage privée... un peu destroy, il faut bien l'avouer, suite au passage de l'ouragan Irma en 2017. Piscine. Machines à laver. Accueil variable.

Bonefish Bay Motel & RV Sites : *12565 Overseas Hwy. ☎ 305-289-0565. • bonefishbaymotel.com • ♿ Au MM 53.5, oceanside. Doubles 180-250 $.* Pas bien loin de la route mais pourtant tranquille, ce tout petit motel géré par Mark, pêcheur devant l'Éternel, dispose d'une poignée de chambres proprettes avec cuisinette (frigo, micro-ondes). La plupart possédant 2 lits *queen,* ça en fait une étape d'une nuit en famille appréciable, sauf si Mark vous emmène à la pêche, évidemment. Bon accueil.

De chic à plus chic

Tranquility Bay : *2600 Overseas Hwy ☎ 305-289-0888. • tranquilitybay.com • Doubles 150-400 $ (promos sur Internet).* Un endroit qui porte bien son nom ! Une oasis de tranquillité, idéale pour se ressourcer après une balade dans les Everglades ou pour rejoindre la ville de Key West. Déco *West Indies* revisitée, cocotiers, sable blanc, transats, resto, sports nautiques, tout est là pour satisfaire le confort des hôtes. Les appartements (1 à 3 chambres), sur 2 niveaux et hyper bien conçus (cuisine équipée, grande terrasse), conviendront aux amoureux comme aux familles ou aux bandes d'amis. Toutes les chambres ont vue sur la mer sauf celles du *tropical garden,* proches de la route et forcément plus bruyantes. Le soir, on vous conseille vivement de boire un verre au *TJ's Tiki Bar* en admirant le coucher de soleil. Luxe, calme et volupté...

Seascape Resort & Marina : *1275 76th St Ocean E. ☎ 305-743-6212. • seascapemotelandmarina.com • Au niveau de l'aérodrome, au MM 51.1, prendre à gauche sur 76th St. Doubles 120-350 $; tarifs dégressifs selon durée. Min 2 nuits.* Un hôtel à dimension humaine souvent squatté par des habitués car bien en retrait de la route (réservez à l'avance). Les chambres sont assez petites dans l'ensemble (mis à part la n° 10, située à l'étage, idéale pour 5-6 personnes et qui a notre préférence). Elles bénéficient néanmoins d'une déco *West Indies* tout à fait réussie, d'un frigo, d'un micro-ondes et d'une machine à café. Certaines possèdent 2 lits *queen,* ce qui les rend avantageuses pour les familles. En prime : ponton, piscine et hamac sous les cocotiers, petite terrasse pour siroter son mojito, et même quelques iguanes qui s'invitent dans le jardin... Les « Kiz », quoi !

LES EVERGLADES ET LES KEYS

Où manger ?

Spécial petit déjeuner

The Stuffed Pig : *3520 Overseas Hwy (MM 49, bayside). ☎ 305-743-4059. Jeu-lun 7h-13h. Fermé mar-mer. Petits déj et lunch 7-20 $. CB refusées.* Avec son ouverture dès potron-minet, c'est le « porc » d'attache des pêcheurs qui partent aux aurores. Un tout petit bistrot à la déco archinulle, prolongé sur l'arrière par un *tiki garden* (une paillote) plein de chaises en plastoc et un petit jardin. Les sandwichs et omelettes aux fruits de mer tiennent au ventre, et la carte aligne aussi burgers, paninis, *wraps* et *lunch platters* de toutes sortes. La maison organise le 1er mars de chaque année, à l'occasion du *National Pig Day,* une course de cochons dont la recette est reversée à une œuvre caritative.

Prix moyens

Fish Tales Market & Eatery : *11711 Overseas Hwy (MM 53.1, oceanside). ☎ 305-743-9196. Lun-ven 10h-20h30. Fermé sam-dim. Plats 8-16 $ le midi, 13-19 $ le soir.* Mi-poissonnier mi-resto (et surtout resto !), la maison est ultra-populaire auprès des locaux le midi (lunch servi jusqu'à 16h) à cause des prix planchers qu'elle pratique. En vedette, bien sûr, le poisson, généralement frit – ou, mieux, grillé, comme le thon. Le *catch of the day* est d'un excellent rapport qualité-prix, et les desserts vraiment peu chers. Simple et bon.

Keys Fisheries : *3502 Gulfview Ave. ☎ 305-743-4353. Au MM 49, tourner à droite sur 35th St, le resto est au bout à droite, sur la marina. Tlj 10h (13h pour le bar à l'étage)-20h. Sandwichs 12-23 $, plats 12-35 $.* Ce vaste entrepôt ouvert à tous les vents s'entoure d'une étroite terrasse en U donnant sur l'eau, avec tables et bancs en bois. Mis à part quelques plats du jour à l'ardoise, ici, la spécialité, c'est le *lobster reuben,* que l'on commande au comptoir avant d'aller s'asseoir. Si vous voulez sacrifier à la tradition de ce corpulent sandwich de pain frit à la langouste et à la choucroute, demandez-le sans fromage... et n'oubliez pas de donner votre nom, on vous appellera quand ce sera prêt ! Sinon, grimpez au bar (interdit aux moins de 21 ans) pour vous régaler de pinces de crabe (de mi-octobre à mi-mai) et autres ceviches de thon en provenance directe de la poissonnerie attenante. Un classique des Keys.

Où boire un verre ?

Porky's Bayside : *1410 Overseas Hwy (MM 47.5, bayside). ☎ 832-332-5393. Juste avt le célèbre Seven Mile Bridge. Tlj 7h-22h.* À coup sûr, l'esprit de Hemingway hante encore cette baraque de bric et de broc ouverte en 1950 entre chenal et *highway.* On y grille du bœuf et du cochon, et on y descend des bières à longueur de journée. Sur les coups de 18h, quand se terminent les *happy hours* (eh oui, ici ça commence à 15h !), un groupe vient pousser la chansonnette.

À voir. À faire

Long Key State Park : *MM 67.4, oceanside. • floridastateparks.org/park/Long-Key • Tlj de 8h au coucher du soleil. Tours guidés ven à 11h. Entrée : conducteur et son véhicule 4,50 $, si 2 pers 5,50 $ puis 0,50 $/pers supplémentaire ; 2,50 $/piéton ou cycliste.* À mi-chemin d'Islamorada et de Marathon, ce petit coin de nature sauvage enserre une mangrove à explorer en kayak (en location) – un *canoe trail* a même été tracé. Plage de sable immaculé, mais les eaux sont vaseuses et peu profondes. On y trouve aussi le *Golden Orb Trail,* un sentier en boucle d'un peu moins de 2 km en partant du *primitive campsite.*

Curry Hammock State Park : *56200 Overseas Hwy (MM 56.2, oceanside). • floridastateparks.org/park/curry-hammock • Tlj de 8h au coucher du soleil. Quasiment les mêmes tarifs que ci-dessus. Loc de kayaks simples, doubles et de paddleboards.* Étendu sur environ 400 ha, le parc est surtout fréquenté pour sa toute petite plage retirée de la route, face à laquelle on trouve aires de pique-nique et barbecue, ainsi que des jeux pour enfants (sans oublier le camping le plus agréable des Keys ; voir « Où dormir ? »).

Sombrero Beach : *en venant du nord sur l'US 1, au niveau du MM 50, prendre Sombrero Beach Rd à gauche, juste avt le* Publix, *et la suivre tt au bout, vers le sud.* Une des rares plages publiques, donc gratuite, dans le coin ! Longue et belle, avec du sable fin et même quelques cocotiers pour se mettre à l'ombre. Éloignée de la route principale, elle est au calme. Eaux peu profondes, idéales avec des enfants. Aires de pique-nique et de jeux, toilettes, douches. Un endroit tout trouvé pour pique-niquer après avoir dévalisé le supermarché *Publix* en produits frais (il n'est qu'à 5 mn de là).

Crane Point Museum and Nature Center : *5550 Overseas Hwy (MM 50, bayside). • cranepoint.net • Lun-sam 9h-17h, dim 12h-17h. Entrée : 15 $; réduc ; gratuit jusqu'à 5 ans. Prévoir 1h30 de visite.* Ce petit bout de forêt de *key thatch palm* (une sorte de palmier de la région), subsistant en plein cœur de Marathon, abrite un petit musée d'histoire naturelle et plusieurs sentiers. On y découvre l'une des toutes 1res maisons de pionniers des Keys *(Adderley House),* typiquement bahaméenne avec ses murs en pierre de corail et sa cuisine séparée. Plus loin, le *Wild Bird Center* s'est donné pour mission de soigner les oiseaux blessés. Une petite expo sur l'histoire de la ligne de chemin de fer des Keys devrait voir le jour prochainement...

Turtle Hospital : *MM 48.5, 2396 Overseas Hwy. • turtlehospital.org • Tlj 9h-18h. Visites guidées de l'hôpital (obligatoires et en anglais) de 1h30, ttes les heures 9h-16h (dernier départ).* ***Résa conseillée bien à l'avance*** *(compter 1 mois pour une visite le w-e en saison, sinon 1 sem recommandée). Entrée : 27 $; 13 $ enfants 4-12 ans.* Cet hôpital un peu particulier a ouvert ses portes au public en 1986 dans un ancien motel reconverti ! Une véritable nurserie pour ninjas de toutes les tailles et de toutes les couleurs, blessées par un filet, un hameçon ou une hélice, ou malades de la pollution (90 % des animaux traités ont des tumeurs). Leur mission : *Rescue, Rehab, Release* (« sauver, soigner, relâcher »). Le tour permet de rencontrer, selon les périodes, 3 ou 4 des 5 espèces de tortues de mer de la région (parfois jusqu'à 300 pensionnaires s'y trouvent), avec visite des urgences, de la salle d'opération et du bassin (l'ex-piscine du motel !) où les convalescentes récupèrent avant d'être relâchées. Vous assisterez d'ailleurs peut-être à l'arrivée d'une patiente en ambulance ou en hélicoptère.

FILLE OU GARÇON ?

Les tortues ont, avec les crocodiles, une particularité surprenante. Quand les femelles pondent leurs œufs, elles les enterrent dans le sable à une profondeur variable. Plus l'œuf est enfoncé, plus sa température est basse. C'est cette différence de chaleur qui détermine le sexe des petits (et non les chromosomes) ! Les mâles viennent ainsi du froid et les femelles du chaud.

Pigeon Key : *• pigeonkey.net • Accès par bateau. Rdv au* Visitor Center *situé 2010 Overseas Hwy (juste après l'hôtel* Courtyard Marriott *en venant du nord). Tlj 9h30-16h. Pas de résa : 1er arrivé, 1er servi. Bateaux à 10h, 12h et 14h ; retours à 12h20, 14h20 et 16h. Compter 15 $/pers ; réduc.* Au début des années 1900, l'îlot de Pigeon Key (2 ha), ancré juste à côté du Seven Mile Bridge, servit de camp aux travailleurs qui le construisaient. Désormais classés, les lieux abritent quelques bâtiments d'époque et un petit musée retraçant l'épopée du chemin de fer de Flagler. On y trouve aussi une petite plage où l'on peut faire du snorkelling (prévoir un pique-nique).

Snorkelling (palme-masque-tuba) : à Marathon, 2 sanctuaires marins sont particulièrement dédiés à la pratique du snorkelling. Le 1er, ***Coffin's Patch,*** est situé à environ 7 km de la plage. C'est un récif corallien avec une multitude de petits poissons. Pas trop impressionnant car la profondeur varie entre 3 et 7 m ; quant à la visibilité, elle est d'une douzaine de mètres en moyenne. Le 2d spot, ***Sombrero Reef,*** est un tombant situé à environ 11 km du rivage, au niveau du phare du même nom. Là, si les conditions météo sont réunies, la visibilité peut atteindre 30 m ! Mis à part ces 2 grands spots, il existe aussi de nombreux petits récifs dispatchés un peu partout, mais l'eau n'est pas toujours très cristalline.

Pêche en mer : Marathon donne l'occasion d'appareiller pour une partie de pêche en mer. Si la pêche au gros est plutôt réservée aux amateurs confirmés, qui affréteront un bateau, on peut aussi très bien pêcher des poissons plus petits en étant totalement novice et prendre part à une sortie en groupe. Pour ça, voici 2 adresses :

■ ***Florida Keys Reel Adventures :*** *☎ 305-481-0589. • floridakeysreeladventures.com • Résa impérative. Min 575 $ pour max 4 pers pour une sortie de 4h ; 50 $/pers supplémentaire, max 6 pers ; sortie snorkelling pour 6 pers 350 $ les 3h (équipement 10 $/pers).* Peut combiner des sorties pêche et du snorkelling. Après la pêche, le poisson est nettoyé et on vous indique des restos acceptant de vous le cuisiner.

■ ***Marathon Lady :*** *Marathon Lady Docks-Vaca Cut Bridge (MM 53, oceanside). ☎ 305-743-5580. • marathonlady.net • Départs à 8h30 et 13h30 en hiver ; à 9h30 et 18h30 le reste de l'année (retour minuit, moyennant 10 $ supplémentaires). Résa impérative au moins la veille. Compter 55 $ la ½ journée. 70 pêcheurs max sur le bateau.* Dorothee vous accueillera pour votre partie de pêche tout compris : permis, matériel... Si la boisson est offerte, emportez quand même de quoi casser la croûte, les poissons seront ravis !

Plongée : le spot de Marathon est indéniablement l'épave du *Thunderbolt,* un navire de 57 m coulé volontairement en 1986 pour en faire un récif artificiel. Situé par 30 m de fond, dans une position parfaite qui permet de le voir intégralement en une seule plongée, il est couvert d'éponges colorées et de coraux, offrant refuge aux poissons-anges et autres barracudas. La poupe du navire a été coupée de manière à montrer l'intérieur de la coque, et la salle des moteurs est gardée par plusieurs mérous géants. Voici 2 ***clubs de plongée*** recommandés pour leur sérieux :

■ ***Captain Hook's Diving :*** *11833 Overseas Hwy (MM 53, oceanside). ☎ 305-743-2444. • captainhooks.com • À gauche juste après le pont. Départs à 8h30 et 13h (se présenter 1h avt). Dès 80 $ la sortie de 4h env (matériel en sus 32 $) ; snorkelling 46 $, équipement compris. Résa de dernière mn par tél uniquement.* Membre de l'association Blue Star, une garantie de sérieux, ce centre de plongée organise également des sorties de pêche en mer à la demi-journée ou à la journée, ainsi que des sorties snorkelling. Il dispose de 4 instructeurs agréés. Kayaks et *paddleboards* (en sortie accompagnée seulement).

■ ***Hall's Diving Center :*** *5050 Overseas Hwy (MM 49.8, bayside). ☎ 305-743-5929. • hallsdiving.com • Tlj à 9h30 et 13h30 (comprend 2 plongées par session, se présenter 30 mn avt). Compter 130 $ la plongée avec équipement (90 $ sans).* Une institution dans le coin.

Survol des Keys : **Coastal Biplane,** *à l'aéroport de Marathon (MM 52.3, bayside). ☎ 843-340-5079. • coastalbiplanetours.net • Nov-avr seulement, 10h-17h. Vols 10 mn-1h 120-660 $ pour 1 ou 2 pers.* Le biplan utilisé date de la Seconde Guerre mondiale et permet de s'offrir une vue plongeante sur le Seven Mile Bridge et les récifs coralliens. C'est beau mais, pour en profiter un minimum, il faut compter au moins 200-300 $ (jusqu'à Pigeon Key et voir le phare de Sombrero). Sur place, petit musée de l'aviation géré par des retraités passionnés *(mar-sam 10h-16h, dim 13h-16h ; fermé lun ; GRATUIT).*

BIG PINE – LOWER KEYS

Plus basses, plus vastes, plus nombreuses, plus déchiquetées, les ***îles des Lower Keys*** offrent le visage le plus naturel de l'archipel. Exit les constructions tout au long de la route, bonjour la verdure ! La raison ? La présence d'eau potable et de sources pérennes à Big Pine Key et No Name Key. Malgré son développement depuis 2 décennies dans le sillage de l'envolée des prix de l'immobilier à Key West, Big Pine tient encore un peu de la carte postale qui a bâti l'image des Keys, avec ses petites maisons de bois bordant pontons et canaux et ses tapis de gazon bien arrosés qui attirent, chaque soir, les mignons petits cerfs des Keys *(Key deer)* – une espèce

CONCERT SOUS-MARIN

Un festival sous-marin a lieu chaque année depuis plus de 30 ans vers la mi-juillet, à Big Pine Key. De la musique est diffusée via des haut-parleurs subaquatiques, pour sensibiliser les plongeurs à la protection de l'unique barrière de corail vivant des États-Unis.

endémique. Une petite base nautique située au pied du pont menant à No Name Key est l'endroit idéal pour partir, en kayak, à la découverte de la mangrove au coucher du soleil.

Adresses utiles

Lower Keys Chamber of Commerce : *31020 Overseas Hwy (MM 31, oceanside), à Big Pine Key.* • *lowerkeyschamber.com* • *Tlj sauf dim 9h-17h (15h sam).* Infos sur les activités et hébergements du coin (mais pas de résas).

National Key Deer Refuge Visitor Center : *179 Key Deer Blvd, dans le centre commercial* Winn Dixie, *à Big Pine Key.* ☎ *305-872-0774.* • *fws.gov/refuge/National_Key_Deer_Refuge/* • *Tlj 10h-15h sauf dim.* On vous indiquera les secteurs d'observation des cerfs, oiseaux et autres alligators qui peuplent les environs.

Où dormir ?

Bahia Honda State Park : *36850 Overseas Hwy (MM 37, oceanside), à* **Bahia Honda Key.** ☎ *305-872-2353.* • *reserveamerica.com* • *Emplacement env 45 $.* ***Résa vivement conseillée,*** *possible 11 mois à l'avance.* Ce joli petit parc dispose de petits terrains de camping. Le plus agréable, ***Sandspur Campground,*** situé en bord de mer, sérieusement amoché par l'ouragan Irma, devrait rouvrir prochainement. Restent le ***Buttonwood Campground,*** un peu trop près de la route à notre goût et surtout squatté par les camping-cars, et le ***Bayside Campground,*** côté golfe du Mexique, donc de l'autre côté de la route et un peu proche de celle-ci aussi.

Barnacle Bed & Breakfast : *1557 Long Beach Rd, à Big Pine Key.* ☎ *305-872-3298.* • *thebarnacle.net* • *Tourner à gauche dans Long Beach Dr au MM 33 (dans le virage), puis 2,5 km. Doubles 185-265 $, petit déj inclus. Min 2 nuits.* ***Pas d'enfants de moins de 16 ans...*** Les options de logement à Big Pine sont très limitées et pas vraiment bon marché, mais cela reste envisageable, surtout en basse saison (de juin à mi-décembre). 3 chambres, 2 dans la maison à l'architecture biscornue pratiquement les pieds dans l'eau, 1 autre dans un cottage séparé noyé dans la végétation. Propres, pas désagréables, avec en prime, *oh my deer,* de petits cerfs des Keys qui viennent batifoler dans le jardin le matin et le soir ! Kayaks et vélos en prêt.

Old Wooden Bridge Marina & Resort : *1791 Bogie Dr, à l'angle de N Watson Blvd.* ☎ *305-872-2241.* • *oldwoodenbridge.com* • *Dans la petite marina située juste avt le pont qui relie Big Pine à No Name Key.* Aqualodges *pour 6 adultes et 2 enfants 160-230 $/j. ; 150-210 $/j. pour les grands cottages, 135-195 $/j. pour les petits. Min 2 nuits.* Amarrés près du centre de kayak, 2 *aqualodges* (sortes de cottages flottants) pouvant accueillir chacun 6 adultes et 2 enfants, avec cuisine tout équipée, 2 lits *queen* dans 2 chambres séparées, une mezzanine pour 2 et un *sofa-bed.* Terrasse pour regarder les bateaux. Petite piscine juste à côté. Le proprio loue aussi 2 cottages sur la terre ferme à 2 pas de là, l'un avec 1 chambre, l'autre avec 2. Un bon camp de base pour les amateurs de virées en kayak.

Où prendre un petit déj ? Où manger ? Où boire un verre dans les parages ?

Bagel Island Sandwich Shoppe : *Key Deer Blvd. Dans le centre commercial* Winn Dixie *(local 205). Tlj 7h-14h sauf dim-lun. Petits déj 5-8 $.* Pour un petit déj sur le pouce ou un en-cas en passant, vous trouverez ici bagels frais du jour, muffins et croissants, œufs et gaufres, mais aussi, le midi, des salades et des sandwichs préparés à la commande.

No Name Pub : *30813 N Watson Blvd, à Big Pine Key. ☎ 305-872-9115. Au feu de Big Pine, prendre Key Deer Blvd, côté bayside, puis à droite, à env 2 km, Watson Blvd. Tlj 11h-22h. Salades 10-15 $, pizzas 12-27 $ selon taille.* Il se mérite, ce bar tout en bois planqué bien en retrait de la *highway.* Les gens du coin y jettent l'ancre depuis 1936. Ce fut d'abord une épicerie, avec bordel à l'étage... Au menu, rien que du très classique : salades, *nachos* pimentés à souhait et des pizzas très *cheesy.* Mais le plus hallucinant, ce sont ces 450 000 billets de 1 $ punaisés du mur au plafond ! Demandez un feutre pour personnaliser le vôtre et l'agrafer, si vous trouvez la place !

Kiki's Sandbar Bar & Grill : *183 Barry Ave, à* ***Little Torch Key.*** *☎ 305-872-4500. Prendre la 1re rue à droite après le pont venant de Big Pine Key, c'est à 200 m. Tlj 11h-minuit (cuisine jusqu'à 22h). Brunch et salades 10-15 $; le soir, plats 17-32 $.* Grosse bicoque en bois dont l'étage surplombe les flots. Un panorama en cinémascope à admirer au travers de larges baies vitrées. Les amateurs de brise marine resteront au rez-de-chaussée, dans un espace aménagé sous la maison, pratiquement sur la plage. Il y a même des hamacs. L'endroit idéal pour s'installer devant un verre ou grignoter sandwichs, salades, plats du jour au déjeuner. Le soir, c'est plus cher et ça ne les vaut pas vraiment. *Live music.*

À voir. À faire

Bahia Honda State Park : *36850 Overseas Hwy (MM 37, oceanside). ☎ 305-872-3210 (tours, loc) ou 305-872-2353 (camping). • floridastateparks.org/park/bahia-honda • Tlj de 8h au coucher du soleil. Entrée : conducteur et sa voiture 4,50 $, si 2 pers 9 $ puis 0,50 $/pers supplémentaire ; 2,50 $/piéton ou cycliste.* Ce petit parc occupe l'intégralité de l'île du même nom, grande comme un mouchoir de poche (2 km²). C'est la 1re sur laquelle on débarque en descendant du Seven Mile Bridge. Au nord, la bronzette est à l'ordre du jour sur le sable clair de *Sandspur Beach* **(fermée pour rénovation jusqu'à nouvel ordre).** En attendant sa réouverture, on peut se prélasser sur *Calusa Beach,* côté golfe du Mexique. Le snorkelling est excellent : on peut observer pas mal de poissons et coraux, parfois même des langoustes et des conques par moins de 2 m de fond – idéal avec les enfants ! Le concessionnaire du parc *(☎ 305-872-3210 ; • bahiahondapark.com • ; tlj 8h-17h, loc jusqu'à 15h30)* loue palmes, masque et tuba, ainsi que des kayaks. Il propose des sorties snorkelling d'environ 3h (1h30 dans l'eau) dans le Looe Key National Marine Sanctuary, à 9h30 et 13h30 *(résa conseillée).* Enfin, les rangers organisent des promenades commentées à la découverte de la mangrove. Petite cafétéria sur place *(tlj 8h-17h).*

Key Deer National Wildlife Refuge : Visitor Center *au 179 Key Deer Blvd, dans le centre commercial* Winn Dixie, *à Big Pine Key. • fws.gov/refuge/National_Key_Deer_Refuge/ • Lun-sam 10h-15h. Parc ouv tlj de 30 mn avt le lever du soleil à 30 mn après son coucher.* En remontant le Key Deer Boulevard sur environ 5 km depuis la *highway,* on rejoint le site du ***Blue Hole,*** un joli petit lac d'eau douce. Aux côtés de gros poissons-chats, quelques alligators y habitent (2 semblent même abonnés à la 1re plateforme d'observation) et des balbuzards pêcheurs nichent dans les pins qui l'encadrent. En reprenant le boulevard sur quelques centaines de mètres, on atteint le départ de 2 petits chemins aménagés : les ***Watson*** et ***Manillo trails,*** émaillés de panneaux explicatifs sur la géologie, la flore, la faune. Bien lire le panneau concernant le *poison tree* (on traduit ?), qui nous évitera de vous abreuver d'avertissements... Un peu partout sur Big Pine Key, mais aussi sur No Name Key, et surtout aux heures fraîches où le soleil se lève ou se couche, il est assez facile d'observer des *Key deers.* Ce ravissant petit cerf endémique, aux airs de daim, mesure au mieux 75 cm au garrot pour un poids de 20 à 35 kg. Sa population est estimée à un petit millier d'animaux, dont plus d'une centaine meurent, chaque année, d'une collision avec un véhicule. Alors, attention, roulez au pas !

➢ ***Big Pine Kayak Adventures :*** *1791 Bogie Dr, à l'angle de N Watson Blvd. ☎ 305-872-7474. • keyskayaktours.com • Dans la petite marina située juste avt le pont qui relie Big Pine à No Name Key. Tlj 8h30-17h. Tour découverte en kayak 50 $/pers (durée : 3h) ; loc seule 35 $/j.* Une petite base nautique gérée par Bill, guide naturaliste et photographe professionnel, installé ici depuis des lustres. Il connaît les Keys comme sa poche et ses circuits tiennent compte d'une approche mesurée et respectueuse de l'environnement. Mention spéciale au tour en kayak dans la mangrove effectué au coucher du soleil. Loue aussi des kayaks pour ceux qui voudraient explorer le coin par eux-mêmes.

KEY WEST

• Pour les plans de Key West, se reporter aux plan d'ensemble et zoom détachables en fin de guide.

Terminus de l'*Overseas Highway,* **à 240 km au sud-ouest de Miami,** la légendaire Key West pointe à l'extrême sud des États-Unis, à seulement 145 km de Cuba. Cette charmante petite ville est aux antipodes de l'architecture américaine habituelle : ici, pas de rue portant uniquement un triste numéro, pas de grands immeubles – ou si peu. Partout, au contraire, des arbres centenaires, des jardins foisonnants où prospèrent bouquets d'hibiscus, bougainvillées, palmiers et autres tulipiers aux énormes fleurs rouge orangé, des habitants qui préfèrent la bicyclette à la voiture...

Key West ne grandira plus : ***les nouvelles constructions y sont interdites.*** Au centre, nostalgique à souhait, les rues sont bordées de maisons en bois de style caraïbe, impeccablement entretenues, toutes blanches ou bien peintes en rose, en bleu ciel, en vert menthe à l'eau. Toutes différentes, ces vieilles dames bordées de fins lambrequins dentelés, aux allures tantôt victoriennes, tantôt bahaméennes, constituent un ***ensemble d'une extraordinaire homogénéité.*** Certaines ont appartenu à des personnages illustres...

Hemingway, mais c'est bien sûr ! Entre 2 voyages, de fréquentes sorties en mer et un nombre incalculable de daiquiris (les fameux « *Papa Doble* »), l'écrivain turbulent rédigea dans son pigeonnier décoré de trophées de chasse certains de ses romans les plus célèbres : *Pour qui sonne le glas, L'Adieu aux armes, Les Neiges du Kilimandjaro,* entre autres. « Papa » Hemingway écrivit son 1er récit de fiction à l'âge de 10 ans ! Le carnet contenant la nouvelle a été retrouvé ici en 2017. Aujourd'hui, Key West vit à son heure, avec sa maison-musée, son concours annuel de nouvelles et de sosies, et ses 2 bars fétiches... Là, le soir, autour de Duval Street, les familles cèdent la place aux fêtards. Les ruelles s'imbibent de rock live, à l'heure où les *easyriders* garent leur Harley pour venir s'humecter la glotte à la *Budweiser.*

« AU MOINS, JE SAIS OÙ IL DORT CE SOIR ! »

Fondé en 1847, le cimetière de Key West a vu passer bien des cortèges funèbres, dont quelques excentriques. Dans un recoin repose ainsi « une fan dévouée du chanteur Julio Iglesias ». Certaines épitaphes valent leur pesant d'or : « I told you I was sick ! » (« je t'avais bien dit que j'étais malade »)... Plus loin, une veuve pas trop éplorée ajoute ces lignes : « At least, I know where he's sleeping tonight. » Un certain Jose Abreu a inscrit sur sa pierre tombale ses 17 surnoms : Nuts (cinglé), Baldy (crâne d'œuf)...

Bout de route, ultime dérive, Key West est aussi un refuge. Nombre d'***artistes*** et de marginaux en ont fait leur bastion. La ***communauté homo*** y possède sa propre église où officient un pasteur et son mari... Bien sûr, Key West est ultra-touristique. Les prix sont délirants et la foule garantie les week-ends. On vous conseille néanmoins de prévoir au moins 2-3 jours sur place pour bien profiter de ce patrimoine unique aux États-Unis.

UN PEU D'HISTOIRE

En ***1513,*** les conquistadors débarquent sur une île déserte, où ils ne découvrent qu'un grand cimetière indien : la voici baptisée *Cayo Hueso* (l'« île aux Ossements ») – un nom que les Américains transformeront en Key West...

L'île, un temps britannique (1763-1783), redevient espagnole – mais sans jamais être vraiment gouvernée par quelque puissance que ce soit. Il faut attendre la vente de la Floride aux États-Unis (1819) pour voir les choses changer. Un commodore de l'US Navy en prend officiellement possession en 1822. Une importante population en provenance des ***Bahamas,*** les *Conchs,* s'y installe pour exploiter les éponges et le sel marin. Le renflouage des épaves devient vite une activité très lucrative (voir encadré). Des religieuses canadiennes débarquent en 1852.

Le port en eau profonde, véritable clé stratégique sur le détroit de Floride (on parle du « Gibraltar de l'Ouest »), est investi par la marine américaine pour tenter de juguler la piraterie qui sévit dans toute la Caraïbe. En 1864, la fabrique de cigares de Vincente Martinez Ybor quitte Cuba pour Key West. Des dizaines l'imiteront dans les années qui suivent, marquées par les combats cubains pour l'indépendance. L'industrie du ***tabac*** apporte du sang neuf à la ville et, bientôt, 166 fabriques y produisent près de 100 millions de cigares, contribuant à la prospérité ambiante... Durant la guerre de Sécession, Key West reste aux mains de l'Union malgré ses sympathies sudistes.

LES PILLEURS D'ÉPAVES

Ici, autrefois, on était spécialisé dans la récupération des épaves. Lorsqu'on en découvrait une, il suffisait de s'écrier « wreck ashore » pour en devenir propriétaire ! Vers le milieu du XIXe s, le développement du commerce maritime dans le golfe du Mexique vit de plus en plus de navires se perdre sur les dangereux récifs du Florida Reef. Bientôt, le port de Key West compta une cinquantaine de bateaux officiellement habilités à conduire des opérations de récupération... Les précieuses cargaisons (bois, coton, argent) transformaient les pauvres en nantis. Un temps, Key West fut même la plus grande et la plus riche ville de Floride !

Un nouveau chapitre de l'histoire des Keys s'ouvre avec l'arrivée de ***Flagler*** et de son ***chemin de fer*** (lire, plus haut, l'introduction sur les Keys). Mais un ouragan dévaste l'archipel à l'automne 1935, emportant de nombreux ponts. La ville, en partie désertée depuis les années qui ont suivi la crise de 1929, tombe dans une certaine léthargie. L'inauguration de l'***Overseas Highway en 1938*** renverse la vapeur, transformant peu à peu l'île en ***centre de villégiature pour artistes et écrivains.*** Hemingway puis Tennessee Williams s'y installent, contribuant à enraciner le mythe de la vie au grand air.

Key West devient touristique. Le président Truman y installe sa « petite maison blanche », les Beatles viennent s'y ressourcer en 1964 après leur tournée triomphale aux États-Unis, et le commun des mortels doté d'un certain pouvoir d'achat leur emboîte le pas. Aujourd'hui, les bobos ont pris en main l'activité commerciale que leur offre la manne touristique de cette ville, devenue une escale de choix pour les grands navires de croisière.

Seashell Motel *(plan détachable Key West, B2, **22**) : 718 South St. ☎ 305-296-5719. • keywesthostel.com • Lits en dortoir 10 pers 45-80 $; doubles 110-400 $.* Une AJ bien située, plutôt correctement tenue, mais d'un rapport qualité-prix franchement moyen. 3 dortoirs avec chacun ses sanitaires : pour hommes, pour femmes ou mixte. Évitez les chambres nos 2 à 10, 18 et 19, ouvrant directement sur la rue.

Not Your Average Hotel *(zoom détachable Key West, A1, **24**) : 420 Margareth St. ☎ 844-399-6924. • nyahostel.com • Lits en dortoir 4-6 pers 45-200 $, petit déj compris ; resort fee 3 $/nuitée.* ***Les moins de 18 ans ne sont pas acceptés.*** Une AJ idéale pour faire des rencontres. Côté confort intérieur, c'est plutôt correct, pour peu qu'on aime les lits métalliques superposés et le blanc-hôpital. La plupart des dortoirs sont transformables en chambre privée moyennant quelques assemblages de lits, mais ce n'est pas très glamour. Non, la vraie différence ici, ce sont les extérieurs, avec un *courtyard* bien ensoleillé, idéal pour la bronzette, pas moins de 3 piscines (dont une chauffée) et un *hot-tub.* Café et thé à dispo 24h/24, location de vélos et tout un programme de réjouissances affiché quotidiennement à la réception. Une adresse jeune et dynamique.

De prix moyens à chic (115-300 $)

Key West B & B *(zoom détachable Key West, A1, **35**) : 415 William St. ☎ 305-296-7274. • keywestbandb.com • Doubles 115-165 $ sans sdb, 145-285 $ avec, petit déj inclus.* Dans une rue tranquille, voilà une vénérable demeure tout en bois, construite en 1898 par un armateur bahaméen. Les chambres, calmes, mignonnettes et patinées, mêlent le côté vieux loup de mer à quelques toiles acidulées. La plupart n'ont qu'un seul lit *queen,* certaines 2 – comme celle du rez-de-chaussée au grand tableau à la Gauguin –, d'autres se partagent la salle de bains. Des bouquins jetés sur le sofa, un hamac sur le balcon, ici, on aime se laisser vivre. D'ailleurs Lise (sud-africaine), la maîtresse des lieux, est aux petits soins pour ses hôtes, comme au petit déj, servi avec force fruits et tartines au bord de la petite piscine, dans le jardin. Sauna.

Author's Guesthouse *(plan détachable Key West, B1, **21**) : 725 White St. ☎ 305-294-7381. • authorskeywest.com • Doubles 140-210 $; cottages plus chers ; petit déj continental inclus. On se gare dans la rue.* Un peu à l'écart de l'animation, cet ensemble assez intime propose une dizaine de chambres pour 2 à 4 personnes et 2 cottages donnant sur un petit jardin dominé par un banian et un araucaria. Même si toutes ne se valent pas, elles sont assez bien décorées, avec 1 ou 2 lits doubles ou un *king size,* et parfois un sofa convertible (dans les cottages). Toutes ont un frigo, certaines un micro-ondes, voire une cuisine. 2 d'entre elles donnent, à l'arrière, sur une petite piscine à remous. Excellent accueil.

Angelina Guesthouse *(zoom détachable Key West, A2, **23**) : 302 Angela St. ☎ 305-294-4480. • angelinaguesthouse.com • Doubles 120-150 $ avec sdb partagée, 180-250 $ tt confort, petit déj inclus. Min 2 nuits.* ***Interdit aux moins de 18 ans.*** Si vous savez vous passer de TV, cette belle maison *conch* peinte en jaune abrite de belles chambres (dont 1 suite) aux tons pastel. Claires et coquettes, avec parquet, elles rendent hommage aux filles qui faisaient ici commerce de leur corps dans les années 1920 (Susie, Dolly...). 4 partagent 2 salles de bains, les autres ont la leur, ainsi qu'un frigo et un micro-ondes. Une petite piscine chauffée entourée de chaises longues occupe l'adorable jardinet ombragé de palmiers. Bon accueil de Line, la gérante québécoise. Une bonne adresse.

Douglas House *(plan détachable Key West, A2, **25**) : 419 Amelia St. ☎ 305-294-5269. • douglashouse.com • Doubles 140-250 $; pas de petit déj. Parking privé inclus.* ***Moins de 16 ans refusés.*** Véritable oasis en plein cœur de la ville, cette petite unité hôtelière entièrement en bois accueille une quinzaine de chambres et 5 apparts (avec 2 chambres ou couchages dans le living). Le tout bien au calme dans le jardin, autour de la piscine (chauffée) et de son petit bar. Les moins chères sont à l'étage (sans balcon) mais toutes bénéficient d'une déco minimaliste néanmoins stylée *west indies*. Certaines sont assez hautes sous plafond, d'autres sont ventilées par un gros brasseur d'air. Thé ou café à dispo. Bon accueil.

Alexander Palms Court (*plan détachable Key West, B2,* **26**) **:** *715 South St. ☎ 305-296-6413. • alexanderpalms.com • Double env 300 $, petit déj inclus. Parking gratuit sur rue, sinon 6 places réservées.* Le lieu n'a pas un charme fou, mais le calme règne. À moins de 200 m de Higgs Beach, ce petit complexe abrite des chambres un peu patinées mais confortables entourant une piscine chauffée. Certaines, avec lit double et sofa, peuvent accueillir 4 personnes ; d'autres communiquent entre elles (pratique pour les grandes familles). Quasiment toutes disposent d'une kitchenette, les standard exceptées (qui ont néanmoins un frigo).

Best Western Hibiscus Motel (*plan détachable Key West, A-B2,* **29**) **:** *1313 Simonton St. ☎ 305-294-3763. • bestwestern.com • Doubles 160-390 $, petit déj inclus. Parking gratuit.* Idéalement placé, un motel classique avec des chambres réparties en U sur 2 niveaux, entourant la piscine pour la grande majorité d'entre elles. Comme la plupart sont dotées de 2 lits *queen*, on peut indifféremment y dormir à 2, 3 ou 4, ce qui est intéressant pour les familles. Côté confort, rien à redire, les chambres sont grandes, bien insonorisées, avec frigo, machine à café et micro-ondes. Personnel avenant.

De chic à plus chic (150-360 $)

Old Town Manor (*zoom détachable Key West, A1,* **39**) **:** *511 Eaton St. ☎ 305-292-2170. • destinationoldtown.com • Doubles 160-350 $, petit déj compris ; suites et apparts (sans petit déj pour ces derniers) ; min 2 nuits (sauf exceptions, voir calendrier en ligne). Parking payant.* Ce *B & B* occupe une maison certes patinée et sans double vitrage, mais très élégante, entourée d'un petit jardin. On y trouve des chambres confortables aux belles salles de bains, avec DVD en prêt. Les hôtes ont accès à la piscine des *Rose Lane Villas,* qui comptent 6 apparts de 1 à 3 chambres (et un parking réservé). Bon accueil.

Duval Gardens (*zoom détachable Key West, A2,* **28**) **:** *1012 Duval St (angle avec Julia St). ☎ 305-292-3379. • duvalgardens.com • Doubles 180-330 $ (jusqu'à 400 $ le w-e), petit déj continental inclus.* Encore une maison caribéenne, jaune citron aux corniches rehaussées de blanc et au plafond de la galerie couleur vert d'eau. Mimi comme tout. Ses petites chambres flirtent avec le style Laura Ashley (lit à baldaquin, voilages...) ; elles sont charmantes, parfaitement tenues et tout confort (petit frigo, TV), malgré la clim un peu bruyante. Les plus chères sont plus spacieuses ; l'une d'elles dispose même d'une vraie cuisine. Petite piscine. Choisir celles donnant sur Julia Street, plus calmes.

The Artist House (*zoom détachable Key West, A1,* **27**) **:** *534 Eaton St. ☎ 305-296-3977. • artisthousekeywest.com • Doubles 200-400 $, petit déj inclus. 3 nuits min.* Élégante demeure de 1898 appuyée sur des colonnettes, agrémentée d'une tourelle, de volets parme et d'une porte vitrée. Elle dégage un charme fou, tout comme l'accueil d'ailleurs, affable et de bon conseil. À l'intérieur, parties communes et chambres à l'avenant. Toutes décorées et meublées avec goût, certaines s'offrent le luxe d'une cheminée. De grands volumes, de beaux espaces : on s'y sent bien ! Dans le jardin, un jacuzzi permet de buller, encore et encore.

Atlantis House (*plan détachable Key West, B2,* **33**) **:** *1401 Atlantic Blvd. ☎ 305-292-1532. • atlantishouse.com • Doubles 250-350 $. Min 3 nuits, sauf exceptions.* Installés à l'orée de Higgs Beach, Steve et Nilüfer (alias Kayla) ne disposent que de 2 chambres décorées de façon très personnalisée, et chacune dotée d'un jacuzzi. La « Garden Suite », la plus petite (32 m² !), tire sur le kitsch orientalisant. La « Master Suite » (56 m² !) n'est pas en reste avec son plafond haut de 5 m et ses couleurs pétulantes. Le vrai plus ici, c'est que Captain Steve propose des sorties en mer : découverte du milieu naturel, plongée, snorkelling ou pêche – il se fera un plaisir, au retour, de vous préparer votre prise.

🏠 ***The Inn on Fleming*** *(zoom détachable Key West, B1,* ***30****)* **:** *1016 Fleming St. ☎ 305-294-4043. ● theinnonfleming.com ● Doubles 160-360 $, petit déj inclus.* Cette maison de bois bâtie en 1894 abrite une grosse poignée de chambres et suites (prix très proches). De tailles inégales (certaines sont vraiment petites), toutes sont bien équipées (frigo, machine à café) et décorées de couleurs tendance qui mettent en valeur des œuvres d'artistes. À l'arrière, agréable terrasse et petite piscine chauffée. Bon accueil.

🏠 ***The Truman Hotel*** *(zoom détachable Key West, A2,* ***32****)* **:** *611 Truman Ave. ☎ 305-296-6700. ● trumanhotel.com ● Doubles 170-300 $ en basse saison, 330-500 $ en hte saison, petit déj continental inclus. Parking payant.* Un ensemble de petits bâtiments entoure un agréable patio planté de palmiers et agrémenté d'une piscine chauffée. Les chambres ouvrent sur cet espace hors de la rumeur de Key West. Seules 2, plus lumineuses mais plus bruyantes, ont des balcons donnant sur l'avenue. Toutes sont bien aménagées et spacieuses (sauf les standard, assez petites), meublées dans un style contemporain. Une adresse gentiment chic qui sait accueillir.

🏠 ***Travelers Palm Inn & Suites*** *(plan détachable Key West, B2,* ***36****)* **:** *815 Catherine St. ☎ 305-304-1751. ● travelerspalm.com ● Suites et studios 220-370 $. Parking.* ***Les moins de 16 ans ne sont pas acceptés.*** Dans un quartier tranquille, à 5 mn à pied de Duval Street, un joli petit ensemble de 6 suites noyées dans la végétation tropicale. Une formule originale et écolo (eau chaude solaire, récupération des eaux de pluie). Certaines possèdent une kitchenette (« Sugar » et « Coconut Palm »), la plus grande (« Royal Palm ») une vraie cuisine, les autres au moins un frigo et un micro-ondes. Belle petite piscine chauffée. On se gare dans la rue.

De plus chic à très chic (min 250 $)

🏠 🍽 ***Marquesa Hotel*** *(zoom détachable Key West, A1,* ***37****)* **:** *600 Fleming St (angle Simonton). ☎ 305-292-1919. ● marquesa.com ● Doubles à partir de 250 $. Parking payant.* ***Pas d'enfants de moins de 14 ans.*** L'adresse chic emblématique de Key West. Les différentes unités se répartissent entre la bâtisse historique (donnant sur un jardin fermé comprenant 2 piscines – l'une chauffée, l'autre non) et une nouvelle extension en face, composée de 3 petits bâtiments, ***Marquesa 1-4-1.*** Ici aussi les *guests* ont leur piscine mais ils peuvent également profiter des 2 autres. Les chambres arborent un style Caraïbes chic d'un goût exquis, entre parquet vitrifié, mobilier ancien et lampes contemporaines, stores vénitiens et gros ventilos. Tout est soigné, impeccable et d'un accueil cousu main. Le ***Café Marquesa*** *(tlj 17h30-22h ; plats 35-50 $)* est l'une des tables les plus cotées de tout Key West.

🏠 ***The Southernmost House*** *(plan détachable Key West, A2,* ***31****)* **:** *1400 Duval St. ☎ 305-296-3141. ● southernmosthouse.com ● Doubles et suites 300-540 $, petit déj continental inclus. Parking payant.* ***Les moins de 18 ans ne sont pas acceptés.*** Cette remarquable maison victorienne édifiée en 1897 dans le pur style Queen Anne (et électrifiée par Thomas Edison *himself*) accueillit un speakeasy pendant la Prohibition (ces bars clandestins où l'alcool coulait à flots). En route vers La Havane, de nombreux gangsters de l'époque ont fait escale ici, dont Al Capone – à qui, dit-on, était destinée la balle qui a laissé un petit trou dans la fenêtre située à gauche derrière la réception... D'autres personnalités ont fréquenté ces lieux : Hemingway encore et toujours, Tennessee Williams, Truman Capote et pas moins de 5 présidents américains. Aujourd'hui reconvertie en hôtel de luxe, la maison abrite des chambres aménagées dans un style colonial assez épuré, avec lits à baldaquin, fenêtres à jalousie et de spacieuses salles de bains en marbre. Certaines ont conservé leurs sols en terrazzo, d'autres ont un parquet ou juste du carrelage moderne. Les n°s 201 et 301, avec leur balcon, offrent de superbes vues sur l'océan. Attention, quitte à payer une fortune, de ne pas vous faire refiler une des chambres de l'annexe et autres *cabañas* bordant la piscine.

Où manger ?

Pour manger comme pour dormir, Key West est une ville très touristique et ***chère*** ; forcément, le rapport qualité-prix s'en ressent. Dans la plupart des cas, une *gratuity* de 20 % vous est facturée d'emblée (vérifiez la note avant d'en rajouter une couche)... Cela dit, si certains restos font de l'abattage à des prix éhontés, on trouve aussi un panel de petits établissements qui pratiquent des prix raisonnables. Mais il s'agit la plupart du temps de petits *corners* de vente à emporter. Côté spécialités locales, ne manquez pas les 2 grands classiques du lieu : la chaudrée de conque ***(conch chowder)*** et la tarte au citron vert ***(Key lime pie).*** Attention, certains restos sont fermés en septembre (saison creuse).

Spécial petit déjeuner

Blue Heaven *(zoom détachable Key West, A2,* ***40****)* **:** *voir « De prix moyens à chic » plus loin. Petit déj tlj 8h-14h. Plats 14-17 $.* Même si c'est bondé (30, 40, 50 mn d'attente peut-être...), le lieu est emblématique de Key West. Et ce n'est pas tous les jours qu'on peut prendre son petit déj (spécialité d'*eggs Benedict* et de pancakes, *granola* maison) dans un jardin... au milieu des poules et au son d'un groupe en live.

Date & Thyme *(zoom détachable Key West, A1,* ***49****)* **:** *829 Fleming St. ☎ 305-296-7766. Tlj 8h-18h (repas servi jusqu'à 15h seulement). Petits déj 9-12 $;* bowls *et salades 7-14 $;* juices *6-9 $.* Petit *corner* extérieur brassé par de gros ventilos où l'on prend place après avoir commandé à l'intérieur. Salades, graines germées, jus *detox* et smoothies, *organic food* et *gluten free.* Telle est la messe dite ici, point de ralliement des jeunes fêtards après une nuit agitée. Bonne ambiance.

Old Town Bakery *(zoom détachable Key West, A1,* ***41****)* **:** *930 Eaton St. ☎ 305-396-7450. Tlj 7h-15h (petit déj servi jusqu'à 11h seulement). Moins de 10 $.* Croissants très croustillants (un peu gras), nature ou fourrés à la framboise, sacristains, palmiers, *danishes* aux myrtilles, *sticky buns* (à la cannelle) qui collent bien aux doigts... à accompagner d'un café, à dispo sur le comptoir. Pas de tables : ici, c'est à emporter. Les baguettes sortent du four entre 8h et 8h30, les autres pains s'échelonnent jusqu'à 11h. Pour le lunch, bons sandwichs à composer soi-même.

Sarabeth's *(zoom détachable Key West, A1,* ***54****)* **:** *530 Simonton St (et Southard). ☎ 305-293-8181. Tlj 8h-14h, 17h30-21h30. Petits déj et plats le midi 10-16 $; plats le soir 27-32 $.* La *success-story* de Sarabeth Levine commence en 1981 quand elle ouvre une petite boulangerie à New York, où elle sert des confitures selon les recettes de sa grand-mère juive. Aujourd'hui, elle possède sa propre marque d'épicerie fine, plusieurs adresses réputées à New York, une à Key West et même une à Tokyo ! Omelettes légères, pancakes aériens, porridge, pain et confitures maison, tout est fin, sain et joliment présenté. Pas donné bien sûr, mais pas exagéré vu la qualité. À savourer sur l'adorable petite terrasse ombragée, si elle n'est pas déjà prise d'assaut...

Coffee Plantation *(zoom détachable Key West, A1,* ***7****)* **:** *713 Caroline St. ☎ 305-295-9808. Lun-sam 7h-18h, dim 8h-15h. Moins de 10 $.* Muffins, cookies, quiches et *Key lime pie,* à consommer avec un excellent café costaricain en surfant sur le Net. On profite aussi de la terrasse et du décor chaleureux, entre coin canapé avec coussins, parquet et toiles colorées aux murs. Et une douce musique jazzy qui tranche avec les sonorités en vogue à Key West.

De bon marché à prix moyens

Eaton Street Seafood Market *(zoom détachable Key West, A1,* ***43****)* **:** *801 Eaton St. ☎ 305-295-3474. Tlj 11h-21h. Sandwichs et plats 13-20 $.* Cette ancienne station-service Art déco a laissé la place à un fast-food de poisson assez atypique. On vous prépare ici la pêche du jour, et quand il n'y en a plus, il n'y en a plus ! C'est comme les tables, aussi rares que prisées : il faut parfois consommer au minuscule comptoir ou emporter sa commande. Thon, homard et ceviche (du poisson cru mariné) sont à l'honneur, simplement servis dans des corbeilles en plastique. Du frais sans se ruiner. Bonne pêche.

Bien Caribbean-Latino Restaurant *(zoom détachable Key West, A1,* ***51****)* **:** *1000 Eaton St. ☎ 305-517-6740. Mar-sam 11h-21h. Fermé dim-lun. Sandwichs 10-15 $, plats 17-20 $.* Une ancienne station-service reconvertie en *cantina.* On file au comptoir, façon fast-food, et on commande son sandwich baguette (pain cubain) au poulet, aux crevettes, au poisson frais, au tofu et aux légumes. Ne pas oublier le fameux épi de maïs épicé en plus ! Quelques plats aussi, où règnent en maître *pollo,* haricots noirs et riz – la sainte Trinité latina – et des options breakfast. Un excellent rapport qualité-prix. Quelques tabourets sur fond de reggae et des tables à l'extérieur. Encore mieux que bien !

Garbo's Grill *(zoom détachable Key West, A1,* ***59****)* **:** *409 Caroline St (pas de numéro visible, entre le 407 et un parking). ☎ 305-304-3004. Tlj 11h (12h dim)-22h. Plats 9-15 $.* Un mini-*food truck* argenté façon baraque à frites ; une poignée de tables partagées avec le bar du voisin où l'on commande d'ailleurs sa boisson ; l'ombre de grands palmiers ; un gars aux fourneaux et 2 filles gouailleuses en devanture. Les *burritos* et tacos du jour ne manquent pas d'allure – au *mahi-mahi* (poisson) avec mangue et *jalapeño,* au BBQ coréen, aux crevettes marinées à la mangue, au gingembre et au piment *habanero... Live music* le soir, et c'est généralement du bon car le patron est exigeant.

Ana's Cuban Cafe *(plan détachable Key West, A-B2,* ***44****)* **:** *angle South St et Simonton St. ☎ 305-916-5580. Tlj 7h-19h. Petit déj et sandwichs 7-11 $.* Cette terrasse étire sa longue galerie sur rue(s) à quelques pas de Duval Street, et déjà les prix sont à marée basse. On se pose sur des bancs et tables en bois jaune citron, sandwich cubain en main. Gras ce qu'il faut. Les garnitures sont également proposées en plats principaux, à manger avec des couverts en plastique.

El Siboney Restaurant *(plan détachable Key West, B2,* ***45****)* **:** *900 Catherine St. ☎ 305-296-4184. Tlj 11h-21h30. Sandwichs et soupes 4-8 $, plats 8-16 $.* Allez-y de bonne heure, c'est souvent plein à craquer. Ce resto cubain au cadre simplissime sert une cuisine familiale généreuse. Laissez-vous tenter par un demi-poulet, à accompagner de bananes plantains. On trouve aussi du cochon et du poisson, mais attention au *burgundy,* le gros rouge vendu au pichet... il décape sévère !

Key West Cuban Coffee Shop *(zoom détachable Key West, A2,* ***52****)* **:** *517 Truman Ave. ☎ 305-440-2452. Tlj 8h-17h. Sandwichs 9-16 $, lunch special 14 $.* Un petit rade avec plein de références à La Havane où s'active un couple de Cubains pour produire *picadillos, arroz con pollo* et autres *moros y cristianos* (riz blanc et haricots noirs), sans oublier de bon gros (et gras) sandwichs à tout ce qu'on veut. Bref, une cuisine pleine de saveur, sinon côté confort, juste un petit comptoir et basta !

Sandy's Café *(plan détachable Key West, B2,* ***5****)* **:** *1026 White St. ☎ 305-296-4747. Tlj 5h-23h. Sandwichs 8-10 $, plats moins de 14 $.* Ce petit snack-laverie propose quelques plats simples, des *quesadillas,* des tacos et surtout de gros sandwichs *Cuban mix* à engloutir sur un petit bout de comptoir.

The Cafe *(zoom détachable Key West, A1-2,* ***57****)* **:** *509 Southard St. ☎ 305-296-5515. Tlj 10h (9h sam-dim)-22h. Sandwichs et salades 10-15 $, plats 16-22 $.* Un bon petit végétarien (mais pas que...), coloré aux murs et dans l'assiette. La cuisine est assez éclectique. Le tofu s'invite dans les burgers et les salades, aux côtés du *kale* (chou frisé bourré de vertus pour la santé), de la mangue, des betteraves, des pousses de soja... avec des accents asiatiques. Hmm, de la fraîcheur ! Également des tartes salées et des plats de pâtes. Attention cependant au prix de la bière.

Thai Island Restaurant & Sushi-bar *(plan détachable Key West, B1, **58**) : 711 Eisenhower Dr. ☎ 305-296-9189. Tlj 11h-22h. Salades et soupes 6-8 $, plats et currys 15-22 $.* Le bar d'en bas écope les esseulés et ceux qui s'y amarrent en bateau, en attendant qu'une table se libère sur la terrasse dominant la marina. Car c'est bien là qu'il faut dîner (la salle et le *sushi-bar* sont tristounes). Dans l'assiette, les classiques de la cuisine thaïe : soupes, riz, currys... Tout cela fort bien réussi mais peu épicé pour ne pas froisser le palais des Américains. La maison œuvre aussi dans le centre de Key West sous un autre nom : ***Misohappy Sushi & Thai*** *(zoom détachable Key West, A2, **58** ; 504 Southard St ; ☎ 305-509-7868 ; tlj 11h-22h ; même cuisine, mêmes tarifs).*

Pepe's Cafe *(zoom détachable Key West, A1, **56**) : 806 Caroline St. ☎ 305-294-7192. Tlj 7h30-21h30. Plats 9-20 $ le midi, 19-36 $ le soir.* La (très) vieille façade décatie en bois donne le *la* : *Pepe's* avait déjà planté ses planches ici en 1909 ! Si on n'opte pas pour les compartiments-banquettes plus que centenaires, on peut privilégier le jardin attenant. Viandes et poissons sont servis très copieusement, et avec le sourire. On en regrette presque d'être repu avant que n'arrive le choix de prendre ou pas une *Key lime pie* !

B.O.'s Fish Wagon *(zoom détachable Key West, A1, **48**) : 801 Caroline St. ☎ 305-294-9272. Tlj 11h-21h30 (en général). Plats 15-21 $. CB refusées.* En bout de parking, une baraque de bric et de broc attrape-touristes où le service se limite à sa plus simple expression : couverts en plastique et barquettes en carton. Tout est frit ici, ou presque. N'empêche, le *B.O.'s* est un grand classique avec ses sandwichs au poisson du jour ou aux *cracked conchs* – un lamellé de conque frit entre 2 bonnes tranches de pain à la cubaine. Copieux. Le vendredi, les potes débarquent pour une *jam-session.*

De prix moyens à chic

Blue Heaven *(zoom détachable Key West, A2, **40**) : 729 Thomas St (angle Petronia). ☎ 305-296-8666. Tlj 8h-14h (petit déj), 12h-15h30 (lunch), 17h-22h* (dinner) *; pas de lunch dim. Plats 12-17 $ le midi, 25-46 $ le soir.* En plein Bahama Village, cet ancien bar-bordel-billard-salle de jeux, où Papa Ernest venait s'encanailler (et, accessoirement, arbitrer des matchs de boxe), abrite aujourd'hui un resto-bar à l'atmosphère ultra-cool, fort prisé des visiteurs. Après l'attente réglementaire (c'est toujours plein), on mange dans une petite salle assez sombre, ou dans le jardin, sous les arbres, sur fond de rock un peu envahissant – live à l'occasion. Bonne cuisine caraïbe inventive avec quelques plats végétariens, desserts gargantuesques (délicieuse *Key lime pie*) et jolie carte des vins du monde. Dommage que ce soit aussi cher, mais le lieu reste un incontournable de Key West.

Salute ! On the Beach *(plan détachable Key West, B2, **55**) : 1000 Atlantic Blvd. ☎ 305-292-1117. Tlj 11h-21h30. Sandwichs, salades et plats 10-18 $ le midi, compter presque le double le soir.* Ici, c'est le *Blue Heaven* (voir ci-dessus) à la plage ! Alors on vous prévient, l'adresse est connue et appréciée, et la concurrence pour une table est rude. Il faut dire que la terrasse et la grande salle sont agréablement ouvertes sur la plage, alors évidemment ça crée des envieux. Les plats (pâtes, poisson du jour, sandwichs, salades...), servis en petites portions (le pain est bienvenu), sont néanmoins goûteux. Intéressant système de plats enfants. Une bonne ambiance balnéaire.

Seven Fish *(plan détachable Key West, B2, **46**) : 921 Truman (et Packer St). ☎ 305-296-2777. Tlj 17h30-22h sauf mar. Résa conseillée. Plats 20-48 $, sélection du chef (poisson et* *fruits de mer) pour 2 pers 68 $.* Dans ce resto échoué en plein quartier résidentiel, la déco fait dans la sobriété, sous un haut plafond. À la – courte – carte, poissons et crustacés voisinent avec quelques grands classiques *(meatloaf)* et des plats aux touches tropicales (poulet à la banane et noix caramélisées), mettant en valeur des produits frais parfaitement assaisonnés. Une adresse presque gastro mais pas guindée, sans artifices inutiles et dont les prix sont justifiés.

Café Solé *(zoom détachable Key West, B1, **53**) : 1029 Southard St (entrée sur Frances St). ☎ 305-294-0230. Tlj 17h30-22h ; happy hour 17h-18h. Résa souhaitable. Plats 36-48 $.* Une des bonnes tables de Key West. En plein cœur d'un quartier résidentiel calme, dans une charmante maison ancienne avec terrasse couverte, on déguste une cuisine *conch* mâtinée d'intonations méditerranéennes et françaises. Bien entendu, poissons et fruits de mer sont à l'honneur – tout particulièrement le *hogfish* (labre capitaine) –, mais il y aussi de nombreuses options végétariennes à la carte.

Camille's Restaurant *(plan détachable Key West, A2, **47**) : 1202 Simonton St. ☎ 305-296-4811. Tlj 8h-15h, 18h-22h. Plats 12-15 $ le mat et le midi, 20-32 $ le soir.* Ambiance figée dans le temps dans ces 2 salles identiques à la déco plus très actuelle... Ce qui n'empêche pas les habitués de revenir. Pour le breakfast, le brunch et son *all-you-can-eat* de pinces de crabe des neiges à 39 $, proposé le soir *(18h-22h)* des mardi, mercredi et samedi. On s'en met jusque-là dans la bonne humeur, à moins de se contenter d'un des 3 menus « *made from scratch* » concoctés chaque jour par le chef. Un des grands classiques de Key West.

Où manger sur Stock Island, l'île voisine ?

Hogfish Bar & Grill *(plan détachable Key West, D1, **42**) : 6810 Front St. ☎ 305-293-4041. Accès depuis l'US 1, direction Miami. Tlj 11h (9h dim)-minuit ; brunch dim. Sandwichs 10-16 $ le midi, plats 19-28 $ le soir.* Un *tiki* traditionnel grand ouvert sur les quais de la pittoresque marina de Safe Harbor. La spécialité du chef, c'est le *hogfish,* un poisson exotique qui semble rigoler tout le temps. Taillé en filets dans un sandwich, il fait moins le malin ! Également de bonnes salades et des *today's specials* aux intonations caraïbes – mais pas mal de choses frites quand même. C'est une adresse où les habitants de Key West s'évadent de la cohue touristique, notamment le week-end quand, en fin d'après-midi, on y gratte quelques accords de country.

Lost Kitchen *(plan détachable Key West, D1, **42**) : sur le ponton de la marina de Save Harbor (env 100 m derrière le Hogfish Bar & Grill) ; pas d'enseigne. ☎ 305-896-2087. • lostkitchenkeywest.com • Mer, ven et sur résa via Internet seulement. Menu unique : compter 55 $ les 3 plats, 90 $ les 6 (ou 100 $ avec les vins).* Une table d'hôtes en musique certains soirs et dont on se passe l'adresse sous le manteau. Ici, tout le monde arrive à la même heure (souvent vers 18h30) pour s'attabler ensemble car la convivialité est de rigueur. Le menu ? Il est à consulter en ligne à l'avance et peut vous faire faire le tour du monde au gré des voyages effectués par Martin et Layla. Mais leur cuisine souligne aussi l'abondante richesse du sud de la Floride et des Keys, car le couple met un point d'honneur à soutenir les petits producteurs locaux pour une cuisine bio et responsable. À découvrir...

Où déguster une *Key lime pie* et autres sucreries ?

La Key lime pie : on voit déjà votre déception... Vu la pression touristique de Key West, la *Key lime pie* a perdu son âme citronnée là même où elle aurait vu le jour. Elle est ici trop souvent d'aspect industriel, servie dans une barquette en plastique et hors de prix ! À Key West, notre favorite est celle de

Coffee Plantation (voir plus haut la rubrique « Où manger ? Spécial petit déjeuner »). Sinon, il y a bien la ***Key Lime Pie Bakery*** *(zoom détachable Key West, A1, **62** ; 412 Greene St ; tlj 9h-23h).* La maison se vante d'avoir inventé cette tarte en 1856 et continue d'en vendre plus de 300 par jour ! Si c'est pas l'usine... Enfin, ***Kermit's*** *(zoom détachable Key West, A1, **61** ; 200 Elizabeth St – angle Greene St ; tlj 10h-21h30, ouv dès 9h ven-dim),* une chaîne populaire qui compte plusieurs échoppes en ville (on indique la plus centrale), spécialisées dans la *Key lime pie* sans gluten et autres gâteaux aromatisés au citron.

Better Than Sex *(zoom détachable Key West, A2, **60**) : 926 Simonton St. ☎ 305-296-8102. Tlj 18h-minuit sauf mer. Desserts 9-14 $.* Devanture rouge sang, décor noyé dans la pénombre façon maison close, menu gentiment suggestif à l'image du nom de ce resto de desserts censés vous envoyer au 7e ciel... Le concept est très calculé, une majorité de tables pour 2 en vis-à-vis (inutile d'y débarquer en groupe), mais il n'y a pas non plus de quoi grimper aux rideaux côté papilles. Et puis devoir réserver une table pour s'enfiler un gâteau, ça peut paraître tarte.

Où boire un verre ? Où sortir ? Où danser ?

L'***extrémité nord de Duval Street*** (côté Mallory Square) concentre la plupart des bars et vit dans une effervescence quasi permanente. Les fêtards déboulent de toute l'Amérique pour s'y mettre la tête à l'envers ! Si certains établissements rendus célèbres par Hemingway et sa clique s'affichent comme de véritables piliers de la nuit, d'autres, plus sages, invitent à prendre un verre de vin dans une ambiance plus policée. ***Après 21h, l'accès est souvent réservé aux plus de 21 ans,*** mais en journée, pas d'objection normalement à profiter de l'ambiance en famille. En haute saison, *live music* à longueur de journée un peu partout.

Les bars historiques

Sloppy Joe's *(zoom détachable Key West, A1, **70**) : 201 Duval St. Tlj 9h (12h dim)-4h (selon affluence) ; session de* live music *à 20h.* Le grand classique des nuits de Key West. La façade, tatouée de lettres au néon rouges, s'ouvre sur une immense salle pleine à craquer de touristes qui se dandinent fiévreusement chaque soir sur de la musique live rock ou country. Aux murs, photos et coupures de presse rendent hommage à l'incontournable Hemingway, qui fut l'un des piliers de la maison. Chaque année, en juillet, le *Sloppy Joe's* accueille le fameux concours de sosies de Hemingway. L'occasion de tester en sa mémoire le *Papa Doble,* un daiquiri « qui envoie au tapis » !

Captain Tony's Saloon *(zoom détachable Key West, A1, **71**) : 428 Greene St. Tlj 10h-1h au moins.* Un autre monument historique de la ville. Ce bar, le plus vieux de Key West, abrita de 1933 à 1937 le *Sloppy Joe's* original, que fréquentait assidûment Hemingway. D'ailleurs, en 1962, on a découvert le manuscrit d'*En avoir ou pas* dans l'arrière-salle... Tony Tarracino, l'ancien proprio et maire de la ville, était une autre figure locale. Il se rendit célèbre en organisant des voyages clandestins à Cuba pour ramener des réfugiés. Son bateau saisi, il se retrouva en prison. Les tabourets à l'intérieur sont marqués du nom des éminents postérieurs qui les ont honorés : Truman Capote, Dustin Hoffman, Bob Dylan, Clint Eastwood, Robert De Niro... Fidèles à la tradition américaine, les murs sont couverts de cartes de visite, de plaques d'immatriculation, d'affiches et de vieilles photos – mais aussi de soutiens-gorge et de petites culottes, souvenirs *hot* des *spring breaks* chers aux étudiants yankees ! Billards.

Green Parrot *(zoom détachable Key West, A2, **75**) : 601 Whitehead St (angle Southard). • greenparrot.com • Tlj 10h-4h ; pas de* live music *le lun, rarement le mar.* Un des plus vieux bars de Key West, fondé en 1890, le

Green Parrot vit à l'ombre de la bannière étoilée et d'un parachute dont personne ne sait plus trop pourquoi il a atterri là... Si le ventilo pouvait parler, il dresserait l'inventaire de toutes les têtes penchées sur leur bière qu'il a échevelées. Ici, on vient jouer au billard ou visionner les grandes rencontres sportives. L'ambiance bat son plein à l'heure de la *live music,* avec en général des sessions vers 17h30, 21h et 23h. On y écoute blues, latin-funk, salsa, *bachata,* mais aussi parfois du jazz le dimanche vers 17h30. Pour s'y retrouver, consulter le site.

Hog's Breath Saloon *(zoom détachable Key West, A1,* ***72****)* **:** *400 Front St (entrée côté Duval St). Tlj 10h-2h.* Avec ses 4 sessions de musique live (dès 12h), l'« Haleine de porc » s'est néanmoins taillé une réputation d'institution. On y entend quasi en continu du rock, du blues et du folk live puissance X, qui plairont aux nostalgiques des sixties et seventies. D'ailleurs, des *bikers* y traînent souvent.

Dans le trip *conch*

Schooner Wharf Bar *(plan détachable Key West, A1,* ***73****)* **:** *202 William St (Harbour Walk). ☎ 305-292-3302. Tlj 9h-2h (cuisine fermée à 23h en sem, minuit le w-e).* Sur le ponton même de la marina, avec ses barcasses au plafond, c'est le bar préféré des marins, pêcheurs, plaisanciers et autres navigateurs au long cours. Les gens de Key West n'hésitent pas à venir aussi quand il n'y a pas trop de touristes et, au final, le *rooftop* de ce vieux rade patiné par les ans est pris d'assaut à l'heure où le ciel tisonne sa forge de corail. *Oyster bar* et belle sélection de bières pour les amateurs. *Live music round-the-clock,* parfois dès 12h et souvent jusqu'à minuit.

Waterfront Brewery *(plan détachable Key West, A1,* ***74****)* **:** *201 William St (Harbour Walk). ☎ 305-440-2270. Tlj 11h-23h.* Pas moins de 8 bières brassées sur place dont 4 en permanence à la carte (*lager, pale ale, red,* etc.), plus une quarantaine à la pression venues d'ailleurs, sans parler des « à la bouteille ». Si vous hésitez, optez pour un *flight,* à savoir un assortiment de 4 bières maison. *Live music* en salle ou sur la vaste terrasse qui embrasse tout le port du regard (superbe au crépuscule). Salle de jeux, billards. Visite guidée payante de la microbrasserie *(jeu-ven à 17h, sam à 14h ; dégustation comprise).*

The Rum Bar *(plan détachable Key West, A2,* ***76****)* **:** *1117 Duval St. ☎ 305-296-2680. Tlj 11h-minuit.* Souvenir du speakeasy (bar « clandé » du temps de la Prohibition) de jadis et des folles virées nocturnes en bateau du boss à Cuba, le balcon de la maison en bois (1889) est percé d'une frise de bouteilles et de fioles. Retour aux sources : on déguste aujourd'hui plus de 240 rhums et cocktails sur l'agréable terrasse surélevée, ou au bar baignant dans des lumières rougeoyantes. Les amateurs tenteront la sainte Trinité de Key West : daiquiri, mojito et *Painkiller,* avant de finir par le *Bark juice,* un rhum arrangé aux herbes et aux épices.

Dans une ambiance romantique

Louie's Backyard *(plan détachable Key West, B2,* ***80****)* **:** *700 Waddel Ave. ☎ 305-294-1061. Bar (à l'étage) tlj 11h30-1h.* Superbe et vénérable demeure de style victorien, bâtie pour un naufrageur millionnaire. Outre le resto chic et cher du rez-de-chaussée (terrasse au ras de l'eau néanmoins agréable aux *happy hours*), le 1er étage accueille un bar à vins. Nectar à déguster les yeux dans le bleu car la mer s'abîme juste au pied de la bâtisse. Et pour garder le cap, bon choix de *small plates* (des tapas, quoi !).

Dans un cadre historique ou chic

The Southernmost House *(plan détachable Key West, A2,* ***31****)* **:** *1400 Duval St. Tlj 11h-18h. ☎ 305-296-3141. Ne confondre ni avec la* Southernmost Point Guesthouse, *juste à côté, ni avec le* Southernmost Beach Resort. ***Moins de 18 ans refusés.*** Ce bâtiment historique coloré et tarabiscoté, le plus au sud de tous les États-Unis, a vu défiler pas mal de personnalités, dont Kennedy pendant la crise de la baie des Cochons. C'est aujourd'hui un hôtel très chic (voir « Où dormir ? » plus haut) où l'on peut, à défaut de passer la nuit, venir boire un verre, au bar attenant à la jolie piscine.

Virgilio's *(zoom détachable Key West, A1-2, **78**)* **:** *524 Duval St ; entrée par la ruelle latérale (Applerouth Lane). Tlj sauf dim-lun 18h-4h (3h mar-mer).* Ce bar avec courette sous les étoiles invite, pour une clientèle de quinquas, de bons orchestres *(tlj vers 21h30-22h)* jazzy, pop, rock, blues, ou des pianistes. Vers minuit, l'atmosphère monte en température et la piste de danse se remplit peu à peu. Excellente ambiance et cocktails servis comme on les aime. Le lundi, c'est *martini night* !

Dans une folle ambiance

Garden Of Eden *(zoom détachable Key West, A1, **79**)* **:** *224 Duval St. Accès par un escalier à l'arrière, côté Caroline St. Tlj 13h-2h.* Perché en *rooftop* au-dessus du *Bull* (rez-de-chaussée) et du *Whistle* (1er étage), ce drôle de bar (« *clothing optional bar* » !) s'est fait connaître par son credo de bar nudiste ! Tous sont acceptés, les habillés, les déshabillés, les rhabillés de peintures corporelles (ça aide les plus timides à franchir le pas). Cela dit, on y croise plus de voyeurs que de nudistes... Téléphones portables strictement interdits, d'ailleurs, et n'oubliez pas de vous rhabiller pour aller faire pipi, les toilettes sont en bas !

La Te Da *(plan détachable Key West, A2, **76**)* **:** *1125 Duval St. • lateda.com • Entrée : env 32 $ + min 2 boissons.* Le cabaret de l'étage est réputé pour ses spectacles de transformistes rigolos et bon enfant, imitant une pléiade d'icônes de la chanson américaines. Le piano-bar, lui, est accessible sans *cover charge.*

À voir

Chaque année, 2 fois par mois, entre janvier et mars, l'*Old Island Restoration Foundation* (*• oirf.org •*) organise des ***visites guidées*** de certaines des plus belles maisons privées *(35 $ si résa en ligne ou à la **Oldest House,** 322 Duval St, ouv tlj sauf mer et dim 10h-16h ; le jour de la visite, le prix est de 40 $).* N'hésitez pas si vous êtes dans le coin au bon moment. Sinon, l'association édite une brochure très complète, *The Pelican Path,* détaillant un circuit d'une cinquantaine de lieux et demeures historiques (disponible en ligne).

Hemingway Home and Museum *(zoom détachable Key West, A2)* **:** *907 Whitehead St (et Olivia), face au phare. • hemingwayhome.com • Tlj 9h-17h. Entrée : 15 $; 6 $ enfants 6-12 ans. CB refusées. Feuillet en français pour faire la balade seul, sinon visite guidée en anglais ttes les 10-15 mn env (durée : 30 mn). Conseil : longue file d'attente, allez-y dès l'ouverture ou juste avt que ça ferme, et si possible pas en tenue de plage.*

Cette élégante maison en pierre de 1851 et de style colonial espagnol est greffée d'un balcon rappelant ceux des demeures françaises de La Nouvelle-Orléans. En 1931, Ernest Hemingway, de retour de Paris, y emménage avec sa 2e femme, Pauline, et leurs 2 enfants. Immédiatement, celle-ci fait remplacer les ventilos par des lustres de Murano : joli, mais plus chaud ! Au cours de la décennie suivante, marquée par un nombre incalculable de voyages et de longs séjours à l'étranger, le futur Prix Nobel de

UN TROU SANS FONDS

Dans le jardin luxuriant de la maison de Hemingway, la piscine d'eau salée fut la 1re de l'île, que tout le monde venait visiter. Pauline, son épouse, la fit construire... pour un coût prohibitif : 20 000 $, contre 8 000 $ pour la maison ! Découvrant la facture à son retour d'Espagne, Hemingway sortit une pièce de sa poche et l'enfonça dans le ciment encore frais en disant à sa femme : « Voici mon dernier penny ! » La pièce est toujours là, près du pilier vert devant la piscine...

littérature (1954) y écrit certains de ses plus célèbres romans – *Les Neiges du Kilimandjaro, En avoir ou pas* – et s'attelle à *Pour qui sonne le glas*. En 1940, le couple divorce et « Papa », comme le surnomment ses amis, met le cap sur Cuba avec Mrs Hemingway n° 3... La maison a été ouverte au public quelque temps après son suicide, en 1961.

Au fil de la visite, l'imagination et l'humour aidant, on investit l'univers du grand écrivain, ponctué de quelques souvenirs : meubles, coupures de journaux, vieilles photos. Sur l'une d'elles, on voit Hemingway posant à côté d'un espadon de grande taille, aux côtés d'un homme qui n'est autre que Joseph Kennedy (le père). Souvenirs de guerre et médailles rappellent l'Ernest ambulancier, pendant la Grande Guerre. De cette expérience et de ses blessures, il écrivit *L'Adieu aux armes*. L'écrivain avait installé son bureau juste à côté de la maison, dans l'annexe (ancienne remise à fiacres), autrefois reliée par une passerelle. On peut y voir la fameuse machine à écrire Royal qui l'accompagna en Espagne, ses livres préférés, quelques trophées de chasse et un tableau qui reproduit la pièce. Il écrivait là tous les jours de 6h à 12h, puis partait à la pêche avant de terminer au bar du *Sloppy Joe's*.

Les ***chats*** sont partout dans le jardin à se prélasser. Au dernier recensement, il y en avait une cinquantaine (aucun n'a péri lors du passage de l'ouragan Irma en 2017) ! De sacrés greffiers descendants de Snowball, offert à Hemingway par un capitaine de navire et qui avait la particularité de compter 6 doigts à ses pattes. Tous ont gardé cette spécificité et portent des noms de célébrités : Duke Ellington, Humphrey Bogart, Billie Holiday, Kim Novak, Colette, Daisy Buchanan... Un cimetière des chats a d'ailleurs pris ses quartiers derrière la maison !

ARGENT LIQUIDE

Sous une cruche dans le jardin, on aperçoit... un urinoir. Hemingway l'avait chipé dans son bar favori, le Sloppy Joe's, et placé là au grand désarroi de sa femme. Son explication ? « J'ai déversé des fortunes dans ce chiotte, je le garde ! » Il y ajouta une amphore à huile pour en faire une fontaine où venaient s'abreuver ses chats.

Tennessee Williams in Key West *(zoom détachable Key West, A2)* **:** *513 Truman Ave.* • *kwahs.org* • *Tlj 10h-16h sauf w-e. Entrée : 7 $; réduc.* L'empreinte marquée de Hemingway à Key West ferait presque oublier que Tennessee Williams y a également tourné une longue page de son existence. Cette petite exposition retrace son parcours au travers de nombreuses photos, manuscrits, objets lui ayant appartenu, extraits de films tirés de ses œuvres. Chaque année, en février-mars, un concours de poésie honore sa mémoire (si l'inspiration en anglais vous titille !).

Key West Lighthouse Museum & Keeper's Quarters *(zoom détachable Key West, A2)* **:** *938 Whitehead St, face à la maison de Hemingway. Tlj 10h-16h (dernière entrée à 15h30). Entrée : 17 $; réduc en ligne. Parking gratuit juste derrière le musée.* Ce phare d'une trentaine de mètres de haut a été bâti en 1848 et rehaussé en 1894 (un ouvrage antérieur de 1825 avait été balayé par l'ouragan de 1846). Visible à 24 km à la ronde, il resta en fonction jusqu'en 1969. À cette date, déjà, le front de mer, qui s'étendait jadis à ses pieds, avait nettement reculé ! Un escalier en colimaçon de 88 marches (déconseillé à ceux qui ont le vertige) mène au sommet pour un point de vue sur la mer, la ville et la maison de Hemingway. Au pied du phare, on visite aussi la *maison des gardiens* (1887), en bois blanc, qui présente de vieux objets, photos, lentilles, maquettes et plans en rapport avec l'histoire maritime de la région. La lanterne exposée après l'entrée est celle du phare de Sombrero Key (1858) ; elle a été fabriquée à Paris.

The Harry S. Truman Little White House *(zoom détachable Key West, A1)* **:** *111 Front St.* • *trumanlittlewhitehouse.com* • *Tlj 10h-16h. Entrée : 22,50 $;*

réduc (moins cher en ligne). Les 2 salles du bas, avec photos et vidéos, sont libres d'accès. Feuillet en français. Visite guidée ttes les 20 mn ; durée : 45 mn. Bâtie en 1890 pour les officiers de la Navy stationnés à Key West, cette belle demeure en bois, utilisée à l'occasion par les présidents américains, est connue pour avoir accueilli Truman durant 175 jours au cours de son mandat et même après, entre 1946 et 1952. La visite, barbante et trop chère, est entièrement axée sur lui : vidéo de sa vie, bureau d'où il transmettait ses ordres à Washington, table où il aimait jouer au poker (jusqu'à 23h dernier carat), cendriers confectionnés à partir d'obus de la Seconde Guerre mondiale... Truman adorait ce lieu qui, disait-il, lui permettait d'échapper à la *great white jail* de la capitale ! Les Américains pur jus adorent ce genre de visite, c'est moins notre tasse de thé.

***Mel Fisher Maritime Museum** (zoom détachable Key West, A1) : 200 Greene St. • melfisher.org • Tlj 10h-17h (dernière entrée à 16h). Entrée : 16 $; 7 $ enfant. Audiotour (en anglais) : 2 $.*
On vous recommande cet étonnant musée montrant les ***trésors repêchés au large des Keys sur 2 épaves de galions espagnols,*** coulés par un ouragan le 4 septembre 1622 alors qu'ils faisaient route de La Havane vers l'Espagne. À l'origine de ces découvertes, un type épatant aujourd'hui disparu, Mel Fisher, fondateur d'une société dont la raison sociale est de... repêcher les trésors engloutis ! Le musée constitue la partie émergée de cette affaire et aide à financer les recherches, qui coûtent des fortunes – d'ailleurs, la société a plusieurs fois manqué de couler, c'est peu dire...
La quête des galions disparus de Mel débute en 1969. Il lui faut 11 ans pour localiser la *Santa Margarita.* 5 années plus tard, bingo, la *Nuestra Señora de Atocha,* navire amiral d'une flotte de 28 bateaux, livre un fabuleux trésor de plus de 200 millions de dollars : 1 041 lingots d'argent provenant des mines boliviennes de Potosí, une centaine de coffres contenant chacun 2 000 à 3 000 pièces, des bijoux en or, des pierres précieuses... une folie ! Au moment du repêchage, l'État de Floride confisque le trésor. 7 ans et 11 allers-retours devant les tribunaux plus tard, Mel Fisher récupère « son » bien... La boutique du musée vend d'ailleurs (à prix d'or !) certaines de ses découvertes. Les expéditions Mel Fisher, toujours très actives, travaillent actuellement sur un 3e galion espagnol qui aurait coulé en même temps que la *Santa Margarita* et la *Atocha.*
L'expo permanente, quoique vieillotte, vaut le détour : elle présente de ***magnifiques pièces d'orfèvrerie,*** des ***lingots d'argent et d'or*** (certains sans marque, donc clandestins), de lourdes chaînes portées en sautoir, une ***émeraude de 78 carats,*** mais aussi des armes, un astrolabe, un canon, de la poterie, un encrier et même de l'indigo... bref, tout ce qu'on pouvait trouver à bord d'un galion au XVIIe s. À l'étage, expo sur la flibuste, la vie des pirates, et sur la Traite, avec quelques documents attestant la manière sordide dont les esclaves étaient traités à bord. Des sections se consacrent longuement à l'importance des mines d'argent américaines pour l'Espagne et à la traite – celle-ci illustrée par des objets repêchés au large de Key West sur l'épave d'un navire négrier, l'*Henrietta Marie.* Chaque esclave valait alors 15 bassines métalliques ou 35 à 50 livres de perles. Sans transition, une petite expo sur les *balseros,* les candidats cubains à l'exil, dont une vidéo réalisée sur smartphone, retrace l'épopée qui permit à une vingtaine de Cubains de rejoindre les États-Unis en 2015. Leur radeau de fortune *(balsa)* finit de rouiller juste devant l'entrée du musée...

Audubon House and Tropical Gardens** (zoom détachable Key West, A1) : 205 Whitehead St. • audubonhouse.org • Tlj 9h30-17h (dernière entrée à 16h15). Entrée : 14 $; réduc.* Construite en 1846-1849 dans le style caraïbe, cette charmante demeure fut transformée en musée vers 1960 pour honorer ***Jean-Jacques Audubon, célèbre ornithologue qui fit un séjour de 6 semaines à Key West en 1832. Né à Haïti en 1785, ce fils d'un planteur d'origine nantaise échappa à la conscription sous Napoléon en émigrant en Pennsylvanie... Naturalisé américain en 1812 (rebaptisé John-James à cette occasion), il passa 25 ans de sa vie à voyager et à dessiner les oiseaux. L'ouvrage de sa vie, *Birds of America,* compte 435 grandes planches, représentant les animaux dans leur milieu naturel. La collection a changé de main en 2018 pour la modique somme de... 11,7 millions de dollars ! Les mauvaises langues disent que l'acheteur s'est fait plumer ! Quelques-uns des magnifiques oiseaux peints par Audubon dans la région ornent les pièces de la maison. Les ornithos noteront que certains noms ont changé depuis son époque. La demeure est meublée comme au temps de son 1er propriétaire, un certain Geiger, pilote portuaire et célèbre renfloueur d'épaves. Certains objets proviennent d'ailleurs des cargaisons précieuses des bateaux venus s'échouer sur les récifs des Keys... La galerie proprement dite se trouve au dernier étage. Dans le beau jardin tropical, peuplé d'orchidées et de plantes médicinales, on peut aussi voir la cuisine... Et telle une héroïne de film américain, on se prélasse dans les fauteuils à bascule sur la véranda ou dans les petits salons de jardin disposés parmi les arbres vigoureux et les fleurs chatoyantes. Un joli voyage dans le Key West d'antan.

Customs House Museum *(zoom détachable Key West, A1)* **:** *281 Front St. • kwahs.org • Tlj 10h-16h. Entrée : 16 $; réduc (notamment en ligne).* Grand bâtiment de brique rouge datant de 1891, la Maison des douanes abrite un intéressant musée illustrant l'histoire et la culture des Keys à travers l'art (peinture) et l'histoire – celle des naufrageurs, du cigare, du chemin de fer, de Hemingway, etc. L'occasion, par exemple, d'apprendre que la région échappa largement à la Prohibition... Des photos montrent la dévastation causée par l'ouragan de 1935. Le lieu accueille aussi de belles expositions temporaires.

Mallory Square *(zoom détachable Key West, A1)* **:** *400 Wall St. • mallorysquare.com •* Avec de nombreuses attractions plus ou moins bidon, l'endroit le plus touristique de l'île s'est développé dans la droite ligne des quais où les paquebots débarquent leurs croisiéristes. La tradition est d'aller admirer le coucher du soleil sur la mer au Sunset Deck. Un incontournable ! Le long du quai, musiciens, saltimbanques, jongleurs, vendeurs de pacotilles animent joyeusement le bord de mer, certains avec même une bonne dose de talent.

LA VIE COULE

À l'époque de la flibuste, une centaine de bateaux faisait escale à Key West chaque jour. Mais ses eaux cristallines étaient connues pour être les plus traîtres du monde, puisqu'en moyenne un navire par semaine s'échouait sur les récifs qui en défendent l'accès. C'est l'arrivée du chemin de fer combinée à l'amélioration des techniques de navigation qui enraya le phénomène au début du XXe s.

– Mallory Square, c'est aussi un ***aquarium*** *(zoom détachable Key West, A1)* : *• keywestaquarium.com • Tlj 10h-17h (dernière entrée à 16h30). Entrée : 17 $; 11 $ enfants 4-12 ans ; réduc en ligne.* 1re attraction touristique de Key West (1934), il ne casse pourtant pas 3 pattes à un canard... d'Audubon !

– Autre classique du lieu, le ***Shipwreck Treasure Museum*** *(zoom détachable Key West, A1)* : *• keywestshipwreck.com • Tlj 9h30-17h. Entrée : 16 $; env 10 $ enfants 4-12 ans ; réduc en ligne ; billet combiné avec l'aquarium. Show ttes les 20 mn.* Ce musée un peu kitsch, qui sent bon la flibuste et le bois flotté, fait toute la lumière sur les ***pilleurs d'épaves,*** qui firent la fortune de Key West au XIXe s. Trésors repêchés sur des galions, objets du commerce des siècles passés, bouteilles, céramiques, sacs de café voisinent avec des objets provenant de l'*Isaac Allerton,* un paquebot échoué près de Sugarloaf Key en 1856. Les tribunaux accordèrent aux récupérateurs la moitié de la valeur des marchandises sauvées. Ce fut le sauvetage le plus fructueux de l'histoire de Key West ! Le bâtiment du musée est une copie de l'entrepôt d'Asa Tift, célèbre pilleur d'épaves de l'époque. De la tour d'observation, vue panoramique sur le quartier.

Oldest House *(zoom détachable Key West, A1)* **:** *322 Duval St. • oldesthouse museum.com • Tlj 10h-16h sauf mer et dim. GRATUIT.* Siège de la *Old Island Restoration Foundation,* cette vénérable demeure en bois blanche remonte à 1829. Elle a survécu à tous les ouragans et incendies qu'a connus la ville ! On peut y jeter un coup d'œil en passant : les 4 pièces du rez-de-chaussée et la cuisine sont ouvertes à la visite. Vous noterez comme les portes arrière et avant s'alignent, pour favoriser l'aération.

Southernmost Point of the Continental USA *(plan détachable Key West, A2)* **:** le défilé des touristes se faisant photographier devant la borne qui marque ***le point géographique le plus austral des États-Unis*** est permanent ! Le plus amusant, c'est que l'endroit le plus au sud n'est pas exactement là, mais dans un terrain militaire situé un peu plus à l'ouest, inaccessible au public... On chipote !

The Key West Butterfly and Nature Conservatory *(plan détachable Key West, A2,* ***98****)* **:** *1316 Duval St. • keywestbutterfly.com • Tlj 9h-17h30 (dernière entrée à 16h30). Entrée : 15 $; 11 $ enfants 4-12 ans.* Ici, c'est le Hitchcock des *Oiseaux,* version **papillons.** Il y en a partout (en principe), virevoltant librement dans une serre de 500 m² et se posant parfois sur vous pour peu que votre odeur leur plaise. 6 des 50 à 60 espèces sont élevées sur place, les autres arrivent par la poste, à l'état de chrysalides... À leurs côtés, quelque 25 sortes d'oiseaux s'ébattent en semi-liberté. Dans une 1re pièce, des explications bien faites sur la reproduction de ces insectes ultralégers, la migration des monarques et la différence (que l'on ne fait pas dans la langue française) entre *butterfly* (papillon de jour) et *moth* (papillon de nuit).

Eco-Discovery Center *(zoom détachable Key West, A2)* **:** *35 E Quay Rd, dans la zone portuaire, à l'extrémité de Southard St (en face du Fort Zachary Taylor Historic State Park). • floridakeys.noaa.gov • Mar-sam 9h-16h. Fermé dim-lun. GRATUIT.* Ce centre interactif de découverte de l'écosystème des Keys, géré par le gouvernement, met l'accent sur l'écologie des récifs, des îles et de la mangrove. Pédagogique et bien conçu. On peut voir des films *(ttes les 30 mn ; durée : 20 mn),* découvrir les fonds marins des Dry Tortugas en vidéo 3D et les travaux des scientifiques dans le laboratoire sous-marin *Aquarius* (17h de décompression pour remonter à la surface !).

West Martello Tower *(plan détachable Key West, B2)* **:** *1100 Atlantic Blvd. Tlj 9h30-17h. GRATUIT.* Cette ancienne fortification en brique rouge, bâtie pendant la guerre de Sécession (1862), a été réaménagée en un exquis petit jardin tropical (la température descend rarement sous 12 °C à Key West) veillé par des banians géants. Une oasis de fraîcheur peuplée de fontaines, bancs, coins et recoins pour se poser un peu.

Fort East Martello *(plan détachable Key West, C2)* **:** *3501 S Roosevelt Blvd, à l'entrée de l'aéroport. • kwahs.org • Tlj 10h-16h. Entrée : 16 $; réduc ; gratuit moins de 6 ans.* Pendant de la West Martello Tower, cette autre fortification en brique rouge a été restaurée par l'association *Key West Art & Historical Society.* Expo sur le vieux Key West et objets datant de la guerre de Sécession. Des expos consacrées aux naufrageurs et à l'industrie du cigare y côtoient une galerie d'art présentant les œuvres d'artistes locaux.

À faire

Les plages **:** si vous avez quitté Miami pour venir ici à la plage à Key West, vous avez tout faux ! Les rares plages sont pour la plupart artificielles.
– ***Fort Zachary Taylor Beach*** *(plan détachable Key West, A2)* **:** *dans le State Park du même nom, accès par l'extrémité de Southard St, après Thomas St, de 8h au coucher du soleil. Entrée : conducteur et sa voiture 4,50 $, 6 $ si 2 pers puis 0,50 $/*

pers supplémentaire ; 2,50 $/piéton et cycliste. Située à l'extrémité de Key West, dans un *State Park,* c'est la seule vraie plage où la profondeur de la mer permet de nager. Beaucoup d'ombre aussi en bordure de celle-ci, ce qui n'est pas négligeable quand on a des enfants. On peut y louer transats, parasols, masque et tuba (pas donné). Café-resto de plage mais plutôt pour boire un coup que manger : ***Cayo Hueso Café*** *(tlj 10h-18h).*

TOUT EN MUSCLE

Le 2 septembre 2013, Diana Nyad, à 64 ans, sortit de l'eau, éreintée mais heureuse : elle est la 1re à réussir la traversée à la nage entre Cuba et Key West (140 km en 53h !). Après 4 tentatives ratées, malgré les courants, requins et méduses géantes, elle accomplit son rêve ! Sa devise ? Ne jamais, jamais abandonner.

– ***Higgs Beach*** *(plan détachable Key West, B2)* **:** *au sud de l'île, à une quinzaine de mn à pied du centre.* Cette plage publique d'accès gratuit est baignée par des eaux peu profondes qui ne permettent pas véritablement de nager. Quelques SDF viennent à l'occasion y prendre le soleil. Location de chaises longues et kayaks. Pour manger sur place, voir le resto ***Salute ! On the Beach*** dans la rubrique « Où manger ? ».

– ***Smathers Beach*** *(Municipal Beach ; plan détachable Key West, C-D2)* **:** *au sud-est de l'île, le long de S Roosevelt Blvd. Accès libre.* C'est notre préférée, quand bien même on y pataug plutôt qu'on y nage. C'est aussi la plage la plus longue (2 km environ) et la plus populaire. Location de planches, matelas, catamarans, kayaks et de *paddleboards.*

MLK Community Pool *(plan détachable Key West, A2,* ***6****)* **:** *300 Catherine St (angle Thomas St). Tlj 9h-17h45. GRATUIT.* Un grand bassin chauffé en plein air pour celles et ceux qui veulent nager quand même les jours où les algues rouges envahissent les plages.

Excursion vers la barrière de corail : les agences et autres kiosques de Duval Street et des abords du port vendent des tickets pour faire la balade. Plusieurs options :

– le ***glass bottom boat,*** bateau à fond de verre. On ne voit finalement pas grand-chose. Préférez plutôt le kayak à fond transparent si vous ne voulez pas vous mouiller ;

– le ***snorkelling,*** la meilleure façon d'explorer les richesses de la barrière de corail, avec palmes, masque et tuba. Les tours durent environ 3h, dont 1h30 dans l'eau. Préférez le matin, la mer est généralement plus calme et il y a moins de monde. Choisissez bien votre prestataire, autrement, c'est l'usine.

■ ***Dolphin Safari Charters*** *(plan détachable Key West, D1,* ***109****)* **:** *7001 Shrimp Rd, à* ***Stock Island.*** ☎ *305-747-0453.* • *safaricharters.com* • *Derrière l'hôtel* Perry *(parking gratuit à gauche de l'hôtel), sur la marina. Contactez-le directement sur son portable, pas de commission (différent si vous réservez à l'hôtel* Perry *!). Sessions 9h-12h et de 14h30 au coucher du soleil en hiver, puis départs à 8h30, 12h30 et 16h à partir de début mars. Résa conseillée 24h à l'avance. Compter 100 $ adulte ; 80 $ enfant de moins de 10 ans (pour 3h d'excursion).* Des « éco-aventures » en bateau et en petit comité (6 personnes maximum) proposées par Gary, un gars très sympathique originaire du... Zimbabwe et qui prend son temps. Au programme : rencontre avec des dauphins sauvages dans leur milieu naturel, sans nager avec eux ni même les toucher, juste pour le plaisir de les voir évoluer en toute liberté. Gary est incollable sur les dauphins et très soucieux de l'environnement et de l'écologie. Et puis un peu de snorkelling, histoire de varier les plaisirs. Une belle balade en mer.

■ ***Clearly Unique Kayak Tours :*** *231 Margaret St, au niveau du resto* Turtle Kraals *(côté toilettes publiques) ; c'est* *tt au bout du ponton où est amarré l'Echo Catamaran. ☎ 305-747-8651. • clearlyuniquecharters.com • Départs à 9h et 13h (se faire préciser le point de rdv à la résa). Balade de 3h sur kayak à coque transparente env 110 $/pers (groupes de 6 pers max) ; réduc.* On rejoint le parc marin en catamaran à moteur et on met à l'eau ces drôles de kayaks à fond transparent pour explorer la barrière et la mangrove. La sortie combine aussi du snorkelling. Une approche à cent lieues du prêt-à-plonger qui fait rage un peu partout en ville.

■ ***Discount Key West :*** *par tél seulement, au ☎ 305-294-7738. • discountkeywest.com • Sorties snorkelling 42-65 $ selon type de bateau, pour 3h de sortie et 1h dans l'eau, équipement compris.* Tours et balades en mer vendus par tous les concurrents, mais ici moins chers.

La pêche au gros : vous vous en doutez, c'est absolument hors de prix *(650-1 000 $ pour 4-8h de pêche en privatisant le bateau ; souvent 150-350 $/pers en partageant).* On choisit entre la haute mer, pour traquer l'espadon et le *wahoo,* le barracuda et le *mahi-mahi* ; ou le *flats fishing,* dans les eaux peu profondes (1,30 m max) de la mangrove. Là, c'est la grande traque au *bonefish* et au tarpon, dans une barque à fond plat. Dans la plupart des cas, c'est du *catch & release* : une fois la photo prise, on relâche la bestiole.

■ ***Southbound Sportfishing*** *(plan détachable Key West, B1,* ***101****) : 2 Bonita Pier, Garrison Bight Marina (sur N Roosevelt Blvd). ☎ 305-747-3668. • southboundsportfishing.com • Sorties de 4h, 6h ou 8h.* Parmi les nombreux prestataires de ce bout de marina (réunis sous le nom de ***Charter Fishing Boats***), le jovial *captain* Richard Houde emmène les clients (pas plus de 6 à la fois) à bord de son petit bateau bien équipé. Ceux qui ne pêchent pas ne paient que le prix de la promenade. Et on vous découpe votre poisson au retour, en indiquant un resto où vous le faire cuisiner.

■ ***Dream Catcher Charters*** *(hors plan détachable Key West par D1,* ***105****) : 5555 College Rd, dans la Sunset Marina de* ***Stock Island,*** *côté bayside après le pont (maison rose à étage, sur la marina même). ☎ 305-292-7212. 📱 786-847-3808. • dreamcatchercharters.com • Sortie à la ½ journée ou à la journée, en haute mer ou sur les flats.* Pour cette équipe de joyeux drilles très expérimentée, les habitudes des poissons n'ont plus aucun secret, notamment celles des tarpons et *bonefish.*

Survol des Keys en avion :

■ ***Bi-plane Rider (Conch Republic Air Force*** *; plan détachable Key West, C2,* ***102****) : 3469 S Roosevelt Blvd, à l'extrémité gauche dans l'enceinte de l'aéroport. ☎ 305-851-8359. • excursionsofkeywest.com • Vols lun-ven 9h-17h. Fermé 15-30 sept. Survol dès 250 $ pour 2 les 15 mn.* Cette compagnie possède un joli petit biplan de 1942 pouvant accueillir 2 passagers en plus du pilote. On vole le nez et la chevelure au vent, et croyez-nous ça décoiffe ! Les tours durent au choix de 15 à 30 mn. Le plus court permet surtout de survoler la ville ; pour voir des requins, il faut pousser plus loin...

Plongée sous-marine

Si les récifs qui bordent Key West recèlent encore des trésors à fond de cale des galions ventrus qui s'y sont abîmés, ces richesses ne sauraient rivaliser avec celle de la vie sous-marine intense du *Florida Keys National Marine Sanctuary.* Plongeurs débutants et confirmés évoluent dans un univers peuplé de coraux, d'éponges, de poissons tropicaux, tortues, requins et même lamantins... Le must des Keys et de toute la Floride !

Clubs de plongée

Attention lorsque vous comparez les tarifs : de nombreux clubs annoncent des prix de départ dans les 70-75 $ qui n'incluent ni la combi ni les bouteilles ! En général, il faut ajouter 50 $.

■ ***Dive Key West*** *(plan détachable Key West, C1,* ***107****)* **:** *3128 N Roosevelt Blvd (à gauche du Dunkin' Donuts).* ☎ *305-296-3823.* • *divekeywest.com* • *Départs plongée à 9h, 14h et avt le crépuscule (plongées de nuit) ; départs snorkelling à 14h et 18h. Se présenter 1h avt. Sortie snorkelling 70 $, plongée avec matos 115-160 $ selon options.* C'est le club le plus réputé de Key West, avec un demi-siècle d'expérience à son actif. Snorkelling l'après-midi (équipement complet fourni). Propose également plongées au Nitrox, de nuit entre avril et octobre, sur épaves, etc.

■ ***Lost Reef Adventures*** *(plan détachable Key West, A1,* ***108****)* **:** *261 Margaret St.* ☎ *305-296-9737.* • *lostreefadventures.com* • *Départ tlj à 8h30 pour l'épave (9h pour le reef), retour à 12h30 et 13h. L'ap-m, départ à 13h30 (reef ou épave), retour à 17h30. Sortie snorkelling 45 $, plongée 110 $ avec matos.* Club sérieux et pro, et bon accueil d'Adriane.

■ ***SNUBA Key West*** *(plan détachable Key West, B1,* ***110****)* **:** *Garrison Bight Marina, 711 Eisenhower Dr (slip nº 7). Résa obligatoire au* ☎ *305-292-4616 ou sur* • *snubakeywest.com* • *2 départs/j., à 9h et 13h. Plongée 110 $; 90 $ enfants 8-12 ans. Snorkelling simple 60 $.* Le *SNUBA* combine la simplicité du snorkelling avec la plongée. Tout le monde peut pratiquer cette activité, même les enfants dès 8 ans et les personnes âgées, puisqu'on respire par l'intermédiaire d'un tuyau de 60 m relié à des réservoirs d'air situés sur une plateforme flottante.

■ ***Mel Fisher's Expeditions*** **:** ☎ *305-294-5441.* • *melfisher.com* • Avez-vous jamais rêvé de jouer les chercheurs de trésor ? Depuis des années, l'équipe de *Mel Fisher* explore l'épave de l'*Atocha* en quête d'autres trouvailles. Désormais, les plongeurs confirmés peuvent les rejoindre pendant 2 jours à bord du bateau-base lors d'un séjour de 6 jours comprenant d'autres plongées. Avec un peu de chance, muni d'un détecteur de métal sous-marin, peut-être trouverez-vous une balle de mousquet ou une pièce... Vous aurez même le droit de la garder.

Nos meilleurs spots

Vandenberg **:** au large de Key West, ce navire de la marine américaine au passé glorieux et aux dimensions impressionnantes (158 m de long, soit l'équivalent de 2 terrains de football américain !) a été volontairement coulé par 45 m de fond. Désormais 2ᵉ plus grand récif artificiel au monde, il attire autant de poissons que de plongeurs, préservant ainsi la barrière de corail. Il s'adresse aux plongeurs de haut niveau ayant suivi une formation spécifique de plongée sur épave. En 2016, le vaisseau *Vandenberg* servit de galerie d'art sous-marine pour une expo de photos suspendues à flanc d'épave, judicieusement intitulée *The Sinking World* (« Le Monde immergé ») !

Sand Key Reef **:** *au sud-ouest de Key West.* Pour plongeurs débutants et confirmés. Déluge de vie tout autour de cet îlot corallien surmonté d'un phare, où poissons-perroquets, anges, papillons, trompettes, sergents-majors et balistes se donnent une réplique colorée (10 m de fond maximum). La plongée classique de Key West, mais certaines sociétés comme *Dive Key West* y vont rarement (trop loin pour eux).

Nine Foot Stake **:** *au sud de Key West.* Idéal pour débuter. « Tout est mini » dans cette plongée fastoche où de mignons bébés poissons virevoltent joyeusement entre les coraux, les éponges et autres gorgones-plumes qui ondulent au gré de la houle (- 6 m maximum). Petits perroquets, papillons, diodons, coffres, gorettes et minilangoustes seront ici vos compagnons de plongée.

Cayman Salvage Master : *au sud de Key West.* Pour plongeurs confirmés (60 m de fond maximum). Jolie plongée sur l'épave de ce vieux câblier de la Navy qui, bizarrement, convoyait des armes pour Castro. Le site est aujourd'hui fréquenté par un gros poisson très laid de la taille d'une petite voiture : le *giant goliath grouper,* un mérou géant, qui partage les eaux avec des murènes de taille également respectable...

Fête et festivals

– ***Old Island Days :*** *2 j. mi- ou fin fév. Rens à la Key West Chamber of Commerce (zoom détachable Key West, A1,* ***1****).* Un festival pour découvrir l'histoire et le patrimoine de Key West, à travers expo d'art et visites de maisons coloniales et de jardins.
– ***Conch Republic Independance Celebration :*** *10 j. mi- ou fin avr. • conchrepublic.com •* La république des Conques fête sa pseudo-indépendance du 23 avril à grand renfort de cérémonies frelatées, courses de *drag queens* et de lits, parade déjantée, concerts et autres foldingueries locales.
– ***Key West Pride :*** *quelques j. début juin. • keywestpride.org •* Festival LGBT proposant de nombreuses animations (shows, soirées plus ou moins dénudées, films, visites) avec grande parade de clôture dans Duval Street, ouverte à tous.
– ***Hemingway Days :*** *1 sem autour du 21 juil. • fla-keys.com/hemingway-days •* En souvenir de l'anniversaire de Hemingway, spectacles, fêtes, courses de taureaux dans les rues comme à Pampelune (sauf que, là, les animaux sont en carton-pâte !) et concours du meilleur sosie de « Papa » – vêtements de safari, barbe blanche, joues bien roses et bedaine de rigueur !
– ***Fantasy Fest*** *(mini-Mardi gras)* ***:*** *10 j. mi-oct. • fantasyfest.com •* Certainement la fête la plus populaire de Key West avec, chaque jour, d'amusantes soirées costumées et une tradition vraiment coquine venue de La Nouvelle-Orléans : les filles montrent leurs seins pour qu'on leur glisse un collier de pacotille autour du cou, *just for fun* ! Le dernier défilé, le plus spectaculaire, a lieu la nuit d'Halloween. Si vous comptez y aller, réservez au moins un an à l'avance !

Plus loin dans les environs

Dry Tortugas et Fort Jefferson : *• nps.gov/drto •* Les Dry Tortugas sont un petit chapelet d'îles paradisiaques situées à 110 km à l'ouest de Key West, classées parc national depuis 1992. Elles furent découvertes par Ponce de León en 1513, qui les surnomma *Las Tortugas* à cause des nombreuses tortues qui y habitaient (en une soirée, il avait vu des locaux en capturer pas moins de 160 !). Les marins précisèrent *Dry Tortugas,* car on n'y trouve aucune eau douce. Pour contrôler la navigation dans le golfe, les Américains y entamèrent la construction de l'énorme fort Jefferson en 1846. Il servit bientôt de prison et hébergea, entre autres, le docteur Samuel Mudd, condamné pour avoir – bien involontairement – soigné la jambe de l'assassin de Lincoln... Aujourd'hui, le fort se visite, avec ses vieux canons encore pointés vers l'océan. On peut rejoindre l'île en ***bateau*** ou en ***hydravion*** et même ***camper*** sur place !

Yankee Freedom III *(plan détachable Key West, A1,* ***106****)* ***:*** *240 Margaret St. • drytortugas.com • Le bureau est situé juste à l'orée du ponton D (tlj 8h-20h). Départ tlj à 8h, retour à 17h30, embarquement 30 mn avt ; la traversée dure env 2h30 dans chaque sens. À réserver min 1 sem à l'avance (1 mois pour les fêtes de fin d'année). Compter 180 $/pers l'A/R, 125 $ enfants 4-16 ans ; entrée du parc, petit déj, lunch, visite guidée du fort et équipement de snorkelling inclus. Pour les campeurs, un peu plus cher : 200 $.* C'est le seul bateau autorisé à desservir le fort Jefferson. On passe environ

4h30 sur place, dont une intéressante visite guidée de 45 mn. En attendant le départ, vous pouvez aller jeter un coup d'œil au petit « musée » gratuit situé au bout du quai, face au bureau.

■ ***Key West Seaplane Adventures*** *(plan détachable Key West, C2,* ***102****)* ***:*** *3471 S Roosevelt Blvd, à l'extrémité gauche de l'aéroport (juste derrière la tour de contrôle). ☎ 305-293-9300. • keywestseaplanecharters.com • 4 départs/j., à 8h, 10h, 12h et 14h. Compter 360 $/pers pour un A/R et 2h30 sur place ; 290 $ enfants 2-12 ans.* Voilà la voie royale pour rejoindre les Dry Tortugas : en hydravion. Un vol extra, qui permet d'enfiler toutes les perles du collier d'îles jusqu'au fort Jefferson, qu'on survole superbement juste avant d'amerrir.

⛺ ***Camper à Fort Jefferson :*** *compter 15 $/emplacement, à régler en espèces sur place.* Le camping primitif compte tout juste 10 emplacements (pouvant accueillir chacun maximum 3 tentes de 2 personnes ou 1 grande), sans douche mais avec toilettes sèches. 1er arrivé, 1er servi, mais en embarquant on peut déjà poser une option pour s'assurer d'avoir une place. On est abrité par quelques arbustes, au pied même des murailles du fort, face à une superbe plage de sable blanc. Sur place, on trouve tables et barbecue, mais il faut tout apporter : les briquettes spéciales pour faire le feu (pas de feu de bois), l'eau et les vivres. Une fois installé, reste plus qu'à chausser masque et tuba pour aller saluer les poissons ! Juste en face, Bush Key n'est accessible (à la nage) que de mi-octobre à mi-janvier, avant que les quelque 100 000 sternes fuligineuses y reviennent nicher ! Un vrai petit paradis baigné par des eaux turquoise.

LA GOLD COAST

• Carte *p. 193*

De Miami à Fort Lauderdale, puis jusqu'à Palm Beach, s'égrènent sur une petite centaine de kilomètres les plages de la Gold Coast, avec chacune son caractère propre. Au sud, tout au long de l'Intracoastal Waterway (un canal côtier permettant aux résidents pas fauchés d'accéder en yacht à leurs riches demeures...), Dania Beach, Hollywood et Hallandale Beach, où résident de nombreux Canadiens, sont des stations plutôt populaires. Puis vient Lauderdale, la « Venise de l'Amérique ». Plus au nord, Lauderdale-By-The-Sea, Pompano Beach (capitale mondiale de la pêche à l'espadon), Hilsboro Beach et Deerfield Beach, avec sa jetée poissonneuse et sa promenade bordée de palmiers, mènent aux confins de Boca Raton, à l'urbanisation galopante, qui rassemble une importante communauté juive. Enfin Palm Beach, l'éden des milliardaires.

FORT LAUDERDALE

172 500 hab.

• Plan *p. 194-195*

On est loin du petit fort édifié par un certain major William Lauderdale en 1838 pour se protéger des Indiens séminoles... La « Venise de l'Amérique », comme on l'appelle ici, aligne aujourd'hui quelque 265 km de canaux lagunaires bordés de splendides villas devant lesquelles s'amarrent de luxueux bateaux. La raison ? Le soleil ! Il brille ici plus de 240 jours par an et attire dans la région plus de 10 millions de vacanciers. Avec cet engouement, son flot de spéculation immobilière et urbanistique : plus grands, plus hauts, plus luxueux, plus tape-à-l'œil, les résidences et les condominiums poussent comme des champignons. La ville, tentaculaire, ne cesse de s'étendre, et de bien sages retraités remplacent peu à peu les étudiants venus en masse mettre un grain de folie sur ce bout de Floride au moment du *spring break*.

Fort Lauderdale, à seulement 40 km de Miami, peut constituer un bon camp de base pour rayonner dans la région et farnienter quelques jours.

SPRING BREAK

Vers la mi-mars, les étudiants débarquent de tout le pays pour s'éclater quelques jours entre clubs et plage. Au fil des ans, la température grimpe, entre musique assourdissante, beuveries et sexualité à fleur de peau.

Arriver – Quitter

✈ ***Fort Lauderdale – Hollywood International Airport*** *(hors plan par A3)* **:** *100 Terminal Dr, à 5 km au sud du centre-ville.* • *broward.org/airport* • 4 terminaux, reliés par navette. Vols quotidiens en provenance de nombreuses grandes villes américaines (dont Key West) et canadiennes, l'Amérique

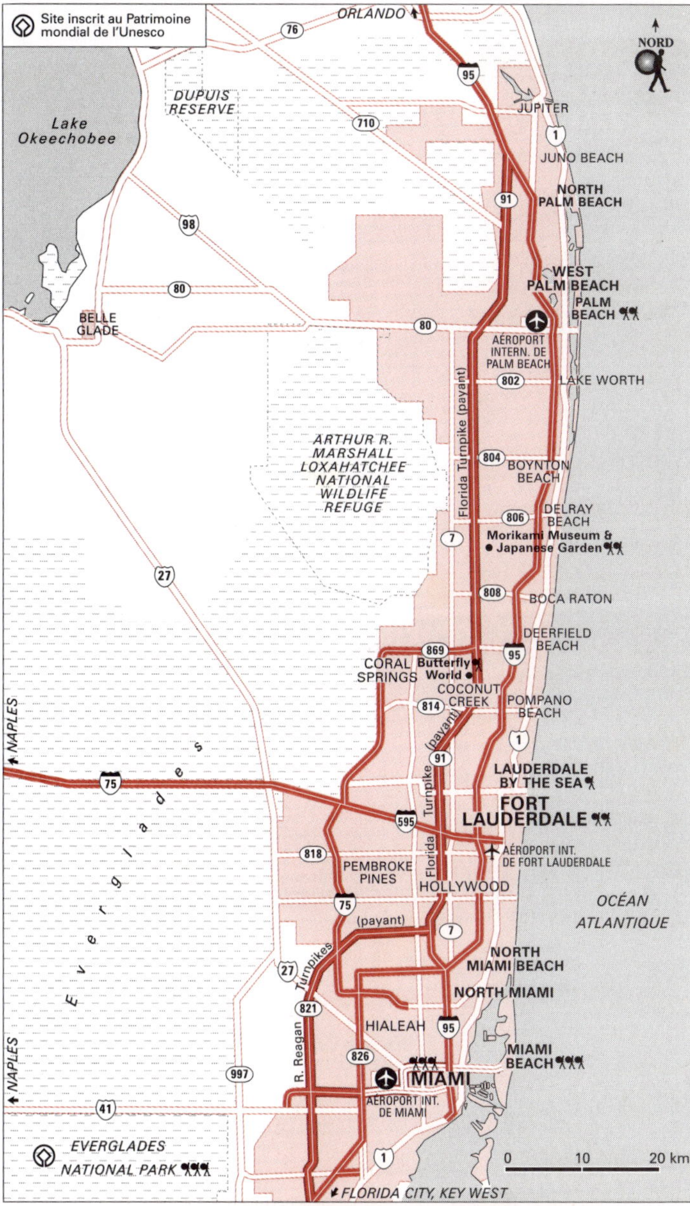

LA CÔTE DE MIAMI À PALM BEACH

■ **Adresses utiles**

- Greater Fort Lauderdale Convention & Visitors Bureau (A-B2)
- 1 Gare ferroviaire Amtrak et Tri-Rail (hors plan par A2)
- 2 Gare ferroviaire Bright Line (A2)
- 3 Water Taxi et Riverfront Cruises (B2)
- 4 Water Taxi (D1)
- 5 Jungle Queen River Boat (D3)

Où dormir ?

- 10 The Hotel Deauville (hors plan par D1)
- 11 Victoria Park Hotel (C1)
- 14 Premiere Hotel (D1)
- 16 The Aqua Hotel (D1)
- 17 The Pillars Hotel (D2)
- 18 The Drift (D2)

Où manger ?

- 29 Gran Forno Bakery (B2)
- 30 The Floridian Restaurant (B2)
- 32 Lester's Diner (hors plan par A-B3)
- 33 Lulu's Bait Shack (D2)
- 36 Greek Islands Taverna (hors plan par D1)
- 39 Casablanca Cafe (D2)
- 40 Southport Raw Bar (B3)
- 41 Seasons 52 (C-D1)
- 42 Rustic Inn Crabhouse (hors plan par B3)
- 44 Canyon Southwest Cafe (C1)

Où manger une bonne glace ?
Où boire un café ?

- 50 Kilwins (B2)
- 51 Ann's Florist & Coffee Bar (B2)

Où boire un verre ?
Où écouter de la musique ?

- 61 Blue Martini (D1)
- 62 Original Fat Cat's (A2)

Achats

- 70 The Swap Shop (hors plan par C1)
- 71 Sawgrass Mills et Colonnade Outlets (hors plan par C1)

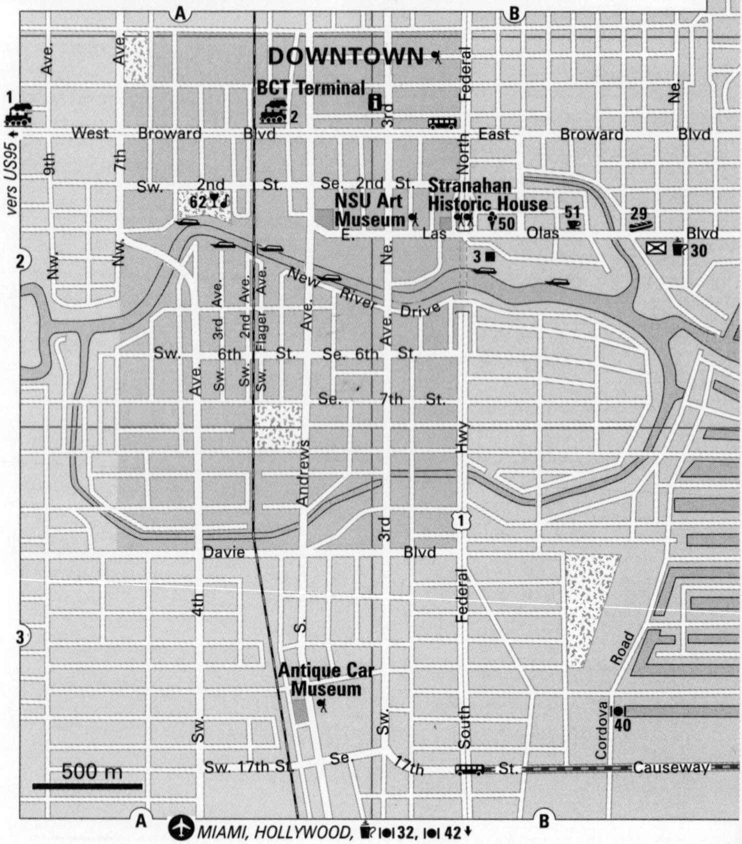

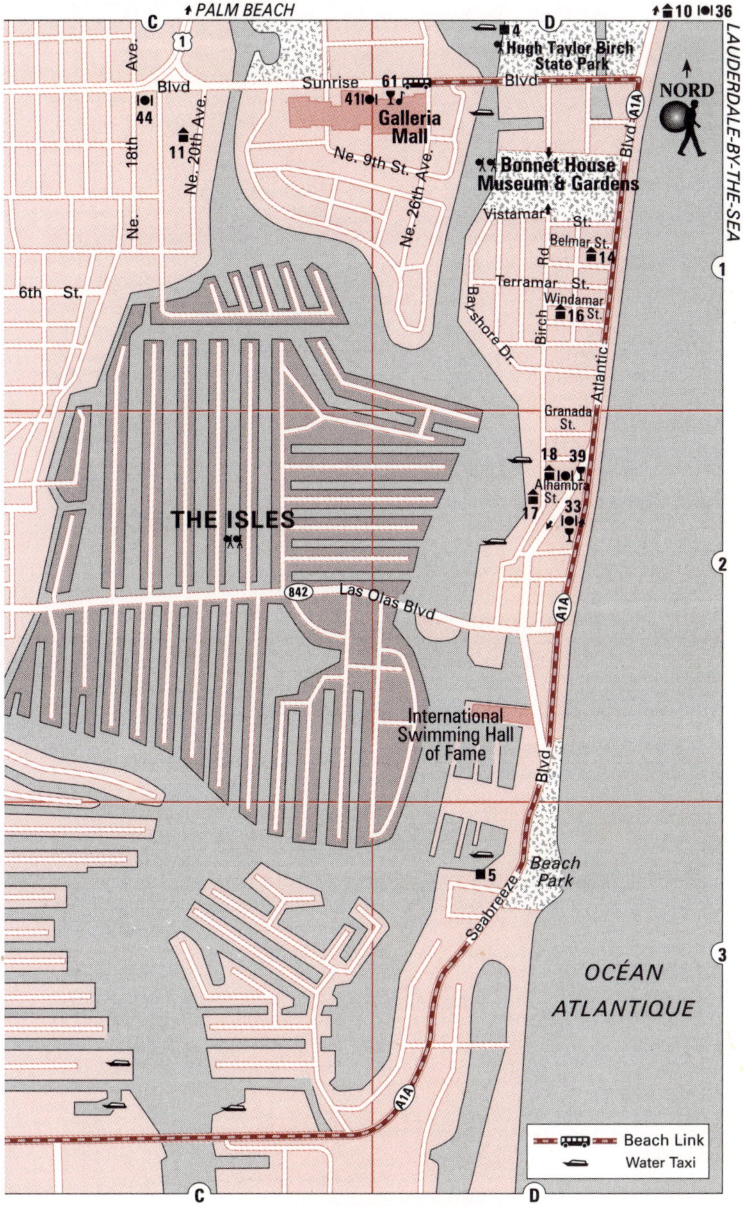

FORT LAUDERDALE

latine et les Caraïbes. Pour Paris-CDG, vols assurés par *Norwegian Airlines* avec 2-3 vols/sem.

➢ ***Pour gagner le centre,*** le bus n° 1 dessert le terminal *Broward Central Transit,* situé au 101 NW 1st Ave *(plan A2),* d'où partent la plupart des lignes. Tlj, ttes les 20-30 mn 5h50-23h45 (21h45 dim). Prix : 2 $ (paiement à bord en espèces). Il existe aussi le *Trolley Airport Link,* gratuit mais aux horaires restreints. Autres options : la navette *Go Airport Shuttle* (• goairportshuttle.com • ; résa en ligne ; compter 15-20 $/pers) et le taxi (25-30 $ selon le quartier où l'on se rend).

➢ Pour rallier directement Miami, compter 25-35 $/pers ***en navette*** et env 80 $ ***en taxi.*** En transport, privilégier le *Tri-Rail* qui relie les 2 aéroports. En voiture, prendre l'autoroute I-95 (gratuite).

Gare ferroviaire Amtrak et Tri-Rail *(hors plan par A2,* ***1****) : 200 SW 21st Terrace, à 3 km à l'ouest de Downtown, de l'autre côté de l'autoroute I-95. • amtrak.com • tri-rail.com •* L'*Atlantic Coast Service* d'Amtrak propose 2 liaisons/j. vers West Palm Beach, Orlando, Jacksonville et Savannah sur le trajet reliant Miami à New York (et vice versa). Le *Tri-Rail,* géré par une compagnie indépendante, est une sorte de RER qui relie l'aéroport de Miami à West Palm Beach en passant par Fort Lauderdale (dont l'aéroport). Lun-ven ttes les 20 mn-1h, 5h-21h50 vers le nord, 4h50-22h15 vers le sud ; w-e et j. fériés ttes les 1-2h, 7h-22h10 vers le nord, 6h55-22h20 vers le sud. Compter 5 $ pour Miami.

➢ ***Pour rejoindre Downtown,*** bus nos 9, 22 ou 81 jusqu'au terminal *Broward Central Transit,* situé au 101 NW 1st Ave *(plan A2),* où convergent pratiquement toutes les lignes. Ceux qui arrivent par *Tri-Rail* bénéficient de navettes gratuites pour le centre lun-ven ttes les 10-25 mn (w-e fréquence réduite).

Gare ferroviaire Bright Line *(plan A2,* ***2****) : NW 2nd Ave (entre W Broward Blvd et NW 4th St). • gobrightline.com •* La dernière-née des gares de la ville accueille la ligne à grande vitesse. Plusieurs trains/j. Trajet : 30 mn pour Miami et West Palm Beach.

Gare routière Greyhound *(plan B2) : 515 NE 3rd St. • greyhound.com • Tlj 5h30-1h30.* Bus pour Miami, Tampa, Atlanta... Sur place : consigne, distributeur de billets.

Adresses et infos utiles

Informations touristiques et services

Greater Fort Lauderdale Convention & Visitors Bureau *(plan A-B2) : 101 NE 3rd Ave. • sunny.org • Dans le centre administratif. Prendre le passage qui part à droite de l'inscription BB&T ; suite 100, au rdc. Lun-ven 8h30-17h.* Infos et brochures, notamment sur les transports.

Transports

■ ***Broward County Transit Terminal*** *(BCT Terminal ; plan A-B2) : 101 NW 1st Ave et Broward Blvd. • broward.org/bct • Ticket : 2 $; réduc ; pass journée 5 $.* Pour ceux qui ne sont pas véhiculés, le bus s'avère indispensable tant les distances sont grandes. Le réseau est tentaculaire mais on se contente de seulement 2-3 lignes en tant que touriste. La ligne n° 11 relie le terminal BCT à Lauderdale-By-The-Sea via le boulevard Las Olas et le front de mer, où se situent la plupart des hôtels.

■ ***Sun Trolley :*** *• suntrolley.com • Gratuit.* Parmi les 5 lignes existantes, 2 sont particulièrement intéressantes pour les visiteurs : la ligne *Las Olas (ttes les 30 mn ven-dim 10h30-17h),* qui relie le Downtown à la plage, et la *Beach Link (ttes les 30 mn tlj 10h30-17h),* qui part de l'US 1 *(plan D3),* prend la SW 17th St Causeway puis longe la plage jusqu'au Galleria Mall *(plan D1).* Cette ligne est tracée sur le plan.

■ ***Water Trolley*** *(plan A-B2) : • riverwalkwatertrolley.com • Ttes les 30 mn tlj 10h-22h. Gratuit.* Petit bateau-taxi qui parcourt New River dans Downtown entre SW 4th Ave et US 1.

Plus plaisant qu'utile et pour prolonger la balade vers l'est et ses canaux, il faut passer à la version *water taxi,* plutôt un promène-touristes lent qu'un taxi rapide. Toutefois envisageable pour qui veut aussi visiter les canaux (voir plus loin « À voir. À faire »).

Broward B Cycle : • *broward.bcycle.com* • Vélos en libre-service au tarif exorbitant de 5 $ les 30 mn ! Environ 25 stations, dont une sur Las Olas et plusieurs autres sur la plage. Le *pass* à 25 $ par semaine permet de bénéficier de 30 mn gratuites, puis 1 $ les 30 mn à chaque prise en charge.

– ***Voiture :*** la circulation est plus fluide qu'à Miami mais les ***stationnements*** sont vraiment problématiques car hors de prix ! Les horodateurs travaillent tous les jours 24h/24 pour minimum 1,50 $/h (4 $/h à proximité des plages). Dans un parking privé, compter 8 $ la « nuit »... mais seulement jusqu'à 2h-4h... pour y passer vraiment la nuit entière il en coûte plutôt 30 $! Quelques rares hôtels proposent un parking gratuit.

Où dormir ?

Bon marché

The Hotel Deauville *(hors plan par D1,* ***10****) : 2916 N Ocean Blvd.* ☎ *954-568-5000.* • *thedeauvillehotel.com* • *Bus n° 11. Lits en dortoir 30-45 $; doubles 95-140 $.* Chambres et dortoirs (sans oublier les transats) se répartissent autour de la piscine. 4 ou 6 lits gigognes dans chaque mini-appart, non mixte, avec salle de bains et kitchenette (au minimum un réfrigérateur). Pour son frichti, on peut aussi compter sur la cuisine commune. Côté chambres, elles sont sans histoire et de bon confort. L'ensemble est propre, convivial et calme (certes, le boulevard est passant).

De prix moyens à chic

The Drift *(plan D2,* ***18****) : 3005 Alhambra St.* ☎ *954-774-2061.* • *thedrifthotel.com* • *Doubles 95-160 $. Parking gratuit.* Des bâtiments jumeaux, symétriques et Art déco, servent d'écrin à ce cosy boutique-hôtel. On se repose dans un agréable patio verdoyant et ombragé. Coursives et escaliers mènent aux chambres décorées avec goût, persiennes et plafonniers-ventilo rajoutant à l'atmosphère années 1950, époque Hemingway, en Floride. Également des suites avec cuisine pouvant recevoir une famille.

Premiere Hotel *(plan D1,* ***14****) : 625 N Fort Lauderdale Beach Blvd.* ☎ *954-566-7676.* • *premierehotel.com* • *Bus n° 11. Doubles 110-200 $. Parking gratuit.* Cet hôtel occupe un bâtiment tout blanc récemment retapé et profite de 2 piscines les jours où la mer, pourtant à 50 m, fait la grimace. Il abrite aussi des chambres de différentes catégories : assez petites avec juste un lit *queen,* ou nettement plus grandes avec 2 *queens,* une cuisine et un balcon, et même de vrais apparts. Le tout est fonctionnel et parfaitement tenu même si l'accueil peut être parfois blasé.

The Aqua Hotel *(plan D1,* ***16****) : 3016 Windamar St.* ☎ *954-565-5790.* • *aquafortlauderdale.com* • *Bus n° 11. Doubles 110-250 $. Parking payant.* Bon début : la plage est à seulement 100 m et l'hôtel bien au calme, en retrait du front de mer. On dirait un peu un paquebot rétro, tout de blanc vêtu, avec sa piscine sur le pont. L'accueil est de bon aloi et les chambres ne déçoivent pas. Immaculées, *white on white,* ponctuées de touches turquoise, elles semblent déjà voguer vers les tropiques (tiens, un surf au mur !). Les standard sont belles et même spacieuses, avec TV et frigo.

Victoria Park Hotel *(plan C1,* ***11****) : 885 NE 20th Ave.* ☎ *754-888-5002.* • *thevictoriaparkhotel.com* • *Doubles 120-200 $.* Petit bâtiment d'un étage tout vert pastel replié sur sa piscine et son jacuzzi. En plus des chambres doubles, également des familiales avec kitchenette, là aussi de tailles variables. Toutes sont de style contemporain, tapis colorés et miroir dynamisant le parti pris du blanc. Bar-cafétéria sur place. Accueil agréable. Une bonne alternative au front de mer.

De plus chic à très chic

The Pillars Hotel *(plan D2,* ***17****)* **:** *111 N Birch Rd. ☎ 954-467-9639. • pillarshotel.com • Bus nº 11. Doubles 230-530 $. Parking gratuit.* Cette élégante demeure aux faux airs de petite plantation coloniale appartient aux très réputés *Small Luxury Hotels of the World.* On y trouve une petite vingtaine de chambres et suites cossues, décorées avec beaucoup de goût : parquet ou moquette, cheminées, tableaux exotiques, mobilier d'antiquaire, salles de bains en marbre, etc. Le magnifique petit jardin, à la piscine ombragée de palmiers, donne directement sur l'*Intracoastal Waterway.* Espaces communs au diapason des chambres, resto.

Où manger ?

Spécial petit déjeuner

The Floridian Restaurant *(plan B2,* ***30****)* **:** *1410 E Las Olas Blvd. Bus nº 11. ☎ 954-463-4041. Ouv 24h/24. Plats 7-17 $.* On l'appelle tout simplement *The Flo.* Une institution datant de 1937, pour engloutir, à toute heure, un breakfast américain grassouillet à souhait. Pas bien fin mais tout y est, à commencer par la déco : photos de stars, bar aux tabourets chromés, mobilier dépareillé, moquette datant de JFK (au moins), TV aux murs... Vous êtes d'humeur festive ? Commandez le *fat cat breakfast* à 360 $... qui, pour accompagner des œufs bien gras, est servi avec une bouteille de Dom Pérignon (le pauvre !). Sinon, spécialité de burgers et d'omelettes (œufs *Benedict* aussi), sandwichs et *wraps.*

On recommande aussi **Lester's Diner** *(hors plan par B3,* ***32****)* : voir plus loin.

De bon marché à prix moyens

Gran Forno Bakery *(plan B2,* ***29****)* **:** *1235 E Las Olas Blvd. ☎ 954-467-2244. Bus nº 11. Tlj 7h-20h (19h lun et mer). Autre adresse au 704 E Las Olas Blvd. Focacce,* paninis, *biscotti, cappuccini* et autres *macchiati* costauds, tout ici a un bon goût d'Italie. Les quiches et gros sandwichs façon pan-bagnat valent aussi le détour, mais attention aux prix (ça grimpe vite).

Lulu's Bait Shack *(plan D2,* ***33****)* **:** *17 S Atlantic Blvd. ☎ 954-463-7425. Bus nº 11. Tlj 11h-2h (3h ven-sam, 1h dim).* Populaire, jeune et animé à souhait, *Lulu's* regarde depuis son perchoir du 1er étage le boulevard, la plage, l'océan. Le soir venu, les groupes font péter les décibels en live (country les jeudis). Et dans tout ça, le miam-miam ? Une *food pub* à la mode cajun : alligator, jambalaya et *Bourbon Street Entrées* à grignoter à table (penser à réserver) ou autour du bar. Même les bien élevés pourront y mettre les doigts, il y a d'énormes rouleaux d'essuie-tout sur les tables !

Lester's Diner *(hors plan par B3,* ***32****)* **:** *250 W State Rd 84 (angle SW 3rd Ave). ☎ 954-525-5641. Bus nº 6. Ouv 24h/24. Burgers 8-15 $, plats 15-20 $.* Jerry Lewis et Bill Clinton sont tous 2 venus y tâter du juke-box. Ouvert depuis 1967, ce *diner* populaire est le grand rendez-vous d'une clientèle hétéroclite venue se gaver des classiques de la bouffe américaine. Ici on en a pour son argent. Carte-catalogue (dont des plats grecs) et décor des sixties : chromes rutilants, banquettes en moleskine... une vraie tranche de sociologie. Un bon choix : les gros sandwichs et la myriade de petits déj avec *cup of coffee* de 400 ml !

Southport Raw Bar *(plan B3,* ***40****)* **:** *1536 Cordova Rd. ☎ 954-525-2526. Bus nº 40. Tlj 8h (7h30 sam-dim)-23h. Plats 6-16 $ le midi, 16-20 $ le soir, sauf poisson du jour au poids.* Pas besoin de se saper pour s'attabler ici : le look ambiant est plutôt *middle class* et retraités en goguette – sans oublier les *yachties* qui débarquent de leur bateau amarré face à l'étroite terrasse du resto. Servis dans des assiettes en plastique, poissons frits, crustacés, salades aux coquillages, poisson-chat, huîtres et moules s'engloutissent à grandes lampées de bière. Vins médiocres (mais pas chers !) et musique envahissante.

|●| ***Seasons 52*** *(plan C-D1, **41**) : 2428 E Sunrise Blvd, à l'entrée monumentale du Galleria Mall (parking gratuit). ☎ 954-537-1052. Bus n° 40. Tlj 11h30-22h (23h ven-sam, 21h dim). Plats 15-32 $. Happy hours tlj 15h-18h30 sauf w-e.* Le credo de la chaîne *Seasons 52* ? Une cuisine fraîche et saine, et une carte des vins à rendre jaloux un sommelier français (pas tous, quand même !). Chaque plat fait moins de 600 calories, les viandes sont grillées ou rôties, les légumes de saison et les desserts miniatures. Une recette à succès ! Ici, on choisit entre 2 grandes salles – l'une face à la vaste cuisine ouverte, bruyante en diable, l'autre plus intime avec piano-bar (chantant) le soir. Petite terrasse côté rue. Au dessert, ne passez pas à côté des mignardises...

De prix moyens à chic

|●| ***Greek Islands Taverna*** *(hors plan par D1, **36**) : 3300 N Ocean Blvd. ☎ 954-565-5505. Bus n° 11. Tlj 11h (12h dim)-22h. Mezze 3-18 $, plats 10-20 $ le midi, 15-45 $ le soir.* Le moins qu'on puisse dire, c'est qu'il y a des Grecs qui ne connaissent pas la crise ! Ici, c'est full de chez full. En terrasse, le long du boulevard, dans la grande salle qui tourne autour du bar ou au bar même, ça socialise dans toutes les langues. Au menu, au moins autant de *mezze* et de plats à la carte que de perles dans un *komboloï* : soupes, feuilles de vignes farcies, poulpe, côtelettes d'agneau, moussaka (excellente), *gyros...* Tout y est ! Juste 2 bémols : le vin maison un peu sucré et les prix un peu salés.

|●| 🍸 ⛱ ***Casablanca Cafe*** *(plan D2, **39**) : 3049 Alhambra St (à l'angle du front de mer). ☎ 954-764-3500. Bus n° 11. Tlj 12h (8h sam-dim)-22h ; musique live mar-dim à partir de 20h. Plats 12-18 $ le midi, 16-35 $ le soir.* Jouant la carte du romantisme, le *Casablanca* est réputé pour son bar à cocktails bercé chaque soir par un pianiste, ses coins intimes et, à l'étage, son aguicheuse déco orientale et sa terrasse donnant sur la plage (et la route). C'est l'une des seules adresses recommandables du secteur... et encore, la cuisine, d'inspiration méditerranéenne et mexicaine, n'a rien de génial non plus. Clientèle sur son trente et un le soir.

|●| ***Canyon Southwest Cafe*** *(plan C1, **44**) : 1818 E Sunrise Blvd. ☎ 954-765-1950. Bus n° 10. Tlj à partir de 17h30 sauf sam. Pas de résa. Small plates 13-22 $, large plates 25-30 $.* La petite salle, plongée dans la pénombre, résonne de bonne humeur, entre tintements de verres, conversations enlevées et bar où s'attablent les retardataires. On se met sur son trente-et-un pour venir déguster une excellente (on pèse nos mots) cuisine fusion, mêlant influences méditerranéennes et *South West* sur un fond de produits frais de qualité. On s'en lèche encore les babines ! Certains préfèrent toutefois commander un assortiment de petits plats et les partager entre amis, façon tapas.

|●| ⛱ ***Rustic Inn Crabhouse*** *(hors plan par B3, **42**) : 4331 Anglers Ave. ☎ 954-584-1637. Prendre l'autoroute I-95 (sortie 23) puis suivre Griffin Rd et tourner à droite sur Anglers Ave. Tlj 11h30 (12h dim)-22h45 (21h45 dim). Lunch specials 15-20 $, plats 15-40 $ le soir (crabe env 50 $).* C'est loin, impossible d'accès en transports, mais le lieu, fondé en 1955, est une institution avec ses spécialités de fruits de mer et poissons d'une grande fraîcheur, à dévorer sur une vaste terrasse couverte jetée au bord d'un canal. Des gars comme Mohamed Ali et Jake LaMotta en avaient fait leur cantine ! Faut dire qu'ils ne manquaient pas de punch pour massacrer leurs pinces de crabe à coups de maillet !

Où manger une bonne glace ? Où boire un café ?

🍦 ***Kilwins*** *(plan B2, **50**) : 809 E Las Olas Blvd. Bus n° 11. Tlj 11h-22h30 (23h ven-sam).* Fondé dans l'immédiat après-guerre dans le Michigan,

Kilwins a conquis tout le pays, et particulièrement la Floride. Ses glaces sont riches et onctueuses, comme celle, excellente, au *dulce de leche* (la confiture de lait sud-américaine). Les becs sucrés pourront aussi craquer pour les délicieux chocolats maison.

Ann's Florist & Coffee Bar *(plan B2,* ***51****) : 1001 E Las Olas Blvd. Bus n° 11. Lun-sam 8h (9h sam)-22h (23h ven) ; dim 10h-21h.* Ceux qui ont du nez aimeront ce lieu cosy qui contraste avec le bouillonnant Downtown. On plonge dans le jardin secret d'une (vraie) fleuriste qui a aménagé la moitié de son oasis avec vieux fauteuils, tables rétro, objets de broc. Un bien original décor pour déguster pâtisseries et autres thés ou cafés. Un petit côté chic sur fond jazzy cool.

Où boire un verre ? Où écouter de la musique ?

Original Fat Cat's *(plan A2,* ***62****) : 320 Himmarshee St. Tlj 11h30-4h.* Son nom dit bien de quoi il retourne : c'est un classique, un bon vieux *dive bar* (rade), où l'on descend une bière (80 sortes, dont pas mal sont artisanales) pas bien chère. Les groupes y débarquent chaque jour vers 23h – à moins qu'un DJ ne prenne le relais. Pas de trucs commerciaux ici, mais du bon rock et du reggae le mercredi. L'entrée est toujours gratuite, l'ambiance chaleureuse et la soirée réussie. Billard. Voilà qui donne le ton à ce microquartier branché de Downtown, très populaire dès la fin d'après-midi.

Blue Martini *(plan D1,* ***61****) : 2432 E Sunrise Blvd. Bus n° 40. Au rdc du Galleria Mall. Tlj 14h (16h dim)-2h (3h ven-sam). Parking gratuit à côté.* L'un des *happening places* de la ville, où il faut venir se montrer autour du bar bleu fluo ou sur la large terrasse. Musique live tous les jours dès 20h, puis DJ jusqu'à plus soif, toutes tendances mêlées (reggae, rock, international...). Plein de monde, on danse un peu où l'on peut, entre les tables. Restauration légère.

Achats

The Swap Shop *(hors plan par C1,* ***70****) : 3291 W Sunrise Blvd (entre le Florida Turnpike et l'autoroute I-95 – sortie 29B). • floridaswapshop.com • Bus n° 40. Lun-ven 9h (8h jeu)-17h, w-e 8h-17h30.* Cette ***méga-brocante*** se répand sur un énorme parking envahi d'étals en plein air et d'immenses hangars abritant des échoppes et boutiques où l'on vend absolument de tout : fleurs, fruits, légumes, fringues à 5 $, valises, CD, appareils électroniques, électroménager, et tout un bazar qu'on trouve généralement en vente par correspondance dans des magazines très, très grand public. Ajoutez à cela une ***fête foraine*** permanente ultra-rétro qui sent le pop-corn (surtout animée le week-end) et un ***minimusée automobile*** *(hangar 12 ; gratuit)* où s'expose une kyrielle de Ferrari... Dans son genre, c'est le plus grand barnum commercial du monde. Le soir, les parkings se vident pour se métamorphoser en ***Drive-in Theater.*** Si vous maîtrisez assez l'anglais, c'est l'occase de se rejouer les films des années 1960 au volant de votre voiture de loc. Le site possède 14 écrans et propose une dizaine de films différents *(ts les soirs ; entrée : 7 $, 2 $ enfants 5-11 ans).* Le son s'obtient alors sur votre autoradio en le réglant sur la fréquence FM inscrite en bas de l'écran. Une expérience amusante.

Sawgrass Mills et Colonnade Outlets *(hors plan par C1,* ***71****) : 12801 W Sunrise Blvd. • simon.com/mall/sawgrass-mills • À env 25 km à l'ouest de Fort Lauderdale ; en bus nos 1, 6, 9, 10, 11, 14, 20, 22, 30, 31, 40, 50, 60 ou 81 jusqu'à Broward Central Terminal, puis bus n° 36 ; en voiture, suivre le Sunrise Blvd (route 838) jusqu'à*

N Flamingo Rd. Lun-sam 10h-21h30, dim 11h-20h. Ces centres commerciaux jumeaux, parmi les plus grands des États-Unis, regroupent quelque chose comme 420 boutiques – les plus classiques et sportswear côté *Sawgrass Mills,* les plus chics et fashion côté *Colonnade Outlets.* Les affaires se font aussi chez les « dégriffeurs généralistes » comme *Ross* ou *Marshalls.* Un lieu incontournable pour les féru(e)s de shopping. Tout un tas de restos de chaînes bien sûr et un *food court* sur place.

À voir. À faire

La ***plage*** *(bus n° 11 ou Trolley Beach Link),* soulignée par une belle et large promenade, est un peu un cliché de Floride avec ses cocotiers altiers, ses cahutes de sauveteurs, ses tables de pique-nique en bois peintes en vert turquoise et, *last but not least,* son très large tapis de sable blanc (particulièrement fin du côté de South Beach Park). On pourrait parler d'institution depuis que l'équipe de natation de la *Colgate University* de New York décida de venir ici faire quelques brasses en 1936. Boostée en 1960 par la voix sirupeuse de Connie Francis dans le film *Where the Boys Are,* qui mettait en image la sexualité émergente d'une bande d'adolescents, la plage de Fort Lauderdale est rapidement devenue *the place to be* pour la jeunesse américaine.
Ainsi commença jusque dans les années 1980, le phénomène ***spring break*** (les vacances de printemps). Aujourd'hui, la plage est plus calme, même si une version édulcorée du *spring break* a toujours lieu chaque année. Elle attire aussi beaucoup de retraités qui disputent aux goélands leur part de pizza. Pas de lumière le soir entre mars et octobre ? C'est pour les tortues, qui viennent parfois encore pondre dans le sable chaud.

Hugh Taylor Birch State Park *(plan D1)* **:** *3109 E Sunrise Blvd. • floridastateparks.org • Bus n°s 11 ou 40. Tlj de 8h au coucher du soleil. Entrée : 6 $/véhicule 2-8 pers, 4 $/pers seule ou 2 $/piéton.* Protégée des promoteurs depuis sa création, cette vaste réserve de 113 ha s'étire entre la plage et un canal. Elle a été léguée par un avocat de Chicago qui avait acheté le terrain en 1893 pour... 280 $! Sa maison Art déco est devenue *Visitor Center.* Une route en boucle de 3 bons miles, très appréciée des joggeurs et cyclistes, fait le tour du parc, donnant accès à quelques petits sentiers et de jolis sites de pique-nique côté canal (face aux résidences luxueuses). Pour l'apprécier, on peut aussi louer un kayak et découvrir la mangrove.

Bonnet House Museum & Gardens *(plan D1)* **:** *900 N Birch Rd. • bonnethouse.org • Bus n°s 11 ou 40. Entrée au nord par Sunrise Blvd, parking gratuit, ou au sud par Bermar St. Tlj sauf lun 11h-16h (dernière admission à 15h30). Visite guidée obligatoire pour la maison à la demie de chaque heure (durée : 1h30) : 20 $; 10 $ jardins seuls ; réduc ; gratuit moins de 6 ans. Brochure en français.* La maison Bonnet est nichée dans un parc de 18 ha étiré juste en retrait du front de mer, accessible par voie d'eau depuis le *waterway.* Dessinée puis construite en 1921 par l'artiste Frederic Clay Bartlett (1873-1953), elle doit son financement à son 1er beau-père, comme cadeau de mariage (pas mal !). Tout en roche corallienne et pin, elle compte une trentaine de pièces et des balcons en fer forgé qui rappellent un peu ceux de La Nouvelle-Orléans. À l'intérieur, meubles, orchidées, coquillages et peintures murales, ainsi qu'une importante collection de tableaux postimpressionnistes. Verger planté de manguiers, avocatiers et agrumes. Également un jardin sec avec agaves et plantes acclimatées au désert. Le reste du parc ressemble à une oasis rafraîchie par des plans d'eau, piqués de nénuphars à bonnet (d'où le nom de la villa) et sur lesquels se penchent de vénérables palmiers. Visite très intéressante (révisez votre anglais !) qui permet de se plonger dans l'Amérique des années 1920-1940.

The Isles : c'est le quartier chic et résidentiel de la ville, créé artificiellement par l'excavation de canaux dans les années 1920, entre le front de mer et Downtown. Pour se balader dans cette marina démesurée, le bateau est indispensable. La navigation se fait alors sous les commentaires, très bavards, de l'équipage invitant à admirer les demeures incroyables et les yachts de cette Amérique opulente où l'on compte en millions de dollars. Ici le bateau de Spielberg, là la villa de Johnny Depp... ou l'inverse en fonction du marché immobilier et du Bottin mondain.

RÉGIME SANS SEL POUR MR GATOR

La bande littorale qui jouxte la plage était jadis coincée entre lagune et océan : les alligators aimaient s'y dorer la couenne. Lors de la création des Isles, le creusement des canaux l'a isolée de la terre par un bras de mer... avec une eau salée que n'apprécient guère ces sauriens-là. Aussi ont-ils définitivement laissé la place aux vacanciers et aux requins... de l'immobilier.

Water Taxi : *• watertaxi.com • Lun-jeu et dim 10h-20h, ven-sam 10h-22h, ttes les 25-35 mn. Pass 1 j. 28 $; réduc ; 18 $ après 17h.* Relie Downtown *(Las Olas Riverfront ; plan B2,* **3***)* au Hugh Taylor Birch State Park *(plan D1,* **4***).* Une quinzaine d'arrêts dont certains facultatifs. Une fois le *pass* en poche, on adopte le principe du *hop-on hop-off* en s'aidant du plan pour monter et descendre selon ses centres d'intérêt (musées, *malls,* bars, restos...).

Jungle Queen River Boat *(plan D3,* **5***)* **:** *départ du Bahia Mar Yachting Center, 801 Seabreeze Blvd, juste au sud de l'hôtel Bahia Mar. • junglequeen.com • Bus n° 40. Tlj à 11h (plus 15h et 17h, mer-dim mars-août et jeu-dim, déc-fév). Résa en ligne conseillée. Durée : 90 mn. Compter 25 $; réduc.* Touristique à souhait. Globalement même parcours que le précédent, la souplesse de montée-descente en moins mais le look *steamboat* des temps modernes en plus ! Le départ de 13h30 comprend en plus la visite d'un minizoo (avec supplément)... mouais !

Riverfront Cruises : *départ de Las Olas Riverfront (plan B2,* **3***). • riverfrontcruise.com • Tlj à 11h, 13h, 15h et 17h. Durée : 90 mn. Compter 24 $, réduc.* Prestations similaires, le look du bateau New Orleans en moins.

Downtown *(plan A-B2)* **:** on s'attardera surtout au musée d'Art et à la maison Stranahan avant de flâner sur le chic **Las Olas Boulevard** bordé de boutiques à la mode, restos dans le vent et bars animés. Les Américains s'y retrouvent en nombre le week-end pour faire la fête jusqu'à pas d'heure.

Stranahan Historic House *(plan B2)* **:** *335 SE 6th Ave. • stranahanhouse.org • Bus n° 11. Visite guidée obligatoire tlj à 13h, 14h et 15h (durée : 1h) : 12 $; réduc.* Franck Stranahan est l'un de ces pionniers pur jus qui ont fait l'histoire de la Floride, et que l'Histoire a quasiment oubliés. En 1897, il installe un traversier sur la New River (l'actuel canal du *downtown*), sur la route reliant les villes du nord à Key West. Rapidement, des fermes s'installent alentour et un village s'agglomère autour du bac, signant la naissance de Fort Lauderdale, avec sa 1re école (1899) et sa maîtresse, Ivy, que Frank épousera en 1900. L'année d'après, il remplace sa cahute d'origine par la maison aujourd'hui visible. Le 1er étage sert de salle des fêtes aux villageois, le rez-de-chaussée aux activités commerciales de Franck : postier, banquier, épicier... Les affaires fleurissent jusqu'en 1926. Les cyclones de 1928 puis la crise de 1929 ruinent cet élan et Franck se suicide dans la rivière même qui fut source de sa prospérité. Ivy occupera la maison jusqu'à sa mort en 1971, louant les étages inférieurs pour payer les dettes. Le rez-de-chaussée sera ainsi transformé en restaurant *(The Pioneer House)* de 1939 à 1979. Les intérieurs sont parfaitement conservés, lambrissés de pin, meublés et décorés avec des objets offerts ou ayant appartenu aux Stranahan. Noter le coffre-fort enchâssé dans la base de l'escalier.

LA GOLDEN COAST

NSU Art Museum *(plan A2)* **:** *1 E Las Olas Blvd. • nsuartmuseum.org • Bus nº 11. Mar-dim 11h (12h dim)-17h (20h 1er jeu du mois). Entrée : 12 $ (mais peut doubler selon expos) ; réduc ; gratuit 16h-20h 1er jeu du mois.* Outre de grandes expos temporaires de qualité, consacrées aux grands noms tels que Picasso, Renoir, Frida Kahlo (voir le site), le musée dispose d'un riche fonds. Il est exposé de façon tournante et composé notamment de toiles de l'impressionniste américain William Glackens, ainsi que des œuvres du mouvement Cobra, bien représenté par Karel Appel, Alechinsky, Asger Jorn... Très bel espace sur 2 étages.

Antique Car Museum *(plan A3)* **:** *1527 SW 1st Ave. • antiquecarmuseum.net • ☎ 954-779-7300. Bus nº 40. Lun-ven 10h-16h (appeler avt, parfois fermé pour des événements privés). Entrée : 10 $; réduc ; gratuit moins de 5 ans.* Les amateurs de *belles Américaines* y découvriront une superbe collection de 35 Packard (la Rolls américaine de la 1re moitié du XXe s), toutes en parfait état de marche. En vedette, la voiture du président Calvin Coolige (1923-1929), un très beau camion de 1915, la décapotable dans laquelle Einstein et Lindberg paradèrent à New York, ou encore cette voiture de 1909, avec l'ancêtre du pare-brise : une simple petite vitre ronde face au chauffeur. Vaut le coup d'œil.

DANS LES ENVIRONS DE FORT LAUDERDALE

LAUDERDALE-BY-THE-SEA

À 8 km au nord de Fort Lauderdale, cette petite station balnéaire s'articule autour d'un long *pier* en bois typique et de bars-restos de plage.

Adresse utile

Lauderdale-By-The-Sea Chamber of Commerce Welcome Center **:** *4201 Ocean Dr. • lbts.com • En hte saison, lun-sam 9h-17h ; réduit le reste de l'année.* Infos, brochures et même le magazine *Le Soleil,* édité en français. Accueil très serviable.

Où dormir ? Où manger ? Où boire un verre ?

Côté restauration, ne vous attendez pas au coup de foudre. Pas grand-chose d'autre que des restos et bars de plage où la quantité de plats l'emporte sur leur qualité. N'hésitez pas à filer à Fort Lauderdale pour améliorer le quotidien.

The Castle by the Sea **:** *4520 N Ocean Dr. ☎ 954-772-8337. • thecastlebythesea.com • À 300 m au nord de Commercial Blvd. Doubles 95-210 $.* En guise de « château », voici plutôt un motel, flanqué d'une piscine bordée de palmiers un peu trop proche de l'avenue à notre goût, mais l'océan est à une centaine de mètres, un véritable atout. Les chambres sont fraîches et colorées, avec réfrigérateur, micro-ondes et kitchenette pour les plus chères. Accueil chaleureux, encore un bon point.

The Southern Seas **:** *4520 El Mar Dr. ☎ 954-772-1660. • southernseas.com • À 200 m au nord de Commercial Blvd. Doubles, suites avec kitchenette et apparts 140-260 $.* Côté rue, le grand mur blanc ne laisse rien présager de cette très agréable adresse directement sur la plage, les pieds dans le sable blanc. Les chambres et appartements, répartis entre rez-de-chaussée et 1er étage, ne brillent pas par leur style, mais la vue sur le large est incroyable ! Piscinette entourée de transats mais, encore une fois, la mer vous tend les bras !

Laspada's Original Hoagies : *233 E Commercial Blvd. À env 400 m du front de mer. Tlj 10h (11h dim)-20h. Hoagies 8-13 $.* Ce petit snack prépare d'énooormes *hoagies,* les fameux sandwichs de Philadelphie. Le midi, l'ambiance est survoltée : la charcuterie vole derrière le comptoir et atterrit directement entre 2 morceaux de pain. Ensuite, on choisit : fromage, légumes marinés, tomates, oignons, laitue... Le tout bien roulé, coupé en 2 et emballé dans de grandes feuilles de papier ! Faut se décider vite quand arrive son tour *(small or large ? wheat or white ?),* car derrière, ça pousse un max !

Aruba Beach Café : *1 E Commercial Blvd. Face au pier. Tlj 11h (9h dim)-1h (2h mer-sam).* Ce vaste bar-resto aux couleurs vives donne sur la plage et son *pier.* L'endroit est très populaire pour boire un verre ou manger un morceau, d'autant qu'il y a de la *live music* pratiquement tout le temps, y compris le dimanche pour le brunch.

À voir un peu plus loin

Butterfly World (hors plan par A1) **:** *Tradewinds Park, 3600 W Sample Rd,* ***Coconut Creek.*** • *butterflyworld.com* • *À env 25 km au nord de Fort Lauderdale. Bus n° 10 jusqu'à Sample Rd, puis n° 34. En voiture, prendre l'autoroute I-95, sortie 39 ; le parc se trouve à 6 km à l'ouest. Tlj 9h (11h dim)-17h (dernier accès à 16h). Entrée : 33 $; réduc. Supplément (!) de 1,50 $/pers les w-e et j. fériés. Feuillet en français.* Ce parc est peuplé d'environ 20 000 papillons (quelque 150 espèces issues des 5 continents) qui virevoltent joyeusement dans une végétation luxuriante sur fond de musique douce. Les volières abritent également des oiseaux exotiques en « liberté », colibris, perroquets et *oiseau soleil* venu spécialement d'Afrique, sans oublier plantes et fleurs magnifiques. Le labo du parc en a déjà vu naître plus d'un million. On peut d'ailleurs observer la métamorphose des cocons en direct. Les enfants aiment bien la rencontre avec les loriquets australiens, qui n'hésitent pas à venir se percher sur la main, et le *Bug Zoo,* vivarium avec scorpions, araignées...

PALM BEACH

8 700 hab.

• Plan *p. 207*

Déjà 20 ans que le dernier Indien séminole a quitté la région quand, le 9 janvier 1878, le *Providencia,* une goélette espagnole reliant le Mexique à l'Espagne, est entraîné vers la côte. À son bord, une importante cargaison de bois et, surtout, plus de 20 000 noix de coco. Échoué face à l'actuel Southern Boulevard, le navire éventré se libère de sa cargaison. En moins de 7 ans, l'endroit se transforme en une magnifique cocoteraie ! Déboulent les 1ers milliardaires comme Charles J. Clarke, un type qui fricote dans les aciers. Mais c'est Henry Morrison Flagler, alors associé à un certain Rockefeller dans les pétroles, qui met le feu aux poudres... Le 1er mai 1893, il entame la construction d'un gigantesque hôtel, le *Royal Poinciana,* pour faire de la toute nouvelle Palm Beach un lieu de villégiature destiné aux plus fortunés. Reste un obstacle : comment faire venir les clients du nord du pays ? Flagler ne s'en laisse pas conter et entreprend une ligne de chemin de fer jusqu'au sud de la Floride.

La mayonnaise prend vite, les hôtels poussent, les voies de communication et l'agriculture se développent. Les plus aisés s'entichent de villas toujours

plus cossues, concourant à faire de la région un symbole de prospérité. On vend, on achète, on revend, toujours plus ostensiblement... Un siècle plus tard, rien n'a véritablement changé !
Visiter Palm Beach s'apparente un peu à la découverte d'un monde extraterrestre, hors de portée du commun des mortels. Palm Beach peut paraître ennuyeuse au 1er regard. Les cocotiers s'y tiennent bien droits, les caniches sortent de chez le coiffe-toutous et les pelouses bien rases rappellent qu'ici rien ne dépasse qui ne le devrait. L'essentiel de l'activité balance entre le shopping de luxe, le golf et l'organisation de fêtes de charité. Tôt ou tard, vos pas vous mèneront sur Worth Avenue – « l'avenue des milliardaires », aux faux airs de quartier colonial espagnol. La liste des gros bonnets qui possèdent une maison à Palm Beach se susurre à l'oreille : Rod Stewart, Jimmy Buffet... Le plus connu d'entre eux n'étant autre que Donald Trump.
Si la curiosité vous titille, vous pouvez prévoir une étape en sachant qu'on n'y trouve rien de bon marché pour y loger ! On peut y venir en simple excursion ou s'établir à West Palm Beach, la grosse ville sans charme plantée de l'autre côté de l'*Intracoastal Waterway.* Vous y découvrirez au demeurant le superbe Norton Museum of Art, au fonds pourvu de pièces superbes léguées par les héritiers des grandes familles de mécènes.

Arriver – Quitter

✈ ***Palm Beach International Airport*** *(hors plan par A3)* **:** *1000 Turnage Blvd, à 5 km au sud-ouest de West Palm Beach.* • *pbia.org* • Vols quotidiens pour toutes les grandes villes américaines et les Bahamas. Comptoir d'info face aux tapis de livraison des bagages.
➢ ***Pour rejoindre West Palm Beach*** *(Intermodal Transit Center),* prendre le bus nº 44. Départs ttes les 30 mn en sem (6h15-18h45), ttes les heures sam (7h10-19h) et dim (10h10-17h). Ticket : 2 $. Pour rejoindre Palm Beach une fois arrivé à l'*Intermodal Transit Center,* voir plus bas. Sinon, compter env 20 $ en taxi.

Intermodal Transit Center *(hors plan par A3)* **:** *203-209 S Tamarind Ave, à West Palm Beach.* Regroupe tous les transports en un même lieu. ***Greyhound :*** • *greyhound.com* • *Ouv 6h-22h45.* Env 6 bus/j. pour Miami (dès 10 $ en réservant sur Internet), 4 bus/j. pour Orlando, 2 bus/j. pour Daytona Beach. ***Tri-Rail :*** • *tri-rail.com* • Sorte de RER qui relie Palm Beach à Fort Lauderdale (dont l'aéroport) et Miami (idem). Ttes les 30 mn-1h 4h06-20h46 en sem, ttes les 1-2h 5h58-21h08 dim et j. fériés. Très accessible : env 7 $ (5 $ w-e) pour Miami. ***Amtrak :*** • *amtrak.com* • 2 trains/j. venant de Miami, Fort Lauderdale et filant vers le nord (Orlando, Jacksonville, Savannah...), et vice versa.
➢ ***Pour le centre-ville,*** prendre la ligne verte du *Downtown Trolley,* tlj 7h (9h sam, 11h dim)-19h (18h w-e), ttes les 15 mn. C'est gratuit ! En descendant à la hauteur de Lakeview Ave, on peut rejoindre Palm Beach en 10-15 mn à pied en traversant le pont. Sinon, bus nº 41, lun-ven 6h35-16h15 (sam 7h35-15h35), dernier retour à 17h (16h15 sam) ; 2 $; 0,50 $ seulement si l'on est muni d'un billet valide du *Tri-Rail.*

Gare ferroviaire Bright Line *(hors plan par A3)* **:** *501 Everina St (entre S Rosemary Ave et S Quadrille Blvd).* • *gobrightline.com* • Située entre Palm Beach et l'*Intermodal Transit Center,* cette gare récente est le terminus provisoire de la ligne à grande vitesse reliant Miami en 1h15.

Orientation

Comme de nombreuses stations balnéaires de la côte est de la Floride, ***Palm Beach*** occupe une fine bande de terre séparée du continent par l'*Intracoastal Waterway* et reliée à **West Palm Beach** par 3 ponts. Ce sont 2 villes très différentes, West Palm Beach ne présentant guère d'intérêt...

Adresses et infos utiles

Informations touristiques et services

Palm Beach Chamber of Commerce Visitors Bureau (*plan A-B3,* **1**) **:** *400 Royal Palm Way, suite 106, à Palm Beach.* ☎ *561-655-3282.* • *palmbeachchamber.com* • *À l'arrière du bâtiment. Lun-ven 9h-17h.* Plan de la ville et doc touristique abondante.

West Palm Beach Visitor Information Center (*plan A2,* **2**) **:** *100 N Clematis St, à West Palm Beach.* • *visitpalmbeach.com* • *Tlj 10h-19h.*

Transports

Palm Tran : • *discover.pbcgov.org/palmtran* • Réseau de bus couvrant Palm Beach et surtout West Palm Beach. Ticket : 2 $; *pass* 1 j. 5 $.

Palm Beach Bicycle Trail Shop (*plan A1,* **3**) **:** *50 Cocoanut Row.* • *palmbeachbicycle.com* • *Lun-sam 9h-17h30, dim 10h-17h. Compter 49 $/j. (sinon 20 $/h !).* Le vélo est le meilleur moyen de transport pour découvrir la ville. Loue aussi tandems et scooters *(100 $/j.).* Leslie, qui travaille en collaboration avec la boutique, propose des visites guidées *(☎ 561-309-5790 ; • islandlivingpb.com • ; 15-35 $/pers + loc du vélo ; commentaires en anglais ; min 2 pers).*

– **Voiture :** paradoxe dans cette ville où le million de dollars est l'unité... quasiment tous les stationnements sont gratuits. Parfois limités à 1-2h mais gratuits.

Où dormir ?

Inutile de chercher : ***ni camping, ni AJ, ni* budget hostel** à Palm Beach... Vous rêviez ou quoi ? Pour planter la tente au plus près, il vous faudra descendre jusqu'à Lake Worth, au ***John Prince Park Campground*** *(4759 S Congress Ave ; ☎ 561-582-7992 ; • discover.pbcgov.org • ; à 18 km au sud-ouest de West Palm Beach ; bus n° 2 ttes les 30 mn, fréquence réduite le w-e ; emplacement env 35 $ selon vue).* Sur le bord du lac Osborne, mais en bonne partie squatté par des résidents à l'année. Moins pratique mais plus emballant : le ***Peanut Island Campground*** *(6500 Peanut Island Rd, à Riviera Beach ; ☎ 561-845-4445 ; • discover.pbcgov.org • ; bus n° 1 jusqu'à Marina Village, 200 E 13th St, 8 km au nord de West Palm Beach ; de là, bateau pour atteindre l'île : • peanutislandshuttleboat.com •, ttes les 15 mn tlj 10h-17h, dernier départ à 15h30, A/R 20 $ pour les campeurs ; résa de l'emplacement possible et conseillée jusqu'à 3 mois à l'avance).* Tout juste 20 sites réservés aux tentes sur une petite île de 32 ha accessible uniquement en bateau, une véritable expédition !

De prix moyens à chic

Hotel Biba (*hors plan par A3,* **12**) **:** *320 Belvedere Rd.* ☎ *561-832-0094.* • *hotelbiba.com* • *Doubles 90-180 $. Parking gratuit.* Cette vénérable demeure historique classée a su donner un sacré coup de modernité à ses intérieurs. La maison principale abrite peu de chambres et il faut parfois se contenter des bâtiments de plain-pied qui s'y sont agrégés. Les chambres ne sont pas immenses, mais les tons doux et actuels des murs (abricot, vert anis, jaune citron...) mettent en valeur le mobilier soit blanc, soit en rotin. Comme la mer n'est pas juste au pied de l'hôtel, l'agréable petite piscine est bienvenue. Une étape de charme pour visiter Palm Beach sans y faire banqueroute.

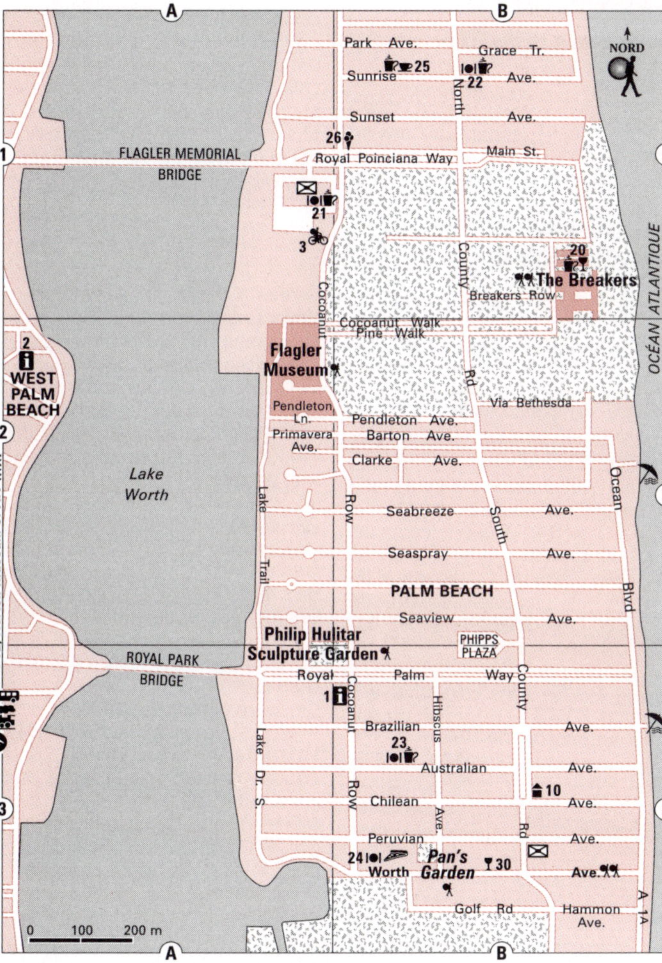

PALM BEACH

Adresses utiles

- 1 Palm Beach Chamber of Commerce Visitors Bureau (A-B3)
- 2 West Palm Beach Visitor Information Center (A2)
- 3 Palm Beach Bicycle Trail Shop (A1)

Où dormir ?

- **10** Palm Beach Historic Inn (B3)
- **12** Hotel Biba (hors plan par A3)

Où manger ?

- **20** The Breakers (B1)
- **21** Too Jay's (A1)
- **22** Green's Pharmacy (B1)
- **23** Café Boulud (B3)
- **24** Pizza al Fresco (B3)
- **25** Pâtisserie Patrick Lézé (B1)

Où manger une glace ?

- **26** Sprinkles (B1)

Où boire un verre ?

- **20** HMF (B1)
- **30** Ta-boo (B3)

De chic à plus chic

Palm Beach Historic Inn *(plan B3, **10**) : 365 S County Rd. ☎ 561-832-4009. • palmbeachhistoricinn.com • Doubles 110-340 $.* Bâti en 1923 dans un style hispanisant, à 2 pas de Worth Avenue, ce vieil hôtel aux airs de *B & B* a conservé ses planchers d'époque et a revu et corrigé tout le reste. On aime bien ses chambres confortables et absolument impeccables, grande TV et frigo. Préférer celles donnant sur la rue latérale, au sud, les plus lumineuses et calmes. Les salles de bains sont un peu petites mais très *up-to-date.* Excellent accueil.

Où manger ?

Spécial petit déjeuner

Pâtisserie Patrick Lézé *(plan B1, **25**) : 229 Sunrise Ave. Tlj 7h30-16h sauf dim. Petite restauration 8-13 $.* Boulangerie-pâtisserie à l'européenne où croustillent baguettes et croissants. On les croque sur 1 des 3 tables posées sous une colonnade néo-hispano-vénitienne bordant la rue. Également quiches et salades pour les faims d'après-midi.

Si vous êtes en fonds, pour un coup de folie, essayez le brunch de l'hôtel ***The Breakers*** *(plan B1, **20**) : 1 S County Rd. ☎ 877-724-3188. Tlj 7h-11h (10h dim et brunch 11h-14h30).* On ne s'en sort pas à moins de 120 $... pour se mettre dans l'ambiance de Palm Beach en commençant la journée sous la grande verrière de la salle hémisphérique, pièce maîtresse de ce vénérable palace. Sous vos yeux, la mer. Aux murs et au plafond, des fresques évoquent les jardins du Tivoli et la villa Médicis...

Pour un petit déj à l'américaine autrement moins coûteux, voir aussi ci-dessous ***Too Jay's*** et ***Green's Pharmacy.***

De bon marché à prix moyens

Too Jay's *(plan A1, **21**) : 313 Royal Poinciana Way. Tlj 7h-21h. Salades et plats 8-15 $.* Dans un petit complexe commercial chic, ce *deli* est fréquenté par de nombreux cols blancs au lunch et par les retraités dès 17h pour le dîner. Décor de cafétéria améliorée, avec de grandes baies vitrées ouvrant sur le patio du verdoyant *mall.* Au menu : soupes maison, grand choix d'énormes salades, sandwichs, burgers, poulet grillé, etc. Le matin, les bagels et muffins maison, et les gaufres aux bananes caramélisées valent le détour. Au final, un bon rapport qualité-prix, mais ne soyez pas trop pressé.

Green's Pharmacy *(plan B1, **22**) : 151 N County Rd. Tlj 7h-18h (16h sam, 13h dim). Plats 10-15 $.* Cette *luncheonette* typique, fondée en 1938, est accolée à une pharmacie-supérette. Les habitués s'y (r)amassent à la pelle et le panneau « *attack waitress* » (« serveuse d'attaque ») ne fait même pas mine de les éloigner... Les fils Kennedy venaient déjà ici en leur temps. Dans l'assiette, de bons sandwichs, des soupes maison et quelques pièces de viande très abordables et acceptables. Idéal aussi au petit déj.

Pizza al Fresco *(plan B3, **24**) : 14 Via Mizner. ☎ 561-832-0032. Accès par une ruelle entre les nos 337 et 339 de Worth Ave. Tlj 11h-22h. Sandwichs, salades et burgers 12-25 $, pizzas 16-26 $.* Difficile de ne pas craquer devant sa terrasse ombragée de palmiers, nichée dans un recoin de ce joli dédale commercial à l'espagnole. Une vraie oasis de tranquillité pour une halte de qualité. Pas trop de chichis ici, mais des salades copieuses (au homard, éventuellement !), de bonnes pizzas à pâte fine et aux champignons frais, et pas mal de plats de pâtes bien servis, le tout à des prix très raisonnables pour Palm Beach. Le soir, chaufferettes et lumignons sur chaque table sont de sortie. Vous avez dit « romantique » ?

De chic à très chic

Café Boulud (plan B3, **23**) : *301 Australian Ave. ☎ 561-655-6060. Tlj 7h-22h ; brunch le w-e (11h-14h30) avec live music dim. Plats 17-55 $ le midi (prix fixe 36 $), 21-55 $ le soir (prix fixe 49 $).* Cette émanation du café homonyme de New York, fondé par Daniel Boulud, un chef français renommé aux États-Unis, s'est installée dans la cour verdoyante du *Brazilian Court Hotel,* membre du club restreint des *Leading Hotels of the World.* Havre de paix et de luxe, où les nantis du coin rivalisent d'élégance, autour d'une fontaine, sous un parasol ou en salle, tout en boiseries. Cuisine fusion d'inspiration française avec des notes mondialistes et quelques touches locales. Service grand style. Si vous vous trouvez à Palm Beach pour vos 30 ans de mariage...

Où manger une glace ?

Sprinkles (plan B1, **26**) : *279 Royal Poinciana Way, presque à l'angle de Cocoanut Row. Tlj 11h-22h (23h ven-sam).* Pour s'offrir une glace, c'est ici qu'il faut venir. Le cadre est cosy, tendance tropical, avec canapé et coin banquette semé de coussins sur fond de murs vert amande et rose. Un vrai sucre d'orge ! Quelques tables en terrasse aussi pour les aficionados du dieu Soleil.

Où boire un verre ?

Ta-boo (plan B3, **30**) : *221 Worth Ave. Tlj 11h30-22h.* C'est un resto, mais aussi un bar, classique d'entre les classiques, fondé en 1941. Certains affirment qu'on y a inventé le bloody mary. Kennedy père – qui hivernait à 2 pas – s'y enferma dit-on dans les toilettes pour dames avec Gloria Swanson... Aujourd'hui, on y croise plutôt Rod Stewart et une panoplie plus ou moins étoffée selon les jours de richards vieillissants. Votre verre est (déjà) vide ? Pour un 2[d], demandez simplement : « *Would you get me refreshed ?* », c'est tellement plus distingué.

Toujours avec l'obsession de vouloir coller à la « richitude » du lieu et faire rougir la carte bleue, ***offrez-vous un cocktail ou un verre de vin*** (la cave de 12 000 bouteilles est l'une des plus belles de Floride, paraît-il) au ***HMF,*** le bar de l'incontournable ***Breakers Hotel*** *(plan B1,* ***20*** *; 1 S County Rd ; tlj 17h-23h, jusqu'à minuit ven-sam). HMF* comme Henry Morrison Flagler, pardi !

Achats

Palm Beach Outlets (hors plan par A1) : *1751 Palm Beach Lakes Blvd. • palmbeachoutlets.com • À l'ouest de West Palm Beach, à côté de l'I-95 (sortie 71). Depuis l'*Intermodal Transit Terminal, *bus n°s 2, 33 ou 49, ou trolley gratuit (à 300 m, sur Quadrille Blvd) jeu-sam 11h-22h.* Mall *ouv lun-sam 10h-21h, dim 11h-19h.* Ce grand centre commercial regroupe plus d'une centaine de magasins d'usine tendance plutôt haut de gamme, mais pas que. Également quelques discounters comme *Roos* et restauration sur place.

À voir

La plage publique : *accès publics au niveau de Brazilian Ave et Clarke Ave.* Avec l'air qu'on respire, c'est l'une des rares choses qui soient gratuites à Palm Beach ! Longée par une large promenade, elle expose au soleil son insolent sable blanc, ses palmiers et cahutes de secouristes, sur une vingtaine de kilomètres finalement peu aménagés.

Worth Avenue (plan B3) **:** dites simplement ***The Avenue.*** C'est l'artère chicos de Palm Beach. Avec ses façades mi-hispaniques mi-Art déco, elle aligne les magasins les plus prestigieux. Jetez donc un coup d'œil à la ***bijouterie Richters,*** au nº 224 : diamants, pierres grosses comme le pouce et broches à couper le souffle s'empilent dans la vitrine façon caverne d'Ali Baba... La ***Russeck Gallery,*** au nº 203, n'est pas mal non plus dans le genre. Au nº 204A, la ***Gallery Biba*** regorge de Bottero. Vous souhaitez acheter un bronze de Dalí, une litho originale de Picasso, de Chagall, certaines dédicacées à des amis (ça fait toujours plaisir !), une œuvre de Miró ou de Fernand Léger ? Moyennant quelques centaines de milliers de dollars, elles sont à vous ! Au nº 226, la ***librairie Raptis Rare Books*** expose, elle, de vieux bouquins, autographes et cartes de vœux signés par les grands de ce monde. *So chic !* Entre cette ribambelle de boutiques grand luxe où s'affichent les marques françaises et italiennes les plus en vogue se glisse un tas de ***passages,*** notamment du nº 240 au nº 256, reliant des courettes envahies par les bougainvillées, où glougloutent des fontaines et se dressent des sculptures. L'ensemble se veut respirer la Méditerranée et le Mexique avec force azulejos, fer forgé et terre cuite. Au nº 337, accès à un adorable petit réseau de ruelles et cours hispanisantes, voire italianisantes, disons « palm-beachisantes » ! Blague à part, la balade dans cette débauche de luxe théâtral n'est pas déplaisante. Amusant aussi de voir les chauffeurs de Bentley et Rolls astiquer leurs chromes, pendant que madame dévalise Bulgari en vue de sa prochaine sauterie... Si vous êtes là mi-mars, vous aurez la chance de pouvoir assister à l'*Annual Worth Avenue Pet Parade & Contest,* autrement dit un concours d'animaux domestiques, toilettés et endimanchés !

LA JUNGLE DU SHOPPING

Palm Beach n'a pas toujours été si bien léchée. À la fin du XIXe s, à l'emplacement des actuelles Palm Beach Towers, les touristes déboursaient 25 cents pour parcourir le Jungle Trail, entre végétation exubérante et faune sauvage. Pour 25 cents de plus, Alligator Joe y combattait un gros saurien ! Le Jungle Trail a bien changé : c'est aujourd'hui la luxueuse Worth Avenue.

The Breakers (plan B1) **:** *1 S County Rd. • thebreakers.com • Valet parking obligatoire : 30 $ (gratuit si vous dépensez au moins la même somme dans l'hôtel). S'y rendre donc à pied et correctement habillé.* Voici le 4e hôtel construit par Flagler, le milliardaire qui propulsa la Floride sur le chemin (de fer) du tourisme au tournant du siècle. Édifié en 1895 sur le modèle d'une « villa italienne », l'établissement fut détruit 2 fois par un incendie, puis reconstruit en 1926 après un sinistre provoqué, dit-on, par la surchauffe d'un fer à friser ! Au bout de l'allée de palmiers s'étale un intérieur d'un luxe grandiloquent gentiment patiné par le temps. On ne visite pas à proprement dit, disons qu'on jette un œil avec le sentiment du chien dans un jeu de quilles. Pour profiter pleinement du charme de cet endroit, on peut aussi tenter le petit déj, dans la magnifique rotonde de son restaurant (voir « Où manger ? ») ou siroter un verre au bar *HMF* (voir « Où boire un verre ? ») le soir, quand les lustres illuminent les plafonds richement ornés, les tapisseries des Gobelins et les salles de bal.

Flagler Museum (plan A2) **:** *One Whitehall Way, Cocoanut Row. • flaglermuseum.org • ♿ Tlj sauf lun 10h (12h dim)-17h. Entrée : 18 $; réduc ; gratuit moins de 6 ans. Audioguide (ou brochure) en français et visite guidée en anglais (non obligatoire) inclus dans le prix.*

Henry Flagler fit bâtir cet imposant palais de marbre blanc de 55 pièces en 1902 comme cadeau de mariage à sa 3e épouse. Cet édifice hors du commun, « simple » résidence d'hiver, fut surnommé le « Taj Mahal » de l'Amérique du Nord... « Plus merveilleux que n'importe quel palais européen », s'enthousiasma alors le très sérieux *New York Herald.* Pratiquement tout le mobilier est d'origine, et l'on

imagine ce que pouvait être la vie de cette richissime famille. Jouissant d'une grande notoriété dans l'État – et d'une influence certaine –, Flagler fit modifier une loi en 24h afin de divorcer de sa 2e femme pour épouser la 3e... c'est ce qu'on appelle avoir le bras long !
Au rez-de-chaussée, la grande salle de bal Louis XV et le salon Louis XVI se drapent de soie ; au 1er étage, la *music room* de style Louis XIV (il les aura tous faits !), transformée en galerie de tableaux (du XIXe s pour l'essentiel). Suit toute une série de pièces décorées avec goût et ennui.
Parmi les spectaculaires résidences que l'on peut apercevoir aussi dans le secteur, celle qui attire le plus l'attention est sans doute ***Mar-a-Lago,*** propriété depuis 1985 du président milliardaire Donald Trump – située sur un vaste domaine qui, comme son nom l'indique, s'étend de l'océan jusqu'au lac Worth. Jalousement gardé, vous vous en doutez.

Philip Hulitar Sculpture Garden *(plan A-B2-3)* **:** *accès par Four Arts Plaza, à l'ouest de Cocoanut Row. Tlj 9h-17h30 sauf principaux j. fériés. GRATUIT.* L'arrière de l'élégante bibliothèque municipale *(Gioconda & Joseph King Library),* bâtie dans le style d'une villa néo-Renaissance, abrite un agréable parc. Dès l'entrée, adorable petit jardin chinois à la porte rouge laquée, puis le pavillon central, pergolas, superbes palmiers, grands banian et arbre à saucisses dessinent une oasis agrémentée de sculptures, bien agréable malgré la rumeur de Royal Palm Way.

Pan's Garden *(plan B3)* **:** *angle Hibiscus Ave et Peruvian Ave. Tlj 9h-17h. GRATUIT.* Minuscule jardin botanique dédié au dieu Pan, l'inventeur de la flûte... qui accueille le visiteur au son d'un apaisant glouglou. L'occasion de faire la différence entre un câprier de Jamaïque et une fougère à feuille de cuir.

Norton Museum of Art *(hors plan par A3)* **:** *1451 S Olive Ave, à West Palm Beach (entrée par Dixie Hwy). • norton.org • Bus nº 1. Tlj sauf mer 10h (11h dim)-17h (22h ven). Entrée : 18 $; réduc ; gratuit moins de 12 ans et pour ts ven-sam. Visites guidées gratuites variables selon jour, voir site internet.*
Créé par un couple d'industriels passionnés, c'est ***le plus grand musée d'art de Floride*** avec ses plus de 7 000 œuvres d'art. Un ***ambitieux programme de rénovation et d'extension*** a été mené sous la houlette du prestigieux cabinet d'architectes Foster + Partners. Le musée dispose d'un riche fonds de ***peinture américaine des XVIIIe et XIXe s.*** Impressionniste, postimpressionniste ou réaliste, avec Frederick Childe Hassam, Maurice Prendergast ou George Luks. Mais aussi figurative et très colorée de Georgia O'Keeffe, ou cubiste avec Max Weber. Également des œuvres de John Sloan, célèbre pour ses toiles du quartier de Greenwich Village à New York, de Pollock, Warhol ou Morris Louis.
On vient aussi pour l'***art moderne européen,*** avec Monet, Gauguin, De Chirico, Braque, Chagall, Matisse, Picasso... ou d'avant 1900. Au programme : sculpture et peinture italiennes, Cavaceppi, Pellegrini et sa remarquable *Vénus aux amours,* ainsi que des enluminures du XVe s ; parmi les peintres flamands, Rubens et Bruegel (le Jeune) ; et encore Tiepolo ou Boucher, plus rococo.
Les arts asiatiques ne sont pas en reste avec une très complète et étonnante collection de ***porcelaine de la dynastie Qing*** (XVIIIe s), et de belles ***antiquités*** en jadéite et néphrite représentant des dragons (Ve s av. J.-C.), des ***bronzes gravés*** et des ***amulettes de la dynastie Zhou*** (XIIe-Xe s av. J.-C.), sans compter une tripotée de chevaux, bouddhas, meubles en laque... On l'aura compris, une excellente alternative à la plage !

DANS LES ENVIRONS DE PALM BEACH

Morikami Museum and Japanese Garden **:** *4000 Morikami Park Rd, à* ***Delray Beach.*** *• morikami.org • Véhicule indispensable. Accès par l'I-95, sortie 51, puis Linton Blvd vers l'ouest sur 6,5 km. Puis tt au bout à gauche. Tlj*

10h-17h sauf lun. Entrée : 15 $; réduc ; gratuit moins de 5 ans. Audioguide en anglais et espagnol seulement : 3 $, ou gratuit en téléchargement sur son smartphone. Situé à environ 40 km au sud-ouest de West Palm Beach, en direction de Fort Lauderdale et de Miami, le Morikami abrite pas moins de 6 jardins japonais, mettant en lumière différents styles et époques – du *shinden* mêlant lacs et îles au zen rocheux, du IXe au XXe s. Le Morikami, c'est aussi un musée disposant d'un fonds de plus de 7 000 objets et œuvres d'art japonais ou liés au Japon, exposés par roulement dans les collections permanentes et au travers de grandes expositions temporaires. L'accent est mis sur la période Meiji (1868-1912). À cela s'ajoutent une belle collection de bonsaïs et le Yamato-kan, un 2^d^ musée retraçant l'histoire des pionniers japonais venus cultiver l'ananas en Floride en 1903 !

|●| ⛱ ***Cornell Café :*** *accessible seulement après s'être acquitté du droit d'entrée, tlj 11h-15h sauf lun. Plats 5-17 $.* Pour prolonger l'évasion sur un mode culinaire, le café-resto sert des spécialités panasiatiques. Terrasse avec vue sur les jardins.

LE NORD-EST

Rêve et divertissement sont les maîtres mots de cette partie de la Floride, qui représente le plus grand parc d'attractions au monde. Mickey y est bien sûr à l'honneur chez *Walt Disney World Resort,* un immense domaine qui regroupe 4 parcs à thème, tous plus fascinants les uns que les autres : le monde de la féerie *(Magic Kingdom),* celui des animaux *(Disney's Animal Kingdom),* le futur *(EPCOT)* et le cinéma *(Disney's Hollywood Studios).* Dans cette dernière catégorie, *Universal Orlando Resort* s'impose comme un sérieux concurrent avec ses 2 parcs sur le 7e art : *Universal Studios Florida* et *Islands of Adventure.* Sans oublier les parcs aquatiques du groupe SeaWorld avec leurs lots d'animaux marins, de piscines à vagues et de toboggans : *SeaWorld Orlando, Discovery Cove, Aquatica...* Ici, tout est fait pour vous transporter dans l'imaginaire et le fantastique !

Et tout près de là, la Space Coast abrite le formidable *Kennedy Space Center,* lieu mythique de la conquête spatiale américaine où, depuis les 1res capsules *Mercury* jusqu'aux dernières missions des navettes spatiales, l'épopée de la NASA vous est contée à travers films, équipements et véhicules spatiaux... Paré au décollage ?

BLACK PARADISE

Après la guerre de Sécession, l'esclavage fut aboli aux États-Unis en 1865. Certains Noirs rêvaient alors de construire leur propre cité afin de vivre entre eux, en toute harmonie. C'est le cas d'Eatonville, bourgade à 5 km au nord d'Orlando. Peuplée d'à peine 2 500 habitants, la petite ville est toujours black à 90 %. Mais ici Blancs et Latinos sont bienvenus.

ORLANDO

286 000 hab.

• Les parcs d'attractions (plan d'ensemble) *p. 216-217* • Downtown (plan I) *p. 219* • Kissimmee (plan II) *p. 221*

À 360 km de Miami et 85 km de Daytona Beach. Les guerres séminoles paraissent lointaines aujourd'hui, même si la ville doit son nom au soldat Orlando Reeves, tué par une flèche indienne en 1835... Autrefois simple poste militaire, Orlando s'impose désormais – avec plus de 72 millions de visiteurs par an – comme la 1re cité touristique des États-Unis ! La région demeure aussi un important centre de production, de transformation et de commerce d'agrumes (les fameux pamplemousses roses de Floride, les oranges...). Autant dire qu'il y a du monde ! Si les millions de touristes filent souvent directement de l'aéroport aux parcs d'attractions, Orlando Downtown mérite bien une halte pour ses riches musées et ses soirées animées. Triste ironie,

le royaume de l'*entertainment* fut, en juin 2016, le théâtre d'une dramatique fusillade dans une boîte de nuit gay du centre-ville. Revendiquée par Daech, l'attaque a fait 49 morts et 53 blessés. Un projet de musée-mémorial devrait voir le jour à l'emplacement du *Pulse* en 2022.

Arriver – Quitter

En avion

✈ ***Orlando International Airport*** *(plan d'ensemble)* **:** *1 Jeff Fuqua Blvd.* • *orlandoairports.net* • *À env 15 km au sud-est de Downtown Orlando.* Loueurs de voitures sur place (attention certains sont à l'extérieur de l'aéroport ; navettes sur place).

Comment rejoindre le centre

➢ ***Bus :*** *liaisons assurées par la compagnie* ***Lynx.*** • *golynx.com* • Départ du terminal A, niveau 1. Prix : 2 $/trajet.

– Pour le centre-ville, bus ***nos 11 et 51*** avec terminus à la ***Lynx Central Station*** *(plan I, A2,* ***2*** *; 455 N Garland. 1-2 bus/h).* Pour International Dr (office de tourisme *Visit Orlando*), bus ***n° 42*** ; pour SeaWorld Orlando, bus ***n° 111*** ; pour Kissimmee, bus ***n° 42*** jusqu'au *Florida Mall,* puis bus ***n° 108.***

Pour Walt Disney World Resort, les clients de certains hôtels Disney bénéficient d'un service de navette gratuit ***(Disney's Magical Express)*** entre l'aéroport et leur hébergement. Voir la liste des hôtels concernés sur le site • *disneyworld.disney.go.com* • Sinon, bus ***n° 50*** depuis la *Lynx Central Station* jusqu'à *WDW Transportation*.

➢ ***Taxis et shuttles :*** différentes compagnies assurent le transfert en ***minibus*** entre l'aéroport et les hôtels d'Orlando, de Disney ou de Kissimmee. Principale agence : ***Mears Transportation*** *(• mearstransportation.com •).* Compter 20-33 $/pers pour Downtown ou International Dr – près de Universal Orlando Resort –, 25-40 $ pour Walt Disney World Resort, et 25-50 $ pour Kissimmee ; réduc enfants. Les ***taxis,*** eux, prennent 40-50 $ pour Downtown Orlando, 40-45 $ pour International Dr – près de Universal Orlando Resort –, 55-70 $ pour Walt Disney World Resort et 45-60 $ pour Kissimmee.

En bus

🚌 ***Orlando Greyhound Station*** *(hors plan I par A3,* ***1****)* **:** *555 N John Young Pkwy.* • *greyhound.com* • *Dans Downtown Orlando. Également un autre terminal à Kissimmee (1979 E Osceola Pkwy).* Liaisons quotidiennes avec Miami, Tampa, Daytona Beach, St Augustine...

🚌 ***Grayline*** *(plan d'ensemble,* ***4****)* **:** *7091 Grand National Dr, suite 102.* • *graylineorlando.com* • Compagnie organisant des excursions ou de simples liaisons pour le Kennedy Space Center, Miami et les Everglades, St Augustine...

En train

🚂 ***Orlando Amtrak Station*** *(hors plan I par A3)* **:** *1400 Sligh Blvd.* • *amtrak.com* • *Dans Downtown Orlando, un petit bâtiment blanc prolongé par une longue galerie à arcades. Ouv 8h30-20h15.* Départs quotidiens des lignes *Silver Meteor* et *Silver Star,* qui sillonnent la côte atlantique, reliant New York à Miami avec, entre autres, des arrêts à Washington DC, Orlando, Tampa ou Fort Lauderdale. Horaires sur le site internet (en français).

Orientation

Orange Avenue, qui traverse Orlando du nord au sud, est aussi la ligne de démarcation entre l'est et l'ouest de la ville. Le ***Central Boulevard,*** qui, lui, court d'est en ouest, demeure la ligne de partage entre le nord et le sud d'Orlando. Attention aussi aux grands axes routiers : l'***Interstate 4*** (ou *I-4*), qui va de

Tampa (à l'ouest) à Daytona Beach (à l'est) en passant par Orlando, est toujours orientée est-ouest sur les panneaux, mais dans la région d'Orlando, son orientation réelle est plutôt nord-sud... Bref, sachez que pour aller vers le nord, il faut suivre *East,* et que pour aller vers le sud, il faut prendre *West...* C'est important car l'I-4 est la principale voie d'accès à Walt Disney World Resort, SeaWorld Orlando et Downtown Orlando.

Sinon, la ***Beachline Expressway*** (ou *SR 528*), qui croise l'I-4, est la route la plus rapide pour aller de l'aéroport aux différents grands parcs d'attractions. Enfin, à Kissimmee (zone connue pour ses motels pas chers au sud d'Orlando), les numéros sur la route US 192 décroissent en allant vers l'est...
Conseil : utilisez un GPS ou une appli de navigation !

Adresses et infos utiles

Informations touristiques et services

i ***Office de tourisme – Visit Orlando*** *(plan d'ensemble) : 8102 International Dr. • visitorlando.com • Tlj 8h-20h. Parking gratuit.* Incontournable ! Plan de la ville, infos transports, offres d'hébergement, coupons de réduction, etc., pour gagner un temps fou dans la jungle des parcs d'attractions. Procurez-vous leur *Official Visitors Guide,* très complet. Fait aussi du change, vend des tickets de bus hebdomadaires et des billets d'entrée à prix réduit pour les parcs et autres attractions d'Orlando. Autre adresse dans Downtown *(201 S Orange Ave ; lun-ven 10h-17h, fermé le w-e)* : beaucoup plus petit que celui d'International Drive mais bien pratique (brochures, plans, horaires bus et trains, billets pour les parcs...). Accueil pro et bons conseils.

Transports urbains

Lynx Central Station *(plan I, A2,* ***2****) : 455 N Garland. • golynx.com • 2 $/trajet, forfaits 4,50 $/j. et 16 $/sem. Billetterie dans la gare, lun-ven 6h-20h, w-e 8h-17h30. Plan des itinéraires et horaires disponibles en libre-service (téléchargeable aussi sur leur site internet). Les billets à la journée et à la sem sont également en vente à l'office de tourisme – Visit Orlando (voir ci-dessus).* Réseau de bus sillonnant la ville et ses parcs d'attractions. Fréquence : environ 1-4 bus/h. Les arrêts sont signalés par une patte de lynx rose. Au départ de la *Lynx Central Station,* les bus ***nos 21*** et ***40*** desservent l'Universal Orlando Resort ; les ***nos 8, 38*** et ***50*** passent par SeaWorld Orlando ; le ***no 50*** se rend à Walt Disney World Resort (via SeaWorld Orlando) ; les ***nos 8*** et ***38*** sillonnent l'International Dr ; et le ***no 18*** fait son terminus à Kissimmee. De là, le ***no 56*** rejoint Walt Disney World Resort (via Celebration).
– ***Lymmo :*** ces ***bus gratuits*** sillonnent Downtown Orlando dans tous les sens. Repérables à leurs couleurs vives et arrêts bien matérialisés avec le logo Lymmo. En tout, 4 lignes desservent des spots stratégiques comme la gare routière Lynx ou l'*Amway Center.* Pratique pour se rapprocher de l'animation nocturne sans avoir à remonter dans sa voiture.

I-Ride Trolley : *• internationaldriveorlando.com/iride-trolley • Tlj 8h-22h30, ttes les 20-30 mn. Ticket : 2 $; réduc ; passes 1-7 j. 5-12 $. On achète son ticket dans le bus (faire l'appoint), et les passes en ligne ou à l'office de tourisme –* Visit Orlando *(voir plus haut). Plan des lignes téléchargeable sur leur site internet ou appli.* C'est la plus souple et la plus économique des formules pour se rendre dans la zone d'International Dr ou au parc SeaWorld Orlando. Malheureusement, elle ne dessert aucun des parcs Disney ou Universal. En tout, 2 lignes : la ***ligne rouge*** part du *Premium Outlets – Int'L Dr,* suit International Dr jusqu'à SeaWorld Orlando (en passant par Aquatica), puis continue sur S International Dr pour s'arrêter au *Premium Outlets – Vineland Ave.* La ***ligne verte,*** elle, part de Windhover Dr,

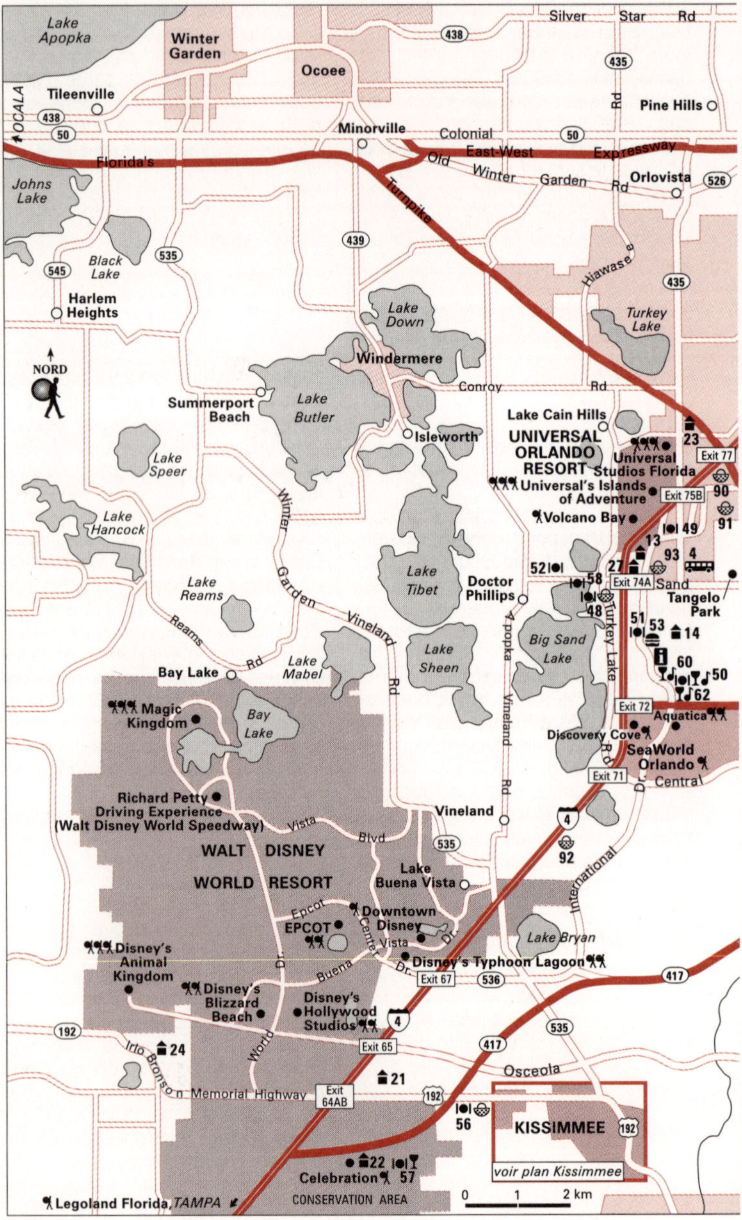
Lake Apopka
Winter Garden
Ocoee
Silver Star Rd
438
435
Tileenville
Pine Hills
OCALA
438
50
Minorville
Colonial
50
East-West Expressway
Florida's Turnpike
Old Winter Garden Rd
Orlovista
526
Johns Lake
Black Lake
535
439
545
Hiawassee
435
Harlem Heights
Lake Down
Turkey Lake
NORD
Windermere
Conroy Rd
Summerport Beach
Lake Butler
Lake Cain Hills
23
Isleworth
UNIVERSAL ORLANDO RESORT
Universal Studios Florida
Exit 77
Lake Speer
Universal's Islands of Adventure
Exit 75B
90
Lake Hancock
Volcano Bay
91
49
13
93
4
52
27
Lake Reams
Winter Garden Vineland Rd
Lake Tibet
Doctor Phillips
58
Exit 74A
Sand
Tangelo Park
48
Reams Rd
Big Sand Lake
Turkey Lake
51
53
14
Apopka Vineland Rd
Lake Sheen
60
Bay Lake
Lake Mabel
50
62
Magic Kingdom
Bay Lake
Exit 72
Aquatica
Discovery Cove
Rd
SeaWorld Orlando
Exit 71
Central
Dr.
Richard Petty Driving Experience (Walt Disney World Speedway)
Vineland
Vista Blvd
4
535
92
WALT DISNEY WORLD RESORT
Lake Buena Vista
International
Epcot Center Dr.
Downtown Disney
EPCOT
Lake Bryan
Disney's Animal Kingdom
Vista
Dr.
Buena
Disney's Typhoon Lagoon
Exit 67
536
417
Disney's Blizzard Beach
Disney's Hollywood Studios
World Dr.
4
535
192
24
Exit 65
417
Irlo Bronson Memorial Highway
Osceola
21
Exit 64AB
192
56
KISSIMMEE
192
22
57
Celebration
voir plan Kissimmee
CONSERVATION AREA
0
1
2 km
Legoland Florida, TAMPA

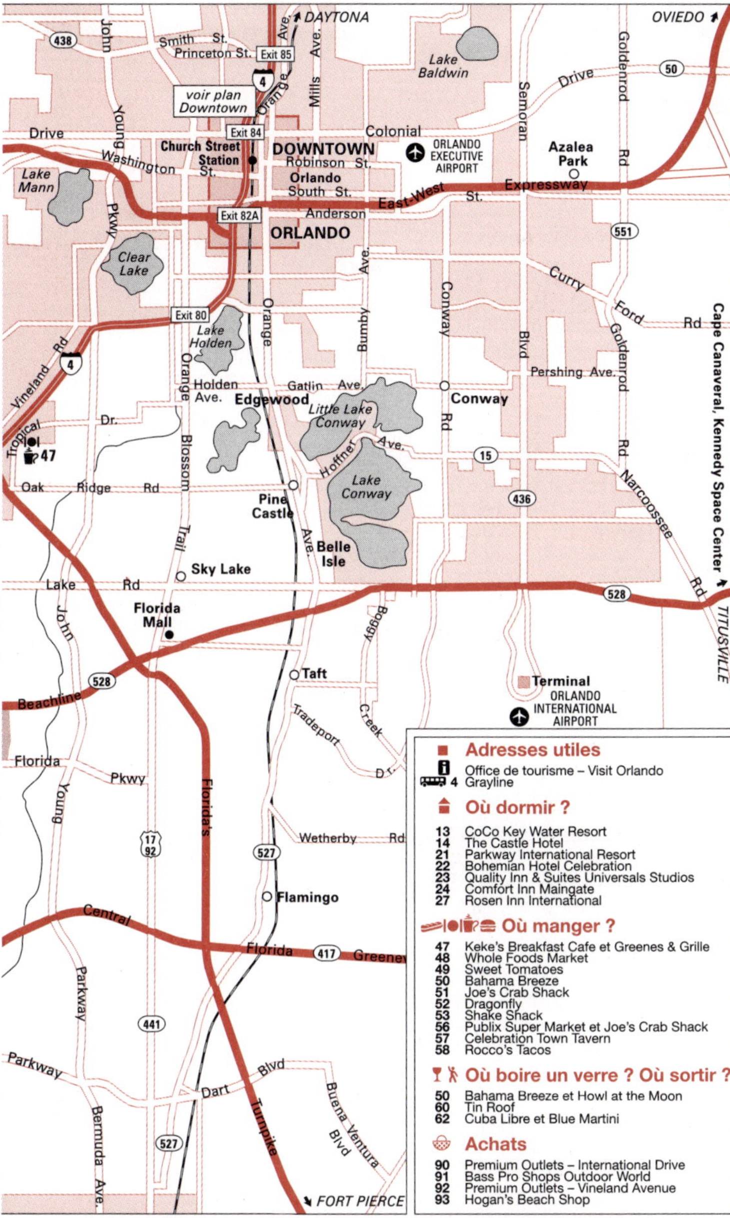

Adresses utiles

- Office de tourisme – Visit Orlando
- 4 Grayline

Où dormir ?

- 13 CoCo Key Water Resort
- 14 The Castle Hotel
- 21 Parkway International Resort
- 22 Bohemian Hotel Celebration
- 23 Quality Inn & Suites Universals Studios
- 24 Comfort Inn Maingate
- 27 Rosen Inn International

Où manger ?

- 47 Keke's Breakfast Cafe et Greenes & Grille
- 48 Whole Foods Market
- 49 Sweet Tomatoes
- 50 Bahama Breeze
- 51 Joe's Crab Shack
- 52 Dragonfly
- 53 Shake Shack
- 56 Publix Super Market et Joe's Crab Shack
- 57 Celebration Town Tavern
- 58 Rocco's Tacos

Où boire un verre ? Où sortir ?

- 50 Bahama Breeze et Howl at the Moon
- 60 Tin Roof
- 62 Cuba Libre et Blue Martini

Achats

- 90 Premium Outlets – International Drive
- 91 Bass Pro Shops Outdoor World
- 92 Premium Outlets – Vineland Avenue
- 93 Hogan's Beach Shop

ORLANDO – Les parcs d'attractions (plan d'ensemble)

descend Universal Blvd et emprunte ensuite quasi le même parcours que la ligne rouge sur S International Dr ; elle passe par SeaWorld et a aussi pour terminus *Premium Outlets – Vineland Ave.*

Où dormir ?

– ***Important :*** les hôtels situés dans les parcs ***Walt Disney World Resort*** et ***Universal Orlando Resort*** sont présentés dans les chapitres qui leur sont consacrés (voir plus loin). En dehors de ça, 4 options s'offrent à vous pour l'hébergement : le centre-ville d'Orlando, la zone d'International Drive et, plus au sud, la ville de Kissimmee ou encore Celebration (pour les budgets larges).

Dans Downtown Orlando

Certainement le quartier le plus sympa. On peut parcourir à pied ses quelques rues animées bordées de vieux bâtiments. Mais ce n'est pas l'endroit le plus stratégique : peu d'hôtels bon marché, et Mickey se trouve à environ 25 km au sud par l'I-4... En revanche, on n'est pas très loin (environ 12 km) de l'animation d'International Drive et des parcs Universal.

De prix moyens à chic

The Wellborn Hotel *(plan I, B3,* ***11****) :* *211 N Lucerne Circle East. ☎ 617-300-0956. • thewellbornorlando.com • Resto et bar ouv le soir et dim tte la journée. Doubles 70-170 $; réduc. Pas de petit déj.* Au cœur d'un jardin tropical paisible, une adresse de charme (la seule de la ville) installée dans une maison du XIXᵉ s. Une douzaine de chambres (2-4 personnes), toutes différentes, confortables et romantiques, à la déco contemporaine. L'ensemble est bien tenu et l'accueil sympa. Resto et bar sur place.

Du côté d'International Drive

Une artère bétonnée où se concentre l'essentiel de l'animation d'Orlando, dans une multitude de restos, bars... À proximité, on trouve les parcs Universal Orlando Resort, SeaWorld Orlando, Aquatica et Discovery Cove.

De bon marché à prix moyens

Rosen Inn International *(plan d'ensemble,* ***27****) :* *7600 International Dr. ☎ 407-996-1600. • roseninn7600.com • Doubles 70-140 $, petit déj compris. Parking gratuit.* Un immense motel aux chambres classiques mais propres et bien équipées (éviter celles aux extrémités, non loin de la route). À disposition : restaurant, café, épicerie, 2 piscines, salle de fitness. Petit déj copieux et varié. Navette gratuite pour les parcs, mais n'oubliez pas de réserver la veille. Une adresse pas très intimiste mais à l'excellent rapport qualité-prix.

Quality Inn & Suites Universals Studios *(plan d'ensemble,* ***23****) :* *5635 Windhover Dr. ☎ 407-370-5100. • qualityinnhotelorlando.com • Doubles 80-150 $, petit déj compris. Parking gratuit.* Une centaine de chambres, propres et classiques, offrant

Adresses utiles

- **1** Orlando Greyhound Station (hors plan par A3)
- **2** Lynx Central Station (A2)

Où dormir ?

- **11** The Wellborn Hotel (B3)

Où manger ?

- **40** 903 Mills Market Cafe (B3)
- **43** Gringos Locos (A3)
- **44** Hamburger Mary's (A3)
- **45** Hawkers Asian Street Fare (B2)

Où boire un verre ? Où sortir ?

- **70** Eola Wine Company (B3)
- **71** Chillers-Cahoots-Latitudes (A3)
- **72** The Social (A3)
- **73** Hanson's Shoe Repair (A3)

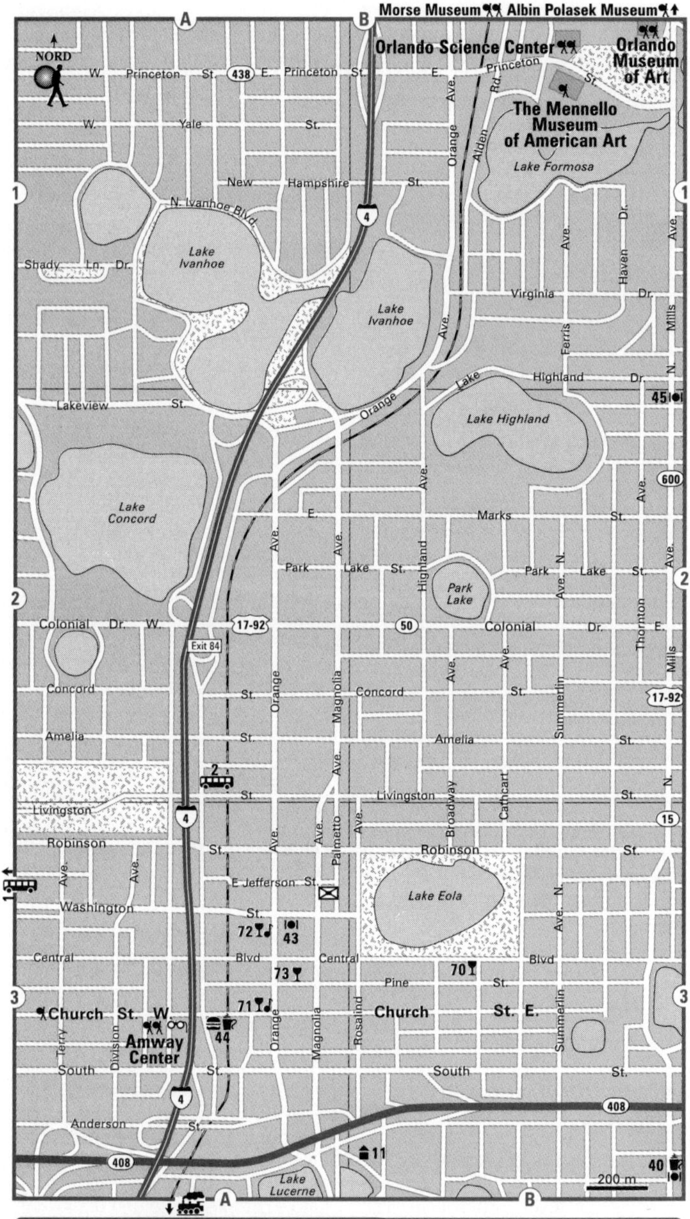

ORLANDO – Downtown (plan I)

tout le confort espéré. Certaines sont accessibles aux personnes à mobilité réduite (c'est rare !). Préférer celles avec vue sur le canal à l'arrière. On apprécie l'effort de déco de l'entrée, dans les tons marine et turquoise, et l'accueil particulièrement chaleureux. Piscine et salle de sport. Navettes gratuites vers Disney et Universal, mais on peut aussi, pour ce dernier parc, y aller en 15 mn de marche !

De chic à plus chic

CoCo Key Water Resort *(plan d'ensemble,* ***13****) : 7400 International Dr. ☎ 407-351-2626. • cocokeyorlando.com • Doubles 90-160 $, petit déj inclus.* On se croirait presque dans un parc aquatique avec tous ces toboggans, ces piscines et jardins où les enfants se défoulent gentiment ! Voilà en tout cas un chouette *resort* pour des vacances en famille. Chambres propres et bien arrangées, toutes équipées du confort standard américain (certaines communiquent entre elles).

The Castle Hotel *(plan d'ensemble,* ***14****) : 8629 International Dr. ☎ 407-345-1511. • marriott.fr • Doubles 100-300 $.* Ici, on dort au pays des merveilles ! À 2 pas de l'office de tourisme, un hôtel tout blanc en forme de... château. Dès l'entrée, place aux lustres en cristal, meubles pailletés et bois de cerfs aux murs. Magique ! Côté chambres, elles sont grandes, confortables et nickel, à la déco baroque, dans les tons violets, crème ou dorés. Salle de fitness, piscine entourée de palmiers, bar, agréable *sundeck* et, cerise sur le gâteau, le feu d'artifice de Disney au menu tous les soirs depuis le *rooftop* ! Une belle adresse, d'un excellent rapport qualité-prix hors saison.

À Kissimmee, plus près de Disney

Traversée par la bruyante route US 192, une petite ville étendue et pas folichonne, mais toute proche du Walt Disney World Resort et disposant d'un grand choix de motels à bas prix. Si vous recherchez de l'animation le soir, dormez plutôt vers International Drive.

Campings

KOA Campground *(plan II, D4,* ***15****) : 2644 Happy Camper Pl. ☎ 407-396-2400. • koa.com/campgrounds/kissimmee • Compter 50 $ pour 2 avec tente et voiture, eau et électricité comprises ; bungalows 4-8 pers 60-160 $. Réduc si résa par Internet.* Établi dans un coin de verdure bien en retrait de la route, un camping calme, familial, bien tenu et doté d'un coin tentes sous les arbres. Également des bungalows, du plus rustique au plus chic, aux noms explicites allant de la « Cabine des Sept Nains » à la « Suite Princesse ». Les basiques n'ont ni salle de bains ni cuisine, les plus chers offrent tout le confort d'une maison. Jeux pour enfants, épicerie, piscine, salle de fitness, lave-linge, etc.

Tropical Palms *(plan II, C4,* ***16****) : 2650 Holiday Trail. ☎ 407-396-0380. • rvonthego.com • Compter 35-80 $ pour un emplacement avec 2 tentes et une voiture (donc jusqu'à 6 pers) ; bungalows 4-8 pers 160-260 $.* Dans une zone verte paisible, à 2 pas du centre, grand camping parsemé de palmiers, vite pris d'assaut par des camping-cars géants. Dommage que les campeurs en tente ne profitent pas d'un coin bien à eux. Également des bungalows, fort bien équipés, couleur pastel. Épicerie, piscine, salle de fitness, terrain de volley, minigolf... On peut aussi s'essayer au *horseshoes*, le célèbre lancer de fer à cheval, avec les anciens.

De bon marché à prix moyens

Golden Link Motel *(plan II, D4,* ***17****) : 4914 W Irlo Bronson Memorial Hwy (US 192). ☎ 407-396-0555. • goldenlinkhotel.com • Double env 65 $, café et collation inclus.* Ce motel classique compte environ 90 chambres, toutes avec leur lot de moquette et de dessus-de-lit fleuris. Un brin vieillot mais bien tenu et propre, donc une bonne option pour les budgets serrés. Le plus, c'est la vue sur le lac Cécile à l'arrière, qui garantit le calme pour les chambres donnant de ce côté. Chouette ponton

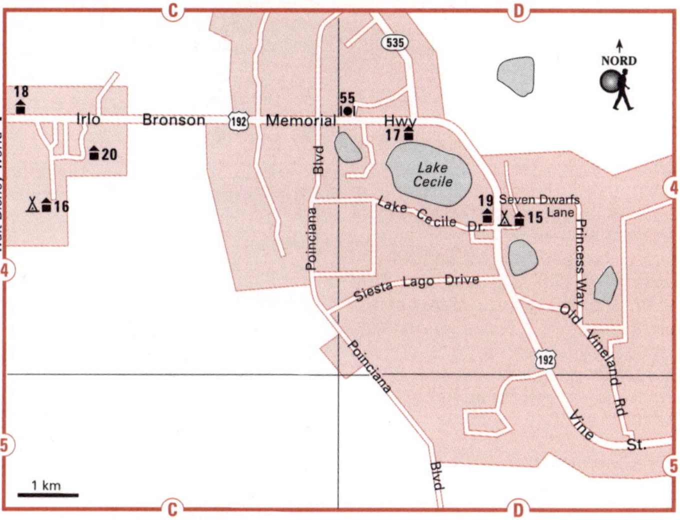

ORLANDO – Kissimmee (plan II)

Où dormir ?	**19** Seasons Florida Resort (D4)
15 KOA Campground (D4)	**20** Comfort Suites Maingate East (C4)
16 Tropical Palms (C4)	**Où manger ?**
17 Golden Link Motel (D4)	**55** King o Falafel (D4)
18 Super 8 Maingate (C4)	

sur l'eau, piscine et coin barbecue. Accueil chaleureux.

Super 8 Maingate *(plan II, C4,* ***18****) :* *5875 W Irlo Bronson Memorial Hwy (US 192). ☎ 407-396-8883. • wyndhamhotels.com • Doubles 50-100 $, petit déj inclus.* Parmi les établissements de la chaîne de motels *Super 8*, voilà l'un des seuls qui méritent notre attention, même si le quartier n'est pas très glamour. Chambres confortables et bien équipées : meubles modernes, frigo, micro-ondes, machine à café et bureau côté pratique. Si le petit déj est plutôt basique, il permet de bien tenir la journée chez Disney, qui est à 10 mn en voiture !

Seasons Florida Resort *(plan II, D4,* ***19****) :* *4736 W Irlo Bronson Memorial Hwy (US 192). ☎ 407-997-3200. • seasonsfloridaresort.com • Doubles 50-100 $, petit déj inclus.* Un motel sur 3 étages d'environ 120 chambres. Leur gros avantage : l'absence de moquette ! Les acarianophobes se réjouiront. Propres et claires, elles sont d'un confort supérieur aux motels de base. Ajoutez des navettes gratuites vers les parcs, une belle piscine et un accueil avenant, voici une bonne adresse à l'excellent rapport qualité-prix.

Comfort Inn Maingate *(plan d'ensemble,* ***24****) :* *7675 W Irlo Bronson Memorial Hwy (US 192). ☎ 407-396-4000. • comfortinnkissimmee.com • Doubles 80-130 $, petit déj inclus.* Encore un hôtel de chaîne, pas tout neuf mais propre, au confort standard américain. Entendez par là : lits larges, moquette, frigo, micro-ondes et machine à café dans les chambres. Piscine et salle de fitness. En retrait de la route, on ne subit pas le brouhaha incessant du trafic. On a aimé l'accueil souriant, mais moins la queue au petit déjeuner.

De chic à plus chic

Comfort Suites Maingate East *(plan II, C4, **20**)* **:** *2775 Florida Plaza Blvd. ☎ 407-397-7848. • comfortsuitesfl.com • Doubles 105-220 $, petit déj inclus.* À 5 mn de chez Mickey, un bel hôtel de près de 200 chambres confortables, bien insonorisées et toutes équipées d'une cuisinette et d'un petit coin salon-bureau. Préférez celles à l'arrière donnant sur la forêt, elles profitent d'un silence absolu. Belle piscine chauffée, salle de fitness et restaurant (pratique !). Navettes gratuites pour Disney, Universal et SeaWorld. Bon rapport qualité-prix-accueil.

Parkway International Resort *(plan d'ensemble, **21**)* **:** *6200 Safari Trail. ☎ 407-396-6600. • diamondresortsandhotels.com • Apparts 4-6 pers 110-280 $.* On est séduit par cet hôtel à thème tranquille et familial, qui porte haut les couleurs de l'Afrique noire dans sa déco. Environ 150 appartements spacieux et confortables avec salon, cuisine bien équipée, 2 salles de bains... Jolie piscine accolée à une petite forêt de pins, courts de tennis, salle de muscu et espaces jeux pour enfants. Un très bon rapport qualité-prix et une agréable pause au calme après une folle journée dans les parcs.

À Celebration, juste au sud de Disney World

Lovée au bord d'un lac, petite bourgade agréable, tranquille et proprette, née de l'imagination même de Walt Disney...

De chic à plus chic

Bohemian Hotel Celebration *(plan d'ensemble, **22**)* **:** *70B Bloom St. ☎ 407-566-6000. • kesslercollection.com/bohemian-celebration • Doubles 100-350 $.* Les Indiens séminoles ont inspiré la déco – ethnique et de bon goût – de cet hôtel chic, situé en plein centre-ville. Quelques beaux portraits emplumés et des effets de matière sympa jusque dans les chambres, ultra-confortables et douillettes. Les plus belles ont vue sur le lac. Une adresse de charme pour ceux qui ont des ronds. Le service est bien sûr à la hauteur des tarifs.

Où manger ?

Dans Downtown Orlando

Spécial petit déjeuner

903 Mills Market Cafe *(plan I, B3, **40**)* **:** *903 S Mills Ave (angle Gore St). Tlj 7h (8h sam-dim)-21h. Plats 6-10 $.* Au cœur d'un quartier résidentiel vert et cossu, les habitués se pressent dans ce petit snack-resto-épicerie tout simple. On y dévore de bonnes formules petits déj, mais aussi des soupes, des salades et de solides sandwichs. Bref, une cuisine simple et efficace. Terrasse aux beaux jours. Et tant qu'à être dans le coin, faites une escale nature au parc *Greenwood Urban Westlands,* juste à côté.

Les amateurs d'ambiance rétro opteront pour **Hamburger Mary's** (voir ci-contre).

Bon marché

Gringos Locos *(plan I, A3, **43**)* **:** *22 E Washington St. Tlj 11h-3h. Plat moins de 10 $.* Tacos, *burritos, quesadillas,* voilà de quoi vous caler pour la fin de la journée ou avant d'aller danser ! Dans un cadre un peu dézingué, on sert ici la meilleure *Mexican food* de la ville. De solides plats, pas franchement légers, à accompagner d'un soda (100 choix possibles au distributeur !). Écrans TV 100 % sports US et musique rock & rap créent une joyeuse cacophonie. Parfait pour les petits budgets et les oiseaux de nuit affamés !

Prix moyens

Hamburger Mary's *(plan I, A3, **44**)* **:** *110 W Church St. ☎ 321-319-0600. • hamburgermarys.com •*

Tlj midi et soir. Résa conseillée. Plats 9-17 $. Supplément pour les shows. Cadre coloré moderne avec quelques touches rétro qui rappellent les *diners* des années 1950. À la carte, d'excellents burgers (viande cuite selon vos désirs), salades, sandwichs... Une adresse bien connue pour sa qualité et ses shows et concerts de *drag queens* *(mar, ven et sam ; programmation en ligne).* Ne manquez pas le brunch du week-end, où l'on se presse autour d'un gargantuesque repas, animé par des *queens* déjantées !

Hawkers Asian Street Fare *(plan I, B2, **45**) : 1103 N Mills Ave. ☎ 407-237-0606. Tlj 11h-21h (22h ven-sam). Plats 10-15 $.* Tôle ondulée et photos de rue en noir et blanc plantent le décor de cette cantine d'inspiration *street food* asiatique. *Noodles, bao burgers,* brochettes de poulet, riz sautés et soupes s'affichent à la carte bien garnie. Arachides, plantes aromatiques et épices relèvent des plats soigneusement mijotés. On y remettrait bien un coup de baguettes !

Autour d'International Drive

Le coin qui concentre le plus d'endroits pour casser la croûte !

Spécial petit déjeuner

Keke's Breakfast Cafe *(plan d'ensemble, **47**) : 4192 Conroy Rd. ☎ 407-355-3515. Tlj 7h-14h30. Plat moins de 10 $.* En plein dans une zone commerciale sans charme, un lieu réputé qui ne désemplit pas dès l'heure du petit déj : gaufres, pancakes, omelettes, etc. Une carte longue comme le bras qui propose aussi salades et sandwichs le midi. Le tout servi dans une large salle sans charme, mais tout se passe dans l'assiette.

Bon marché

Greens & Grille *(plan d'ensemble, **47**) : 4104 Millenia Blvd. Tlj 11h-21h (20h dim). Plat moins de 13 $.* Dans une zone commerciale sans attrait, on est séduit par ce resto établi dans une grande salle au style un peu industriel. À l'ardoise, salades, sandwichs, *wraps* et autres viandes grillées. Bref, de la cuisine simple mais saine et soignée. À dévorer sans compter !

Whole Foods Market *(plan d'ensemble, **48**) : 8003 Turkey Lake Rd. Tlj 8h-22h. Repas env 10 $.* Ce supermarché où tout ou presque est bio ou provenant du commerce équitable propose des sandwichs, un bar à salades, un coin cuisine du monde (avec fromages et baguettes de pain pour ceux qui ont le mal du pays !) et autres petits plats mijotés, ainsi qu'un grand choix de gâteaux. À déguster dans la longue salle attenante ou en terrasse sur le parking. Une excellente adresse pour manger sainement sans se ruiner, mais pour le charme, on repassera !

Sweet Tomatoes *(plan d'ensemble, **49**) : 6877 S Kirkman Rd (angle International Dr) ; entrée côté International Dr. Tlj 11h-21h (22h ven-sam). Buffet env 12 $.* Une cantoche où – pour une somme modique – on pioche à volonté dans un appétissant buffet : crudités et salades composées, pâtes, soupes... Bref, une adresse idéale en famille pour un excellent rapport qualité-prix. Enfin un peu de fraîcheur.

Shake Shack *(plan d'ensemble, **53**) : 8359 International Dr. Tlj 11h-23h (minuit ven-sam). Burgers 8-10 $.* Oubliez les MacMachin et les BurgerTruc, le bon spot pour dévorer un hamburger rapido, c'est ici. *Shake Shack* est certes un fast-food, mais la qualité est bien au rendez-vous. On ne rechigne donc pas à débourser quelques dollars de plus par rapport aux enseignes insipides. Frites, burgers et hot dogs sont préparés minute pour plus de fraîcheur. En un mot : c'est bon ! Grande salle nickel et hyper moderne.

Prix moyens

Bahama Breeze *(plan d'ensemble, **50**) : 8849 International Dr. ☎ 407-248-2499. Tlj 11h-1h (1h30 ven-sam). Plats 10-25 $.* Prenez votre mal en patience pour avoir une table dans ce gigantesque bungalow en bois et tôle (résa recommandée). Faut dire que les plats d'inspiration caribéenne valent l'attente. On se délecte des sandwichs grillés aux salades copieuses, sans oublier soupes, brochettes de viandes et pêche du jour. Musique live reggae et 100 % *good vibes* ! Une adresse incontournable où toute la ville semble converger à la tombée de la nuit.

Joe's Crab Shack *(plan d'ensemble, **51**) : 8400 International Dr. ☎ 407-352-2928. Tlj 11h-23h (minuit ven-sam). Plats 15-30 $.* Dans une sorte de hangar en tôle ondulée à la déco industrielle, ce resto, qui s'affiche sans complexe – *peace, love and crabs !* –, sert des crustacés à longueur de journée. On opte volontiers pour la formule *steampots* : clams, pinces de crabe, homard... et un épi de maïs et des patates pour caler tous ces invertébrés au fond de l'estomac ! Terrasse avec de grandes tablées. À vos pinces à crustacés et accrochez bien votre bavoir en plastique !

Rocco's Tacos *(plan d'ensemble, **58**) : 7468 W Sand Lake Rd. ☎ 407-226-0550. Mar-sam, midi et soir. Fermé dim-lun. Résa conseillée. Plats 15-25 $.* Un resto mexicain à la déco raffinée et originale : mobilier vintage, bars colorés et lumière tamisée. Dans l'assiette, c'est un sans-faute et c'est généreusement servi. Grande salle un peu bruyante, dommage ! Optez pour le comptoir du bar à l'entrée ou pour la terrasse couverte avec vue sur Little Sand Lake.

Chic

Dragonfly *(plan d'ensemble, **52**) : 7972 Via Dellagio Way. ☎ 407-370-3359. Tlj 17h-22h (23h ven-sam). Plats 15-30 $.* Perdu dans ce quartier cossu et un peu *fake* (on dirait un décor de série TV !), voici l'un des meilleurs restos asiatiques de la ville. Grande salle raffinée – façon intérieur japonais – et cuisine ouverte où des chefs de l'empire du Soleil-Levant réalisent avec soin sushis et plats savoureux typiques à peine revisités. On aime bien le principe des portions à partager, comme ça, on peut goûter à tout. Cher, mais on s'est bien régalés !

À Kissimmee

De bon marché à prix moyens

King o Falafel *(plan II, D4, **55**) : 5045 W Irlo Bronson Memorial Hwy (US 192). ☎ 407-979-4940. Tlj 11h-23h. Plat env 12 $.* Ne jugez pas trop vite cette salle tristoune, car on sert ici une délicieuse cuisine levantine. Salades, falafels, soupe de lentilles, feuilles de vigne farcies, houmous... Le savoir-faire et les recettes familiales offrent de belles surprises gustatives. Notre coup de cœur ? Les « assiettes combinées », copieuses et délicatement épicées. C'est bon, frais et servi avec gentillesse. Une belle surprise.

Publix Super Market *(plan d'ensemble, **56**) : 29 Blake Blvd, sur la commune de Celebration mais à 2 mn en voiture de Kissimmee. Tlj 7h-23h. Repas env 10 $.* Un supermarché immense où le rayon frais permet de se concocter un pique-nique ou une dînette sur le pouce et à moindre coût. Salades, sandwichs, pâtisseries, fruits... On fait le plein sur la route des parcs pour économiser.

Joe's Crab Shack *(plan d'ensemble, **56**) : 10 Blake Blvd (US 192). ☎ 321-939-6880. Tlj 11h-23h (minuit ven-sam). Plats 15-30 $.* Une autre antenne (de crevette !) de la célèbre chaîne de fruits de mer. Décor marin et généreuses marmites de homards, crabes et clams à prix doux. On s'en lèche encore les pinces !

À Celebration

De prix moyens à chic

Celebration Town Tavern *(plan d'ensemble, **57**) : 721 Front St. ☎ 407-566-2526. Tlj 11h-2h. Plats 9-32 $.* Dans cette bourgade huppée, voilà une adresse qui ne chipote pas. Sandwichs, burgers, salades ou fruits de mer (souvent frits) s'avalent avec une pinte de bière dans un fouillis de drapeaux de foot, photos par centaines et chopes aux murs. Si la cuisine n'envoie pas vos papilles au 7e ciel, le cadre et l'ambiance rattrapent le coup et on y mange tout de même bien. Jolie terrasse bien agréable avec son immense bar central en bois.

Où boire un verre ? Où sortir ?

Dans Downtown Orlando

L'animation du quartier se concentre autour d'Orange Avenue, à hauteur de Church Street et de Wall Street Plaza, les week-ends, mais surtout les soirs de match. Là, pas mal de bars qui s'éteignent sur les coups de 2h du mat', heure limite pour la vente d'alcool.

Eola Wine Company *(plan I, B3, **70**)* **:** *430 E Central Blvd (angle S Osceola Ave). Lun-ven 16h30-23h30 (0h30 ven), w-e 11h30-0h30 (21h dim).* Long bar à vins doté d'une déco chaleureuse : canapés en cuir, murs en brique parsemés de toiles modernes et d'affiches de publicités anciennes. Dans les ballons, des vins de Californie, du Chili, d'Argentine, d'Italie... à siroter jusqu'en terrasse sur le trottoir. Petite carte de restauration (salades, sandwichs, tacos...). Une adresse très courue.

Hanson's Shoe Repair *(plan I, A3, **73**)* **:** *27 E Pine St. ☎ 407-476-9446. Tlj 20h-2h.* Un speakeasy comme on en trouvait à l'époque de la Prohibition. Pas de nom sur la façade, un mot de passe nécessaire pour accéder au *rooftop* (passez un coup de fil avant pour l'obtenir)... Le décor est planté ! Sinon, accès libre au zinc en marbre à l'entrée ou à l'un des salons intimistes à la mezzanine. Glissez à l'oreille du barman votre état d'esprit du moment pour qu'il compose un cocktail personnalisé, suivant son inspiration. Pas donné, mais expérience sympa et originale.

Chillers-Cahoots-Latitudes *(plan I, A3, **71**)* **:** *33 W Church St. Tlj 16h30-2h.* Dans cette vieille maison en brique, on trouve bars, musique DJs et ambiance festive à tous les étages, jusque sur le toit-terrasse ! Réputé notamment pour son *frozen drink bar*. Certainement le *hot spot* de cette rue animée, bien connue des noctambules.

The Social *(plan I, A3, **72**)* **:** *54 N Orange Ave. • beachamorlando.com •* Autre temps fort dans la nuit d'Orlando, cette salle de concert propose une programmation éclectique pour une ambiance qui s'échauffe vite. Foncez !

Sur International Drive

Longtemps délaissées par les noctambules, les nuits blanches d'International Drive ont repris des couleurs ces dernières années ! En fin de semaine, on ne sait plus où donner de la tête pour faire la fête. Atmosphère un peu plus *hype* que dans Downtown mais pas de *dress code* particulier, si ce n'est votre sourire et votre bonne humeur...

Bahama Breeze *(plan d'ensemble, **50**)* **:** *8849 International Dr. Tlj 11h-1h (1h30 ven-sam).* Atmosphère caribéenne pétillante dans ce bar-resto (voir « Où manger ? ») bondé le week-end et qui propose une foule d'excellents cocktails colorés, surtout à base de rhum et de fruits frais. Pour profiter à fond de l'ambiance, installez-vous en terrasse, là où ont lieu les concerts.

Pour faire la tournée des grands ducs, on vous conseille aussi ***Tin Roof*** *(8371 International Dr ; plan d'ensemble, 60 ; tlj 11h-2h)* et ***Howl at the Moon*** *(8815 International Dr ; plan d'ensemble, 50 ; tlj 19h-1h45)*, 2 immenses pubs à la déco industrielle avec une belle programmation de concerts. Également ***Cuba Libre*** *(9101 International Dr ; plan d'ensemble, 62 ; tlj 17h-21h, et jusqu'à 2h ven-sam)* et ***Blue Martini*** *(même adresse ; tlj 16h-2h)*, pour siroter un cocktail dans une ambiance cosy en début de soirée, avant de grimper en température et en décibels au fil des heures.

Achats

Premium Outlets – International Drive *(plan d'ensemble, **90**) : 4951 International Dr. Par l'I-4, sortie 75A. Tlj 10h-23h.* L'un des plus grands *outlets* du sud des États-Unis avec près de 190 enseignes.

Premium Outlets – Vineland Avenue *(plan d'ensemble, **92**) : 8200 Vineland Ave (croisement SR 535). • premiumoutlets.com • Par l'I-4, sortie 68. Tlj 10h-23h.* Proche des parcs d'attractions, cet autre *outlet* compte quelque 160 boutiques de marques à prix planchers.

Bass Pro Shops Outdoor World *(plan d'ensemble, **91**) : 5156 International Dr. • basspro.com • Tlj 10h-21h (19h dim).* Tout l'équipement pour la pêche, la chasse, le *kayaking* et le camping. On y achète aussi palmes, masque et tuba avant de descendre vers les Keys.

Hogan's Beach Shop *(plan d'ensemble, **93**) : 7679 International Dr. • hogansbeachshop.com • Tlj 10h-20h (21h ven-sam).* Une boutique pour les fans de catch, ouverte par la superstar américaine Hulk Hogan (présent en chair et en muscles plusieurs fois par semaine). On y trouve T-shirts, casquettes, mugs, figurines à la gloire de John Cena, The Rock, l'Undertaker... Aux murs, des dizaines d'objets collector retraçant l'histoire du catch US. Et au centre du magasin, un véritable ring officiel sur lequel on peut monter (payant).

À voir. À faire

Downtown Orlando

LE NORD-EST

Une des particularités d'Orlando, c'est son Downtown, très étendu et bien paysager avec ses lacs et ses espaces verts. À 3 km au nord du lac Eola, coincé entre les lacs Formosa, Rowena et Estelle, le ***Lockhaven Park*** regroupe les ***principaux musées*** de la ville : Orlando Museum of Art, Orlando Science Center, Mennello Museum of American Art, Fire Museum, ainsi que le Shakespeare Theater, haut lieu de la culture locale.

Orlando Museum of Art *(plan I, B1) : 2416 N Mills Ave. • omart.org • De Lynx Central Station, bus n° 125 jusqu'au croisement Rollins St/Mills Ave, puis descendre Mills Ave vers le sud. Tlj sauf lun 10h (12h sam-dim)-16h. Entrée : 15 $; réduc. Parking gratuit.*

Ce musée présente – dans un cadre agréable et serein – plusieurs collections d'art de très belle facture. Tout d'abord une petite ***section d'art africain*** : statuettes, armes, bijoux, vanneries, tissages et autres objets usuels en provenance d'Afrique de l'Ouest, mais également d'Afrique du Sud, sans oublier le Congo...

Puis, côté ***antiquités du « Nouveau Monde »,*** une remarquable collection d'objets archéologiques exceptionnels, datant de 2000 av. J.-C. jusqu'à l'arrivée des 1ers conquistadors. Statuettes anthropomorphes et zoomorphes en terre cuite ou pierre taillée, poteries nazca, aztèques, zapotec, taïnos, mais également quelques bijoux et des objets votifs en jade ou turquoise ; des trouvailles mises au jour essentiellement dans des tombes.

Ensuite, la ***peinture américaine depuis le XVIIIe s jusqu'à nos jours*** est aussi à l'honneur, dans plusieurs salles, et les toiles de collection permanente sont exposées par roulement. Ainsi admire-t-on des lithos d'Audubon, des tableaux de Childe Hassam, John Hauser ; ou, plus proches de nous : Georgia O'Keeffe, Ansel Adams, Robert Rauschenberg et Morris Louis. Et dans une salle à part, « l'Amérique graphique » est célébrée avec les fameuses *Flowers* d'Andy Warhol, sans oublier Roy Lichtenstein, Robert Indiana, Gene Davis, Alex Katz...

Enfin de belles ***expos temporaires*** d'art ancien ou contemporain. Bref, de l'esthétisme, et ça fait du bien !

Orlando Science Center *(plan I, B1)* **:** *777 E Princeton St. • osc.org • Même accès que ci-dessus. Tlj 10h-17h sauf mer. Entrée chère : 21 $; réduc.* Un vrai régal pour les enfants, passionnés de nature et de découvertes ! Construit sur 4 niveaux, cet immense musée regroupe une foule d'ateliers interactifs et d'expos plus surprenantes les unes que les autres. Il s'ouvre sur la section ***Nature Works,*** où les reptiles sont présentés en chair et en os (croco, tortues, iguanes et serpents) ! Au 1er étage (donc *level 2*), les tout-petits s'amuseront dans ***Kids Town,*** où l'environnement et le quotidien citadin sont mis à leur échelle pour les inviter à devenir mécaniciens, pompiers, ouvriers ou vendeurs de fruits et légumes... Au même niveau *(level 2),* on s'essaie à des expériences dans la ***Kinetic Zone*** : électricité, magnétisme, gravité, etc. Billes, boulons, aimants... on joue aux agents secrets et aux scientifiques, on touche à tout, et les petits adorent ça. On garde le meilleur pour la fin avec ***Dino Dig's*** *(level 4),* où l'on tremble devant les squelettes reconstitués des plus terrifiantes créatures qu'ait jamais connues la Terre. À votre avis, quelle est la longueur du cou de cet *Elasmosaurus platyurus* ? Au même étage, l'expo ***Our Planet*** nous fait découvrir des phénomènes naturels : capsule à ouragan, simulateur (très gentillet) de tremblement de terre... On a bien aimé les lanceurs d'avions de papier ! Ensuite, rendez-vous au ***Cinedome Imax*** *(level 1),* où sont projetés des films (45 mn) sur l'espace, les voyages ou le monde animal. Sans oublier les nombreuses animations et expériences grandeur nature tout au long de la journée. Bref, de quoi s'occuper plusieurs heures avec les enfants. Enfin, sur le toit, on apprend à s'y retrouver dans le ciel étoilé en pénétrant dans l'***Observatoire*** *(voir programme sur le site car il change en fonction des conditions météo).*

The Mennello Museum of American Art *(plan I, B1)* **:** *900 E Princeton St. • mennellomuseum.com • Même accès que ci-dessus. Tlj sauf lun 10h30 (12h dim)-16h30. Entrée : 5 $; réduc ; gratuit moins de 6 ans.* Beau petit musée avec un *sculpture garden* ouvert sur le Lockhaven Park et des rocking-chairs pour profiter du calme ambiant et de la vue sur le lac Formosa. À l'intérieur, cadre assez cosy qui met en valeur les œuvres naïves du peintre Earl Cunningham (1893-1977), passionné de paysages marins. Également des expos temporaires d'artistes américains : sculpture, pop art, art folklorique...

Church Street *(plan I, A3)* **:** cette rue mignonne, miraculeusement épargnée par l'Histoire, fait la fierté d'Orlando. Dernier témoignage de l'architecture de la ville au XIXe s, avec sa petite gare, elle a été complètement réhabilitée et demeure l'un des hauts lieux de la vie nocturne locale. Infos : *• churchstreetdistrict.com •*

Assister à un match de basket des Orlando Magic à l'Amway Center *(plan I, A3)* **:** *400 W Church St. • nba.com/magic • Programme des matchs sur le site internet. Résa sur place (lun-ven 9h-18h), par tél auprès de Ticketmaster (☎ 1-800-745-3000), sur Internet (• ticketmaster.com • amwaycenter.com •) ou à l'office de tourisme – Visit Orlando. Ticket : 20-420 $ selon emplacement et notoriété de l'équipe rencontrée. Parkings payants attenants.* Aux États-Unis, le basket-ball est bien plus qu'un sport, c'est un show, un spectacle total ! À chaque rencontre des Orlando Magic, l'immense Amway Center fait quasi le plein, dans une liesse générale !

Everglades (Tohopekaliga lake, au sud de Kissimmee)

Si le sud de la Floride n'est pas à votre programme, voilà une bonne option pour découvrir les ***paysages majestueux des Everglades.*** Dans les environs immédiats de Kissimmee se trouvent 1 700 ha de marais, marécages et rivières, le tout protégé. À découvrir en hydroglisseur pour approcher au plus près la faune locale, rapaces et alligators en tête, bien entendu !
Parmi les différentes compagnies proposant un tour sur le lac, on vous conseille ***Boggy Creek Airboat Adventures,*** pour son approche pédagogique et ses

valeurs respectueuses de l'environnement et des animaux *(2001 E Southport Rd, **Kissimmee** – pas facile à trouver, GPS conseillé ; ☎ 407-344-9550 ; • bcairboats.com • ; tlj 9h-17h30 ; ticket : env 40-60 $/pers selon âge et saison ; tour de 1h + accès à la ferme des alligators).*

À Winter Park (au nord de Downtown Orlando)

Petite banlieue huppée à une dizaine de kilomètres au nord d'Orlando, très prisée des habitants de New York ou du New Jersey à la recherche d'une résidence secondaire. Winter Park nous a charmés par son enfilade de restos branchouilles et de terrasses animées. Il fait bon s'installer à une table au soleil pour savourer un brunch le dimanche en sirotant un incontournable mimosa. Pour les amateurs, on trouve même un parcours de golf en plein centre-ville !

Morse Museum *(hors plan I par B1)* **:** *445 N Park Ave. • morsemuseum.org • Depuis l'I-4, sortie 87 (Fairbanks Ave), puis direction Winter Park sur près de 3 km et tourner à gauche dans Park Ave. Tlj sauf lun 9h30 (13h dim)-16h (20h ven nov-avr). Entrée : 6 $; réduc ; gratuit moins de 12 ans et pour ts ven 16h-20h (nov-avr).* Pour les amateurs de la période mi-XIXe s/début XXe s, ce musée situé au nord d'Orlando et spécialisé dans les Arts déco rassemble ***la plus importante collection au monde d'œuvres de l'artiste américain Louis Comfort Tiffany.*** Vitraux, lampes par dizaines, bijoux, vases ou encore splendides pans de porte... le mélange des couleurs et les motifs inspirés de la nature nous laissent en admiration. On reste aussi bouche bée devant des pièces plus monumentales comme la décoration intérieure d'une chapelle créée pour la World's Columbian Exposition de Chicago en 1893 (levez les yeux sur le splendide lustre aux pierres vertes !) ou encore la reconstitution d'un pan de sa propriété privée de Long Island, *Laurelton Hall*. Charmant, le salon s'ouvre sur un adorable jardin par de larges baies vitrées, on s'imagine bien y prendre le thé. L'ensemble du musée baigne dans une douce atmosphère d'antan, avec une mélodie de boîtes à musique pour ajouter une touche de romantisme.

Albin Polasek Museum & Sculpture Gardens *(hors plan I par B1)* **:** *633 Osceola Ave. • polasek.org • Tlj sauf lun 10h (13h dim)-16h. Entrée : 10 $; réduc ; gratuit moins de 4 ans.* Petit musée dédié au sculpteur américain d'origine tchèque Albin Polasek (1879-1965). On le conseille surtout pour son superbe jardin en bordure de lac où sont exposées les œuvres de l'artiste (qu'il considérait comme ses enfants !). Une bulle zen et bucolique où l'on peut pique-niquer au calme, les yeux dans l'eau.

Au sud de Walt Disney World Resort

Celebration : *à env 30 km au sud-ouest de Downtown Orlando. Accès : en voiture par l'I-4, sortie 62 ; en bus n° 56 circulant entre Walt Disney World Resort et Kissimmee. Plus d'infos sur • celebrationtowncenter.com •* Celebration n'est pas un parc d'attractions mais une ***bourgade, imaginée par Walt Disney* himself.** Malheureusement il n'aura pas eu le temps de voir sa réalisation car elle est sortie de terre en 1994, près de 30 ans après sa mort. Il voulait une ville idéale, où tout le monde vivrait heureux ! Côté architecture, seuls 5 modèles de maisons (et 7 tailles différentes) sont autorisés ! Musique dans les rues, lac artificiel avec son lot de rocking-chairs au bord de l'eau, ni papiers ni mégots au sol, pas de barrière entre les propriétés, interdiction de rouler en skateboard sur les trottoirs... Même l'attitude à adopter vis-à-vis de ses voisins est réglementée ! On se croirait dans The Truman Show ! Certes, les 101 Dalmatiens et les Aristochats ne courent pas dans les rues, mais la ville demeure conforme aux canons de Disney : propre, calme et policée, presque un peu trop, mais agréable sans aucun doute.

LES PARCS D'ATTRACTIONS D'ORLANDO

• Plan *p. 216-217*

Bienvenue au royaume de l'*entertainment,* où s'amuser (*have fun* dans le texte) est le mot d'ordre !
Toutefois, les entrées des parcs sont chères et, à moins de jouer dans la même cour qu'Oncle Picsou, votre budget oblige à faire des choix. Mais si vous êtes plein aux as et que vous avez le temps, gavez-vous d'attractions !
***ATTENTION :* Universal Orlando Resort et Walt Disney World Resort sont traités à part, plus loin.**

Une astuce pour économiser du temps et de l'argent : ***réserver ses billets sur les sites internet officiels*** des parcs d'attractions... Les prix que nous indiquons dans le texte sont d'ailleurs ceux-là. Compter environ 10-15 $ de plus sur place (et toujours gratuit pour les moins de 3 ans sauf mention contraire). Si vous achetez vos billets 24h à l'avance, certains parcs vendent le billet à la journée environ 10 $ moins cher qu'un billet acheté le jour même. Possibilité de ***pass*** incluant plusieurs parcs.

SEAWORLD ORLANDO

7007 SeaWorld Dr. • seaworld.com • À env 15 km au sud-ouest de Downtown Orlando. Accès : en voiture, par l'I-4, sortie 72 (ou 71 en allant vers Downtown) ; en bus nos 8, 38 et 50 depuis la Lynx Central Station (Downtown). Tlj 9h (10h selon sem)-18h (jusqu'à 22h selon saison). Entrée : env 90-115 $; pass 2 parcs du groupe SeaWorld (Aquatica à Orlando, Busch Gardens et Adventure Island, à Tampa pour ces 2 derniers) à partir de 120 $, 3 parcs à partir de 130 $. Parking : env 20 $ (valable 1 j.).

Sur le thème de la mer, c'est le parc le plus grand et le plus complet au monde. Mélange de divertissement et d'attractions fortes, le parc fait dans le sensationnel à grand renfort de shows et d'interaction avec les animaux. Car il s'agit de se positionner dans la course aux dollars qui l'oppose à ses rivaux : Universal et Disney.
SeaWorld fait l'objet d'une forte polémique depuis 2010, lorsqu'une dresseuse a été tuée pendant un show par la plus célèbre orque du parc : Tilikum. L'agitation médiatique a été relancée en 2013 avec la sortie d'un documentaire, *Blackfish,* décrivant la capture violente de l'animal en question et ses conditions de vie aliénantes. Grâce à la pression de la justice et des militants, les shows ludiques d'orques ont été définitivement supprimés du parc de San Diego en 2017. C'est le cas aujourd'hui également pour Orlando et San Antonio. Ces spectacles ont été remplacés depuis par des animations éducatives et de prévention n'entraînant pas de contacts physiques avec les dresseurs. En 2016, un 1er pas avait été franchi avec la décision de cesser la reproduction des orques des parcs. Épilogue du docu *Blackfish,* Tilikum est mort en captivité en 2017.
Bref, on ne vous encourage pas franchement à caresser les dauphins ou à applaudir ces shows, aussi impressionnants soient-ils. Mais le parc reste pour certains un incontournable, alors difficile de l'ignorer.
– ***Les shows :*** justement, parlons-en. Ils durent entre 20 et 25 mn. Le spectacle phare est celui des orques : ***Orca Encounter,*** qui se déroule au Orca Stadium (évitez les 1ers rangs pour rester au sec). ***Dolphin Days,*** au Dolphin Theater, met

en scène acrobates-plongeurs, dauphins et perroquets, autour du thème de l'eau et du ciel. Dans ***Sea Lion High : The New Class,*** les lions de mer sont entraînés dans des aventures désopilantes.

– Outre les shows, on peut aussi ***observer les animaux*** de très près, comme en se baladant dans ***Shark Encounter,*** un tunnel de verre survolé par différents types de requins. Également le ***Dolphin Cove,*** où des dauphins s'ébattent dans un bassin qui manque sacrément d'envergure. Sans oublier ***Stingray Lagoon,*** une cuve remplie de raies tournicotant inlassablement, et que l'on peut caresser au passage ; ou enfin ***Pacific Point Preserve,*** où s'entassent des otaries du Pacifique.

1 000 VEAUX SOUS LES MERS

Les lamantins sont des mammifères herbivores. Surnommés « veaux de mer », ils passent leur temps à brouter les fonds marins et à se la couler douce ! Ils communiquent entre eux en émettant des sons variés, du cri aigu au sifflement. Christophe Colomb avait pris le chant des lamantins pour celui des sirènes... Aujourd'hui, à cause de la pression touristique, les lamantins vivant dans les eaux chaudes de la Floride sont classés espèce en danger.

– ***Côté attractions,*** on a apprécié ***Turtletrek,*** de grands aquariums où nagent paisiblement tortues et lamantins *(manatees)* – qui eux aussi mériteraient plus d'espace – au milieu des poissons colorés des Caraïbes. S'ensuit un film 3D projeté dans une sphère, où l'on se met dans la peau d'une tortue évoluant dans son monde. Décevant (longue file d'attente et attraction très courte), ***Antarctica, Empire of the Penguin.*** On pénètre au cœur d'une banquise de fibre, avant de monter dans des nacelles pour un voyage en Antarctique. Terminus dans le froid (prévoyez de quoi vous couvrir) en contemplant de vrais pingouins sur une fausse banquise.

PINGOUINS OU MANCHOTS ?

Les pingouins habitent l'hémisphère nord et peuvent voler. Les manchots, eux, ne vivent que dans l'hémisphère sud et ne volent pas (ce sont donc de vrais manchots !). Mais les Américains, qui ne font pas les choses comme les autres, appellent « penguin » ceux que nous appelons manchots... Confusing !

Également des manèges à sensations de types montagnes russes : ***Mako, Manta, Kraken*** et ***Infinity Falls,*** un *roller coaster* dans une jungle artificielle avec une redoutable chute à la verticale ! Également l'attraction ***Journey to Atlantis,*** toboggan à descendre en raft pour un grand plouf. Enfin, ***Wild Arctic*** propose un simulateur d'hélico au-dessus des paysages sauvages de l'Antarctique. En descendant de l'appareil, visite d'une station polaire reconstituée sur la banquise, avec intervention de quelques morses, bélougas... Enfin, pour avoir une vue sur tout SeaWorld et les environs, embarquez pour la ***Sky Tower*** qui vous emmène côtoyer les nuages à plus de 100 m de hauteur.

DISCOVERY COVE

6000 Discovery Cove Way. • discoverycove.com • Juste à côté de SeaWorld Orlando (même groupe). Mêmes accès que ce dernier. Tlj 9h (check-in dès 7h15)-17h30. ***Résa indispensable très longtemps à l'avance.*** *Entrée hors de prix : à partir de 150 $/pers, comprenant parking, 2 repas + snacks et boissons illimités, snorkelling avec les raies et poissons, serviette, combinaison, et même crème solaire ; pas de réduc enfants.* ***Nage avec les dauphins en sus*** *: à partir de 230 $/pers (entrée incluse). Également des passes comprenant l'accès aux autres parcs aquatiques du groupe.* Installé dans un environnement tropical, ce parc aquatique singulier – émaillé de ***plages de***

sable blanc – offre la possibilité de plonger sur un ***récif de corail*** *(The Grand Reef)* au beau milieu d'une foule de poissons exotiques multicolores, d'explorer des grottes sous-marines, de nager dans un bassin de raies, de descendre une ***rivière tropicale*** *(Freshwater Oasis)* jusqu'à un lagon avant de se retrouver dans une volière géante où l'on peut nourrir de magnifiques oiseaux... Mais l'attraction majeure demeure la possibilité de ***nager avec un dauphin*** (avec plusieurs autres personnes quand même !) pendant 30 mn seulement, dont la moitié du temps consiste à prendre des photos, sachez-le ! Une sortie réservée aux budgets confortables.

AQUATICA

5800 Water Play Way. • aquatica.com • En face de SeaWorld Orlando (même groupe). Horaires à vérifier sur le site internet (selon saison et météo) ; en gros : tlj 9h (ou 10h)-17h (jusqu'à 21h selon saison). Entrée : env 45-70 $; réduc. Pass 2 parcs du groupe SeaWorld à partir de 120 $, 3 parcs à partir de 130 $. Serviette payante. Casier : 15-20 $ la journée. Parking : 20-25 $ (valable 1 j., y compris pour SeaWorld). Aquatica propose toute une série de tubes et toboggans à descendre seul ou à plusieurs, en maillot, sur des bouées. Reliées par des ponts suspendus et ombragées par des palmiers, les attractions sont, pour la plupart, accessibles à tous sans trop faire dresser les cheveux sur la tête. L'emblème du parc – le ***Dolphin Plunge*** – vous fait glisser dans un tube transparent au cœur d'un bassin où nagent des dauphins de Commerson, noir et blanc. Nettement plus relax, ***Roa's Rapids*** est une rivière à courant dans laquelle on se laisse emporter par l'eau chaude. Sensationnel, ***Walhalla Wave,*** on l'on descend à fond la caisse, à plusieurs, dans un petit radeau gonflable. Juste à côté, et avec tout autant de sensations, ***Ray Rush*** adopte le même concept. Mais le plus impressionnant des *rides* demeure la longue piste du ***Taumata Racer,*** que l'on dévale à plat ventre sur un matelas, tête en avant. Quant au ***Whanau Way,*** il siphonne littéralement ses passagers, aspirés par un minivortex. Sensations fortes aussi au ***Karekare Curl*** où l'on part dompter une vague imaginaire, en duo, sur une roue gonflable tourbillonnante. Également l'***Omaka Rocka,*** un enchevêtrement de tuyaux colorés réservé aux *single riders* (donc moins d'attente), qu'on dévale sans vraiment savoir dans quel sens on se trouve ! Amusant aussi, le ***Tassie's Twister,*** où l'on grimpe jusqu'à 4 dans une bouée qui file en tourneboulant. Et pour les amateurs de compétition, le ***Riptide Race,*** permet d'affronter un adversaire dans une course folle de tuyaux en partant de la même ligne de départ dans 2 toboggans voisins. 3, 2, 1, partez ! Les enfants passent des heures dans les ***Walkabout Waters,*** la grande aire de jeux aquatiques, ou barbotent avec leurs parents dans l'une des piscines à vagues ***Big Surf Shores*** ou ***Cutback Cove*** (à choisir selon la force des remous), l'ensemble est bordé par une plage de sable blanc. On a gardé le plus impressionnant pour la fin, à réserver aux cœurs bien accrochés : le ***Ihu's Breakaway Falls.*** On part debout, droit comme un « i », dans un tuyau fermé, et les sensations du début s'apparentent à de la chute libre. Ça fiche la trouille !

LEGOLAND FLORIDA

*1 Legoland Way, à **Winter Haven.** • legoland.com/florida • En voiture depuis Orlando, prendre l'I-4 W, sortie 55 ; tourner tt de suite sur la SR 540/ Cypress Gardens Blvd ; le parc est à 6 km (panneaux). Tlj 10h-17h (jusqu'à 21h en hte saison) ; vérifier sur le site internet avt. Fermé mer en hiver. Entrée : env 85 $ pour le parc principal ; compter min 25 $ de plus pour l'accès au parc aquatique. Parking : 23 $.* Inspiré de la célèbre petite brique danoise. Ici, vos petits vont s'enthousiasmer, mais vos ados, eux, risquent de s'ennuyer.

Cinéma 4D, manèges gentillets, wagons et pistolets laser, safari dans la savane... Le plus impressionnant reste ***Miniland,*** véritable œuvre d'art construite avec plus de 30 millions de briques, où l'on admire la réplique des plus belles villes du pays. Également un parc aquatique, ***Legoland Florida Water Park,*** avec toboggans et piscine. Là encore, rien de sensationnel mais les petits s'amuseront.

UNIVERSAL ORLANDO RESORT

• Orlando – Les parcs d'attractions (plan d'ensemble) *p. 216-217*

À l'instar de Walt Disney World Resort, créé sur le modèle de Disneyland en Californie, Universal Orlando Resort est la réplique d'Universal Studios Hollywood, les célèbres studios de cinéma californiens qui, dans les années 1960, se sont enrichis d'un parc à thème. Cependant, et à la différence de ceux-ci, Universal Orlando n'est pas né autour de studios de cinéma existants. C'est une création à part entière. Ici, il est donc surtout question d'attractions et non de visites de studios de tournage. Le 1er parc, *Universal Studios Florida,* a ouvert en 1990, et le 2d, *Universal's Islands of Adventure,* en 2001. Les 2 sont reliés par l'*Universal City Walk,* une allée flanquée de boutiques et de restos-bars, très animée à toute heure du jour et de la soirée. Bref, une véritable oasis de divertissement, à l'image de Disney World, mais en plus petit (car Disney, c'est énoooorme !).

Infos et achat des billets sur *• universalorlando.com •*

Infos pratiques

Coordonnées

– ***Accès :*** *6000 Universal Blvd. • universalorlando.com • À env 15 km au sud-ouest de Downtown Orlando et tt près d'International Dr. Accès : en voiture par l'I-4, sorties 74B ou 75A ; parking : 26 $ (gratuit après 18h). Sinon, il est facile d'y aller en bus* Lynx *nos 21 et 40.*

Orientation sur place

– Depuis les parkings, il faut emprunter des escalators et des passerelles pour accéder à l'***Universal City Walk,*** qui relie les 2 parcs entre eux : à droite, l'***Universal Studios Florida*** et, à gauche, l'***Universal's Islands of Adventure.*** L'accès aux parcs est bien évidemment payant, alors que la City Walk demeure gratuite.

– On trouve des ***plans*** à l'entrée de chacun des 2 parcs, où sont indiqués les horaires des shows.

Horaires et tarifs

– ***Horaires variables :*** *tlj 9h-22h (ou 20h, 19h, voire 18h) ; 10h-20h (ou 19h) pour Universal's Volcano Bay ; jusqu'à 2h du mat pour Universal City Walk ; vérifier les horaires en ligne avt.*

– ***Tarifs des entrées :*** pass *1 parc/1 j. (Universal Studios Florida ou Universal's Islands of Adventure) env 110 $ et env 105 $ pour les 3-9 ans ; compter 75-80 $ pour Volcano Bay.* Pass *2 parcs/1 j. env 165 $ et 160 $ pour les 3-9 ans. Également des passes 2, 3 et 4 j. Voir le site internet.*

– ***Tarifs des Express Passes :*** pour gruger toutes les *regular lines* et gagner un temps fou, on peut compléter son *pass* d'entrée avec une option *Universal Express. Compter 60 $ (70 $ pour les 2 parcs) pour l'**Universal Express Pass** permettant de gruger la file 1 seule fois par attraction. Compter 90 $ (100 $ pour les 2 parcs) pour* *l'**Universal Express Unlimited** permettant de doubler tt le monde, tt le temps.* À voir selon le temps et le budget dont vous disposez.

Quelques infos importantes

– Une règle d'or : avant votre tournée des parcs, ***téléchargez l'application gratuite*** *Universal Orlando Resort App.* Une carte interactive vous montre en temps réel le temps d'attente pour chaque attraction. Un super moyen pour moins poireauter. ***Wifi gratuit dans tout le parc.***
– ***Info spéciale fans de Harry Potter :*** la zone dédiée à la saga du sorcier à lunettes est ***à cheval sur les 2 parcs,*** Universal Studios et Islands of Adventure. Ils sont malins... Donc **pass *2 parcs* *obligatoire*** si vous voulez voir à la fois Pré-au-Lard et Le Chemin de Traverse, et monter à bord du *Poudlard Express.*
– En général, le gros du public arrive vers 10h30-11h. ***Arrivez dès l'ouverture*** pour profiter des attractions les plus fréquentées (attention, certaines ne démarrent que vers 10h-10h30) ; cela vous fera gagner un temps précieux. Une fois sur place, filez directement vers le fond du parc, moins fréquenté le matin.
– Idem en fin de journée : ***à partir de 16h-17h,*** les visiteurs commencent à fatiguer et les familles se dirigent vers la sortie ; les files d'attente se réduisent alors sérieusement. C'est le moment d'en profiter pour refaire les attractions qui vous ont plu.
– Si l'idée de faire une queue monumentale (jusqu'à 2h parfois pour les attractions majeures en haute saison !) vous perturbe, les ***Universal Express Passes*** permettent d'accéder en priorité aux attractions. Voir plus haut la rubrique « Infos pratiques. Horaires et tarifs ».
– Si vous êtes seul ou prêt à prendre votre pied en solo, il existe, pour certaines attractions, une ***single riders line,*** bien moins encombrée que la file générale ; alors n'hésitez pas, on peut gagner 1h de queue !
– Enfin, ***si vous logez dans l'un des hôtels Universal,*** vous aurez accès à l'un des parcs 1h avant l'ouverture. Attention, seules 2 ou 3 attractions présélectionnées seront ouvertes. Le parc (vous ne choisissez pas, c'est soit l'un soit l'autre qui ouvre plus tôt) et les attractions sélectionnées changent souvent, vérifiez sur le site internet.
– Bien se renseigner sur les ***horaires des shows*** car s'ils ne vous intéressent pas, sachez que les attractions se vident à ce moment-là.
– Des ***casiers payants*** sont également disponibles sur les 2 sites pour déambuler sans tout charrier. Compter environ 10 $/jour.
Pour certaines attractions, il est obligatoire de laisser son sac dans un casier. Ceux-là sont gratuits le temps de la file d'attente et de l'attraction et deviennent payants une fois le délai écoulé.

Où dormir ?

Universal Orlando Resort possède plusieurs hôtels, tous très chics (et très chers !), situés tout près des parcs et reliés à eux gratuitement par des bus ou bateaux-navettes.

■ ***Universal Cabana Bay Beach Resort :*** *6550 Adventure Way. ☎ 1-888-273-1311. • universalorlando.com • Doubles à partir de 120 $; suites familiales à partir de 155 $.* Plusieurs bâtiments – dans le style des années 1950-1960 – entourant un jardin luxuriant avec piscines et toboggans. Jolies chambres confortables, souvent occupées par des familles. Sur place : restos avec enseignes en néons colorés, bowling, fitness...

■ ***Loews Sapphire Falls Resort :*** *6601 Adventure Way. ☎ 407-503-5000. • loewshotels.com/sapphire-falls-resort • Double env 260 $.* Le dernier-né des hôtels de la chaîne affiche les mêmes standards que ses grands frères, avec ici un style tropical. Chambres tout confort, dans les tons marins. Prix un peu plus « doux » que les autres hôtels de la chaîne.

Hard Rock Hotel : *5800 Universal Blvd. ☎ 407-503-2000. • hardrockhotelorlando.com • Doubles à partir de 310 $.* Architecture s'inspirant du célèbre *Beverly Hills Hotel* de Los Angeles. Pas moins de 650 chambres, hyper confortables et spacieuses, une piscine immense bordée de sable, des restos (chers !), une salle de fitness, des boutiques... La musique est omniprésente, jusque dans la piscine, et ça peut finir par lasser.

Loews Royal Pacific Resort : *6300 Hollywood Way. ☎ 407-503-3000. • loewshotels.com/royal-pacific-resort • Doubles 300-500 $.* À grand renfort d'essences tropicales, les décorateurs du parc ont recréé l'atmosphère des palaces des îles du Pacifique. Une véritable invitation au voyage et au rêve ! Les belles chambres, tout confort et ornées de bois sculpté et autres meubles exotiques, renforcent cette impression. Piscine immense.

Loews Portofino Bay Hotel : *5601 Universal Blvd. ☎ 407-503-1000. • loewshotels.com/portofino-bay-hotel • Doubles 300-500 $.* Dessiné par Spielberg *himself* après des vacances romantiques à Portofino, cet hôtel de 750 chambres est censé reproduire le charmant port italien. Les chambres sont superbes, avec du mobilier Renaissance italienne, des salles de bains rutilantes et tout le confort rêvé. Pour compléter le tout : 3 piscines, un spa, des restos (chers !), des boutiques...

Où manger ?

Outre les ***restos de l'artère animée Universal City Walk,*** on trouve aussi ***snacks et restos dans les 2 parcs.*** Rien de bien excitant pour les papilles, ni de très économique. Mieux vaut prévoir son ***pique-nique.***

UNIVERSAL STUDIOS FLORIDA

Un peu le remake d'Universal Studios Hollywood de Los Angeles, à savoir un parc articulé autour du ***thème du cinéma.*** Tout a été conçu pour plonger le visiteur dans l'ambiance des plateaux de tournage, à travers des animations et spectacles drôles et variés révélant certains des secrets du 7ᵉ art. On se balade dans de gigantesques décors de ciné reproduisant tantôt New York, avec ses gratte-ciel, tantôt les quais de San Francisco, ou encore les rues huppées de Beverly Hills ; le tout en musique avec des clones des Blues Brothers ou de Marilyn qui roulent en cabriolet.

Nos meilleures attractions

– ***Harry Potter and the Escape from Gringotts :*** de toutes les attractions, tous parcs confondus (même Disney), celle-ci se classe dans notre top 3 ! Bienvenue dans la plus célèbre banque des sorciers. Bâtiment de guingois, dragon qui crache du feu (du vrai !), gobelins qui planchent sur leurs calculs, la file d'attente est un spectacle en soi ! On s'enfonce ensuite dans les sous-sols quand Celui-dont-on-ne-doit-pas-prononcer-le-nom et Beatrix Lestrange se lancent à notre poursuite. Un mélange de montagnes russes et de cinéma 4D exceptionnel d'où l'on ressort bien secoué ! Casiers obligatoires.

LA GUERRE DES STUDIOS

Comme c'est étrange ! Les Universal Studios ont ouvert à 2 pas des... Disney's Hollywood Studios. Et, de films 4D en fausses ruelles de New York, les visiteurs lambda que nous sommes auraient vite fait de confondre les 2. Mais n'en parlez surtout pas à Mickey ni à tonton Spielberg car, entre ces deux-là, c'est une véritable guerre économique qui se joue, digne justement de leurs plus époustouflants films d'action. Le résultat : des attractions toujours plus folles. On ne va pas s'en plaindre !

Requinquez-vous en vous promenant dans le ***Wizarding World of Harry Potter-Diagon Alley*** (Le Chemin de Traverse), où les décors du film et l'univers magique du livre ont été incroyablement reconstitués. Les fans reconnaîtront la maison de l'Ordre du Phoenix, le *Magicobus* invisible par les Moldus, mais aussi l'allée des Embrumes ou encore l'incontournable boutique de baguettes magiques *Ollivanders*. De là, rendez-vous sur le ***quai 9 ¾*** pour embarquer à bord du ***Poudlard Express*** (Hogwarts Express), qui vous mènera à ***Pré-au-Lard*** (Hogsmeade), reconstitué dans le parc Islands of Adventure (eh oui, les 2 parcs ont voulu un morceau du gâteau...). Gare aux Détraqueurs qui croiseront votre chemin... ***Attention : un pass 2 parcs est nécessaire pour monter à bord.*** Le train peut se prendre dans les 2 sens car il relie les 2 parcs, mais il est plus intéressant de le prendre dans le sens que nous indiquons, soit de Diagon Alley à Hogsmeade, pour suivre l'ordre de la saga.

– ***Transformers The Ride 3D :*** adaptée du film du même nom, c'est une des attractions phares du parc. Harnaché dans une nacelle, on ressent la formidable illusion de participer au combat déchaîné entre les Autobots et les Decepticons. Vraiment époustouflant !

– ***Hollywood Rip Ride Rockit :*** un très sérieux *roller coaster* qui commence par une montée verticale à plus de 50 m de haut, aussitôt suivie d'un plongeon et d'un looping à vous faire remonter l'estomac vers les amygdales. Heureusement, pour calmer le jeu, on écoute la musique de son choix pendant toute la chevauchée. Casier (gratuit) obligatoire et videz bien vos poches avant d'embarquer.

– ***Race through New York Starring Jimmy Fallon :*** le présentateur le plus populaire des États-Unis vous embarque dans une course folle dans les rues de New York. Ce soir, l'invité de *The Tonight Show,* c'est vous ! Accrochez vos ceintures et enfilez vos lunettes 3D. Jimmy Fallon et son humour décapant, ça va secouer !

– ***Fast & Furious Supercharged :*** pour les amateurs de vitesse et d'action, Vin Diesel sort ses plus belles voitures de sport et des effets spéciaux du tonnerre (tunnel vidéo à 360°) pour vous propulser dans une course poursuite à près de 200 km/h.

– ***Revenge of the Mummy :*** ce *roller coaster* a pour décor – très réussi – l'antre de la momie. Un *ride* intense et nourri d'effets spéciaux saisissants, où se mêlent le feu, le noir, le vide et la vision horrible des momies. Sensations fortes garanties (même si certains trouvent l'attraction trop courte). Casier gratuit obligatoire.

– ***Despicable Me Minion Mayhem :*** un simulateur 4D avec Gru, ses fillettes et son armada de « minions » ; les héros du dessin animé *Moi, moche et méchant.* Arrivé dans la maison de Gru, vous voilà transformé en minion et entraîné dans une aventure haletante et hilarante à travers le labo de l'inventeur loufoque ! On gigote, glisse, saute, souffle, tombe... les enfants adorent (et nous aussi !).

– ***Shrek 4D :*** film d'animation inspiré du chef-d'œuvre de Dreamworks. On assiste au retour du riquiqui lord Farquaad, ou du moins de son diabolique fantôme, qui kidnappe la belle Fiona. S'ensuit une course-poursuite délirante. Pourquoi 4D ? Parce que toutes les scènes sont enrichies de surprises et d'effets spéciaux remarquables.

– ***The Simpsons Ride :*** héritée du célèbre dessin animé, l'attraction propose un *ride* en compagnie de Homer, Lisa, Bart, Marge et Cie. Embarquez avec la famille la plus folle des États-Unis dans une montagne russe imaginée par Krusty le Clown. Attention, le simulateur secoue beaucoup : à réserver aux cœurs bien accrochés ! À côté, on peut arpenter les rues de Springfield, faire ses courses au ***Kwik-E-Mart*** de l'Indien Apu, casser la croûte au ***Krusty Burger,*** boulotter un *donut* chez ***Lard Lad,*** siroter une Duff Beer à la ***Moe's Tavern ;*** voilà qui va ravir les fans ! Juste en face, voici ***Kang & Kodos' Twirl'n' Hurl,*** un manège tournant de vaisseaux spatiaux pour les plus petits.

Les attractions secondaires

– ***Men in Black Alien Attack :*** inspiré de la comédie de science-fiction jouée par Tommy Lee Jones et Will Smith. Dans une nacelle en mouvement, un pistolet laser en pogne, c'est parti pour la chasse aux méchants, et ils sont vilains, croyez-nous ! On en tourne sur soi-même, on stoppe brusquement, on accélère, difficile de viser ! Une question demeure sans réponse : « *Are we alone ?* » Casiers obligatoires.

– ***E.T. Adventure :*** perché sur un vélo volant, on retrouve E.T. pour replonger avec lui dans l'univers du film. De la forêt à sa planète, en survolant une ville scintillante la nuit, voilà de très beaux décors et du charme à revendre pour ceux qui ont gardé une âme d'enfant.

– ***WoodyWood Pecker's KidZone :*** pour les petits, comme son nom l'indique. On y trouve pêle-mêle ***Fievel's Playland,*** une aire de jeux ; ***WoodyWood Pecker's Nuthouse Coaster,*** un mini-grand huit ; ***Curious George Goes to Town,*** petite ville tout en couleur et en jets d'eau ; et un show, ***A Day in the Park with Barney,*** dans lequel les tout petits enfants chantent et frappent dans les mains...

Les shows

Une vingtaine de ***spectacles*** animent le parc de la fin de matinée au coucher du soleil, les horaires sont indiqués sur le plan du parc, disponible à l'entrée. Ils durent 20-40 mn et se déroulent parfois en interaction avec le public. Grande parade, spectacle son et lumière, show de dressage animalier, démonstration de cascades... Si vous n'êtes pas friand de ce genre de divertissements, sachez que les files d'attente se raccourcissent au moment des shows. Profitez-en pour filer à vos attractions favorites.

Où manger ? Où boire un verre à Universal Studios Florida ?

Mel's Drive In : *bon marché.* Burgers, sandwichs et milk-shakes pas chers mais un peu *heavy,* dans un joli décor *American graffiti* pur jus ! Superbes carrosseries fifties garées devant. On se croirait dans *Grease.*

Lombard's Seafood Grille : *prix moyens.* Cuisine ordinaire version *seafood.* Vue sympa sur le lac depuis les terrasses. Attention à ne pas vous faire piquer vos frites par les mouettes.

UNIVERSAL'S ISLANDS OF ADVENTURE

Créé avec le concours de Steven Spielberg dans un style assez différent du précédent, ce parc comprend plusieurs zones thématiques aux décors souvent enchanteurs, comme ***The Wizarding World of Harry Potter*** ou ***Jurassic Park,*** les 2 sites majeurs.

The Wizarding World of Harry Potter-Hogsmeade

Le ***Poudlard Express*** vous dépose ici. Avouons-le, les toits enneigés et la réplique du ***château de Poudlard*** plantent un décor particulièrement réussi. Les prisonniers dans les cachots sont assez durs à regarder pour les jeunes enfants. Dans cet univers où la magie devient réalité, les fans peuvent arpenter les ***ruelles de Pré-au-Lard*** (le seul village de Grande-Bretagne où ne vivent que des sorciers), boire une bière au beurre ou un jus de citrouille au ***Chaudron Baveur,*** se gaver de dragées surprises de Bertie Crochue (on est tombé sur une au savon, beurk !) et acheter plein de produits dérivés de sa maison favorite. Alors êtes-vous plutôt Gryffondor, Poufsouffle, Serdaigle ou Serpentard ? À vos Choixpeaux !

– ***Harry Potter and the Forbidden Journey :*** on pénètre dans *Hogwarts School of Witchcraft and Wizardry* par les imposantes portes du château. L'attraction débute dès la file d'attente par la découverte des lieux mythiques de l'école, comme le bureau de Dumbledore ou la salle de classe de défense contre les forces du mal. Harry, Ron et Hermione nous entraînent à faire l'école buissonnière et l'on s'envole hors du château, sanglé côte à côte par rangées de 4. Car il faut avouer que « *this ride simulates dramatic acrobatics* », comme il est précisé à l'entrée ! Dragons, saule cogneur et Détraqueurs sont au rendez-vous, tandis que décors réalistes, effets spéciaux et simulations nous emportent dans une expérience unique au monde. Magique !
– ***Hagrid's Magical Creatures Motorbike Adventure :*** il s'agit du plus long *roller coaster* de Floride (1 600 m). Au guidon d'une moto ou d'un side-car, c'est parti pour une aventure décoiffante à 80 km/h à travers la Forêt interdite qui borde l'enceinte du château de Poudlard. Sensations fortes garanties !
– ***Flight of the Hippogriff :*** un petit train en corbeille en osier vous emmène faire des galipettes au-dessus des champs de citrouilles ; ça remue moins que les dragons, mais quand même... On regrette que l'attraction soit aussi courte : 1 mn à tout casser.

Jurassic Park

Ici, le cadre devient verdoyant et magique ! Rappelons que *Jurassic Park* demeure d'abord une œuvre littéraire, même si le décor du site est celui du film de tonton Spielberg. D'ailleurs, le ***Jurassic Park Discovery Center,*** aux toits dans le style paillote, s'affiche comme la copie conforme de celui du film, avec ses squelettes de T-Rex. On peut même y observer l'éclosion d'un œuf de dino.
– ***Velocicoaster :*** une course folle à travers l'enclos des vélociraptors et la jungle pour le petit dernier de l'univers Jurassic Park. Pointes de vitesse, chutes vertigineuses et sensations fortes, le *roller coaster* frôle l'eau et décolle super haut. Mieux vaut avoir le cœur bien accroché.
– ***Jurassic Park River Adventure :*** un bateau vous emporte à travers le monde impitoyable des dinosaures. On s'achemine vers le théâtre d'un drame récent : cages éventrées, traces de lutte... Les bestioles vous guettent et le T-Rex surgit au moment où on ne l'attend plus. Et gare à la douche finale en dévalant la chute d'eau de 25 m !
– ***Pteranodon Flyers :*** sorte de télésiège qui survole (2 mn) le ***camp Jurassic,*** fait de rochers et de forêt primaire. Une attraction sympa mais uniquement réservée aux enfants et à l'adulte qui les accompagne.

Skull Island : Reign of Kong

Une seule attraction dans cette zone, mais quelle réussite ! On pénètre dans un temple abandonné et un peu flippant avant d'embarquer dans un 4x4 géant et de s'enfoncer dans la jungle. Moustiques démesurés et araignées géantes ne sont qu'une mise en garde avant de se faire pourchasser par des dinosaures. Puis vient le spectaculaire combat entre King Kong et des T-Rex. Le 4x4 se balance sur des lianes, accélère, secoue... les effets spéciaux sont impressionnants et la 4D rend le tout franchement réel. On est vraiment bluffé ! Un conseil : asseyez-vous sur l'un des côtés des banquettes.

Marvel Super Hero Island

Pas la zone la plus réussie au niveau du décor – évoquant les superhéros de dessins animés américains – mais quelques attractions qui vous laisseront pantelant.

– ***Incredible Hulk Coaster :*** reconnu comme l'un des plus impressionnants grands huit au monde ! Loopings et vrilles à grande vitesse de cette attraction rugissante sont à l'image de Hulk : incroyablement effrayants ! Âmes sensibles, s'abstenir. Videz vos poches et enlevez vos lunettes.
– ***Dr. Doom's Fearfall :*** harnaché sur une nacelle glissant le long de rails verticaux, vous êtes catapulté à 45 m de hauteur... avant de redescendre à vive allure pour finalement vous stabiliser. Paraît qu'on éprouve les mêmes sensations qu'un pilote de chasse éjecté de son cockpit !
– ***The Amazing Adventures of Spiderman :*** chaussé de lunettes 3D, vous vous retrouvez au milieu des buildings de New York, dans un engin volant poursuivant les ennemis de Spiderman. En réalité, le simulateur bouge très peu, mais les effets spéciaux sont tellement bien faits que vous aurez vraiment la sensation de tomber de l'Empire State Building. Génial !

Toon Lagoon

Royaume délirant des *toons,* où vivent 150 personnages de dessins animés : Popeye, Betty Boop ou Denis la Malice... Nombreux jeux d'eau, plaisants quand il fait chaud mais il n'est pas idiot de prévoir un rechange quand même.
– ***Dudley Do-Right's Ripsaw Falls :*** un décor pour enfants, mais un souvenir impérissable pour petits et grands. Une pirogue vous emporte dans des rapides très sévères. Le plongeon final est particulièrement impressionnant : on est précipité dans le noir, à plus de 80 km/h ! Baignade assurée, protégez vos sacs car il n'y a pas de casiers.
– ***Popeye & Bluto's Bilge-Rat Barges :*** encore une descente sur l'eau, en radeau rond cette fois, sous le regard goguenard du célèbre marin mangeur d'épinards. Gardez quand même des forces pour tordre T-shirts et chaussettes complètement trempés à l'arrivée. Séchoir payant !

The Lost Continent

Très belle section, mêlant chevaliers, enchanteurs et contes des *Mille et Une Nuits...*
– ***Poseidon's Fury :*** servi par une entrée monumentale, ce show met un peu de temps à démarrer mais s'avère intéressant sur le tard. Chaperonné par le fébrile assistant-archéologue du professeur Baxter, on se trouve pris au piège dans le temple du dieu de la Mer. S'ensuit une série de péripéties qui nous entraînent de salle obscure en pièce humide, avec effets laser, hologrammes et boules de feu. Quelques beaux effets de surprise.

Seuss Landing

Pour les jeunes enfants, « le pays du Chat au Chapeau » est une petite cité aux couleurs acidulées, dotée de manèges, d'un petit train et de l'attraction ***The Cat in the Hat,*** où, à bord d'un wagonnet virevoltant, on découvre les personnages du livre...

Où manger à Universal's Islands of Adventure ?

I●I ***Mythos :*** *dans The Lost Continent, face à l'attraction Poseidon's Fury. Prix moyens.* Décor de grotte absolument fabuleux pour une cuisine plutôt originale et réussie avec pas mal de viandes grillées.

VOLCANO BAY

Difficile de louper ce parc aquatique de Universal : on le remarque à des kilomètres à la ronde avec son imposant volcan. Celui-ci sert de tour de lancement à de nombreux ***toboggans, tours en canoë et pistes pour bouées.*** Au total, une vingtaine d'attractions dont ***piscine à vagues, rivière à courant,*** mais aussi ***plages artificielles,*** village balnéaire... Et pour éviter les longues minutes d'attente, un bracelet baptisé *Tapu Tapu Wearable* fait virtuellement la queue à votre place dans les toboggans et vous prévient quand c'est votre tour de *rider,* le tout sans supplément. Ledit bracelet sert aussi de moyen de paiement dans les restaurants et boutiques de souvenirs du parc. Attention donc à ne pas en abuser !

UNIVERSAL CITY WALK

Reliant les 2 parcs d'Universal Orlando Resort, c'est une ***avenue bordée de boutiques et de restos-bars.*** On y passe immanquablement pour se rendre dans chacun des parcs et son accès est libre. En soirée, rien ne vous empêche de venir y dîner.
Attention, il faut ***avoir 21 ans pour entrer dans un bar*** servant de l'alcool ; et tout ferme vers 2h, heure limite pour la vente d'alcool.

Où manger ? Où boire un verre ? Où sortir à Universal City Walk ? Où se faire une toile ?

Hard Rock Cafe : *tlj 8h30 (11h pour le déj)-minuit. Prix moyens.* L'un des plus grands *Hard Rock Cafe* des États-Unis, niché dans un bâtiment en forme d'arène romaine. Déco faite de photos, d'instruments de musique, de disques d'or et de vêtements de scène des plus grandes stars, représentées sur des vitraux, sans oublier la décapotable rose au-dessus du bar, sous un plafond couvert d'une fresque religieuse... Musique omniprésente. On y vient d'ailleurs plus pour le cadre et l'ambiance que pour la (mal)bouffe !

Pat O'Briens Orlando : *tlj 16h-2h. Prix moyens.* Notre coup de cœur ! Ce chaleureux piano-bar est une réplique d'un célèbre club de La Nouvelle-Orléans. On glisse (avec un petit billet) le nom de sa chanson à l'oreille du pianiste, et chacun reprend en chœur les grands standards de la musique anglo-saxonne. La salle jouxte un pub sympa avec une incroyable collection de chopes pendues au plafond, et un patio avec fontaine pour se rafraîchir entre 2 morceaux. On peut aussi y goûter des spécialités du Sud, à la sauce cajun, bayou, jambalaya...

Bob Marley – A Tribute to Freedom : *bar tlj 16h-2h.* Organisé autour d'une petite cour à ciel ouvert, un bar reggae où l'on joue de bons concerts chaque soir. En fait, ils ont reconstitué la maison de Bob Marley à Kingston-Jamaïque ! Quelques bons petits plats aux saveurs caribéennes et à prix doux.

Jimmy Buffett's & Margaritaville : *tlj 10h30-minuit (1h ven-sam). Prix moyens.* Resto de chaîne très populaire, mitonnant une bonne cuisine des Keys, servie dans une immense salle à la déco marino-exotique ou en terrasse ouverte sur le lac. En soirée, on y sirote une *margarita,* leur autre spécialité, bercé par des reprises live de standards US.

Cinéma Universal Cinemark : cette salle multiplexe projette en permanence une vingtaine de films récents.

WALT DISNEY WORLD RESORT

• Orlando – Les parcs d'attractions (plan d'ensemble) *p. 216-217*

À environ 35 km au sud-ouest du centre d'Orlando et à 1h de Tampa, de Daytona Beach et de Cape Canaveral, c'est le plus grand complexe de parcs d'attractions au monde, et aussi le plus visité, avec plus de 55 millions d'entrées, dont environ 20 millions pour Magic Kingdom (soit 55 000 personnes par jour environ) ! Walt Disney World Resort, 1er employeur des États-Unis sur un même site d'exploitation avec presque 75 000 employés, regroupe en fait 4 grands parcs : Magic Kingdom (le tout 1er, ouvert en 1971), EPCOT (1982), Disney's Hollywood Studios (1989) et Disney's Animal Kingdom (1998), sans oublier les 2 parcs aquatiques (Disney's Typhoon Lagoon et Disney's Blizzard Beach). En tout, cela fait 6 parcs tous reliés entre eux par un excellent réseau de bus, un train monorail, et même un bateau à aubes !

Du coup, Walt Disney World Resort est beaucoup plus grand que Disneyland California (qui ne compte que 2 parcs). Au total, ce sont 33 000 ha dédiés au loisir, à la fête, à la magie. Soit la taille d'une ville comme San Francisco ! Une partie des terrains est heureusement préservée et non construite, ouf ! N'empêche, mieux vaut chausser de bonnes baskets avant de se lancer à l'assaut de tous ces manèges.

L'ENVERS DU DÉCOR

Disney World est doublé d'une ville souterraine, invisible, avec des rues qu'empruntent personnel et matériel sans être vus des visiteurs. Une fois son travail terminé, l'employé disparaît ! Et les réparations se font aussi par le sous-sol. Vous ne verrez donc jamais une évacuation sur civière, ni de camions à ordures !

Infos pratiques

– ***Adresse de l'entrée générale du site :*** *World Dr, à Lake Buena Vista.* • *disneyworld.eu* •

Accès et orientation sur place

– En ***voiture,*** sachez avant tout que Walt Disney World Resort se trouve sur la commune de ***Lake Buena Vista.*** L'accès se fait par l'I-4, sorties 67, 65 ou 64B. Puis suivre les panneaux indicateurs mauve et rouge, coiffés des oreilles de Mickey... Une fois arrivé au ***parking*** (25 $, sauf si vous dormez dans un hôtel Disney ; voir plus loin), ***notez scrupuleusement son nom et le numéro de votre rangée*** car les aires de stationnement sont gigantesques. Pour l'avoir vécu, ce n'est pas drôle de chercher sa voiture parmi des milliers d'autres ! Attention, le parking est parfois éloigné de l'entrée du parc – comme à Magic Kingdom – et il faut prendre une navette Disney gratuite. Enfin, le ticket de parking d'un parc est valable toute la journée pour tous les autres parkings Disney.

– Walt Disney World Resort est desservi depuis l'aéroport international d'Orlando par les navettes ***Disney's Magical Express,*** mais celles-ci sont réservées aux clients de certains hôtels du parc. Sinon on peut prendre le ***bus n° 56*** depuis Kissimmee ; terminus au *Transportation and Ticket Center,* juste devant le parc Magic Kingdom. Sur place, transferts gratuits en bus Disney, train monorail ou bateau vers les autres parcs du groupe et Disney Springs.

– Pour ***relier les parcs entre eux,*** si vous avez un *pass* valable pour plusieurs parcs dans la même journée, ne vous embêtez pas avec votre propre voiture. Un ***excellent réseau de bus*** (fréquence toutes les 20 mn environ), un train monorail, un téléphérique et un bateau relient les parcs les uns aux autres. La plupart convergent vers le *Transportation and Ticket Center,* situé devant le parc Magic Kingdom, mais il existe aussi des liaisons directes entre certains parcs. Toutes les infos et les connexions sont bien indiquées à l'entrée de chaque parc. Vous gagnerez un temps précieux à emprunter les transports en commun (compris dans le prix du billet d'entrée).

Horaires

Ils sont assez fluctuants, mais, en gros, les parcs sont ouverts tous les jours de 9h à 20h (plus tard le week-end et en été, surtout pour Magic Kingdom, qui attend la nuit tombée pour envoyer le feu d'artifice). Le mieux est de consulter les horaires sur le site internet (disponibles en français) car ils changent d'un parc à l'autre et varient presque quotidiennement.

Tarifs

N'oubliez pas que c'est Onc' Picsou qui tient la caisse ! Les prix d'entrée sont donc élevés et si on multiplie par le nombre de jours sur place, le budget familial en prend un sacré coup. Il est donc chaudement ***recommandé d'acheter ses billets à l'avance*** sur le site internet officiel de Disney. Gain de temps et d'argent ! ***L'option la plus intéressante reste les billets* Multi-Day, *de 2 à 10 j. (1 parc/j.)*** ; compter environ 260 $ le *pass* 2 j./2 parcs (250 $ 3-9 ans) et 330 $ 3 j./3 parcs (310 $ 3-9 ans). Bref, à vos calculettes ! Le ticket ***Park Hopper*** permet de faire des sauts de puce et d'avoir accès aux 4 parcs dans une même journée : compter un supplément d'environ 70 $. Il faudra encore augmenter la mise et choisir l'option ***Park Hopper Plus*** pour avoir accès aussi aux parcs aquatiques Disney (Disney's Typhoon Lagoon et Disney's Blizzard Beach). Cependant, il est impossible de parcourir tous ces parcs en 1 jour. On en fait maximum 2... et encore, en période creuse.

Autres infos en vrac

– Sur place, ***pour tout renseignement ou réclamation,*** rendez-vous aux comptoirs des ***Guest Relations,*** situés dans chacun des parcs, généralement près de l'entrée ; le personnel, toujours très accueillant (parfois même francophone !), se mettra en quatre pour vous aider.

– ***Si vous avez perdu un objet,*** c'est aussi aux *Guest Relations* que vous aurez une chance de le retrouver, mais si la perte a eu lieu la veille ou les jours précédents, rendez-vous au *Theme Parks Lost & Found,* situé au *Transportation and Ticket Center,* devant le parc Magic Kingdom.

– ***Prêt d'audioguides :*** certaines attractions (comme les films) nécessitent un bon niveau en anglais, sous peine de perdre le fil de l'histoire ou la saveur des gags. Aussi peut-on emprunter un casque nommé ***Ears to the World*** aux *Guest Relations*. Location gratuite mais caution de 25 $. Pratique pour les shows mais plutôt encombrant pour les attractions.

– ***Casiers payants*** petit ou grand format. Compter 10-15 $/j. et 5 $ de caution pour le prêt de la clé. Vous récupérez les 5 $ en rendant la clé. ***Location de poussettes*** (dont certaines assez larges pour 2 enfants) à l'entrée des parcs. Compter 15 $/j.

– ***Magic Band :*** ce ***bracelet connecté*** en plastique est donné aux clients des hôtels mais on peut aussi l'acheter dans la plupart des boutiques Disney et aux guichets à l'entrée des parcs (à partir de 15 $). Il sert de clé dans les hôtels, de carte de paiement pour consommer dans le parc, de billet d'entrée... Pratique certes, mais bipez avec modération car les dollars défilent vite !

– ***Interdit de fumer*** dans le monde merveilleux de Mickey. Seules 1 ou 2 zones fumeurs existent dans chaque parc, parfois à l'opposé de là où vous êtes et parfois, même, uniquement à l'entrée du parc. Et ne vous avisez pas d'en griller une en cachette, les gardiens se cachent bien aussi !

Quand y aller ?
Comment éviter les longues files d'attente ?

– Si possible, ***évitez certaines périodes*** : les 3 mois d'été (juin à août), les fêtes de fin d'année et, d'une façon générale, les vacances américaines car, croyez-nous pour l'avoir expérimenté, ça grouille de monde et vous en profiterez beaucoup moins à cause des longues files d'attente aux attractions. Pour visualiser les basse, moyenne et haute saisons, référez-vous au calendrier dans la rubrique achat des tickets sur le site. Plus les billets sont chers, plus la saison est haute.

– Comme pour Universal Orlando Resort, on vous donne LA règle d'or : avant votre tournée des parcs, ***téléchargez l'application gratuite My Disney Experience.*** Une carte interactive vous montre en temps réel le temps d'attente pour chaque attraction. Un super moyen pour moins poireauter. Y sont aussi indiqués les horaires des spectacles. ***Wifi gratuit dans tous les parcs.***

– À ce propos, justement, c'est aussi sur l'application que vous pourrez réserver sans supplément vos ***FastPass+ qui permettent de zapper la file d'attente normale*** pendant une tranche sélectionnée, un coupe-file quoi ! Sur l'application, on peut réserver un *FastPass+* jusqu'à 30 jours à l'avance ! Un peu exagéré, on vous l'accorde, mais mieux vaut réserver vos attractions préférées la veille ou l'avant-veille de votre venue car le jour même il se peut qu'il n'y ait plus de coupe-files disponibles ou alors pour des attractions sans grand intérêt. Et dans ce cas, c'est plus que frustrant ! ***Attention, seuls 3 FastPass+ sont réservables par jour.*** Évidemment, choisissez-les pour les attractions les plus fréquentées, où la queue dépasse parfois 2h d'attente.

– Autre petit truc utile : le ***Rider Switch.*** Si vous avez un enfant qui ne peut ou ne veut pas faire l'attraction, une partie seulement de la famille fait la queue et, lorsqu'elle a terminé l'attraction, le reste du groupe monte à son tour dans l'attraction, sans attendre et en emmenant même un enfant qui voudrait la faire une 2e fois.

– Pour éviter les attentes fastidieuses, ***arrivez dès l'ouverture*** (voire un peu avant, les guichets ouvrent dès 8h30 pour mieux résorber les files) et profitez-en pour faire les attractions les plus courues entre 9h et 10h-10h30. Pareil en fin de journée, le gros du public se dirige souvent vers la sortie 1 ou 2h avant la fermeture, ce qui réduit considérablement le temps d'attente aux meilleures attractions. Autre technique, commencer par les attractions situées au fond du parc, délaissées le matin.

– ***Filez vers les attractions les plus fréquentées au moment de la parade.*** Si ce défilé ne vous intéresse pas, sachez que 90 % des visiteurs ne rateraient ça pour rien au monde. Du coup, on voit souvent les queues passer de 2h d'attente à 15 mn en un coup de baguette magique. Merci aux fées !

Où dormir ?

Disney en Floride, c'est aussi un très vaste complexe hôtelier. Mais qui dit dormir chez Disney dit attaquer son porte-monnaie.

Tout autour de Walt Disney World Resort, le papa de Mickey eut le bon sens d'acheter 12 000 ha de terrain (la surface de Paris intra-muros !), empêchant ainsi toute chaîne d'hôtels de s'installer à proximité. L'empire Disney s'efforce ainsi d'attirer un max de visiteurs en assurant, outre bien sûr leur divertissement, leur hébergement et leur alimentation ; marketing redoutablement efficace !

Remarquez, coucher chez Mickey offre quelques ***avantages indéniables*** : ***gain de temps*** du fait de la proximité des attractions, ***pas de parking à payer*** car on y va en navette et, surtout, on peut accéder aux parcs au-delà des heures normales d'ouverture au public (bien pour ***éviter les files d'attente*** !). Mais attention, ces ***Extra Magic Hours*** fonctionnent par roulement : tel jour pour tel parc, et le calendrier change chaque semaine. Il est donc sage de vous renseigner sur le site internet ou auprès de la réception de votre hôtel.

Les hôtels du complexe Disney (une trentaine au total), souvent à thème, offrent un ***excellent niveau de confort*** et sont plutôt bien arrangés.

Inconvénient : on se retrouve complètement imbibé de cette atmosphère artificielle de monde idéal, où « tout le monde il est beau, tout le monde il est gentil » ! Les chauds partisans appellent ça la « magie Disney ». Nous, on trouve que le merveilleux, c'est bien, mais à petite dose, sans quoi on a du mal à l'apprécier. À vous de juger !

Tous les hébergements sont répertoriés sur le site et sont classés par tranche de prix. Du camping au palais des *Mille et Une Nuits,* les ***Value Resort Hotels*** restent l'option la plus économique dans les hôtels (à partir de 120 $ la nuit), suivis par les ***Moderate Resort Hotels*** (à partir de 200 $ la nuit). Les budgets illimités pourront cibler les catégories ***Deluxe Resort Hotels*** ou ***Deluxe Villas*** (à partir de 260-320 $/nuit selon catégorie).

– ***Réservation :*** *• disneyworld.eu/resorts/ •*

Camping

Disney's Fort Wilderness Resort & Campground : *4510 N Fort Wilderness Trail, entre Downtown Disney et Magic Kingdom. Compter 75-110 $.* Énorme camping de près de 800 places dans un environnement de pins et de cyprès bien agréable. Également de confortables maisonnettes en bois (très chics)... Nombreux services et équipements, 2 piscines et des épiceries. Location de vélos, canoës et kayaks...

Chic (à partir de 120 $ la nuit)

Après le camping, l'option la moins chère chez Disney. Il s'agit d'une série d'hôtels conçus exactement sur le même moule, ils appartiennent tous à la catégorie *Value Resort Hotels.*

Disney's All-Star Sports Resort, All-Stars Movies Resort, All-Star Music Resort, Disney's Pop Century Resort et Art of Animation Resort : *les 3 premiers sont situés W Buena Vista Dr, respectivement aux nos 1701, 1901 et 1801, pas loin de Disney's Animal Kingdom et de Disney's Blizzard Beach ; les 2 derniers, sur Century Dr au no 1050, près de Disney's Hollywood Studios.* En tout, plus de 9 000 chambres, type motel à la sauce Mickey, avec des espaces communs pleins de gadgets fluo rigolos évoquant les sports, le cinéma, la musique, les gadgets-icônes du XXe s, sans oublier les classiques du grand écran : Nemo, le Roi Lion, la Petite Sirène... Boutiques de souvenirs et *food court* à prix raisonnables dans chaque établissement. Tout cela dans une ambiance usine à touristes, mais bon, si vous voulez loger chez Mickey à moindres frais, il n'y a pas 36 solutions !

Plus chic (à partir de 200 $ la nuit)

Dans la catégorie supérieure, voici une sélection parmi les *Moderate Resort Hotels.*

Disney's Port Orleans French Quarter Resort : *2201 Orleans Dr, pas loin de Downtown Disney et d'EPCOT.* Le charme à la française de la vieille Louisiane. Disney a joliment reconstitué le quartier du Vieux Carré de La Nouvelle-Orléans, identifiable à ses rues pavées, ses balcons ouvragés et ses patios à la végétation abondante. Cuisine créole et déco de rue sur le thème de Mardi gras.

Disney's Port Orleans Riverside Resort : *1251 Riverside Dr, juste à côté.* Ici, c'est plutôt la Louisiane des plantations de coton et des bayous dans toute sa splendeur ! Typiques de l'architecture du Sud, différents manoirs s'échelonnent le long d'un canal aux allures de Mississippi. Quelques *steamers* à aubes complètent le tableau. Un lieu recommandé aux fondus de jogging et de vélo.

🏠 ***Disney's Caribbean Beach Resort :*** *1114 Cayman Way, près d'EPCOT.* Un village tropical pour des chambres décorées dans des tons pastel et disposées autour d'un lac où s'ébattent des oiseaux aquatiques. Piscines et plages particulièrement bien aménagées, un bonheur pour les enfants.

🏠 ***Disney's Coronado Springs Resort :*** *1000 W Buena Vista Dr, près d'Animal Kingdom.* Un complexe aux tonalités hispanisantes et sud-américaines, qui se déclinent ici de la déco à l'assiette. Belle situation au bord du lac Buena Vista.

🏠 Dans la même catégorie, on trouve les bungalows du camping ***Disney's Fort Wilderness Resort & Campground*** (voir plus haut).

Très chic (à partir de 260 $ la nuit)

Dans cette tranche de prix, on retrouve les établissements *Deluxe Resort Hotels* ou *Deluxe Villas.* D'un standing bien supérieur, ils recréent des ambiances et décors de pays lointains et spectaculaires. La plupart louent aussi des appartements, qui reviennent « moins cher » pour les familles.

🏠 ***Disney's Animal Kingdom Lodge :*** *2901 Osceola Pkwy.* Une immense hutte africaine avec une hauteur sous plafond hallucinante ! Mais, pour une fois, le spectacle se passe sous vos fenêtres... Girafes, antilopes, autruches, zèbres s'ébattent dans une vaste savane reconstituée tout autour de l'hôtel, on s'y croirait ! La déco intérieure est tout aussi réussie : de nombreux objets d'art et panneaux de tissu ont été importés d'Afrique. Un hôtel haut de gamme absolument fabuleux !

🏠 ***Disney's Polynesian Village Resort :*** *1600 Seven Seas Dr, en face de Magic Kingdom.* La magie des îles du Pacifique dans un écrin de végétation luxuriante. Plages de sable blanc, hamacs, cocotiers, fleurs tropicales, « piscine-volcan » avec cascades et, le soir, spectacle de vahinés au son du ukulélé. Bref, un vrai petit paradis !

🏠 ***Disney's Wilderness Lodge :*** *901 Timberline Dr, dans la zone de Magic Kingdom.* Au milieu d'une forêt de pins, une déco inspirée par les grands espaces des montagnes Rocheuses. Une charpente tout en bois, peuplée de totems indiens et ornée d'une monumentale cheminée de pierre et de vastes lustres. À proximité, zone de pêche et geyser qui alimente source chaude et cascade...

🏠 ***Disney's Old Key West Resort :*** *1510 N Cove Rd, entre EPCOT et Downtown Disney.* Pour se sentir comme à Key West, un ensemble très soigné de fort jolies maisons en bois aux tons pastel. Elles abritent des studios ou unités de 1, 2 ou 3 chambres, entièrement équipés. Gym, sauna, tennis et, à côté, le parcours de golf de Lake Buena Vista.

🏠 ***Disney's Beach Club Villas :*** *1800 Epcot Resorts Blvd, à proximité d'EPCOT.* Ce complexe a choisi une tenue des plus estivale, mimant à s'y méprendre les constructions balnéaires du début du XXe s. Clair et élégant, mais surtout très confortable avec des studios ou des appartements parfaitement équipés.

Où manger ?

Ce ne sont pas les endroits où casser la croûte qui manquent chez Mickey : outre les ***fast-foods et restos des différents parcs*** (voir plus loin les parties qui leur sont consacrées), on trouve aussi à ***Disney Springs*** (voir plus loin aussi) une concentration de restaurants. Cela dit, côté papilles, rien de très excitant, exception faite peut-être d'***EPCOT,*** où chaque pavillon propose, dans des restos à la déco typique, une cuisine plutôt réussie du pays qu'il représente. Bien sûr, le midi, il est compliqué de quitter Disney pour aller s'attabler sur ***International Drive*** ou à ***Downtown Orlando.*** Mais le soir, c'est tout à fait envisageable : pour le même prix qu'à Disney, vous ferez ainsi de meilleurs repas (voir nos bonnes adresses plus haut) ! Et pour les fauchés, reste la solution du ***pique-nique dans le sac à dos.*** Facile car on trouve de nombreux supermarchés sur International Drive... Si vous visez les restos stars des parcs (comme le *Jungle Cafe*), ***réservez à l'avance*** via l'application smartphone pour éviter de faire 1h de queue.

À voir

MAGIC KINGDOM

– ***Important :*** ceux qui connaissent déjà ***Disneyland Paris*** peuvent se passer de Magic Kingdom car c'en est presque une copie conforme, hormis quelques attractions, dont *Splash Mountain.* Certaines seraient même plus spectaculaires à Paris.

2101 Seven Seas Dr, à ***Lake Buena Vista.*** *Un train monorail ou un bateau à aubes assurent les liaisons entre Magic Kingdom et le* Transportation and Ticket Center, *où s'arrêtent les bus* Lynx *nos 50 et 56, sans oublier la navette du parking. Tlj 9h-18h min (ouv plus tôt et ferme beaucoup plus tard certains soirs ou en hte saison).* Créé ***en 1971*** sur le modèle de Disneyland California, ce fut le 1er des 4 grands parcs que compte aujourd'hui Walt Disney World Resort. Et c'est aussi le parc d'attractions le plus visité du monde (plus de 20 millions de personnes par an !). 2 événements à ne pas manquer pour les petits : la ***grande parade Disney,*** qui se déroule toute l'année vers 15h (si le temps le permet) ; en été et pendant les périodes de fête, elle a lieu plutôt en fin d'après-midi. Également un ***feu d'artifice extraordinaire*** le soir entre 20h et 22h. Les horaires et lieux de ces différents spectacles sont indiqués sur des feuillets disponibles aux guichets à l'entrée du parc et aux *Guest Relations,* situés dans le City Hall (à gauche en entrant dans le parc).

Main Street

L'axe central du Magic est bordé de superbes maisons colorées, typiquement américaines. Pour les construire, on a utilisé la « perspective forcée », technique très employée pour les décors de cinéma. Ainsi, les 2e et 3e étages sont de plus en plus petits, pour accroître l'impression de chaleur et d'intimité. Déjà, les Grecs avaient utilisé ce procédé pour la construction du Parthénon ! Main Street mène tout droit au château de Cendrillon, situé en plein cœur du parc. Elle est bordée de boutiques et débits de sucreries en tout genre.

ET POURQUOI MICKEY N'A QUE 4 DOIGTS ?

Quand Disney l'inventa en 1928, tous les dessins étaient faits à la main. Même à 12 images/s (rythme de l'époque), le travail était énorme ; donc on simplifiait au maximum les traits. Les personnages les plus anciens comme Pinocchio, les 7 nains de Blanche-Neige, n'ont eux aussi que 4 doigts. Et ça passe très bien à l'écran !

Adventureland

– ***Pirates of the Caribbean :*** vous voilà parti sur une barque dans le monde de la piraterie. Il fait nuit et les grottes se succèdent, peuplées de squelettes, de marins bizarres et inquiétants. Soudain, l'orage gronde. Des coups de canon. Un navire battant pavillon tête de mort accoste... Un village de pêcheurs est à leur merci, en

flammes ! Les pirates automates ravagent tout sur leur passage, s'imbibent de rhum et s'offrent les femmes en mariage. Superbes décors qui ont inspiré le film du même nom. Saluez le capitaine Jack Sparrow pour nous.
– ***Jungle Cruise :*** embarqué sur un bateau genre *Explorer,* vous naviguez sur la rivière tropicale au milieu d'animaux sauvages (éléphants, gnous, zèbres, lions, hippopotames...), tous plus vrais que nature. Sympa pour les petits.
– ***The Magic Carpets of Aladdin :*** un petit manège volant gentil comme tout. Vous noterez que les décorateurs se sont plantés en mettant 2 bosses au dromadaire qui peuple l'imaginaire d'Aladdin (de tels animaux vivent dans les déserts froids d'Asie, pas en Arabie !).
– ***Walt Disney Enchanted Tiki Room :*** un petit spectacle adorable et plein de poésie où des oiseaux plus vrais que nature conversent entre eux et se mettent à chanter. Pierre, le perroquet français, chante en anglais avec un accent de titi parisien à mourir de rire. Une des plus vieilles attractions du parc.

Frontierland

– ***Big Thunder Mountain Railroad :*** cette attraction vous promet une course folle à bord de wagonnets qui s'emballent au sortir de la mine pour ensuite parcourir de très beaux paysages du Far West. Point culminant à 60 m de hauteur.
– ***Splash Mountain :*** sur une embarcation en rondins, vous côtoyez les personnages de *Brer Rabbit* (*Brer* est l'abréviation de *Brother*) avant de faire une chute... qui tombe à pic ! Filez ensuite vous sécher au soleil.
– ***Country Bear Jamboree*** *(traducteur audio)* **:** show d'environ 20 mn où une famille d'ours joue du banjo. Les Américains en raffolent car c'est la dernière attraction créée de son vivant par Walt Disney *himself* ! Pas essentiel.

Liberty Square

– ***Haunted Mansion :*** répondez à la lugubre invitation des fantômes et autres morts-vivants ! Calfeutré dans une petite voiture, vous déambulez dans l'enfilade des couloirs obscurs et des pièces diaboliquement poussiéreuses. Les cris succèdent aux grondements, les spectres aux vampires, jusqu'au frisson suprême provoqué par la valse lente d'une dizaine d'hologrammes extraordinaires, réunis pour un bal morbide (notre moment préféré !). Pas franchement terrifiant mais une splendide leçon de mise en scène servie par de superbes décors.
– ***The Hall of Presidents*** *(traducteur audio)* **:** on vous dispense de la leçon de patriotisme donnée par des statues de cire qui n'ont pas beaucoup de recul critique... Mais par curiosité, faites un tour dans l'entrée de cette attraction, où sont exposés différents objets ayant appartenu aux présidents successifs des États-Unis, en particulier les bottes que Bush Jr portait le jour où il a prêté serment, le *teddy bear* (ours en peluche) de Theodore Roosevelt et, surtout, une rédaction que fit Nixon à l'âge de 12 ans, où il dit que plus tard il étudiera le droit et entrera en politique... pour le bien du peuple. Eh bien, Richard, on peut dire que tu avais de la suite dans les idées !
– ***Liberty Square Riverboat :*** toutes les 30 mn entre 9h30 et 19h, le *Liberty Belle,* un pittoresque bateau à aubes, vous emmène pour une petite croisière sur le lac.

Fantasyland

– ***Seven Dwarf Mine Train :*** une des attractions les plus fréquentées. Parcourez la forêt enchantée de Blanche-Neige (où se cachent les 7 nains, entre autres) et les mines aux 1 000 pierres à bord d'un petit train lancé à grande vitesse. Incontournable, et donc toujours beaucoup d'attente !

– ***Under the Sea – Journey of the Little Mermaid :*** on prend place dans un coquillage rose qui nous emporte en musique en tournicotant sous la mer, dans l'antre de la Petite Sirène et de ses amis : une multitude de poissons-automates colorés rigolos, qui nagent en chantant. Après un passage devant Ursula et ses sbires, on remonte pour découvrir le beau Prince Charmant et assister au mariage de la Petite Sirène. *Happy end !*

POUR DE FAUX !

Au milieu de Fantasyland se dresse l'emblème et le point de mire de tous les parcs Disneyland : le fameux château de la Belle au bois dormant. Pour le bâtir, Walt Disney s'inspira du château d'Ussé en Touraine ; toutefois, contrairement aux apparences, il n'est pas construit en pierre mais en fibre de verre.

– ***Mickey's PhilharMagic*** *(traducteur audio)* **:** un film 3D hilarant. Donald y endosse le rôle difficile de chef d'orchestre apprenti sorcier, dont les maladresses vont le contraindre à une course-poursuite effrénée pour récupérer son chapeau de magicien. Une comédie musicale menée tambour battant, dans laquelle on retrouve tous nos héros préférés de Disney.
– ***Peter Pan's Flight :*** l'une des attractions vedettes de Fantasyland (donc beaucoup d'attente). Embarquez à bord d'une caravelle pour survoler le monde merveilleux de Neverland en compagnie de la fée Clochette et du capitaine Crochet. Les paysages et les décors survolés sont merveilleux !
– ***« It's a Small World » :*** on prend place dans un petit bateau, et c'est parti pour un formidable voyage autour du monde. C'est plein de couleurs, de gentils automates, mais attention, la musique (style Chantal Goya) vous poursuivra jusque tard dans la soirée !
– Et puis encore ***d'autres attractions, plus pour les petits :*** le carrousel majestueux du Prince Charmant *(Prince Charming Regal Carousel)* ; les nombreuses aventures de Winnie l'Ourson *(The Many Adventures of Winnie The Pooh)* ; le tranquille manège de Dumbo *(Dumbo the Flying Elephant)* ; les mignonnettes montagnes russes pour bambins *(The Barnstormer)* ou les célébrissimes tasses tournantes *(Mad Tea Party)*...

|●| Si vous avez des sous, allez donc déjeuner chic dans le château de Cendrillon, au ***Cinderella's Royal Table.*** On y est plongé dans une ambiance médiévale, avec des escaliers en colimaçon qui débouchent sur une gigantesque salle à manger où s'activent troubadours et servantes en costumes *(résa conseillée bien à l'avance).* Autre option dans le même style, le resto ***Be Our Guest*** dans l'élégante salle de bal du château de la Bête...

Tomorrowland

À part *Space Mountain* et *Stitch Great Escape,* les attractions de cette zone sont consacrées ***aux plus jeunes.***

– ***Space Mountain :*** un voyage intersidéral pour le moins mouvementé ! Attaché aux commandes d'un vaisseau spatial, on est propulsé à la vitesse de la lumière (ou presque !) dans une nuit bleutée intergalactique sous une pluie de météorites. De véritables montagnes russes dans l'espace. Très différent de celui de Paris, on a adoré !
– ***Tomorrowland Speedway :*** prenez le volant, vous et vos chers petits, d'une voiture de course guidée par un rail, pour faire un tour de circuit comme les plus grands !
– ***Buzz Lightyear's Space Ranger Spin :*** ici on retrouve l'univers de Buzz l'Éclair, héros de *Toy Story.* Les canons laser de la soucoupe volante permettent de se défouler sur les cibles du décor. Les petits adorent !

– ***Astro Orbiter :*** un gentil manège de fusées en orbite montante et descendante à 10 m de hauteur. Un coup à vous faire voir des petites étoiles !
– ***Walt Disney's Carousel of Progress*** *(traducteur audio)* **:** en observant la vie d'une famille américaine moyenne, mimée par des mannequins automates, on retrace pendant 25 mn le progrès au cours des 100 dernières années grâce notamment à la fée électricité. Les doués en anglais apprécieront l'humour.

EPCOT *(Experimental Prototype Community of Tomorrow)*

200 Epcot Center Dr, à ***Lake Buena Vista.*** *Un train monorail assure la liaison entre EPCOT et le* Transportation and Ticket Center, *où s'arrêtent les bus* Lynx *n°s 50 et 56. Tlj 9h-21h pour Future World, 11h-21h pour World Showcase (plus tard certains soirs et en hte saison).*

Ce projet, le plus ambitieux de Walt Disney, fut inauguré en octobre 1982, plus de 15 ans après sa mort, survenue en 1966. Il symbolise toute la philosophie du père de Mickey et réalise en partie son vœu le plus cher : promouvoir le progrès, facteur de paix entre les hommes et survie de la civilisation. Rien que ça ! C'est pourquoi EPCOT se divise en 2 parties distinctes. D'abord, ***Future World*** exalte les mérites de la science en étant tourné vers l'avenir, tandis que ***World Showcase*** vante la diversité des cultures, avec une approche un peu trop bien-pensante pour être vraie, à notre avis...

> **AU POIL !**
>
> *Depuis 2012, les employés des parcs d'attractions Disney ont désormais le droit de porter la barbe ou la moustache. Une modification historique dans le dress code de la multinationale qui interdisait tout duvet à ces messieurs depuis l'ouverture du 1er parc en Californie, en 1955. Une idée marketing pour redonner du poil de la (Belle et la) bête aux salariés ?!*

On avoue une petite déception concernant Future World, dont les attractions sont loin d'être aussi sensationnelles que dans les autres parcs. Certaines mériteraient aussi un bon coup de jeune. Tourné vers l'avenir il y a 40 ans, le parc est un peu à la traîne aujourd'hui. Des attractions plutôt pour les grands, les plus jeunes risquent de s'ennuyer...
World Showcase, avec son côté kitschouille et son catalogue de clichés, peut plaire, à condition de le prendre au 1er degré ; à savoir comme un inventaire de ce qui peut être étranger (dans le sens « étrange ») pour un « Américain des profondeurs » à la découverte du monde. En tout cas, une journée suffira pour tout voir. Ne manquez pas le spectacle nocturne.

Future World

Avant votre arrivée, réservez vos *FastPass* pour *Mission Space, Soarin' around the World* ou *Test Track,* les 3 attractions les plus courues du parc.
– ***Spaceship Earth :*** c'est l'énorme boule à l'entrée. Et un peu l'emblème du parc. Ses entrailles recèlent une attraction qui n'a rien d'un voyage dans l'espace mais bien dans le temps, sur le thème « Comment l'homme communique selon les époques ». Le visiteur, installé dans un petit train, voit défiler sous ses yeux « l'histoire de l'humanité » – réduite ici à l'évolution des communications – à travers de belles reconstitutions animées, depuis les 1res formes d'écriture jusqu'à Internet en passant par les papyrus égyptiens et l'imprimerie de Gutenberg. Dommage que le circuit s'arrête à la création des ordinateurs et de la visioconférence, il manque une vingtaine d'années d'innovation.
– ***Mission : Space :*** vos talents de pilote ont été reconnus par la NASA ! Au choix, 2 types d'entraînement (15 mn). Le 1er (orange) est plus intensif car on a affaire à un simulateur qui décoiffe ! Au démarrage, on est littéralement collé au fauteuil. Les

sensibles au mal des transports choisiront le 2d, l'équipe verte, celle qui s'entraîne à la cool (pas de vrille et des accélérations moins fortes). Mais dans un cas comme dans l'autre, c'est un fabuleux voyage intersidéral.
– ***Soarin' around the World :*** installé dans une sorte de deltaplane, on survole des merveilles du monde entier et des paysages magnifiques. Vent, odeurs... les sensations sont au rendez-vous mais sans les secousses. Mieux vaut s'abstenir si on a le vertige.
– ***Test Track :*** vous voilà à bord d'une voiture à laquelle on fait subir toutes sortes de tests. Le circuit automobile est assez remuant : manœuvres brutales, montée d'une côte, virages serrés, tunnels obscurs, etc. Le tout au son d'une sympathique mélodie de crissements de pneus. À faire très tôt : temps d'attente considérable jusqu'en fin de journée.
– ***Living with the Land*** *(traducteur audio)* ***:*** un petit quart d'heure de promenade en barque, à la découverte de plusieurs serres, avec des milieux ambiants différents, de la *rainforest* au désert en passant par les grandes plaines. Laitues sur plaque de polystyrène, plants de tomates qui poussent sans terre préfigurant une agriculture 100 % OGM et sans paysan. On y apprend que l'humanité base son alimentation sur seulement 30 plantes, négligeant les autres, lesquelles pourraient régler bien des problèmes de malnutrition... Le pavillon propose également le *Circle of Life,* un film où les héros du *Roi Lion* délivrent un message écologique. De belles images, mais pas indispensable.
– ***The Seas with Nemo & Friends :*** à bord d'un coquillage, vous voilà parti pour une plongée dans les océans à la rencontre de Nemo, le petit poisson-clown, et de tous ses amis. On termine par de gigantesques aquariums avec poissons tropicaux et même des dauphins. Si l'attraction n'est pas palpitante, les aquariums nous ont enchantés ! Très sympa pour les enfants.
– ***Disney & Pixar Short Film Festival*** *(traducteur audio)* ***:*** une compilation (18 mn) de courts-métrages bourrés d'humour des 2 géants de l'animation. Le tout en cinéma 4D. On s'est franchement marrés !
– ***Awesome Planet :*** un voyage époustouflant, en images, à la découverte des merveilles naturelles de notre planète.
– ***Journey into Imagination with Figment :*** embarquez avec le dragon Figment (l'une des mascottes du parc) dans ce parcours scénique, musical et coloré, à la découverte de nos 5 sens !

World Showcase *(Vitrine du monde)*

Sur le modèle de l'***Exposition universelle,*** 11 pavillons étrangers bordent un vaste lac. Palais vénitiens, bavarois, chinois, ou des *Mille et Une Nuits...* c'est une invitation au voyage. Voilà un pays utopique et sans religion où la bande de Walt Disney a tenté de reproduire le monde à son image, c'est-à-dire en s'éloignant le plus possible de la réalité, afin de faire place au merveilleux.
Bien entendu, tout est trop beau, trop propre, trop sécurisant pour être vrai ! Ici, les décors d'opérette frisent la caricature ou du moins le cliché. Et les Américains de découvrir le Français jouer de l'accordéon, l'Italien manger des pâtes, l'Allemand se gaver de bière, le Marocain marchander dans son souk, le Chinois vendre des chinoiseries, etc. ; avant d'assister au très solennel film de 30 mn sur la grandeur de l'Amérique unie en guise d'autosatisfaction ! Avouons-le, c'est un peu le temple de la consommation, à prendre au 1er degré pour passer un bon moment.
Palme d'or au ***Mexique*** pour sa magnifique *plaza de los Amigos,* sous une voûte étoilée et sa balade en barque dans la jungle ; puis la ***Chine*** avec son superbe film circulaire (durée : 15 mn), son temple du Ciel, son armée enterrée en terre cuite et la qualité de ses restos ; et le ***Maroc*** pour son souk et sa médina entièrement construits par des ouvriers marocains envoyés jadis par le roi Hassan II. La ***Norvège,*** elle, se distingue avec sa petite balade en drakkar dans le monde glacé de la Reine des Neiges ; tandis que le ***Canada*** propose un intéressant film à 360° sur les merveilles

de la nature. Le pavillon du ***Japon*** est surtout occupé par un gigantesque magasin, dans lequel on achète des huîtres obligatoirement perlières, et par une vaste citadelle, hérissée d'une tour où l'on frappe les tambours traditionnels. Pour l'***Allemagne,*** on a reconstitué une auberge bavaroise pendant la fête de la Bière et, pour l'***Italie,*** les palais des Doges, le pont des Soupirs et la place Saint-Marc de Venise. Le ***Royaume-Uni*** a opté pour des ruelles victoriennes, et la ***France*** pour quelques rues de Paris, dominées par la tour Eiffel, avec des magasins aux noms évocateurs : « Fleur de Lys », « Plumes et Paillettes »... Pas mal de clichés bien ringards, il faut avouer ! Un ***minipavillon africain*** propose des initiations aux percussions.
Enfin, le ***bâtiment américain,*** le plus vaste, propose un show très moral (30 mn) racontant 350 années de l'histoire du pays, sponsorisé par des sociétés multinationales américaines. Plus loin, une collection aussi hétéroclite qu'anecdotique : on y trouve pêle-mêle un morceau de Lune, le chapeau haut de forme de Lincoln et le couteau de poche de Mark Twain. On notera l'absence de la culture native... Quant à la culture noire, elle squatte une cahute-buvette coincée entre 2 grands pavillons...

Où manger à EPCOT ?

Plusieurs restos de World Showcase ont mis un point d'honneur à plonger les convives dans l'ambiance des pays. Dans presque tous les pavillons, on trouve un comptoir pour goûter à des plats étonnants pour quelques dollars. Ceux du ***Maroc*** et du ***Japon*** valent vraiment le déplacement. Bien pour picorer, mais pour un vrai repas, il vous faudra délier quelque peu les cordons de la bourse.

|●| Pour le cadre, rien de tel que le ***San Angel Inn*** *(chic),* dans la partie Mexique, où l'on a reconstitué une place de village sous une voûte étoilée avec des volcans en toile de fond... Tout simplement sublime !
|●| De la cuisine chinoise à bon prix ? Oui ! Au ***Lotus Blossom Cafe,*** où l'on sert riz et poulet frit à la sauce asiat', juste à côté du ***Nine Dragons,*** lui-même apprécié pour ses plats *(prix moyens)* d'un bon rapport qualité-prix.
|●| Le pub du pavillon anglais ***Rose & Crown*** ne nous a pas déplu non plus *(prix moyens).* Il est abordable et l'on est aux 1res loges pour assister au spectacle nocturne (depuis le jardin du resto).
|●| Enfin, à nos lecteurs qui ne peuvent se passer de la gastronomie *Frenchy,* on signale quand même le resto du pavillon français : ***Les Chefs de France.*** Cadre bien de chez nous, très soigné. Pour un peu, on se croirait dans le dessin animé *Ratatouille* ! N'oubliez pas ***Monsieur Paul*** (Bocuse, bien sûr !). Là, un ancien élève du célèbre chef propose un menu dont quelques plats ont fait la renommée de Bocuse. Enfin, une boulangerie-pâtisserie, ***Les Halles,*** pour les amateurs de baguettes, sandwichs et viennoiseries.

DISNEY'S HOLLYWOOD STUDIOS

*351 S Studio Dr, à **Lake Buena Vista.** Tlj 9h-19h min (plus tard certains soirs et en hte saison).*
La visite des studios Universal remportait trop de succès à Los Angeles pour que Disney ne s'inspirât pas de la formule. Un parc axé sur le ***cinéma,*** donc, comme son petit frère français mais en plus grand, avec tous les décors ad hoc : hollywoodien

AUX ABONNÉS ABSENTS

Dans les films et séries américains, les numéros de téléphone cités à l'écran commencent souvent par 555. Ce n'est pas un hasard, les numéros compris entre 555-0100 et 555-0199 sont réservés pour le cinéma, afin que personne ne soit dérangé si un petit plaisantin venait à composer le numéro pour de vrai.

des années 1930, dans les tons vert pistache, avec fausses façades de rues de New York, machinerie apparente et trompe-l'œil façon 1ers pas du 7e art. Cela dit, dans le genre, on préfère Universal Studios, plus réussi.
Dans chaque zone, on classe les attractions et shows des plus spectaculaires à celles que l'on peut zapper faute de temps. Évidemment subjectif, à vous de modifier votre itinéraire selon les univers qui vous fascinent.

Sunset Boulevard

– ***The Twilight Zone Tower of Terror :*** prêt pour une chute de 13 étages dans un ascenseur à 60 km/h ? Après avoir traversé un jardin abandonné, on pénètre dans le hall d'un inquiétant hôtel désaffecté, poussiéreux et délabré : rideaux de velours cramoisi, grooms pas commodes, toiles d'araignées, téléviseurs noir et blanc diffusant des images de la célèbre série, etc. Une mise en condition géniale, on en a froid dans le dos. Ensuite, on descend dans des caves pour prendre le fameux ascenseur ! Un décor époustouflant et des sensations inégalées.
– ***Rock'n Roller Coaster Starring Aerosmith :*** attention les yeux ! Steven Tyler *himself* vous invite à monter dans une limousine géante pour le suivre jusqu'au *backstage.* On est littéralement catapulté au départ (de 0 à 100 km/h en 4 s, c'est l'accélération d'une formule 1 !), puis on fonce comme des bolides sur la *highway* dans une série de chutes et de vrilles à vous écraser le cerveau dans la boîte crânienne ! Le tout sur des rythmes effrénés de hard rock du groupe Aerosmith.
– ***Fantasmic ! :*** spectacle nocturne de 30 mn transportant les visiteurs au cœur des rêves de Mickey, dans un monde où ses pouvoirs magiques font danser les eaux, lancent des lasers et des comètes, animent des fontaines et des boules de feu. Mickey doit affronter tous les méchants de l'univers Disney, mais tout est bien qui finit bien, et la gentille souris retrouve tous ses amis. Une troupe de 50 danseurs évolue au milieu de ces effets spéciaux. Peut-être le plus beau spectacle du « World » ! Arriver au moins 45 mn en avance pour avoir une place assise.
– ***Beauty & The Beast – Live on Stage :*** spectacle musical (environ 25 mn) autour du conte de *La Belle et la Bête.* Les personnages prennent vie pour vous faire reprendre en chœur les célèbres chansons du dessin animé. Soyez notre invité !

Hollywood Boulevard

– ***Mickey & Minnie's Runaway Railway*** *(traducteur audio)* **:** une plongée dans l'univers des dessins animés de Walt Disney avec comme héros Mickey, Minnie, Pluto et Donald. On prend place à bord de wagons qui virevoltent dans tous les sens pour revivre leurs aventures ! Une attraction pour toute la famille avec des décors magiques et des illusions d'optique superbement réalisées.

Echo Lake

– ***Star Tours – The Adventures Continue :*** prenez place à bord d'une étrange navette spatiale, chaussez vos lunettes 3D et attachez vos ceintures, ça va remuer ! C3PO, célèbre robot de *Star Wars,* nous entraîne dans une série de vortex à vous en retourner le burger du déjeuner ! On a vraiment la sensation d'être propulsé à travers les galaxies.
– ***Indiana Jones Epic Stunt Spectacular :*** notre héros et sa *pretty girl* rejouent des scènes de la célèbre trilogie. Reconstitution complète d'un tournage, avec changement de décor à vue, cascades impressionnantes, balles à blanc et méchants plus vrais que nature. Et surtout, le public participe à fond ! Mettez-vous à droite des gradins et, sitôt le spectacle terminé, courez vers *Star Tours* avant que la foule ne s'y retrouve !

– ***For the First Time in Forever – A Frozen Sing-Along :*** un show de 30 mn où Elsa, Anna, Olaf et tous les autres personnages de *La Reine des Neiges* vous font voyager en chanson dans les paysages givrés d'Arendelle. Libérée, délivrée...

Grand Avenue

– ***Muppet Vision 3D*** *(traducteur audio)* **:** on passe un super bon moment dans ce petit théâtre où les marionnettes interagissent avec les personnages du film en 3D. Bien sûr, quelques morceaux de bravoure, notamment quand Piggy chante faux sur les bords de la rivière ou encore quand la fanfare se trompe et entame la *Marseillaise* au lieu de l'hymne américain ! Mettez-vous bien au centre pour tout apprécier.

Star Wars : Galaxy's Edge

Quelle claque ! Cette zone entièrement dédiée à la saga *Star Wars* a été élaborée en collaboration avec l'équipe de production du film. Et c'est sans doute l'une des plus réussies et des plus impressionnantes. Bienvenue sur la planète Batuu, inspirée de Tatooine, repaire de marginaux et de fugitifs vivant à l'écart de l'autorité du Premier Ordre. Chaussez les bottes d'un chasseur de primes et allez siroter un lait de bantha à la Cantina avant de partir à l'aventure. Au cours de la mission, quelques rencontres fortuites : Chewbacca, R2D2 et quelques vilains droïdes... Que la Force soit avec vous !

– ***Millennium Falcon : Smugglers Run :*** mettez-vous dans la peau de Han Solo, l'invincible contrebandier (Harrison Ford à l'écran), et embarquez à bord du mythique vaisseau, le *Faucon Millénium.* Une odyssée spatiale très mouvementée.

– ***Star Wars : Rise of the Resistance :*** immersion totale dans un vaisseau de la Résistance, intercepté par les forces du Premier Ordre. Que la bataille commence !

Toy Story Land

Une zone de 11 ha dédiée à la saga de *Pixar.* Les visiteurs y sont réduits à la taille de Buzz et Woody dans le jardin d'Andy. Tous les éléments de décor ont été surdimensionnés pour créer une illusion parfaite !

– ***Toy Story Mania ! :*** une attraction très prisée par les petits où, à 4 par wagonnet, ils dégomment à loisir tout un tas de cibles et d'hologrammes en tirant sur la ficelle d'un petit canon laser.

– ***Slinky Dog Dash :*** *roller coaster* familial tout cool où l'on explore le monde d'Andy sur le dos de son petit chien.

– ***Alien Swirling Saucers :*** sorte d'auto tamponneuse/soucoupe volante de l'espace, animée par les petits « Aliens » qui répètent tout le temps « Nous vous devons une reconnaissance éternelle ».

Animation Courtyard

– ***Star Wars Launch Bay :*** un film d'une dizaine de minutes vous montre les coulisses de la célèbre saga à travers des interviews de membres de *Lucas Film.* Pas la partie la plus palpitante, on a préféré la suite où sont exposés costumes, prototypes de vaisseaux et autres accessoires des films.

– ***Disney Junior Dance Party ! :*** spectacle de 25 mn. Les tout-petits retrouveront « en chair et en os » tous leurs héros préférés et participeront à l'enregistrement de l'émission diffusée chaque matin sur Disney Channel.

– ***Voyage of the Little Mermaid :*** un spectacle théâtral (15 mn) dans lequel on retrouve Ariel la Petite Sirène et ses amis Polochon et Sébastien.
– ***Walt Disney Presents*** *(traducteur audio)* : photos, films et maquettes retracent la carrière du papa de Mickey. Un film de 15 mn clôt la visite.

Où manger à Disney's Hollywood Studios ?

|●| ***Backlot Express :*** *à Echo Lake. Bon marché.* Vaste hangar aux allures industrielles, censé figurer les coulisses des plateaux de tournage. Rien de très original pour les papilles (hamburgers, sandwichs et nuggets), mais plutôt économique. On apprécie aussi la large terrasse au soleil.
|●| ***Sci-Fi Dine-in Theater Restaurant :*** *à Streets of America. Résa conseillée. De prix moyens à chic.* Le décor est étonnant : un *drive-in* de cinéma, sous un ciel étoilé, où l'on mange attablé dans des voitures aux couleurs acidulées et aux lignes fifties, devant un écran géant diffusant des bandes-annonces de films en noir et blanc. De quoi se prendre pour Travolta dans *Pulp Fiction.* Au menu : *pasta, ribs,* sandwichs... mais on peut aussi venir pour un milk-shake.
|●| ***50's Prime Time Café :*** *résa conseillée. De prix moyens à chic.* Très amusant aussi. On déjeune chacun dans sa propre cuisine avec sa propre TV et, comme les Américains dans les années 1950, vous ne perdrez pas une minute des émissions de l'époque. On se croirait dans *Happy Days.* Cuisine plutôt raffinée. Un vrai voyage dans le temps, on a adoré !

DISNEY'S ANIMAL KINGDOM

2901 Osceola Pkwy, à ***Lake Buena Vista.*** *Tlj 9h-19h min (plus tard certains soirs et en hte saison).*
Voici certainement le plus abouti des parcs de la famille Disney. Il faut dire que sa construction a englouti l'équivalent du budget d'une Exposition universelle ! Quelque 200 ingénieurs, botanistes, architectes paysagers et décorateurs ont sillonné la planète pour rapporter des centaines d'objets, éléments de décor et plantes afin de reconstituer les paysages africains ou indonésiens ; des photos ont permis de bâtir les villages à l'identique. Et dire qu'avant il n'y avait sur place que des marécages tout plats et inhabités... alors qu'aujourd'hui une réplique du mont Everest s'élève au-dessus des forêts luxuriantes !
Ici, on a la prétention de vous faire découvrir le ***monde animal, avec un « A » majuscule.*** Pour les petits, c'est une occasion inespérée de rencontrer les héros du *Livre de la jungle,* de *Pocahontas* et du *Roi Lion.* Une visite d'autant plus incontournable qu'un tel parc ne peut exister ailleurs qu'en Floride, et ce, notamment, en raison du climat. Quelques attractions, parfois à sensations, ponctuent le parc, mais venir ici, c'est avant tout s'offrir une sortie au vert.
– **Guest Relations :** *juste après l'entrée, à gauche.*
Le parc est découpé par continents, répartis autour d'une pièce d'eau au centre de laquelle se trouve l'île de la Découverte *(Discovery Island)* et son arbre gigantesque.

Oasis

Dès l'entrée, l'ambiance est donnée, avec une végétation tropicale parsemée de cascades où évoluent wallabies, kangourous et babiroussas (sorte de phacochères)... On y rencontre même des oiseaux migrateurs. Pourquoi restent-ils là toute l'année ? Eh bien, on leur a coupé un bout d'aile. Mais que fait le comité scientifique ?

Discovery Island

– ***Tree of Life :*** au milieu de l'île trône ce gigantesque arbre de vie, dont l'ossature est en métal recouvert de béton. Avec plus de 800 000 feuilles en plastique, il est entièrement sculpté de 325 figures animales et aussi haut qu'un immeuble de 14 étages ! Tout autour, les *trails* (sentiers) vous permettront de rencontrer lémuriens et porcs-épics, et même des tortues des Galápagos.
– ***It's Tough to be a Bug*** *(traducteur audio)* **:** après vous être engouffré dans d'immenses racines, vous pourrez pénétrer dans un superbe amphithéâtre creusé dans l'écorce pour un film d'animation en 4D, inspiré du dessin animé *1001 Pattes,* truffé d'effets spéciaux, humoristique et absolument irrésistible. Les héros y sont des insectes (parfois très vilains !). Une vraie réussite, pleine de surprises, bien sûr ! Un coup de cœur. Couvrez-vous, il fait frais sous terre.

Pandora : The World of Avatar

L'un des projets les plus attendus dans l'histoire des parcs d'attractions. ***James Cameron*** *himself* a aidé à la création des décors, pour les rendre aussi réels que sur sa planète Pandora. Que vous soyez fan des films ou non, difficile de rester de marbre dans cet extraordinaire univers.
– ***Valley of Mo'ara :*** pas vraiment un manège, plutôt une randonnée enchanteresse au cœur des montagnes flottantes, des marécages, de cascades et d'arbres géants, qui mène aux 2 attractions suivantes.
– ***Na'Vi River Journey :*** partez pour une balade en barque et découvrez une faune et une flore extraterrestres dans une forêt tropicale phosphorescente. L'embarcation chemine de grotte en grotte au milieu d'une végétation luxuriante et féerique. Un parcours plein de poésie.
– ***Avatar Flight of Magic :*** pour plus de sensations, votre avatar peut aussi voler à dos de *banshee.* Simplement magique !

Africa

– C'est à *Africa* que l'on trouve le clou du parc : le ***Kilimandjaro Safaris,*** qui part de Harambe, village tanzanien bien destroy. À bord d'un vrai taxi-brousse tout-terrain avec matériel sanglé sur le toit (essayez de vous asseoir sur un côté), pas moins de 200 ha de nature à parcourir sur des pistes accidentées, en traversant pendant une vingtaine de minutes gués et rivières pour atteindre plaines et forêts où vivent éléphants, zèbres, gnous, okapis, hippopotames, crocodiles, lions, girafes, babouins, phacochères... Les espèces pacifiques vivent en semi-liberté, si bien que le chauffeur doit parfois s'arrêter pour laisser passer un rhino ! Les animaux dangereux sont bien sûr isolés, mais l'illusion est totale. En pleine savane (verdoyante, c'est là que le bât blesse !), on tombe sur de splendides baobabs, tous factices... sauf un. Dites-nous lequel ! Même les termitières sont fausses (impossible pour les termites de vivre sur ces terres humides). En tout cas, c'est vraiment très bien fait, on se croirait embarqué dans un vrai safari. Un bémol pourtant : certains animaux manquent franchement d'espace !
– ***Gorilla Fall's Exploration Trail :*** une marche d'un petit quart d'heure dans une forêt de bambous à la rencontre des hippos (sous l'eau) et des gorilles. Ces derniers sont impressionnants dans leurs activités quotidiennes : dégustation de feuilles, épouillage réciproque et baignade chahutée pour les plus jeunes. Enfin, un gigantesque aquarium où les poissons vivent aussi serrés que dans un taxi-brousse !
– ***Rafiki's Planet Watch :*** de la gare de Harambe, on prend le départ du ***Wildlife Express Train,*** un train de brousse avec des tas de valises et de colis empilés

sur le toit. Le trajet vous mène en 3 mn jusqu'à une petite gare perdue dans la brousse. De là, vous emprunterez un sentier où l'on observe des singes tamarins jusqu'à ***Conservation Station,*** sorte de dispensaire, où sont soignés les animaux du parc. Animations diverses, surtout destinées aux enfants. Petit zoo avec chèvres et moutons qu'on peut caresser, et labo où amphibiens, araignées, scorpions et autres bestioles vous donnent la chair de poule. La zone se veut aussi pédagogique, on y apprend à vivre avec la nature et à la protéger.
– ***Festival of the Lion King :*** gymnastes, chanteurs et danseurs animent ce show d'environ 30 mn. L'occasion d'apprendre *Hakuna Matata* en anglais.

Asia

À notre avis, c'est la zone la plus réussie d'Orlando ! Loin du décor un peu trop convenu de la section Afrique, ici c'est l'esthétique qui prime. On est époustouflé par ces ruines enfouies dans la jungle, par les pagodes, pousse-pousse, drapeaux de prière et bus bariolés, et enfin par la présence de certains animaux rares. Mickey a véritablement recréé une atmosphère magique. Les décors du royaume d'***Anandapur*** méritent ainsi qu'on s'y attarde, les petits temples et les kiosques de marché sont des merveilles de reconstitution.
– ***Kali River Rapids :*** avant d'embarquer, on traverse des maisons asiatiques superbement reconstituées, pour pénétrer ensuite dans un temple tout en bois. Ici, tout est illusion et décor. À bord d'un radeau, on dévale les eaux tumultueuses au milieu de la jungle. On aperçoit les ruines d'un temple et quelques animaux de la forêt tropicale. On assiste aux destructions de la déforestation. Soudain, des chutes, et patatras ! On en sort littéralement trempé (prévoir un poncho, à moins d'avoir très chaud !).
– ***Maharajah Jungle Trek :*** une balade à pied d'environ 30 mn permet de découvrir de (vrais) animaux... extraordinaires ! D'abord, le varan de Komodo : lézard géant mesurant 2-3 m de long. Plus loin, des chauves-souris géantes. On pénètre ensuite dans les ruines d'un palais rajput, surveillé par des tigres majestueux. Ils vous côtoient parfois à moins de 1 m. Viennent alors les antilopes, pour aboutir enfin à une volière peuplée de perroquets, paons et oiseaux tropicaux.
– ***Expedition Everest – Legend of the Forbidden Mountain :*** l'attraction la plus prisée d'Animal Kingdom. Il s'agit d'un *roller coaster* (grand huit) lancé à vive allure dans un fabuleux décor himalayen, à la poursuite de l'Abominable Homme des neiges. La file d'attente est déjà un véritable musée du Yéti à l'intérieur d'un camp de base. On prend place ensuite à bord d'un petit train, mais le voyage est stoppé net car le yéti a arraché les rails ! On repart donc en arrière, et là, ça remue fort ! S'ensuit une série d'accélérations et de chutes vertigineuses qui vous collent le cerveau aux yeux !

DinoLand USA

Universal Orlando ayant son *Jurassic Park,* Disney se devait de surfer sur la vague de la « dinomania ». Malheureusement, ici, ça fait un peu trop fête foraine. À part l'attraction *Dinosaur,* cette partie du parc s'adresse plus particulièrement aux petits.
– ***Dinosaur :*** bienvenue dans l'univers de ces terribles lézards ! Une petite vidéo, on s'accroche et c'est parti pour 3 mn d'un *ride* en jeep qui secoue les tripes. On s'enfonce dans une base scientifique, de gros dinos viennent vous roter à la figure, comme ça, sans prévenir et dans le noir ! Ça secoue dans tous les sens et on finit par se faire avaler par un vilain T-Rex. Attention, les tout-petits peuvent avoir peur.
– ***Tricera Top Spin :*** petit manège volant, un classique.
– ***Primeval Whirl :*** petites montagnes russes dont les nacelles tourbillonnent comme des toupies. Ça gigote un peu mais rien de bien méchant.

– ***The Boneyard :*** un terrain de jeux pour les mômes où l'on joue au toboggan sur des fémurs de brontosaure au milieu d'un champ de fouilles.
– ***Finding Nemo – The Musical :*** comédie musicale de 30 mn (à heures fixes), mettant en scène le fameux petit poisson-clown Nemo et tous ses copains des océans, dans un festival de couleurs. Parfait pour les petits.

Où manger à Disney's Animal Kingdom ?

|●| ***Satu'li Canteen :*** *dans la zone Pandora : The World of Avatar. De bon marché à prix moyens.* Le principe de cette cantine asiatisante plutôt *healthy,* ce sont des *bowls* que l'on compose en choisissant protéines (animales ou végétales), accompagnements (quinoa, riz, salade...) et sauce (*chimichurri,* vinaigrettes haricot noir...). Également des *bao buns,* vous savez, ces brioches vapeur fourrées de différentes garnitures salées, et une poignée de desserts colorés.

|●| ***Rainforest Café :*** *à gauche de l'entrée. De prix moyens à chic.* On mange dans une forêt tropicale superbe recréée en intérieur, avec orage toutes les 20 mn. Végétation luxuriante, aquariums et des animaux qui s'animent régulièrement. Assiettes copieuses, 1 pour 2 est suffisante, ou alors elle vous calera pour la journée. Pensez à réserver pour éviter l'attente interminable d'une table.

|●| Plusieurs autres options pour manger un bout pas trop cher, comme, à Discovery Island, ***Flame Tree Barbecue*** (salades et sandwichs) et ***Pizzafari*** (pizzas) ; à Dinoland USA, le ***Restaurantosaurus*** (burgers, etc.) ou encore, à Asia, le ***Yak & Yeti Restaurant*** (cuisine... asiatique) – celui-ci nous a été vanté comme le meilleur resto du parc, pensez à réserver.

DISNEY'S TYPHOON LAGOON

1145 E Buena Vista Blvd, à ***Lake Buena Vista.*** *Tlj 10h-17h en hiver, 10h-20h en été. Entrée : env 65 $; 60 $ enfants 3-9 ans ; réduc en passant par l'office de tourisme –* Visit Orlando. *Sinon, Typhoon Lagoon peut être inclus dans les tarifs* Park Hopper Plus *(voir plus haut « Tarifs » dans « Infos pratiques »). Casiers chers (10-15 $) mais un peu difficiles à éviter (clé de voiture, argent...). Les moins de 10 ans doivent être accompagnés dans certaines attractions.*

L'un des 2 parcs aquatiques de Disney. N'oubliez pas votre serviette, ça vous évitera d'en louer une sur place... La déco caraïbe – représentant un paradis tropical après le passage d'un typhon – est une réussite, avec en prime une piscine à vagues (environ 2 m de haut !) d'une superficie de 1 ha sur laquelle on peut même prendre de gentilles leçons de surf. Pas mal d'autres attractions, bien sûr, qui réservent aux visiteurs une jolie dose de sensations. Petit topo :
– ***Miss Adventure Falls :*** capitaine Mary Oceaneer s'est échouée ici. À bord d'une bouée familiale (jusqu'à 4 personnes), on glisse, on *slide* et on *ride,* dans un immense toboggan à la conquête de ses trésors.
– ***Humunga Kowabunga :*** 3 toboggans à grande vitesse qu'on dévale à plus de 40 km/h, donc l'attraction dure à peine 10 s.
– ***Mayday Falls et Keelhaul Falls :*** chutes d'eau et rapides que l'on descend à bord d'une bouée au travers, notamment, de tunnels caverneux.
– ***Gangplank Falls :*** une descente dans les rapides, mais à un rythme plutôt pépère. On peut s'installer à 4 dans la bouée.
– ***Crush'n'Gusher :*** sorte de *roller coaster...* non mécanique car, ici, on dégringole (pour parfois remonter) des tuyaux tout pleins d'eau sur de grosses bouées, mais les sensations éprouvées se ressemblent un peu ! On peut monter à 2 sur la bouée.
– ***Storm Slides :*** encore des toboggans à grande vitesse, pleins de virages, à descendre dans le plus simple appareil (un slip quand même !). À ne pas manquer.

– ***Castaway Creek :*** laissez-vous emporter sur 650 m dans une rivière chaude à travers la forêt tropicale.
Également une aire de jeux pour les plus petits et des plages artificielles pour rôtir au soleil.

DISNEY'S BLIZZARD BEACH

1534 Blizzard Beach Dr, à ***Lake Buena Vista.*** *Tlj 10h-17h en hiver, 10h-18h (parfois 20h) en été. Entrée : env 65 $; 60 $ enfants 3-9 ans ; réduc en passant par l'office de tourisme –* Visit Orlando. *Sinon, Blizzard Beach peut être inclus dans les tarifs* Park Hopper Plus *(voir plus haut « Tarifs » dans « Infos pratiques »). Casiers chers mais difficiles à éviter : env 15 $.* Une station de ski qui aurait fondu sous le soleil de Floride ! À vrai dire, la déco avec des chalets et de la fausse neige grisâtre ne nous a pas tellement convaincus, mais le parc compte, en revanche, quelques attractions tout à fait grisantes, comme le ***Summit Plummet*** : on prend le télésiège (sur lequel sont fixés de faux skis pour faire plus vrai !) et on monte au *Mont Gushmore,* où un toboggan de près de 40 m de haut, soit la hauteur d'un immeuble de 12 étages, vous attend ! Attention, il est long (120 m !) et, surtout, très raide, ce qui fait qu'on le dévale à une vitesse vertigineuse (un panneau au bout vous indique votre vitesse) ! Également le ***Runoff Rapids,*** 3 pistes en tortillons particulièrement excitantes que l'on descend sur des bouées ; le ***Toboggan Racers*** (8 pistes accolées pour faire la course !) ; ou encore le ***Teamboat Springs,*** l'une des plus longues descentes en grand radeau au monde (près de 400 m ; idéale en famille). Bien sûr, piscine à vagues (plus petite qu'à Typhoon Lagoon), rivière faisant le tour du parc et multiples autres jeux d'eau.

DISNEY SPRINGS

1490 E Buena Vista Dr, à ***Lake Buena Vista.***
Située autour d'un petit lac, une zone commerciale regroupant restos, bars, boutiques touristiques... Bien sûr, Mickey est ici omniprésent ! Et comme dans les parcs, musique et foule sont au rendez-vous. On y trouve aussi tous les souvenirs qu'on imagine, à des prix identiques à ceux des parcs, mais avec plus de choix.
– Petit point ***orientation et parkings.*** Disney Springs se divise en 4 zones : celle à l'ouest est appelée « West Side » (plutôt logique !) ; le centre est appelé « Town Center » ; l'est « Marketplace » ; et l'île au centre et en face de ces 3 zones « Landing ». Pour déambuler dans tout le village, mieux vaut se garer au *Lime Garage* en plein centre. Stationnement payant.
– Pour toute info, rendez-vous au ***Welcome Center,*** en plein centre.

West Side

Dans cette partie commerçante de Disney Springs, on peut faire du shopping dans les boutiques de souvenirs, casser la croûte, déguster une glace ou s'attabler dans un vrai resto. Ou encore boire un verre en profitant d'un concert. Bref, une zone de détente... et de dépenses !

House of Blues : *à l'extrémité ouest de la zone, côté lac. • houseofblues.com/orlando • Plats 12-30 $. Brunch gospel dim à 10h30 et 13h. Billet : 15-35 $ (voire plus !) selon renommée du groupe.* Dans cette énorme baraque en bois et tôle, surmontée d'un immense réservoir, on déguste une cuisine du Sud plutôt bien tournée, en salle ou en terrasse. Également des salades, sandwichs, et les classiques américains. Bien aussi pour boire un verre. À côté, dans une autre maison en tôle, le club propose de bons concerts live : rock, pop, salsa, etc. (programme sur le site). Mais le rendez-vous immanquable, c'est le brunch du dimanche avec son gospel.

Planet Hollywood Observatory : *à l'extrémité est de la zone. Plats 16-30 $.* Une énorme boule d'un bleu intersidéral, tombée, pas vraiment par hasard, au cœur du royaume de Picsou ! Si l'on n'a jamais tenté l'expérience *Planet Hollywood,* c'est celui-ci qu'il faut découvrir. Décor renversant, chargé de reliques de tournages de films : la hache de *Shining,* les lingots de *Goldfinger,* le masque du pingouin dans *Batman,* la chemise de Bruce Willis dans *Die Hard,* le costume de Jack et la robe de Rose dans *Titanic,* etc. On peut y manger, mais c'est cher pour ce que c'est, et l'attente est parfois longue ! Aussi conseille-t-on d'y boire un verre seulement, le temps de faire le tour des objets cultes exposés.

Pleasure Island

Au milieu de Disney Springs, une petite île qui compte quelques restos comme le ***Paradiso 37,*** proposant des plats mexicains pour 20-30 $ et de la musique live certains soirs ; ou encore le ***Ragland Road,*** un pub irlandais plus vrai que nature. Également des bistrots assez sélects et autres boutiques. Ambiance bon enfant le soir, grâce notamment aux animations assurées par les employés Disney. Agréable d'y terminer la soirée.

Market Place

À l'extrémité est de Disney Springs, c'est une grosse zone commerciale peuplée de boutiques, restos, bars... On y trouve la plus grande boutique de souvenirs Disney d'Orlando, sans oublier le magasin de jouets *Lego,* où les enfants pourront assembler quelques briques, et l'étonnant resto-boutique *T-Rex,* situé dans une grotte occupée par ces redoutables dinos en mouvement, qui mugissent dans la pénombre...

Ghirardelli : salon de thé servant essentiellement des chocolats chauds. Propose également des glaces à tous les parfums et des chocolats en veux-tu en voilà. Humez l'air en entrant dans la boutique, on en salive encore !

Rainforest Café : le même qu'au parc Disney's Animal Kingdom (lire plus haut). On y mange dans une lumière tamisée, sous une vraie-fausse couche de végétation luxuriante...

World of Disney : la plus grande boutique Disney d'Orlando, pour acheter tout ce que vous voulez à l'effigie de la souris et de ses petits copains.

DAYTONA BEACH

68 000 hab.

• Plan *p. 261*

Daytona possède l'un des circuits automobiles les plus célèbres des États-Unis, voire du monde entier. Lors des périodes de courses auto et moto, la ville connaît une folle effervescence et les hôtels affichent souvent complet, malgré des prix qui flambent. Si les courses et autres entraînements s'échelonnent tout au long de l'année, c'est entre janvier et février qu'ont lieu les épreuves reines : la *Rolex 24 Hours Race* suivie de la *Daytona 500.* Côté motos, la *Bike Week* accueille en mars toutes sortes de courses, dont l'une des plus prestigieuses : la *Daytona 200.* Et

c'est en octobre qu'a lieu la *Biketoberfest,* semaine où s'affrontent les Harley, notamment. À chaque manifestation, les motards du monde entier déboulent dans la ville dans un délire hurlant et une ambiance très rock'n'roll ! *Oh yeah !*
L'autre grand moment de folie de Daytona Beach, c'est le *spring break,* les vacances de printemps des étudiants américains et canadiens, autour de la 2de quinzaine de mars. Beuveries, concours de T-shirts mouillés, nuits enflammées ; un vrai défouloir !
Ainsi, hormis pour ses sports mécaniques et ses excès festifs, Daytona Beach ne présente qu'un intérêt limité.

LA MESSE AU VOLANT

À Daytona Beach, on peut assister au service dominical sans quitter sa voiture ! Derrière son pupitre, le révérend lève son calice aux bagnoles garées sur la pelouse. En guise d'amen, quelques klaxons et les véhicules redémarrent pour disparaître en ronronnant dans la paix du Christ. Cette église drive-in fait partie des nombreux lieux de culte dits « non déminationnels », fréquentés par les évangéliques qui représentent 23 % de la population aux US.

UN PEU D'HISTOIRE MÉCANIQUE

Pourquoi un tel enthousiasme local pour les engins motorisés ? Car c'est à Ormond Beach, la plage située juste au nord de Daytona, que fut établi un record de vitesse en 1902... à 109 km/h ! Record battu à 12 reprises jusqu'en 1935 ! Un avant-goût du formidable engouement suscité par la création de la fameuse *NASCAR (National Association for Stock Car Auto Racing)* en 1947, suivie en 1959 par l'inauguration du circuit : *Daytona International Speedway.* Aujourd'hui, cette immense étendue de sable blanc – qui a vu naître la légende de Daytona – continue son roman d'amour avec l'automobile. Comme le sable est très dur, on peut rouler en voiture sur la plage, c'est d'ailleurs la principale attraction, après les courses auto, évidemment.

Arriver – Quitter

✈ ***Daytona Beach International Airport*** *(hors plan par A2) : 700 Catalina Dr. • flydaytonafirst.com • À env 8 km au sud-ouest de Daytona Beach.* Loueurs de voitures sur place. Pour rejoindre le centre : ***bus Votran*** *(• votran.org •),* ou compter env 15 $ en ***taxi*** *(station juste en face de la zone où l'on récupère les bagages).*

🚌 Depuis l'***Orlando International Airport,*** une compagnie de bus assure des liaisons avec Daytona Beach : ***Dots*** *(1034 N Nova Rd ; • groometransportation.com/daytona •).*

🚌 ***Daytona Beach Greyhound Station*** *(plan A2) : 138 S Ridgewood Ave. • greyhound.com •* Liaisons quotidiennes avec Miami, Tampa, Orlando, St Augustine...

🚆 ***Amtrak Station :*** *pas de gare à Daytona Beach. La plus proche se trouve 2491 Old New York Ave, à **DeLand** (à 40 km, soit 30 mn en voiture). • amtrak.com •* Destinations et horaires sur le site internet (en français).

Orientation

L'agglomération de Daytona s'étire sur plusieurs kilomètres, englobant, du nord au sud, les villes d'***Ormond Beach,*** puis de ***Daytona Beach, Daytona Beach Shores, Port Orange*** et enfin ***Ponce Inlet.*** Aussi Atlantic Avenue mesure-t-elle plus de 15 km, prenant alternativement les appellations « South » (S) et « North » (N) dans chacune des villes traversées. Il en va de même pour Beach Street... Le problème est donc de savoir quand on entre dans une ville et quand on en sort ! Alors, méfiance lorsque vous réservez un hôtel, prenez bien l'adresse complète.

Adresses et info utiles

Office de tourisme – Convention and Visitors Bureau *(plan A-B2) :* *126 E Orange Ave. • daytonabeach.com • À droite du pont, au sein de la Daytona Regional Chamber of Commerce. Lun-ven 9h-17h (le w-e, contacter le bureau situé dans le hall d'accueil du circuit automobile : tlj 10h-17h). Parking gratuit.* Plan de l'agglomération, loisirs (kayak, *paddle,* surf, pêche, plongée, kitesurf, découverte des parcs naturels de la région...), agenda culturel, liste des hébergements... Bon accueil. Procurez-vous aussi le magazine gratuit *Official Visitors Guide,* qui recense toutes les infos utiles.

Bus Votran : *• votran.org •* Bus municipaux reliant notamment Daytona Beach à l'aéroport, à Downtown ou encore à la gare *Amtrak* à DeLand. Bon, il ne faut pas rêver ; ici, sans voiture, c'est comme marcher dans le désert avec des semelles de plomb !

Location de vélos *(plan B1,* ***1****) :* ***Daytona Fun Rental,*** *639 N Grandview Ave. ☎ 386-253-2536. • daytonafunrental.com • Lun-ven 9h-17h, w-e 8h-11h.* Loue aussi scooters et voiturettes pour la plage.

Où dormir ?

Réservez longtemps à l'avance si vous êtes intéressé par les rassemblements de *bikers* ou les courses sportives. Sinon, évitez soigneusement ces périodes au cours desquelles les prix de l'hébergement doublent ou triplent ! Les plus grosses courses et les principaux événements se concentrent de janvier à mars et entre octobre et novembre.

Campings

Tomoka State Park *(hors plan par A1,* ***10****) : 2099 N Beach St, à* ***Ormond Beach.*** *☎ 386-676-4050. • floridastateparks.org/tomoka • À 15 mn en voiture, au nord de Daytona Beach. Arrivée obligatoire entre 8h et la tombée du jour. Résa bien à l'avance très conseillée. Emplacement env 30 $ (tente 2 pers et voiture), eau et électricité comprises ; taxe de résa env 7 $.* Une belle adresse côté nature ! Étendu au bord de l'Halifax River, un agréable camping d'une centaine de places, noyé dans la végétation luxuriante d'un parc d'État tenu par des rangers. Emplacements ombragés au sol sablonneux, bien séparés les uns des autres, et dotés chacun d'une table et de bancs en bois. Location de canoës-kayaks au snack-bar du parc, jeux pour enfants, aires de pique-nique, BBQ, etc., et puis les environs sont superbes ! Au *Registration Office,* jetez un coup d'œil sur le classeur de la faune locale : alligators, biches, dauphins, ratons laveurs, vous allez en croiser des bestioles ! Notre camping préféré.

Nova Family Campground *(plan A3,* ***11****) : 1190 Herbert St, à* ***Port Orange.*** *☎ 386-767-0095. • novacamp.com • Compter 25 $ pour 2 avec tente et voiture ; bungalows 4-6 pers avec sdb et cuisine 76-116 $.* À 10 mn en voiture des plages, dans un quartier verdoyant, voici près de 450 emplacements dispatchés sur un terrain boisé bien ombragé. Ambiance assez « les uns sur les autres » et intimité illusoire, mais tenue générale correcte. Piscine chauffée et petite épicerie sur place.

De bon marché à prix moyens

Ocean Court Motel *(plan B3,* ***12****) : 2315 S Atlantic Ave, à* ***Daytona Beach Shores.*** *☎ 386-253-8185. • oceancourtmotel.com • ♿ (selon dispo). Doubles 60-120 $ (plus pdt les courses*

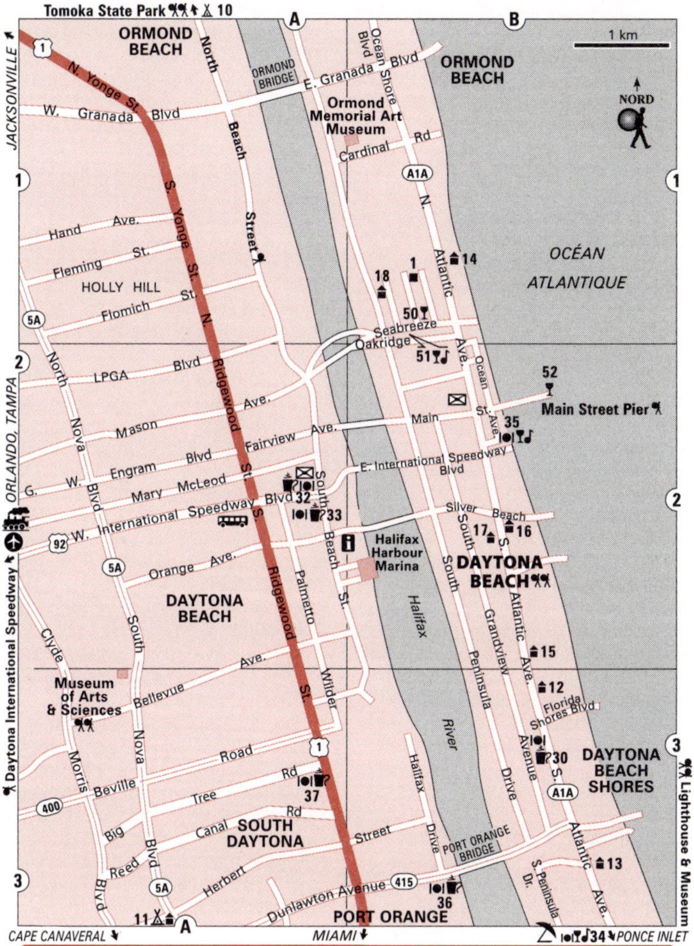

DAYTONA BEACH

Adresses utiles

- Office de tourisme – Convention and Visitors Bureau (A-B2)
- 1 Daytona Fun Rental (location de vélos ; B1)

Où dormir ?

- 10 Tomoka State Park (hors plan par A1)
- 11 Nova Family Campground (A3)
- 12 Ocean Court Motel (B3)
- 13 Sand Castle Motel (B3)
- 14 Sea Shells Beach Club (B1)
- 15 Tropical Manor On The Ocean (B2)
- 16 Nautilus Inn (B2)
- 17 Studio 1 Motel (B2)
- 18 The Villa B & B (B1)

Où manger ?

- 30 The Cracked Egg Diner (B3)
- 32 Kale Cafe et Tia Cori's Tacos (A2)
- 33 Dancing Avocado Kitchen (A2)
- 34 Hidden Treasure Rum Bar & Grill (hors plan par B3)
- 35 Ocean Deck (B2)
- 36 Aunt Catfish's on the River (B3)
- 37 Rossi's Diner (A3)

Où boire un verre ? Où sortir ?

- 34 Hidden Treasure Rum Bar & Grill (hors plan par B3)
- 35 Ocean Deck (B2)
- 50 The Oyster Pub (B1)
- 51 Daytona Taproom (B1)
- 52 The Roof (B2)

auto). Parking gratuit. On recommande volontiers ce motel bleu et blanc aménagé dans un bâtiment encadrant une longue pelouse qui s'étire jusqu'à la plage. Chambres fonctionnelles nickel, avec un côté coquet sympa. Évitez celles côté rue, plutôt bruyantes. Les plus chères sont dotées d'une cuisine et d'un balcon sur l'océan. Piscine chauffée côté mer. Une bonne adresse à prix sage et d'un bon rapport qualité-prix-accueil.

Sand Castle Motel (plan B3, **13**) : *3619 S Atlantic Ave, à **Daytona Beach Shores.** ☎ 386-767-3182. • sandcastlemoteldaytona.com • Doubles 60-120 $ (env 50 $ de plus pdt les courses auto ; min de 4 nuits pour certaines chambres). Parking gratuit.* Installé entre la route et la plage, ce charmant motel tout jaune avec son petit jardin exotique abrite une trentaine de chambres spacieuses, carrelées et d'un bon niveau de confort. Au choix : de la double standard au véritable appartement avec cuisine, balcon et vue sur la mer. Grande terrasse au 1er étage pour faire bronzette face à l'océan et piscine surplombant la plage. L'un des meilleurs rapports qualité-prix du coin.

Studio 1 Motel (plan B2, **17**) : *1700 S Atlantic Ave, à **Daytona Beach.** ☎ 386-383-9600. • studio1motel.com • ♿ Doubles 60-80 $. Parking gratuit.* Si ce motel jaune n'est pas placé du bon côté de la route qui longe la plage, on n'a pas trouvé meilleur tarif dans le coin. Une quinzaine de chambres simples mais fraîches (enfin un sol sans moquette !), avec frigo et micro-ondes, ainsi qu'une cuisine pour les plus chères. L'ensemble est nickel. Pas de piscine, mais il n'y a qu'à traverser la route pour plonger dans le grand bleu.

De prix moyens à chic

Sea Shells Beach Club (plan B1, **14**) : *1014 N Atlantic Ave, à **Daytona Beach.** ☎ 877-350-0053. • seashellsbeachclub.com • Doubles 85-150 $. Parking gratuit.* En bord de plage, ce motel pimpant – jaune pâle – à 3 étages abrite une trentaine de chambres confortables, lumineuses, carrelées et coquettement décorées. Vue imprenable sur le large pour les plus chères. Plusieurs studios avec cuisine également. On apprécie le petit effort de déco sur le thème marin. Piscine chauffée et salle de fitness. Une excellente adresse à taille humaine.

Tropical Manor On The Ocean (plan B2, **15**) : *2237 S Atlantic Ave, à **Daytona Beach Shores.** ☎ 386-252-4920. • tropicalmanor.com • Doubles 80-160 $. Parking gratuit.* Ce charmant motel aux façades multicolores et fleuries se divise en 3 parties, dont une ancienne et 2 ailes modernes, moins bruyantes et donnant sur la plage. Large éventail de chambres : de la standard dans la partie ancienne (bien pour une nuit de passage), à la suite équipée d'une cuisine et d'un salon, avec vue sur la mer pour les plus chères. Celles-ci cachent bien leur jeu et se révèlent vraiment coquettes et confortables. Grande piscine chauffée et accès direct à la plage. Une formidable adresse, nickel et pleine d'originalité dans sa déco !

Nautilus Inn (plan B2, **16**) : *1515 S Atlantic Ave, à **Daytona Beach Shores.** ☎ 386-254-8600. • nautilus-inn.com • Doubles 90-160 $, petit déj inclus. Parking gratuit.* Grand hôtel moderne, les pieds dans le sable. Chambres spacieuses, confortables et lumineuses, avec un petit coin cuisine (pratique !). Bien entendu, si votre budget vous le permet, optez pour une chambre côté mer, avec les flots comme seul horizon. Piscine. Bon petit déj. Une adresse de qualité, au calme, sans faire trop de mal au porte-monnaie.

De chic à plus chic

The Villa B & B (plan B1, **18**) : *801 N Peninsula Dr, à **Daytona Beach.** ☎ 386-248-2020. • thevillabb.com • Résa conseillée. Doubles 150-250 $ (et plus encore si courses) ; villa 3 chambres 1 400-1 800 $/sem.* ***Moins de 14 ans refusés.*** Au cœur d'un quartier résidentiel tranquille et verdoyant, une grande et élégante demeure ocre à l'espagnole, décorée d'objets chinés par le proprio, collectionneur depuis

LE NORD-EST

plus de 40 ans. Les 4 chambres aux noms d'illustres personnages ne déparent pas, charmantes et cossues, agrémentées à l'occasion d'un lit à baldaquin, d'une cheminée, ou prolongée par un balcon avec jacuzzi pour la plus chère. Le tout respire un esprit majestueux, quelque peu baroque. La piscine située dans un jardin luxuriant complète ce joli tableau.

Où manger ?

Spécial petit déjeuner

The Cracked Egg Diner *(plan B3, **30**) : 3280 S Atlantic Ave, à **Daytona Beach Shores**. ☎ 386-788-6772. Tlj 7h-15h. Plat moins de 12 $.* Les habitués se pressent dès l'aurore dans cette grande salle lumineuse assez quelconque. On y dévore œufs et omelettes en tout genre, pancakes, pain perdu... sans oublier de bons sandwichs et plats basiques à l'heure du lunch. Une adresse simple mais efficace, à 2 pas de la plage.

Et aussi : ***Kale Cafe*** *(plan A2, **32**)* et ***Aunt Catfish's on the River*** *(plan B3, **36**)*, pour leurs pantagruéliques brunchs du dimanche (voir plus loin). ***Rossi's Diner*** *(plan A3, **37**)*, pour sa cuisine familiale généreuse (voir plus loin). Et le ***Dancing Avocado Kitchen*** *(plan A2, **33**)*, pour ses plats sains et ses omelettes (voir plus loin).

De bon marché à prix modérés

Rossi's Diner *(plan A3, **37**) : 2240 S Ridgewood Ave, à **South Daytona**. ☎ 386-760-4564. Tlj 7h30-20h30 (14h lun-mer, 13h30 dim). Plats 5-10 $.* Un peu à l'écart du centre-ville, voilà une excellente adresse aux prix imbattables. Bien connu des gens du coin, on y sert une généreuse cuisine familiale. Rien de très léger mais la qualité ne trompe pas ! *Wraps*, salades, soupes, pâtes, mais aussi de bons petits plats aux accents du Sud. Goûtez les délicieux beignets de tomates vertes et les appétissants gâteaux maison.

Kale Cafe *(plan A2, **32**) : 116 N Beach St, à **Daytona Beach**. ☎ 386-872-5097. Tlj sauf dim 10h-19h (20h ven-sam). Brunch dernier dim du mois 11h-15h. Plats 6-15 $.* Enfin une adresse pour nos amis végétariens (c'est rare !). Tenu par des proprios d'origine jamaïcaine, le café affiche fièrement ses couleurs vives, des murs à l'assiette. Cadre pimpant et plats cuisinés uniquement avec des produits frais et de saison pour une cuisine d'inspiration caribéenne. Curry, tofu, *veggie burger*, la carte change en fonction du marché. Délicieux smoothies et gâteaux maison. Enfin un peu de fraîcheur au son des *good vibes* de Bob Marley et Peter Tosh !

Tia Cori's Tacos *(plan A2, **32**) : 214 N Beach St, à **Daytona Beach**. ☎ 386-947-9333. Tlj sauf dim 11h-22h (23h ven-sam). Plats 5-14 $.* On recommande volontiers ce petit resto mexicain, installé dans une vieille maison du centre historique. Avec les habitués du quartier, on s'y régale de tacos, enchiladas, *chiles*, *burritos*, etc., pour seulement quelques dollars.

Dancing Avocado Kitchen *(plan A2, **33**) : 110 S Beach St, à **Daytona Beach**. ☎ 386-947-2022. Tlj 8h-16h. Plats env 8-15 $.* On adore la déco hétéroclite de ce resto aux murs constellés de tableaux, vieilles pubs, portraits de Bob Marley et bibelots colorés en tout genre. Côté fourneaux, voici de bons et copieux *specials* : soupe, sandwichs, salade, *quesadillas*. Cuisine simple, saine et pleine de goût. Bien aussi à l'heure du petit déj avec un beau choix de gaufres, d'omelettes, de smoothies et de jus de fruits frais.

De prix moyens à chic

Aunt Catfish's on the River *(plan B3, **36**) : 4009 Halifax Dr, à **Port Orange**. ☎ 386-767-4768. Tlj 11h30-21h (22h ven-sam). Sunday brunch 9h-14h. Plats 15-30 $.* Vaste resto populaire, bien agencé et pas trop bruyant (ouf !), bordé d'une véranda dominant la rivière. Bondé, et encore plus le dimanche pour l'alléchant brunch à volonté, qui attire les foules ! Et pour le déjeuner et le dîner, on pioche un des nombreux plats à la carte (viandes, poissons, sandwichs, mais aussi des plats végétariens) pour ensuite faire autant d'allers-retours vers le buffet de salades (bon et varié !), qui compte aussi quelques desserts. Mieux vaut arriver le ventre bien vide ! Un resto phare dans la gastronomie locale.

Ocean Deck *(plan B2, **35**)* **:** *127 S Ocean Ave, à **Daytona Beach.** ☎ 386-253-5224. Accès possible par la plage. Tlj 11h-3h. Plats 10-25 $.* Ce bar de plage tout en bois, à la déco maritime, est une véritable institution locale. On s'installe dans la chaleureuse salle quand le vent souffle, ou carrément les pieds dans le sable si le soleil brille. Ici, le poisson est roi, généreusement préparé sous toutes ses formes : du sandwich au *mahi-mahi* (la spécialité de la maison) en passant par la salade de fruits de mer. Miam, miam ! Bien aussi pour boire un verre en soirée, sur fond de musique live (souvent du reggae).

Hidden Treasure Rum Bar & Grill *(hors plan par B3, **34**)* **:** *4940 S Peninsula Dr, à **Ponce Inlet.** ☎ 386-761-9271. À la pointe sud d'Atlantic Ave (l'A1A), devant le phare de Ponce Inlet. Tlj 11h-21h (22h ven-sam, plus tard l'été). Plats 10-20 $.* Bienvenue au plus ancien fishcamp de Floride ! Une chaleureuse cabane en bois colorée, avec poêle à bois central et bar en forme de chaloupe. Agréable terrasse sur le ponton avec vue imprenable sur la mer, les bancs de sable enrobés de mangrove où s'ébattent les pélicans... Dans l'assiette : salades, soupes, sandwichs, bons petits plats de poisson et *seafood,* sans oublier quelques viandes pour les irréductibles. Une adresse formidable à l'ambiance zen et un brin baba cool. Parfait aussi pour prendre un verre.

Où boire un verre ? Où sortir ?

Daytona Taproom *(plan B1, **51**)* **:** *310 Seabreeze Blvd, à **Daytona Beach.** Tlj 12h-2h (3h mer-sam).* Un bar à bières bien destroy où les habitués se retrouvent pour descendre quelques mousses, parmi la sélection pointue à l'ardoise. C'est l'occasion de goûter autre chose que l'insipide *Budlight.* Concerts certains soirs. Également de bons burgers maison, à avaler avec des frites à la truffe ou au fromage.

The Oyster Pub *(plan B1, **50**)* **:** *555 Seabreeze Blvd, à **Daytona Beach.** Tlj 11h30-1h (2h30 ven-sam).* Dans cette rue bien connue des noctambules, un énorme bar sombre avec billards, écran TV, musique forte... Atmosphère rugissante les soirs de match. Idéal pour descendre une bière, accoudé au grand comptoir central, ou pour avaler une soupe de clams ou un sandwich tard le soir. Une institution nocturne depuis plus de 40 ans !

The Roof *(plan B2, **52**)* **:** *1200 Main St, à **Daytona Beach.** Au bout du ponton, à l'étage du resto* Joe's Crab Shack. *Tlj 11h-22h (minuit ven-sam).* L'une des adresses les plus originales, voire déglinguées, de la ville : un bar sur pilotis, au milieu des flots, à l'ambiance « *surf & good vibes* ». Le top pour boire une mousse au coucher de soleil, avec la mer comme seul horizon. DJ certains soirs. Un p'tit creux ? Hop, on pioche un plat de poisson ou une assiette de crustacés issus de la pêche du jour.

Sans oublier **Ocean Deck** *(plan B2, **35**)* et **Hidden Treasure Rum Bar & Grill** *(hors plan par B3, **34**).* Voir « Où manger ? » plus haut.

Les courses

Daytona International Speedway *(hors plan par A2)* **:** *1801 W International Speedway Blvd, à **Daytona Beach.** ☎ 1-800-748-7467 (résas tickets). • daytonainternationalspeedway.com • À env 8 km à l'ouest de Daytona*

Beach. Tlj 9h-17h. Calendrier des courses disponible sur le site. 4-6 visites/j. selon tour choisi ; pas de résa mais arriver en avance. 2 types de visites guidées du circuit, 30 mn ou 1h30 : 19-26 $; réduc moins de 12 ans. Également un VIP *tour de 2h30 pour les passionnés : 47 $; résa obligatoire au ☎ 386-681-5588.* Ouvert en 1959, c'est un circuit ovale de 4 km de long avec virages relevés. La visite de 1h30 nous plonge dans l'univers des courses, passant tour à tour par une ***loge*** dominant la piste, la ***salle de briefing*** des pilotes, avec un détour par les ***stands,*** la ***piste*** et le ***podium,*** le tout émaillé de petits films documentaires sur les voitures et pilotes qui ont fait la légende de ce circuit mythique.

Car races and shows

- ***Rolex 24 Hours Race :*** *fin janv.* Une course d'endurance de voitures de sport sur 24h.
- ***Daytona 500 :*** *en fév.* Course réservée aux voitures de type *stock car.*
- ***Turkey Run :*** *le 4e w-e de mars et le w-e de Thanksgiving. • turkeyrun.com •* Rassemblement de voitures vintage.
- ***Coke Zero Sugar 400 :*** *en juil ou en août.* Une course comptant pour le championnat NASCAR sur 400 miles, soit 643,7 km !

Bike races and shows

- ***Bike Week :*** *en mars.* Environ 200 000 motards s'y retrouvent chaque année. La plus grosse concentration de Harley au monde, dans une ambiance électrique !
- ***Daytona 200 :*** *en mars.* Une course de motos de 200 miles, soit 322 km.
- ***Biketoberfest :*** *en oct.* Un rallye qui rassemble plus de 100 000 *bikers.*

LE NORD-EST

À voir. À faire

Main Street Pier *(plan B2)* **:** *au centre de* ***Daytona Beach.*** Construit en 1900, puis plusieurs fois détruit et reconstruit, c'est un immense ponton long de 200 m environ, où pêcheurs et promeneurs attendent que ça morde à l'hameçon. En face, sur la promenade, on peut lécher une bonne glace entre océan et buildings, ou aller à la fête foraine.

North Beach Street *(plan A1-2)* **:** *à* ***Daytona Beach.*** Longue rue bordée de jolies maisons traditionnelles, dispersées dans un environnement assez vert, en bord de rivière. Balade particulièrement sympa à vélo ; l'idéal étant de partir du Tomoka State Park et de finir par l'ancien centre-ville de Daytona, datant de l'époque Art déco et aujourd'hui réhabilité. On peut y voir quelques jolis bâtiments, mais dommage que l'ensemble manque un peu d'animation.

Rouler en voiture sur la plage de Daytona Beach : *l'accès en voiture est autorisé du lever au coucher du soleil. Rampes d'accès avec points de péage sur Atlantic Ave. Tarif : 20 $/véhicule.* Un « loisir » un peu beauf, pour faire comme tout le monde, mais on ne raffole pas de l'idée. Vitesse limitée à 10 miles/h (soit 15 km/h). Le va-et-vient des voitures et des motos est incessant. Si vous êtes simple baigneur, faites attention à poser votre serviette dans une **zone « traffic-free »** (signalées par des panneaux) pour ne pas vous faire rouler dessus ! Pour une fois, on préfère la piscine de l'hôtel...

Museum of Arts & Sciences *(plan A3)* **:** *352 S Nova Rd, à* ***Daytona Beach.*** *• moas.org • Tlj 10h (11h dim)-17h. Entrée (comprenant un spectacle au planétarium) : 13 $; réduc ; gratuit le 1er mar du mois. Parking gratuit.*

Pas facile de trouver une activité culturelle à Daytona ! Et pourtant, ce musée présente une expo assez fascinante sur le *Coca-Cola*. De la création de la bouteille en verre à son étalage derrière le comptoir, des centaines d'objets retracent l'histoire de la plus célèbre boisson du monde. On y suit l'évolution du design de la fameuse *Contour Bottle,* imaginée par la *Root Glass Company* dans l'Indiana, en 1915. 100 ans plus tard, vous avez sous les yeux l'une des plus importantes collections au monde de produits dérivés, distributeurs vintage, publicités... une vraie conquête de l'Ouest, et du reste de la planète !
Les autres salles du musée présentent pêle-mêle peintures, sculptures, mobilier, armes, etc., retraçant l'art américain au fil des siècles. Également des collections d'arts cubain, africain ou encore chinois. On y trouve même le squelette d'un paresseux géant, découvert en Floride. Mesurant près de 4 m, c'est la star du musée ! Plusieurs ateliers pédagogiques et interactifs sont destinés aux jeunes visiteurs. Sans oublier un planétarium proposant plusieurs spectacles par jour. Bref, un musée riche et varié, où parents et enfants devraient trouver leur compte.

Ponce Inlet Lighthouse & Museum *(hors plan par B3)* **:** *4931 S Peninsula Dr, à* ***Ponce Inlet.*** *• ponceinlet.org • À la pointe sud d'Atlantic Ave. Tlj 10h-18h (21h l'été) ; fermeture caisse 1h avt. Entrée : 7 $; 2 $ moins de 11 ans. Parking gratuit.* Avec sa silhouette rouge élancée de 175 pieds (53 m), le phare de Ponce Inlet demeure le plus haut de toute la Floride. Construit entre 1884 et 1887 selon les plans de l'architecte Francis Hopkinson (qui a aussi dessiné le piédestal de la statue de la Liberté), il est toujours en activité, dans cette zone où les eaux sont redoutées par les marins. Après avoir gravi les 203 marches jusqu'à la plateforme, vous embrassez du regard le quartier résidentiel de Ponce Inlet, verdoyant et bordé des plages les mieux préservées de la région. Au pied du phare, classé Monument historique national, plusieurs maisonnettes de la même époque présentent chacune de vieux objets, meubles, gravures, photos noir et blanc, etc., évoquant la vie des gardiens et leur famille, mais aussi les naufrages, les Indiens séminoles qui vivaient ici avant l'arrivée des Européens, la restauration du phare... Également une belle expo sur les lentilles de Fresnel et un sentier de promenade en pleine nature.

Allez donc prendre un bain sur la ***charmante plage de Ponce Inlet.*** Ici, moins de motels et de buildings (on est éloigné de la zone hôtelière), mais plutôt des petites maisons individuelles dissimulées par les dunes. Une partie de la plage est ici aussi ouverte aux voitures, repérez la zone *traffic-free* avant de vous étaler.

Tomoka State Park *(hors plan par A1)* **:** *2099 N Beach St, à* ***Ormond Beach.*** *• floridastateparks.org/tomoka • À 15 mn en voiture, au nord de Daytona Beach. Tlj de 8h au coucher du soleil. Entrée : 5 $/véhicule.* Pour les amoureux de la nature qui se seraient égarés vers les plages bétonnées de Daytona, offrez-vous une sortie au vert dans ce parc de plus de 800 ha. En canoë, en kayak *(loc sur place)* ou à pied, on arpente le parc à la rencontre de la faune locale. Crocos, lamantins, cervidés, plus de 160 espèces d'oiseaux... N'oubliez pas les jumelles ! Le parc protège plusieurs espèces menacées, telles que le lamantin antillais. Mieux vaut arriver tôt le matin, quand les animaux sortent à la fraîche pour éviter la chaleur de la journée.

CAPE CANAVERAL ET KENNEDY SPACE CENTER

Le centre mythique de la conquête spatiale depuis les années 1960, installé sur d'anciennes terres fermières. Tout est inscrit ici, sous forme de

documents, photos, rapports, films d'archives, matériels... Les navettes sont là aussi. Bien plus qu'un simple musée, il s'agit d'un vaste complexe où la NASA *(National Aeronautics and Space Administration)* poursuit inlassablement ses recherches, même si l'activité s'est un peu tassée avec l'arrêt du programme de lancement des navettes, en 2011. Depuis les années 1980, une vingtaine d'engins décollent d'ici chaque année. Une visite à ne pas manquer ! Toutefois, gardez bien à l'esprit qu'il ne s'agit pas d'un parc d'attractions comme à Orlando. Ici, les sensations, à l'exception de 1 ou 2 simulateurs, sont réservées à l'élite des astronautes. Prévenez vos enfants ! Sachez aussi que le site est classé parc naturel *(Merritt Island National Wildlife Refuge)*, avec plus de 500 espèces recensées, dont des *bald eagles*, l'aigle emblématique des États-Unis, sans parler des centaines d'alligators qui pataugent dans les marigots du coin. Comptez une journée pour tout visiter.

UN PEU D'HISTOIRE COSMIQUE

« *Before the end of this decade, a man will walk on the Moon and will return safely* » (Avant la fin de cette décennie, un homme marchera sur la Lune et reviendra sain et sauf). Ainsi parlait John F. Kennedy en 1961. Le ***21 juillet 1969,*** ce fol espoir se réalise. ***Neil Armstrong*** est le 1er homme à fouler le sol lunaire. Mais l'épopée spatiale a commencé bien avant, avec le lancement en 1957 de ***Spoutnik 1,*** tout 1er satellite artificiel des Soviétiques. 4 années plus tard, en 1961, Gagarine est le 1er humain à naviguer dans l'espace. Les Américains suivent de près (Alan Shepard, seulement 2 semaines plus tard !), mais ce sont de nouveau les Soviétiques qui parviennent à poser les 1ers une sonde sur la Lune en 1966.

Les Américains mettent alors le paquet pour prendre l'avantage : en juillet 1969, Armstrong et Aldrin, à bord d'***Apollo 11,*** débarquent sur la Lune et plantent la bannière étoilée ! En 1975 a lieu un rendez-vous orbital américano-soviétique *(Apollo-Soyouz)*. L'année d'après, les Américains posent une sonde sur Mars. En 1981, on entre dans l'***ère des navettes spatiales*** et des sondes. En 1986, *Voyager 2* survole Uranus. La même année, ***Challenger explose en vol*** avec 7 passagers à bord, sous les yeux horrifiés du peuple américain. Le programme est arrêté. Sur le plan purement commercial, des satellites continuent à être lancés, bien que l'Europe ait largement profité du retard américain. La fin de la décennie 1980 est marquée par un accroissement des envois de satellites de toutes sortes ainsi que des sondes. Mais l'exploration par l'homme de nouvelles planètes semble être remise à plus tard. Le 1er février 2003, 17 ans après *Challenger,* c'est ***Columbia*** qui se désintègre en vol, peu avant l'atterrissage, avec tout son équipage. Il faut attendre août 2005 pour qu'un nouveau vol habité soit lancé, mais la ***navette Discovery*** subit à nouveau, au décollage, le même incident de perte de mousse isolante que *Columbia* en 2003, heureusement sans conséquence cette fois. Un an plus tôt, le président George W. Bush lançait le projet *Constellation,* qui prévoyait l'envoi d'astronautes sur la Lune à l'horizon 2020, pour des missions de longue durée. Mais ce dernier a été annulé par Barack Obama en 2010, malgré pas mal d'argent déjà investi...

CURIEUX HASARD

Le site de Cape Canaveral, où se font tous les lancements, n'est guère loin de celui qu'avait choisi Jules Verne, un siècle auparavant, pour le lancement de son énorme boulet de canon vers la Lune dans son livre De la Terre à la Lune. *L'incroyable écrivain visionnaire situait les lancements aux alentours de Tampa !*

Les lancements – trop chers – de la navette spatiale ont également pris fin en 2011, avec une ***dernière mission Atlantis.*** Les conséquences sur l'emploi sont énormes. Plus de 7 000 postes supprimés sur les 17 000 employés que comptait le centre quand il tournait à plein régime. En clair, la NASA prend de nouvelles orientations : consolider la Station spatiale internationale et mettre au point des technologies qui permettront d'explorer plus avant l'espace supralunaire, en envoyant notamment des sondes à la surface du Soleil et en organisant des voyages habités sur des astéroïdes puis vers la planète Mars, où l'homme pourrait poser le pied d'ici à 2035.
Dernière en date, la mission *Mars 2020* a été couronnée de succès : le robot mobile *Perseverance,* envoyé depuis Cape Canaveral pour prélever des échantillons du sol martien, s'est posé sur Mars le 18 février 2021. Bref, la NASA a encore de beaux et passionnants jours devant elle !

Comment y aller ?

Le Kennedy Space Center est situé sur ***Merritt Island,*** une île entre Titusville (à l'ouest) et Cape Canaveral (à l'est).

En voiture

➢ ***D'Orlando,*** prendre la *highway* 528 vers l'est puis, pas loin de la côte, la SR 407 vers le nord puis la SR 405 vers l'est, sur 13-14 km. Le KSC se trouve pile sur cette route, côté droit.
➢ ***De Titusville,*** prendre la US 1 vers le sud puis la SR 405 vers l'est (compter 16 km en tout).
➢ ***De Cocoa Beach,*** prendre la *highway* 528 vers l'ouest puis la route 3 vers le nord, et suivre le fléchage pour le Kennedy Space Center – *Visitor Complex* (env 30 mn).

En bus

Malheureusement pour les routards à pied, aucun bus public ! On peut néanmoins faire le choix d'une excursion en bus à partir d'Orlando, avec notamment la compagnie ***Grayline*** (voir plus haut « Arriver – Quitter » à Orlando). À partir de 60 $, et plus de 120 $ en incluant le *Kennedy Space Center Tour.*

Infos pratiques

– ***Coordonnées :*** Visitor Complex, *Nasa Pkwy W (SR 405 East), à* ***Kennedy Space Center.*** *• kennedyspacecenter.com •*
– ***Horaires :*** Visitor Complex, *tlj 9h-18h (19h en été). Fermé lors de certains décollages (se renseigner).* On conseille d'***arriver dès l'ouverture*** pour avoir le temps de tout faire, mais aussi éviter les cars de touristes et les groupes scolaires qui débarquent vers 11h. Prévoir une petite laine, clim glaciale dans certaines salles.
– ***Tarifs :*** *57 $ (47 $ enfants 3-11 ans), comprenant la* ***visite guidée du site en bus*** (KSC Bus Tour ; *départ du* Visitor Complex *ttes les 15 mn, 9h30-16h30, avec arrêt à l'Apollo/Saturn V Center ; durée : env 2h). Plan-dépliant en français et feuillet avec horaires de ttes les attractions du site. Parking : 10 $.*
– ***Smartguide en français :*** *au kiosque d'info, tt de suite après avoir passé les contrôles de sécurité. Tarif : 9 $.* Une sorte de smartphone qu'on loue à la journée. En plus du traditionnel audioguide, on y trouve aussi des photos, des vidéos, une carte interactive du site... Très utile et instructif. Il existe aussi une application ***gratuite*** pour smartphone : bien pour planifier sa visite et consulter les événements du jour.
Restaurants : le *Visitor Complex* compte plusieurs snacks, mais celui qui offre le plus de choix est le ***Orbit Cafe.*** Possibilité de déjeuner en compagnie d'un astronaute *(tlj à midi ; durée : 1h30 ; résa impérative sur Internet ; env 30 $, 16 $ enfant).*

À voir

KENNEDY SPACE CENTER

Le ***Visitor Complex,*** point de départ de la visite du KSC, compte plusieurs halls d'exposition, quelques attractions et d'inévitables boutiques souvenirs. C'est aussi de là que part le ***KSC Bus Tour,*** inclus dans le prix du billet, que l'on conseille de réaliser dès votre arrivée.

« HOUSTON, WE HAVE A PROBLEM ! »

En Amérique, on lance les navettes depuis la Floride et on contrôle les missions spatiales depuis... Houston, au Texas. Nécessité plutôt électorale. Quand John F. Kennedy mourut assassiné en 1963, son successeur à la Maison-Blanche, Lyndon Johnson, un Texan, chercha tout simplement à faire profiter son État des retombées financières des programmes spatiaux. Ne pouvant déplacer la base de lancement – il faut être proche de l'équateur –, il transféra chez lui le centre de contrôle et l'argent qui va avec, compliquant un peu plus la tâche des ingénieurs de la NASA.

La visite guidée du site en bus

Compris dans le ticket d'entrée et au départ du *Visitor Complex,* le ***KSC Bus Tour*** *(ttes les 15 mn, 9h30-16h30 ; durée : env 2h)* nous fait découvrir les installations de la NASA sur le site de Cape Canaveral. Une visite formidable pour tutoyer la légende de la conquête spatiale, agrémentée des commentaires en français de l'audioguide, des écrans vidéo du bus ou des propos tonitruants en anglais du chauffeur (on vous conseille franchement l'audioguide car si l'on n'est pas *fluent* en anglais, la visite perd de son intérêt). Pendant 45 mn, le bus sillonne la campagne marécageuse de Cape Canaveral (aigles, crocodiles, tortues, ouvrez l'œil...) en passant devant les aménagements du KSC : l'emblématique et immense bâtiment blanc flanqué du drapeau américain (le plus grand des États-Unis) et du logo de la NASA – le ***Vehicule Assembly Building*** *(VAB)* – dédié au montage des fusées ; le centre de contrôle des lancements ; le pas de tir de *SpaceX* ; et puis ces énormes engins à chenilles qui assurent l'acheminement des véhicules spatiaux jusqu'aux différents pas de tir. Ensuite, le tour se poursuit à pied, chacun à son rythme.

– ***Apollo/Saturn V Center :*** une étape spectaculaire, nourrie par les explications en français de l'audioguide. D'abord, un 1er film retrace la course entre Soviétiques et Américains pour la conquête de l'espace ; l'avantage des Soviétiques face aux atermoiements américains, jusqu'à l'intervention historique de J. F. Kennedy : objectif Lune ! Puis les 1ers échecs (*Apollo 1* en 1967, où 3 astronautes trouvent la mort : Grissom, White et Chaffee).

UN ANCIEN NAZI BOOSTE LA NASA

L'ingénieur allemand Wernher von Braun, qui développa durant la Seconde Guerre mondiale les missiles V2, fut récupéré en 1945 par l'armée américaine pour la mise au point de missiles balistiques... Dès la création de la NASA en 1958, il y occupa des fonctions dirigeantes, participa aux programmes des vols habités Mercury *et* Gemini, *avant de prendre en charge la conception de la fusée géante* Saturn V, *essentielle à la réussite des missions lunaires américaines.*

De là, on passe dans la reconstitution du centre de contrôle de 1968, pour assister avec beaucoup de réalisme au départ de la mission *Apollo 8,* la 1re à contourner la Lune ! Compte à rebours de 3 mn, images télé de l'époque, la tension est palpable dans la ***launch control room.*** 3, 2, 1, décollage... les vitres et les bancs tremblent, on s'y croirait ! Puis, à côté, dans un immense hangar, découverte impressionnante de la fameuse fusée ***Saturn V,*** qui emporta les capsules *Apollo* vers la Lune. Découpée en sections pour mieux voir les articulations des différents étages, cette fusée demeure le plus grand engin volant jamais conçu : 2 fois plus haute que la statue de la Liberté ! Au plafond, les écussons des différentes missions *Apollo,* et au sol, le van qui transporte les astronautes jusqu'à leur fusée. On a bien aimé les unes de journaux du monde entier datées du 22 juillet 1969 (au lendemain du 1er pas sur la Lune), mises en valeur sur des présentoirs, qui entourent le module lunaire. La ***Apollo Treasures Gallery*** présente de vrais équipements (la combinaison de Shepard notamment), objets et accessoires utilisés par les astronautes des missions *Apollo* ou rapportés de la Lune par leur soin. Tout au fond du hangar, sous la maxime *Ad Astra per aspera* (« Par des sentiers ardus jusqu'aux étoiles »), un couloir discret mène à la capsule *Apollo 1,* où l'on peut observer les 3 astronautes bien harnachés. Enfin, le ***Lunar Theater*** présente l'entrée dans la légende d'*Apollo 11.* On assiste à l'alunissage émouvant du LEM le 21 juillet 1969 et aux 1ers pas d'Armstrong sur la Lune : « Un petit pas pour l'homme, un grand pas pour l'humanité » ! Pour les plus jeunes, nombreux ateliers interactifs et pédagogiques : construire sa fusée, faire une photo sur la Lune, etc.

Les attractions du *Visitor Complex*

Un conseil : organisez bien votre journée en amont, en fonction des temps de visite et des attractions que vous souhaitez faire en priorité.

Heroes and Legends : *prévoir 1h de visite.* Situé à l'entrée du site, cet espace propose une immersion dans l'histoire de la conquête spatiale à travers ses figures héroïques. Le voyage commence par une expérience multisensorielle en 4D saisissante, qui nous embarque à bord d'un vaisseau pour un extraordinaire voyage dans l'espace. Puis belle expo dédiée aux astronautes et aux missions spatiales, avec anecdotes et objets personnels à la clé ; on y voit notamment la salle de contrôle de la 1re mission de la NASA, *Mercury,* en 1962 ! Curieux, passionné, altruiste, on y découvre les qualités qui définissent les voyageurs de l'espace. Enfin, on arrive dans le *Hall of Fame,* où tous les héros américains sont présentés en photos et vidéos par une mise en scène un brin futuriste : kiosques interactifs pour papoter avec les astronautes, et même faire quelques selfies !

Space Shuttle Atlantis : *prévoir 2h-2h30 de visite.* Devant ce grand hall où est exposée la navette *Atlantis,* on admire d'abord ses 2 propulseurs et son énorme réservoir de carburant ; équipements annexes aidant au décollage, puis largués successivement une fois dans l'espace. À l'intérieur du hall, un film présente la genèse de la création des navettes dans les années 1960, puis la résolution des défis techniques avant le 1er tir de *Columbia* le 12 avril 1981 ; le tout agrémenté de belles images d'ambiance et de panoramas extraordinaires de notre belle planète... On s'émerveille ensuite devant la mythique navette, qui a réalisé son dernier vol en 2011 après 3 décennies de bons et loyaux services rendus à la NASA et à la Station spatiale internationale. *Atlantis* est ainsi exposée à plus de 10 m de hauteur – comme si elle était en apesanteur dans l'espace –, les 2 portes de sa soute grandes ouvertes. Là, des écrans et autres simulateurs interactifs expliquent le travail des hommes et femmes en mission dans l'espace. Une fois redescendu au rez-de-chaussée du hall, en admirant sous toutes ses coutures les lignes fluides de la navette *Atlantis* – dont la peinture demeure brûlée par son dernier retour dans l'atmosphère –, d'autres simulateurs montrent l'entraînement des cosmonautes. À ce niveau, le ***Shuttle Launch Experience*** *(tlj 10h-17h ; durée : env 30 mn ; consigne gratuite obligatoire)* propose de vivre le lancement d'une navette sanglé dans le cockpit ! En intro, on vous explique le processus de tir, l'allumage et la séparation des propulseurs annexes et du réservoir de carburant une fois en l'air. Ça remue un peu, mais au final l'ambiance est plutôt gentillette par rapport aux grands huit flippants des parcs d'Orlando (idéal en famille).

Imax Theater : 2 très beaux films y sont projetés sur écran géant *(chacun 5 fois/j. ; voir horaires ; arriver 15 mn avt le début du film ; durée : 45 mn).* Le 1er, ***Journey to Space,*** est un voyage dans l'espace commenté par des astronautes ; on assiste aux grands exploits passés de la NASA, les missions en cours et les projets de futurs vols, notamment vers Mars et les explorations qui vont y être menées. Le 2e, ***Asteroid Hunters*** nous emmène à la découverte des astéroïdes : leurs origines, leurs mystères et les différentes techniques pour les détecter !

Journey To Mars : Explorers Wanted : *ttes les 30 mn 10h30-17h30. Durée : 30 mn.* Devant un grand écran diffusant de belles images de l'espace, un animateur parle du futur de la recherche spatiale. Explorer la planète rouge vous fascine ? Et si l'on pouvait faire un 1er pas sur Mars dès 2035 ? Après tout, des sondes spatiales l'ont déjà fait ! Justement, la salle abrite les maquettes grandeur nature des robots *Sojourner, Spirit, Curiosity* et *Opportunity* qui ont usé leurs roues sur ces sols arides. Également une expo interactive amusante pour les enfants : on peut, par exemple, essayer de faire alunir un module spatial ou se faire photographier dans une combinaison d'astronaute, et envoyer la photo par mail.

Astronaut Encounter Theater : à différents moments de la journée *(2 fois/j. ; durée : 40 mn),* un astronaute (un vrai !) parle de son métier et interagit avec le public. Ne soyez pas dans la lune, préparez vos questions ! Bien sûr, mieux vaut bien maîtriser l'anglais. À défaut, demandez un autographe à la fin.

UN JOB POUR S'ENVOYER EN L'AIR

« Cosmonaute », « astronaute », « spationaute » ou « taïkonaute » sont des mots qui évoquent le même métier. Le terme change en fonction de l'origine de la fusée. À savoir et dans l'ordre : russe, américain, européen ou chinois.

Rocket Garden : *5 visites guidées/j. Durée : env 20 mn.* Difficile de louper cette dizaine de fusées qui pointent leur nez vers le ciel. Construites pour être lancées, elles n'ont finalement jamais été mises à feu. La visite permet d'en apprendre un peu plus sur les ingénieurs et les scientifiques qui mettent au point ces merveilles.

DANS LES ENVIRONS DU KENNEDY SPACE CENTER

Merritt Island National Wildlife Refuge : *SR 402, à **Titusville.** • fws.gov/refuge/Merritt_Island • Au nord du Kennedy Space Center. De Titusville, suivre S Washington Ave (l'US 1) vers le nord, puis à droite la SR 402 (qui enjambe l'Indian River), le* Visitor Center *se trouve 6 km plus loin, sur la droite. Tlj (sauf dim mai-oct) 8h-16h, mais parc accessible du lever au coucher du soleil. Fermé (en principe) 4 j. avt le décollage d'une fusée. Entrée : 10 $. Loc de jumelles sur place. CB refusées.*

En 1963, la NASA eut la bonne idée de confier une partie de ses immenses terrains – 567 km² – à une association de protection de la nature. La réserve abrite aujourd'hui plus de 500 espèces d'animaux, dont une vingtaine en voie de disparition, comme le lamantin, sans oublier quelque 1 000 espèces de plantes. D'une beauté sauvage (plus encore que les Everglades), les différents bras de mer, les marais ou encore les vastes pinèdes et les forêts de mangroves fournissent un habitat riche et varié pour ces animaux menacés.

Le meilleur moyen pour les approcher consiste à suivre le ***Black Point Wildlife Drive,*** une piste d'environ 5 km qui s'enfonce profondément au cœur des marais. Roulant au pas, la voiture s'immisce en douceur dans l'univers des oiseaux migrateurs, alligators, ratons laveurs, papillons... En chemin, une tour d'observation offre un excellent point de vue sur les marais. Pensez aux jumelles... et au spray anti-moustiques aux saisons chaudes ! D'autres itinéraires peuvent aussi se parcourir à pied ou en kayak (infos au *Visitor Center,* proposant aussi une petite expo pour se familiariser avec les oiseaux, mammifères, insectes et reptiles de la région).

Et pour les amateurs de bronzette tranquille, le site est bordé par la fameuse ***playa Linda,*** l'une des plus belles et des plus grandes plages sauvages de Floride (baignade non surveillée).

SÉJOURNER AUTOUR DE CAPE CANAVERAL

2 villes-étapes qui ont pour principal intérêt leur proximité avec le Kennedy Space Center : ***Titusville*** et ***Cocoa Beach.***

TITUSVILLE

À environ 20 km à l'est du Kennedy Space Center, une petite bourgade sans grand charme, qui subit le ralentissement du programme de lancement du Kennedy Space Center. Idéal si l'on est de passage pour visiter le KSC ou pour assister au lancement d'une fusée. Sinon, pousser jusqu'à Cocoa Beach, un peu plus loin mais plus agréable.

LE NORD-EST

Où dormir ?

Le prix des hébergements augmente lors des lancements de fusées *(launches).*

Camping

Manatee Hammock Campground : *7275 S US 1. ☎ 321-264-5083. • brevardfl.gov • À une dizaine de km au sud de Titusville. Env 30-35 $ pour 2 avec tente et voiture.* Beau camping pour planter ses sardines sous une forêt de pins, de palmiers et de bouleaux. Pas mal de camping-cars, mais les espaces tentes profitent de la meilleure place, en bord de rivière. Juste en face, romantique ponton sur l'eau pour observer la faune. Piscine, jeux pour enfants, sanitaires nickel. On observe parfois des lamantins dans la rivière... On a trouvé notre petit coin de paradis !

Bon marché

Siesta Motor Inn : *2006 S Washington Ave (US 1). ☎ 321-267-1455. Doubles 50-70 $.* Juste au bord de l'US 1, petit motel aux couleurs pastel tout droit sorti des années 1940, avec son enseigne lumineuse pittoresque. Une quinzaine de chambres modestes et classiques, mais nickel, bien décorées et dotées d'un confort suffisant (ne pas oublier les bouchons d'oreilles – *ear plugs* !). Accueil charmant. Et si c'est complet, le ***Wade's Motor Inn*** offre les mêmes prestations, 300 m plus au nord.

Chic

Casa Coquina B & B : *4010 Coquina Ave. ☎ 321-268-4653. • casacoquina.com • En retrait de l'US 1. Doubles 125-195 $, petit déj compris.* Cette charmante maison de 1927, à l'étonnante façade en trompe l'œil, abrite une dizaine de confortables suites à thème, dans un univers délirant qui rappelle un peu celui de Tim Burton : de la « Black Pearl » (notre préférée !) au style oriental, avec petit salon donnant sur l'Indian River et baignoire jacuzzi, à la « Ruby », de style Belle Époque, dans les tons rouges, avec salle de bains à l'ancienne, en passant par la « Topaz », dans les tons violets, avec estampes et mobilier chinois... Petit salon-bibliothèque et agréable jardin japonisant. Une belle adresse.

Holiday Inn : *4715 Helen Hauser Blvd. ☎ 321-383-0200. • ihg.com • Doubles 110-190 $.* Dans la zone où sont concentrés les hôtels de chaîne de Titusville, celui-là, bien à l'écart de la route, reste le meilleur rapport qualité-prix (à condition de s'y prendre tôt !). Les chambres, à la déco on ne peut plus classique, sont assez grandes et comptent toutes frigo, machine à café, micro-ondes et moquette (difficile de faire sans !). Rien d'exceptionnel si ce n'est une situation pratique à 20 mn en voiture du Kennedy Space Center.

Où manger ? Où boire un verre ?

Spécial petit déjeuner

Sunrise Bread Co. : *315 S Hopkins Ave. Dans le vieux centre de Titusville, juste en face de l'église. Lun-sam 6h-17h, dim 7h-14h. Moins de 10 $.* On s'est régalés dans cette boulangerie-salon de thé concoctant de succulents muffins, scones, cookies, *oatmeals*... À dévorer avec un café dans une salle toute simple avec de vieilles tables et chaises en bois dépareillées. Bien aussi pour une pause sandwich le midi. Une de nos meilleures adresses dans le genre en Floride !

De prix moyens à chic

El Leoncito : *4280 S Washington Ave (US 1). À la sortie sud de la ville. Tlj 11h-22h (23h ven-sam). Plats 8-15 $.* Chaleureux resto multicolore, mitonnant un choix varié d'honnêtes plats mexicains et cubains. Bon, d'accord, ça manque un peu de finesse, mais c'est pas cher et franchement copieux ! Une adresse très courue, où bières mexicaines, mojitos et *margaritas* coulent à flots. Mariachis certains soirs.

Dixie Crossroads : *1475 Garden St. Dans le centre, une rue perpendiculaire à l'US 1. Tlj 11h-21h (22h ven-sam). Plats 8-25 $.* Jolie maison style caraïbe, abritant une usine à manger de la crevette, véritable institution locale ! Pas de la grande cuisine, mais des spécialités de poisson et fruits de mer bien frais qui remportent tous les suffrages. Cadre simple avec mobilier en bois clair et déco marine.

À voir

Valiant Air Command Warbird Museum : *6600 Tico Rd. • valiantaircommand.com • Au sein du Space Coast Regional Airport, à 5 mn du Kennedy Space Center. Tlj 9h-17h. Entrée : 20 $; réduc.* Ce musée de l'aviation renferme une superbe collection d'engins volants, dont certains gracieusement prêtés par leurs propriétaires. Première et Seconde Guerres mondiales, guerre de Corée ou encore du Vietnam : uniformes, affiches, écussons, photographies... les époques se déclinent en vitrines. Mais le clou du spectacle, c'est le hangar principal empli d'avions spectaculairement entretenus et dont certains volent encore. On déambule entre les ailes, sous les carlingues et près des hélices, on peut même grimper dans un cockpit. Un des avions les plus impressionnants est ce splendide C-47, flanqué d'une belle pin-up et baptisé *Tico Belle,* il a participé au débarquement du 6 juin 1944. Un autre hangar est consacré aux avions de la guerre du Vietnam, demandez aux adorables bénévoles de vous y accompagner. Ils racontent avec plaisir le passé de tous ces beaux oiseaux d'acier. Une visite pour petits et grands, aussi passionnante qu'improbable dans ce coin un peu perdu !

COCOA BEACH

Située à 30 mn en voiture au sud-est du Kennedy Space Center, ***Cocoa Beach*** est une station balnéaire populaire qui accueille un large public. Sa route principale (l'A1A) – parallèle à la mer – est bordée de motels, restos et boutiques de surf en tout genre. Belle plage pas trop surpeuplée, très prisée des *waveriders.* Car c'est ici qu'est né Kelly Slater, 11 fois champion du monde de surf ; alors pensez bien que les surfeurs du monde entier accourent pour voir la vague qui a enfanté un *rider* aussi glorieux !

En face, reliée à Cocoa Beach par des ponts, la petite ville de ***Cocoa*** mérite une courte halte pour son petit quartier historique (Cocoa Village). Quelques bâtiments fin XIXe s restaurés y font bonne figure, de même que la mignonne Brevard Avenue, bordée de quelques bars et restos. Enfin, un peu au nord de Cocoa Beach se trouve ***Port Canaveral,*** l'un des plus importants ports du monde en nombre de croisiéristes sur le départ, après celui de Miami...

Adresse utile

ℹ ***Office de tourisme – Cocoa Beach Regional Chamber of Commerce :*** *3800 N Atlantic Ave.* ☎ *321-784-6444.* • *visitcocoabeach.com* • *Tlj 9h-16h.* Le seul office de tourisme officiel de la zone, compétent et bien fourni : carte du coin, infos transports urbains (avec *Space Coast Area Transit* ; infos : • *321transit.com* •), loisirs (kayak, *paddle-surf,* surf, kitesurf...), liste des hôtels, etc.

Où dormir ?

Camping

Jetty Park at Port Canaveral : *9035 Campground Circle, à* ***Cape Canaveral.*** ☎ *321-783-7111.* • *portcanaveral.com/jpc* • *Juste au nord de Cocoa Beach. Compter 39 $ en hiver (de mi-nov à mi-avr) pour 2 avec tente et voiture, 29 $ en été ; cabin 140 $.* À 2 pas d'un joli bout de plage préservé derrière un petit cordon dunaire, un camping pratique mais sans grand charme. Peu de verdure, absence de délimitation entre les emplacements, mais l'ensemble est bien tenu. Sanitaires propres. Également quelques bungalows (2-4 personnes) avec cuisine et salle de bains. Épicerie, jeux pour enfants.

Prix moyens

Sea Aire Oceanfront Motel : *181 N Atlantic Ave (A1A).* ☎ *321-783-5494.* • *seaairemotelcocoa.com* • *Doubles 110-145 $.* Une affaire de famille depuis 1950 ! Plantés sur une pelouse devant la plage, 2 bâtiments turquoise abritant un petit motel à l'ancienne mais fort bien tenu. Une quinzaine de chambres confortables et soignées, toutes avec cuisine. Tarifs variant selon la situation : route, jardin ou mer. Terrasse couverte avec tables, bancs, BBQ et, cerise sur le motel, un accès privé à la plage ! Accueil chaleureux et plein de bons conseils. Et pour le petit déj, une fabuleuse adresse à 2 pas (voir « Où manger ? »).

De chic à plus chic

Best Western Ocean Beach Hotel & Suites : *5600 N Atlantic Ave (A1A).* ☎ *321-783-7621.* • *bestwestern.com* • *Doubles 100-220 $, petit déj compris.* Dispatché dans plusieurs bâtiments (dont certains collés à la plage), ce grand motel propose des chambres spacieuses, au standard US. Les plus chères sont équipées d'une cuisinette et jouissent d'une vue sur l'océan. Rien d'exceptionnel niveau déco et certaines chambres mériteraient un petit coup de neuf, mais le confort est là. Salle de fitness et 2 piscines (chauffées).

The Inn at Cocoa Beach : *4300 Ocean Beach Blvd. ☎ 800-343-5307. • theinnatcocoabeach.com • Au bord de l'océan, dans la rue parallèle à Atlantic Ave (A1A). Doubles 125-275 $, petit déj inclus.* Installé dans un bâtiment rose de caractère, ce bel hôtel offre de splendides chambres – toutes tournées vers le jardin et la mer –, aménagées avec élégance : beau mobilier en bois clair, joli carrelage au sol, déco soignée et élégante... Piscine chauffée dans le jardin avec accès direct à la plage. Salon cosy à la réception. Accueil personnalisé, et *wine & cheese* servi en soirée. Une adresse de charme avec une vraie personnalité, et donc aux prix justifiés.

Où manger ?

Spécial petit déjeuner

Simply Delicious Cafe & Bakery : *125 N Orlando Ave. Tlj sauf lun 8h-15h (14h dim). Plats 8-15 $.* On est séduit par le cadre frais et coloré de l'endroit, autant que par les délicieux petits déj, copieux et pas chers du tout. À l'heure du lunch, également des soupes, salades, sandwichs, etc., que l'on dévore en remontant de la plage. Une adresse formidable mais souvent bondée, succès oblige !

De bon marché à prix moyens

Publix : *5645 N Atlantic Ave. Tlj 7h-22h (21h dim). Plat moins de 10 $; couverts en plastique fournis.* Grand supermarché très complet où l'on trouve de quoi se constituer un repas ou un pique-nique : salades, sandwichs, plats à emporter, sushis, pâtisseries, salade de fruits... *Autre adresse au 2067 N Atlantic Ave (mêmes horaires).*

Papa Vito's : *6200 N Atlantic Ave. Tlj 11h-minuit (1h30 jeu-sam). Plats 9-20 $.* Installé dans un ancien motel des années 1940, c'est pour beaucoup le meilleur italien de Cocoa Beach. Pizzas généreuses et goûteuses, un peu dans le style NYC, vendues à la part. Les fauchés apprécieront. Bon choix de salades également. Ne désespérez pas de la file d'attente, ça vaut vraiment le coup. On peut aussi prendre à emporter et dévorer sur la plage.

De prix moyens à chic

Fishlips Waterfront Bar & Grill : *610 Glen Cheek Dr, à* ***Port Canaveral.*** *☎ 321-784-4533. Lun-sam 11h-23h (1h pour le bar ven-sam), dim 10h-22h. Plats 10-20 $.* Resto planté sur un quai de Port Canaveral, très prisé des locaux. Ici, le poisson se décline à toutes les sauces : cru, cuit ou seulement doré, on le déguste dans des boîtes rondes en bambou. Également des soupes, salades, sandwichs et autres viandes pour les irréductibles. À l'étage, une grande salle très animée en soirée, avec bar central, planches de surf et méchants requins aux murs, écrans TV pour les soirs de match et terrasse sur le port.

Fat Kahuna's Beachside Grill : *8 Minutemen Cswy. ☎ 321-783-6858. Tlj 17h-21h sauf mar-mer. Plats 20-30 $.* À 2 pas de la plage, on repère de loin ce petit local minimaliste grâce à son énorme tortue peinte sur la devanture ! Il abrite un resto au cadre chic vanté par les gens du coin. Juste quelques plats à la carte, essentiellement du poisson et des fruits de mer bien frais, cuisinés à la sauce exotique. Goûtez la spécialité de la maison : les crevettes-coco, à plonger dans une sauce à la mangue. Une belle adresse, cosy à souhait, pour un dîner en amoureux.

Où boire un verre ? Où sortir ?

Rikki Tiki Tavern : *401 Meade Ave. Tlj 11h-22h (23h ven-sam).* Cabane pittoresque posée au bout de la jetée (Cocoa Beach Pier). Ici, la tradition est de venir descendre une petite mousse ou un cocktail maison, au soleil couchant, en regardant les derniers surfeurs se faire mousser sur le *swell.*

Coconuts on the Beach : *2 Minutemen Cswy. Tlj 11h (8h dim)-minuit (1h ven-sam).* On vient surtout pour la belle terrasse donnant sur la plage, avec bar circulaire, où jeunes et moins jeunes se retrouvent en fin de journée pour commenter les vagues du jour. Concerts presque tous les soirs.

Sans oublier ***Fishlips Waterfront Bar & Grill*** (voir plus haut dans « Où manger ? »).

Achats

Ron Jon Surf Shop : *4151 N Atlantic Ave. Ouv 24h/24 !* Appartenant à un surfeur mythique des années 1960, d'immenses boutiques consacrées au surf dans tous ses états : planches, vêtements, accessoires, souvenirs... Location de planches. Une adresse incroyable et incontournable !

ST AUGUSTINE

14 000 hab.

• Plan *p. 278-279*

Fondée en 1565, St Augustine se dit la plus vieille ville des États-Unis, et le clame haut et fort ! Mais c'est oublier que Pensacola l'a précédée de 6 ans et que les Anglais l'ont réduite en cendres en 1702... Peu importe qui gagne cette guéguerre, cela n'enlève rien au charme de cette petite ville, aux airs de village face à l'échelle démesurée des États-Unis. Ici, pas de gratte-ciel, mais d'adorables maisons colorées avec de romantiques balcons en fer forgé. Chaque morceau de bois ou de *coquina* (brique naturelle en concrétions de coquillages) de plus de 100 ans fait l'objet d'une restauration attentive. La légende dit même que certains lieux sont hantés...
St Augustine s'apparente donc à une gentille ville de province, presque européenne, avec son centre « historique » réhabilité et piéton. Idéal pour se balader à pied d'un centre d'intérêt à un autre. Charmante, St Augustine vit tranquillement du passage des touristes qui se dirigent vers le sud, en quête d'un soleil toujours plus chaud. Et en plus d'être au centre de la plus importante région viticole de Floride – une vraie curiosité ! –, la ville demeure une station balnéaire réputée. Pour la découvrir sous son plus beau jour (ou plutôt sous sa plus belle nuit !), allez-y entre mi-novembre et fin janvier lors des *Nights of Lights,* la ville se pare alors de millions de lumières dorées.

UN PEU D'HISTOIRE

Après la ***1re expédition de Ponce de León*** (prononcer « Poncé dé Léone ») au début du XVIe s dans le secteur, c'est son compatriote ***Pedro Menendez de Aviles*** qui prit vraiment possession des lieux avec 700 colons, le ***28 août 1565,*** le jour de la ***Saint-Augustin.*** Puis, sans attendre, il massacra les huguenots (les Français protestants, petit rappel historique) installés dans la baie voisine à Fort Caroline. Ces derniers venaient de subir la perte de leur flotte, suite à une tempête. C'était le 3 septembre 1565, et il ne resta aucun survivant. La ville devint le ***camp de base de l'expansionnisme espagnol*** sur le continent nord-américain. Mais c'était sans compter sur la détermination des huguenots. En 1567, ***Dominique de Gourgues,*** venant de France pour venger la mort de ses

amis, s'associa avec des Indiens, reprit Fort Caroline, puis les forts espagnols. À son tour, il tua leurs occupants, en les faisant pendre. Justice était rendue ! Mais la présence des Français en resta là. Leur flotte retourna en Europe. 21 ans plus tard vinrent les Anglais qui, sous le commandement du célèbre marin corsaire ***sir Francis Drake,*** pillèrent et incendièrent la petite cité. Pour cette raison, la régente d'Espagne décida de faire bâtir le ***Castillo de San Marcos,*** dont la construction dura 23 ans. De nouvelles destructions, au cours du siècle suivant, rythmèrent l'histoire de la ville, qui passa plusieurs fois des mains des Espagnols à celles des Anglais. Finalement, en 1821, les Espagnols furent acculés à vendre ce territoire à la jeune Amérique, dont les troupes du général Jackson avaient déjà grignoté une partie du territoire, lors des représailles contre les Indiens séminoles.
St Augustine fut la ville de l'***homme d'affaires Flagler.*** Il y construisit dès 1885 le ***1er hôtel de Floride*** : le *Ponce de León,* ensuite transformé en collège. C'est en 1888 que Flagler bâtit l'hôtel *Alcazar,* aujourd'hui devenu le Lightner Museum (lire plus loin « À voir. À faire »).

Arriver – Quitter

En bus

St Augustine Greyhound Bus Stop *(plan C1)* **:** *1 Castillo Dr, derrière d'office de tourisme, sur le côté du parking. Achat des tickets sur Internet : • greyhound.com •* Liaisons quotidiennes avec Miami, Tampa, Orlando, Daytona Beach...

En avion et en train

L'***aéroport*** et la ***gare ferroviaire Amtrak*** les plus proches se situent à Jacksonville, env 70 km au nord de St Augustine.

Orientation

Le centre historique se concentre tout au long de ***Saint George Street.*** La plage, elle, se trouve sur ***Anastasia Island,*** à quelques kilomètres à l'est du vieux centre, de l'autre côté du *Bridge of Lions.* Sur ***San Marco Avenue,*** au nord du centre-ville, les motels sont meilleur marché mais un peu excentrés. Compter alors 20-25 mn à pied pour rejoindre le centre historique. Rien d'insurmontable.

Adresses et infos utiles

Infos touristiques et services

Office de tourisme – Visitor Center *(plan C-D1)* **:** *10 W Castillo Dr. • citystaug.com • Dans une grande bâtisse à l'angle de San Marco Ave. Tlj 8h30-17h30.* Plan de la ville avec ses principaux points d'intérêt, liste des hébergements (hôtels, *B & B*...), infos loisirs (plages, sorties en mer...). S'y procurer la brochure *See St Augustine,* contenant des coupons de réduction pour les restos et attractions de la ville. Bons conseils.

Transports en ville

Old Town Trolley Tours : *• trolleytours.com/st-augustine • Départ tlj sauf Noël, ttes les 15-20 mn, 9h-16h30, devant* The Old Jail *(plan A1 ; 167 San Marco Ave ; parking gratuit). Tarif : env 26 $; 9 $ enfants 6-12 ans ; gratuit jusqu'à 5 ans. Achat des tickets sur place ou à l'office de tourisme.* Ces petits trains touristiques orange et vert tortillent à travers la ville pour rejoindre environ 25 centres d'intérêt. En plus du tour de la vieille ville, le billet donne accès gratuitement au St Augustine History Museum ainsi

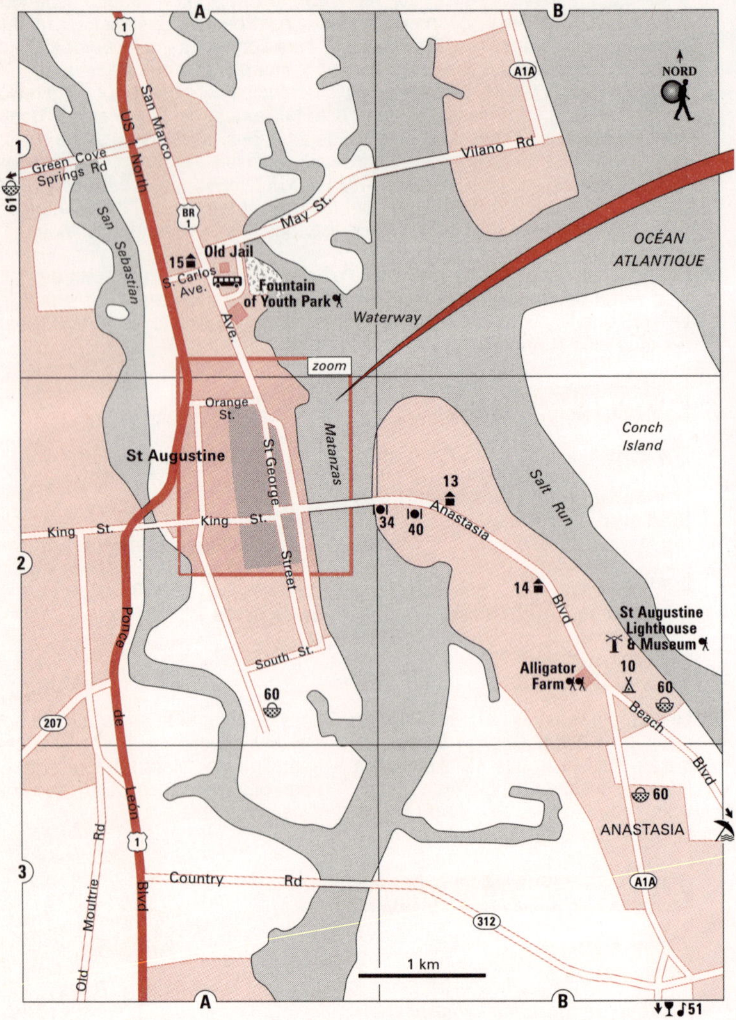

■ **Adresses utiles**

- Office de tourisme – Visitor Center (C-D1)
- 2 Solano Cycle (location de vélos ; C1)

Où dormir ?

- 10 Anastasia State Park (B2)
- 11 Pirate Haus Inn (D2)
- 13 Anastasia Inn (B2)
- 14 St Augustine Inn (B2)
- 15 The Cozy Inn (A1)
- 16 Villa Victor (C1)
- 17 The Bayfront Inn (D3)
- 18 St. Francis Inn B & B (D3)
- 19 Carriage Way B & B (C-D1-2)
- 20 Victorian House B & B (D2-3)
- 21 Bayfront Marin House B & B (D3)

Où manger ?

- 30 Mary's Harbor View Café (D2)
- 32 Pizza Time (D2)
- 33 Schmagel's Bagels (C-D2)
- 34 Gas Full Service Restaurant (A-B2)

ST AUGUSTINE

35 Crave Food Truck (C3)
36 The Floridian (D2)
37 Mojo BBQ Old City (C-D1)
39 A1A Ale Works (D2)
40 O'Steen's Restaurant (B2)
41 Michael's (D2)

Où déguster une bonne glace ? Où boire un bon café ?

42 The Hyppo (D2)
43 Crucial Coffee Cafe (D2)

Où boire un verre ? Où sortir ?

39 A1A Ale Works (D2)
50 Scarlett O'Hara's (C-D2)
51 World Famous Oasis (hors plan par B3)
52 Trade Winds Tropical Lounge (D2)
53 No Name Bar (D1)

Achats

60 Farmers Markets (A2 ; B2 ; B3)
61 St Augustine Premium Outlets (hors plan par A1)

qu'à une navette reliant la plage, l'Alligator Farm et le St Augustine Lighthouse & Museum, durant 3 jours. Les navettes vers la plage partent à l'angle de Aviles Street et King Street *(plan D2 ; 1 bus/h).*

Red Train Tours : *170 San Marco Ave. • ripleys.com/staugustine • Départ tlj, ttes les 20-30 mn, 8h30-17h (dernier départ à 16h) en face de The Old Jail (plan A1 ; parking gratuit). Tarif : env 25 $; 10 $ enfants 4-11 ans. Achat des tickets sur place ou à l'office de tourisme.* En service depuis 1953, cet autre petit train touristique, avec sa vraie locomotive, relie une vingtaine de points d'intérêt de la ville.

Location de vélos (plan C1, **2**) : **Solano Cycle,** *32 San Marco Ave. • solanocycle.com • Tlj 10h-18h.* Dans une ancienne station-service, location de vélos *(8,50 $ pour 2h),* scooters, voitures miniatures, poussettes d'enfants...

Parkings : le plus pratique se situe derrière l'office de tourisme *Visitor Center (plan C1 ; forfait unique 15 $/j.).* Sinon, dans le centre historique, on trouve des places de parking avec parcmètres *(places payantes en principe tlj 8h-17h sauf dim mais les horaires peuvent varier d'un emplacement à un autre ; 1,50 $/h ; durée limitée à 3-4h),* vite saturées. Toujours dans le vieux centre, d'autres parkings : *au pied du Castillo San Marco (plan D1) ; sur Charlotte St (plan D2) ; plaza de la Constitución (face au Government House Museum ; plan D2) ; ainsi que sur l'Avenida Menendez (plan D2).* Et en poussant un peu au sud, au nord et vers l'ouest, on peut aussi se garer gratuitement dans les ruelles et rejoindre le vieux St Augustine à pied (environ 15 mn).

Où dormir ?

Les prix varient selon la semaine et le week-end, et aussi ***en fonction des courses de Daytona*** (St Augustine n'est pas loin). À côté des classiques motels, la ville compte aussi de nombreux *B & B* de charme (chers !) installés dans de charmantes demeures.

CAMPING

Anastasia State Park (plan B2, **10**) : *300 Anastasia Park Rd (A1A S). Infos : ☎ 904-461-2033. • floridastateparks.org/anastasia • En allant vers le sud, juste après Aligator Farm, tourner à gauche au niveau de la fourche, devant le magasin* Surf Station. *Résa à l'avance conseillée sur • reservamerica.com • Emplacement 36 $ avec eau, électricité et voiture comprises ; réduc.* Dans un charmant coin de nature sauvage, calme, ombragé et bordé d'une longue plage (attention, courants parfois dangereux !), un beau camping aux emplacements vastes et bien délimités, avec tables de pique-nique ; le tout géré par des rangers. Nickel ! On peut pêcher, surfer, et aussi louer sur place canoës-kayaks, planches à voile, catamarans, vélos, etc., chez *Anastasia Watersports.* Une adresse idéale pour passer de bonnes vacances au vert !

MOTELS

Bon marché

Pirate Haus Inn (plan D2, **11**) : *32 Treasury St (angle Charlotte St). ☎ 904-808-1999. • piratehaus.com • Check-in 12h-22h. Résa très conseillée. Chambres privées (2-8 pers) 75-200 $, petit déj (pancakes à volonté) compris. 6 places de parking à 10 $/j. (1er arrivé, 1er servi !).* Bienvenue dans l'antre du *captain* Conrad, le sympathique proprio francophone ! Située au 1er étage d'un édifice de 1915, cette ancienne AJ propose plusieurs chambres-dortoirs décorées du sol au plafond, sur des thèmes différents (jungle, pirates, aquarium...). Elles comptent toutes 1 ou 2 lits doubles et 1, 2 ou 3 lits superposés, frigo et salle de bains. Impec ! Pas de TV. Petit salon décoré d'un planisphère où chaque routard a planté une aiguille sur son pays d'origine (St Augustine, centre du monde !). Cuisine commune, lave-linge et charmante terrasse pour musarder. Accueil chaleureux, plein de bons conseils.

De prix moyens à chic

🏠 ***Anastasia Inn*** *(plan B2,* ***13****) : 218 Anastasia Blvd. ☎ 904-825-2879. • anastasiainn.com • Doubles 60-120 $, petit déj inclus.* Planté au bord d'une route bruyante, un motel aux chambres bien insonorisées, dotées du confort standard américain. Si on peut définir leur déco de *old fashioned,* elles s'avèrent impeccablement tenues. Petite piscine. Une adresse accueillante et bon marché avec pour seul bémol la salle du petit déjeuner, vraiment riquiqui.

🏠 ***St Augustine Inn*** *(plan B2,* ***14****) : 601 Anastasia Blvd. ☎ 904-825-4535. • staugustineinnhotel.com • Doubles 100-150 $, petit déj compris. Parking gratuit.* Dans un bâtiment moderne situé en bord de route mais bien insonorisé, c'est un petit hôtel de chaîne d'une cinquantaine de chambres, contemporaines, confortables et impeccables. Si les salles de bains sont un peu petites, on ne manque pas de place pour s'étaler dans la chambre. Piscine et jacuzzi de poche. Très bon rapport qualité-prix.

🏠 ***Villa Victor*** *(plan C1,* ***16****) : 42 San Marco Ave. ☎ 904-829-2292. • choicehotels.com • Doubles 110-160 $. Petit déj 15 $/pers. Parking 10 $.* À 5 mn à pied du centre-ville, un établissement moderne sur 3 étages disposant de chambres spacieuses et lumineuses. Lit confortable et calme absolu la nuit. Piscine extérieure avec transats. Accueil charmant et souriant. Seul bémol : le petit déj est payant et pas donné.

Chic

🏠 ***The Bayfront Inn*** *(plan D3,* ***17****) : 138 Avenida Menendez. ☎ 904-824-1681. • bayfrontinn.com • Doubles 150-210 $, petit déj compris. Parking gratuit.* Face à la rivière Matanzas, cet hôtel nous a plu pour son emplacement. À 5 mn à pied du centre historique, il donne sur l'eau et se situe juste à l'entrée du Bridge of Lions, que l'on emprunte en voiture pour se rendre à la plage. L'hôtel abrite une quarantaine de chambres, modernes, claires et impeccables. Préférer celles à l'étage pour la vue sur l'eau. Petite piscine.

B & B

Le site internet *• staugustineinns.com •* recense ***la plupart des B & B de la ville*** : bien pratique pour faire son choix et réserver. Ils sont tous plus ravissants les uns que les autres, situés dans des quartiers résidentiels et calmes, mais chers – de chic à très chic – et largement surévalués ! Le petit déjeuner, souvent fait maison, est toujours compris. Attention, les enfants ne sont pas toujours admis dans ces maisons centenaires. Voici nos adresses préférées.

🏠 ***The Cozy Inn*** *(plan A1,* ***15****) : 202 San Marco Ave. ☎ 904-824-2449. • thecozyinn.com • Résa très conseillée. Doubles 100-190 $.* Réparties de part et d'autre de la route, dans plusieurs jolies maisons proprettes de style traditionnel, une vingtaine de belles chambres tout confort, insonorisées et aménagées avec goût. Les plus chères sont vraiment spacieuses et équipées de cuisine et salon. Petite piscine. Une très belle adresse à l'excellent rapport qualité-prix, à 20 mn à pied du centre historique.

🏠 ***St. Francis Inn B & B*** *(plan D3,* ***18****) : 279 Saint George St (angle Saint Francis St). ☎ 904-824-6068. • stfrancisinn.com • Résa conseillée. Doubles 140-260 $, petit déj compris ; cottages et bungalows 4-6 pers 200-350 $. Parking gratuit.* Au sud du centre historique – loin de la cohue touristique –, cette auberge de charme, construite en 1791, accueille les voyageurs depuis plus d'un siècle. À dispo, une quinzaine de chambres coquettes, toutes différentes, installées dans 2 villas, l'une en bois, l'autre en pierre, ornées de balcons. Salon commun cosy, un brin pension de famille. Jardin fleuri reposant, avec ses tables en fer forgé, sa fontaine qui glougloute et sa piscinette à l'écart. Également un cottage avec 2 chambres, 2 salles de bains, cuisine, salon et salle à manger ; et un bungalow avec une chambre et cuisine. Et puis une maison en bord de plage, avec cuisine, 2 chambres et terrasse. Prêt de vélos. Accueil délicieux et service impeccable. La qualité a un prix !

Carriage Way B & B *(plan C-D1-2,* ***19****) : 70 Cuna St. ☎ 904-829-2467. • carriageway.com • Doubles 180-300 $. Parking gratuit.* Charmante maison victorienne bleu et blanc édifiée en 1883, avec véranda et balcons fleuris pour buller en se balançant sur un rocking-chair ou une balancelle. Au choix, une quinzaine de chambres colorées, proprettes et douillettes, pleines de dentelles et agrémentées pour certaines de salles de bains *old style*. Ça donne envie de cocooner. Également un petit cottage voisin pour 6 personnes. Prêt de vélos.

Victorian House B & B *(plan D2-3,* ***20****) : 11 Cadiz St. ☎ 904-824-5214. • victorianhousebnb.com • Doubles 180-390 $. Parking gratuit.* Nichée au cœur du vieux St Augustine depuis 1895, c'est une belle demeure victorienne beige et bleu en bois. Une dizaine de chambres confortables et soignées, dispatchées jusque dans la maison voisine. Des lits à baldaquin aux dessus-de-lit en quilt, en passant par les broderies, les meubles et bibelots anciens, sans oublier les bouquets de fleurs, l'atmosphère y est en tout point charmante !

Bayfront Marin House B & B *(plan D3,* ***21****) : 142 Avenida Menendez. ☎ 904-824-4301. • bayfrontmarinhouse.com • Doubles 250-400 $. Parking gratuit.* Posée face à la mer, cette élégante maison victorienne fleurie cache une quinzaine de chambres spacieuses et confortables. La plupart offrent une vue sur l'eau et le phare au loin, et comptent un jacuzzi. Déco à l'esprit baroque ou romantique, avec une foule d'objets anciens. Et si votre chambre n'a pas de balcon, rendez-vous sur la terrasse commune pourvue de quelques transats et gros coussins, ou dans le jardin pour se prélasser dans un hamac. Une adresse de charme pour ceux qui en ont les moyens.

Où manger ?

Spécial petit déjeuner

Mary's Harbor View Café *(plan D2,* ***30****) : 16A Avenida Menendez. ☎ 904-825-0193. Tlj 7h-16h. Plats 6-14 $.* Une institution locale, depuis plus de 30 ans ! Dans cette minuscule salle souvent pleine à craquer, on vient se caler d'un petit déj typiquement américain : œufs sur le plat, brouillés ou en omelette, toasts, et pourquoi pas quelques fruits frais... Les gros appétits se régaleront des *Mary's specialities* : bacon, patates, toasts, fromage, de quoi rassasier les plus féroces appétits ! Également quelques sandwichs et salades à dévorer au déjeuner.

Schmagel's Bagels *(plan C-D2,* ***33****) : 70 Hypolita St (angle Cordova St). Tlj 8h-14h. Plats 5-10 $.* Installez-vous confortablement sur la grande terrasse extérieure, cosy et bien arborée, pour déguster les meilleurs bagels de la ville. Et du choix, il y en a ici : pains au sésame, à la cannelle, aux raisins, à l'ail, aux fruits rouges... à déguster avec de la bonne *cream cheese* maison. À la carte également : sandwichs, hot dogs et salades. Notre nouvel ami du petit déjeuner.

Bon marché

Pizza Time *(plan D2,* ***32****) : 124 Saint George St. ☎ 904-819-0133. Tlj 11h-22h30. Plats 6-12 $.* Quel succès ! Juste une poignée de tables dans ce resto étroit qui ne désemplit jamais, où l'on se presse pour des parts de pizza à emporter, toutes plus appétissantes les unes que les autres. 2e meilleure pizza des États-Unis, rien que ça ! La maison se vante de son titre ! Également des salades et des *rolls* à l'ail, gras à souhait, on s'en lèche encore les doigts.

Crave Food Truck *(plan C3,* ***35****) : 134 Riberia St. ☎ 904-293-6373. Tlj 11h-15h30 sauf dim. Salades et wraps env 9-12 $.* Planté au bord de l'eau, à l'écart du centre-ville, ce camion attire les promeneurs en quête de fraîcheur et de plats *healthy* (plutôt rare dans le coin) ! Salades, *wraps*,

bowls et smoothies énergisants sont concoctés avec des produits frais, que vous choisissez vous-même. Installez-vous à la terrasse fleurie surplombant l'adorable port et savourez cette pause *green* loin de la cohue touristique.
Sans oublier nos adresses « Spécial petit déjeuner », où l'on peut aussi casser la croûte au déj : ***Mary's Harbor View Café*** et ***Schmagel's Bagels.***

Prix moyens

O'Steen's Restaurant *(plan B2,* ***40****) : 205 Anastasia Blvd. ☎ 904-829-6974. Mar-sam 11h-20h30. Fermé dim-lun. Plats 10-23 $ (pour le plateau de fruits de mer). CB refusées.* Véritable institution en ville ouverte dans les années 1960, c'est un resto-cantoche typiquement américain avec ses habitués plutôt âgés, sa salle impersonnelle pas désagréable, et son aimable service. On vient ici depuis des lustres pour les fameux *today's specials* à prix plancher, qui ravissent les amateurs de *seafood.* Cuisine traditionnelle de bonne qualité, qui privilégie la friture. Beaucoup de monde le midi et le week-end. Ici, on fait la queue à l'extérieur (pas de réservations), et on vous appelle au micro. Une bonne adresse très « tranche de vie » ! Pas d'alcool.
The Floridian *(plan D2,* ***36****) : 72 Spanish St. ☎ 904-829-0655. Tlj sauf mar 11h-21h (22h ven-sam). Résa conseillée le w-e. Plats 10-25 $.* On aime beaucoup ce resto, d'abord pour sa grande salle colorée et tamisée, parsemée d'objets hétéroclites et flanquée d'une terrasse ensoleillée (chauffée le soir). Ensuite, côté fourneaux, pour sa cuisine du Sud inventive et pleine de saveurs : sandwichs, salades, mais aussi des plats plus élaborés, le tout cuisiné avec des produits locaux et de saison. Fait aussi salon de thé, et, croyez-nous, les gâteaux maison méritent le coup de cuillère ! Accueil sympa.
Gas Full Service Restaurant *(plan A-B2,* ***34****) : 9C Anastasia Blvd. ☎ 904-217-0326. Tlj sauf dim-lun 11h-21h (22h ven-sam). Plats 12-20 $.* Déco industrielle façon garage des fifties pour ce resto où tout est mijoté maison. On s'y régale de salades, soupes, sans compter les délicieux burgers et desserts, mitonnés avec soin. Accueil souriant. Une adresse plébiscitée par les gens du quartier, pour ne pas se ruiner.
Mojo BBQ Old City *(plan C-D1,* ***37****) : 5 Cordova St. ☎ 904-342-5264. Tlj 11h-22h (23h jeu, minuit ven-sam). Plats 12-22 $. THE spot* pour les carnivores ! Ce resto immense abrite de grandes tablées où se retrouvent les familles et joyeuses bandes de copains. Dans l'assiette, de bonnes viandes fumées, des *ribs,* des sandwichs et des burgers gargantuesques : porc, bœuf ou poulet sont servis avec de solides accompagnements. Les curieux goûteront la purée de patate douce à la cannelle et noix de pécan. Cuisine simple et copieuse pour cette adresse qui ne désemplit pas.

De prix moyens à chic

A1A Ale Works *(plan D2,* ***39****) : 1 King St. ☎ 904-829-2977. Tlj 11h-23h30 (1h ven-sam). Plats 15-30 $.* Au rez-de-chaussée, un petit bistrot plein de vie, où les fêtards s'abreuvent de bières maison, les soirs de concert. Au 1er étage, un resto en brique et bois blond à l'atmosphère plus sereine. Choisissez une table sur le magnifique balcon en fer forgé, pour la vue sur la place. Au menu, délicieuse cuisine du Nouveau Monde – mélange de spécialités locales, latino-américaines et des Caraïbes –, saveurs salées-sucrées et alliances originales, parfumées et goûteuses. Un vrai succès !
Michael's *(plan D2,* ***41****) : 25 Cuna St. ☎ 904-810-2400. Tlj 17h-22h (22h30 ven-sam). Plats 15-40 $.* Au cœur du vieux St Augustine, une table reconnue pour ses belles envolées gastronomiques ! Dans une salle élégante, chaleureuse et cosy, ou dans l'agréable patio ensoleillé, on savoure une cuisine fine, goûteuse et créative, qui met à l'honneur les saveurs ibériques. Belle carte des vins. En début de soirée, on peut aussi simplement savourer un apéro-concert tendance hispano-jazzy, un verre à la main, une assiette de tapas dans l'autre.

Où déguster une bonne glace ?
Où boire un bon café ?

The Hyppo *(plan D2, **42**) : 48 Charlotte St (angle Hypolita St). Tlj 11h-22h (23h ven-sam).* Des glaces artisanales – en forme d'esquimaux – aux parfums aussi originaux que succulents. La star de la maison : la glace *Elvis,* au beurre de cacahuète, miel et banane. Pfiou ! *Autre adresse au 70 George St (mêmes horaires).*

Crucial Coffee Cafe *(plan D2, **43**) : 26 Charlotte St. Tlj 7h (7h30 sam-dim)-22h (23h ven-sam).* Bye, bye, le café-jus de chaussette ! Dans cette originale bicoque en bois, transformée en *coffee shop* de poche, le p'tit noir retrouve sa vigueur et son goût. On peut même faire trempette avec les *shortbreads* maison. On savoure son café bien corsé sur l'adorable terrasse noyée dans la végétation.

Où boire un verre ? Où sortir ?

Scarlett O'Hara's *(plan C-D2, **50**) : 70 Hypolita St (angle Cordova St). Tlj 11h-1h (2h ven-sam).* Un succès fou pour ce pub chaleureux, avec ses bons feux de cheminée en hiver, ses boiseries lourdes, et ses photos du film *Autant en emporte le vent* (quel charme, ce Clark Gable !). Fréquenté par une foule d'habitués le week-end. Concerts live certains soirs. Une adresse décontractée incontournable dans la *nightlife* locale. Ah ! et sachez que, selon la légende, il s'agirait d'un des lieux les plus hantés de toute la Floride... Brrr, ça fout la trouille !

Trade Winds Tropical Lounge *(plan D2, **52**) : 124 Charlotte St (angle Cathedral Pl). Tlj 11h-2h.* Bar populaire – le plus vieux de St Augustine – au style mêlant pub américain et paillote caribéenne. Clientèle pas toute jeune mais chouette repaire quand les *bikers* débarquent en ville. Concerts live plusieurs fois par jour, essentiellement du rock. Il arrive que les fins de soirée partent en sucette !

No Name Bar *(plan D1, **53**) : 16 S Castillo Dr. Tlj 11h (15h lun-mar)-2h.* Ici, on aime le rock qui tache et qui sent la sueur. Concerts quasi tous les soirs sur une scène improvisée au milieu de la foule. C'est bordélique et rock'n'roll, comme on aime ! Un bon spot aussi pour boire une mousse sur la grande terrasse face à la mer.

World Famous Oasis *(hors plan par B3, **51**) : 4000 A1A S (angle Ocean Trace Rd). À env 11 km au sud du centre. Tlj 6h-21h30 (22h30 ven-sam).* À 5 mn à pied de la plage, cette grande maison en bois bleue et jaune est devenue l'un des QG festifs des locaux. Les jours de match, l'ambiance bat son plein à grand renfort d'écrans TV (on en a compté 18 dans la même pièce !) et de litres de bière. Concerts ou jeux certains soirs. On peut aussi y manger, du petit déj (servi jusqu'à 15h !) au dîner, mais on n'a pas été convaincus.

Sans oublier les ***concerts*** et les bonnes bibines maison du resto-bar ***A1A Ale Works*** (*plan D2, **39***; voir plus haut « Où manger ? »).

Achats

Farmers Markets : *d'abord, il y a le **Old City Farmers Market** (plan B3, **60**), St Augustine Amphitheater, 1340 A1A ; sam 8h30-12h30. Également le **Wednesday Pier Farmers Market** (plan B2, **60**), Saint John's County Pier, 350 A1A Beach Blvd ; mer 8h-12h. Enfin, le **Lincolnville Farmers Market** (plan A2, **60**), Eddie Vickers Park, 399 S Riberia St ; dim 12h-16h.* Des marchés fermiers où l'on retrouve une poignée de petits producteurs : fromages, légumes, etc. Idéal pour se composer un pique-nique à engloutir sur la plage !

St Augustine Premium Outlets *(hors plan par A1, **61**) : 2700 State*

Rd 16. • premiumoutlets.com • Tlj 10h-20h (18h dim). Pour faire de bonnes affaires, rendez-vous dans ce vaste centre commercial de près de 90 boutiques regroupant les grands noms du prêt-à-porter... à prix discount !

À voir. À faire

Dans le vieux St Augustine

N'hésitez pas à vous écarter des rues passantes du centre historique. On flâne alors entre les maisons traditionnelles noyées sous les arbres, pas toujours restaurées et qui, témoignant de l'usure des ans, dégagent un charme certain. Ainsi, on aime particulièrement la partie sud de la vieille ville : Bridge Street, South Marine Street...

The Old City : la vieille ville – qui s'explore à pied – est délimitée au nord par Orange Street, au sud par Saint Francis Street, à l'ouest par Sevilla Street, et à l'est par l'Avenida Menendez. La rue la plus célèbre, et la plus animée, étant Saint George Street. La plupart des maisons sont construites dans ce qu'on appelle en Floride le « Conch Style », présent aussi à Pensacola et à Key West, c'est-à-dire pratiquement tout en bois, sauf pour les immeubles à étages, qui possèdent de magnifiques balcons en fer forgé. Demeures ancestrales, échoppes à l'ancienne et vieilles enseignes restituent assez bien l'ambiance du passé. Et rassurez-vous, les restos, bars et boutiques touristiques n'ont pas été oubliés... On conseille donc de quitter Saint George Street et de se perdre dans les ruelles plus calmes, à la rencontre des gens qui habitent toute l'année dans ce vieux quartier sympathique.

***Saint George Street** (plan D1-2-3)* **:** artère principale piétonne du vieux quartier, où se presse la foule des touristes. En enfilant cette rue depuis le nord, en face du Castillo de San Marcos à partir de la **City Gate** (angle Orange Street), on découvre quelques vieilles demeures restaurées.

– Au n° 14, the ***Oldest Wooden School House*** *(plan D1)* : *• oldestwoodenschoolhouse.com • Tlj 9h-18h (20h ven-sam). Entrée : 5 $; réduc.* La plus vieille école en bois des États-Unis, construite voici plus de 200 ans et jamais rebâtie. Petite, jolie et bien modeste. Se contenter du point de vue extérieur car la visite est assez décevante.

– Au n° 33, le ***Colonial Quarter*** *(plan D1)* : *• colonialquarter.com • Tlj 10h30-17h (billetterie au 14 S Castillo Dr). Entrée : 14 $; 8 $ enfants 5-15 ans ; gratuit moins de 5 ans. Visite guidée (durée 1h) en anglais par un personnage en costume d'époque à 10h30, 12h, 13h30 et 15h.* Un musée en plein air composé de maisons en bois joliment restaurées. La visite guidée – on conseille vraiment de la prendre – rend le Colonial Quarter plus vivant et donne en même temps une bonne idée du mode de vie des habitants de l'époque. Autour du jardin, quelques demeures du XVIIIe s livrent leurs secrets sur les vieux métiers : forgeron, menuisier, fileuse, cordonnier, imprimeur, armurier, charpentier naval... On pénètre aussi dans la *De Mesa House,* maison du XIXe s parsemée de quelques meubles anciens. Pour finir, grimpez à la tour d'observation pour traquer les navires au large.

AU NOM DES FEMMES

À l'époque de la colonisation espagnole, les hommes étaient souvent soldats ou marins du roi. Beaucoup d'entre eux mouraient jeunes. Alors, pour éviter que leurs maisons ne reviennent à la couronne d'Espagne après leur décès, ils les enregistraient au nom de leur femme. Un 1er pas vers l'égalité des sexes...

Castillo de San Marcos (plan D1) **:** *1 S Castillo Dr. • nps.gov/casa • Tlj 9h-17h sauf j. fériés. Tirs au canon avec soldats costumés ven-dim à 10h30, 11h30, 13h30, 14h30 et 15h30 (si la météo le permet). Entrée : 15 $; gratuit jusqu'à 15 ans. Visite libre. Dépliant en français.*

Au XVIIe s, les riches galions faisant route vers l'Espagne excitaient la convoitise des pirates qui attendaient en embuscade chaque nouveau convoi, puis attaquaient la ville, estourbissant quelques colons au passage et faisant brûler les fortifications pour le symbole. Las de reconstruire des forts en bois peu efficaces, les ingénieurs érigèrent cette vraie forteresse en dur en 1676. Il s'agit donc du ***plus ancien fort militaire encore debout des États-Unis*** ! Noter sa structure en étoile rappelant ses origines hispaniques et rendant pratiquement impossible sa prise. Énormes remparts en *coquina,* une roche formée de coquillages compressés provenant de l'île d'Anastasia. La forteresse et la ville furent cédées aux Anglais lors du traité de Paris en 1763, en échange de La Havane. Elle devint alors Fort Saint Mark, jusqu'à ce qu'un nouvel accord en 1783 la rende à l'Espagne. En 1821, désormais sous administration américaine, elle fut rebaptisée Fort Marion, avant d'être transformée en prison en 1835 pour enfermer 300 Indiens séminoles « rebelles », dont leur chef Osceola, et servit de camp « d'éducation » pour les convertir à la... « *White way of life* » ! En 1900, le fort fut désarmé, puis déclaré Monument national en 1924. En 1942, les Américains lui rendirent son nom d'origine : Castillo de San Marcos.

Si la plupart des salles sont presque vides, quelques-unes présentent l'histoire du fort et le quotidien de ses soldats à travers des panneaux explicatifs, décors... Belle vue sur les environs depuis les remparts.

Petite astuce pour ceux qui ne font pas la visite : on peut assister aux tirs au canon depuis le contrebas droit du fort, sans rien perdre du spectacle.

– Les fans d'architecture militaire ne rateront pas la visite du ***Fort Matanzas,*** sur une petite île à 24 km au sud de la ville *(8635 A1A S ; • nps.gov/foma • ; tlj 9h-17h30 sauf j. fériés ; GRATUIT).*

Pirate & Treasure Museum (plan D1) **:** *12 S Castillo Dr. • thepiratemuseum.com • Tlj 10h-19h sauf certains j. fériés. Entrée : 16 $; 9 $ enfants 5-12 ans ; réduc sur le site ; gratuit jusqu'à 4 ans. Compter 1h de visite.* À l'abordage, moussaillon ! À grand renfort de technologie, ce musée propose une incursion dans le monde des pirates, qui fascine tant vos têtes blondes. De la taverne sombre et mal famée à la cabine du capitaine en passant par le pont du bateau bardé de cordages, la plage où l'on enterre le trésor, les cellules des prisonniers, sans oublier quelques exécutions et outils de torture au passage, on se passionne pour les histoires de piraterie en déambulant à travers des décors réalistes. Amusant, tournez les pages des grimoires numériques pour découvrir les portraits de Barbe-Noire et ses amis balafrés. Parmi eux, 2 célèbres femmes pirates – on n'en parle jamais ! Le musée abrite aussi de vrais petits trésors, comme un coffre de pirates authentique, la toute 1re affiche « Wanted » du monde datant de 1696, des pistolets d'époque, des pièces de trésors, des ouvrages et manuscrits du XVIIIe s, et surtout l'un des 2 seuls pavillons noirs à tête de mort au monde ! On a bien aimé aussi le petit coin cinéma avec tous les grands films inspirés de la piraterie : *Les Goonies, Hook,* ou encore la célèbre saga *Pirates des Caraïbes.* Touristique à fond, mais bien fichu et à ne pas rater !

UN « COU » DE GÉNIE !

Andrew Ranson était un célèbre et redoutable pirate du XVIIe s. Condamné à mort à St Augustine, il devait être exécuté en 1684 par strangulation avec ce qu'on appelait le « supplice du garrot ». Mais durant son exécution, la corde placée autour de son cou cassa et Ranson survécut. Le maire de la ville décida alors de lui laisser la vie sauve et le nomma même citoyen d'honneur de St Augustine !

Lightner Museum (plan D2) : *75 King St. • lightnermuseum.org • Face au Flagler College. Tlj sauf Noël et Thanksgiving 9h-17h (fermeture caisse à 16h). Entrée : 15 $; réduc ; gratuit moins de 12 ans.*
En 1888, Henri Flagler construisit son 3e hôtel floridien en s'inspirant du fameux *Alcazar* de Séville. Mais la Grande Dépression de 1929 et la désaffection de la clientèle menèrent l'établissement à sa fermeture définitive en 1930. Il fallut attendre 1947 pour qu'un repreneur sérieux se manifeste. L'éditeur de Chicago, Otto C. Lightner, racheta le bâtiment pour y transférer toutes ses collections d'art et y ouvrir son musée dès 1948. À sa mort, il légua l'ensemble du musée à la municipalité de St Augustine. Les fans de style rétro seront éblouis par l'ingéniosité des bains russes. La piscine de l'hôtel, qui était à l'origine la plus grande du monde, a été transformée en café (un peu lugubre...) et boutiques.
– Au ***rez-de-chaussée,*** on trouve une reconstitution des différentes échoppes d'un village victorien, avec son bijoutier, son barbier, son marchand de jouets, son chapelier... Une autre salle est entièrement consacrée à la musique, avec démonstration de boîtes à musique à 11h et 14h tous les jours. Également toutes sortes de curiosités, comme une tête réduite par les Indiens jivaros, une maison de poupée géante, un œuf de dinosaure, un lion empaillé, des collections de coquillages et de pierres, et même une étonnante momie d'un enfant égyptien. Bref, un vrai cabinet de curiosités, semblant tout droit sorti du XIXe s.
– Le ***2e niveau*** présente une collection moins décousue de porcelaine, cristal et verrerie du XIXe s : vases français (Daum, Gallé), carafes anglaises, pichets de Bohême, pots vénitiens, vitraux de Tiffany, etc. Le genre d'endroit où on ne laisse pas entrer un éléphant ! À voir également : quelques marbres et bronzes, ainsi qu'une collection de grille-pain inattendue et de choppes de bière ! C'est aussi et surtout l'étage des étonnants bains russes.
– Le ***dernier étage*** renferme une collection de jolis meubles : pièces en bois finement ciselés de Birmanie ou incrustés de nacre, rocking-chair anglais, bureau style Louis XV ou encore un superbe piano de 1873. Enfin, on accède à la salle de bal du palace et sa vue plongeante sur l'ancienne piscine. Un petit plouf ?
– Pour finir, les ***jardins intérieurs*** avec leurs faux airs de palmeraie où repose, selon ses vœux, le corps du collectionneur infatigable.

Flagler College (plan C-D2) : *juste en face du musée.* Ce fut autrefois le *Ponce de León Hotel,* construit en béton rehaussé de briques rouges par Flagler en 1885. Sa déco intérieure mêle différents styles européens : éléments médiévaux, méditerranéens, victoriens et même maures. La dominante est Renaissance. Après l'inauguration en 1888, le succès fut de courte durée, la dépression était là ; et, de plus, Palm Beach devenait un sérieux concurrent. L'hôtel devint un centre d'entraînement des garde-côtes. Puis il fut converti en université en 1967 et compte aujourd'hui plus de 2 000 étudiants. Une fois passé le vaste patio verdoyant avec fontaine et sa promenade aux airs de cloître, le hall dévoile son sol en mosaïque, son dôme ciselé de motifs dorés, ses vitraux et ses boiseries nobles. Quels veinards, ces étudiants ! Pour en voir plus, il faut suivre une visite guidée en anglais de 45 mn-1h *(tlj à 10h et 14h – ou 15h selon saison –, départ dans le main lobby ; infos au ☎ 904-819-6400 ; • legacy.flagler.edu • ; tarif : 14 $, réduc, gratuit moins de 10 ans ; achat des tickets au gift shop du 74 King St).*

Villa Zorayda (plan C2) : *83 King St. • villazorayda.com • Lun-sam 10h-17h, dim 11h-16h. Fermé certains j. fériés (voir sur leur site). Entrée : 12 $; réduc ; gratuit moins de 6 ans. Audioguide en français.* Construite en 1883, cette maison (à l'origine le caprice d'un riche homme d'affaires) est une réplique à l'échelle 1/10 d'une partie du palais de l'Alhambra de Grenade. Transformée en musée, elle abrite une belle collection d'objets hétéroclites, allant de l'Art nouveau à l'Égypte ancienne ! L'intérieur dégage un cachet certain, mais n'est pas aussi impressionnant que le modèle original !

Government House Museum *(plan D2)* **:** *48 King St. Tlj 10h-17h. GRATUIT.* À cet endroit se dressait au XVIe s la 1re maison du gouverneur. Elle était en bois et fut brûlée par les Anglais en 1702, puis reconstruite en dur – comme nous la découvrons – par les Espagnols. Elle abrite aujourd'hui des expos temporaires.

The Father Miguel O'Reilly House Museum *(plan D3)* **:** *32 Aviles St. • fatheroreilly.house • Mer-sam 10h-15h. GRATUIT. Audioguide en français.* Édifiée en 1691, c'est une maison aux murs de bois et de *coquina,* restaurée par les sœurs de Saint-Joseph – originaires du Puy-en-Velay, en France –, qui l'occupèrent entre 1866 et 1920. À côté des meubles et objets anciens, une foule de bondieuseries ! Profitez-en pour flâner un peu dans la superbe et authentique Aviles Street.

The Oldest House Museum Complex *(Gonzales Alvarez House ; plan D3)* **:** *14 Saint Francis St. • saintaugustinehistoricalsociety.org • Tlj sauf certains j. fériés 10h-17h (fermeture caisse à 16h30). Visite guidée (durée : 20 mn) obligatoire en anglais ttes les 30 mn : 10 $; réduc. Dépliant en français.*
La maison date de la reconstruction de la ville entre 1702 et 1727, après le terrible incendie provoqué par les Anglais. Elle fut bâtie par un certain Tomas Gonzales y Hernandez sur les lieux d'une habitation sommaire en bois et palmes, dont l'origine remonterait à 1650... Depuis 1918, elle est la propriété de la Société d'histoire de St Augustine. Il est assez intéressant de parcourir les différentes pièces meublées, toutes liées à une époque différente d'occupation de la ville.
Ombragé par des chênes multiséculaires, le jardin compte plusieurs bâtiments anciens. L'un d'eux abrite un petit musée sur l'histoire de St Augustine, son occupation par les Espagnols puis les Anglais, son engagement dans la guerre civile, etc., à travers quelques panneaux et une poignée de vieux objets.

San Sebastian Winery *(plan C2)* **:** *157 King St. ☎ 904-826-1594. • sansebastianwinery.com • Tlj 10h (11h dim)-18h. GRATUIT (visite guidée en anglais et dégustation).* À l'instar de la Californie, la Floride revendique le titre de « 1er vignoble des États-Unis », et St Augustine demeure le berceau et le centre viticole le plus important de l'État. À 2 pas du vieux centre, on visite la *San Sebastian Winery,* l'un des plus importants domaines de Floride de par sa production. Après le visionnage d'un petit film sur les *process* de fabrication des différents nectars, on vous remet un gobelet pour entreprendre un circuit de dégustation dans le *cellar.* Si vous loupez la visite, il y a un comptoir à dégustation (gratuit) dans le coin boutique (qui vaut le coup, lui aussi). Les vins rouge, blanc et sherry sont naturellement sucrés ; bref, rien à voir avec ce que nous connaissons ! Une curiosité qui flatte les papilles.

Fountain of Youth Park *(plan A1)* **:** *11 Magnolia Ave. • fountainofyouthflorida.com • Tlj 9h-18h (fermeture caisse à 17h). Entrée : 18 $; 10 $ enfants 6-12 ans ; gratuit jusqu'à 5 ans. Compter 1h de visite.* Installé sur le site archéologique d'un ancien village d'Indiens Timucua, puis d'un camp espagnol du XVIIe s, ce parc nous plonge plusieurs siècles en arrière. On y trouve des panneaux explicatifs et autres reconstitutions de huttes racontant la vie des Indiens ; quelques vestiges archéologiques à l'appui. Également des reconstitutions évoquant la présence espagnole : bateau, église, tour de guet, tirs au canon, etc. Long ponton reliant une plateforme d'observation plantée au beau milieu de l'eau et des herbes folles, pour observer les nombreux oiseaux (en plus des splendides paons du parc). Aires de pique-nique.

Tour des sites hantés : tremblez, simples mortels ! Fantômes et esprits hanteraient la ville depuis des siècles, c'est du moins ce qui se murmure dans les recoins sombres. Du cimetière où sont enterrés les malheureuses victimes de la fièvre jaune, aux « arbres à barbe » avec leurs ombres inquiétantes, en passant par les spectres des soldats du fort, le phare, l'ancienne prison ou l'ancien hôpital dont les sous-sols étaient truffés de cadavres, il y a de quoi frissonner ! Plusieurs agences proposent des tours de la ville à la rencontre de ces lieux hantés et de

ces fantômes à l'esprit vagabond. Légendes ou histoires vraies ? On en apprend quoi qu'il en soit beaucoup sur l'histoire de la ville et ces habitants, plutôt morts que vivants ! C'est aussi la seule activité à la nuit tombée si vous n'avez pas prévu d'écumer les bars. Préférer les tours à pied à ceux en petit train, on découvre alors encore plus d'endroits secrets.
Tours tlj à 20h ou 21h. Résa souvent demandée. Durée : 1h15-1h30. Compter 15-25 $/pers pour un tour à pied et env 30 $/pers pour une visite en petit train.
– ***Ancient City Tours :*** *☎ 904-827-0807. • ancientcitytours.net •* Tour à pied d'environ 1h30.
– ***Ghost Tours of St Augustine :*** *☎ 904-829-1122. • ghosttoursofstaugustine.net •* Tour à pied d'environ 1h15.
– ***Ghosts & Gravestones :*** *☎ 866-955-6101. • ghostsandgravestones.com •* Tour en train d'environ 1h20.
– ***Dark of the Moon Ghost Tour :*** *au St Augustine Lighthouse & Museum (voir plus loin).*

À l'extérieur de la ville

Alligator Farm *(plan B2)* **:** *999 Anastasia Blvd (A1A S). • alligatorfarm.com • À env 3 km au sud-est de la vieille ville. Tlj 9h-17h (18h en été). Entrée : 28 $; 17 $ enfants 3-11 ans ; réduc.* Crocodile crossing *: 37 $ pour 45 mn de parcours simple* (Sepik River Course) *ou 67 $ pour 1h30 d'aventures plus sportives (*Nile River Course *; interdit aux enfants de moins de 1,45 m et de 8 ans, carte d'identité et chaussures fermées requises).* Créée en 1893, Alligator Farm demeure l'un des plus vieux parcs zoologiques du pays. Si vous n'avez jamais vu de ferme aux crocodiles, autant explorer celle-ci ! Dans un cadre presque naturel, on rencontre le gratin du monde saurien : des centaines de crocos, issus des 24 espèces que compte la famille des crocodiliens et provenant de tous les continents. Aujourd'hui, la Floride compte plus d'un million d'alligators, alors qu'en 1967 l'espèce était en voie de disparition. On voit ici de sacrés bestiaux de Floride, mais aussi de Chine, ainsi que de surprenants alligators albinos originaires de Louisiane. Mais la star, c'est Maximo, un croco de près de 5 m, originaire de Sydney. Gomek, son illustre prédécesseur mort en 1997, exhibe son impressionnante carcasse naturalisée dans une hutte construite en son honneur. Lisez bien le programme pour ne pas louper le repas de ces mastodontes. On observe aussi les nombreux oiseaux du coin en liberté, et puis toucans, perroquets, tortues géantes des Galápagos, lémuriens de Madagascar, serpents et singes complètent le tableau. Les plus intrépides pourront même jouer à Tarzan *(Crocodile crossing)* en crapahutant d'arbre en arbre, au-dessus des enclos et des crocodiles ; un genre de parcours style accrobranche ! On vous rassure, pas de risque de se faire croquer même si les crocos vous regardent passer la gueule grande ouverte !

St Augustine Lighthouse & Museum *(phare de St Augustine ; plan B2)* **:** *81 Lighthouse Ave. • staugustinelighthouse.org • Tlj 9h-18h (19h en été et vac scol). Fermé les jours de grand vent. Entrée : 15 $; réduc. Visite guidée GRATUITE ttes les 30 mn 11h-15h30. Feuillet explicatif en français.*
Pour jouir d'une jolie vue sur St Augustine et ses environs, lancez-vous à l'assaut des 219 marches de cet élégant phare noir et blanc. Vous serez bientôt à une cinquantaine de mètres au-dessus du niveau de la mer. Marches ajourées, les routards sensibles au vertige s'abstiendront. Construit entre 1871 et 1874, à proximité de l'endroit où s'élevait la 1re tour de guet édifiée par les Espagnols au XVIIIe s, le phare de St Augustine est toujours en service. Avant ou après la grimpette, jetez un œil à l'atelier et sa réserve de carburant qui contenait de l'huile de baleine, puis du kérosène, avant l'électrification de la lanterne. En face, on visite aussi l'élégante maison à 2 escaliers des gardiens, datant de 1876 et abritant des objets anciens évoquant leur quotidien, ainsi que les vestiges archéologiques provenant de navires coulés au large.

LE NORD-EST

Possibilité de visiter le phare de nuit grâce au ***Dark of the Moon Ghost Tour,*** un jeu de piste historique à la recherche des fantômes du passé *(tte l'année, ven-sam ; compter 20-25 $/pers ; résa obligatoire ; tour d'env 1h45).*

La plage : *accès par Anastasia Blvd. Parkings gratuits à proximité.* Sur la côte est d'Anastasia Island, longue plage de sable blanc, magnifique et en grande partie sauvage. En arrivant à St Augustine Beach, déambulez sur l'immense ponton envahi par les pélicans, le *Saint John's County Pier (350 A1A Beach Blvd ; accès : 2 $).* On peut y pêcher ou simplement y contempler la mer.

LA CÔTE OUEST DE NAPLES À TAMPA

Baignée par le golfe du Mexique, la côte ouest de la Floride déroule certaines des plus belles plages de l'État. Sable fin et clair, presque blanc par endroits, nombreuses îles, dauphins barbotant juste au large dans le soleil couchant, le tableau serait idyllique si l'urbanisation n'avait pas gagné à ce point. En un demi-siècle, la région est devenue quartier général des *snowbirds,* ces Américains qui hivernent au chaud, à l'instar des oiseaux migrateurs. Les belles villas ont poussé un peu partout dans la végétation tropicale, suivies par des immeubles de condos (appartements) dépassant par endroits les 10 étages. Résultat : le matin les embouteillages règnent et, le week-end, pour gagner les plages, on avance pare-chocs contre pare-chocs. La région, assez huppée, est ponctuée de quelques intéressantes haltes culturelles (mais chères), notamment à Fort Myers (musée Edison), Sarasota (musée Ringling) ou St Petersburg (musée Dalí). Seule Tampa détonne. Grosse ville industrielle en pleine mue, elle intriguera plutôt les trekkeurs urbains. L'US 41 ou *Tamiami Trail,* route reliant Tampa à Miami (son nom est une contraction de ces 2 villes), fait office de colonne vertébrale de la région.

CRISE DE FOI

À 60 km au nord-est de Naples, Thomas Monaghan, fondateur de Domino's *Pizza, a créé Ave Maria, une ville nouvelle universitaire dédiée au culte de la Vierge. Les messes y sont dites en latin et les préservatifs interdits. Les ventes d'appartements sont en crise. En effet, dans son infinie bonté, Dieu a offert trop de moustiques. Pas de miracle !*

NAPLES

22 000 hab.

• Plan *p. 293*

Prononcez « Neïpeuls ». C'est la beauté de sa baie de sable blanc qui serait à l'origine du nom de la ville, créée en 1887 par un éditeur milliardaire d'origine allemande, Walter Haldeman. Station balnéaire pour résidents aisés, avec sa 5th Avenue hyper léchée aux nombreuses boutiques de luxe, sa cinquantaine de greens de golf et son *Ritz Carlton* planté sur la plage, Naples est un peu le Palm Beach de la côte ouest, en un peu moins snob. La ville se place au 2e rang national en termes d'habitants millionnaires ! On y croise aussi beaucoup de Russes... Le long des rues d'*Old Naples* (qui n'a rien de bien vieux) se poussent du coude les somptueuses villas à l'américaine, bordées

de grands palmiers et banians. Luxe et ostentation au programme donc, même si, avec son atmosphère tranquille, verdoyante et fleurie, Naples peut constituer une bonne halte pour buller quelques jours à la plage. D'autant que les Everglades ne sont pas loin et qu'en été, à l'inverse des températures, les prix fondent.

Arriver – Quitter

Greyhound : *3825 Tollgate Blvd. • greyhound.com • À la station Shell, à env 12 km à l'est du centre...* Seulement un arrêt, pas de guichet. 1 bus/j., le soir, vers Miami (arrivée vers minuit...) dès 18-26 $, 1 autre en début d'ap-m vers Fort Myers, Sarasota et Tampa.

Bateau pour Key West : *avec* Key West Express, *départ de la Rose Marina, 951 Bald Eagle Dr, sur* ***Marco Island,*** *à 28 km au sud de Naples. • keywestexpress.net •* Départs 2-7 j./sem (à 8h) déc-avr. A/R 161 $ (146 $ si achat plus de 4 j. avt) ; aller simple 101 $; réduc. Durée de la traversée : 3h. Pas de liaison hors saison.

Adresses et infos utiles

Visitor Information Center *(plan zoom) :* *au Naples Depot Museum, 1051 5th Ave S. ☎ 1-800-688-3600. • paradisecoast.com • Tlj 9h-16h sauf dim.* Juste un stand de brochures dans le hall du musée...

Bus locaux : *compagnie* ***CAT.*** *• ridecat.com • Ticket 2 $, pass 1 j. 3 $; réduc. Prévoir l'appoint.* Service dans toute la région de Naples, Jardin botanique et Marco Island inclus.

Location de vélos *(plan A2,* ***2****) :* ***The Bike Route,*** *655 N Tamiami Trail (US 41). ☎ 239-262-8373. • bikeroutenaples.com • Tlj 10h-18h sauf dim. Compter 18 $ pour 3h, 35 $ pour 24h, casque et antivol inclus.*

Stationnement : les parkings sont miraculeusement gratuits, sauf en bord de mer, où l'on peut payer avec des *quarters* ou par carte bancaire *(min 2,50 $/h ; tlj du lever du jour à 23h).* Autant se garer gratos en ville et faire les 300 derniers mètres jusqu'à la plage à pied...

Où dormir ?

Comme souvent sur la côte ouest, pas d'adresses bon marché à Naples.

De prix moyens à chic

Nos adresses les moins chères se trouvent au bord de la route 41. *Sorry !*

Lemon Tree Inn *(plan zoom,* ***13****) :* *250 9th St South (US 41). ☎ 239-262-1414. • lemontreeinn.com • Doubles 100-205 $, petit déj léger inclus.* Ce motel coquet, posé en léger retrait de l'US 41, est à distance de marche du centre-ville. Bien équipées (frigo, micro-ondes et cafetière), les chambres donnent sur un petit jardin tropical, avec au milieu une agréable piscine. Toutes profitent d'une terrassette ou d'une véranda. Accueil impeccable, avec citronnade offerte à l'arrivée. Location de vélos *(10 $/j.).* Un bon rapport qualité-prix pour Naples.

Naples Garden Inn *(plan A2,* ***11****) :* *2630 Tamiami Trail N. ☎ 239-261-3870. • naplesgardeninn.com • Doubles 75-200 $, petit déj léger inclus.* On a beau être au bord du Tamiami Trail, l'atmosphère est presque balnéaire dans ce motel tranquille jaune limonade, tournant le dos à la route pour mieux profiter de sa jolie piscine avec *tiki bar.* Les chambres, claires et lumineuses, s'organisent pour la plupart en U tout autour. Les moins chères (10 $ de moins) regardent le parking. Sinon, confort standard, sans micro-ondes cela dit.

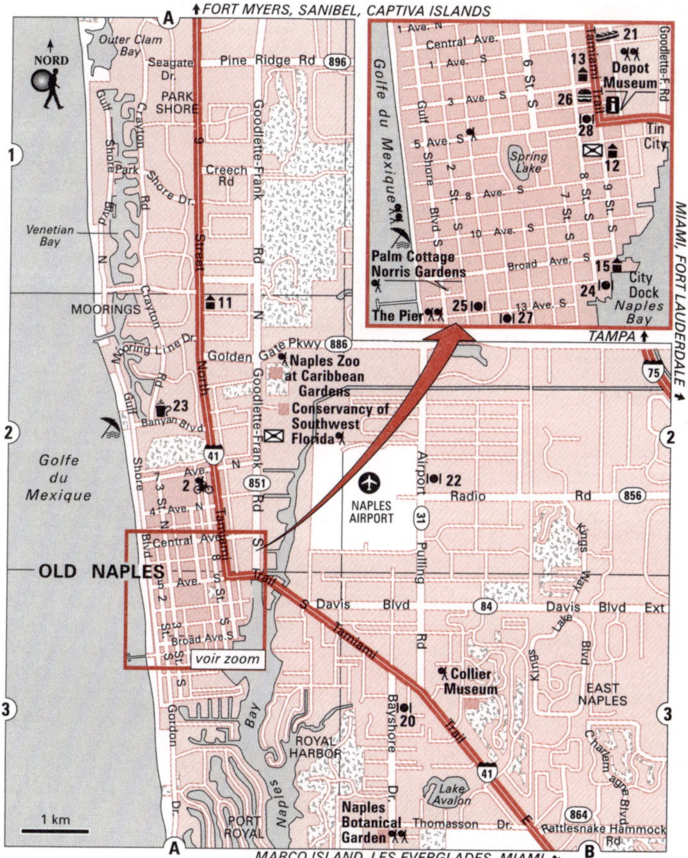

NAPLES

Adresses utiles

- Visitor Information Center (zoom)
- 2 The Bike Route (location de vélos ; A2)

Où dormir ?

- **11** Naples Garden Inn (A2)
- **12** Trianon Hotel (zoom)
- **13** Lemon Tree Inn (zoom)
- **15** Cove Inn (zoom)

Où manger ?

- **20** Taquería San Julian (B3)
- **21** Tropic Chill Deli (zoom)
- **22** Michelbob's Championship Ribs & Steaks (B2)
- **23** First Watch (A2)
- **24** The Dock (zoom)
- **25** Old Naples Pub (zoom)
- **26** Brooks Burgers (zoom)
- **27** Mediterrano (zoom)
- **28** The Café et Bha ! Bha ! (zoom)

De chic à plus chic

Cove Inn (*plan zoom*, **15**) **:** *900 Broad Ave S. ☎ 239-262-7161. • coveinnnaples.com • Doubles 110-480 $; petit déj et resort fee (15 $) en sus.* Ce grand complexe hôtelier sur 2 niveaux est idéalement situé au bord de la marina. Les chambres, rénovées, spacieuses (minimum 35 m²) et lumineuses, profitent, pour les plus chères, d'une belle vue sur les bateaux et les pélicans depuis leur balcon. Mignonne piscine en forme de haricot et son bar au toit de palmes, presque posés sur le quai. Ça sent les vacances, mais attention, en haute saison, les tarifs décollent grave ! Le *Coffee Shoppe* de l'hôtel, ambiance 50's, est parfait pour le petit déj.

Trianon Hotel (*plan zoom*, **12**) **:** *955 7th Ave S. ☎ 239-435-9600. • trianonoldnaples.com • Doubles 110-210 $ l'été, 320-440 $ de mi-déc à mars ; pas de petit déj.* On vous conseille de venir hors saison pour profiter à meilleur compte de l'atmosphère feutrée de cette grande maison un peu pompeuse, installée dans un quartier résidentiel à 2 pas du centre-ville. Les chambres, pour la plupart spacieuses, sont dans le même esprit, confortables et élégantes dans leur habillage rétro. Vue sur le parking pour les standard, sur la rue ombragée pour les *deluxe*. Petite piscine entourée de verdure.

Où manger ?

Attention, on dîne tôt par ici. À 21h-21h30, tout ferme déjà ! En revanche, les bonnes adresses ne manquent pas.

Spécial petit déjeuner

The Café (*plan zoom*, **28**) **:** *821 5th Ave S (angle 8th St). Tlj 8h-15h. Compter 8-20 $.* Une adresse décontractée et à prix sage sur la 5th Avenue ? Ça existe, la preuve. On tolère aisément le service un peu approximatif pour profiter des petits déj servis toute la journée, avec pas mal de choix santé (*oatmeal, granola,* fruits frais...). Le midi, *wraps,* sandwichs « gourmet », quiches, *lunch bowls* et belles salades prennent le relais. Bien aussi : les tacos au mahi-mahi. Et pour la touche Naples, il y a l'omelette à la langouste dès le réveil !

First Watch (*plan A2*, **23**) **:** *225 Banyan Blvd. Tlj 7h-14h30. Compter 8-15 $.* À 2 pas de la mer, ce resto de chaîne remporte un franc succès pour son énorme choix de petits déj frais et copieux, alignant tous les classiques, plus quelques options *healthy* ou plus recherchées. Grande salle climatisée, ou petite terrasse à l'arrière donnant sur une énième marina. Le week-end, l'adresse est prise d'assaut !

De bon marché à prix moyens

Taquería San Julian (*plan B3*, **20**) **:** *3375 Bayshore Dr. Tlj 10h-22h. Tacos 2-3 $ pièce (3 font un repas).* Cette *cantina,* aux tables en formica coincées dans un carré de murs citron, mérite le détour pour ses tacos très bon marché. *Al pastor* (porc), *longaniza* (saucisse), *lengua* (langue de bœuf), poulet... tous les classiques mexicains sont là et 100 % authentiques. D'ailleurs, dans la cuisine semi-ouverte, ça chante et ça commente en espagnol. Bon guacamole. Clientèle mêlée de Latinos locaux et de visiteurs attirés par la réputation du lieu.

Tropic Chill Deli (*plan zoom*, **21**) **:** *75 9th St S (US 41). Tlj 8h-14h30 (13h le w-e). Plats 7,50-10 $.* Le cadre n'est pas sexy pour un penny, mais les sandwichs, fort réputés dans le coin, sont vraiment énormes (15 cm de haut !). Cubain, *reuben,* californien, *portobello,* toutes les influences s'y retrouvent entre 2 tranches de pain. Salades et *wraps* aussi.

Brooks Burgers (*plan zoom*, **26**) **:** *330 9th St S. ☎ 239-262-1127. Tlj 11h-21h sauf dim. Plats 8-12 $.* La 5th Avenue est à 2 blocs et les burgers sont de compétition : *Brooks* a même été classé 2e *best burger joint* du pays ! La vingtaine d'options (dont une végétarienne), servies avec des frites doublement frites, décline bœuf, bison, agneau et alligator. Pour faire glisser le tout : une trentaine de bières (en partie locales), du vin au verre, et le fameux *half & half* maison, moitié milk-shake moitié... bière ! Côté décor : banquettes en skaï rouge tendance *diner* rétro et Baron Rouge qui vole bas.

Michelbob's Championship Ribs & Steaks (plan B2, **22**) : *371 Airport-Pulling Rd, face à l'aéroport. ☎ 239-643-7427. Tlj 11h (12h sam-dim)-21h. Ribs à partir de 15-17 $, burgers, salades géantes et sandwichs 6,50-13 $.* Plongée dans un brouhaha permanent, cette bâtisse en bois, aux murs couverts de plaques publicitaires *Coca-Cola,* s'est taillé depuis 1979 une solide réputation pour ses *ribs,* travers de porc nappés d'une sauce barbecue maison. Z'en livrent même en avion dans tout le pays ! Également des *combos ribs* + saucisse ou poulet, pour qui craindrait de manquer de protéines, et des sandwichs et burgers à prix serrés. Pas un repaire de gastronomes, mais de quoi se taper une bonne tranche d'Amérique...

De prix moyens à chic

Old Naples Pub (plan zoom, **25**) : *255 13th Ave S. ☎ 239-649-8200. Lun-sam 11h-22h, dim 12h-21h. Plats 9-19 $; menu soupe, ½ sandwich et salade 12 $.* Compte tenu de sa situation très centrale, l'*Old Naples Pub* offre une halte étonnamment conviviale et abordable pour qui sait se contenter d'une bonne cuisine de pub. On s'installe au choix dans le bar aux bois lustrés façon vieux yacht, ou en terrasse, sous la très haute pergola envahie de végétation. Musique live pour agrémenter le repas du mercredi au dimanche soir.

The Dock (plan zoom, **24**) : *845 12th Ave S. ☎ 239-263-9940. Tlj 11h (10h30 dim)-21h. Plats au déj 14-28 $.* Joliment planté au bord d'une marina, ce resto tout en bois offre un cadre privilégié pour le déjeuner. Si, comme souvent, le niveau sonore du lieu ne se prête guère à la rêverie, la terrasse cachée sur le côté, au milieu de la végétation, est plus calme. Côté cuisine, les budgets modiques choisiront salades, sandwichs et *fish & chips.* Les plats plus travaillés, poissons et *seafood* surtout, affirment des influences plutôt caribéennes, mais ils nous ont paru bien chers. Belle carte des vins et de cocktails.

De chic à plus chic

Bha ! Bha ! (plan zoom, **28**) : *865 5th Ave S. ☎ 239-594-5557. Tlj 17h-21h (22h ven-sam). Salades 15-17 $, plats 28-52 $.* Au début de la fameuse 5th Avenue, derrière une élégante devanture de brique rouge et bois blanc, se cache une salle au chic étincelant, prolongée de quelques tables sur le trottoir. Dans l'assiette, une délicieuse et copieuse cuisine perse – en versions « traditionnelle » ou « innovante » –, pleine de saveurs et servie par un staff charmant. Une belle adresse.

Mediterrano (plan zoom, **27**) : *336 13th Ave S. ☎ 239-261-7498. Tlj 17h-21h (22h ven-sam). Plats 26-46 $.* L'adresse est fort réputée. Au menu, de belles assiettes gourmandes aux accents méditerranéens, comme le nom l'indique, servies en extérieur sur la petite terrasse très fleurie, illuminée aux flambeaux le soir, ou dans la salle bleu et blanc. On garde un excellent souvenir de l'houmous, notamment.

À voir. À faire

The Pier (plan A3 et zoom) : *tt au bout de 12th Ave S.* Cette jetée en bois s'avançant de 250 m en mer fut construite en 1888 et systématiquement rebâtie après chaque ouragan. Navires de commerce et ferries y faisaient jadis relâche. De son extrémité, on embrasse d'un coup d'œil tout le littoral, étonnamment verdoyant. On peut, parfois, y observer des dauphins. Vieux du coin et pêcheurs s'y retrouvent dans une ambiance bon enfant, attirant les pélicans gloutons qui, parfois, se piquent à l'hameçon... Le spot est superbe, aussi, à l'heure où le soleil se couche (beaucoup de monde).

La plage : 14 km de sable aussi fin que clair, pour une baignade dans les eaux tièdes du golfe. En retrait, les rues alignent d'opulentes villas noyées sous la végétation tropicale, dont le seul critère architectural semble d'être plus imposante encore que celle du voisin.

5th Avenue South *(plan zoom)* **:** étalage de dollars sur cette artère empilant les boutiques de luxe et les restos nappés de blanc (souvent italiens ou français, c'est plus chic), devant lesquels défilent Maserati, Ferrari et autres Lamborghini à vitesse escargot (pour mieux se faire voir). Mention spéciale pour la boutique *Chico's,* qui n'aurait pas pu choisir meilleur emplacement... L'atmosphère, plus nouveau riche que raffinée, peut valoir son coup d'œil sociologique. L'ambiance est un peu moins m'as-tu-vu sur ***3rd Street South,*** dont l'animation se limite aux alentours du croisement avec 12th et 13th Avenue South – si l'on excepte les fontaines dauphins très kitsch ! Animation musicale le 2e jeudi du mois de novembre à avril sur 5th Avenue, et tous les 3e jeudis sur 3rd Street. Pour parfaire ce tableau bling-bling, détour possible par les galeries d'art de ***Broad Avenue South*** *(plan zoom),* entre 2nd et 4th Street South.

Palm Cottage and Norris Gardens *(plan zoom)* **:** *137 12th Ave S. • napleshistoricalsociety.org • Sam 13h-16h, plus mar-ven sur résa (par Internet) 12h-15h. Entrée : 13 $; réduc.* Construite en 1895 par l'éditeur Walter Haldeman, Palm Cottage est la plus vieille maison de Naples (meublée dans le style de l'époque). La visite est complétée par les Norris Gardens et une vidéo de 24 mn sur l'histoire de la ville.

Naples Depot Museum *(plan zoom)* **:** *1051 5th Ave S. • colliermuseums.com • Tlj 9h-16h sauf dim-lun. GRATUIT.* L'ancienne gare de 1926 a été convertie en un modeste mais sympathique musée, qui passe rapidement en revue l'histoire des lieux (jolies photos anciennes) et expose divers véhicules d'époque : vénérable taxi-carriole, Ford T de 1922, belle Cadillac chromée, *swamp buggy...* Ajoutons, sur le parking, d'anciens wagons (on peut monter dedans).

Collier Museum *(plan B3)* **:** *3331 E Tamiami Trail. Mar-sam 9h-16h. GRATUIT.* Caché au sein du *Government Center,* le musée du comté, complémentaire du précédent mais plus daté, détaille davantage l'histoire des Indiens calusas et séminoles de la région, l'épopée des 1ers pionniers et la construction du *Tamiami Trail.* Dans le jardin : une maison des années 1920, un char d'assaut Sherman de la Seconde Guerre mondiale, la reconstitution d'un fort et d'un habitat séminole, une loco et un autre *swamp buggy* aux pneus de bombardier ! Pas incontournable, mais gratuit, on apprécie.

Naples Botanical Garden *(plan B3)* **:** *4820 Bayshore Dr. • naplesgarden.org • À 3,5 miles au sud de la ville par l'US 41 puis à droite sur Bayshore Dr. Tlj 9h-17h (dernière entrée à 16h), sauf sept et parfois le lun en été. Entrée : 20 $; 10 $ enfants 4-17 ans. Visite guidée incluse 10h-15h, à l'heure pile.* Ce vaste parc, étendu sur 69 ha, réunit des zones naturelles sauvages typiques de la Floride, autour d'un vaste lac (avec tour d'observation) et des jardins thématiques (brésilien, caribéen, asiatique, succulentes, orchidées...), joliment aménagés quoiqu'un peu jeunes pour certains. Quelque 6 100 espèces de plantes y sont répertoriées. De douces promenades en perspective donc, entrecoupées de recoins sereins, de bancs, de bassins et d'un coup d'œil à la volière à papillons. Espace dédié aux enfants.

Conservancy of Southwest Florida *(plan A2)* **:** *1495 Smith Preserve Way (par Goodlette Frank Rd). • conservancy.org •* ***Fermé pour travaux jusqu'à fin 2021.*** *Lun-sam 9h30-16h ; plus dim janv-mars seulement, 12h-16h. Entrée : 15 $, balade en bateau comprise (ttes les heures 10h-15h) ; 10 $ enfants 3-12 ans.* S'il ne vaut pas une escapade dans un vrai parc naturel, ce complexe tenu par des volontaires permet d'en apprendre plus sur les animaux de la région et leur habitat. L'activité la plus intéressante du site est la balade en petit bateau électrique (10 places) sur la Gordon River, à réserver dès votre arrivée. Le tour de 45 mn est mené par des guides incollables sur les 3 couleurs de mangrove et les nombreux oiseaux que vous croiserez. On peut aussi louer un kayak. Avant ou après, passage par le *Discovery Center* consacré aux différents écosystèmes de la région, avec quelques bébêtes dans des vivariums et un bassin où gratter le dos des mollusques, et par le *von Arx Wildlife Hospital,* qui recueille des animaux blessés avant de les remettre en liberté. On peut observer les pensionnaires par une vitre. Le *Conservancy* conduit parallèlement des recherches sur certaines espèces invasives (python et crapaud-buffle).

Naples Zoo at Caribbean Gardens *(plan A2)* **:** *1590 Goodlette-Frank Rd N. • napleszoo.org • Tlj 9h-16h30 (dernière admission à 15h30). Entrée : 23 $; 15 $ enfants 3-12 ans ; réduc.* Même si on n'est pas très zoo, reconnaissons que l'agencement de celui-ci, aménagé dans un ancien jardin botanique, est plutôt réussi. Les animaux sont regroupés par milieux naturels (forêts humides, désert africain, etc.), et les panneaux ludiques. Balade en bateau de 15-20 mn (incluse) pour découvrir plusieurs espèces de singes, et « zoo shows » dans un théâtre de plein air. Là, on accroche déjà moins... On peut aussi poser des questions aux soigneurs et les voir nourrir les alligators *(horaires variables, infos à l'accueil).*

DANS LES ENVIRONS DE NAPLES

Corkscrew Swamp Sanctuary : *375 Sanctuary Rd, à 17 miles au nord-est de la sortie 111 (par l'autoroute I-75) ; fléché. • corkscrew.audubon.org • Tlj 7h-17h30 (dernier accès à 16h30). Entrée : 17 $; réduc.* Le détour séduira les amoureux de nature. Un long *boardwalk* en bois (3,6 km) s'aventure ici entre prairie humide (inondée en été) et forêt de cyprès chauves, dont certains grands spécimens dépassent les 500 ans – des oiseaux rares, la plupart ayant été abattus par les bûcherons ou les ouragans. Les ornithologues viennent avant tout entre décembre et avril observer les tantales (cigognes d'Amérique) qui, par moments, se regroupent ici en nombre. On en compta jadis jusqu'à 100 000 ! On voit aussi des pics et pas mal d'anhingas, hérons et aigrettes (notamment au niveau des Lettuce Lakes, proches de l'entrée) mais, vu le tarif, mieux vaut s'assurer à l'accueil que les tantales sont là ! Exposition au centre des visiteurs et balades guidées.

PERDRE DES PLUMES

À la fin du XIXe s, les élégantes s'entichent de chapeaux en plumes d'aigrettes et de hérons. Les modistes paient alors cette précieuse matière première 2 fois le prix de l'or ! Dans les marais, c'est l'hécatombe. Jusqu'à ce que, en 1896, une Bostonienne de la bonne société se dresse contre cette pratique. Sa mission : sauver les échassiers. C'est ainsi qu'est née la célèbre Audubon Society, *la 1re organisation de protection de la nature des États-Unis.*

LA RÉGION DE FORT MYERS

755 000 hab.

• Carte *p. 299*

Lieu de résidence du célèbre inventeur Thomas Edison et de son ami Henry Ford, la région du comté de Lee est surtout fréquentée pour ses îles paradisiaques (plus d'une centaine, dont Sanibel et Captiva), ses 80 km de plages de

sable blanc et ses quelques parcs naturels. Située entre Naples et Sarasota, elle est baignée par la rivière Caloosahatchee (on ne le redira pas 2 fois !) et vit essentiellement du tourisme et de la pêche au gros. Gardez en tête que les distances d'une zone à l'autre sont importantes. Et les tarifs de l'hébergement, élevés, proportionnellement inverses à la distance de la plage...

FORT MYERS (82 250 hab.)

Ville principale du comté, Fort Myers est une ville très éclatée, dont le petit Downtown rétro en bord de baie, aux bâtiments bas couleurs Chamallow, a conservé un côté assez provincial. Jetez donc un coup d'œil à l'Edison Theater, au 1533 Hendry Street (angle Main Street) : du 100 % Art déco. Au-delà, le long de l'interminable McGregor Boulevard qui file vers les plages, se succèdent les villas cossues, dont celle d'Edison, bordées sur plus de 20 km par une enfilade de majestueux palmiers royaux. C'est d'ailleurs le Géo Trouvetou américain qui aurait planté les 200 premiers de ces arbres importés de Cuba.

Arriver – Quitter

Gare routière Greyhound : *2250 Widman Way. • greyhound.com • Près du Downtown. Tlj 10h30-17h, 19h30-20h05.* 2 bus/j. pour Tampa et les villes du nord de la Floride (en milieu de journée), 2 pour Miami (mat et soir). C'est aussi le terminal des bus locaux *Lee Tran.* Pas de liaison pour Sanibel et changement obligatoire pour Fort Myers Beach.

✈ ***Southwest Florida International Airport :*** *11000 Terminal Access Rd, suite 8671. • flylcpa.com • À 16 miles au sud-est du Downtown.* Vols vers de nombreuses grandes villes américaines. Agences de location de voitures.

Adresse et info utiles

Lee County Visitor & Convention Bureau : *2201 2nd St, suite 600. ☎ 239-338-3500. • fortmyers-sanibel.com/fr • Lun-ven 8h-17h.*

Lee Tran : *• leegov.com/leetran •* Un trolley gratuit circule dans le centre, sur 1st Street, jusqu'aux abords du musée Edison. Pour aller plus loin, ça se complique.

Où dormir à Fort Myers et aux environs ?

Pour dormir bon marché, vous trouverez des motels sur l'US 41 (Cleveland Avenue), au sud du Downtown. Parmi les moins chers (et néanmoins corrects), citons le ***Best Value Inn,*** avec piscine *(11501 S Cleveland Ave ; ☎ 239-936-3993 ; • redlion.com • ; doubles 65-140 $, petit déj inclus).* Demandez une des chambres rénovées (carrelées).

De chic à plus chic

The Hibiscus House : *2135 McGregor Blvd. ☎ 239-332-2651. • thehibiscushousebnb.com • Doubles 170-240 $, petit déj (copieux) compris. Enfants gratuits jusqu'à 17 ans.* Dans leur charmante maison en bois de 1923, à mi-chemin du musée Edison et du Downtown, Bob et Colleen proposent 5 chambres spacieuses et impeccables, au style *British* très soigné, avec belles salles de bains et jolis tons pastel. « The Palm » et « The Periwinkle » ont gardé leurs parquets d'origine, les autres sont nappées de moquette. Un véritable nid douillet.

Tarpon Lodge : *13771 Waterfront Dr, à* ***Pine Island.*** *☎ 239-283-3999. • tarponlodge.com • À 22,5 miles (36,2 km) au nord-ouest de Fort Myers par Cleveland Ave (Hwy 41) vers le*

LA CÔTE OUEST DE NAPLES À TAMPA

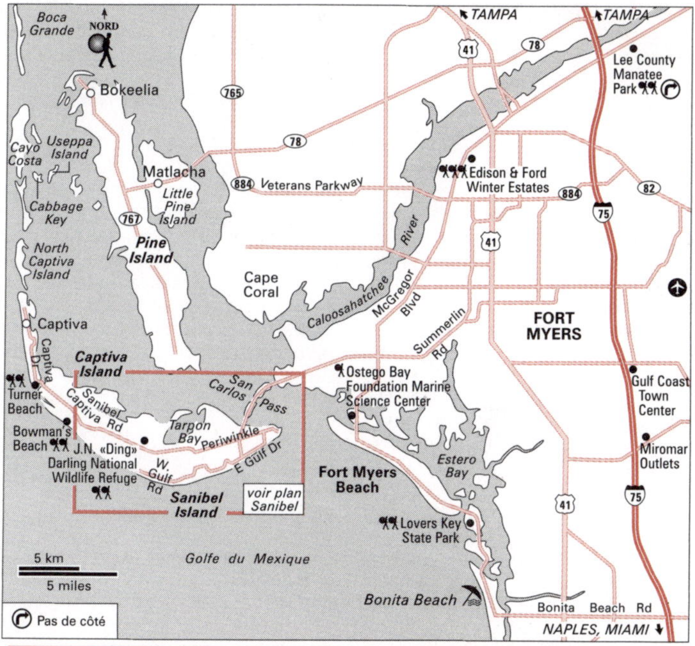

LA RÉGION DE FORT MYERS

nord, puis la Hwy 78 vers l'ouest. Une fois sur Pine Island, ne pas rater le panneau, à 3,2 miles au nord du carrefour de la 78 et de Stringfellow Rd. Min 2 nuits fév-mai. Resto tlj 11h30-16h, 17h-21h. Doubles 120-390 $. Plats 12-20 $ le midi, 20-50 $ le soir. Cet hôtel aux airs de petit bout du monde, bercé par les alizés dans les palmes et les cliquetis des bateaux s'amarrant au ponton, face à de vastes pelouses, exsude une belle atmosphère *old Florida.* On choisit entre les chambres plus standard de l'« Island House » et celles de l'« Historic Lodge » de 1926, tout blanc, plus bruyant à cause du resto mais cosy et aux beaux parquets anciens. Certaines ont vue sur la mer, d'autres non. Et puis il y a aussi un cottage spacieux et la *boathouse* (2 chambres et jacuzzi), tous 2 avec kitchenette et porche – seul bémol, ils donnent sur le bout du parking. Pas de plage mais une piscine. L'excellent restaurant propose pour le lunch une courte carte de savoureux petits plats : *crabcakes,* copieux sandwichs, salades garnies ou encore pêche du jour, à déguster dans une véranda au charme rétro. Le soir, c'est plus cher mais plus raffiné.

Où manger ? Où boire un verre ?

De bon marché à prix moyens

Oasis Restaurant : *2260 Dr Martin Luther King Blvd. Tlj 6h30 (7h30 sam-dim)-20h (15h lun-mar, 14h dim). Plats 6-12 $.* C'est le *diner* familier et familial, situé aux portes du Downtown et à quelques pas du terminal des bus. Au menu : tous les petits déj classiques, burgers, *fish & chips*, sandwichs (copieux), *meatloaf* et autres *fried shrimps.* Rien de très diététique, mais les prix sont canon.

McGregor Cafe : *4305 McGregor Blvd (en allant vers Fort Myers Beach et Sanibel). Tlj 8h (7h30 sam-dim)-15h. Plats 7-15 $.* Une super adresse pour un copieux petit déj ou pour le lunch. La cuisine y est excellente, tout particulièrement les salades, tartes salées et la *Key lime pie.* Très agréable terrasse ombragée devant. Le week-end, on vous proposera un *screwdriver* dès l'aube !

Downtown House of Pizza : *1520 Hendry St. ☎ 239-337-3467 (livraison 3 $). Tlj 10h-3h (22h dim-mar). Pizzas 12-24 $, parts 3-4,50 $.* Les habitués apprécient les pizzas *large* qui nourrissent déjà facilement 2 personnes à prix serré. En option : des salades et 8 bières locales. À descendre sur place, dans la salle lambda ou sur les hauts comptoirs, en beuglant un peu pour se faire entendre par-dessus la musique, ou, mieux, sur la terrasse avec quelques tables à l'arrière.

Ford's Garage : *2207 1st St. Tlj 11h-23h (minuit ven-sam, 22h dim). Burgers et plats 8-23 $.* Exploitant le souvenir d'une des 3 grandes figures locales, ce pub à burgers joue à fond la carte auto, avec serveurs en chemise de pompiste rétro et carcasse de bagnole fichée au-dessus du bar. Un cadre rigolo, pour se taper un bon burger bien charnu parmi la douzaine de recettes au choix – à moins de préférer confectionner le sien. Également de copieuses salades, des plats du Sud et des bières artisanales à la pompe (mais pas d'essence !). Tables sur le trottoir.

Farmer's Market Restaurant : *2736 Edison Ave (à l'est du Downtown). ☎ 239-334-1687. Lun-sam 6h-19h, dim 7h-16h. Plats 7-15 $.* Fondée en 1952, la maison se planque entre une entreprise de transport et un grand parking. Rien de sexy, mais les habitués affluent néanmoins pour la cuisine américaine familiale aux élans rétro, copieuse et sans chichis (le week-end, réservez !). Devant, les vieux barbecues noirs de suie fument comme des locomotives... Sympathique et ultra-populaire.

Chic

Roadhouse Cafe : *15660 San Carlos Blvd (à 15 km du Downtown, direction Fort Myers Beach). ☎ 239-415-4375. Tlj sauf lun 17h-21h (22h ven-sam) ; le lounge ferme 1h plus tard. Jazz live tlj à 19h (19h30 sam). Plats 13-37 $.* Le genre d'adresse qu'on ne s'attend pas à trouver dans un centre commercial ! Ce restaurant-café-concert propose de déguster une cuisine élaborée – ou de seulement boire un verre – tout en écoutant du jazz live. Salades et pâtes sont abordables, viandes et fruits de mer pas mal plus chers. Service irréprochable et accueil aux petits oignons.

Achats

Factory Outlets : Fort Myers possède aussi ses magasins d'usine. Les ***Miromar Outlets*** *(par l'I-75, sortie 123 ; lun-sam 10h-21h, dim 11h-18h)* regroupent presque toutes les grandes marques de prêt-à-porter et de chaussures. Un peu plus au nord, le ***Gulf Coast Town Center*** *(par l'I-75, sortie 128 ; mêmes horaires),* est essentiellement composé de grandes enseignes généralistes, type *JC Penney* et *Ross*. On y trouve aussi de grands magasins de sport et *outdoors.*

À voir. À faire

Le Downtown, s'il est plutôt sympa, est très vite parcouru. Ses rues s'animent pour l'***Art walk*** le 1er vendredi du mois (on passe de galerie en galerie) et pour le ***Music walk*** le 3e vendredi (18h-22h), avec de petits groupes disséminés sur les trottoirs.

Edison & Ford Winter Estates : *2350 McGregor Blvd. • edisonfordwinterestates.org • Tlj 9h-17h30 (fermeture des guichets à 16h30), sauf Thanksgiving et Noël. Entrée* **(avec audioguide en français)** *: 25 $; 20 $ enfants 13-19 ans, 15 $ enfants 6-12 ans ; visite guidée en anglais : 30 $ (réduc) ; gratuit jusqu'à 5 ans. Acheter son ticket à la boutique, beaucoup moins de monde ! Prévoir 2h30 de visite. Plusieurs visites guidées thématiques payantes. Jeux enfants sur différents thèmes.*

Au bord de la rivière Caloosahatchee, l'***Edison Winter Estates*** fut construit en 1886 comme résidence hivernale du célèbre inventeur (1847-1931). Il acheta la propriété surtout pour les bambous qu'il utilisait comme fil incandescent pour ses ampoules ! Les maisons et le labo sont restés dans l'état où ils étaient lorsque la veuve d'Edison fit don de la propriété à la Ville de Fort Myers en 1947. La visite se fait en 2 temps : côté terre, l'accueil, le musée et le labo ; de l'autre, au bord de la rivière, les jardins, avec les maisons d'Edison et celle de son voisin et ami Henry Ford (qui, jeune, travaillait pour lui ; c'est ainsi qu'ils firent connaissance).

CONCOURS LÉPINE

Entre 1869 et 1933, Edison déposa plus de 1 100 brevets ! 300 concernaient le domaine électrique, 150 le télégraphe, 100 les batteries, 35 les téléphones... C'est lui qui découvrit l'émission d'électrons par un filament conducteur chauffé à haute température dans le vide, une technologie à l'origine des néons. Il mit au point le téléphone Duplex (1864) et le phonographe (1877). Rien que ça !

Gramophone, projecteurs, piles, *multiphone* (l'ancêtre du juke-box)..., le musée présente un nombre incroyable d'objets sur lesquels Edison intervint. Conçu pour les recherches du trio Edison, Ford et Firestone sur le caoutchouc (lire encadré), le labo s'apparente lui à une véritable caverne d'Ali Baba des sciences, avec sa machinerie, ses tubes à essai... restés en l'état, comme si le temps s'était arrêté. Excellents films documentaires. N'oubliez pas d'admirer le plantureux banian devant l'entrée, parmi les plus grands d'Amérique.

PLANTE MIRACLE

Devant importer de l'étranger le caoutchouc nécessaire à leurs pneumatiques, Edison, Firestone et Ford dépensèrent une fortune pour dénicher une plante qui supporte mieux le climat américain que l'hévéa. Sans succès. Ce sont les Russes qui découvrirent la plante si recherchée : le pissenlit (eh oui !). L'armée soviétique utilisa beaucoup cette fleur banale, pendant la Seconde Guerre mondiale, pour fabriquer ses pneus.

De l'autre côté de la route, au centre du jardin, voici la maison principale *(Seminole Lodge)* et celle des invités, que l'on observe depuis l'extérieur seulement *(sauf avec la visite guidée spéciale jeu-ven à 11h).* Les meubles sont d'époque, tout comme, pendant du plafond, les 1ers lustres électriques, conçus par Edison. Dans la maison des invités furent reçus nombre d'hôtes de marque (c'est le cas de le dire) : Firestone, Colgate, Kellogg... Un vrai rayon de supermarché !

The Mangoes, la maison de Ford voisine, achetée en 1916 pour passer des vacances entre copains, est une modeste villégiature hivernale quand on la compare à l'immense fortune de son propriétaire (15 millions de Ford T vendues). Si le mobilier est d'époque, il s'agit d'une reconstitution. Sous un abri, devant, une Ford T de 1917, parmi d'autres.

Lee County Manatee Park : *10901 State Rd 80 (Palm Beach Blvd). • leegov.com • À 6,5 miles au nord-est du Downtown par la SR 80 ; passer sous l'autoroute I-75, c'est 1,2 mile plus loin. Bus n° 100 depuis le Downtown. Tlj de 8h au coucher du soleil. GRATUIT. Parking payant (2 $/h, max 5 $/j.). Loc de canoës ou kayaks.* De novembre à mars, par temps froid, on a de bonnes chances de pouvoir observer les lamantins qui viennent se réfugier dans les eaux à 20 °C sortant de la centrale électrique voisine... Ils sont en général plus nombreux le matin. Vidéo de présentation et explications gratuites par des volontaires en saison.

Great Calusa Blueway : voilà 306 km d'itinéraires en canoë-kayak permettant d'explorer (par tronçons) tout un ensemble d'écosystèmes typiques de la région – rivière Caloosahatchee et ses affluents, plages, mangroves, îles et îlots de la vaste Estero Bay (au sud de Fort Myers), Pine Island, Captiva et Sanibel. Les oiseaux sont partout, les dauphins et les lamantins souvent au rendez-vous. Pour aider à la navigation dans ce labyrinthe vert et bleu, les parcours sont jalonnés de panneaux indicateurs dont on connaît la position GPS. Infos détaillées, cartes, renseignements sur la location des canoës-kayaks avec ou sans guide, et organisation des hébergements auprès du *Lee County Visitor & Convention Bureau* (voir « Adresse et info utiles » plus haut).

FORT MYERS BEACH

À la fois station balnéaire populaire et 1er port crevettier du golfe du Mexique, Fort Myers Beach occupe une longue île-barrière s'étirant parallèlement au littoral. On y accède par des ponts à chaque extrémité, depuis Fort Myers ou Lover's Key. La plage, au sable blanc si fin qu'on croirait de la farine, est très belle et les prix, sans être bon marché, sont un poil moins élevés qu'à Sanibel. Tout se passe à l'ouest de l'île, autour de Times Square, de sa longue jetée en bois et d'Estero Boulevard, qui file vers l'est. Revers de la médaille, la zone est ultra-touristique et agitée, rassemblant un cocktail improbable de familles en goguette, *bikers* à bandana et post-ados en mode *spring break*. Le week-end et durant les vacances, bonjour les bouchons à l'aller, puis au retour de la plage. Quant au parking, c'est une denrée rare... et chère !

Adresses utiles et transports

Chamber of Commerce : *2450 Estero Blvd. • fortmyersbeach.org • Lun-ven 9h-17h.*

Lee Tran : *• leegov.com/leetran • Trajet : 1,50 $; pass journée 4 $.* En hiver, le trolley n° 400 relie le sud de Fort Myers *(Beach Park & Ride)* à Lover's Key en traversant de part en part Fort Myers Beach, tlj, ttes les 10-30 mn, 6h30-21h15. Il y a aussi un tram local gratuit, qui circule ttes les 15 mn dans la partie la plus commerciale de FMB. Pour venir du Downtown, en revanche, il faut changer 2 fois et attendre, la galère...

Fun Rentals : *1901 Estero Blvd. ☎ 239-463-8844. • funrentalsfmb.com • Tlj 9h-17h. Compter 15 $ pour 2h, 25 $/j.* Location de vélos pour adultes et enfants, VTT, tandems, siège bébé... Casque et cadenas sont fournis. Vu la difficulté à se garer, le vélo peut s'avérer utile si vous séjournez ici.

Bateau pour Key West : *avec* **Key West Express,** *départ de 1200 Main St (c'est la rue sur la gauche, juste avt le grand pont qui mène à Fort Myers Beach). • keywestexpress.net • A/R 161 $ (146 $ si achat plus de 8 j. avt) ; aller simple 101 $; réduc. Parking : 14 $/j. en plus...* Généralement, 1 rotation/j. à 8h, janv-avr (5/sem juin-fin oct), sur de gros ferries de 500 passagers (dernier embarquement à 7h45). Traversée : 3h30. Retour de Key West vers 18h (arrivée à 21h30).

Où dormir ?

De chic à plus chic

Manatee Bay Inn : *923 3rd St. ☎ 239-463-6906. • manateebayinn.com • Doubles 130-220 $, bon petit déj inclus.* Voilà une adresse qu'on est bien contents de vous indiquer ! Vous y serez très aimablement accueillis par

Lien, qui tient de main de maître(sse) ce discret petit *B & B* aux quelques chambres tournées vers la marina – où dauphins et lamantins pointent régulièrement le bout de leur nez. Elles sont impeccables, pas géantes mais cosy, avec coin salon et cuisine, et donnent directement sur la terrasse encadrée de 2 petites piscines (l'une chauffée, l'autre pas). Top !

Mango Street Inn : *126 Mango St (presque à l'angle d'Estero Blvd). ☎ 239-315-6323. • mangostreetinn.com • Doubles env 132-240 $. Min 3 nuits (réserver longtemps à l'avance).* En retrait de la route, à seulement 200 m de la plage, cet hôtel de poche réunit 7 studios donnant sur un patio à la terrasse en bois, semé de tables et fauteuils pour buller à l'ombre. Immenses, claires et printanières, toutes les chambres disposent d'une cuisine équipée et d'un salon séparé. Une vraie maison de vacances.

Où prendre le petit déj ? Où manger ? Où boire un verre ?

De bon marché à prix moyens

Tuckaway Cafe : *2301 Estero Blvd. Tlj 7h-20h. Petits déj 6-10 $, combo soupe-salade 5-7 $, plats 10-18 $.* L'ancien proprio belge a appris aux actuels à faire de bonnes (petites) gaufres à la liégeoise. Il y a aussi des bagels, des bagels-sandwichs, des sandwichs, des crevettes fraîches à peler soi-même, et même des bières artisanales. Accueil adorable. Si vous êtes plus *biscuit* que gaufre, filez, au bout du parking, chez **Heavenly Biscuit** *(tlj 7h-13h sauf lun ; cash only),* installé dans une adorable maisonnette en bois jaune pâle, turquoise et rose. Ils y sont moelleux à souhait et les *pecan rolls, cinnamon rolls* et *banana bread* sont bien aussi.

Edelweiss Burger : *1365 Estero Blvd. Tlj 11h30-21h sauf lun. Plats 8-21 $.* Le boss autrichien est carré : on vous remet une *checklist* digne de la NASA, sur laquelle cocher votre taille de burger (jusqu'à 1 livre !), type de viande, cuisson, choix de fromage, de pain, de *toppings* et de sauce ! Prévoyez 10 mn de réflexion. Ceux qui manquent de courage prendront un *Sound of Music,* avec bretzel et choucroute, ou l'*Elvis Presley's Favorite,* avec bananes grillées et *peanut butter.*

The Whale : *1249 Estero Blvd. Tlj 11h-21h ou 22h. Salades 7-10 $, sandwichs et plats 11-24 $.* C'est le *sports bar* à l'américaine typique, dans une déco à la touche marine. Au menu : serveuses zélées et souriantes, sandwichs replets, *wings* (ailes de poulet) grassouillets et touche asiatique pour accommoder les poissons et crevettes. En semaine, l'*happy hour* (14h-17h) se décline en musique, live. Et la grande terrasse de l'étage est parfaite pour le *sunset.*

De prix moyens à chic

Doc Ford's Rum Bar & Grille : *708 Fisherman's Wharf. ☎ 239-765-9660. En venant de Fort Myers, juste avt le pont qui mène à Fort Myers Beach, prendre à droite et contourner les bases du pont. Tlj 11h-22h. Sandwichs et salades 9-20 $, plats 20-30 $.* Ce bar-resto tout en bois déroule une vaste terrasse sur pilotis au ras de l'eau, face à une marina et au chenal où mouillent les crevettiers. Le lieu appartient à Randy Wayne White, un pêcheur du coin devenu auteur de polars à succès (voir ses autres adresses à Sanibel et Captiva). Le resto est à l'étage, alternant salles animées et terrasses couvertes. Côté cuisine, on navigue entre traditions du Sud, Caraïbes et reste du monde, sur un fond assurément marin. C'est bon, mais un peu cher. *Live music* du mercredi au samedi (18h30-21h) et le dimanche vers 13h au bar.

À voir. À faire

Ostego Bay Foundation Marine Science Center : *718 Fisherman's Wharf. • ostegobay.org • Lun-sam 10h-16h. Fermé pdt l'été. Entrée (suggérée) : 5 $; réduc ; gratuit jusqu'à 5 ans. Visite guidée (mer, env 3h) du musée et du port crevettier : 20 $; réduc ; sur résa.* Expo, aquariums et bassin tactile permettent de faire connaissance avec les écosystèmes de la région et leurs habitants. Le lieu est modeste mais presque gratuit, et les bénévoles sur place sont très calés.

Lovers Key State Park : *8700 Estero Blvd. • floridastateparks.org • L'entrée principale se situe à env 2 km après le pont qui relie Fort Myers Beach à l'île. Tlj de 8h au coucher du soleil. Entrée : 8 $/véhicule (2-8 pers), 4 $ si 1 seule pers à bord, 2 $/piéton ou cycliste.* Cette île préservée est sillonnée par 8 km de sentiers, à parcourir à pied ou à vélo, qui s'immiscent entre les différents bras de la lagune. On peut aussi s'y aventurer en kayak ou canoë *(41-63 $ la ½ journée),* ou même en *paddle,* lors d'un tour guidé *(65 $, réduc).* Une bonne occasion d'observer pélicans, hérons et autres ibis. Mais le must, ce sont les kilomètres de plage sauvage : baignade, pêche, ramassage de beaux coquillages, balade romantique au coucher du soleil (quoi de plus normal avec un tel nom ?)... Un tram y conduit toutes les 15 mn depuis le parking (400 m) !

Au sud du *Lovers Key State Park,* la jolie plage de sable fin de **Bonita Beach** n'est pas trop fréquentée. Avantage, on peut s'y garer gratuitement pour aller faire un plouf (les « *Beach access* » n°s 1 et 4 ont les plus grands parkings).

SANIBEL ET CAPTIVA ISLANDS

• Plan *p. 306-307*

Accessibles en voiture depuis Fort Myers par un long pont appuyé sur 2 îlots *(6 $),* les îles de Sanibel et Captiva se situent dans le prolongement l'une de l'autre, et l'on passe de la 1re à la 2de sans presque s'en rendre compte. En partie protégée par un parc naturel riche en mangrove, louée pour ses belles plages pleines de coquillages et sa nature tropicale luxuriante, Sanibel aurait tout d'un petit paradis... si les embouteillages ne l'accablaient pas systématiquement chaque week-end (venez en semaine !). Autres bémols : les parkings payants et hors de prix aux abords des plages *(5 $/h !),* qui poussent à prendre le vélo pour profiter du bon réseau de pistes cyclables, et l'absence totale d'hébergements abordables. En haute saison, les chambres affichent des tarifs indécents. Mais, au moins, évite-t-on ici les vilains immeubles... Attention, pas de lampadaires pour ne pas désorienter les tortues qui viennent pondre sur les plages la nuit, de mai à octobre !

– ***Orientation :*** plate, longue de 12 miles sur 2-3 miles de large, Sanibel *(plan)* est de loin la plus grande ; les adresses s'y répartissent surtout sur la moitié est. Longue mais très étroite, Captiva *(hors plan par A1)* fait plus directement face au golfe du Mexique et s'érode bien plus vite... pas le moment d'y acheter une villa ! On s'y sent nettement plus à l'étroit et la difficulté à se garer n'arrange rien si l'on n'y réside pas.

Adresses utiles

Chamber of Commerce Visitor Center *(plan D1) :* *1159 Causeway Rd, sur **Sanibel Island.** ☎ 239-472-1080. • sanibel-captiva.org • Sur la droite, juste après avoir franchi le pont en venant du continent. Tlj 9h-17h.* Plein d'infos délivrées avec le sourire, dont des plans de l'île.

■ ***Location de vélos, rollers et scooters :*** *chez* ***Finnimore's Bike & Beach Rentals*** *(plan B2,* ***1****), 2353 Periwinkle Way, sur* ***Sanibel*** *(derrière le Shopping Center Winds). ☎ 239-472-5577. • finnimores.com • Tlj 9h-17h. Vélo env 9 $ pour 4h et 13 $/24h.* Le loueur le moins cher de l'île, avec des tarifs dès 30 $ par semaine. Casque obligatoire pour les moins de 16 ans. Loue aussi kayaks et *paddles*. *Également* ***Billy's Rentals*** *à* ***Sanibel****, 1470 Periwinkle Way (plan C2,* ***2****) et au centre commercial* Bailey's *(plan B2,* ***4****). ☎ 239-472-5248. • billysrentals.com • Tlj 8h30-17h. Vélo à partir de 10 $ pour 4h et 15 $/j., scooters 60-110 $/j. Enfin chez* ***Yolo Water Sports****, 11534 Andy Rosse Lane, à* ***Captiva****. ☎ 239-472-1296 ou 9656. • yolowatersports.com • Tlj 9h-17h. Vélo à partir de 12 $/8h (jusqu'à 17h), 16 $/24h.* Propose aussi scooters, planches de surf, *paddles*, etc.

Supermarchés : *mieux vaut s'approvisionner dans l'un des* ***Publix*** *de Fort Myers, moins chers. Sinon, à* ***Sanibel*** *:* ***Jerry's Foods*** *(plan C2,* ***3****), 1700 Periwinkle Way. Tlj 7h-21h.* Cafétéria et *salad bar. Et* ***Bailey's*** *(plan B2,* ***4****), 2477 Periwinkle Way. Tlj 7h-21h.* Rayon traiteur, pour un pique-nique.

■ ***Parking des plages :*** ils sont tous soit très chers, soit réservés aux résidents (ceux marqués A•).

Où dormir ?

Les prix atteignent des sommets délirants l'hiver et, mis à part l'accès direct à la plage, la qualité des prestations n'est pas souvent en rapport avec le tarif exigé. Quelle que soit la période, réservez bien à l'avance. Et sinon, arrêtez-vous à la *Chamber of Commerce* en arrivant : ils sont au courant des disponibilités, actualisées 2 fois par jour.

À Sanibel

Camping

Periwinkle Trailer Park *(plan C2,* ***10****) : 1119 Periwinkle Way. ☎ 239-472-1433. • sanibelcamping.com •* ***Résa impérative en hte saison.*** *Compter 45-62 $/j. à 2 en tente. Arriver obligatoirement avnt 20h. CB refusées.* Le seul camping de l'île, cher et à 800 m de la plage, accueille surtout des mobile homes privés, mais il y a aussi une poignée d'emplacements pour tentes et *trailers*, plus ou moins ombragés, calés contre un petit étang et une volière à oiseaux exotiques – que des volontaires sortent de leurs cages plusieurs fois par semaine en hiver. Sanitaires peu nombreux et un peu datés mais propres, avec un espace dédié au nettoyage du poisson ! Attention, accueil brut de décoffrage (et sans *aucune* flexibilité).

De chic à plus chic

Blue Dolphin *(plan A2,* ***12****) : 4227 W Gulf Dr. ☎ 239-472-1600. • bluedolphincottages.com • 3 miles à l'ouest du carrefour de Tarpon Bay Rd. Doubles 140-315 $, petit déj inclus.* À l'écart du tumulte, dans un joli jardin tropical donnant directement sur la plage, les cottages blanc et turquoise abritent 9 studios et petits apparts (2-5 personnes) carrelés, simples, calmes et sympathiques, déclinant les mêmes couleurs à l'intérieur. Équipement au standard motel. Les moins chers ont cafetière et micro-ondes, tous les autres une cuisine. Vélos à disposition et matériel de plage. Accueil très aimable. Une adresse idéale pour déconnecter, abordable en été-automne. Notre préférée sur l'île, à vrai dire !

The Palm View *(plan C2,* ***11****) : 706 Donax St. ☎ 239-472-1606. • palmviewsanibel.com • Doubles env 120-310 $. Min 2-3 nuits.* Dans un agréable jardinet tropical, cette jolie maison déclinant un arc-en-ciel de couleurs pastel *(inside out)* accueille 6 suites avec cuisine équipée, pouvant loger 2 à 6 personnes – les plus chères avec chambre et salon séparés. Le proprio tient aussi le ***Sandpiper Inn*** voisin, tout aussi mignon et coloré, réunissant sur 2 niveaux une poignée de studios avec cuisine et balcon (grand pour certains).

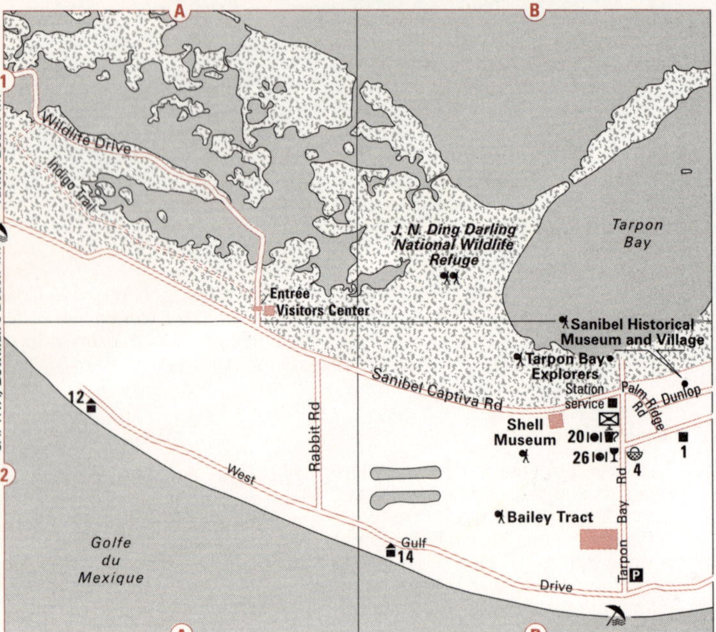

Adresses utiles

- Chamber of Commerce Visitor Center (D1)
- 1 Finnimore's Bike & Beach Rentals (location de vélos ; B2)
- 2 Sanibel Islander Trading Post Billy's Rentals (location de vélos ; C2)
- 3 Supermarché Jerry's Foods (C2)
- 4 Supermarchés Bailey's (B2)

Où dormir ?

- 10 Periwinkle Trailer Park (C2)
- 11 The Palm View et Sandpiper Inn (C2)
- 12 Blue Dolphin (A2)

2 adresses tranquilles, mais qui ne sont pas en bord de mer et n'ont pas de piscine, c'est leur point faible. Lave-linge, vélos et matériel de plage à dispo.

De chic à très chic

Seahorse Cottages (*plan D1,* **13**) **:** *1223 Buttonwood Lane. ☎ 239-472-4262. • seahorsecottages.com • Dans la 1re rue à gauche après le Lighthouse Café. Doubles 135-420 $.* Une poignée d'apparts tout équipés, aux tonalités claires, se partagent une maison basse en bois cernée par la végétation. L'ensemble a été récemment rénové, les lits sont confortables, le cadre sympathique, l'accueil excellent et le lieu... souvent complet des mois à l'avance en haute saison. Une bonne option pour l'été ! Piscinette à partager et vélos en prêt.

West Wind Inn (*plan B2,* **14**) **:** *3345 W Gulf Ave. ☎ 1-800-824-0476. • westwindislandresort.com • Doubles 175-435 $ pour 2, promos intéressantes en walk-in le jour même (même en hte saison).* Cet établissement pieds

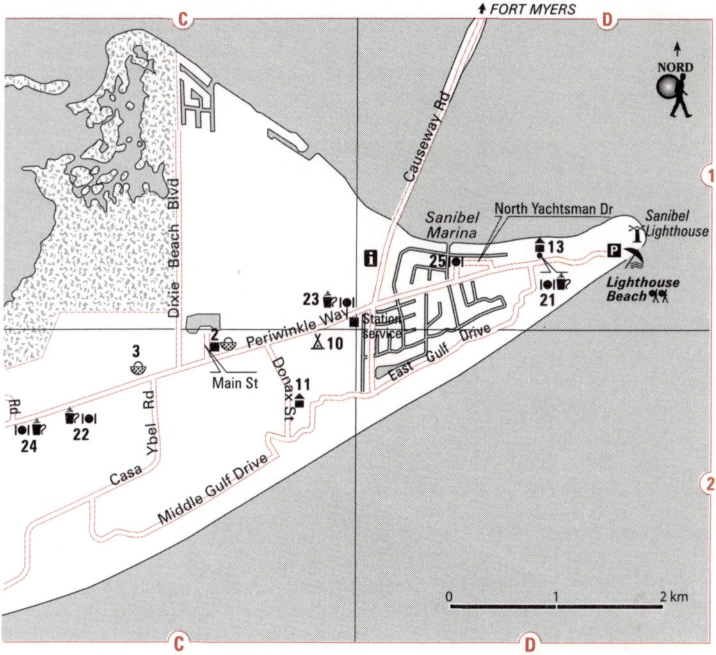

SANIBEL ISLAND

13 Seahorse Cottages (D1) **14** West Wind Inn (B2) **Où manger ?** **Où prendre le petit déj ?** **Où manger une glace ?** **20** Over Easy Cafe (B2) **21** Lighthouse Cafe (D1) **22** Sanibel Cafe (C2)	**23** Sanibel Fresh (C1) **24** The Island Cow (C2) **25** Gramma Dot's (D1) **26** Doc Ford's Sanibel Rum Bar & Grille (B2) **Achats** **2** Sanibel Islander Trading Post (C2)

dans l'eau, planté dans un secteur où les villas succèdent aux hôtels, abrite sur 2 étages des chambres spacieuses qui encadrent pour la plupart une belle piscine sur estrade entourée de gazon ; chacune dispose d'un balcon avec moustiquaire. Comme partout, elles sont trop chères en haute saison, mais on peut essayer de profiter des tarifs dernière minute vraiment attractifs (jusqu'à - 40 %). Le resto est plus que correct, dans des variations de bleu et de blanc à l'ambiance méditerranéenne. Accueil charmant.

À Captiva

De chic à plus chic

Jensen's Cottages & Marina : *15107 Captiva Dr. ☎ 1-833-668-7768. • jensensmarina.com • Compter 170-335 $ la nuit pour 2. Min 2-3 nuits en basse saison, 4-7 nuits en hiver.* Donnant sur une sorte de parking gravillonné planté de cocotiers, face à une marina de poche où croisent régulièrement des lamantins, la quinzaine de studios et apparts occupe une série de cottages blancs, simples mais agréables (2-6 personnes). Véranda avec moustiquaires et déco sobre et mignonne, au service d'une atmosphère détendue, très *old Florida.* Le lieu est tenu par le sympathique John et son frangin, qui proposent aussi des excursions pour observer les dauphins. Ils possèdent aussi le proche *Beach Resort,* encore plus cher...

Où manger ? Où prendre le petit déj ? Où manger une glace ?

Sur les îles, on mange et on se couche tôt !

À Sanibel

De bon marché à prix moyens

Over Easy Cafe *(plan B2,* ***20****) : 630 Tarpon Bay Rd. Tlj 7h-15h. Petits déj 7-12 $, lunch 8-14 $.* Une adresse spécialisée dans les petits déj : omelettes, sandwichs, pancakes, *eggs Benedict* au saumon fumé, *eggstra stuff...* Le midi, sandwichs, salades, *wraps,* burgers et quelques bons desserts pour les becs sucrés. Tout est copieux ! La déco fait honneur aux poules et poulets ! Terrasse plaisante.

Lighthouse Café *(plan D1,* ***21****) : 362 Periwinkle Way. ☎ 239-472-0303. Tlj 7h-15h, plus 17h-21h de mi-déc à avr. Petits déj 7-15 $; plats 9-15 $ le midi, 9-28 $ le soir.* Des photos de phares couvrent les murs de ce resto logé dans le petit centre commercial *Sea Horse Shops.* Très réputé pour ses petits déj variés et appétissants, il attire foule le week-end (réservez ou venez tôt !). Les *hot cakes* sont top et le jus d'orange vendu au litre ! Bonnes propositions du jour à l'ardoise aussi.

Sanibel Cafe *(plan C2,* ***22****) : 2007 Periwinkle Way. Tlj 7h (ou 7h30)-14h30. Plats 8-14 $.* Installé dans un grand centre commercial, ce café pimpant rappelle les *diners* avec un je-ne-sais-quoi de tropical – sans doute les coquillages en déco et en sous-verre. On y sert toutes sortes de petits déj toute la journée, mais aussi un panel classique de salades, burgers, *wraps* et de nombreux sandwichs. Rien de révolutionnaire, mais c'est bon, les prix sont contenus et l'accueil aimable.

Sanibel Fresh *(plan C1,* ***23****) : 1020 Periwinkle Way. Tlj 7h-15h. Plats 12-20 $.* Voilà une sorte de fast-food sain (si, si !). On commande au comptoir son burger de vache nourrie à l'herbe, ses légumes bio, son bacon sans nitrates, ses pancakes sans gluten ou son panini préparé à la commande. Il y a aussi bien sûr des salades, plus des gâteaux et des *açai bowls,* pour ceux qui aiment ça... Tables extérieures.

The Island Cow *(plan C2,* ***24****) : 2163 Periwinkle Way. Tlj 7h-21h. Petits déj 8-16 $, plats 11-26 $.* Il y a toujours foule dans cette vaste baraque encombrée de bibelots vache et de photos de parties de pêche, flanquée d'une grande véranda. La carte, longue comme le bras, additionne une multitude de plats pas toujours très raffinés mais qui restent d'un bon rapport qualité-prix : poisson et *seafood,* viande, *gator*, sandwichs, mexicain, barbecue... À cela s'ajoutent aussi de nombreux *specials* du jour et des petits déj (« egg-celents » !). *Live music* en fin de semaine et, en prime, essuie-tout sur la table pour se dégraisser les paluches...

De prix moyens à chic

Gramma Dot's *(plan D1,* ***25****) : 634 N Yachtman Dr, à la Sanibel Marina. ☎ 239-472-8138. Tlj 11h15-20h. Résa pour le dîner en terrasse seulement. Plats 11-19 $ le midi, 23-45 $ le soir.* Donnant sur les yachts de luxe, ce restaurant posé sur l'eau porte le surnom d'une femme de caractère, Dorothy Stearns, navigatrice hors pair et décoratrice passionnée de coquillages, qui cuisinait les tartes et gâteaux du resto... Si vous voulez être sûr d'avoir une place, venez tôt car les habitués remplissent (très) vite les tables et le bar ! Le poisson est bien frais et pas forcément frit – demandez le *grilled* ou *blackened* (aux épices cajuns). Moins cher, le midi : salades, sandwichs et burgers. Il y a aussi quelques *cold lunches,* servis avec des fruits, comme aux Caraïbes ! Un must : la *coconut curried lobster salad.*

Doc Ford's Sanibel Rum Bar & Grille (plan B2, **26**) **:** *2500 Island Inn Rd, presque en face du centre commercial* Bailey's. *Tlj 11h-22h. Pas de résa. Salades et sandwichs 10-17 $, plats 20-30 $.* Cet immense *sports bar* appartient à Randy Wayne White, un guide de pêche du coin devenu auteur de polars à succès. Il tire son nom du personnage principal de ses romans, Marion Doc Ford, biologiste marin et ex-espion. L'auteur a monté ce restaurant à l'endroit où il vendait du poisson dans les années 1970 ! On le retrouve naturellement à la carte, préparé sur des notes vaguement caribéennes, aux côtes de moult *ribs,* poulet à la cubaine, *chicken tacos* et autres *Yucatan shrimps.* La terrasse est toute désignée pour siroter un mojito, mais préparez-vous à un peu d'attente et apportez les bouchons d'oreilles ! Également un *Doc Ford's* à Captiva *(5400 S Seas Plantation Rd ; mêmes carte et horaires)* et un à Fort Myers Beach (lire plus haut).

À Captiva

***The Mucky Duck* :** *11546 Andy Rosse Lane. Tlj 11h30-15h, 17h-21h30. Pas de résa. Plats env 10-22 $ le midi, 20-40 $ le soir.* Posé juste en retrait de la (très belle) plage, ce pub-resto au look *British,* toujours bondé, occupe une ancienne auberge en bois qui a dû déménager à cause de l'avancée de la mer... La carte, ultra-classique, voit se côtoyer plats de pub (façon *fish & chips*), viandes grillées, *seafood* et plats en sauce. On vous conseille de privilégier les plus simples et de venir plutôt au déjeuner. Au dîner, on a droit au canard à l'orange sur fond de *live music.* Parking vite saturé le midi !

***The Bubble Room* :** *15001 Captiva Dr. Tlj 11h30-15h, 16h30-21h. Plats 10-20 $ le midi, 20-35 $ le soir.* Ce resto vaut le déplacement rien que pour son décor délirant, inspiré du cinéma et du monde du spectacle américain des années 1930-1950. Dans une bicoque tarabiscotée, les 5 salles, ultra-kitsch, alignent photos de films, bibelots de toutes sortes, petit train électrique... Il y a même la vitrine de Noël du magasin *Macy's* de 1938 et un bout du décor de *Vingt mille lieues sous les mers* ! Visez aussi l'uniforme des serveurs (les « Bubble scouts »)... Cuisine plus banale mais copieuse et colorée de fruits tropicaux. Quant aux imposants gâteaux crémeux qui font aussi la réputation du lieu, ils sont à son image : fluo !

Achats

Sanibel Islander Trading Post *(plan C2,* **2**) **:** *1446 Periwinkle Way. Tlj 10h-18h.* Cette incroyable brocante regorge de vieilleries scrupuleusement organisées par sections : potions antiques et autres vieilles boîtes de médicaments, jouets, héros de B.D., chopes à bière, cuisine et vaisselle, appareils photo, téléphones, plaques d'immatriculation, objets et figurines kitsch, conserves et vieux lubrifiants, souvenirs de crooners, etc. Les amateurs de vintage passeront un bon moment à fouiner dans ce lieu hors du commun. Musique rétro de rigueur.

À voir. À faire

À Sanibel

Les plages* :** c'est avant tout pour elles que l'on vient, même si le parking y est systématiquement hors de prix *(5 $/h, 7h-19h)* ! Si le sable est un peu moins blanc ici, elles restent assez sauvages, à l'image de ***Bowman's Beach *(hors plan par A1),* située à 5,4 miles (8,6 km) à l'ouest du carrefour central, en direction de Captiva (puis à gauche). Réserve naturelle, étendue sur des kilomètres, elle est soulignée par un large rideau de raisiniers, petits palmiers et bois de fer. On y trouve d'excellentes infrastructures : toilettes impeccables, tables et grilles à BBQ dans la verdure près du parking, en retrait de la plage, douches, ibis curieux...

Le ***ramassage de coquillages*** (*shelling* en anglais) est ici une véritable religion. À marée basse, les habitués débarquent avec leur seau et avancent pliés en 2 le long du rivage... Cette posture voûtée a même son nom : le *Sanibel stoop* ! Les plus fervents sortent de nuit, avec leur lampe frontale, pour être les 1ers servis ! Si l'on trouve des coquillages partout, c'est encore mieux à ***Turner Beach*** *(hors plan par A1),* au niveau de Blind Pass, le chenal qui sépare Sanibel de Captiva. Et très bien aussi à ***Lighthouse Beach*** *(plan D1),* à l'extrémité est de Sanibel, même si la concurrence y est plus rude. Dans tous les cas, vérifiez que les coquilles sont bien vides !

J. N. « Ding » Darling National Wildlife Refuge *(plan B1)* **:** *accès sur Sanibel Captiva Rd. • fws.gov/refuge/jn_ding_darling • Circuit en voiture : tlj sauf ven de 7h (7h30 mars) au coucher du soleil (dernière sortie 30 mn après). Entrée : 10 $/voiture ; gratuit moins de 15 ans. Circuit piéton ou à vélo (Indigo Trail) : tlj du lever au coucher du soleil ; 1 $ (gratuit ven). Visite commentée en navette (1h30), départs variables selon saison, tlj sauf ven, ttes les heures env janv-avr, parfois indisponible en basse saison : 13 $; réduc. À l'entrée du site,* Visitor and Education Center *: tlj sauf dim et j. fériés 9h-16h ; GRATUIT. On peut pêcher et louer canoës, vélos, etc., mais interdiction formelle de ramasser des coquillages.*

Couvert de mangrove et d'étangs, le tiers nord de Sanibel, côté continent, a été classé sanctuaire de la vie sauvage. Ici vivent quelque 245 espèces d'oiseaux (pélicans, ibis, hérons, spatules roses, vautours...), particulièrement nombreux en hiver, mais aussi des ratons laveurs, des loutres, de discrets *bobcats* (lynx roux), des alligators et autres reptiles (tortues). C'est tôt le matin ou avant le coucher du soleil, quand la marée est basse, que vous aurez le plus de chance de pouvoir les observer (ne rêvez pas trop pour les lynx, qui sont nocturnes).

Le ***Visitor and Education Center*** abrite une petite exposition bien faite sur le parc et les animaux à voir. Les rangers ayant fait leur tour le matin sauront vous dire qui voir où ! On saute ensuite dans sa voiture pour avaler la ***Wildlife Drive,*** un circuit de 4 miles (6 km) à sens unique, qui traverse la réserve de part en part (fermée le vendredi). Aurez-vous de la chance ? En journée, en hiver, il y a beaucoup de monde...

Autre option : l'***Indigo Trail,*** un parcours de 6 km aller-retour à faire à pied ou à vélo. Il commence à gauche, juste au début du circuit bitumé. Si vous ouvrez l'œil, vous verrez peut-être des alligators et certainement beaucoup d'oiseaux. Mieux vaut l'emprunter à vélo ; à pied, ce large chemin coupant tout droit dans la mangrove peut paraître monotone à la longue... Au bout, plutôt que de revenir sur ses pas, on peut se repiquer sur la *Wildlife Drive.* Il y a aussi 2 autres courtes balades (500 m), le ***Calusa Shell Mound Trail,*** consacré aux Indiens calusas, et le ***Wulfert Keys Trail,*** qui mène jusqu'au Pine Island Sound. N'oubliez pas chapeau, eau et crème solaire !

Bailey Tract *(plan B2)* **:** *accès sur Tarpon Bay Rd. GRATUIT.* Un site naturel moins fréquenté, dont les étangs sont bordés d'environ 3 km de sentiers. Bonnes chances d'observer ibis, hérons, aigrettes et alligators.

Tarpon Bay Explorers *(plan B2)* **:** *900 Tarpon Bay Rd. • tarponbayexplorers.com • Entreprise partenaire du J. N. « Ding » Darling National Wildlife Refuge. Tlj 8h-18h (17h d'oct à mi-fév), sauf Noël. Résa conseillée. Visites guidées 30-50 $/*

pers ; réduc enfant. Cette structure propose toutes sortes d'activités pour explorer la réserve naturelle et ses abords : promenades en *paddle,* canoë ou kayak (y compris au coucher du soleil), observation des oiseaux (avec un naturaliste), dauphins et lamantins (1 chance sur 2 de les voir !), pêche, mais également location de bateaux et de vélos, etc.

Bailey-Matthews National Shell Museum (plan B2) **:** *3075 Sanibel Captiva Rd. • shellmuseum.org • Sur la route du J. N. « Ding » Darling National Wildlife Refuge. Tlj 10h-17h. Entrée : 24 $; enfants 9-15 $; réduc.* On y découvre un grand nombre de coquillages du monde entier et leur utilisation dans l'art tribal, la médecine, la cuisine... Un ***aquarium*** a été inauguré en mars 2020, avec notamment 2 *touch tanks,* des nautiles, poulpes, bénitiers géants et de rares junonia vivants, ces belles volutes crème tachetées de brun que les *beachcombers* recherchent avec avidité sur les plages de Sanibel après les tempêtes. Le musée a même créé une appli pour reconnaître les coquillages !

Sanibel Historical Museum and Village (plan B2) **:** *950 Dunlop Rd (fléché depuis Periwinkle Way). • sanibelmuseum.org • Mar-sam 10h-16h (13h mai-juil). Fermé d'août à mi-oct. Entrée : 10 $; gratuit jusqu'à 18 ans. Visite guidée sur demande. Demander le feuillet en français à l'accueil.* Une dizaine de mignonnes et authentiques bâtisses en bois de 1896 à 1927 ont été regroupées ici : bureau de poste, école, *general store,* salon de thé, modeste cottage de pêcheur... meublés comme à l'époque. Le *Caretaker's Cottage* évoque les conditions de vie de la petite communauté afro-américaine de l'île durant la ségrégation. Vidéo de 18 mn au *Visitor Center.* Également une Ford T.

INVASION DE TARPONS

Prédateur vorace, le tarpon est un poisson des mers chaudes qui peut, adulte, atteindre 180 kg et 2,50 m. Entre avril et juin a lieu, au large de Pine Island, une des plus grandes migrations de tarpons au monde. De quoi attirer les amateurs de pêche sportive en si grand nombre qu'il est alors possible de traverser la passe en marchant sur les bateaux, dit-on !

À Captiva

Excursions en bateau : *avec* ***Captiva Cruises,*** *McCarthy's Marina, 11401 Andy Rosse Lane. ☎ 239-472-5300. • captivacruises.com • Réserver par tél ou sur place. Attention, certains départs ont lieu au South Seas Island Resort, à Captiva, mais à env 20 mn de voiture. Parking sur place : 5 $. Formules 30-55 $/pers ; réduc de 10-15 $ jusqu'à 12 ans.*

Les options pour explorer baie et îles environnantes, certaines accessibles uniquement par bateau, sont nombreuses. Les enfants apprécieront le ***Dolphin & Wildlife Cruise*** (1h30), qui garantit la présence de dauphins à 98 %. Outre les classiques croisières au *sunset,* on peut aussi rejoindre l'île sauvage de ***Cayo Costa*** *(tlj sauf dim ; accès 2 $/pers),* classée *State Park,* et ses 14,5 km de plages sublimes. Avec 9,8 km², c'est l'une des plus grandes îles-barrières de la côte ouest de Floride. Préférez l'excursion à la journée, qui laisse 4h sur place, ou prévoyez de camper ou loger dans les cabines très rustiques du parc *(• reserveamerica.com • ou ☎ 1-800-326-3521).* Dans tous les cas, apportez de quoi manger.

D'autres excursions mènent sur l'île privée d'***Useppa,*** où l'on trouve un hôtel-resto *(Collier Inn)* et un intéressant petit musée d'histoire locale, et à ***Cabbage Key,*** où l'unique resto affiche des billets sur tous ses murs. Attention, pas de plage sur ces 2 îles. On peut aussi rejoindre l'île de ***Boca Grande*** *(sauf août)* et le *Tarpon Lodge* à ***Pine Island,*** mais là, il y a aussi des routes pour y aller.

SARASOTA

55 000 hab.

• Plan d'ensemble *p. 313* • Zoom *p. 315*

Côté terre, la ville, au Downtown propret et agréable, revendique son penchant culturel, avec comme figures de proue l'*Asolo Theater,* bâti en 1798 près de Venise et envoyé en Amérique en pièces détachées (!), et le formidable *Ringling Museum,* héritage de l'âge d'or du cirque, lorsque John Ringling et sa troupe prenaient leurs quartiers d'hiver ici, dans les années 1920. Côté mer, une panoplie d'îles-barrières accessibles par des ponts aériens (Longboat, Lido et Siesta Keys) baigne dans une atmosphère B.C.B.G., entre jolies plages et boutiques chics, façon Nice ou Cannes au bord du golfe du Mexique. Cette double identité séduit une population aisée et plutôt âgée, mais aussi pas mal de Français ! Capitale autoproclamée de la « Cultural Coast », Sarasota accueille par ailleurs un Festival du film international.

Arriver – Quitter

Greyhound *(plan d'ensemble) : 5951 Porter Way. • greyhound.com • À 6,5 miles à l'est du centre, près de l'I-75. Le bus n° 1 mène ensuite à Downtown (pass journée à 4 $, vendu à bord).* 2 bus/j. (ap-m) vers Tampa et Orlando, 2 vers Miami (mat et soir) dont un passe par Naples.

Orientation

Sarasota est une ville tout en longueur, qui s'étire ***de part et d'autre de l'US 41 (Tamiami Trail).*** Quand on vient du nord, on croise d'abord les chaînes de motels, puis l'aéroport et le fameux musée Ringling. Quelques kilomètres plus loin, on atteint Downtown, où l'on peut bifurquer vers la ***baie de Sarasota et ses îles*** : d'abord la petite ***Bird Key*** et la chic ***Lido Key*** (célèbre Lido Beach) puis, vers le nord, la très longiligne et résidentielle ***Longboat Key*** (plage interminable). Au-delà, passé la belle ***Coquina Beach,*** très sauvage, on atteint la station balnéaire familiale de ***Bradenton Beach*** puis, tout au bout de la route, ***Anna Maria Island,*** très tranquille. Là, on est déjà à 17 miles (27,2 km) de Downtown... Au sud de Sarasota, par l'US 41, on accède, par Siesta Drive ou par Stickney Road, à ***Siesta Key,*** surtout dotée de villas et de bars.

– ***Parking :*** le stationnement est payant sur Main Street (1,50 $/h), mais gratuit partout ailleurs (il est limité à 2h en centre-ville et à la plage, mais sans limite dans les zones plus périphériques). Plusieurs parkings couverts gratuits longue durée à Downtown, notamment sur State Street *(zoom B2)* et sur 2nd Street, à côté du *Whole Foods Market (zoom A-B1, **1**).*

Adresse utile

Visit Sarasota *(zoom B1) : 1945 Fruitville Rd. ☎ 941-706-1253. • visitsarasota.com • Lun-sam 10h-17h (14h sam).*

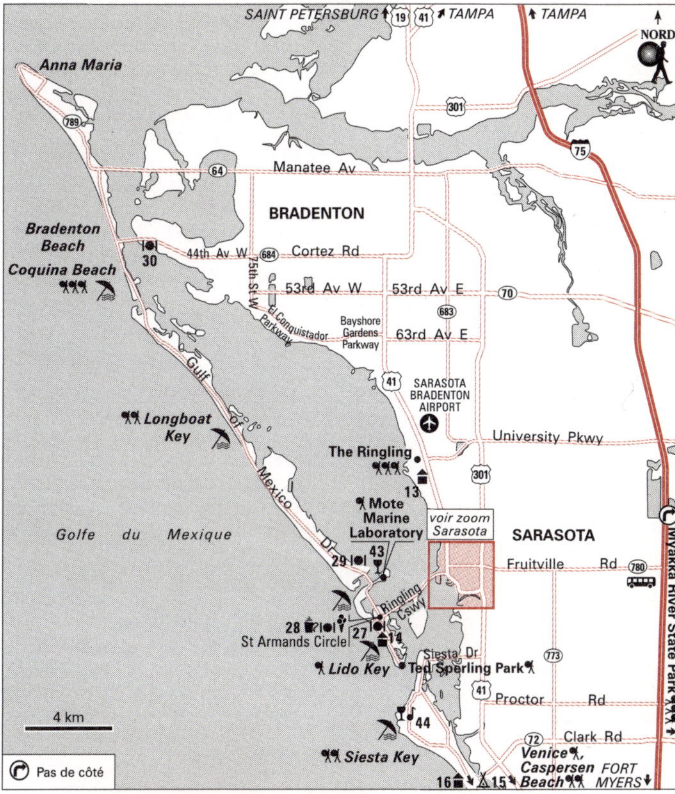

SARASOTA – Plan d'ensemble

Où dormir ?

Au nord de Sarasota

Le ***Tamiami Trail*** regroupe la plupart des motels abordables, mais le secteur est passant, et les prestations de qualité très inégale. Voici tout de même une bonne adresse.

De prix moyens à chic

Super 8 (*plan d'ensemble*, **13**) : *4309 N Tamiami Trail (US 41). ☎ 941-549-8840. • wyndhamhotels.com/super-8 • À 2,5 miles au nord de Downtown. Doubles 70-260 $, petit déj léger inclus.* En bord de *highway*, ce motel banal a été récemment relooké et propose des chambres certes standard mais pour la plupart impeccables, modernes et personnalisées, avec parquet flottant et grandes photos vintage en noir et blanc. Machines à laver et piscine à côté du parking, pour qui aurait trop chaud...

Au centre de Sarasota

Rien de vraiment abordable en centre-ville.

De chic à très chic

Art Ovation Hotel *(zoom A1,* ***11****) : 1255 N Palm Ave. ☎ 941-316-0808. • artovationhotel.com • Doubles 160-510 $.* Aux marges de Downtown, ce gros hôtel récent, affilié à la chaîne *Marriott,* se donne des airs diablement *trendy* avec sa réception lumineuse et éthérée doublée d'une galerie contemporaine, ses artistes en résidence et son *rooftop* avec piscine et bar (voir aussi « Où boire un verre ?... »). Les chambres sont spacieuses, ultra-confortables, avec canapé-lit en plus, moquette design, salle de bains en marbre noir et... porte-crayons de couleur éléphant pour l'artiste qui sommeille en vous. Les prix s'envolent l'hiver, alors profitez des réductions de basse saison ! Grand *fitness center.*

Hotel Indigo *(zoom A1,* ***12****) : 1233 Boulevard of the Arts. ☎ 941-487-3800. • ihg.com • Doubles 145-450 $.* Planté sur l'avenue côtière (principal bémol), ce gros boutique-hôtel abrite 95 chambres et suites lumineuses, aux couleurs printanières. Spacieuses et design, elles sont d'un confort achevé, avec une grande salle de douche, parquet, lits douillets et frigo. Le *H2O Bistro,* qui se fournit en produits locaux, propose snacks et sandwichs 24h/24. À l'extérieur, 2 bassins chauffés tentent de pallier le manque de vraie piscine. Accueil très pro.

À Lido Key

La plage de Sarasota, chic et chère.

De chic à plus chic

Gulf Beach Resort Motel *(plan d'ensemble,* ***14****) : 930 Ben Franklin Dr. ☎ 941-388-2127. • gulfbeachsarasota.com • Doubles 115-230 $, studios 125-275 $, apparts 165-300 $. Resort fee 10 $.* Ce motel rose est le 1er à avoir été construit à Lido Key, en 1950. Classé Monument historique, il ne deviendra jamais un de ces immeubles champignons qui enlaidissent le paysage. Sa particularité est d'être une copropriété : chaque chambre appartient à des particuliers et est donc décorée de manière différente... pas toujours au goût du jour ! Toutes sont carrelées et comportent a minima frigo, cafetière et micro-ondes, ainsi qu'une petite véranda fermée avec chaises et table en plastique. Sans chichis, donc, mais une agréable ambiance vacances. Piscine et accès direct à la plage.

Coquina on the Beach Resort *(plan d'ensemble,* ***14****) : 1008 Ben Franklin Dr. ☎ 941-388-2141. • coquinaonthebeach.com • Motel composé de 3 parties.* Poolside Building, *près de la mer et de la piscine : studios 190-260 $;* Beach View Building *(suites) 240-300 $;* Patio Building *(studios) en face du parking 160-230 $.* Au bord de la plage (c'est là le principal avantage !), des chambres spacieuses, confortables, bien tenues, équipées d'une cuisine et d'un micro-patio au rez-de-chaussée ou d'un balcon à l'étage. Piscine cernée de transats. Cher tout de même !

À Siesta Key

Cette petite station balnéaire colorée et animée borde une belle plage. Pas mal de bars dans le secteur, pour une ambiance plus jeune et dynamique qu'ailleurs. Prix élevés, en revanche.

Camping

Turtle Beach Campground *(hors plan d'ensemble,* ***15****) : 8862 Midnight Pass Rd. ☎ 941-861-2267. • scgov.net/turtlebeachcampground • Emplacements 42-70 $ (3 nuits min certains w-e fériés).* C'est le seul du coin : une longue bande de terre avec des emplacements de part et d'autre de l'allée centrale, séparés par de petites haies, avec... la plage juste au bout, en direct, et quelques tables de pique-nique nichées entre les arbres. La quarantaine d'emplacements est très demandée par les *snowbirds,* réservez bien à l'avance en saison ! Laverie.

De chic à plus chic

The Capri at Siesta *(plan d'ensemble,* ***16****) : 6782 SaraSea Circle.*

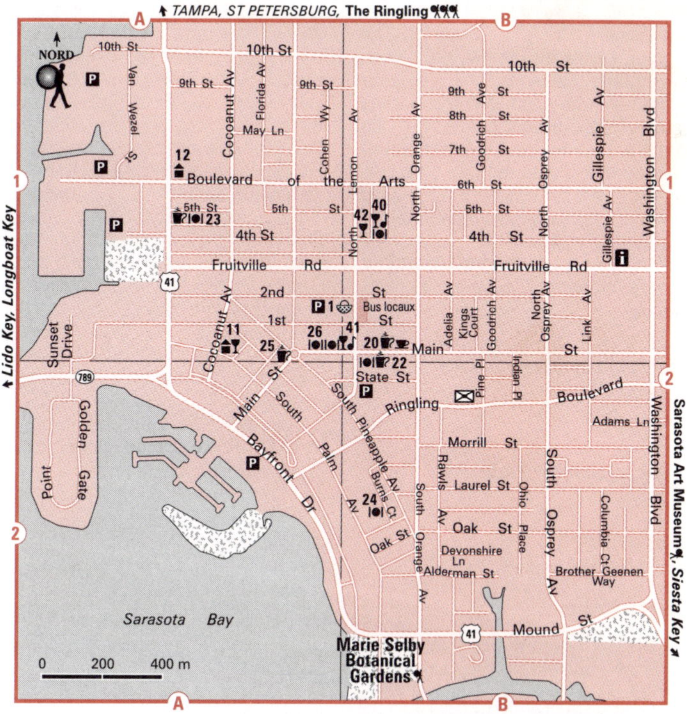

SARASOTA – Zoom

Adresses utiles

- Visit Saratosa (B1)
- 1 Whole Foods Market (A-B1)

Où dormir ?

- **11** Art Ovation Hotel (A1)
- **12** Hotel Indigo (A1)
- **13** Super 8 (plan d'ensemble)
- **14** Gulf Beach Resort Motel et Coquina on the Beach Resort (plan d'ensemble)
- **15** Turtle Beach Campground (hors plan d'ensemble)
- **16** The Capri at Siesta (plan d'ensemble)

Où manger ? Où prendre une glace ?

- **20** C'est la Vie ! (B1)
- **22** Boca (B1-2)
- **23** Toasted Mango Cafe (A1)
- **24** Owen's Fish Camp (B2)
- **25** First Watch (A1)
- **26** Duval's (A1)
- **27** Lido Beach Restaurant (plan d'ensemble)
- **28** Madison Avenue Cafe and Deli, Tommy Bahama, Shore et Settimi's Gelato (plan d'ensemble)
- **29** Dry Dock Waterfront Grill (plan d'ensemble)
- **30** Starfish Company (plan d'ensemble)

Où boire un verre ? Où écouter de la musique ?

- **11** Perspectives (A1)
- **40** Blue Rooster (B1)
- **41** Mattison's City Grille (B1)
- **42** Mandeville Beer Garden (B1)
- **43** Old Salty Dog (plan d'ensemble)
- **44** Siesta Key Oyster Bar, Old Salty Dog, Siesta Key Wine Bar et Beach Club (plan d'ensemble)

☎ 941-684-3244. • capriinternational.com/capri • Doubles 150-310 $. Le quartier, plutôt résidentiel, est calme, et la plage est à 100 m. L'établissement, aux faux airs de motel, abrite juste 2 studios (avec kitchenette et coin repas) et 8 suites (pour 4-5 personnes) de bon confort mais un peu sombres. Elles donnent sur une cour-jardin avec barbecue, fauteuils d'extérieur, tables et chaises en bois avec parasol. Le confort et les lits sont bons, le mobilier, en bois foncé et/ou en rotin, les sols, carrelés.

Au sud de Sarasota

Camping

⛺ ***Oscar Sherer State Park :*** *1843 S Tamiami Tr (Hwy 41), à **Osprey.** ☎ 941-483-5956 (infos) ou 1-800-326-3521 (résas). • floridastateparks.org • floridastateparks.reserveamerica.com • À 11,5 miles (18 km) au sud de Sarasota. Tlj de 8h au coucher du soleil. Entrée : 5 $. Emplacements 15-26 $.* Un petit miracle que ce joli pan de nature préservée au milieu de l'extension urbaine ! On y trouve un vaste camping aux emplacements dissimulés dans la végétation tropicale, offrant pour la plupart une bonne intimité. En prime : une possible sortie en kayak sur la South Creek, la plage du Lake Osprey, des aigles chauves qui nidifient sur place (assez faciles à voir) et une solide population de geais buissonniers.

⛺ Voir aussi le beau camping du ***Myakka River State Park,*** décrit « Dans les environs de Sarasota ».

Où manger ?

Downtown

Dans le petit centre-ville, l'animation se résume au secteur de Main Street, bordée de nombreux restos et bars. L'atmosphère est sympa et la voiture se révèle pour une fois inutile. Pour se bricoler un pique-nique, on trouve un supermarché bio ***Whole Foods Market*** (avec beau *salad bar*) à l'angle de Lemon Avenue et 2nd Street *(zoom A-B1, **1** ; lun-sam 8h-21h, dim 9h-21h).* Il y a des tables à l'arrière, dans la ruelle, pour s'installer. Le samedi matin (7h-13h), profitez du grand ***Farmers Market*** qui se tient sur Lemon Avenue (et Main Street).

Spécial petit déjeuner et lunch

☕ 🍽 ***Toasted Mango Cafe*** *(zoom A1, **23**) : 430 N Tamiami Tr (et 5th St). Tlj 7h-15h. Petits déj 7-13 $, plats 7-15 $ le midi.* On aime bien son ambiance *diner,* le service dynamique et la mangue qui s'invite aux côtés des gaufres et jusque dans les *wraps* et sandwichs du lunch ! Il y a même du beurre à la mangue... Nombreux habitués et bonne humeur, la recette est contagieuse. En prime : quelques tables à l'extérieur.

☕ 🍵 ***C'est la Vie !*** *(zoom B1, **20**) : 1553 Main St. Tlj sauf dim 7h30-18h (22h ven-sam) ; brunch dim 8h30-15h30. Petits déj 7-14 $, le midi 8-18 $.* Cette boulangerie-salon de thé française, tenue par Géraldine et Christophe depuis 1997, séduira les nostalgiques des croissants (à 3 $...), baguettes, crêpes, tartines et omelettes. Également des quiches, un beau choix de salades, croque-monsieur et croque-madame et autres jambon-beurre ou pâté-cornichons. Quelques tables sur le trottoir pour lézarder en terrasse, sous les parasols.

☕ On trouve aussi un ***First Watch*** *(1395 Main St ; plan A1-2, **25**),* une bonne chaîne pour le petit déj.

De prix moyens à chic

🍽 ☕ ***Boca*** *(zoom B1-2, **22**) : 19 S Lemon Ave. ☎ 941-256-3565. Tlj 11h (9h30 sam-dim)-23h (minuit jeu, 1h ven-sam). Lunch et brunch 10-21 $, dîner 17-36 $.* Un de ces bistrots d'aujourd'hui, allure d'entrepôt, cuisine ouverte et bar vibrionnant avec, en guise de déco, des salades aux murs (!) et de gros bocaux de fruits au sirop. Au menu, des produits majoritairement locaux, de saison, provenant de producteurs dûment identifiés. De quoi nourrir une cuisine simple et fraîche, en vraies assiettes ou en petites portions, préférant aux sauces sophistiquées le vrai goût des produits. Les habitués y affluent le dimanche pour le *hangover brunch* ! Bruyant.

|●| ***Duval's*** *(zoom A1,* ***26****) : 1435 Main St. ☎ 941-312-4001. Navette gratuite pour s'y rendre (téléphoner au ☎ 941-374-3996) ! Tlj 11h-22h (23h ven-sam, 21h dim). Plat du jour dès 7,50 $ lun-ven midi, combos sandwich-salade-soupe 9-11 $, sinon 10-17 $; le soir 15-36 $.* L'adresse est élégante et les promos du midi super intéressantes ! Le chef s'appuie ici aussi sur des produits frais, notamment les bons poissons et fruits de mer de la région (attention, certains sont vendus au poids), souvent apprêtés sur des notes un peu relevées. Côté cadre : un mur de bouteilles et une déco marine discrète, blanc-turquoise.

|●| ☂ ***Owen's Fish Camp*** *(zoom B2,* ***24****) : 516 Burns Court. Tlj 16h-21h30 (22h30 ven-sam). Pas de résa. Plats 15-29 $, sandwichs et salades 9-16 $.* Nichée sous un imposant banian, voilà une maison ancienne tout en bois, aux murs décorés de vieux flotteurs et autres bouées de sauvetage, histoire de nous rappeler que le poisson et les fruits de mer sont bien frais ! Les accompagnements viennent des fermes environnantes. Bonne ambiance et clientèle d'habitués. Venir tôt, car c'est vite plein. Belle terrasse-jardin avec recoins.

À Lido Key

La plupart des restos se regroupent autour de Saint Armands Circle et des rues immédiatement adjacentes. Exception, posé sur la plage, le ***Lido Beach Restaurant*** *(400 B. Franklin Dr ; plan d'ensemble,* ***27*** *; lun-ven 9h-17h, w-e 9h-19h)* débite *fish & chips*, burgers, tacos de mahi-mahi (le vendredi) et autres *lobster rolls* pour la note chicos. Idéal pour manger sans se ruiner en gardant (presque) les pieds dans le sable.

Spécial petit déjeuner

☕ |●| ☂ ***Madison Avenue Cafe and Deli*** *(plan d'ensemble,* ***28****) : 28 N Boulevard of Presidents. Tlj 8h-17h. Plats 6-12 $.* Notre préféré à Lido Key pour le petit déj. On commande au comptoir son omelette, ses pancakes, son bagel ou son *granola* aux fruits frais, qui sont ensuite apportés à table. Les habitués y défilent dès l'ouverture et les places sont souvent chères ; avec un peu de chance, vous trouverez une table en terrasse, sur la rue. Le midi : *wraps,* paninis, sandwichs et salades à bon prix.

De prix moyens à chic

|●| ***Tommy Bahama*** *(plan d'ensemble,* ***28****) : 300 John Ringling Blvd. ☎ 941-388-2888. À 50 m de Saint Armand's Circle, côté plage. Tlj 11h-22h (23h ven-sam). Plats 13 $ (19 $ le soir)-36 $.* Atmosphère chic-décontractée bien raccord avec l'esprit du quartier, dans cette belle bâtisse en bois blanche à l'architecture coloniale. Le midi, on apprécie les salades à base de produits frais et les *bowls.* Le soir, les poissons sont à l'honneur – comme le *snapper* (vivaneau) aux noix de macadamia –, mais gare à l'addition, elle grimpe vite... Musique live tous les jours 18h-22h. Petits bémols côté service (parfois inégal) et bruit.

|●| ☂ ***Shore*** *(plan d'ensemble,* ***28****) : 465 John Ringling Blvd. ☎ 941-296-0301. Tlj 11h (10h dim)-22h (23h ven-sam). Brunch et lunch 12-25 $, dîner 16-39 $.* C'est à la fois une ligne de vêtements *beachwear* chicos et un duo de restos établis à Lido Key et Longboat Key. Dans le 1er, installé à l'étage d'un édifice contemporain très aéré, tout en bois sombre, vibre la fibre *barefoot luxury* de Lido Key... décontracté mais chic, tendance *trendy* (et bio). Dans l'assiette, du beau, du bon, plutôt inventif : un burger aux champignons

frais, avocat et haricots noirs ; un sandwich de mérou servi avec ses frites truffées ; un saumon des îles Féroé à la réduction de grenade... par exemple.

Dry Dock Waterfront Grill *(plan d'ensemble,* **29***) : 412 Gulf of Mexico Dr. ☎ 941-383-0102. À* **Longboat Key,** *au nord de Lido Key ; tourner à droite juste avt la station* Mobil, *passer le grand hangar bleu par la gauche et se garer le long, le resto est tt au bout. Tlj 11h-21h (22h ven-sam). Plats 10-26 $ le midi, 16-37 $ le soir.* Ce très bon resto de *seafood* se divise entre la terrasse au bord de l'eau et la salle de l'étage, avec barques suspendues au plafond et vue panoramique sur la baie de Sarasota. Côté cuisine, que ce soit les tacos et sandwichs ou les recettes plus travaillées, on se régale, un vrai plaisir. Les pélicans sont aux aguets, c'est tout dire !

À Bradenton Beach

Prix moyens

Starfish Company *(plan d'ensemble,* **30***) : 12306 W 46th Ave, tt au bout de la W 123rd St, après avoir franchi le pont depuis Bradenton Beach direction Bradenton, sur la droite. ☎ 941-794-1243. Tlj 11h30-20h (15h dim-lun). Plateau de fruits de mer 20 $. CB refusées.* Quelques tables en bois se dressent sur le ponton des chalutiers, dans ce modeste resto associé à un petit marché aux poissons et fruits de mer *(lun 10h-15h, mar-sam 10h-18h, dim 11h30-15h).* C'est dire s'ils sont frais ! Le lieu ne paie pas de mine, mais est bien connu des habitués, qui apprécient de partager leur repas avec les pélicans (voraces). Pas mal d'attente à l'heure du coup de feu. Une halte sympa si vos escapades vous entraînent jusque-là.

Où prendre une glace ?

À Lido Key

Settimi's Gelato *(plan d'ensemble,* **28***) : 367 Saint Armands Circle. Tlj 10h30-22h (selon affluence).* Elles ne sont pas données ces glaces artisanales à l'italienne, mais elles sont bien bonnes. Au choix : 24 parfums, la plupart assez riches, mais il y a aussi quelques fruits tout simples (framboise, fraise...). On vous fera goûter !

Où boire un verre ? Où écouter de la musique ?

Downtown

Mattison's City Grille *(zoom B1,* **41***) : 1 N Lemon Ave (angle Main St). Tlj 11h (9h30 sam)-22h (23h mar-jeu, minuit ven-sam).* L'endroit est surtout connu pour sa grande terrasse aérée, agréable et très fréquentée, où l'on peut croquer tapas, sandwichs et salades au déjeuner. Atmosphère décontractée, renforcée par un live chaque soir.

Mandeville Beer Garden *(zoom B1,* **42***) : 428 N Lemon Ave. Mar-dim 11h-23h (1h ven-sam, 22h dim).* Une grande baraque en tôle, façon hangar, appréciée de la jeunesse locale. Devant, au bord de l'avenue, de grosses tables de pique-nique. À la pompe, une trentaine de bières artisanales. On peut aussi y manger (burgers et compagnie).

Perspectives *(zoom A1,* **11***) : au* Art Ovation Hotel, *en rooftop (voir « Où dormir ? »). Fermé lorsqu'il y a trop de vent.* En fin de journée, c'est un peu *the place to be.* On s'agglutine alors autour de la piscine, pour siroter son cocktail en regardant le soleil se coucher derrière les voiles des parasols et les buildings de Downtown. Essayez donc le *3000 Tiles* : pisco, eau-de-vie de basilic, citron vert et sirop d'algues bleues ! Assez bon choix de vins au verre aussi.

Blue Rooster *(zoom B1,* **40***) : 1525 4th St. ☎ 941-388-7539. • blueroostersrq.com • Mar-sam 17h-22h30 (23h jeu, 23h30 ven-sam) ; gospel brunch dim 11h15-15h. Concerts tlj à* *partir de 19h30-20h. Souvent gratuit, sinon cover 10-40 $. Résa conseillée. Plats 11-25 $.* Le café-concert de la ville, tonique et éclectique. Un entrepôt, du bois, de la brique et, coincée derrière la porte, la scène, puis des tables qui s'entassent, un long comptoir sur le côté où l'on se presse, collé-serré. Chaque soir, un – bon – groupe différent, blues, rock, jazz, country. Beaucoup de seniors dans le public mais, selon l'affiche, une sacrée énergie. Et, dans l'assiette, une bonne cuisine du Sud, fraîche autant qu'elle peut l'être.

À Lido Key

Old Salty Dog *(plan d'ensemble, **43**) : 1601 Ken Thompson Pkwy. En face du* Mote Marine Laboratory, *dans un renfoncement (pas de panneau). Tlj 11h-21h30 (22h ven-sam). Sandwichs et burgers 10-27 $.* Ce bar-resto sans chichis avance sa terrasse en bois au-dessus de l'eau, face aux bateaux. Une adresse idéale au moment de l'apéro, pour contempler le coucher de soleil. On peut aussi y manger, mais n'attendez rien de très élaboré (mieux vaut alors privilégier les sandwichs).

À Siesta Key

C'est à Siesta Key, dans les bars-restos qui se concentrent le long d'Ocean Boulevard, entre Sandy Hook Road et Beach Road, que se retrouvent les jeunes de Sarasota. Si vous voulez une soirée qui bouge, venez donc prendre la température par ici. Dommage, aucune adresse n'a vue sur la mer.

Siesta Key Oyster Bar *(SKOB ; plan d'ensemble, **44**) : 5238 Ocean Blvd. Tlj 11h (9h dim)-minuit (2h ven-sam).* Happy hours *tlj 15h-18h (douzaine d'huîtres 7 $).* Live music *tlj 13h-17h, 19h-23h (dès 10-11h le w-e), jusqu'à minuit ven-sam.* Un petit bar à huîtres et fruits de mer à grignoter avec les doigts, très sympa pour boire un coup en terrasse. En salle, des milliers de billets de 5 $ ont été punaisés aux murs par les clients.

Ocean Boulevard concentre dans un mouchoir de poche une demi-douzaine d'autres bars avec terrasse, presque en face les uns des autres *(plan d'ensemble, **44**)*. On pourra par exemple entamer la soirée au comptoir du **Old Salty Dog** *(n° 5023 ; 11h-21h30 dim-jeu, 11h-22h ven-sam)* pour son ambiance relax et populaire (même proprio qu'à Lido Key), ou faire halte au sympathique ***Siesta Key Wine Bar*** *(n° 5138c),* puis enchaîner avec le **Beach Club** *(n° 5151 ; ferme à 2h)* pour ses billards et sa piste de danse, chauffée par des DJs ou des concerts rock.

À voir. À faire

The Ringling *(plan d'ensemble) : 5401 Bay Shore Rd (au nord de la ville, en fait sur l'US 41 au niveau de University Pkwy). • ringling.org • Tlj sauf Thanksgiving, Noël et 1er janv, 10h-17h (20h jeu sauf Cà d'Zan) ; dernière sortie à 17h30. Entrée : 25 $ (15 $ jeu 17h-20h) ; 5 $ étudiants et 6-17 ans ; gratuit moins de 6 ans ; inclut l'accès au Museum of Art et au Circus Museum. Supplément 10 $ pour Cà d'Zan (lire plus loin). Museum of Art (et lui seul). Gratuit le lun. Nombreuses visites guidées à thème, incluses ou payantes. Parking gratuit.*
Une visite incontournable ! Le site, étendu sur 27 ha, comprend

EN PISTE !

Né en 1866, John Ringling lança avec ses frères une petite troupe de cirque qui démarra avec une simple roulotte et finit par racheter le célèbre cirque Barnum ! Sacré roi du cirque dans les années 1920, il profita de ses voyages pour acquérir des dizaines de chefs-d'œuvre d'art européen. Ayant installé ses quartiers d'hiver à Sarasota, il s'y fit construire avec sa femme une demeure majestueuse, inspirée des palais vénitiens, ainsi qu'un musée destiné à abriter leur collection privée.

4 bâtiments muséographiques dispersés dans un superbe parc avec plan d'eau, le long de la Sarasota Bay : la nostalgie du Circus Museum et du Tibbals Learning Center, les chefs-d'œuvre du Museum of Art, l'opulence de la villa *Cà d'Zan* et une halte bien méritée à l'ombre des majestueux banians ou dans le jardin de roses de Mable Ringling. De quoi occuper un bon après-midi. Et si vous voulez rendre hommage aux maîtres des lieux, ils reposent tous 2 dans le Secret Garden.

En cas de fringale, agréable ***Banyan Café*** au milieu du parc (snacks de bonne tenue). Sinon, on peut aussi pique-niquer dans les 2 aires prévues à cet effet.

– ***Tibbals Learning Center :*** ce bâtiment abrite en vedette une incroyable et ***gigantesque maquette du Howard Bros. Circus,*** qui représente un cirque américain de l'âge d'or des années 1919-1938. Howard Tibbals y a consacré 50 ans de sa vie ! Un travail d'orfèvre. À l'époque, le cirque était une véritable ville dans la ville, avec une cantine prévue pour nourrir 1 300 personnes, des loges, des tentes pour les animaux, les 800 artistes et l'orchestre. La ménagerie comptait elle aussi plus de 800 animaux, dont des ours blancs, des zèbres, des hippopotames, des girafes et *Goliath,* un éléphant de mer de plus de 3 t ! Une sorte de zoo itinérant. Pour transporter tout ce beau monde, le train du cirque, interminable, compta jusqu'à 100 wagons – dont celui, privé, de John Ringling. Il parcourait quelque 5 000 miles par an et s'arrêtait dans 150 villes, le plus souvent pour des représentations uniques. La tente principale, gigantesque, pouvait accueillir 13 000 à 15 000 spectateurs suivant plusieurs shows en même temps, répartis sur 3 rings et 4 scènes. Également au rez-de-chaussée, l'expo *This Way to the Big Show* se consacre aux parades, avec chars délirants et présentation de certaines des attractions.

La visite continue au 1er étage, avec une ***expo retraçant l'histoire du cirque aux États-Unis,*** à l'aide notamment de figurines, affiches et objets d'époque. On y bénéficie aussi d'une vue plongeante sur la maquette. La 1re représentation américaine de cirque a eu lieu à Philadelphie en 1793, en présence de George Washington et de sa famille. Le *Barnum's Grand Travelling Circus* a, lui, été lancé en 1871, parcourant le pays avec son « *greatest show on Earth* »... et Buffalo Bill dans les bagages. Vous noterez l'éternelle modestie américaine ! Grâce au développement du train à la fin du XIXe s, les cirques devinrent itinérants, faisant des tournées triomphales de plusieurs années. Après la Seconde Guerre mondiale, l'accroissement des coûts de production et la concurrence du cinoche et de la téloche sonnèrent le glas de cet âge d'or, dont le film de Cecil B. DeMille *Sous le plus grand chapiteau du monde* (1952) est un beau témoignage... tout comme le dessin animé *Dumbo.* John Ringling est mort en 1936, et le dernier voyage de la compagnie a eu lieu en 1956. Rachetée par un passionné, le rideau est définitivement tombé en 2017.

– ***Circus Museum :*** *visite guidée, comprise dans le ticket, en général sam-dim et lun à 12h et 13h (env 30 mn).* On y découvre une fascinante collection de roulottes de cirque, dont celle de l'homme-canon et le wagon privé des Ringling (cossu...), mais aussi d'immenses affiches vantant la galerie des monstres, à comparer avec leur vraie photo...

MONSTRES SACRÉS

Le cirque Barnum *était célèbre pour ses freaks (monstres) qu'on exposait sans aucune pudeur. Les corps difformes étaient étalés dans un voyeurisme obscène : femmes-troncs, frères siamois ou nains manchots...*

– ***Museum of Art :*** *visites guidées, incluses, ttes les heures, 11h-16h (env 30-40 mn).* Véritable palais, le musée est une construction de style Renaissance italienne, ordonnée autour d'un magnifique jardin intérieur encadré d'une colonnade rose tendre fleurie de bougainvillées en pots et décoré de statues à l'antique – dont une réplique en bronze du *David* de Michel-Ange. Les galeries de l'aile nord sont les plus intéressantes, avec notamment 5 grandes toiles de Rubens (salle no 2) et quelques belles œuvres de la Renaissance italienne, comme cette *Vierge à l'Enfant* de Ghirlandaio (salle n° 5) et un grand portrait en pied par Véronèse (salle n° 6). Suivent des œuvres françaises, flamandes et anglaises – des tableaux relativement mineurs pour la plupart. L'aile sud, principalement consacrée à l'époque baroque, abrite aussi une section d'art asiatique assez éclectique, constituée récemment, avec porcelaines chinoises d'hier et d'aujourd'hui, beaux bronzes zhou, sculpture religieuse hindoue, beaux petits bas-reliefs gandhara, chevaux vernissés tang, etc. Et, bien sûr, des expos temporaires (aile nord).

– ***La résidence Ringling (Cà d'Zan) :*** *supplément 10 $ pour la visite libre du rdc (accessible seulement à 10h, 13h et 16h ; 30 mn max sur place ; réserver son créneau horaire en arrivant) ; 20-40 $ pour les visites guidées de l'ensemble de la maison.* *Cà d'Zan*, c'est « la maison de Jean » en vénitien. Superbement restaurée, la résidence d'hiver des Ringling a recouvré le faste qui la caractérisait à la fin des années 1920. Difficile de rester insensible devant cette fantaisie dressée face à la baie de Sarasota, regroupant 56 pièces sur 3 350 m². Construite à la manière d'un palais vénitien, elle intègre toutefois quelques éléments des Renaissances italienne et française, de baroque, et même des éléments plus modernes (dont le 1er ascenseur privé du pays !). À l'intérieur s'illustrent marbres, bois précieux et meubles de prix. Le lustre en cristal du salon cathédrale provient du 1er *Waldorf Astoria,* célèbre hôtel new-yorkais qui fut détruit pour laisser place à l'Empire State Building ! Rigolo : le *Tap Room,* un bar privé aux allures de vrai pub.

Marie Selby Botanical Gardens *(zoom B2)* **:** *900 S Palm Ave. • selby.org • Tlj sauf 25 déc 10h-17h (dernière entrée à 16h15). Jardin + musée : 25 $, 15 $ enfants 4-17 ans.* Ce charmant jardin botanique, occupant une péninsule s'avançant en mer, concentre sur 6 ha des centaines d'espèces de plantes tropicales présentées par sections : belle forêt humide avec un joli bassin à koïs (carpes japonaises), *Children's Rainforest Garden* aux gigantesques banians (et ponts de singe), palmiers, bonsaïs, succulentes (dont de beaux pachypodiums), etc. Une de ses particularités est d'être spécialisé en plantes épiphytes, c'est-à-dire qui poussent sur d'autres plantes, en particulier les orchidées et les broméliacées. La serre et le musée accueillent des expositions temporaires mariant art et botanique, et la mignonne maison des Selby, construite dans les années 1920, abrite l'agréable *Selby House Café* *(tlj 10h-17h).*

Sarasota Art Museum *(hors zoom par B2)* **:** *1001 S Tamiami Trail (Hwy 41). • sarasotaartmuseum.org • Tlj sauf mar 10h (11h dim)-17h. Entrée : 15 € ; gratuit jusqu'à 16 ans ; montant libre le 1er dim du mois.* Ce musée d'art contemporain occupe un ancien lycée néogothique entièrement réinventé au prix de 15 ans de travaux et de 15 millions de dollars ! On y découvre un petit jardin de sculptures et, dans les vastes galeries épurées, des expositions temporaires (rien de permanent) mettant en lumière des artistes de trempe internationale.

Bistro *(tlj 9h-15h).*

Mote Marine Laboratory *(plan d'ensemble)* **:** *1600 Ken Thompson Pkwy. • mote.org • À la pointe nord de Lido Key. Tlj 9h30-17h. Entrée : 24 $; 18 $ enfants 3-12 ans ; gratuit moins de 3 ans. À l'entrée, glossaire avec traduction du nom des poissons en français.*

Ce centre de recherche et de soin de la faune marine s'est donné pour mission de sensibiliser le public au milieu marin et aux dangers croissants qui le guettent. La mission est noble mais, disons-le honnêtement, l'***aquarium*** commence vraiment à dater – et ce ne sont pas les quelques attractions en réalité virtuelle (payantes en plus) qui compensent. Ceux qui veulent faire une bonne action découvriront une série d'aquariums et petits bassins, où tournent en rond requins, tarpons et mérous géants, thons et étoiles de mer, notamment. Autre star : un calamar géant naturalisé, qui mesurait à l'origine plus de 8 m pour 230 kg, avant de rapetisser. Il a... 3 cœurs ! À 100 m de là, le ***Marine Mammal Research and Rehabilitation Center*** recueille et soigne les animaux blessés. On y retrouve quelques tortues de

mer, loutres et alligators, que l'on peut observer à demi immergés, de même que 2 lamantins. De nombreux volontaires et permanents répondront, avec le sourire, à toutes vos questions.
Si vous voulez en savoir plus, prenez une ***excursion en bateau dans la baie*** avec un guide naturaliste, pour observer dauphins et lamantins en liberté. *• sarasotabayexplorers.com • Tlj à 11h, 13h30 et 16h (vérifier). Durée : env 1h45. Guichet à l'entrée de l'aquarium. Compter 31 $ adulte, 27 $ enfants 3-12 ans. Billet couplé avec l'aquarium : 48 $; 41 $ enfants 3-12 ans.*
– Signalons aussi le modeste centre ***Save our seabirds,*** situé en face du parking du Mote. Une centaine d'oiseaux marins blessés y sont soignés dans des volières. *• saveourseabirds.org • Tlj 10h-17h. Entrée : 12 $; 8 $ enfants 4-12 ans ; ½ tarif pour ceux qui viennent de visiter le Mote (mais certains centres de ce type sont gratuits ailleurs...).*

Les plages : Sarasota est réputée pour ses kilomètres de sable vraiment fin et très blanc. La plage de ***Lido Key,*** la plus proche du centre, est belle mais urbanisée ; mieux vaut pousser jusqu'à la pointe sud de l'île, au *Ted Sperling Park,* où l'on peut faire du kayak dans la mangrove *(loc 40-55 €)* et observer des lamantins. Au nord, ***Longboat Key*** déroule 17 km de sable étincelant (accès publics discrets entre les villas vers les n°s 2800 à 3500, puis 4052, 4795 et 6399). Mieux encore : ***Coquina Beach,*** au-delà (en direction de Bradenton Beach), est longue, large et sauvage, bordée de dunes et de pins, avec vaste parking gratuit, douches, tables de pique-nique et... écureuils garantis. Dommage que des brise-lames la coupent désormais en tronçons.
Au sud de Sarasota, la plage de ***Siesta Key*** a belle allure, mais le secteur est pas mal développé. Passé ***Venice*** (même tableau) et son célèbre *pier* (jetée), on retrouve des coins moins fréquentés. ***Caspersen Beach,*** notamment, vierge de constructions, est célèbre pour les dents de requins préhistoriques que l'on peut y trouver. Des plongées spécialisées sont même organisées pour partir en chasse !

DANS LES ENVIRONS DE SARASOTA

Myakka River State Park : *13208 State Rd 72. • floridastateparks.org • À 18 miles (29 km) au sud-est de Sarasota par l'US 41, puis la 72 (Clark Rd) ; de l'autoroute I-75, prendre la sortie 205 (c'est à 8 miles à l'est). Tlj de 8h au coucher du soleil. Entrée : 6 $/véhicule.*
Mité de marécages, de tourbières et d'un vaste lac où s'ébattent des nuées d'oiseaux (hérons, rapaces, etc.), le parc, étendu sur 150 km², est traversé par la belle rivière Myakka et largement recouvert par une superbe forêt de palmiers et chênes enchevêtrés, drapés de longs voiles de mousse espagnole. Une belle escapade en pleine nature, rythmée par une balade sur le petit *nature trail* et son *canopy walkway* – une passerelle suspendue rigolote, menant à une tour d'observation de 23 m de haut qui domine la canopée. On peut aussi observer les oiseaux depuis le *boardwalk* du *Birdwalk,* sur le lac, y faire un tour en bateau à fond plat *(ttes les 1h, 9h-16h en hte saison ; 3-4 départs/j. le reste de l'année ; env 20 $, réduc 3-12 ans)* ou, mieux, louer un kayak... solaire (!) à côté de l'embarcadère et de son café, au *Myakka Outpost (lun-ven 9h30-17h – 10h-16h de juin à mi-déc –, w-e 8h30-17h tte l'année ; 20 $ la 1re heure, puis 5 $/h ; loc de vélos également).*
Tout cela est fort sympathique, mais il y a encore mieux. Bien mieux. Un secret. Le ***Deep Hole.*** Un sentier facile mais à découvert (chaud !), traversant la prairie sèche, mène en 3,5 km (aller) à ce petit bassin profond, presque rond, creusé contre un plus grand plan d'eau, où, l'hiver, se regroupent souvent des dizaines d'alligators. On en a vu jusqu'à plus de 100, une fois, figés dans une immobilité lourde de menaces, à quelques mètres seulement (n'approchez pas trop, il n'y a ici aucune barrière de sécurité, on est en pleine nature) ! L'accès est aussi possible

en kayak par le Lower Myakka Lake, mais on n'a alors pas le droit de débarquer et on ne voit pas aussi bien les *gators.* L'accès pédestre est, lui, limité à 30 personnes ou petits groupes familiaux par jour *(permis gratuit au poste d'accueil, venir tôt).*

⛺ Le parc abrite 3 ***campings,*** enfouis sous les arbres et bien équipés (eau, électricité, table et barbecue pour chacun) et il y a même quelques *log cabins,* des bungalows en rondins rustiques. Top ! *Résa sur* ● *reservea merica.com* ● *ou* ☎ *1-800-326-3521. Compter 26 $ l'emplacement, 70 $ la cabin.*

TAMPA

390 000 hab.

● Plan Bay Area – Tampa et St Petersburg *p. 324-325* ● Plan *p. 328-329*

Troisième ville de Floride après Miami et Jacksonville, Tampa forme, avec St Petersburg et les communes voisines, une vaste conurbation de 3,1 millions d'habitants, de part et d'autre de la baie de Tampa – que traversent 3 grands ponts. Cité industrielle grandie autour des usines de cigares d'Ybor City, Tampa connaît une certaine renaissance à la faveur de la mode *hipster,* friande d'atmosphères urbaines postindustrielles. Les vieux immeubles de brique d'Ybor City se sont mués en repaires de noceurs, sans y perdre tout à fait leur âme, et des adresses branchées essaiment dans Downtown, souligné par une nouvelle promenade piétonne donnant sur l'eau. Un mégaprojet entend désormais remodeler tout le quartier du port, pour y attirer les actifs urbains. Cela dit, Tampa n'est pas Brooklyn et, si sa mue s'amorce, elle est encore timide. La ville est aussi connue pour son Busch Gardens Africa, immense parc d'attractions doublé d'un parc zoologique où les animaux vaquent en semi-liberté.

UN PEU D'HISTOIRE

« Découverte » en 1528 par Pánfilo de Narváez, suivi de Hernando de Soto 10 ans plus tard, la région reste aux mains des Tocobaga et des Pohoy jusqu'à ce qu'ils succombent (rapidement) aux nouvelles maladies importées d'Europe. Lorsque les Américains rachètent la Floride en 1821, la zone est occupée par des Séminoles, repoussés par les colons depuis le Nord. Un fort et 2 guerres indiennes plus tard, Tampa (« petit bois pour faire du feu » en séminole) renaît officiellement en 1855. Frappée par des bombardements unionistes pendant la guerre de Sécession, la bourgade se relève enfin dans les années 1880 grâce à l'arrivée du chemin de fer bâti par Henry B. Plant – grand concurrent de Henry Flager. Le légendaire *Tampa Bay Hotel* sort alors de terre, avec golf et champ de courses, initiant un timide tourisme haut de gamme.
En 1886, l'industriel cubain Vincente Martinez Ybor installe une 1re usine de cigares à Tampa. Entre le début du XXe s et les années 1920, 200 autres ouvrent, employant près de 20 000 ouvriers, pour une production qui atteint les 110 millions de cigares. Tampa se voit alors gratifier du surnom de « capitale mondiale du cigare » ! Petit coup de pouce supplémentaire, grâce aux contacts privilégiés de Plant avec le gouvernement fédéral, la ville devient base arrière du ravitaillement des troupes américaines combattant à Cuba durant la guerre hispano-américaine (1898)...

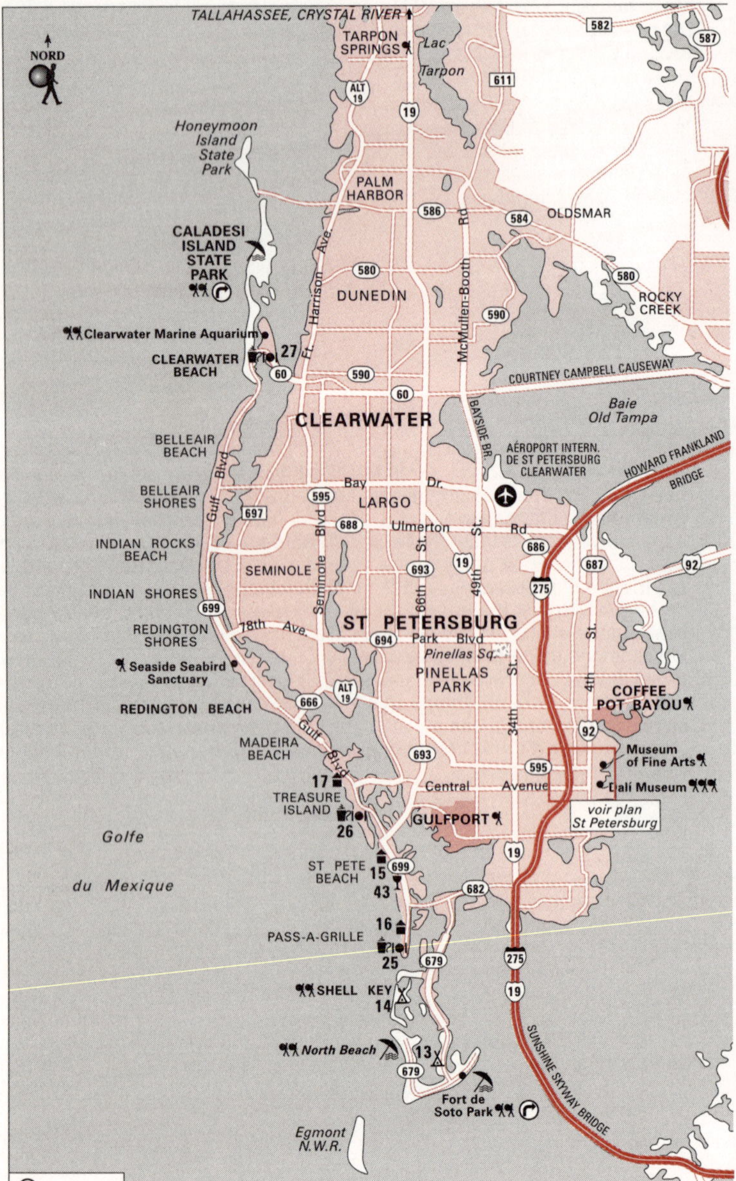
TALLAHASSEE, CRYSTAL RIVER
NORD
TARPON SPRINGS
Lac Tarpon
582
587
611
ALT 19
19
Honeymoon Island State Park
PALM HARBOR
586
Rd
584
OLDSMAR
CALADESI ISLAND STATE PARK
Ft. Harrison Ave.
580
DUNEDIN
McMullen-Booth
580
ROCKY CREEK
590
Clearwater Marine Aquarium
CLEARWATER BEACH
27
60
590
COURTNEY CAMPBELL CAUSEWAY
60
CLEARWATER
BAYSIDE BR.
Baie Old Tampa
BELLEAIR BEACH
AÉROPORT INTERN. DE ST PETERSBURG CLEARWATER
HOWARD FRANKLAND BRIDGE
Gulf Blvd
BELLEAIR SHORES
Bay Dr.
595
LARGO
697
688
Ulmerton Rd
Seminole Blvd
66th St.
49th St.
686
INDIAN ROCKS BEACH
SEMINOLE
693
19
687
92
275
INDIAN SHORES
699
REDINGTON SHORES
78th Ave.
ST PETERSBURG
694
Park Blvd
4th St.
Pinellas Sq.
Seaside Seabird Sanctuary
PINELLAS PARK
34th St.
ALT 19
REDINGTON BEACH
666
COFFEE POT BAYOU
Gulf Blvd
92
MADEIRA BEACH
693
Museum of Fine Arts
595
17
Central Avenue
Dalí Museum
TREASURE ISLAND
26
GULFPORT
voir plan St Petersburg
Golfe du Mexique
19
ST PETE BEACH
15
699
43
682
16
PASS-A-GRILLE
25
679
275
SHELL KEY
14
19
North Beach
13
679
SUNSHINE SKYWAY BRIDGE
Fort de Soto Park
Egmont N.W.R.
Pas de côté

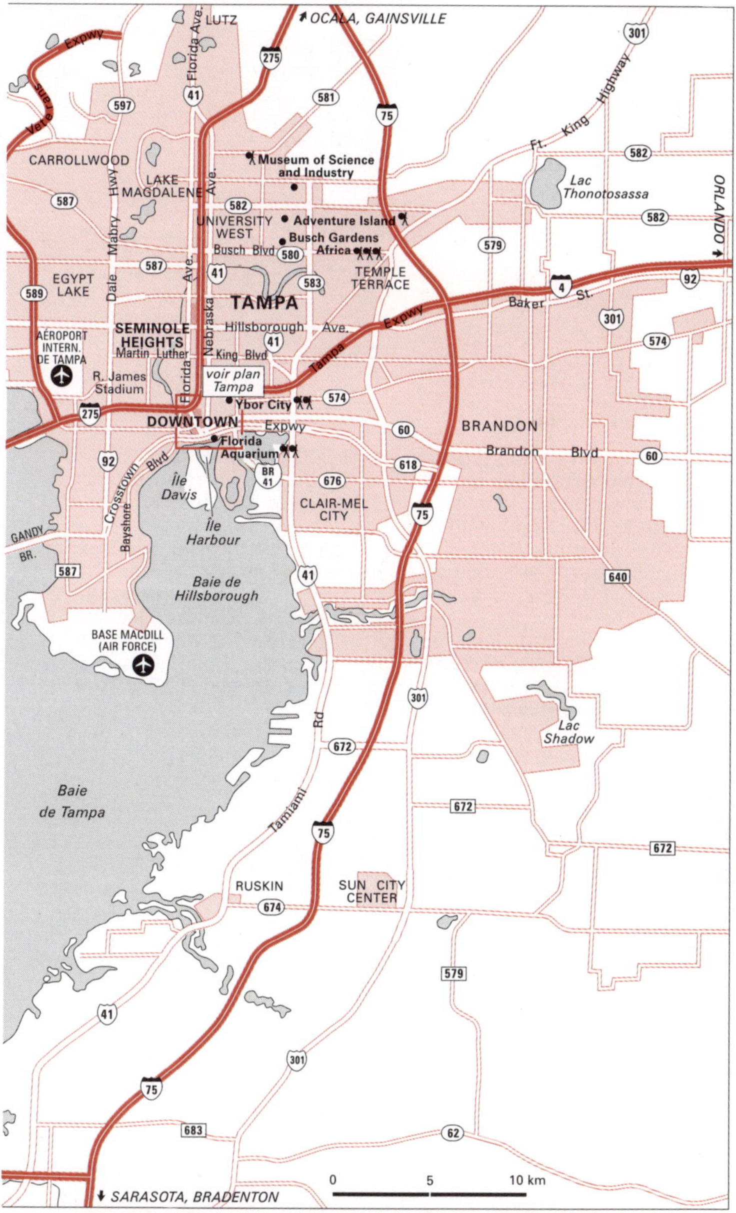

BAY AREA – TAMPA et ST PETERSBURG

Arriver – Quitter

✈ ***Tampa International Airport*** *(plan Bay Area)* **:** *4160 George J. Bean Pkwy. • tampaairport.com • Par l'I-275, sortie 39.* Vols pour toutes les grandes villes des États-Unis et aussi pour Key West. Loueurs de voitures. Bus n° 30 pour le centre-ville (ttes les 30 mn), à prendre au *Rental Car Center* ; rien de pratique pour le centre de St Petersburg, mieux vaut alors utiliser les *shuttles* (navettes) de *Alora Transportation (• aloraride.com • ; 35 $/2 pers).*

Greyhound *(plan B2)* **:** *610 E Polk St (Downtown). • greyhound.com •* 1-3 bus/j. pour les principales villes de Floride, 1 pour Atlanta et New York.

Amtrak *(plan B-C2)* **:** *601 N Nebraska Ave et Union St, à l'est de Downtown. • amtrak.com • Tlj 9h45-18h15.* Ligne *Silver Star,* 1 départ/j. vers New York (vers 17h30) et Miami (12h30). Pour rejoindre le centre, bus *MetroRapid* sur Morgan St, vers Kennedy Blvd, ttes les 12 mn (30 mn le w-e).

Orientation

Lorsqu'on arrive en voiture, Tampa et St Petersburg donnent le tournis avec leurs autoroutes qui partent dans tous les sens... Ceux qui viennent d'Orlando arriveront par l'I-4, qui se glisse jusqu'à Ybor City, pratique ! Depuis le sud par l'I-75, on se repique sur l'I-4 West. Et pour filer vers St Pete, on suit la 275.

Étalé au nord de la baie de Hillsborough, sur la rive est de la rivière du même nom, ***Downtown*** est traversé du nord au sud par l'US 41, sous le nom de Florida Avenue. En la remontant vers le nord, on rejoint ***Tampa Heights*** (notre adresse d'AJ) et ***Seminole Heights,*** un quartier résidentiel renaissant, entre friperies vintage et bars-restos un peu *trendy.* Encore plus au nord, voilà le parc d'attractions ***Busch Gardens.*** Juste au sud-est de Downtown s'étend le quartier du port ***(Channel District),*** avec l'aquarium. En poursuivant vers le nord-est, on rejoint ***Ybor City*** (à 1,4 km au nord-est de Downtown par Nuccio Pkwy).

Adresses utiles

ℹ ***Unlock Tampa Bay Visitors Center*** *(plan B3)* **:** *201 N Franklin St, suite 102 (rdc). • visittampabay.com • Lun-ven 14h-16h, w-e 12h-17h.* Plus une boutique qu'un office de tourisme... Autre bureau à ***Ybor City*** *(plan C-D1)* : *1600 E 8th Ave. • ybor.org • Tlj 10h (12h dim)-17h.* Demandez-y la *walking map & guide.*

Où dormir ?

De bon marché à prix moyens

Gram's Place Hostel *(hors plan par A1,* ***10****)* **:** *3109 N Ola Ave, à l'angle avec W Plymouth St. ☎ 813-221-0596. • grams-inn-tampa.com • À 2 miles (env 3 km) au nord de Downtown, à 2 blocs à l'ouest de l'US 41 (Florida Ave) par W Plymouth St. De l'aéroport, bus n° 30, puis changer pour le n° 1. Lits en dortoir mixte 28-30 $, doubles sans ou avec sdb 55-70 $; petit déj simple inclus.* Les derniers hippies ne renieraient pas cette AJ foutraque, relax et conviviale, dédiée à la mémoire du chanteur folk Gram Parsons. Encombrée d'objets hétéroclites et d'instruments de musique déglingués, cette bicoque de guingois, perdue dans un quartier

LA CÔTE OUEST DE NAPLES À TAMPA

résidentiel tranquille, abrite 3 dortoirs et 5 chambres privées aux murs ornés de quelques souvenirs musicaux. On préfère la « Blues Room » rendant hommage à Robert Johnson et la « Jazz Room », dans son recoin plus tranquille. En prime : courettes et vigie sur le toit pour prendre l'air, 3 cuisines à disposition dont une en extérieur, lave-linge (payant) et vélos en location. Une adresse désormais assez unique en Floride.

De nombreux ***motels*** de chaîne s'alignent au nord de la ville le long d'East Busch Boulevard, à proximité du parc d'attractions *Busch Gardens (plan Bay Area).*

De plus chic à très chic

Le Méridien *(plan B2,* ***11****)* **:** *601 N Florida Ave (Downtown). ☎ 813-221-9555. • marriott.com • Doubles 240-400 $.* Appuyé sur ses 4 colonnes, le portique néoclassique tente toujours d'écraser les passants sous le poids de la justice. Mais il n'y a plus ni accusés ni témoins pour gravir les marches de ce tribunal de 1905 converti en hôtel de luxe. Si les chambres et parties communes ont bénéficié d'un lifting contemporain sobre et design, quelques éléments rappellent l'ancienne fonction des lieux, comme l'ascenseur rétro en laiton et le banc des juges, qui ne reçoit plus les coups de marteau du verdict mais les courriels des clients pianotant sur les ordis. Quant à l'élégante salle des pas perdus, elle est désormais occupée par une brasserie à la française, *Bizou.* Piscine à l'abri des regards, encadrée de transats et palmiers. Les chambres qui donnent dessus ont pris la place des anciennes cellules !

Où manger ?

Spécial petit déjeuner

Oxford Exchange *(plan A3,* ***20****)* **:** *420 W Kennedy Blvd (près de Downtown, sur la rive ouest du fleuve). ☎ 813-253-0222. Tlj 7h30 (9h sam-dim)-17h. Petits déj 6-17 $, lunch 15-23 $.* Ce superbe bistrot, au style mêlant rétro et contemporain, occupe les anciennes écuries de l'ex-*Tampa Bay Hotel* voisin (devenu université). Immenses volumes, élégant *coffee bar* au comptoir de marbre et canapés Chesterfield, vaste patio couvert d'une verrière avec fontaine... Le cadre en jette, pour un petit déj réputé comme le meilleur en ville, très apprécié des businessmen. Au menu, des classiques revisités sur fond de produits frais, comme ce *granola* aux graines de chia, myrtilles et pamplemousse ! Au lunch, beau choix de sandwichs et salades dans le même esprit. Une belle adresse, malgré le niveau sonore, qui fait aussi boutique de déco et librairie. La note est d'ailleurs apportée dans un livre, façon marque-page...

De prix moyens à chic

Armature Works *(plan A1,* ***21****)* **:** *1910 N Ola Ave. À l'extrémité nord du Riverwalk, passé le Waterworks Park. Tlj 7h (8h sam, 9h dim)-22h (23h ven-sam, 21h dim).* L'ancien bâtiment industriel a été réinvesti par un *food court* dernière génération, élégant et lumineux, où l'on picore d'un stand à l'autre, avant d'élire domicile sur une grande table en bois ou dans l'un des canapés Chesterfield à disposition. Barbecue, pizzas, sushis, salades, *empanadas,* cubain... il y a de tout.

Tampa Bay Brewing Company *(plan D1,* ***22****)* **:** *1600 E 8th Ave,* ***Ybor City.*** *Tlj 11h-23h (minuit ven-sam, 22h dim) ; la cuisine ferme 1h avt. Pas de résa. Plats 9-27 $.* Au cœur d'Ybor City, cet immense resto-pub décontract', mais un peu chic quand même, aligne une grosse vingtaine de bières à la pression, dont les petits bijoux brassés sur place. Une nouvelle est proposée chaque jeudi à 16h ! Pour accompagner la mousse, plein de burgers copieux et goûteux, mais aussi des

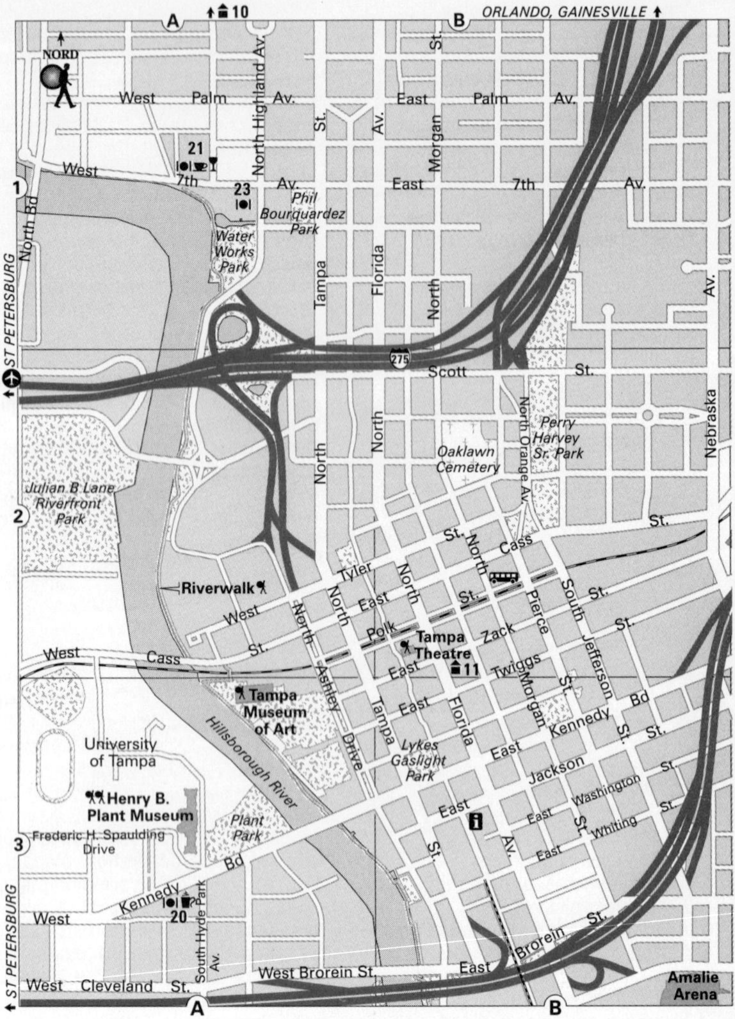

■ **Adresses utiles**

- Unlock Tampa Bay Visitors Center (B3)
- Ybor City Visitors Center (C-D1)

Où dormir ?

10 Gram's Place Hostel (hors plan par A1)
11 Le Méridien (B2)

Où manger ?

20 Oxford Exchange (A3)

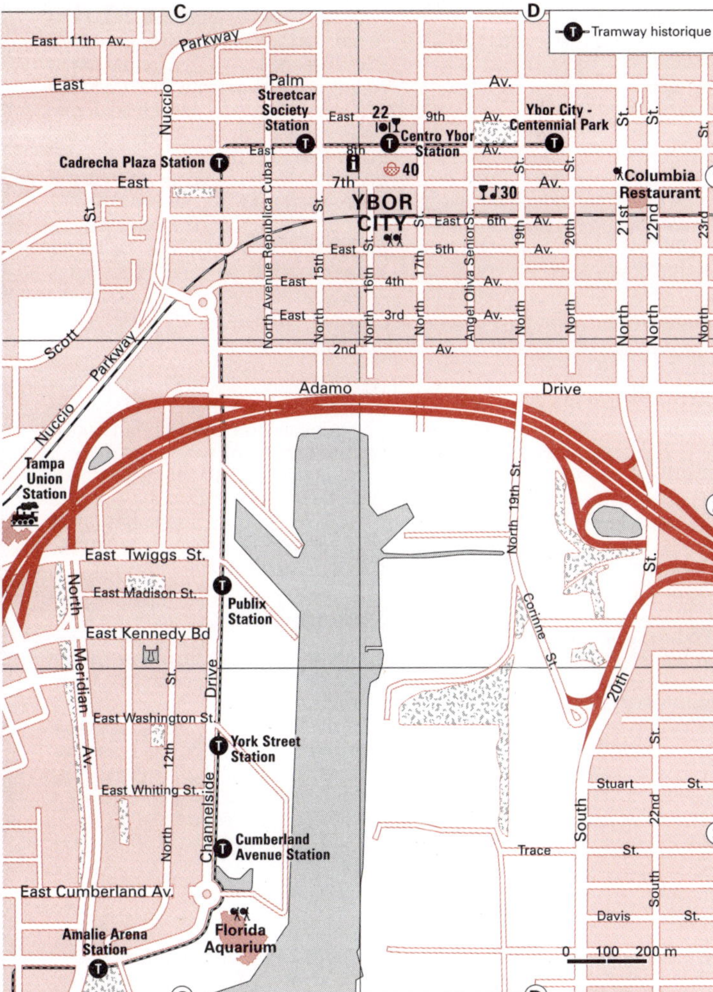

TAMPA

21 Armature Works (A1)
22 Tampa Bay Brewing Company (D1)
23 Ulele (A1)

Où boire un verre ? Où sortir ?

21 Armature Works (A1)
22 Tampa Bay Brewing Company (D1)
30 Gaspar's Grotto (D1)

Achats

40 La France (D1)

steaks, salades, pizzas et plats vaguement cubains.

Ulele (plan A1, **23**) : 1810 N Highland Ave. ☎ 813-999-4952. À l'extrémité nord du Riverwalk, à l'orée du Waterworks Park. Tlj 11h-22h (23h ven-sam). Plats 10-26 $ le midi, 18-42 $ le soir (salades 10-16 $). Parking gratuit. Installé dans l'ancienne station de pompage de la ville, ouverte sur de (fausses) pelouses forcément impeccables et la Hillsborough River, voilà le resto *trendy* du *Riverwalk*, la promenade piétonne du fleuve (lire « À voir. À faire »). Ambiance bourdonnante, tendance bruyante, autour du cheval géant, sous la toiture de bois et sa tuyauterie apparente, plus tranquille en terrasse (mais les places sont chères !). Dans la cuisine ouverte grillent et rissolent des produits frais du coin, avec une prédilection pour les steaks et les poissons et fruits de mer du golfe. Pour arroser le tout, joli choix de vins américains et une dizaine de bières brassées maison (la brasserie se visite).

Où boire un verre ? Où sortir ?

À Ybor City

L'animation nocturne se concentre ici, dans une ambiance plus déglingue que branchouille, le barreau de chaise vissé entre les dents. Grosse concentration de pubs crachant leur rock jusque sur le trottoir, souvent en live le week-end, en particulier sur 7th Avenue, entre 16th et 18th Street. Pour éponger la bière, la spécialité locale est le *Cuban sandwich*, avec double ration de porc (jambon et salami), pickles et *swiss cheese*.

Tampa Bay Brewing Company (plan D1, **22**) : voir « Où manger ? ».

Gaspar's Grotto (plan D1, **30**) : 1805 E 7th Ave. ☎ 813-248-5900. Tlj 7h (10h30 dim)-3h. Débordant de bibelots à thème pirate, ce grand bar-resto rend un hommage kitschouille à José Gaspar, alias Gasparilla, boucanier espagnol plus ou moins fictif. La cuisine d'inspiration cubaine ne cassant pas des briques, on y vient surtout pour boire un verre dans l'une des 2 cours, avec DJ et concerts quotidiens (dès 11h le w-e). Si vous n'avez pas assez picolé le samedi soir, il y a le *Sunday Booze Cruize Brunch* le lendemain...

Downtown

Au nord de Downtown, à Tampa Heights, le *food court* tendance d'**Armature Works** (plan A1, **21** ; voir « Où manger ? ») est aussi apprécié pour boire un coup après le boulot, en mangeant local. Cocktails raffinés chez *Bar at Armature Works* et vins au verre chez *Cru Cellars* (spécialiste du steak-frites à la française !).

Achats

La France (plan D1, **40**) : 1612 E 7th Ave. Tlj 11h (12h dim)-20h (22h ven-sam, 19h dim). Rien de vraiment français ici, cette super boutique vintage croule sous les objets farfelus, les beaux vêtements rétro et les déguisements pour Gasparilla (le carnaval local). Juste à côté, ***Revolve Clothing Exchange*** fait plutôt dans les fringues de 2de main.

Tampa Premium Outlets : 2300 Grand Cypress Dr, à **Lutz,** à 22 miles (35,5 km) au nord par la route 275, puis l'I-75, sortie 275. Tlj 10h-21h (19h dim). Ces magasins d'usine regroupent une bonne centaine de boutiques avec la plupart des grandes marques de fringues et chaussures.

À voir. À faire

Pour ceux qui voudraient faire le plein d'attractions, il existe un ***City Pass*** qui couvre l'entrée au parc ***Busch Gardens Africa,*** au ***Florida Aquarium,*** au ***Clearwater***

Marine Aquarium et au ***zoo*** de Tampa (non décrit dans ce guide ; • *zootampa.org* •), auxquels s'ajoutent, au choix, le ***Museum of Science and Industry*** de Tampa ou une ***excursion en bateau*** au coucher du soleil ou pour aller voir les dauphins. Le *pass* coûte 122 $, ce qui représente 54 % d'économie si l'on visite tous les sites. Il est valable 9 jours à compter de son activation. On peut l'acheter dans n'importe laquelle de ces attractions ou sur • *citypass.com/tampa* •

Dans et autour de Downtown *(plan A-B2-3)*

Riverwalk *(plan A-B1-3)* **:** cette promenade piétonne prisée des joggeurs court sur 4 km le long de la Hillsborough River, entre le *Cotanchobee Fort Brooke Park (hors plan)* au sud et le *Waterworks Park (plan A1)* au nord. Elle est semée de bronzes de personnalités locales et donne accès au ***Tampa Museum of Art*** *(plan A3),* qui accueille des expos temporaires d'art contemporain et une section permanente d'antiquités méditerranéennes *(• tampamuseum.org • ; tlj 10h-17h – 20h jeu ; entrée : 10 $, réduc, gratuit moins de 7 ans).* La zone est desservie par des ***water taxis*** (navettes fluviales) • *piratewatertaxi.com* • mais vu leur prix et leur fréquence réduite, il est peu probable que vous en ayez l'usage.

Tampa Theater *(plan B2)* **:** *Franklin St, angle Polk et Zach. • tampatheatre.org •* Jetez un coup d'œil à ce cinéma d'art et d'essai bâti en brique dans les années 1920, avec devanture des Années folles et enseigne à ampoules clignotantes. Pour voir le plafond du hall en stuc peint et la salle rococo-kitsch, assez dingue, reproduisant un pseudo-village méditerranéen, avec balcons et gargouilles, faites-vous une toile !

Henry B. Plant Museum *(plan A3)* **:** *401 W Kennedy Blvd. Juste à l'ouest de Downtown, de l'autre côté de la Hillsborough River. • plantmuseum.com • Tlj sauf lun et certains j. fériés 10h (12h dim)-17h. Entrée : 10 $; réduc. Brochure en français.* On est là dans une aile de l'université, installée dans l'ancien *Tampa Bay Hotel,* un palace de légende à la véranda néomauresque et aux bulbes néobyzantins, bâti en 1884 par l'homme qui a amené le chemin de fer à Tampa et lui a permis de sortir la tête de l'eau (et des orangers) : Henry B. Plant. Le musée plonge le visiteur dans l'atmosphère de cette époque avec sa *reading room* reconstituée, où ces messieurs allaient lire le journal, et sa belle chambre d'angle. Les autres pièces nous en disent plus sur l'homme et son projet fou (500 chambres avec chauffage et le 1er ascenseur de Floride), dans une débauche de tableaux, miroirs et cadres dorés, consoles et armoires XVIIIe, bronzes et céramiques orientales. Venu à Paris en 1889 pour inaugurer le pavillon américain de l'Exposition universelle, Plant en profita pour renvoyer 2 wagons entiers de mobilier en Floride ! Chouchou de la bonne société du Nord-Est, le *Tampa Bay Hotel* connut une période glorieuse... avant de tomber à la mort de son créateur, dès 1899.

The Florida Aquarium *(plan C3)* **:** *701 Channelside Dr (près du port). • flaquarium.org • Tlj 9h30-17h sauf Thanksgiving et Noël. Entrée : env 28-36 $ selon le jour et la météo (ça change ts les jours !) ; 23-30 $ enfants 3-11 ans ; ou billet combiné avec une visite de la baie en bateau à la recherche des dauphins (1h15) 44-53 $ (38-46 $ enfants 3-11 ans). Autres visites guidées payantes possibles. Parking : 10 $ en plus !*

La visite idéale si vous êtes avec des enfants (si vous n'en avez pas, n'oubliez pas les bouchons d'oreilles, car on est loin du monde du silence !). Quand ils sortiront d'ici, ils sauront tout sur la végétation, la faune et le milieu marin de la Floride... On commence par d'immenses serres abritant le *Wetlands Trail* et la section *Bays & Beaches,* où mangrove et petites plages reconstituées hébergent alligators, loutres, poissons et oiseaux voletant en semi-liberté – et même des pythons invasifs. Ne ratez pas non plus le Goliath Grouper, un mérou géant de 2,50 m, une prise à laquelle les pêcheurs n'osent même pas rêver !

La visite continue par *Stingray Beach,* où l'on peut caresser des raies, et la *No Bone zone,* où étoiles de mer et anémones connaissent le même sort. On poursuit par la *Coral Reefs Gallery,* pour découvrir pieuvres et coraux multicolores, puis murènes, tortues et requins. La foule en moins, on se croirait presque sous l'eau. Ne ratez pas les surprenants dragons de mer et leurs cousins hippocampes dans leur coin. Des présentations se tiennent à horaires réguliers, dont le *Secret Sea Life Superhero* qui met en scène des plongeurs dans les bassins (arriver en avance pour espérer voir quelque chose). À l'extérieur, vaste aire de jeux pour les enfants. Des visites guidées de la baie de Tampa à bord d'un catamaran sont organisées pour observer la faune locale dans son milieu naturel. Enfin, on peut ***plonger ou nager avec les requins ou les tortues*** *(85-160 $; env 30 mn ; résa obligatoire).*

Ybor City *(plan C-D1)*

À 1,4 km au nord-est de Downtown, cet ***ancien quartier industriel réhabilité,*** délimité par Columbus Drive, 5th Avenue, 22nd Street et Nebraska Avenue, aligne sur quelques blocs un bel ensemble de bâtisses de brique basses aux balcons en fer forgé et lampadaires Art déco. On peut le rejoindre depuis Downtown par un ***tramway historique,*** qui circule sur la 8th Avenue et passe par l'aquarium *(• tecolinestreetcar.org • ; passage ttes les 15 mn env, lun-ven 7h-23h – 2h ven –, sam 8h30-2h, dim 8h30-23h ; GRATUIT).* Un vrai décor de cinoche, cette Ybor City ! D'ailleurs, Ben Affleck a tourné ici en 2016 un film censé se dérouler durant la Prohibition, *Live by Night.*

CHICKEN RUN

*Lorsque Ybor City était encore un quartier ouvrier, les travailleurs y élevaient des poulets pour améliorer l'ordinaire. Les usines sont parties, mais les volatiles sont restés. On en compte environ 200, vaquant en toute liberté en pleine ville, en particulier autour du Centennial Park. Devenus les mascottes du quartier, ils sont désormais protégés par une ordonnance de la ville de Tampa, et par l'*Ybor Chicken Society, *qui se charge de nettoyer leurs fientes* • yborchickens.org • *!*

Né en 1886 autour des usines de cigares implantées par l'Espagnol Vicente Martinez-Ybor, parti chercher fortune à Cuba dès l'âge de 14 ans (!), le secteur attira en quelques années plus de 20 000 ouvriers espagnols et cubains. Aujourd'hui, les vieilles bâtisses ont presque toutes été reconverties en bars-restos et en boutiques. La 7th Avenue est au cœur de l'animation (entre 15th et 21st Street), avec de nombreux bars qui attirent foule les soirs de fin de semaine. Au nº 2117, le ***Columbia,*** restaurant espagnol ouvert en 1905 (il a essaimé depuis), demeure une institution, avec sa façade couverte d'azulejos, son grand bar d'époque et sa quinzaine de salles à manger avec lustres et mosaïques – dont une, centrale, à colonnades !

Dans le secteur de Busch Gardens *(plan Bay Area)*

Busch Gardens Africa : *10165 N McKinley Dr. • buschgardens.com • Prendre l'I-75 (sortie 265) ou l'I-275 (sortir à Fowler Ave). Horaires variables : le parc ouvre à 10h (9h pdt les vac de Noël) et ferme entre 18h et 23h selon la saison et le jour (plus tard le w-e en général). Entrée : env 85-95 $ sur le site officiel (115 $ à l'entrée). PRIX EXORBITANTS ! Plusieurs options de billets combinés en ligne (avec régulièrement des promos), notamment Busch Gardens + Adventure Island, ou Busch Gardens + d'autres parcs du groupe SeaWorld à Orlando. Coupons de réduc dans certains hôtels. Navette gratuite Orlando-Tampa pour rejoindre le parc (résa au ☎ 1-800-221-1339). Et s'il pleut, on peut revenir sans payer un autre jour ! Mais parking hors de prix : env 25 $... Coupe-fil : 20 $.*

2e parc d'attractions de Floride après Disney World (le week-end ça ne désemplit pas), Busch Gardens Africa se définit comme un bon compromis entre un parc à thème classique et un parc animalier. Il aligne quelques montagnes russes capables d'arracher des cris de frayeur aux plus endurcis, propose toutes sortes de shows ou spectacles de danse bien ficelés... le tout au cœur d'une mini-réserve africaine aux jolis décors. Bref, de quoi passer une bonne journée. À ce prix-là, encore heureux !

– ***Le parc safari :*** Busch Gardens Africa, c'est d'abord un parc que l'on visite à pied, en petit train, en 4x4 version safari (supplément de 40 $) ou à bord d'une télécabine qui le survole. On y côtoie les animaux de très près. Les décorateurs ont réinventé la fameuse plaine du Serengeti, en Tanzanie, où l'on peut voir évoluer en semi-liberté zèbres, gnous, autruches, rhinocéros, girafes et toutes sortes d'antilopes. Dans la zone ***Jungala,*** on peut aussi approcher des orangs-outangs et des tigres blancs, et, près de l'entrée, des gorilles et chimpanzés, dans une fausse forêt équatoriale. Également des lions, des guépards, des hyènes, des éléphants, des hippos, des myriades d'oiseaux multicolores... Au total, plus de 3 000 animaux, dont des bébés. Mais ce n'est pas tout !

– ***Les attractions foraines :*** disséminées dans différents secteurs à thème, toutes sortes d'attractions vous attendent. Des manèges classiques et des jeux de fête foraine pour les plus petits ; des shows musicaux (repérer les horaires) ; les ***Congo River Rapids*** descendus à bord de rafts ronds (douche assurée) ; la balade sur l'eau en « rondin » du ***Stanley Falls Flume*** jusqu'à la chute finale, rafraîchissante ; et surtout des grands huit en veux-tu en voilà. Les attractions les moins méchantes sont accessibles aux enfants mesurant minimum 1,07 m : ***Scorpion*** et ***Cobra's Curse*** – sur ce dernier, le wagonnet se retourne et chute vers l'arrière... ; ***Cheetah Hunt,*** le bien nommé, joue d'emblée la vitesse (1,22 m minimum), comme le ***Sand Serpent*** qui enchaîne les épingles à cheveux. Puis viennent les manèges pour fondus, avec cris garantis (minimum 1,37 m) : le sadique ***SheiKra,*** où l'on chute de plus de 60 m après avoir été suspendu quelques instants au-dessus du vide ; ***Kumba,*** incroyablement rapide et tortueux, qui enchaîne 3 longues secondes d'apesanteur avec un looping à 360°, une boucle verticale de 60 m et 3 vrilles ; ***Montu*** et sa série de loopings, abordés accroché par le dos, jambes pendantes dans le vide ; le très haut ***Tigris*** qui vous propulse d'avant en arrière ; et encore ***Falcon's Fury,*** qui remporte la palme de l'angoisse, une tour de 100 m au sommet de laquelle on est hissé les pieds dans le vide, avant d'être lâché brusquement, la tête en bas... L'***Iron Gwazi,*** l'*hybrid coaster* le plus haut, le plus rapide et le plus pentu du monde, ouvrira prochainement. Vitesse de pointe : 122 km/h. On vous aura prévenu...

Adventure Island *(plan Bay Area)* **:** *10001 N McKinley Dr. • adventureisland.com • Ouv d'avr à mi-oct. Horaires variables selon j. de la sem et saison, généralement entre 9-10h et 17-19h ; sept, ouv seulement ven-dim, oct-nov sam-dim. Entrée : 65 $ (parfois dès 43 $ en promo en ligne). Parking : 25 $!* Ce vaste parc aquatique cumule grande piscine à vagues, tubes, toboggans en tout genre, descente en boudin-bouée, chute (presque) libre *(Vanish Point),* et même un rafting à 4 enfermés dans le *Colossal Curl* ! Rafraîchissant après une bonne dose de soleil.

Museum of Science and Industry *(MOSI ; plan Bay Area)* **:** *4801 E Fowler Ave. • mosi.org • Au nord de la ville (env 18 km) par l'I-275, sortie 51. Tlj 10h-17h sauf Thanksgiving et Noël. Entrée : env 13 $; 8 $ enfants 3-12 ans ; réduc.* Ce grand musée des sciences, industries et technologies intéressera surtout ceux qui parlent suffisamment l'anglais, les jours de pluie... Présentation classique des phénomènes scientifiques, section paléontologie, derniers développements, simulateurs *(en supplément, 8 $),* planétarium *(5 $),* etc. Les courageux pourront même pédaler sur un câble accroché à 6 m de haut pour tester (en toute sécurité) la loi de la gravité *(7 $)* !

ST PETERSBURG

265 000 hab.

• Plan Bay Area – Tampa et St Petersburg *p. 324-325* • Plan *p. 336-337*

Ville sœur de Tampa, St Petersburg présente pourtant un visage bien différent. Située au sud-est de la presqu'île qui ferme la baie, elle affiche un côté plus intello au Downtown, avec son superbe musée Dalí, et de larges avenues aérées menant à de tranquilles quartiers-villages de caractère. Plein ouest, St Pete Beach révèle une facette plus *easy going* (cool). Le littoral est souligné ici, sur près de 30 km, par une large et belle plage de sable blanc et farineux, s'étendant au nord jusqu'à Clearwater. Une succession de ponts relient les différentes îles littorales, découpées en autant de quartiers plantés d'immeubles, où l'on croise beaucoup de retraités.

Pass-a-Grille, tout au sud, offre un visage plus doux avec ses maisons en bois les pieds dans l'eau et, au-delà, le parc du Fort de Soto, sur son îlot, offre une rare parenthèse de nature préservée. À St Pete Beach, ne ratez pas l'emblématique hôtel *Don Cesar,* superbe gâteau d'anniversaire rose inauguré en 1928. Il arrive qu'on voie des dauphins batifoler juste devant !

Attention, le parking est payant partout (même dans certains motels...).

MONTE-EN-L'AIR

En 1914 naissait l'aviation commerciale. Le 1er vol partit de Tampa et relia St Petersburg en 23 mn (27 km quand même !). L'hydravion atteignit l'altitude folle de 15 m de hauteur. Le tarif était encore plus vertigineux : 400 $ l'aller simple, soit l'équivalent de... 10 500 $ d'aujourd'hui !

Orientation

Ceux qui arrivent du sud par la 275 paieront 1,25 $ (1 $ avec le *SunPass*) pour enjamber le ***Sunshine Skyway Bridge,*** un admirable pont à haubans traversant la baie de haut. À peine descendu, il faut sortir et prendre la 682 pour rejoindre St Pete Beach. Sinon, on continue vers le nord jusqu'à la sortie 23 pour gagner Downtown par la 375 (direction : The Pier). Pour Tampa, on restera sur la 275 et, pour aller vers le nord, en direction de Crystal River, on suivra la route 19.

Downtown est classiquement quadrillé, avec les *streets* sur un axe nord-sud et les *avenues* sur un axe est-ouest. Si l'on commence à compter les *streets* par ordre croissant depuis le front de mer (à l'est), les *avenues,* elles, se dupliquent en North et South de part et d'autre de la colonne vertébrale de ***Central Avenue,*** qui traverse la ville d'est en ouest. C'est clair ?

Adresse utile

i ***St Petersburg Area Chamber of Commerce*** *(plan D2)* **:** *100 N 2nd Ave (à l'angle de 1st St N), Downtown.* • *stpete.com* • *Lun-ven 8h-17h. Fermé w-e et j. fériés.* Plan de la ville.

Où dormir ?

Après Downtown, les adresses sont présentées au fil du littoral, du sud vers le nord.

Downtown

De prix moyens à chic

Avalon (plan C2, **10**) : *443 4th Ave N. ☎ 727-317-5508. • avalonstpetersburg.com • Doubles 105-170 $; pas de petit déj, seulement du café et des gâteaux. Chambre n° 102, à côté de l'accueil, dès 79 $. Parking gratuit.* À portée de marche des musées, ce sympathique petit boutique-hôtel au style vintage décline couleurs acidulées et clins d'œil Art déco. La déco des chambres, tout confort, est du même acabit, avec un drôle de meuble argenté qui brille ! La n° 102, contre l'accueil, est toute petite mais aussi bien équipée que les autres – souvent une très bonne affaire, même en saison. Bon accueil, très pro, avec *wine & cheese* offerts toutes les fins d'après-midi.

Hollander Hotel (plan C2, **10**) : *421 4th Ave N. ☎ 727-873-7900. • hollanderhotel.com • Doubles 117-180 $; pas de petit déj, seulement du café et des gâteaux. Min 3 nuits à certaines périodes. Parking gratuit.* Occupant un édifice à la belle façade en brique de 1933, cet hôtel, jumeau de l'*Avalon* voisin, abrite des chambres pour la plupart spacieuses, avec beaux parquets à l'ancienne dans les standard (nos préférées) et de la moquette dans les suites (avec micro-ondes, voire cuisine). Le lieu a du caractère, à l'image du salon avec cheminée de la réception. Pour dîner, le *Tap Room* est parfait : cuisine sans chichis, bonne ambiance conviviale avec musique live et grand choix de bières à prix serrés. Réservez le week-end !

Watergarden Inn at the Bay (plan D2, **11**) : *126 4th Ave NE. ☎ 727-822-1700. • innatthebay.com • Doubles et suites 135-295 $, petit déj inclus. Parking gratuit.* Ce joli *B & B* tirant sur le petit hôtel occupe 2 maisons en bois voisines, très centrales, l'une vert d'eau et l'autre jaune, partageant une jolie piscine adossée à un trait de gazon et un écran de végétation. Les 14 chambres et suites sont de tailles et de couleurs variables mais d'un excellent confort, certaines d'entre elles avec lit à baldaquin (la plupart avec moquette). Le reste du mobilier est généralement plus moderne. Vélos en prêt.

Dickens House (plan D1, **12**) : *335 8th Ave NE. ☎ 727-822-8622. • dickenshouse.com • Doubles 140-210 $, suites 180-305 $ (2 nuits min), excellent petit déj compris.* Dans un quartier résidentiel, au bord d'une rue calme dissimulée sous les feuillages, cette demeure de 1912 couverte de bardeaux, de style *Arts & Crafts*, propose 2 chambres et 3 suites à la déco rétro et au confort sans faille ; 2 d'entre elles sont mansardées. La « Dicken's Suite » est la plus demandée ; les autres sont plus ou moins étroites. Terrasse pour prendre le frais.

Dans les îles

Campings

Fort de Soto Park Campground (plan Bay Area, **13**) : *à env 14 miles (22,5 km) au sud de Downtown, par les routes 275, 682, puis 679 (Pinellas Bayway S). ☎ 727-582-2100. • pinellascounty.org/park/camping.htm • Ponts payants pour accéder à l'île, 1 $ + 0,75 $. Accueil tlj 9h-18h (21h ven). Emplacements 33,50-42,50 $ (vue mer ou non). 90 % des emplacements sont réservables ; les 10 % restants sont disponibles en dernière minute à partir du ven à 7h par Internet ou 9h sur place.* Rare parenthèse naturelle sur le littoral, le parc du Fort de Soto occupe une petite île aux nombreuses et belles plages. Le camping, situé un peu avant, occupe son propre îlot (Christopher Key) atteint par un pont, avec pas moins de 238 emplacements disséminés entre palmiers et sabals. Les plus recherchés donnent sur le golfe. Les tentes privilégieront les emplacements (spacieux) nos 1 à 10 et les pairs au-delà, jusqu'au n° 85. Bien équipé : eau, électricité,

■ **Adresse utile**

- St Petersburg Area Chamber of Commerce (D2)

Où dormir ?

- **10** Avalon et Hollander Hotel (C2)
- **11** Watergarden Inn at the Bay (D2)
- **12** Dickens House (D1)
- **13** Fort de Soto Park Campground (plan Bay Area)
- **14** Shell Key Campground (plan Bay Area)
- **15** St. Pete Beach Suites (plan Bay Area)
- **16** Inn on the Beach (plan Bay Area)
- **17** Sea Chest Motel (plan Bay Area)

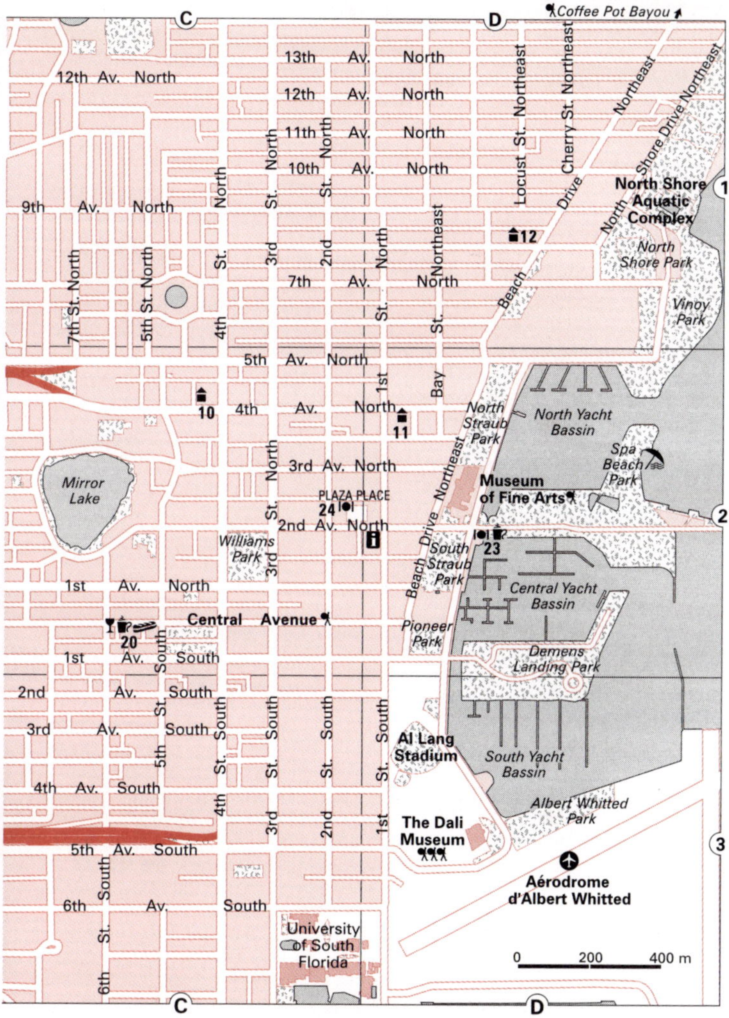

ST PETERSBURG

Où manger ?

20 Central Coffee Shoppe (C2)
21 Bodega (B2)
22 Hawkers Asian Street Fare (B2)
23 Fresco's Waterfront Bistro (D2)
24 Sea Salt (C2)
25 Seahorse Food (plan Bay Area)
26 Caddy's on the Beach (plan Bay Area)
27 Salt Cracker (plan Bay Area)

Où boire un verre ? Où sortir ?

20 Cycle Brewing (C2)
40 Green Bench Brewing Co et Webb's City Cellar (B2)
41 3 Daughters Brewing (A3)
42 Right Around the Corner (A2)
43 Level 11 (plan Bay Area)

tables et barbecue pour tous, sanitaires vastes et très bien tenus. Location de vélos, *paddles* et kayaks.

⛺ ***Shell Key Campground*** *(plan Bay Area,* ***14****)* **:** *accès en kayak depuis le Fort de Soto Park (loc), ou par bateau avec* Shell Key Ferry *(● hubbardsmarina.com ●) depuis la Fort de Soto Boat Ramp (tlj ou presque à 10h, 12h et 14h, sauf mar-jeu début sept-déc ; 25 $ A/R, 12,50 $ jusqu'à 11 ans ; 40 et 20 $ respectivement pour ceux qui campent sur l'île). ☎ 727-582-2100. ● shellkey.org/camping ● Permis 6 $ (pour 6 pers max) à obtenir à l'avance sur ● pinellascounty.org/park/camping.htm ● Feux autorisés oct-avr.* Jouer les Robinsons ici ? C'est possible. Imaginez un banc de sable en forme de C de 2,5 km de long (pour 0,73 km²), découpé en 2 îlots par une passe. D'un côté, le sable blanc du golfe. De l'autre, des îlots de mangroves baignant dans une lagune où batifolent raies et lamantins. La moitié nord de Shell Key est une réserve intégrale (pas d'accès), mais la moitié sud est un paradis accessible. Très important : emportez vos ordures.

À St Pete Beach et Pass-a-Grille

De chic à très chic

🏠 **St. Pete Beach Suites** *(plan Bay Area,* ***15****)* **:** *6801 Sunset Way. ☎ 727-360-7233. ● stpetebeachsuites.com ● Doubles env 150-250 $. Parking gratuit.* En retrait de l'animation et à 100 m de la plage, ce motel nouvelle génération réunit, dans 2 bâtiments bleu ciel, des chambres pimpantes, impeccables, carrelées ou avec parquet flottant, à la déco contemporaine et colorée comme sortie d'un célèbre catalogue suédois... Même les plus petites ont une kitchenette. 2 piscines.

🏠 ***Inn on the Beach*** *(plan Bay Area,* ***16****)* **:** *1401 Gulf Way, Pass-a-Grille. ☎ 727-360-8844. ● innonbeach.com ● Doubles 180-360 $, petit déj continental inclus. Parking gratuit.* Il n'y a que la rue (calme) à traverser pour rejoindre la (belle) plage. Les 14 chambres et les 2 cottages de ce petit hôtel familial pimpant sont clairs, cosy, joliment décorés sur des notes de bois, de bleu et de blanc, avec parquets flottants et touches marines. Certains ont un balcon et/ou une kitchenette. L'accueil est chaleureux, souriant, parfait. Dommage que les prix soient tout de même bien élevés. Vélos en prêt.

Sur Treasure Island

De part et d'autre de Gulf Boulevard (la route côtière) s'alignent motel sur motel, les moins chers côté route, les autres côté plage. En saison, résa impérative.

Prix moyens

🏠 ***Sea Chest Motel*** *(plan Bay Area,* ***17****)* **:** *11780 Gulf Blvd. ☎ 727-360-5501. ● theseachest.com ● Doubles env 65-120 $, studios et apparts env 85-165 $.* On aime bien ce motel, bien tenu et plutôt coquet, avec une belle pelouse et une piscine qui remplacent le traditionnel parking central. La vue depuis les chambres est d'autant plus agréable. Les chambres ont frigo, micro-ondes et cafetière, les studios et (3) apparts une cuisine équipée, séparée de la chambre dans ces derniers. Au bout du motel, la plage ! Bref, un rapport qualité-prix plus qu'honorable, avec des tarifs qui ne s'envolent pas follement en saison. Évitez juste les chambres les plus proches du boulevard. À disposition : barbecue et table de ping-pong.

Où manger ?

Downtown

Spécial petit déjeuner

☕ 🥪 ***Central Coffee Shoppe*** *(plan C2,* ***20****)* **:** *530 Central Ave. Tlj 6h30-13h. Petit déj et lunch 5-10 $.* Adresse idéale pour avaler son petit déj à quelques blocs du musée Dalí, ce troquet tout en longueur au décor patiné rassemble ses habitués entre affiches de cinéma et photos de Marylin Monroe. Long comptoir et petites tables voient se succéder une foultitude de variétés de petits déj très bon marché, complétés le midi de burgers et sandwichs pas chers non plus.

Et aussi **Fresco's Waterfront Bistro** (voir ci-après) le week-end pour le brunch.

De bon marché à prix moyens

Bodega *(plan B2,* ***21****) : 1120 Central Ave. Tlj 11h-21h (23h ven-sam). Compter 7-10 $.* Des tables dans la rue, une baraque avec comptoir pour commander et des places au fond : le cadre n'a rien de romantique, mais les habitués viennent en nombre pour les gros sandwichs cubains, servis dans des corbeilles en plastique, ou le plat de *lechon* (cochon de lait).

Hawkers Asian Street Fare *(plan B2,* ***22****) : 1235 Central Ave. ☎ 727-521-7253. Tlj 11h-22h (23h mer-jeu, minuit ven-sam). Petits plats 6-9 $ à partager (ou pas !).* Née à Orlando, cette petite chaîne en plein essor compte désormais une dizaine d'antennes dans le pays, la plupart en Floride. Le principe ? Proposer, dans un cadre de bistrot *trendy*, le meilleur des recettes de la cuisine de rue asiatique – coréen, japonais, malais, chinois, vietnamien, singapourien... C'est bon, souvent très bon, plus ou moins épicé (signalé comme tel) et le lieu, vibrant entre la salle cathédrale et les cuisines où résonne le chant des woks, ne manque pas d'énergie (et de bruit). Attention, ici, ça se passe à la baguette !

Fresco's Waterfront Bistro *(plan D2,* ***23****) : 300 2nd Ave NE. ☎ 727-894-4429. Tlj 11h (9h sam-dim)-22h (23h ven-sam). Plats brunch 10-16 $; 10-20 $ le midi.* La terrasse plantée face à la marina est plus que séduisante pour reprendre ses forces après la visite des musées. La carte part un peu à tout-va, sans génie, et le service est irrégulier (et souvent lent), mais salades, burgers, tacos et sandwichs peuvent faire l'affaire pour un lunch avec vue. Inutile en revanche de venir le soir.

De prix moyens à plus chic

Sea Salt *(plan C2,* ***24****) : 183 2nd Ave N. ☎ 727-873-7964. Tlj 11h30-15h, puis à partir de 17h. Plats 14-29 $ le midi, 24-65 $ le soir.* Emblématique des adresses *trendy* apparues ces dernières années à St Petersburg, *Sea Salt* occupe, en étage, une immense salle cathédrale vitrée, au décor naviguant entre longues banquettes crème en cuir, mur de bouteilles et batteries de luminaires design. Le chef vénitien, qui utilise 130 sortes de sels marins différents (!), fait la part belle aux produits de la mer (surtout locaux et bio), présentés sur lit de glace à l'entrée – sans pour autant complètement oublier son Italie natale. Le midi, on profite du cadre sans ressortir complètement essoré ! Bar à huîtres.

Sur Treasure Island et à St Pete Beach

Spécial petit déj

Seahorse Food *(plan Bay Area,* ***25****) : 800 Pass-a-Grille Way, à* ***Pass-a-Grille*** *(complètement au sud de St Pete Beach). ☎ 727-360-1734. Tlj 8h-14h30 sauf mar. Plats 7-13 $.* Plus ancien du quartier (1938), ce resto populaire planté en face d'une jetée pour pêcheurs profite d'une chouette terrasse ombragée avec vue sur l'eau (de l'autre côté de la rue) et d'un intérieur chaleureux tout en bois. Pour le petit déj comme pour le déjeuner, prix très raisonnables, pour des classiques du genre : pancakes, omelettes, *French toasts,* puis burgers, sandwichs et *seafood platters.* Service agréable, quoiqu'un peu long.

Et aussi **Caddy's on the Beach,** ci-après.

De prix moyens à chic

Caddy's on the Beach *(plan Bay Area,* ***26****) : 9000 W Gulf Blvd, à Treasure Island. ☎ 727-360-4993. Tlj 8h-23h. Plats 11-23 $.* Il y en a 5 dans le coin, mais on préfère celui-ci, une grande cabane posée sur la plage, animée par des baffles au son souvent vitaminé. La cuisine est à l'image de l'endroit, sans chichis. Au menu : viandes au barbecue, sandwichs, *fish & chips,* tacos aux fruits de mer, burgers... On ne vient pas pour manger gastro mais passer un moment en famille ou entre amis, en profitant des tables et parasols pieds dans le sable. Le week-end, l'endroit est envahi. Animation musicale tous les jours et yoga gratuit 3 fois par semaine !

À Clearwater Beach

Salt Cracker *(plan Bay Area,* ***27****) : 25 Causeway Blvd, sur la marina. ☎ 727-442-6910. Tlj 7h-22h (23h ven-sam). Sandwichs et plats 10-28 $; petits déj 7-14 $. Parking payant.* Côté pile, une modeste salle type cafét' toute vitrée. Côté face, une belle terrasse sur le quai, le nez dans les bateaux. On ne vient pas ici exprès, mais l'adresse est parfaite pour manger avant ou après la visite du proche Clearwater Marine Aquarium. Au menu : des petits déj, des snacks, des sandwichs au poisson, quelques classiques de la cuisine du Sud et, de 15h à 17h, des « *bites* » (petits crocs) à prix cassés (huîtres, petit burger, poisson fumé...).

Où boire un verre ? Où sortir ?

Depuis quelques années, St Pete connaît un véritable engouement pour les ***brasseries artisanales.***

Downtown

Cycle Brewing *(plan C2,* ***20****) : 534 Central Ave. Tlj 15h (12h ven-dim)-minuit (1h ven-sam, 22h dim).* Une brasserie artisanale brute de forme calée dans un hangar à la déco industrielle. Que de la bière à la pompe (certaines exotiques) et pas mal de monde venu en siffler, entre brochettes de potes.

Green Bench Brewing Co *(plan B2,* ***40****) : 1133 Baum Ave N. Tlj.* Au cœur du quartier animé de The Edge, à l'ouest de Downtown, c'est ce qui se fait de mieux. On y brasse un grand éventail de bières (1,4 million de litres par an !), qui ne cessent de changer. Certaines sont carrément surprenantes (on en a vu une à la *Key lime pie* !). Ambiance très conviviale, au bar comme au *Beer Garden*. Les mêmes proprios tiennent le ***Webb's City Cellar*** contigu, où certaines bières vieillissent en fût. On y éponge aussi cidres et hydromels maison !

3 Daughters Brewing *(plan A3,* ***41****) : 222 22nd St S. Tlj 14h (12h sam-dim)-22h (minuit ven-sam, 20h dim). Musique live ven-dim (voire certains autres jours).* On aime beaucoup l'ambiance de ce grand hangar où se retrouvent aussi bien bandes de copains que familles avec des enfants en bas âge. Ici le bar pour les grands (40 pressions au choix !), où l'on peut commander un morceau, là un recoin avec des jeux d'arcade (coup d'œil au labo au passage !), et la brasserie où l'on campe sur des tables de pique-nique, avec les cuves en toile de fond (et 2 baby-foot). On danse, aussi, souvent.

Right Around the Corner *(plan A2,* ***42****) : 2244 Central Ave. Tlj 16h (14h ven, 12h sam-dim)-22h (minuit mar-jeu, 1h ven-sam).* On y sert une quinzaine de bières artisanales à la pompe, avec une prédilection pour la marque maison, *Arcade Brewery.* En prime : plein de jeux d'arcade pour les nostalgiques du flipper.

À St Pete Beach

Côté mer, on pourra planter ses pieds dans le sable à la paillote ***Caddy's on the Beach,*** citée plus haut dans « Où manger ? ».

Level 11 *(plan Bay Area,* ***43****) : 5250 Gulf Blvd. Au 11e étage du Grand Plaza Hotel. Tlj 16h-1h.* Imaginez une terrasse en *rooftop* vaste comme le pont d'un paquebot et, sur les côtés, la mer et la plage qui se déroulent (bon, on lui tourne un peu le dos...). Ajoutez des fauteuils et canapés aux coussins bleus moelleux, un cocktail, et le coucher du soleil bien sûr. Beaucoup de monde à ce moment-là... DJ les vendredi et samedi.

À voir. À faire

On vous rappelle l'existence du ***City Pass*** *(● citypass.com/tampa ●)* qui, à St Petersburg, couvre l'entrée du ***Clearwater Marine Aquarium.***

Côté Downtown

Les 2 grands musées de St Pete se trouvent dans l'agréable Downtown aux avenues verdoyantes, venant mourir sur une marina bordée de larges pelouses et d'une promenade piétonne. On peut aller de l'un à l'autre à pied, ou prendre le trolley *(● loopertrolley.com ● ; 0,50 $ le trajet au centre ; plusieurs lignes, dont une reliant le centre à la plage, 2,25 $).*

🏛🏛🏛 ***The Dalí Museum*** *(plan D3)* **:** *1 Dalí Blvd (Bayshore et 5th Ave SE). ● thedali.org ● Tlj sauf Thanksgiving et Noël 10h-18h (21h jeu-sam). Entrée : 25 $ (12,50 $ jeu après 17h), audioguide en français et visite guidée en anglais (ttes les 30 mn ou 1h) inclus ; réduc. Parking (vite plein) : 10 $. Déposer ses sacs dans les casiers (gratuits) à l'extérieur.*

C'est en 1942 que Mr and Mrs Morse, riches industriels de Cleveland, découvrent avec fascination le travail de Dalí ; il a 38 ans (1904-1989). Le couple n'aura alors de cesse de réunir les œuvres de l'artiste, jusqu'à constituer ***la plus importante collection privée au monde,*** exposée dans ce musée. Le bâtiment à l'architecture contemporaine et surréaliste, où les courbes en verre étreignent les façades de béton brut, est déjà une œuvre en soi ! Cet espace présente Dalí le peintre, mais surtout le créateur de génie qu'il était. Les œuvres couvrent la majeure partie de sa vie, de 1914 à 1980, et retracent l'évolution de sa peinture. Entre les tableaux de jeunesse illustrant gentiment le petit port de Cadaqués en Espagne et ceux réalisés dès lors que Dalí s'intéresse à la psychanalyse, le chemin parcouru laisse... admiratif !

Les huiles de la collection permanente, exposées dans la *Tom and Mary James Wing,* à l'espace étonnamment un peu étroit, changent régulièrement, mais les grands formats sont presque toujours visibles, notamment ***La Découverte de l'Amérique par Christophe Colomb, Le Toréador hallucinogène*** et ***Galacidalacidesoxiribonucleicacid*** (pas facile à placer dans la conversation !). Ne ratez pas non plus *Gala contemplant la mer Méditerranée,* sous-titré *Hommage à Rothko.* Ce tableau a été peint par Dalí en 1976, quelques années après le suicide de l'artiste américain. Vu à 20 m, il laisse apparaître le portrait d'Abraham Lincoln ! Assez inouï... Au total, le musée regroupe près de 2 100 œuvres de Dalí, mais on n'en voit finalement qu'une assez petite sélection. Le musée a plutôt choisi de vous faire pénétrer dans l'esprit tortueux du maître grâce à la ***réalité virtuelle*** ! Et puis s'ajoutent de grandes ***expos temporaires,*** soit sur les contemporains de Dalí, soit sur certaines thématiques de son travail, soit sur ses illustres prédécesseurs qui l'ont inspiré.

> **UN *ANGÉLUS* MORBIDE**
>
> *Dalí était fasciné par l'Angélus – le tableau de Millet –, une toile qui hanta son enfance et qu'il reproduisit une centaine de fois. Il lui consacra même un livre tout entier, écrit en 1938 et édité en 1963. Mais le plus impressionnant, c'est que le maître eut l'incroyable intuition qu'à la place du panier Millet avait d'abord peint un cercueil d'enfant. Quand les rayons X commencèrent à être utilisés par les experts en art, on se rendit compte que Dalí, dans son délire paranoïaque, avait vu juste !*

|●| Possibilité de goûter quelques petits plats espagnols au ***Café Gala*** *(mêmes horaires que le musée).*

Museum of Fine Arts (MFA ; plan D2) **:** *255 Beach Dr NE. • mfastpete.org • Tlj sauf lun et certains j. fériés : mar-mer et sam 10h-17h, jeu-ven 12h-20h, dim 12h-17h. Entrée : 20 $; réduc ; 10 $ jeu après 17h. Tours guidés (inclus) à 11h et 14h (seulement à 14h dim).* Ce grand musée occupe un vaste bâtiment de style palladien planté au bord de la baie, doublé d'une aile moderne réservée aux grandes expos temporaires. On y recense une vingtaine de galeries éclectiques, certaines toutes petites, et 2 agréables patios dans lesquels trônent des sculptures. Il s'agit en réalité principalement de collections privées léguées au musée, qui n'ont pas été réunies au fond, mais conservées en l'état. On découvre ainsi pêle-mêle arts précolombiens, africains et d'Asie, sections d'antiquités et de photographie, art moderne et contemporain, américain et européen (XIVe-XIXe s), arts décoratifs et verrerie... Parmi les pièces les plus notables, signalons une très belle *Maison du Parlement à Londres,* avec effets de *fog,* de Monet, un beau marbre d'Auguste Rodin et une sculpture de *Mictlantecuhtli* (ouf !), l'inquiétant dieu de la Mort aztèque aux yeux exorbités. À picorer donc, ou à zapper.

MFA Café pour grignoter un morceau ou boire un coup après la visite *(tlj 11h-15h sauf lun).*

Les façades street art de Central Avenue (plan B-D2) **:** sur près d'une vingtaine de blocs en partant du centre, les grapheurs ont multiplié les fresques oniriques, réalistes, rétro, psychédéliques... sur l'avenue et les rues latérales. En chemin, arrêt possible dans la foule de *coffee shops,* bistrots et *taquerías* tendance *hipster* jalonnant le parcours.

Le quartier chic de Coffee Pot Bayou (hors plan par D1) **:** *du centre-ville, remonter Northshore Dr vers le nord pour rattraper Coffee Pot Blvd.* De belles maisons à colonnades se dressent face à la baie ou dans les ruelles pavées perpendiculaires.

Gulfport (plan Bay Area) **:** *au sud-ouest. De Central Ave, descendre 55th St S jusqu'à ce qu'elle devienne Beach Blvd S.* Ici règne une atmosphère de village paisible et vaguement New Age, avec petits cafés relax et décatis, maisons colorées noyées sous les arbres et fleurs en bord de baie.

Côté plages

S'étirant de Pass-a-Grille, au sud, à Clearwater Beach, au nord, le littoral déroule environ ***30 km de fort belles plages*** de sable blanc, très larges mais toutes urbanisées.

Pour une impression plus naturelle, filez au ***Fort de Soto Park*** *(plan Bay Area ; de 6h30 au coucher du soleil ; entrée : 5 $),* occupant une petite île accessible en voiture, au sud de St Pete Beach. L'accès est fléché depuis Pinellas Bayway. Tout au bout, on découvre un vieux fort sans grand intérêt et 2 plages sauvages qui valent vraiment le détour – ***North Beach,*** très fréquentée le week-end, révèle d'immenses tapis de sable (douches, tables de pique-nique). Le camping situé un peu avant le parc est le mieux de la région (voir « Où dormir ? »). Et l'on peut même s'embarquer pour une île déserte, ***Shell Key,*** juste en face (camping sauvage possible, voir « Où dormir ? »).

Seaside Seabird Sanctuary (plan Bay Area) **:** *18328 Gulf Blvd,* ***Indian Shores*** *(entre Treasure Island et Clearwater Beach). • seasideseabirdsanctuary.org • Tlj 8h-16h. GRATUIT (don bienvenu).* Ce petit centre de soins pour oiseaux prend en charge un nombre fluctuant d'invalides : pélicans, cormorans, mouettes, mais aussi chouettes, aigles, vautours, hérons, grues... Certains sont relâchés, d'autres, trop handicapés, ne quitteront jamais plus leurs cages. Et certains ne veulent plus partir et font la navette entre la plage et le sanctuaire !

Clearwater Marine Aquarium *(plan Bay Area)* **:** *249 Windward Passage. • cmaquarium.org • Tlj sauf Thanksgiving et Noël 10h-18h (ou 9h-19h). Entrée : 33 $; 27 $ enfants 3-12 ans.* Le Clearwater Marine Aquarium est connu pour avoir recueilli et sauvé Winter, le héros du film *L'Incroyable Histoire de Winter le dauphin,* qui a fait un carton en 2011 et engendré une suite en 2014. Depuis la sortie au cinéma de cette belle histoire d'amitié entre un jeune garçon et un dauphin blessé, la fréquentation de cet aquarium, qui a pour mission de soigner les animaux marins, a explosé. Divers bassins présentent les autres pensionnaires : requins-nourrices (baptisés Thelma et Louise !), loutres, tortues... (explications par les soigneurs à heures fixes). Plusieurs activités sont proposées, notamment un *combo* visite de l'aquarium et excursion en bateau dans la baie *(Dolphin & Wildlife Boat Tour, env 1h ; env 40 $ pour 2 pers).*

Le **Caladesi Island State Park** *(plan Bay Area)* occupe une île au nord de Clearwater Beach, accessible seulement en bateau au départ de Honeymoon Island, elle-même accessible par un pont *(• floridastateparks.org • caladesiferry.org • ; ferry ttes les 30 mn à partir de 10h ; 16 $ A/R, 8 $ enfants 6-12 ans, auxquels s'ajoutent 8 $/véhicule pour l'entrée du Honeymoon Island State Park).* Sur place, sentier de 5 km, plages *unlimited* et marina avec snack-bar et location de kayaks. On ne peut pas passer plus de 4h sur l'île.

DANS LES ENVIRONS DE ST PETERSBURG

Tarpon Springs *(plan Bay Area)* **:** *à 14 miles (23 km) au nord de Clearwater par l'US 19.* Fondé par des pêcheurs d'éponges grecs, ce petit port est sympathique mais un tantinet « touristique », avec ses restos, bars et festivals grecs.

LA NATURE COAST

Voilà un nom aux airs d'évidence. Souvent négligée, la côte nord-ouest de la Floride, menant vers la « queue de poêle » du Panhandle, voit les banlieues résidentielles et les golfs s'effacer peu à peu pour céder la place à une Floride plus authentique et naturelle. Pas de parcs d'attractions dans le secteur, pas de stations balnéaires, mais des côtes sauvages et souvent marécageuses, que la route peine à pénétrer, et quelques petits ports. On vient ici avant tout pour observer les lamantins, qui fréquentent assidûment les nombreuses sources de la région en hiver, et pour s'oublier un peu sur des airs de vieilles nostalgies sudistes.

LAMANTIN, UN ESTOMAC SUR PALMES

Drôle de semi-remorque. Avec 3 m de long et 400 à 550 kg au compteur (le record dépasse 1,7 t !), le lamantin a besoin de beaucoup manger pour faire fonctionner la machine : 10 à 15 % de son propre poids chaque jour. Dans les parcs aquatiques, chaque animal ingurgite entre 70 et 100 laitues quotidiennes... Pas facile à assimiler, toute cette verdure : le lamantin se trimbale 45 m de boyaux et met une semaine à digérer. Ce qui, en d'autres termes, revient à dire qu'il a toujours plus de 300 kg de nourriture dans l'estomac !

En hiver, les lamantins quittent les eaux plus froides du golfe du Mexique pour se réchauffer dans certaines des nombreuses sources qui jalonnent le littoral. Le meilleur moment pour les y voir, c'est quand il gèle la nuit et que le mercure, en journée, ne dépasse pas 10 °C. Ces températures étaient jadis courantes entre décembre et février, mais, avec le réchauffement climatique, elles se raréfient. Du coup, les lamantins remontent moins fréquemment et moins nombreux dans les sources. Mais quand ça arrive, la vision de tous ces animaux agglomérés est assez exceptionnelle !

HOMOSASSA SPRINGS

14 500 hab.

À 70 miles (113 km) au nord de Tampa, cette grosse bourgade éclatée, traversée de part en part par la route 19, a grandi sur le flanc d'une rivière abreuvée par l'une des plus importantes sources de la région. La probabilité de pouvoir y observer des lamantins est élevée : quelque 200 animaux vivent ici, entre la source et le golfe. Et si jamais ceux qui s'ébattent dans la nature ne sont pas au rendez-vous, un parc-zoo d'État permet d'en voir quelques-uns à demeure (et beaucoup, beaucoup d'oiseaux aussi).

Où dormir ? Où manger dans le secteur ?

Prix moyens

Chossahowitzka Hotel : *8551 W Miss Maggie Dr. ☎ 1-877-807-7783. • chazhotel.com • Depuis la route 19, faire 1,5 mile vers l'ouest par la 480. Doubles 75-125 $, petit déj continental inclus.* On l'adore ce « Chaz », installé dans une belle bâtisse en bois blanc de 1910 joliment restaurée, plantée dans une zone résidentielle aérée et ombragée par de grands chênes dégoulinant de mousses espagnoles. À l'intérieur, 7 chambres tout juste, simples mais très bien tenues, baignant dans une atmosphère gentiment rétro. L'hôtel est tenu par la même famille depuis 4 générations !

Mac Rae's : *5300 S Cherokee Way. ☎ 352-628-2602 (8h-18h). • macraersofhomosassa.com • Au bout de Yulee Dr, à 3 miles à l'ouest de l'US 19. Doubles 75-125 $. Musique live jeu-dim.* Ici, c'est la Floride à l'ancienne. Les habitués et les motards (grimpés sur de drôles d'engins) se retrouvent en masse, en fin de journée, sur le *deck* donnant sur l'eau, pour descendre quelques bières en picorant crevettes, poisson frit, burger ou sandwich en musique (live). Le week-end, c'est la cohue, avec le va-et-vient des mises à l'eau de bateaux ! On peut aussi passer la nuit sur place, dans des chambres de motel (en rondins) simples et pas toutes jeunes mais propres et à bon prix. Juste derrière (côté ouest) se cachent ***The Fish Market*** et le *food truck* de ***Wild Sassa Seafood*** *(jeu et dim 11h-16h, ven-sam 11h-17h, selon météo et saison ; plats 5-10 $),* qui débite tacos au thon frais, crevettes fraîches au poids et chaudrée de crabe en hiver. Et de l'autre côté, à 200 m en amont, flotte *Monkey Island,* alias Monkey Alcatraz, un îlot minuscule où 4 singes araignées vivent en liberté (on peut s'en approcher en kayak ou en bateau)...

The Biscuit Barn : *3297 S Suncoast Blvd (US 19). ☎ 352-765-4727.* Voir « Où dormir ? Où manger ? » à Crystal River.

The Museum Cafe : *10466 W Yulee Dr. Tlj 10h-15h sauf dim. Plats 5,50-8 $.* Attenant à un petit musée de l'imprimerie ouvert par un passionné, ce gentil café propose des choses simples, dans une déco de grand-mère. En vedette : le sandwich cubain, proposé en *combo* à moins de 10 $.

LA NATURE COAST

À voir. À faire

Ellie Schiller Homosassa Springs Wildlife Park : *4150 Suncoast Blvd (US 19). • floridastateparks.org • Tlj 9h-17h30 (dernière entrée à 16h45, Wildlife Walk ferme à 17h). Privilégier la West Entrance, sur W Fishbowl Dr, accessible par W Halls River Rd, plutôt que l'East Entrance, sur l'US 19. Cela évite de traverser tt le parc à pied ou par le tram (gratuit). Entrée : 13 $; 5 $ enfants 6-12 ans.*
Enfoui dans la végétation, ce petit zoo placé sous la tutelle des *State Parks* englobe une résurgence d'où sourdent, toutes les heures, 7 à 11 millions de litres d'eau à 22 °C. L'hiver, lorsque le golfe du Mexique refroidit trop, il n'est pas rare que les lamantins remontent jusque-là pour se réchauffer (ils détestent lorsque le bain descend sous 18 °C...). Un système de vannes leur permet d'accéder librement à la source, tout en empêchant leurs

UNE SIRÈNE BIEN EMPOTÉE

Appartenant à l'ordre des siréniens, les lamantins doivent, semble-t-il, cette distinction au fait que les marins de jadis confondaient leurs chants aigus avec ceux des mythiques sirènes... Pourtant, lorsqu'il naît (sous l'eau), le bébé lamantin ne sait pas nager ! Sa mère doit le remonter à la surface toutes les 2-3 mn pour qu'il apprenne à respirer et à plonger.

3 congénères résidents de sortir. On peut alors espérer les observer sous l'eau grâce à un observatoire immergé, même s'il est plus fréquent d'y voir de grands bancs de poissons (carangues, brochets de mer et vivaneaux gris), eux aussi adeptes du jacuzzi...
Les rangers organisent des présentations sur la biologie des lamantins et, en hiver, on peut aussi observer plein d'oiseaux. Certains, blessés et soignés, sont en cage, mais des centaines d'autres, attirés par leurs semblables, fréquentent aussi les lieux – dont de nombreux tantales (cigognes d'Amérique) perchés dans les arbres et une foule d'ibis. En prime : un hippopotame répondant au doux nom de Lu, vedette de cinéma des sixties à la retraite !

Sorties manatees : s'il est strictement interdit de se mettre à l'eau au Homosassa Springs Wildlife Park, plusieurs opérateurs proposent des promenades en bateau, avec ou sans séance snorkelling *(env 80 $)* pour voir les lamantins de près sur les chenaux du secteur. On vous propose plutôt une alternative à Crystal River (voir ci-après).

CRYSTAL RIVER

3 200 hab.

Tout juste 8 miles (13 km) au nord de Homosassa Springs, Crystal River a grandi autour de quelque 70 sources, fréquentées par les lamantins en hiver. Ils sont même encore plus nombreux et plus faciles à voir ici. À pied, en bateau, en kayak, masque sur le nez, tout est bon pour s'approcher d'eux – sans les déranger.
En aval, la large Crystal River s'écoule vers le golfe à travers des mangroves protégées par un vaste parc naturel. Côté terres, c'est moins charmant : sur des kilomètres court la *Highway 19*, encombrée par les concessionnaires auto...

Adresse utile

Visitors & Convention Bureau : *915 N Suncoast Blvd. ☎ 352-794-5506. • discovercrystalriverfl.com • Lun-ven 8h-17h (sauf j. fériés).*

Où dormir ? Où manger ?

On trouve plein de motels de chaîne le long de l'US 19, avec une préférence pour le *Hampton Inn* ou le *Holiday Inn Express*. Les moins chers ne sont pas terribles...

Plantation on Crystal River : *9301 W Fort Island Trail. ☎ 1-800-632-6262. • plantationoncrystalriver.com • Doubles 100-180 $; resort fee 20 $.* Cet immense hôtel posé au milieu de son propre parc, sur un chenal donnant tout au fond de Kings Bay, abrite des chambres standardisées de très bon confort (excellents lits). Dommage que les employés aient oublié l'usage de l'aspirateur dans les parties communes ! Nombreux services : piscine face à l'eau, golf, salle de sport, excursions, snorkelling avec les lamantins, etc. Bonne note : *Plantation* est membre de la *Green Hotels Association*.

The Biscuit Barn North : *1960 NW US 19. ☎ 352-794-3385. Juste après la NW 19th St, à gauche en allant vers le nord. Tlj sauf lun 5h30 (7h dim)-14h30 (14h dim). Petits déj 3-9 $, lunch jusqu'à 11 $.* Ce café d'habitués, en bord de route, ronronne dès avant l'aube sous l'œil sévère du boss tatoué, qui veille du comptoir. Tous les classiques du petit déj sont là, avec une prédilection pour les *biscuits* – délicieux nature, antidiététiques au possible lorsqu'ils sont nappés de sauces ! Au-dessus de vos têtes : des objets de brocante. En devanture : un très affirmatif *In God We Trust*.

Grannie's Country Cooking : *1712 SE US 19. ☎ 352-795-8884. Tlj 5h-15h. Petit déj et lunch env 4-8 $.* Les très petits prix et l'ambiance « vieux Sud » valent à *Grannie* une foule assidue de fidèles. Résultat : aux heures de pointe, on doit souvent s'aligner au comptoir. Les mamies au service ne chôment pourtant pas. Dans l'assiette, des œufs, des œufs, des œufs, des pancakes et une gaufre soi-disant belge, des *biscuits,* un *corned beef hash,* des burgers, sandwichs et *cobbler* (sorte de *crumble*)... Du classique. Du solide. Du populaire.

À voir. À faire

Three Sisters Springs : *entrée au 601 Three Sisters Springs Trail, juste au sud de Kings Bay Dr. • threesistersspringsvisitor.org • Quelques places de stationnement sur la rue en face ou, à vos risques et périls, sur le parking de la Bank of America... Sinon, se garer au 123 NW Hwy 19 (1,4 km au nord) d'où un trolley (inclus) vous conduit jusqu'au site, ttes les 30 mn. Tlj 8h30-16h30 (dernier départ à 15h30). Entrée : adultes 20 $ d'avr à mi-nov, 12,50 $ le reste de l'année, quand il y a beaucoup moins de lamantins ; 6-15 ans 7,50 $ tte l'année. Réduc de 5 $/pers pour ceux qui ont l'America the Beautiful Pass.* C'est LE spot par excellence pour les lamantins. Par les matinées les plus froides d'hiver, on peut en voir jusqu'à 70 ou 80 collés les uns aux autres ! Normal, l'eau est encore plus chaude ici : 23,3 °C. On les voit très bien depuis la promenade en bois qui entoure les sources. S'il est impossible de se mettre à l'eau, on peut accéder au site en kayak ou à la nage (voir « Location de kayaks »).

Hunter Springs Park : *NE 1st Ave. Accès libre et GRATUIT. Petit parking 1 $/h ou 5 $/j. (venez tôt !).* L'entrée des Three Sisters Springs vous semble trop chère ? Ici, vous pourrez vous mettre à l'eau sans payer, en ayant une bonne chance, l'hiver, de voir des lamantins à quelques brasses. Meilleure technique : se mettre dans l'eau, masque et tuba en place, et espérer qu'ils veuillent bien s'approcher (interdit de les suivre et de sortir de la zone de baignade autorisée).

Location de kayaks : on trouve plusieurs loueurs dans le secteur du Hunter Springs Park. On vous conseille notamment ***Paddles Outdoor Rentals,*** au 469 NE 1st Street *(☎ 352-586-5259 ; • paddlesoutdoorrentals.com • ; kayaks 1-3 places 35-45 $ pour 2h, 45-65 $ pour la journée ; loue aussi paddles et vélos).* Ils vous emmèneront en un coup de cuillère à pot à la rampe d'accès du Hunter Springs Park et vous remettront un plan des chenaux de Crystal River pour rejoindre les abords des Three Sisters Springs par la voie des eaux (avec possibilité de voir d'autres lamantins en chemin). D'avril à mi-novembre, on peut remonter en kayak jusqu'aux Springs par l'étroit bras d'eau qui les relie au chenal (visez bien !). En hiver, si l'on « gare » son embarcation à l'entrée du débouché, on peut y pénétrer en nageant. Un super plan pour ceux qui sont prêts à quelques efforts physiques : les lamantins vont et viennent, frôlant les nageurs sans autre forme de procès ! Attention, il est interdit de les toucher (un garde veille). Et s'ils sont trop nombreux, l'accès peut être fermé aux nageurs. Une location de 2h suffit pour faire l'aller-retour jusqu'aux Three Sisters Springs, mais on peut préférer 4h pour prendre son temps.

Snorkelling tours : pléthore de compagnies proposent des tours avec plongée-tuba. Toutes sont plus ou moins au même prix *(65 $).* Compte tenu des conseils ci-dessus, faire appel à leurs services ne nous semble pas impératif.

CEDAR KEY

700 hab.

À environ 1h (55 miles) au nord-ouest de Crystal River, Cedar Key baigne dans une réjouissante atmosphère de Floride éternelle. Pour y accéder, la route 24 se lance sur les eaux, entre lagunes et golfe du Mexique ; 2 ponts et quelques digues plus tard, la bourgade est là, avec ses grands arbres, ses maisons rose bonbon, amande, menthe à l'eau, jaune et vert pastel. Certaines, dans leur jus, laissent imaginer un passé florissant : Cedar Key fut un port important, au XIXe s. Qu'y fait-on ? Pas grand-chose. On profite. On lézarde. On pêche (en compagnie des hérons). On se balade dans les rues en voiturette de golf. On s'offre une balade en kayak ou en bateau sur les eaux du Cedar Keys National Wildlife Refuge, sur fond d'archipel aux innombrables îlots de mangroves.

Adresse utile

Cedar Key Welcome Center : *450 2nd St. ☎ 352-543-5600. • cedarkey.org • Tlj 10h-16h (14h dim).*

Où dormir ?

De prix moyens à chic

Firefly Cottages : *12685 SR 24. ☎ 352-477-5070. • fireflycedarkey.com • Doubles 80-185 $; café bio offert. Min 2 nuits, sauf si dispo 5 j. avt le séjour ; supplément 25 $ pour 1 seule nuit.* Ian et Darrin ont quitté la pluvieuse Seattle pour réinvestir cet ancien *fishing camp* des années 1950, posé entre la mer et la route, juste avant d'arriver à Cedar Key. Ils l'ont transformé en un charmant petit hôtel de 7 bungalows en bois conjuguant jaune et turquoise (les moins chers tout petits). La végétation s'invite partout et l'accueil est assez extraordinaire. Kayaks.

Pirates Cove Cottages : *12633 SR 24. ☎ 352-543-5141. • piratescovecottages.com • Bureau ouv 8h-18h seulement. Doubles env 90-120 $.* À 2 pas des précédents, voilà 7 autres cottages mignons comme tout, jaune pâle, bleu et vert amande, tout proches les uns des autres (2-5 personnes). Tous ont une kitchenette ou une cuisine, et certains ont une véranda avec moustiquaires et vue sur l'eau (les mieux : nos 4 et 6). Location de vélos et voiturettes de golf, barbecue.

Cedar Key Bed & Breakfast : *810 3rd St. ☎ 352-543-9000. • cedarkeybedandbreakfast.com • Doubles 110-200 $, petit déj inclus.* Waouh ! Difficile de ne pas tomber sous le charme de cette maison en bois de 1880, turquoise aux volets et vérandas roses, précédée d'un flamant de 2 m de haut et d'un splendide duo de grands chênes aux branches ramifiées, vieux de 400 ans. Les 9 chambres, de tailles variables, jouent à fond la carte rétro, avec mobilier à l'ancienne et objets de brocante. Toutes ont leur propre salle de bains, certaines avec baignoire à pattes d'autrefois. La bien nommée « Tree House » (eu égard à la vue) possède sa propre cuisine. Vélos en prêt.

Où manger ? Où boire un verre ?

1842 Daily Grind & Mercantile : *598 2nd St (angle D St). Tlj 7h30-14h (16h sam), sauf lun-mer en basse saison. Plats env 4-12 $.* On l'essaie et on l'adopte. Ce tout petit *coffee shop,* tout mignon, au boss hyper accueillant, propose chaque jour un menu différent. Ce matin, ce sera peut-être pancakes aux myrtilles, quiche ou *oatmeal* aux fruits. Et ce midi, un beau sandwich (amélioré) ou un ragoût de bœuf béton. Côté déco : proverbes rigolos et belle maquette de voilier.

2nd Street Cafe : *434 2nd St. Tlj 6h30-14h30. Plats 5,50-12 $.* On ne peut pas dire qu'ils se soient foulés pour le nom ! Ce *diner* ultra-central ne détonne pas non plus côté cadre, ni côté carte. Pancakes, gaufres, *biscuits,* œufs à gogo, *grits* (gruau) bien sudistes, *skillets* (poêlées), on est là dans le classique de chez classique. Bien fait et pas bien cher.

Steamers : *420 Dock St. ☎ 352-543-5142. Tlj 11h-21h (22h ven-sam, 20h dim).* Happy hours *lun-ven 15h-19h. Plats 9-16 $ le midi, 9-29 $ le soir.* Sa position, sur le quai s'avançant en mer, est un plus, assurément. Le soir, on s'y presse autour d'une bière artisanale et d'une super assiette de *clams* (palourdes) à 10 $ (spécialité locale). Quelle affaire ! Les pâtes aux fruits de mer sont pas mal aussi ; le reste est très américain (steaks, poulet, sandwichs et salades).

Tiki Bar : *au Low-Key Hideaway, 12050 SR 24. Lun-jeu à partir de 16h, ven-sam dès 14h, dim 9h-21h.* Les possesseurs de camping-car adorent ce petit camping-motel posé sur le bord de la route, 2 km avant d'arriver au village. À l'heure du soleil déclinant, tout le monde converge vers son bar-paillote bâti en bouteilles, planté dans l'axe du *sunset* – tout comme le ponton, avec 2 fauteuils suspendus pour amoureux. Le dimanche, *Irish breakfast...* liquide et bloody mary dès le réveil !

À voir. À faire

Allez aussi faire un tour à la plage (pas géante) !

Cedar Key Historical Society Museum : *609 2nd St et D St. • cedarkeyhistory.org • Jeu 13h-16h, ven et dim 13h-17h, sam 10h-17h. Entrée : 3 $; réduc.* Ce modeste musée local, un peu vieillot, vous donnera une idée de l'histoire du coin, entre époque indienne, temps des pionniers, fabrication des crayons à papier et aquaculture.

Cedar Key National Wildlife Refuge : *• fws.gov/cedarkeys •* Pas moins de 13 îles font partie de cette réserve particulièrement propice au kayak et à l'observation des échassiers et oiseaux migrateurs. À 30 mn de pagaie, Atsena Otie Key (24 ha) abrita la 1re colonie de la région ; ce fut même, un court laps de temps, le seul port entre La Nouvelle-Orléans et Cuba ! On y trouve encore un vieux cimetière et les ruines d'une usine de crayons *Faber...* Magnifiquement sauvage, soulignée de plages côté golfe, Seahorse Key est, elle, inaccessible de mars à juin : quelque 20 000 oiseaux y nidifient alors. On peut louer un kayak chez **Cedar Key Paddling** *(☎ 352-665-1276 ; • cedarkeypaddling.com • ; 25-40 $/j.).*

SUR LA ROUTE DU NORD

Lower Suwannee National Wildlife Refuge : *• fws.gov/lowersuwannee • GRATUIT.* Cette immense réserve englobe l'embouchure de la rivière Suwannee, le littoral de part et d'autre et plusieurs kilomètres de méandres en amont. Plus long fleuve du Sunshine State, aux eaux noires, la Suwannee s'écoule sur 396 km depuis ses sources dans les lointains marais d'Okefenokee (Géorgie). Infestée d'alligators, loin de toute grande agglomération, elle est très appréciée des pêcheurs. Seuls quelques sentiers et *wildlife drives* permettent d'y pénétrer. En remontant de Cedar Key par la CR 347, on peut par exemple emprunter la (bonne) piste de la Lower Suwannee Nature Drive, qui sinue sur 9 miles (14,5 km) dans la forêt. Elle retrouve la route principale juste avant une bifurcation qui mène au fleuve, dans un secteur planté de grands cyprès chauves ; le *River Trail* s'y balade sur 0,6 mile (1 km).

Manatee Springs State Park : *11650 NW 115th St, à* ***Chiefland.*** *• floridastateparks.org • À 33 miles (53 km) au nord-est de Cedar Key et 53 miles (85 km) au nord de Crystal River. Accès par la route 320 depuis la 98 (à la sortie nord de Chiefland). Tlj de 8h au coucher du soleil. Entrée : 6 $.* La source, parmi les plus importantes de Floride (190 000 à 570 000 m³ par jour !), sourd à 22 °C, attirant les lamantins par les froides journées d'hiver. On peut aussi y louer kayaks, canoës et *paddles* auprès d'***Anderson's Outdoor Adventures*** *(☎ 352-507-0059 ; • aoafun.com • ; tlj 9h-15h30, dernier retour à 18h ; 20-25 $ pour 2h, 40-50 $/j.)* et même se faire déposer en amont de la Suwannee pour se laisser glisser au fil du courant *(4-5 « navettes » 9h30-13h30).* Le parc compte aussi 14 km de sentiers.

LE PANHANDLE

• Carte Le Panhandle *p. 352-353*

Là où se termine la Nature Coast commence le Panhandle – la « queue de poêle » de la Floride, une bande de terre de 320 km de long (pour 80 à 160 km de large), bornée d'un côté par le golfe du Mexique et, de l'autre, par les États de Géorgie et d'Alabama. La voie royale vers La Nouvelle-Orléans.
Globalement peu fréquentée par les touristes internationaux, la région est en revanche très appréciée des habitants du Midwest pour ses interminables plages de sable fin d'une blancheur extraordinaire ! Des stations balnéaires bardées d'immeubles y ont surgi par endroits (comme Panama City) mais, face aux côtes, de très longues îles-barrières, protégées par plusieurs *state parks* et par le *Gulf Islands National Seashore,* dessinent de fantastiques parenthèses de nature. Ajoutons quelques bourgades bien attachantes, comme l'historique Apalachicola, presque inchangée depuis le début du XIXe s (on adore) et, au bout de la route, la séduisante Pensacola.

FUSEAU HORAIRE

Attention, à l'ouest d'Apalachicola, on passe au *Central Standard Time* (7h de décalage avec la France), comme en Louisiane. Il faut alors ***retarder sa montre*** de 1h par rapport au reste de la Floride.

HAUTE ET BASSE SAISONS

Plus septentrional que le reste de la Floride, le Panhandle a vite fait de grelotter en hiver, lorsque les fronts froids débarquent du nord ; ici, c'est la saison la plus creuse (et économique !). Certains jours, les plages baignent dans le brouillard et la mer prend parfois des tonalités plus brunes que bleues. Mieux vaut venir ***au printemps ou à l'automne,*** périodes où les précipitations sont les plus faibles.
De ***juin à août,*** il fait chaud (souvent plus de 30 °C) et le taux d'humidité est élevé ; moins qu'au sud de la Floride mais, ici aussi, il pleut alors pas mal – ce qui n'empêche pas ***juillet*** d'être ***le mois le plus fréquenté*** (avec des prix qui flambent). L'***automne*** est aussi assez *busy* et a l'inconvénient d'être la période la plus sujette aux ouragans. En octobre 2018, la région a d'ailleurs été touchée de plein fouet par Michael, de catégorie 5 ; pas mal de destructions sont encore visibles entre Panama City et le cap San Blas.

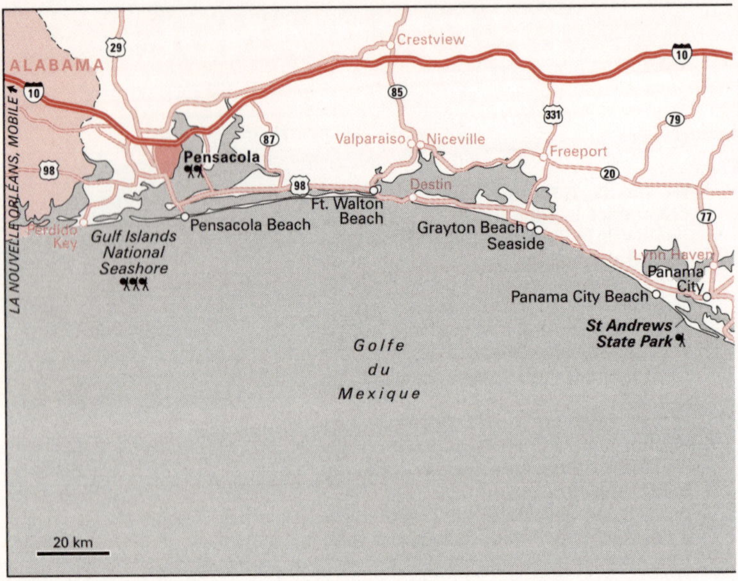

APALACHICOLA

2 350 hab.

Alanguie le long de l'estuaire de l'Apalachicola River où mouillent bateaux de plaisance et chalutiers décatis, noyée sous les pins et les chênes centenaires drapés de mousses espagnoles, Apalach' (pour les intimes) fait figure d'étape naturelle pour qui explore par la route la bien nommée *Forgotten Coast* (« Côte oubliée »), largement épargnée par l'urbanisation. Maisons de bois ou de brique, dont certaines remontent à la 1re moitié du XIXe s, exhalent l'atmosphère surannée du *Old South,* tandis que, juste au sud, l'île St George déploie des dizaines de kilomètres de plages sauvages. Au nord, c'est l'*Apalachicola National Forest,* la plus grande forêt de Floride, qui prend le relais.

DU COTON À L'HUÎTRE

Si Apalachicola revendique 900 bâtisses historiques, c'est qu'elle n'a pas toujours été cette bourgade paisible et presque oubliée. Fondée en 1831, elle fut un temps le 3e port du golfe du Mexique, offrant un débouché au coton cultivé dans les plantations. Après la guerre de Sécession et la fin de l'esclavage, elle se recycla dans l'exploitation du bois d'œuvre, puis la récolte des huîtres sauvages, dont elle se targue aujourd'hui d'être la « capitale », même si le secteur connaît une grave crise – il n'y a pas si longtemps, 90 % des huîtres consommées en Floride venaient de sa baie. Les pêcheurs sont pour la plupart installés dans la petite ville populaire d'Eastpoint, située sur l'autre rive de l'estuaire.

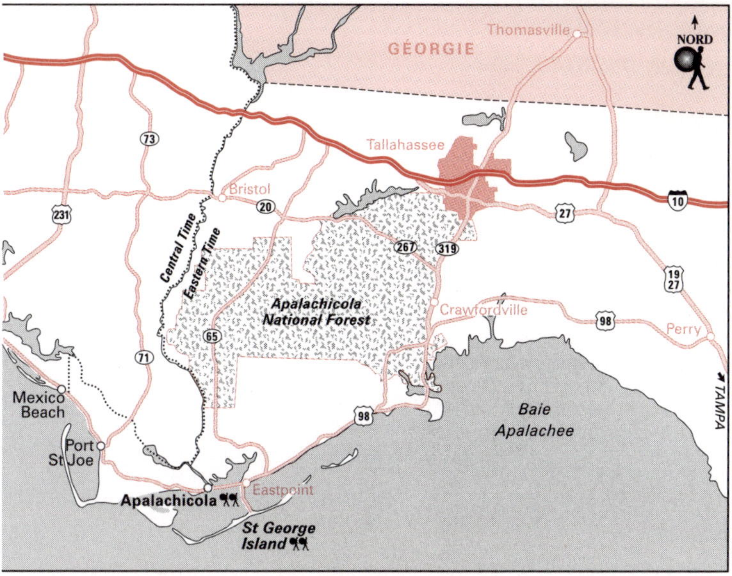

LE PANHANDLE

Adresse utile

Apalachicola Bay Chamber of Commerce : *17 Ave E. • apalachicolabay.org • floridasforgottencoast.com • Lun-ven 9h-17h (sauf 1er mer du mois 11h45-13h15), sam 11h-16h.* Demandez le plan positionnant les plus remarquables bâtisses historiques de la ville et la date du *Historic Apalachicola Home & Garden Tour,* au cours duquel il est possible d'en visiter certaines *(• apalachicolahometour.org •).*

Où dormir ?

Voir aussi, plus bas, le camping du St George Island State Park.

Apalachicola Bay Inn : *240 Hwy 98 W. ☎ 850-653-9435. • apalachicolabayinn.com • À la sortie ouest de la ville (1 km du centre). Doubles 80-125 $; café à disposition.* Environné par la forêt, un motel ultra-classique, aux chambres un tantinet datées mais bien tenues. Équipement standard (frigo, micro-ondes, cafetière). Petite piscine au bord de la route.

Coombs House Inn : *80 6th St. ☎ 480-676-5382. • coombsinnandsuites.com • Doubles 100-200 $, suites jusqu'à 260 $, petit déj inclus.* C'est le *B & B* classique, installé dans une très jolie demeure de 1905, avec son décor aux parquets lustrés, mobilier d'antan et lourds rideaux. Avec 23 chambres et suites, dont certaines situées dans un bâtiment séparé à proximité, on est toutefois plus proche de l'hôtel que de l'accueil personnalisé (avec accent sudiste), avec un léger laisser-aller dans la tenue générale et le service – rien de grave. Autres regrets : le petit déj jetable... et la chambre à 2 petits lits du 2e étage, vraiment pas au niveau du reste.

Où manger ? Où boire un verre ?

Hole in the Wall Seafood : *23 Ave D. Tlj sauf dim-lun 11h30-18h (21h en hte saison). Sandwichs env 7-11 $, plats 9-15 $.* Ambiance café de quartier, ici, entre comptoir en bois à l'ancienne et murs couverts de bibelots et de casquettes. Un lieu bien typique pour gober une douzaine d'huîtres sans se ruiner, ou avaler poisson, crevettes, palourdes ou *crabcakes,* servis au choix frits, grillés ou en robe d'épices. Copieux !

The Station Raw Bar : *53 Market St (US 98). Tlj 11h-21h sauf dim-lun. Plats 7-18 $.* L'ancienne station-service s'est muée en un bar à huîtres vivant, entre murs de brique et pubs rétro. Beaucoup de poisson et fruits de mer frits au menu, plus des classiques de bar et un *oyster po' boy* (sandwich).

Up the Creek Raw Bar : *313 Water St. Légèrement à l'écart du centre, le long de l'estuaire. Tlj 12h-21h. Plats 10-25 $.* On commande au comptoir sa demi-douzaine d'huîtres crues ou gratinées, ses *crabcakes* ou son poisson. Il est servi dans une barquette en carton et on le dévore accoudé à la galerie de cette grosse bicoque de bois tournée vers l'estuaire et ses bateaux au mouillage. Les produits sont frais, mais on ne s'en rend pas toujours compte après leur passage par la friteuse... demandez-les grillés plutôt (c'est possible) !

Oyster City Brewing Company : *17 Ave D. Tlj 12h-19h (20h ven-sam, 17h dim).* On commande au milieu des fûts en métal sa mousse brassée maison, à siroter sur le trottoir, avec les habitués. C'est vivant, bon enfant. Et si vous essayiez la *Dirty Blonde Fermentus Interruptus* ?

À voir. À faire à Apalachicola et dans la région

Raney House Museum : *46 Ave F. Tlj sauf dim 11h (10h ven-sam)-16h. GRATUIT (donation bienvenue).* Voilà l'occasion de jeter un coup d'œil à l'une de ces belles demeures du passé. Celle-ci, toute blanche, au présomptueux fronton *Greek revival,* a été bâtie en 1838 et remodelée en 1860. Mobilier et documents y retracent l'histoire locale (avec l'aide d'un guide).

St George Island : *à 11 miles (18 km) au sud-est d'Apalachicola, via la bourgade d'Eastpoint, de l'autre côté de l'estuaire.* Reliée au continent par un pont impressionnant, fermant par le sud la vaste baie d'Apalachicola, l'île-barrière St George, aussi longue qu'étroite, déploie plus de 30 km de sable très blanc chahutés par le ressac. Ses 2 extrémités sont classées réserves naturelles avec, au centre, une brochette de grosses maisons de bois juchées sur pilotis. À la pointe orientale, le **Dr Julian G. Bruce State Park** *(• floridastateparks.org • ; ouv de 8h au coucher du soleil ; entrée : 6 $/véhicule)* englobe 14,4 km de plage vierge bosselée de dunes. En mai-juin, des tortues viennent y pondre. Et vous, vous pourrez y trouver des *sand dollars,* ces coquilles d'oursins plats évoquant de grosses pièces de monnaie. Attention, les 8 derniers kilomètres ne sont accessibles qu'à pied ou à vélo.

Camping du State Park : *résa sur • reserveamerica.com • Ouv tte l'année sauf les 2 premières sem de déc. Compter 24 $ l'emplacement.* Lovés sous les pins, tranquilles et bien équipés (eau, électricité, barbecue et table), les emplacements sont assez bien séparés. Vente de bois et glace.

Paddy's Raw Bar : *240 E 3rd St, au village de St George. Tlj 11h-minuit.* Ce bar sympa, aux tables de pique-nique en bois et tabourets colorés, est planté face à la baie. On apprécie l'ambiance très relax, le *gumbo,* le *poke* au thon cru mariné et la musique live, fréquente en saison. Attention, ici, les huîtres sont forcément cuites !

Apalachicola National Forest : *• fs.usda.gov/florida •* Plus vaste forêt de Floride, elle étend ses 230 000 ha de pinèdes mitées de lacs et marais entre Tallahassee et la côte. Elle abrite de nombreuses espèces sauvages, notamment des aigles chauves et des ours bruns, mais la probabilité de les voir est faible. Des ***sentiers*** y ont été aménagés, de même que des ***campings*** équipés, comme à Wright Lake *(10 $).*

ENTRE APALACHICOLA ET PENSACOLA

Le secteur situé à l'ouest d'Apalachicola a beaucoup souffert du passage de l'ouragan Michael à l'automne 2018. Après 1h de route, on atteint ***Panama City,*** qui semble hésiter entre ville industrielle et vilaine station balnéaire pour *springbreakers.* Un étalage de tours-hôtels, attractions cheap et restos bas de gamme, le long d'une presqu'île d'une vingtaine de miles dont seule l'extrémité échappe au bétonnage : le ***St Andrews State Park*** *(• floridastateparks.org • ; tlj de 8h au coucher du soleil ; entrée : 8 $/véhicule).* Sa plage a été désignée par le magazine *Conde Nast* comme la plus belle des États-Unis ! C'est vrai qu'elle est jolie, avec son sable blanc et sa section protégée par une digue, idéale pour la baignade avec des enfants. Sinon, le petit Gator Lake abrite une *rookery* (colonie) de grands hérons gris et quelques alligators.

Campings : *résa sur • reserveamerica.com • Compter 28 $ l'emplacement.* On en trouve 2 dans le parc, bordant l'estuaire. Celui de *Pine Grove,* ombragé par de grands pins, est le plus agréable. Le *Lagoon Campground* voisin est envahi par les camping-cars, et sans trop d'ombre. Eau, électricité, table et barbecue à chaque emplacement, blocs sanitaires nombreux, aire de jeux, location de canoës.

Seaside : *à 20 miles (32 km) à l'ouest de Panama City, par la 98, puis la route côtière 30A.* Cette petite cité balnéaire chic a été conçue en 1981 comme une « ville parfaite ». En retrait de la plage, encadrées de clôtures d'un blanc immaculé, les coquettes maisons de bois aux tons pastel s'alignent le long d'allées et de ruelles méticuleusement entretenues. D'un certain point de vue, c'est plutôt réussi. Les lieux ont d'ailleurs servi de décor au film *The Truman Show,* avec Jim Carrey. Un drôle d'endroit, comme seule l'Amérique sait en inventer, aussi agréable qu'un peu flippant. Pas d'hôtel, juste des villas à louer. Passé Panama City, l'US 98 (4-voies) se traîne péniblement jusqu'à Pensacola, au prix d'un trafic dense...

TÉLÉ OU RÉALITÉ ?

En 1998, Jim Carrey incarnait Truman Burbank, un homme découvrant que sa vie n'était qu'une émission de télé, sa famille et ses amis des acteurs, sa ville un décor. Un film critique de la téléréalité, qui n'en était alors qu'à ses balbutiements. Depuis, certains psychiatres utilisent le terme de « syndrome Truman » pour décrire une forme de délire paranoïaque, dont les victimes croient vivre dans une émission de télé. Plusieurs dizaines de cas ont été documentés. Drôle d'époque...

PENSACOLA

52 700 hab.

• Plan d'ensemble *p. 357* • Downtown (zoom) *p. 359*

Revendiquant, à l'instar de St Augustine, le titre de « plus vieille ville des États-Unis », Pensacola est la dernière étape importante avant

La Nouvelle-Orléans (à 200 miles). Paisible et bien moins tape-à-l'œil que la plupart des villes côtières de Floride, son atmosphère annonce déjà celle du delta du Mississippi. L'agréable Downtown historique, très vert, élégant sans être muséifié, dévoile de bien belles maisons en bois, certaines victoriennes, d'autres plutôt coloniales, et de petits immeubles en brique dotés de ravissants balcons en fer forgé, façon New Orleans. On s'y promène avec plaisir, avant d'aller découvrir les plages de sable blanc de Pensacola Beach, sur la longue île-barrière de Santa Rosa. Si les immeubles y ont poussé comme des champignons, le reste de l'île préserve, lui, de somptueux paysages sauvages dans le cadre du *Gulf Islands National Seashore,* un remarquable ensemble d'îles protégées semées le long des côtes de Floride, d'Alabama et du Mississippi. Avec un peu de chance, le fantastique *National Museum of Naval Aviation* (150 avions exposés), appartenant à l'armée, aura aussi bientôt rouvert.

UN PEU D'HISTOIRE

Explorée par les conquistadors Pánfilo de Narváez (1528) et Hernando de Soto (1539), la région est la cible de la 1re tentative de colonisation des États-Unis, en 1559, à l'initiative de Don Tristán de Luna y Arrelano, débarqué à la tête de 1 500 hommes et 11 navires. L'ampleur de l'aventure ne l'empêche pas de tourner court : 1 mois après la fondation de Pensacola, la ville est rasée par un ouragan dévastateur et 6 bateaux envoyés par le fond... Les derniers survivants repartent en 1561. C'est pour cette raison que St Augustine, fondée 6 ans plus tard mais jamais abandonnée, elle, a obtenu le titre de plus vieille ville des États-Unis !

Pensacola ne retrouve une présence espagnole qu'en 1698, histoire de signifier aux Français la limite de leur Louisiane... La ville n'en change pas moins de mains à plusieurs reprises : elle est française de 1719 à 1722, puis britannique de 1763 à 1783. En 1821, enfin, elle intègre la Floride américaine. Une vraie saga, qui a valu à Pensacola le surnom de « ville aux 5 drapeaux » (Espagne, France, Royaume-Uni, États confédérés pendant la guerre de Sécession et, enfin, États-Unis).

Arriver – Quitter

En avion

✈ ***Pensacola International Airport*** *(plan d'ensemble B1) : 2430 Airport Blvd. • flypensacola.com • À 5,5 miles (9 km) au nord-est de Downtown.* Liaisons avec Orlando, Tampa, Miami, Atlanta, Houston, Dallas, Chicago, Washington DC... Loueurs de voitures. Pour rejoindre le centre : ***bus ECAT*** n° 59A *(• goecat.com •),* mais fréquences réduites, lun-ven seulement, et nécessité de changer à l'*ECAT Transfer Center* (direct depuis le *Downtown Transfer Center* dans le sens retour). Services de ***minibus*** *(airport shuttles)* et ***taxis.***

En bus

Pensacola Greyhound Station *(plan d'ensemble A1) : 505 W Burgess Rd. • greyhound.com • À 6 miles (9,6 km) au nord de Downtown, près de l'I-10.* 4 bus/j. directs pour Tallahassee, Orlando et Miami, 3-4 pour Mobile, La Nouvelle-Orléans et Houston. Horaires pas très pratiques. Pour Tampa, il faut changer à Tallahassee. Pour le centre, ***bus ECAT*** n° 50, ttes les 1h (ou n° 60, mais très peu fréquent) à prendre à env 300 m sur Pensacola Blvd (Hwy 95), jusqu'au *ECAT Transfer Center,* puis correspondance par les nos 2 (mieux), 32, 44, 45... Tlj 1h-19h, 22h-23h (fermé 7h-10h30 w-e et j. fériés).

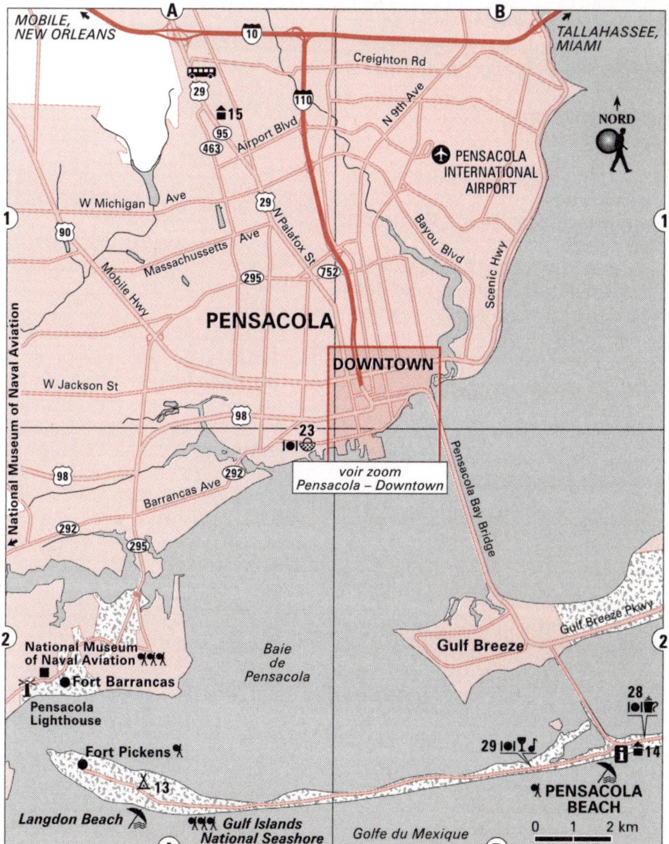

PENSACOLA – Plan d'ensemble

Adresse utile	Où manger ?
Visitor Information Center (B2)	23 Joe Patti's Seafood (A2)
Où dormir ?	28 Native Cafe (B2)
13 Fort Pickens Campground (A2)	29 Peg Leg Pete's Oyster Bar (B2)
14 Best Western Beachside Resort (B2)	**Où boire un verre ? Où sortir ?**
15 At Home Inn & Suites (A1)	29 Peg Leg Pete's Oyster Bar (B2)

Adresse utile

Visitor Information Center (zoom B1) **:** *1401 E Gregory St,* ***Downtown Pensacola.*** • *visitpensacola.com* • *Juste avt le pont menant à Pensacola Beach. Lun-ven 8h-17h, fermé w-e.* Plan de la ville et des côtes alentour, programme des entraînements de l'escadrille des *Blue Angels* (l'équivalent de la Patrouille de France), agenda culturel avec, notamment, le programme des concerts gratuits, etc. Autre bureau à ***Pensacola Beach,*** à l'intersection de Fort Pickens Road et Via De Luna *(plan d'ensemble B2 ; lun-ven 9h-17h, w-e 10h-15h).*

Où dormir ?

Les prix sont nettement ***plus élevés le week-end.*** Peu d'hôtels dans Downtown, plus de choix à Pensacola Beach, mais le secteur est plus cher et moins charmant. Pour faire des économies, motels de chaîne au nord de la ville (près de l'I-10), dans des quartiers commerciaux pas folichons.

Downtown Pensacola

Prix moyens

■ ***Solé Inn and Suites*** *(zoom A1,* ***11****) : 200 N Palafox St. ☎ 850-470-9298. • soleinnandsuites.com • Doubles 90-150 $, suites jusqu'à 180 $, petit déj inclus. Parking gratuit.* Ce motel des temps modernes, aménagé dans un esprit contemporain, regroupe une quarantaine de chambres de bon confort, aux tons fauves et bruns, dans l'air du temps – même si quelques meubles plus anciens ont été réutilisés. Cabine de douche plutôt que la sempiternelle baignoire. Petite terrasse commune. Une bonne option, à 10 mn à pied d'Old Pensacola.

■ ***Days Inn by Wyndham*** *(zoom A1,* ***10****) : 710 N Palafox St. ☎ 850-483-1107. • wyndhamhotels.com • Doubles env 70-190 $, petit déj inclus.* Accolé à une grande route, ce motel rénové il y a quelques années est tout ce qu'il y a de plus impersonnel, mais les chambres sont très correctes, fonctionnelles, avec frigo et micro-ondes, et affichent des tarifs assez bas en basse saison (l'été, c'est moins vrai). Piscine. D'ici, le centre historique est à près de 2 km.

À Pensacola Beach

Camping

⛺ ***Fort Pickens Campground*** *(plan d'ensemble A2,* ***13****) : 1400 Fort Pickens Rd. ☎ 1-877-444-6777. • nps.gov • À 8 miles (12,8 km) à l'ouest de Pensacola Beach.* Registration office *ouv 9h-17h, mais on peut s'installer plus tard si l'on a réservé (préférable, car tt est réservable !). Emplacement 40 $; droit d'entrée à la zone protégée en sus (valable 7 j.) : 25 $/véhicule (passagers inclus).* Dans une oasis arborée, exception sur cette longue langue de sable nu aux plages d'une blancheur éclatante, ce camping dispose d'emplacements (inégalement) ombragés par des chênes, certains équipés d'eau et d'électricité, tous d'un BBQ et d'une table de pique-nique. Les tentes privilégieront la boucle D, un peu plus tranquille. Sanitaires corrects. Supérette en haute saison.

De chic à très chic

■ ***Best Western Beachside Resort*** *(plan d'ensemble B2,* ***14****) : 16 Via De Luna Dr. ☎ 850-934-3300. • beachsideresortpensacolabeach.com • Doubles env 80-480 $, petit déj inclus (avec vue mer !).* Coincés entre 2 immeubles de condos du front de mer, ces 2 bâtiments bas renferment plus d'une centaine de chambres récemment rénovées, aux couleurs joyeuses (jaune et turquoise !), dotées du confort américain standard. Les moins chères ont vue sur... rien ; les autres sur le parking ou, encore plus chères, sur la piscine et la mer en toile de fond. Prix très attractifs en basse saison (hiver) et... carrément déraisonnables en été !

Au nord de la ville

De prix moyens à chic

■ ***At Home Inn & Suites*** *(plan d'ensemble A1,* ***15****) : 6550 Pensacola Blvd. ☎ 850-542-4450. • athomeinns.*

PENSACOLA – Downtown (zoom)

Adresse utile

- Visitor Information Center (B1)

Où dormir ?

10 Days Inn by Wyndham (A1)
11 Solé Inn and Suites (A1)

Où manger ?

20 The Coffee Cup (A1)
21 Hub Stacey's (A2)
22 End of the Line Café (A1)
24 Carmen's Lunch Bar (A2)
25 Hot Spot Barbecue (B1)
26 McGuire's Irish Pub (B1)
27 The Fish House et Altas Oyster House (A2)
30 Five Sisters Blues Café (hors plan par A1)

Où boire un verre ? Où sortir ?

21 Hub Stacey's (A2)
26 McGuire's Irish Pub (B1)
30 Five Sisters Blues Café (hors plan par A1)
40 Seville Quarter (A2)
41 WOB (A2)
42 Old Hickory Whiskey Bar (A2)

com • Doubles 55-165 $, petit déj léger inclus. Certes, on est vraiment excentré (6 miles du centre), parmi les concessionnaires auto, mais ce vaste motel organisé autour d'une grande piscine offre un excellent rapport qualité-prix – en particulier en basse saison. Le *lobby* lumineux annonce des chambres impeccables, sobres et élégantes dans leurs tonalités gris et bois, équipées de tout le confort nécessaire. En descendant Pensacola Boulevard puis Palafox tout droit, on déboule plein centre. Laverie.

Où manger ?

Downtown Pensacola

Spécial petit déjeuner

The Coffee Cup (zoom A1, **20**) : *520 E Cervantes St. Tlj sauf dim 6h-14h (13h sam). Moins de 10 $.* Comme l'atteste la vieille photo accrochée au-dessus de la caisse, ce petit resto populaire n'a pas changé depuis son ouverture en 1945. Et c'est ce qui fait son charme ! À table ou au comptoir, les habitués sirotent leur café un œil sur le journal, l'autre sur le ballet des serveuses. Dans l'assiette, copieuse et pas chère, *hot cakes,* œufs, bacon et toasts, à combiner selon ses envies. Également des sandwichs et une formule lunch différente chaque jour. Excellent rapport quantité-prix.

De bon marché à prix moyens

Carmen's Lunch Bar (zoom A2, **24**) : *407 S Palafox St. Tlj 11h-20h sauf dim. Plats 11-14 $ le midi, tapas 5-12 $ après 16h.* Difficile de se faire une place entre les tables en terrasse sur la rue et les tabourets au comptoir central, mais cela vaut la peine d'essayer ! La carte est courte, les produits frais, le menu gourmand et original, sur des notes de fusion tous azimuts. Une salade aux myrtilles et framboises ? Un roastbeef longue cuisson ? Un curry de légumes à la marocaine ? Ça change, assurément. Après 16h, la carte passe aux tapas, d'inspiration plus espagnole. Service sympa.

Hub Stacey's (zoom A2, **21**) : *312 E Government St (angle Alcaniz St). Tlj 11h-22h (minuit ven-sam). Plats 7-12 $.* Installé dans une maison en bois, ce resto-pub fréquenté par les gens du cru est réputé pour la taille et la qualité de ses sandwichs (proposés en demi-taille). Également des burgers, soupes et salades pour une poignée de dollars, à dévorer de préférence sur l'agréable terrasse. On peut aussi juste venir siffler une bière. Concerts live du mercredi (19h) au vendredi (20h) et karaoké le samedi. Service sympa.

Hot Spot Barbecue (zoom B1, **25**) : *901 E La Rua St. Tlj sauf dim 10h30-20h (21h ven-sam). Plats 12-22 $.* Prêt pour le plein de calories ? Ici, c'est grosse bouffe assurée : *ribs,* porc, poulet, bœuf ou saucisses doucement cuits au bois de chêne ou de *hickory* (une sorte de noyer), sur les grands barbecues extérieurs rouillés fumant comme de vieilles locos ! Moins cher : les sandwichs au porc, à la sauce tomate relevée. Et dites bonjour aux cochons en bikini.

End of the Line Café (zoom A1, **22**) : *610 E Wright St. Tlj sauf lun 10h-22h (11h-14h dim pour le brunch). Plats 8-12 $.* Perdu entre la voie ferrée et un quartier résidentiel, ce petit café alternatif à la déco *arty* est assidûment fréquenté par la jeunesse adepte de bio et de cuisine végane. Pas de *Coca* ici, on boit des sodas éthiques aux fruits, et les excellents sandwichs, tacos, salades et *wraps* sont tous préparés avec soin à la commande. Bien aussi pour boire un café du monde ou une pause quatre-heures, même si les prix des gâteaux sont un peu (trop) élevés. Jardinet gravillonné sur l'arrière avec quelques tables style pique-nique. Accueil gentil.

Joe Patti's Seafood (plan d'ensemble A2, **23**) : *524 S B St (tt au bout). Tlj 7h30-18h ;* sushi bar *10h30-17h30 (rouleaux 5-11 $).* Ce hangar du port de pêche abrite un *fishmarket,* où poissons et fruits de mer pêchés du jour attendent le client dans la glace. On y trouve aussi un *sushi bar* et une épicerie fine, bref tout ce qu'il faut pour se composer un bon pique-nique à dévorer à la plage. À l'extérieur, amarrés aux pontons, quelques chalutiers usés par le sel goûtent au repos avant la prochaine pêche, envahis par les pélicans.

De prix moyens à chic

McGuire's Irish Pub (zoom B1, **26**) : *600 E Gregory St. ☎ 850-433-6789. Tlj 11h-2h (en général). Plats*

10-30 $ (voire un peu plus). « *A Pensacola tradition, feasting, imbibery & debauchery* », dit le slogan, sans réussir à chasser les nombreuses familles fidèles du lieu. Reconnaissable au bus à impériale vert qui trône sur le parking, ce vaste pub s'ouvre sur un dédale de salles boisées, où l'on a épinglé des milliers de dollars dédicacés des murs au plafond. Au menu, atmosphère chaleureuse, viandes savoureuses et plats *Irish* copieux et de bonne tenue. La bière brassée sur place met tout le monde d'accord ! Concerts folks tous les soirs à 21h.

Five Sisters Blues Café *(hors zoom par A1,* ***30****)* **:** *421 W Belmont St. ☎ 850-912-4856. • fivesistersbluescafe.com • Lun-sam 11h-21h (22h ven-sam) ; sunday jazz brunch 10h-16h. Plats 10-19 $.* Ce resto de brique, égaré dans un quartier résidentiel où a jadis émergé le blues, est spécialisé en *soul food,* cette cuisine de grand'ma du delta du Mississippi aussi généreuse qu'antidiététique. Tous les classiques sont là : beignets de tomates vertes, poisson-chat, *po' boys, yam* (igname) confite bien sucrée, et bien sûr l'incontournable poulet frit, servi même en salade pour se laisser croire que le cholestérol s'en tirera sans dommage. Les puristes, eux, l'accompagneront de gaufres... Tant qu'à venir se nourrir l'âme, privilégier les soirs de concert jazz et blues (jeudi vers 18h30, vendredi-samedi vers 19h30), ou le jazz brunch du dimanche.

The Fish House *(zoom A2,* ***27****)* **:** *600 S Barracks St. ☎ 850-470-0003. Tlj 11h-22h (minuit ven-sam). Plats 11-20 $ le midi, 11-29 $ le soir.* Cette immense baraque de bois patinée déploie ses terrasses face à une anse, attirant jeunes (au bar posté en vigie) et moins jeunes (au resto), tous se retrouvant à l'***Atlas Oyster House,*** qui propose aussi des spécialités de la mer – en particulier les huîtres – à prix plus attractifs (et un brunch musical le dimanche). Au resto, honneur au poisson frais et aux sushis, sans oublier les viandards et quelques plats traditionnels du Sud pour épicer le tout.

À Pensacola Beach

Spécial petit déjeuner

Native Cafe *(plan d'ensemble B2,* ***28****)* **:** *45 Via De Luna Dr. Tlj 7h30-15h (14h en hiver). Compter 6-16 $.* À 2 pas de la plage, dans un minicentre commercial, ce p'tit café sympa est réputé pour ses petits déj : muffins, pancakes, salades de fruits, *French toasts,* omelettes... Également des salades, un joli choix de sandwichs et d'autres bons petits plats (tacos de crevettes) pour un lunch à prix tassés. Bon accueil.

Prix moyens

Peg Leg Pete's Oyster Bar *(plan d'ensemble B2,* ***29****)* **:** *1010 Fort Pickens Rd. ☎ 850-932-4139. Tlj 11h-22h min (22h30 ven-sam). Plats 12-26 $.* Ici, la spécialité, c'est l'huître. Mais ne rêvez pas... les fraîches sont servies avec du ketchup ! Mieux vaut se rabattre sur un poisson grillé, des crevettes à décortiquer soi-même ou une spécialité cajun. Également des soupes, salades et sandwichs pour les fauchés, servis dans une ambiance bourdonnante et populaire. La déco, elle, hésite entre pirates et loups de mer, avec filets aux plafonds, vieux casiers et squelette à l'entrée... Un classique, très classique. Plusieurs terrasses sur la marina.

Où boire un verre ? Où sortir ?

On ne s'y attend pas forcément, mais Pensacola est une ville très festive !

Downtown Pensacola

Seville Quarter *(zoom A2,* ***40****)* **:** *130 E Government St. • sevillequarter.com • Tlj 11h-2h30 ; animation dès 18-19h.* Réunissant plusieurs bâtiments du XIXe s en brique, bois et fer forgé, ce grand complexe festif draine une clientèle aux âges mélangés. Au choix selon l'humeur, 7 bars aux ambiances différentes : cosy, classique, avec billards, concerts, night-club... On aime bien le *Rosie O'Grady's,* à l'ambiance saloon, avec ses duels de piano du mercredi au samedi soir (mais c'est parfois bien calme). Les locaux, eux, filent au bar *End of the Alley,* précédant la terrasse dans la courette, au bout de l'allée centrale.

WOB *(World of Beer ; zoom A2,* ***41****)* **:** *200 S Palafox St. Tlj 14h (11h sam-dim)-1h.* Vers 18-19h, la jeunesse du coin déborde dans la rue malgré la taille de la longue salle, avec écrans TV au-dessus du bar. On y sert près de 50 bières à la pression et 500 à la bouteille (d'Europe aussi) ! Ça se calme un peu après dîner, sauf les vendredi et samedi, lorsque débarquent DJ ou musiciens. Presque en face, le classieux **Old Hickory Whiskey Bar** *(zoom A2,* ***42*** *; lun-ven à partir de 16h, w-e à partir de 14h)* joue le speakeasy rétro avec ses airs sombres et ses canapés capitonnés. *Old Hickory,* c'est d'abord un bourbon de caractère, mais c'est aussi le surnom d'Andrew Jackson, 7e président des États-Unis et lui-même homme de caractère.

McGuire's Irish Pub *(zoom B1,* ***26****)* **:** *voir plus haut « Où manger ? ».* Un pub chaleureux, bien connu pour ses bières brassées sur place et ses soirées folk quotidiennes.

Voir aussi plus haut, dans « Où manger ? », le ***Five Sisters Blues Café*** *(hors zoom par A1,* ***30****),* pour rogner des os de poulet sur un rythme jazz ou blues, et le ***Hub Stacey's*** *(zoom A2,* ***21****),* pour une mousse avec les habitués.

À Pensacola Beach

Peg Leg Pete's Oyster Bar *(plan d'ensemble B2,* ***29****)* **:** *voir plus haut « Où manger ? ».* Pour son agréable terrasse sur la marina et sa plagette artificielle avec jeux pour enfants. Concerts en été et certains week-ends.

À voir

Downtown

Historic Pensacola Village *(zoom A2)* **:** le petit quartier historique de Pensacola est délimité au nord par Government Street, au sud par Main Street (jadis léchée par la mer), à l'ouest par l'élégante plaza Ferdinand VII, plantée de grands magnolias, et à l'est par la très jolie place arborée de Seville Square, où gambadent les écureuils. Ici, pas d'orgie de boutiques touristiques comme à St Augustine mais de belles demeures en bois et brique, aux toits souvent en bardeaux, certaines agrémentées de balcons, d'autres de vérandas, et la plupart encadrées de jolies clôtures en bois blanc. Un tableau vraiment charmant, notamment sur Zaragoza et Church Streets, semées de lampadaires à l'ancienne, style bec de gaz. La 2de est même soulignée d'orangers amers ! La plupart des demeures historiques classées se regroupent dans le coin, autour de la ***Tivoli High House,*** bâtie à l'emplacement de la 1re résidence du gouverneur espagnol, où s'est établi le *Visitor Center* : *205 E Zaragoza St. • historicpensacola.org • Mar-sam 10h-16h ; visite guidée en costume d'époque (durée : 1h30, sur résa en été) à 11h et 13h. Entrée (valable 7 j.) : 10 $; réduc. Le billet donne aussi accès au TT. Wentworth Jr Museum.*

– ***Museum of Industry*** **:** il présente les industries traditionnelles de Pensacola : la pêche, bien sûr, mais aussi l'exploitation forestière avec d'impressionnantes machines à vapeur, les activités portuaires et ferroviaires (une vieille loco et ses wagons sont garés devant l'entrée), et surtout la fabrication de briques (qui ont notamment servi à la construction de Fort Pickens), avec un four reconstitué.

– ***Museum of Commerce*** **:** juste en face, dans un vieux hangar de brique, ont été regroupés d'anciens magasins de la ville, reconstituant une sorte d'ancienne rue marchande, avec barbier, cordonnier, quincaillier, station-service, calèches, wagon de tram aux banquettes en rotin... Voir aussi ce curieux vélo-tandem sur lequel on pédalait côte à côte !

– Juste à côté de la Tivoli High House, le petit ***Manuel Barrios Cottage*** (1888) a été remeublé comme dans les années 1920, avec cuisine d'époque. Il y a même l'un des tout 1ers frigos, une sorte de coffre-fort chapeauté par un petit moteur ! En face, le ***Julee Cottage,*** une modeste bicoque en planches et bardeaux (1805), évoque la vie quotidienne et l'habitat des Afro-Américains après l'abolition de l'esclavage ; elle appartenait à une femme de couleur libre, émancipée par son boss à sa mort. Juste derrière, se dresse la ***Lavalle House,*** construite la même année dans un style franco-créole et, à côté, la grande ***Lear-Rocheblave House,*** vaste maison cossue de 1890, dont on ne peut découvrir les fauteuils et sofas taillés pour les entrevues policées entre gens du monde qu'en compagnie d'un guide. Idem pour la ***Dorr House*** au style néogrec (1871), dont l'intérieur très victorien témoigne de la vie raffinée de la bourgeoisie américaine au XIXe s, avec papiers peints aux murs et tableaux... en cheveux (il fallait bien s'occuper le soir !). La cheminée brûlait du charbon alors que la propriétaire possédait des scieries, cherchez l'erreur ! À 10 pas, l'***Old Christ Church*** (1832) est la plus vieille église protestante de Floride. Elle n'est elle aussi accessible que durant la visite guidée, mais l'intérieur n'est pas particulièrement intéressant.

TT. Wentworth Jr Florida State Museum *(zoom A2)* **:** *330 S Jefferson St (angle Zaragoza St). • historicpensacola.org • Tlj sauf lun 10h (12h dim)-16h et jusqu'à 19h ven-sam mars-sept. Même billet que pour le Historic Village, 5 $ dim et jeu-sam après 16h.* Installé dans l'ancienne mairie de style Renaissance espagnole, cet intéressant musée propose un récapitulatif rapide de l'histoire de Pensacola : de la présence indienne jusqu'à nos jours, en passant par sa fondation par les Espagnols en 1559, les dominations française, anglaise puis finalement américaine, la guerre civile, etc. Le tout à grand renfort de panneaux explicatifs et de vitrines présentant vestiges archéologiques et vieux objets. Au 1er étage, ne manquez pas le *Trader Jon's,* un pub recréé, jadis très populaire auprès des pilotes de l'US Navy de la grande base navale. Expos temporaires historiques ou culturelles aux 2 étages supérieurs.

Sur la base navale

National Museum of Naval Aviation *(plan d'ensemble A2)* **:** *1750 Radford Blvd. ☎ 850-452-4153. • navalaviationmuseum.org • Dans la base de la Navy, à env 12 miles (20 km) au sud-ouest du centre-ville. Accès uniquement par la West Gate, 1878 S Blue Angel Pkwy ; faire 5 miles sur la Hwy 98/295, prendre à droite Gulf Beach Hwy (292) sur 4 miles, puis Blue Angel Pkwy (173) à gauche.* ***Attention, accès à la base réservé au personnel militaire depuis l'attentat de décembre 2019*** *(vérifiez si ça change).* ***Pièce d'identité avec photo obligatoire*** *pour le passage du poste de contrôle. Tlj 9h-17h. GRATUIT. Films Imax et simulateurs payants. Calendrier des entraînements des* Blue Angels *(mars-nov) sur le site internet.*

> **LUCKY GEORGE**
>
> *Au musée de la Navy, le portrait de George Bush Sr fait de l'œil à la maquette du porte-avions qui porte son nom. Avant de devenir président des États-Unis et géniteur d'un autre, George fut le plus jeune pilote de l'histoire de la Navy. À 19 ans, en pleine Seconde Guerre mondiale, il s'écrasa dans le Pacifique mais eut la chance d'être repêché par un navire américain, alors que les autres membres de son escadrille furent capturés par les Japonais et décapités. Son crash lui sauva la vie...*

Ce musée, bâti dans l'enceinte de la base de l'US Navy de Pensacola, retrace l'histoire grandeur nature de l'aviation navale américaine, avec ***près de 150 avions exposés*** parmi une collection d'environ 300 appareils. Si vous maîtrisez bien

l'anglais, on vous conseille vraiment de suivre une visite guidée par un vétéran ; la collection de zincs prend alors un tout autre relief.
- L'***aile sud*** offre un voyage en accéléré dans l'histoire des machines volantes de la Première Guerre mondiale. Un *Fokker* allemand, un hydravion *Curtiss MF-Boat* et un *Nieuport 28* sont mis en scène autour d'un camp militaire reconstitué. Puis l'hydravion *NC4,* 1er coucou à avoir traversé l'Atlantique avec escales, en 1919 ; un appareil mythique !
- L'***aile ouest*** est consacrée aux zincs de la Seconde Guerre mondiale et de la guerre de Corée, exposés au sol ou suspendus autour d'une reproduction de la tour de contrôle du porte-avions *USS Cabot.* On y croise le mythique *Corsair* à une longueur d'aile d'un *Zéro* japonais, mais aussi un *Curtiss P40,* reconnaissable à sa gueule de tigre, un *Messerschmitt 262,* 1er chasseur à réaction, ou encore un *PB2Y Coronado,* impressionnant bateau volant... Certains avions ont été restaurés après avoir été remontés des profondeurs du lac Michigan, comme l'explique l'exposition « *Sunken Treasures* ». Les pilotes s'entraînaient en effet à décoller et à atterrir sur un porte-avions factice, stationné sur le lac ; ce sont donc les avions pilotés par les moins habiles qui ont été repêchés...
- L'***atrium,*** juste à côté, nous propulse dans la légende des *Blue Angels* – l'équivalent de la Patrouille de France – avec 4 avions suspendus en formation diamant. Notez le peu de distance qui sépare les jets : le capitaine des *Blue Angels* a lui-même fait resserrer les avions pour plus de réalisme ; ils volent parfois à moins de 60 cm les uns des autres !
- ***Imax Theater :*** plusieurs films programmés, dont un, magnifique, sur l'escadrille des *Blue Angels (The Magic of Flight).*
- ***Sur la mezzanine,*** on déambule dans le porte-avions *USS Enterprise* (rien à voir avec *Star Trek*), découvrant les conditions de vie spartiates des pilotes embarqués durant la Seconde Guerre mondiale. Construit par des volontaires à travers tous les États-Unis, le navire fut ensuite assemblé morceau par morceau à Pensacola. Suivent un avant-poste sur une île du Pacifique durant la Seconde Guerre mondiale, puis un foyer américain de 1943. Enfin, quelques salles dédiées à la conquête de l'espace, avec capsule et combinaisons spatiales. Les 1ers astronautes étaient des pilotes chevronnés de la Navy. Également plusieurs simulateurs de vol (payants), accessibles aux enfants, petits et grands...
- Le ***Hangar Bay One,*** à l'écart du bâtiment principal, expose plusieurs machines volantes plus récentes, dont certaines ayant servi au Vietnam et dans le golfe Persique : le *SP-5B Marlin,* dernier hydravion de l'US Navy ; un *Skyraider,* dernier avion à hélice ; un hélico *Bell,* associé à toutes les images de la guerre du Vietnam ; des jets modernes comme ce *Tomcat* ; l'hélico présidentiel... et même un module lunaire. S'y trouve aussi l'attraction gentillette *Blue Angels 4D Theater,* pour un vol en formation serrée avec l'escadrille mythique *(7 $ pour 8 mn).*

On peut manger un morceau au bistrot du musée (aile sud), le ***Cubi Bar Café*** (qui ne sert même pas de pinard, un comble !). Sa déco reproduit celle du club des officiers de l'ex-base américaine de Cubi Point, aux Philippines.

- Après la visite, ceux qui veulent réellement prendre de la hauteur grimperont les 177 marches du ***Pensacola Lighthouse,*** situé en face du musée *(• pensacolalighthouse.org • ; tlj sauf certains j. fériés 9h-17h – dernier accès à 16h40 ; entrée : 8 $, réduc).* Remarquable panorama sur le littoral depuis ce phare érigé en 1859. Expos historiques dans l'ex-maison du gardien. Du phare, on peut accéder à la plage, sauvage et bordée de pins, et apercevoir au loin Fort Pickens.
- Les immenses terrains de la *Naval Air Station* intègrent aussi le site de ***Fort Barrancas,*** qui fait face à Fort Pickens, de l'autre côté de la baie *(• nps.gov/guis • ; tlj 9h-16h15 ; entrée : 10 $).* Le 1er ouvrage défensif fut édifié par les Espagnols en 1698, sur des escarpements *(barrancas)* dominant la baie de Pensacola. Largement modifié au fil du temps, il n'a adopté sa forme définitive qu'en 1844. Il n'a connu que quelques escarmouches durant la guerre de Sécession, quand les

troupes confédérées s'y installèrent, défiant les unionistes du Fort Pickens, juste en face. La visite permet de se balader dans le dédale de boyaux et de casemates parfaitement restaurés, avant d'aller profiter de la belle vue sur la côte depuis les remparts.

Pensacola Beach *(plan d'ensemble B2)* **:** des kilomètres de sable blanc squattés par une enfilade de buildings. Nombreuses activités nautiques possibles (mais pas inoubliables). De Downtown, l'accès en voiture se fait par un pont payant *(1 $).* Prendre le bus nº 61 au centre-ville, ou le tram *(ttes les 15 mn, 9h30-17h30 en hiver, 10h-19h en été).*

Gulf Islands National Seashore *(plan d'ensemble A2)* **:** *• nps.gov/guis • Ticket (valable 7 j.) : 25 $/véhicule (chauffeur et passagers inclus) ou 15 $ par piéton ou cycliste.* Très dispersée, cette vaste réserve protège un chapelet d'îles-barrières flottant au large des côtes de la Floride occidentale et du Mississippi voisin, plus quelques milieux spécifiques qui leur sont associés. On s'y rend avant tout pour ses immenses et interminables langues de sable blanc (éclatant !), sauvages, soulignées par endroits de petites dunes sculptées par l'érosion marine. Leur blancheur est due à la proportion élevée de quartz des roches granitiques de Géorgie, patiemment érodées par les cours d'eau se déversant dans le golfe du Mexique et transporté ici par les courants. Les îles sont constamment redessinées par les ouragans et, désormais, la montée des eaux consécutive au réchauffement climatique.
Certains secteurs sont accessibles par la route, à commencer par la pointe ouest de l'***île de Santa Rosa*** *(tlj 5h-20h – 18h nov-fév),* atteinte via Pensacola Beach. Là s'amarre le puissant ***Fort Pickens*** *(de 8h au coucher du soleil ; visite guidée de 50 mn tlj à 11h et 13h),* le plus important des 4 forts qui protégeaient la baie de Pensacola. Il a fallu 21,5 millions de briques et la sueur de nombreux esclaves pour le construire de 1829 à 1834. Unique bastion de l'Union dans la région durant la guerre de Sécession, il fut transformé en prison en 1887 et accueillit les « rebelles » apaches, dont le célèbre Geronimo...
On peut visiter le ***Discovery Center*** voisin pour en apprendre plus sur la géologie, la faune et la flore du parc, et profiter des sentiers et du proche camping (voir « Où dormir ? »).
Plus à l'ouest, la belle ***Perdido Key*** est aussi desservie par la route (182). Mais le secteur ouest, regroupant 6 îles bien au large de Biloxi (Mississippi), n'est, lui, accessible qu'en bateau. De mi-mars à octobre, de Biloxi et Gulfport, des ferries *(• msshipisland.com •)* permettent de gagner ***West Ship Island,*** au fort de brique en demi-lune planté dans le sable. Sous le soleil, exactement (snack-bar, douches).

HOMMES, CULTURE, ENVIRONNEMENT

BOISSONS

Les boissons non alcoolisées

– ***L'eau glacée :*** dans les restos, la coutume est de servir d'emblée un verre d'eau glacée (du robinet) à tout client. Si vous préférez sans glaçons, dites *no ice please* ou, avec peu de glaçons, *with little ice.* Une fois vide, votre verre sera immédiatement re-rempli (avec le sourire !). Les Américains consomment très peu d'eau minérale.

– ***Le café :*** le ***café américain*** de base (*regular* ou *American coffee*), très allongé (pour rester poli), est souvent servi à volonté *(free refills)* au petit déjeuner. Les Américains en sirotent à longueur de journée, y compris dans leurs mugs thermos. Si vous voulez un café noir, précisez bien *black coffee.* Cela dit, on trouve désormais du vrai bon café en Floride grâce à l'émergence de *coffee roasters* artisanaux (torréfacteurs) qui proposent des sélections de grains pointues, souvent bio. À vous de choisir entre ***drip coffee*** ou ***pour over*** (café fraîchement moulu passé au goutte à goutte dans un filtre posé sur la tasse), ***americano*** (expresso allongé d'eau chaude), ***cortado*** (expresso très serré avec micromousse de lait), ***cappuccino*** (expresso et mousse de lait légère dessus), ***latte*** (mousse de lait plus épaisse), ***macchiato*** (expresso « taché » d'une pointe de mousse de lait, l'équivalent de notre noisette), ***mocha*** (*latte* avec une tombée de sirop de chocolat) et autre ***cold brew*** (café froid infusé à température ambiante avant d'être filtré) ou ***iced coffee*** (café refroidi avec des glaçons).

L'INVENTION DU CAFÉ SOLUBLE

C'est à un chimiste anglo-belge émigré aux États-Unis, un certain George Washington (!), que l'on doit le 1er café soluble. Il fit fortune grâce aux commandes de l'armée américaine pendant la Première Guerre mondiale mais, lors du conflit suivant, les militaires préférèrent Nescafé *(suisse)...*

– ***Le thé :*** il est plus souvent servi glacé ***(iced tea)*** que chaud ***(hot tea).*** Loin des thés glacés aromatisés et sucrés vendus en France, l'*iced tea* est un thé normal glacé, que l'on commande *sweetened* (très sucré) ou *unsweetened* (pas sucré du tout). Amateurs, emportez avec vous quelques sachets de bon thé si vous avez du mal à vous en passer, car dans de nombreux endroits, c'est *Lipton* de base ***(black tea)*** ou ***herbal teas*** (infusions). Comme pour le café, on sert des thés de meilleure qualité dans les *coffee houses* nouvelle génération, mais il s'agit surtout de thés parfumés.

– ***Cocas et sodas :*** les Américains consomment des sodas *(soft drinks)* à longueur de journée, *Coca-Cola* (dites *Coke*) en tête. Dans certains restos de chaîne, fast-foods, *coffee shops* et autres petits restos, ceux-ci sont servis à volonté. On se sert soi-même « à la pompe » *(soda fountain)* ou on demande un *free refill.*

– ***Les smoothies :*** ce sont des cocktails de fruits et/ou de légumes mixés et mélangés à du yaourt, du lait, du lait végétal (soja, amande, noisette, riz, avoine ou coco) et/ou de la glace, voire des céréales. On y ajoute parfois des compléments

énergétiques. Les ***bars à jus*** fraîchement pressés ont plus que jamais le vent en poupe. Surfant sur la déferlante bio, ils proposent des jus *detox* et *healthy.*
– ***Les milk-shakes :*** boissons frappées à base de lait mixé avec de grandes louchées de glace à la vanille, à la fraise...
– ***Les floats ou ice cream sodas :*** encore une expérience culturelle à ne pas manquer ! Il s'agit d'un verre de soda (en général du *Coke*) ou de *root beer* (ce breuvage insolite au goût de médicament qui n'a rien à voir avec de la bière) dans lequel on dépose une boule de glace à la vanille.

COCARICO !

C'est un Corse, Angelo Mariani, qui est un peu, dit-on, à l'origine du Coca-Cola. Commercialisé dès 1863, son vin à base de feuilles de coca connut un succès phénoménal jusqu'à son interdiction en 1910. Il faut dire que, même s'il fut adoubé par le pape Léon XIII, ce Red Bull *de l'époque contenait tout de même 6 mg de cocaïne... Futé, un pharmacien américain, Pemberton, s'inspira de la recette en y ajoutant de la noix de kola du Ghana, puis en supprimant l'alcool, pour cause de Prohibition dans la ville d'Atlanta. Ainsi naquit dès 1885 le* Coca-Cola, *qui ne contient, à notre connaissance, plus de cocaïne.*

Les alcools

Le rapport des Américains à l'alcool n'est pas aussi simple que chez nous. La société, conservatrice et puritaine, autorise la vente des armes à feu mais réglemente de manière stricte tout ce qui touche aux plaisirs « tabous » (sexe et alcool). L'héritage de la Prohibition et, bien sûr, les lobbies religieux n'y sont pas pour rien. ***N'oubliez pas vos papiers (ID, prononcer « aïdii »), car de nombreux bistrots, bars et boîtes de nuit les exigent à l'entrée, et ce quel que soit votre âge !*** Idem pour acheter une bouteille de vin ou une bière au supermarché.
– ***Âge minimum :*** on ne vous servira pas d'alcool si vous n'avez pas 21 ans ou si vous ne pouvez pas prouver que vous les avez. Même accompagné de ses parents, un jeune de 20 ans devra se contenter d'une boisson non alcoolisée.
– ***Vente et consommation surveillées :*** dans la plupart des États, dont la Floride, il est strictement interdit de boire de l'alcool dans la rue. Alors certains descendent leur canette de bière dans un sachet en papier, (presque !) ni vu ni connu... Les bières et le vin s'achètent dans les supermarchés et épiceries, mais les autres boissons alcoolisées ne se trouvent que dans les ***liquor stores,*** aux horaires réglementés. De même, les horaires de fermeture des bars et boîtes sont aussi fixés par l'État (à 2h, tout le monde remballe), avec possibilité d'amendement local (3h à Tampa, 4h à Key West, 24h/24 à Miami dans l'Entertainment District).
– ***Les bières :*** à l'image du reste des États-Unis, on trouve en Floride beaucoup de ***microbrasseries*** *(microbreweries)* produisant des bières artisanales *(craft beer)* plus ou moins réussies. Un peu de vocabulaire s'impose. Une pression se dit *draft beer.* Les *ale* sont des bières de haute fermentation, à plus haute teneur en alcool : de la moins maltée à la plus maltée, vous trouverez la *pale ale,* dont l'***IPA*** *(Indian Pale Ale),* d'origine anglaise, amère et très houblonnée, l'***amber ale*** ou encore la ***brown ale.*** Les ***lager,*** blondes, brunes ou ambrées, sont des bières de fermentation basse de bonne conservation, les moins alcoolisées et les plus courantes ; dans cette famille, les ***pilsner*** sont des *lager* blondes. Les

INDIEN VAUT MIEUX QUE DEUX

L'Indian Pale Ale, *ou IPA pour les intimes, est certainement l'une des bières les plus en vogue du moment. Bière de fermentation haute, elle ne doit pas son nom aux natifs nord-américains mais à la compagnie anglaise des Indes qui en abreuvait dès le XVIII*e *s les colons britanniques alors en poste aux Indes.*

wheat sont des bières légères et troubles (l'équivalent des blanches), composées en grande partie de malt de blé ou de froment. On trouve aussi des ***porter,*** des bières légèrement caramélisées qui se boivent tièdes et qui ont donné naissance aux ***stout*** (bières noires), filtrées ou pas.

– ***Les vins :*** inutile de vous présenter les vins californiens, que vous retrouverez facilement partout. Plus étonnamment, la Floride possède une bonne trentaine de domaines viticoles, dont, il faut bien l'avouer, la réputation n'est pas excellente... On trouve d'ailleurs rarement leurs bouteilles dans les bars et restos. Le Sunshine State revendique pourtant le titre du « plus ancien vignoble des États-Unis » : les 1ers ceps auraient été plantés par des Français, installés entre 1562 et 1565 non loin de Jacksonville. Aujourd'hui, de très nombreux bars et restaurants proposent du vin au verre, à des tarifs oscillant entre... 8 et 15 $! ***Certains restos, n'ayant pas la licence d'alcool,*** appliquent le principe du *Bring Your Own Bottle* ***(BYOB)*** : vous avez alors le droit d'apporter votre propre bouteille de vin ou de bière. Une pratique qui a le mérite d'alléger considérablement l'addition, même si un petit droit de bouchon est généralement exigé *(corking fee).*

– ***Les cocktails :*** ce sont les Américains qui ont relancé la mode des cocktails traditionnels, voire historiques, préparés dans les règles de l'art par des « ***mixologists*** ». Les ***cocktails latinos*** à base de rhum ou de tequila sont très à la mode en Floride : margarita, mojito, daiquiri, etc. À l'heure du brunch, on retrouve l'incontournable ***bloody mary*** (vodka et jus de tomate épicé) et le ***mimosa*** (champagne, jus d'orange et Cointreau ou Triple sec). Au-delà de ces grands classiques, les bars les plus branchés ***mixent leurs propres recettes,*** soit inspirées de cocktails anciens, soit carrément inventées, avec des alcools maison, les herbes aromatiques les plus inattendues, du piment, etc.

– ***Le bourbon*** (prononcer « beur'beun ») ***:*** impossible de passer sous silence ce whisky américain *(whiskey)* dont le Kentucky fournit une bonne moitié de la production (et le Tennessee le reste). Cette région s'appelait autrefois le Bourbon County, histoire de remercier Louis XVI et la maison Bourbon pour leur soutien pendant la guerre d'Indépendance... C'est donc depuis 1790 (en pleine Révolution française !) que le célèbre whisky américain porte le nom de bourbon. Le *rye whiskey* est quant à lui composé de 51 % de seigle.

LE BOURBON EST-IL UN WHISKY ?

Oui, bien qu'on utilise un mélange de céréales (et pas seulement de l'orge), dont au moins 51 % de maïs (histoire d'écouler l'énorme production américaine !). À la différence des Écossais ou des Irlandais, les Américains le font vieillir dans des fûts de chêne neufs noircis à la fumée. Le goût du bois est donc plus prononcé que dans le whisky, avec une note de caramel.

– ***Happy hours :*** beaucoup de bars attirent les foules après le travail, en semaine, généralement de 16h à 19h, en leur proposant moitié prix sur certains alcools, notamment les bières, mais parfois aussi certains cocktails simples.

CUISINE

La cuisine américaine a longtemps été avant tout destinée à se nourrir... Mais dire que les Américains mangent mal et trop est un peu simpliste. Certes, la quantité est systématiquement trop importante, avec trop souvent des menus « extra large » pour seulement quelques *cents* de plus... Comme partout, ce sont les catégories sociales les plus défavorisées qui sont les plus touchées par l'obésité car la ***malbouffe*** coûte moins cher.

Cela étant dit, ***on peut très bien manger*** en Floride, à condition de choisir le bon endroit et d'y mettre le prix. Si le passage par la friteuse reste encore la norme, même dans certaines adresses haut de gamme, une mode du ***healthy eating*** (« ***manger sain*** ») s'est développée dans les couches les plus favorisées de la population et les aliments ***bio (organic)*** ont le vent en poupe – certes, moins en Floride que dans le nord-est du pays ou en Californie, mais quand même... Le ***phénomène « locavore »,*** qui privilégie la consommation d'ingrédients locaux (mais pas forcément bio), s'intègre de plus en plus dans les mœurs.

Au bout du compte, vous aurez vraiment l'embarras du choix. On trouve de tout et pour tous les budgets, du ***sandwich cubain*** vendu au coin de la rue aux ***tables gastronomiques de New American Cuisine*** mettant en scène les produits locaux en passant par les ***cabanes à seafood*** et les ***food trucks*** (camions) vendant de la ***street food*** (cuisine de rue, parfois gourmet).

À TOUTES LES SAUCES

Le fameux ketchup n'aurait pas été inventé aux États-Unis mais... en Asie ! Il s'agirait à l'origine d'une sauce de saumure de poisson, appelée ké-tsiap. *Au XVII*e *ou XVIII*e *s, les Anglais en rapportèrent en Europe, où sa composition fut adoucie de champignons, puis de tomates (et de sucre !).*

Restaurant mode d'emploi

Attention au service* (gratuity) *: il faut ajouter au moins 15-18 % (les Américains donnent facilement 20-25 %), sauf si le service est déjà compté (c'est souvent le cas à Miami et dans les Keys).

Les plats sont généralement plus copieux que chez nous sauf dans les restos chics ou branchés, où les portions ont tendance à diminuer. Aucun problème pour commander seulement une entrée ou parfois un ***plat pour 2, à partager* (to share).** Mais sachez que certains restos appliquent un supplément *(split charge).*

La plupart des restos sont ouverts midi et soir (de 11-12h à 15-16h, puis 17h-21h ou 22h), parfois même sans interruption entre les 2 services. Beaucoup servent le brunch le week-end et parfois aussi le petit déj en semaine.

Certains restaurants (assez rares cependant) ***n'ont pas la licence d'alcool,*** apportez donc votre « boutanche » (*BYOB* ; voir plus haut la rubrique « Boissons »), ça ne sera pas mal vu !

La plupart des restos proposent de la ***vente à emporter* (to go).**

Pensez à réserver, par téléphone ou directement sur les sites internet, surtout le soir (et particulièrement dans les grandes villes), car les restaurants sont souvent pleins et l'attente de mise. Pratique, le ***site de réservation en ligne OpenTable*** (ne fonctionne pas avec tous les restos cela dit) : • *opentable.com* •

Le breakfast

Ce n'est pas *Supertramp,* le groupe de rock phare des 70's, qui nous contredira : le *breakfast in America* est l'un des plus copieux que l'on connaisse. Pour les Américains, c'est un vrai repas, particulièrement le week-end (on parle alors de brunch). Abondant et varié, plus salé que sucré, le petit déj se prend souvent au resto. Certains établissements sont spécialisés et ne proposent que ça. Et puis il y a les cafétérias, les *coffee shops* et les *diners* (prononcer « daï'neur »), ces établissements populaires un peu rétro avec leurs tables en formica et banquettes en skaï calées dans des box.

La carte, souvent longue comme le bras, offre une place de choix aux œufs ***(eggs)*** cuisinés sous toutes les formes : brouillés *(scrambled)*, pochés *(poached)*, en omelette *(omelette)*, en *frittata* (omelette épaisse façon tortilla espagnole) ou au plat *(fried)*... Sur le plat, ils peuvent être ordinaires *(sunny side up)* ou retournés et cuits des 2 côtés comme une crêpe *(over easy)*, c'est-à-dire pas trop cuits. Les œufs sont généralement accompagnés de ***bacon*** ou de ***saucisses,*** de jambon grillé *(ham)*, de ***pommes de terre*** sautées ou de *hashbrowns* (galettes façon rösti suisses). En prime, vous aurez droit à des ***toasts*** beurrés. On vous demandera probablement si vous préférez du pain de mie blanc *(white)*, complet *(brown)*, entre les 2 *(wheat)* ou seigle *(rye)*. Autre incontournable : les ***eggs Benedict,*** pochés, posés sur un petit pain rond toasté (un *English muffin*) et nappés de sauce hollandaise, avec le plus souvent du jambon grillé, du bacon ou du saumon fumé, mais on en trouve de nombreuses déclinaisons.

Au rayon des spécialités du breakfast figurent toujours aussi les ***pancakes,*** ces crêpes épaisses et moelleuses le plus souvent arrosées de sirop d'érable et accompagnées au choix de fruits frais ou de bacon grillé. Certains restos déclinent les pancakes en version sucrée (banane, crème fouettée, noix de pécan...) ou salée (feta, courgettes...). Le pain perdu, appelé ici ***French toast,*** est aussi populaire.

Dans un registre plus « continental », il faut absolument goûter aux ***bagels.*** Inventés en Pologne au XVIIe s, ces petits pains en forme d'anneau, à la mie compacte, ont suivi les émigrés juifs jusqu'à New York pour devenir incontournables. Servis traditionnellement grillés *(toasted)* puis tartinés de *cream cheese* (souvent du *Philadelphia*), de beurre de cacahuète *(peanut butter)* ou de beurre et de confiture, ils existent en différentes versions : nature *(plain)*, avec des raisins secs et de la cannelle *(cinnamon-raisin)*, des graines de sésame ou de pavot, de l'oignon, multigrains, etc. Les *everything*, comme leur nom l'indique, ont un peu de tout dedans ! Rien à voir avec les ***doughnuts (ou donuts),*** ces beignets ronds, troués aussi au milieu, dont les Américains raffolent – à commencer par Homer Simpson ! On trouve partout des succursales de la chaîne *Dunkin Donuts*, et d'autres comme *Krispy Kreme*. N'oublions pas les ***muffins,*** aux myrtilles, au chocolat, à la banane, etc., moelleux et délicieux, qu'on trouve surtout dans les *coffee shops* et les pâtisseries. Et le ***granola,*** mélange croustillant de céréales caramélisées, servies avec du yaourt, des fruits, etc. Dernière chose, dans les formules petits déj ou dans les brunchs, la boisson chaude est rarement incluse, le jus de fruits non plus (même en Floride). Mais si vous demandez un café *regular*, il sera en principe servi à volonté.

CORN-FLAKES *VERSUS* BROMURE

John H. Kellogg était directeur d'un sanatorium. Très religieux, il prônait une alimentation végétarienne, prétendument efficace contre... les pulsions sexuelles. Sa découverte eut lieu par hasard, en 1894, en faisant griller des flocons de maïs trop bouillis.

Le brunch

Une ***tradition du week-end incontournable*** chez les Américains. Le dimanche, et parfois aussi le samedi, de 10-11h à 15-16h en général, de nombreux restos et même des bars servent le brunch, c'est-à-dire des plats à mi-chemin entre le breakfast et le lunch, à accompagner d'une boisson chaude, d'une ***coupe de champagne*** (ou de *prosecco*) ou d'un ***cocktail*** genre bloody mary ou mimosa.

Depuis quelques années, les brunchs « gourmets » ont le vent en poupe dans les lieux à la mode : produits de qualité et recettes élaborées, souvent inspirées des classiques américains mais revisitées avec légèreté et créativité. Revers de la médaille, les files d'attente peuvent être longues. Quand c'est possible, pensez à réserver (parfois plusieurs jours à l'avance).

Le lunch et le *dinner*

– ***Horaires :*** dans la plupart des restos (pas les fast-foods), le lunch est servi de 11h à 14h-14h30. Puis les portes se ferment pour rouvrir vers 17h. Hormis dans les grandes villes, on dîne tôt ; rien de plus normal que de se rendre au resto à partir de 17h30-18h. D'ailleurs, passé 21h-21h30 en semaine, la majorité des restaurants ne servent plus. Seules les chaînes font exception.

– ***La carte n'est presque jamais la même le midi et le soir.*** Au déjeuner, elle est souvent réduite et moins chère, avec des salades, sandwichs, soupes, burgers. Le soir, les plats sont plus élaborés et les prix plus élevés (parfois du simple au double). Il arrive souvent que le même plat soit plus cher le soir que le midi ! Cela dit, certains restos proposent des tarifs ***early bird*** (spécial couche-tôt), c'est-à-dire des plats à prix réduit ou un menu avantageux au début de leur service du soir, en général de 16h30-17h30 à 18h-18h30.

– Les ***today's specials*** (ou juste *specials*) désignent les suggestions du jour, servies en fait plutôt le soir, que les serveurs vous encouragent à choisir. Attention, contrairement à nos « plats du jour », les *specials* sont souvent plus chers que le reste de la carte, et le prix n'est pas toujours clairement indiqué.

TOO MUCH

L'obésité touche un tiers des Américains. Les chaînes de fast-foods ont inventé les hamburgers XXL, les omelettes à 4 œufs et les cornets de frites king size. *Il fallait trouver une idée pour faire consommer encore plus. La chaîne* Taco Bell *a alors trouvé l'astuce : la promotion d'un 4e repas, en plus du breakfast, du lunch et du dîner... Leur slogan : «* live más *» (en espagnol). Tout le monde aura compris : « manger plus » ! Ben voyons.*

Lexique américain spécial resto

For here or to go ? : sur place ou à emporter ?

Appetizers : entrées.

Entrees (à prononcer presque à la française) ***:*** plats de résistance.

Are you done ? : avez-vous terminé ? ***No, I'm still working on it :*** non, je n'ai pas fini (de manger).

The check, please : l'addition, s'il vous plaît.

– ***Les salad bars :*** dans la plupart des ***supermarchés,*** on trouve une section proposant tout un choix de crudités, de salades composées, de plats cuisinés, parfois des sushis, mais aussi des desserts, des salades de fruits frais, etc., à consommer sur place ou à emporter. Il suffit de remplir une barquette et de passer à la caisse : on paie au poids (environ 8-10 $ la livre – *pound* –, soit 454 g). Vous en trouverez notamment dans les supermarchés ***Publix,*** très répandus en Floride, et, parmi les meilleurs, dans les magasins de la chaîne bio ***Whole Foods Market,*** présente dans les villes. Certains restos ont aussi leur *salad bar* : en général, l'achat d'un plat principal y donne droit à un aller-retour *(one trip)* ; il s'agit alors de bien remplir son assiette !

– ***Les food courts et food halls :*** très populaires aux États-Unis, particulièrement dans les centres commerciaux, les *food courts* sont des espaces regroupant des stands de cuisines différentes (avec généralement un espace où s'asseoir) : asiatique, mexicain, italien, mais aussi BBQ, bars à jus de fruits et smoothies, etc. Pratique, rapide, économique, pas toujours très fin, sauf dans la version *food halls* (plus actuelle !), qui renouvelle le concept avec une sélection d'enseignes plus gourmet.
– Certains restos proposent encore des formules buffet appelées ***all-you-can-eat*** (« tout ce que vous pouvez manger »). Pour une poignée de dollars, vous pouvez vous en mettre plein la lampe. L'abondance est garantie, la qualité beaucoup moins.
– Lire aussi la rubrique « ***Curieux, non ?*** », plus loin.

La cuisine américaine en général

– ***Le hamburger (ou burger) :*** une institution aux États-Unis, et pour cause, c'est le plat national ! Évidemment, tout dépend de la qualité du *patty* (steak haché) et des ingrédients qu'on met dessus (et dessous). Les chaînes de fast-foods les plus populaires (*McDo* et consorts) utilisent des viandes très bas de gamme. Allez plutôt dans les vrais bons restos (spécialisés ou non), qui servent d'excellentes viandes bien fraîches, *juicy,* tendres et goûteuses, prises dans du bon pain à burger légèrement brioché *(bun)* et accompagnées d'une kyrielle d'ingrédients et de sauces qui font toute la différence. Les frites (***fries*** ou ***French fries***) doivent parfois être commandées à part.

LE HAMBURGER N'EST PAS AMÉRICAIN !

Fin d'un mythe, le hamburger est né en Allemagne... à Hambourg, comme son nom l'indique. À la fin du XIXe s, de nombreux immigrés allemands de la région affluèrent au pays de l'Oncle Sam. Le hamburger désignait alors le bifteck haché qu'on leur servait à bord des transatlantiques. C'est donc grâce aux immigrants qu'il a fait son apparition au Nouveau Monde, avant d'être récupéré en 1940 par les frères McDonald, qui le placèrent entre 2 tranches de pain et le proposèrent en self-service !

– ***La viande de bœuf :*** de tout 1er ordre, mais chère. La tendreté de la viande américaine provient aussi de sa découpe (perpendiculaire aux fibres du muscle), différente de celle des bouchers français. D'où la difficulté de traduire les noms des différents morceaux que l'on retrouve sur les cartes des restos américains : le ***filet mignon*** (pavé dans le filet et non un filet mignon de porc), le ***sirloin*** (faux-filet), le ***tenderloin*** (filet), le ***ribeye*** (entrecôte), le ***New York Strip steak*** (partie haute du rumsteck), le ***flank steak*** ou ***skirt steak*** (bavette, onglet) et le célèbre ***T-bone,*** c'est-à-dire la double entrecôte avec l'os en T. Le très tendre ***prime rib*** (côte de bœuf) a aussi ses adeptes (à ne pas confondre avec les populaires *spare ribs,* qui désignent du travers de porc sauce BBQ). Pour la ***cuisson de la viande*** : *rare* = saignant ; *medium rare* = à point tendance saignant ; *medium* = à point ; *well done* = bien cuit.
– ***Le barbecue :*** cette tradition du sud des États-Unis fait un carton partout dans le pays. Le vrai BBQ se mange avec les doigts, servi avec du *corn bread* (pain de maïs), du *coleslaw* (salade de chou à la mayonnaise), voire des *mac & cheese* (macaronis au fromage) et des *collard greens* (sorte de chou vert coupé menu et cuisiné à l'étouffée avec des épices)... Le secret de cette viande juteuse et fondante, c'est la cuisson, longue et à tout petit feu *(slow-cooked),* idéalement au bois.
– Le ***poulet frit*** est également l'une des bases du menu américain, plus encore au sud du pays. Quant aux *Buffalo wings*, ce ne sont pas des ailes de buffle, mais des ailes de poulet frit nappées de sauce épicée, spécialité de la ville de Buffalo !

– ***Les salades :*** les Américains sont les champions des salades composées, fraîches, appétissantes et copieuses. Parmi les classiques : ***Caesar salad*** (laitue romaine, parmesan râpé et croûtons, accompagnée, en version *deluxe,* de poulet ou de grosses crevettes) et ***Cobb salad*** (salade verte, tomate, bacon grillé, poulet, avocat, œuf dur et roquefort), servies avec tout un cortège de ***sauces (dressings).*** On trouve aussi des déclinaisons variées, souvent sucrées-salées, notamment avec du ***chou kale*** (chou frisé), le légume emblématique de la cuisine bobo-bio.
– ***Les pâtisseries :*** parmi les desserts traditionnels figurent le ***cheese-cake*** (gâteau au fromage blanc, le plus souvent décliné au citron, au chocolat ou agrémenté d'un coulis de fruits rouges, etc.), le ***carrot cake*** (aux carottes et aux noix, sucré et épicé, nappé d'un glaçage crémeux), les ***layer cakes*** (gâteaux « à étages » garnis de crème au chocolat, à la noix de coco...), la ***pecan pie*** (aux noix de pécan, très répandue en Floride) et tout le bataillon des ***pies*** (excellentes tartes) aux fruits de saison, à la mode de grand-mère... En Floride et plus encore dans les Keys, la ***Key lime pie*** est incontournable : cette tarte au citron vert *(lime),* à base de lait concentré sucré, parfois meringuée, peut être renversante quand elle est réussie, mais gare aux calories... Et n'oublions pas les toujours très populaires ***cupcakes*** (petits gâteaux ronds genre génoise, nappés d'un glaçage au beurre sucré et souvent coloré) ni les ***whoopie pies*** (sorte de mini-sandwich de gâteau en forme de soucoupe volante, avec une garniture crémeuse au milieu).
– ***Les glaces (et dérivés) :*** les Américains ont l'habitude de les agrémenter de toutes sortes de garnitures ***(toppings),*** solides ou liquides : *M&M's,* noix, céréales, cacahuètes, caramel, *hot fudge* (chocolat fondu)... Outre la glace classique, il existe aussi le ***frozen yogurt*** (yaourt glacé), un peu plus léger en matières grasses, à la texture onctueuse.

Les spécialités de Floride

Aux côtés des classiques américains, la mer et les marais offrent des produits plus ou moins inhabituels, dont le plus étonnant est sans doute l'***alligator*** (d'élevage), au goût entre le poulet et le porc, mais en plus ferme. Parmi la kyrielle de ***poissons,*** les meilleurs sont le ***red snapper*** (vivaneau), le ***grouper*** (mérou), le ***pompano*** (carangue) et le ***mahi-mahi*** (daurade coryphène). Le ***lionfish*** (sorte de rascasse), une espèce invasive (mangez-en !), est préparé par certains restaurateurs, tout comme l'excellent ***hogfish*** (labre capitaine). Les *wahoo* (thazard), *marlin* et *swordfish* (espadon) se trouvent plus rarement depuis qu'ils sont systématiquement relâchés par les pêcheurs au gros. Dans tous les cas, vous aurez du mal à voir les poissons entiers dans l'assiette : les Américains sont friands de beignets, de friture, de panure... et le poisson n'y échappe pas. C'est aussi vrai pour l'alligator, le poulet, les coquillages, le fromage... Heureusement, le poisson est aussi servi grillé, voire en filet mariné et poêlé, et ça c'est délicieux, surtout en salade. Il est aussi fréquemment proposé *blackened* – nappé d'épices cajuns.
À goûter également, les ***conch*** (à prononcer « conk »), spécialité des Keys, sont préparées en soupe *(chowder)* ou hachées menu et frites façon acras *(fritters).* Les ***pinces de crabe,*** elles, sont servies avec du beurre fondu ou une sauce à la moutarde (la saison du *stone crab* s'étend d'octobre à mai). Sa chair est le plus souvent accommodée en ***crabcakes,*** des sortes de croquettes grillées ou frites. On trouve aussi des ***huîtres*** *(oysters)* aux coquilles épaisses, plus souvent cuites que crues.
À la variété des produits de Floride s'ajoute la diversité des influences ethniques. Mention spéciale pour la ***cuisine cubaine,*** généralement bon marché, avec ses grillades de porc accompagnées de bananes plantains frites, de riz et de haricots noirs. Un des meilleurs plats, à ne pas louper : la *ropa vieja,* du bœuf effiloché aux oignons et poivrons. Autre incontournable bon marché : le ***sandwich cubain,*** *super popular* à Miami, servi souvent chaud et garni de jambon, rôti de porc

(parfois aussi salami), fromage fondu et pickles. Le ***mofongo*** portoricain ou dominicain est une purée de bananes plantains agrémentée de couenne de porc frite, de porc effiloché ou de fruits de mer.

La *street food*

Un succès phénoménal, exporté chez nous d'ailleurs. Nés à Los Angeles à la suite de la crise économique, les ***carts,*** ces petits stands ambulants de cuisine de rue pas toujours reluisants qui peuplent les quartiers d'affaires, ont fini par débarquer en Floride. La *street food* s'est sophistiquée et des cohortes de ***food trucks*** (camions) rutilants et colorés proposent désormais leurs spécialités à tous les coins de rue. Chaque *truck* a la sienne, mais la majorité propose de la ***cuisine latino*** : burgers d'inspiration cubaine, sandwichs colombiens, tacos et *burritos* mexicains, mais aussi *spring rolls* thaïs, glaces, cupcakes, jus de fruits frais... Attention, *street food* ne rime pas forcément avec *junk food* ; certains *food trucks* se font même une spécialité d'une cuisine de qualité, fraîche, avec produits locaux et tout le tremblement.

Les restaurants et fast-foods de chaîne

Aux États-Unis, les chaînes ont toujours la cote auprès des locaux. Quand on est sur la route, il faut reconnaître que ça dépanne bien ! Voici une sélection de nos enseignes préférées.
Amis végétariens, les buffets à volonté de ***Souplantation & Sweet Tomatoes*** sont pour vous ! Pour un prix dérisoire (12 $ maxi le soir, encore moins le midi et grosse réduc enfants), vous ferez le plein de crudités, soupes, pâtes, pizzas et desserts. Pour un bon gros burger traditionnel avec des frites fraîches, direction ***Five Guys,*** dont Barack Obama est un inconditionnel (le cadre est nul en revanche) ; les enseignes sont souvent implantées en centre-ville. Pour le petit déj (version saine), on aime beaucoup ***Corner Bakery*** : bons pains, porridge aux fruits *(oatmeal),* etc. Également ***Another Broken Egg Cafe*** avec un large choix de pancakes, *bowls,* omelettes, et même des plats sans gluten. Enfin, pour les jus bio, il y a ***Joe & The Juice,*** une enseigne branchée qui propose des jus à tout ce qu'on veut, du bon café et des sandwichs basses calories.

CURIEUX, NON ?

– ***How are you today ?*** C'est la question qui vous accueille partout dans ce pays, dans les boutiques comme dans les restos et autres. Même dans une grande ville comme Miami, ***on se dit facilement bonjour*** dans la rue, même si on ne se connaît pas, et on engage couramment la conversation avec des inconnus, au resto avec les voisins de table et dans les ascenseurs aussi !
– ***Do you need help ? Are you lost ?*** 2 petites phrases que vous entendrez dès que vous ouvrirez un plan ou votre guide préféré dans la rue. Avec une spontanéité touchante, les Américains se mettent en quatre pour venir en aide aux touristes.

STUPIDA LEX, SED LEX

La juridiction floridienne réserve quelques lois pour le moins... surprenantes ! Ainsi, s'il vous prenait l'envie d'attacher votre éléphant à un horodateur, sachez qu'il vous faudra payer sa place de parking. Toujours dans le domaine animal, il est interdit d'avoir des relations sexuelles avec un porc-épic. Sacrés puritains ! Quant à vous, mesdames les célibataires, divorcées ou veuves, interdit de sauter en parachute le dimanche. Parité oblige, ces messieurs peuvent porter une robe, mais seulement avec bretelles. Et la liste est encore longue...

– ***Au resto : tout est différent ici,*** ou presque. L'attente, presque toujours de mise. La nécessité d'être placé, sauf si un écriteau *Please seat yourself* trône à l'entrée. Le bruit ambiant, entre les gens qui parlent fort (même si c'est vide !) et le fond musical souvent (très) présent. Les serveurs qui vous apportent l'addition avant que vous ayez commandé un café ou un dessert. Le pourboire qui n'est pas compris mais obligatoire. Et n'imaginez pas un ***service à l'européenne,*** du genre nappe, serviette, petite cuillère pour le café, etc. Ici, c'est efficacité et rendement. Cela dit, l'accueil réservé aux clients est généralement aimable et souriant. Bien souvent, si le client a l'impression d'être chouchouté, il laissera un meilleur pourboire !

– Toujours étonnant aussi de voir du monde ***manger à toute heure*** dans les restos. Difficile parfois de deviner si les gens en sont encore au déjeuner ou déjà au dîner... D'ailleurs, les restos commencent à proposer la carte du soir vers 16h30-17h et dans certains endroits, le petit déj est servi toute la journée !

– Les ***sandwichs*** servis au resto n'ont rien à voir avec nos casse-croûte avalés sur le pouce. Ce sont de vrais repas chauds (comme les burgers), servis avec frites, chips ou salade.

– Au petit déj, ***les omelettes sont souvent à... 3 ou 4 œufs.*** Les cardiologues sont ravis.

– Dans les ***bars*** et les ***boîtes,*** les ***papiers d'identité (ID)*** sont demandés à l'entrée, même si vous avez 40 piges !

– La ***clim*** est toujours poussée à fond la caisse dans tous les lieux publics (transports compris) et dans les chambres d'hôtel, même quand il n'y a personne dedans... Ayez toujours un foulard ou un petit pull sur vous pour ne pas choper un coup de froid.

LA MORT À TOUT PRIX

Aux États-Unis, un business morbide demeure : le commerce de cadavres en pièces détachées ! Des « body brokers » proposent à des familles endeuillées défavorisées de leur acheter une partie du corps du défunt, profitant ainsi de leur précarité financière. Pour ces gens, c'est la seule façon de payer des funérailles à un proche. Les cadavres sont ensuite revendus à des chercheurs ou étudiants en médecine. Une faille juridique rend le procédé totalement légal aux États-Unis.

– ***Le courant électrique est en 110,*** étonnant au pays de l'hypertechnologie.

– ***Embrasser*** fougueusement son amoureux ou son amoureuse dans la rue ne se fait pas. Le *PDA (Public Display of Affection)* est même très mal vu ! Dans le même ordre d'idées, les Américains se font ***rarement la bise.*** Quand on se connaît peu, on se dit juste « *Hi !* ». Et quand on est proches, c'est le « ***hug*** » (l'accolade) qui prévaut. Il s'agit de s'enlacer en se tapant dans le dos.

– Pas mal de ***médicaments,*** vendus sur ordonnance chez nous, sont ***en vente libre*** aux États-Unis.

– Aux États-Unis, le ***décompte des étages*** est différent : le *1st floor* correspond au rez-de-chaussée, le *2nd floor* au 1er étage pour nous, etc. Et les ***immeubles*** ne disposent que très rarement d'un ***13e étage.*** Ce chiffre porte malheur depuis que Judas fut le 13e convive lors de la Cène du Christ.

– Dans les ***Visitor Centers,*** ce sont souvent des ***retraités*** qui renseignent les touristes. Certaines personnes âgées font des petits boulots pour améliorer leur retraite, mais la plupart sont des volontaires (non payés) qui pensent œuvrer pour le bien de la communauté (même si ça supprime un job payé...).

LA MAIN SUR LE CŒUR

Naguère, les Américains avaient coutume de saluer leur drapeau en tendant le bras droit, en souvenir des légions romaines. Malheureusement, ce geste ressemblait trop au salut nazi. En 1942, le président Roosevelt décida de le remplacer par la main sur le cœur.

– ***Ni CDI ni CDD*** et pas de contrat de travail... Aux États-Unis, le patron est roi ! Cet état de fait remonte au XIXe s, et à la jurisprudence du *at will* inscrite dans la loi consécutivement à l'abolition de l'esclavage. À l'époque, puisque les esclaves étaient libérés, il fallait aussi libérer leurs patrons !
– Le concept de ***liberté individuelle*** reste une valeur sacro-sainte du mode de vie américain : nombreux sont ceux qui s'opposent par principe aux obligations de sécurité routière : port du casque à moto, ceinture dans les voitures... Ils pensent que c'est le domaine de la responsabilité de chaque individu d'assumer les risques s'il veut les prendre. Ils sont donc rarement sanctionnés.
– Les ***professions libérales*** ont la possibilité de faire ***leur propre publicité.*** Ainsi les autoroutes sont bordées d'immenses panneaux avec la photo d'avocats, de juristes, de médecins et de dentistes, avec les coordonnées pour les contacter.

DROITS DE L'HOMME

La présidence de ***Donald Trump*** n'est plus, au moment où nous écrivons, qu'un mauvais souvenir. « Donald Trump a été un désastre pour les Droits de l'homme », la sentence vient de Kenneth Roth, le directeur de Human Rights Watch, à l'issue d'un mandat qui aura laissé des traces aux lourdes conséquences. Selon lui, tant sur le plan intérieur qu'extérieur, Joe Biden aura fort à faire pour revaloriser l'image du pays. Mais déjà, la couleur de la nouvelle administration ressemble à un ***modèle de diversité,*** avec des femmes, des hispaniques, des Noirs, et même une représentante des Premières nations.

LA LOI DES 3 COUPS

La Three Strikes Law *édicte que toute personne condamnée 2 fois, même pour des délits mineurs, risque 25 ans d'emprisonnement au « 3e coup ». Cette loi, promulguée par plusieurs États (dont la Floride en 1995), remplit les prisons avec des petits chapardeurs. Une loi similaire (la relégation) a existé en France jusqu'en 1970.*

Sur le plan intérieur, le « ***muslim ban*** », à savoir l'interdiction d'entrée sur le territoire américain pour les ressortissants de 7 pays musulmans, a été symboliquement annulé dans les 1ers décrets présidentiels publiés par Biden. En termes d'***immigration*** également le ton a changé. Alors que Trump avait bâti une partie de sa popularité sur le contrôle des flux à la frontière avec le Mexique, et multiplié les arrestations et expulsions de masse de migrants illégaux, le président a décidé d'accorder la citoyenneté aux « ***Dreamers*** », ces quelque 70 000 migrants arrivés enfants illégalement sur le sol américain, et ouvert les possibilités de régularisation pour les autres sous condition. Mais les frontières ne sont pas rouvertes pour autant. Si la construction du « ***Mur*** » a été suspendue, le contrôle aux frontières a été renforcé.
Les ***tensions raciales,*** qui ont émaillé son mandat et vu la réaffirmation d'un puissant mouvement citoyen antiraciste, ***#BlackLivesMatter,*** n'ont fait que s'exalter sous le mandat de Trump. Plus de 50 ans après l'assassinat de Martin Luther King, le combat des Afro-Américains contre Jim Crow (surnom donné au racisme systémique) est plus que jamais d'actualité après l'arrestation filmée et la mort de ***George Floyd,*** qui a eu un retentissement mondial. Le policier mis en cause, Derek Chauvin, a été condamné pour meurtre en avril 2021. De son côté, Biden a officiellement demandé aux agences fédérales d'évaluer la question des inégalités raciales dans leurs politiques respectives.
Même sur le plan des ***ventes d'armes,*** Joe Biden a surpris, fin mars 2021, après une énième fusillade de masse à Boulder (Colorado), en s'attaquant de front à la toute puissante ***National Riffle Association (NRA).*** Grande première, le président a demandé une interdiction des ventes de fusils d'assaut. Pas sûr cependant

que le Congrès le suive sur ce point, tant les Américains sont attachés à ce qu'ils considèrent comme l'une de leurs libertés fondamentales.

Sur le ***plan social,*** là encore, Biden a demandé l'extension des droits à l'aide sociale accordée aux plus pauvres, résidu de l'***Obamacare,*** une loi symbolique de l'ère Obama, qu'avait fortement détricoté Trump.

Au sujet de la ***peine de mort,*** les lignes pourraient tout aussi bien bouger, Biden étant le 1er président à s'être prononcé contre la peine capitale, risquant là encore de se heurter aux parlementaires de sa courte majorité, et à la Cour suprême. Rappelons que la Floride est ***un des États les plus intransigeants sur la peine capitale.***

Sur le ***plan international,*** alors que Trump avait quitté avec fracas le Conseil des Droits de l'homme de l'ONU, l'administration Biden a annoncé sa candidature à un nouveau siège. L'administration Biden se démarque par ailleurs en réautorisant les subventions fédérales aux organisations internationales qui promeuvent le ***droit à l'avortement.*** Néanmoins, le ton pour le moins martial employé par Biden à l'encontre de chefs d'État comme Vladimir Poutine (qualifié de « tueur » dans l'affaire Navalny) peut laisser craindre une montée des tensions.

Reste de nombreux points sur lesquels Biden semble ne pas vouloir rompre avec la tendance de fond entamée par ses prédécesseurs, comme les ***pratiques d'écoutes de l'agence américaine de renseignements NSA,*** qui avaient été théoriquement restreintes après l'affaire Snowden mais sont toujours d'actualité, ou encore l'utilisation des ***drones*** pour des assassinats ciblés à l'international, qui ont causé des milliers de victimes collatérales par le passé.

- ***Fédération internationale des Droits de l'homme :*** *17, passage de la Main-d'Or, 75011 Paris. ☎ 01-43-55-25-18. • fidh.org • Ⓜ Ledru-Rollin.*
- ***Amnesty international*** *(section française) : 76, bd de la Villette, 75940 Paris Cedex 19. ☎ 01-53-38-65-65. • amnesty.fr • Ⓜ Belleville ou Colonel-Fabien.*

N'oublions pas que, en France aussi, les organisations de défense des Droits de l'homme continuent de se battre contre les discriminations, le racisme, et en faveur de l'intégration des plus démunis.

ÉCONOMIE

> « **Croyez-vous au rêve américain ?**
> **- Non, mais je crois qu'on peut en tirer profit.** »
> **Andy Warhol**

La Floride, si elle était considérée comme un pays à part entière, se placerait au 17e rang mondial par la puissance de son économie, avec un PIB d'environ 1 000 milliards de dollars. Comme l'économie américaine dans son ensemble, elle s'appuie sur la dalle de granit du ***libéralisme absolu,*** qui tient en quelques principes simples : laisser faire les « lois » du marché (plutôt l'absence de lois), ne pas contrarier la liberté des financiers, travailler sans relâche, être à la pointe de l'innovation technologique, payer le moins possible d'impôts... Avec un

D'OÙ VIENT LE DOLLAR ?

Le dollar vient... de Bohême. Au XVIe s, le thaler, né dans la vallée (thal) *de Saint-Joachim, devient la monnaie de référence des échanges commerciaux en Europe centrale. Il se répand en Espagne grâce aux Habsbourg, puis gagne les colonies d'Amérique du Sud. Là-bas, on prononce* tolar, *puis* dólar. *L'importance de cette devise est telle qu'on l'utilise jusqu'aux États-Unis. Sur les pièces espagnoles, un bandeau en forme de S s'enroule alors autour de 2 piliers verticaux symbolisant les colonnes d'Hercule... C'est là que le sigle $ trouve son origine.*

minimum d'intervention des autorités publiques... sauf quand ça va mal. Et, avec la ***crise des subprimes en 2007,*** menaçant le système financier de s'écrouler comme un château de cartes, c'est allé plus que mal. L'État fédéral a dû dépenser 626 milliards de dollars pour renflouer les banques et les entreprises en difficulté, alors que des dizaines de milliers d'Américains voyaient leurs maisons saisies. Mais au final, le budget national n'a rien perdu : remboursements effectués, l'État américain a même fait un joli petit bénéfice grâce aux intérêts des prêts consentis !

Gouvernement républicain ou démocrate, peu importe : la courbe de croissance du PIB américain et du PIB par habitant est quasi constante, avec encore une hausse moyenne de 2,2 % sur la dernière décennie. Cette homogénéité apparente cache toutefois une réalité plus sombre : à chaque crise, c'est l'emploi qui, plus que tout, sert de variable d'ajustement – une vérité universelle renforcée dans les systèmes très libéraux. Ainsi, en 2010, le chômage a-t-il atteint 9,63 %, pour redescendre à 3,68 % en 2019 et rebondir à 14,7 % en avril 2020 à cause de la crise du coronavirus (le pire chiffre depuis la Grande Dépression)... Il s'est depuis résorbé, pour atteindre 6 % en mars 2021.

Les États-Unis, plus encore que l'Europe, ont pris la mauvaise habitude de dépenser bien plus qu'ils ne gagnent. Ce recours maladif à l'***endettement*** a augmenté de manière disproportionnée depuis le début des années 2000, sous les mandats de George W. Bush, Barack Obama et Donald Trump. Ce dernier, en 2016, avait promis d'éliminer la dette du pays en 8 ans. Au lieu de cela, elle a encore augmenté de 33,6 % en 4 ans... Et le plancher n'est assurément pas atteint... Le ***déficit public américain,*** qui a culminé à 14,9 % en 2020 en raison notamment de la Covid, devrait encore dépasser 10 % en 2021 ! Et cela, sans prendre en compte le super-plan de relance promis par Joe Biden.

Parmi ses priorités, le nouveau président s'est attaqué à un problème de longue date : le manque d'évolution du salaire minimal, qui stagnait à 7,25 $ de l'heure depuis... 2009. Promesse de campagne : atteindre 15 $ de l'heure d'ici à 2025 dans tout le pays (certains États ont déjà un salaire minimal à 12-14 $/h).

En attendant, près de 40 % des Américains en âge de travailler ne cherchent même plus d'emploi et sont sortis des statistiques du chômage... Le nombre de personnes vivant ***sous le seuil de pauvreté*** est estimé à 11,7 % de la population, soit 38,6 millions de personnes ! Chez les femmes seules avec enfants, ce taux (bien qu'en baisse) atteint 26,8 %. Parallèlement, les dirigeants des grands groupes cotés en Bourse ont vu leur rémunération bondir. En moyenne, ils gagnent aujourd'hui 216 fois le revenu moyen américain, contre « seulement » 183 fois en 2008 (et 15 fois en 1965)... Les inégalités restent donc abyssales.

La Floride, sous le soleil exactement...

L'histoire de la Floride est très récente, son développement économique n'a vraiment commencé qu'avec l'arrivée du chemin de fer construit par le ***milliardaire Henry Flagler,*** à la toute fin du XIXe s. Son idée : inciter les riches du Nord-Est à venir hiverner dans ce pays de cocagne. Au fil du temps, ***le tourisme est devenu le moteur de l'économie.*** Mais c'est l'installation aux portes d'Orlando de Disney (sur 120 km^2 !), en 1975, qui a vraiment changé la donne. Les parcs de Mickey, qui attirent désormais chaque année plus de 50 millions de visiteurs, sont aujourd'hui le 1er employeur de Floride. Parallèlement,

CRÉSUS DANS LES ÎLES

Au XIXe s, Key West, malgré sa situation géographique très particulière, devint la ville la plus riche des États-Unis grâce à une activité originale et lucrative : le pillage d'épaves ! Une loi américaine permettait alors aux gens qui trouvaient une épave de conserver la moitié des biens récupérés.

Miami est devenue le 1er port-escale au monde pour les bateaux de croisière, avec 6,8 millions de croisiéristes en 2019. Et Fort Lauderdale, juste au nord, en accueille beaucoup d'autres...

L'ensoleillement idéal de la Floride, associé à une bonne humidité, s'avère aussi une aubaine pour l'***agriculture.*** L'État est un important producteur de canne à sucre, de lait, de fruits et de légumes. Elle se place au 2e rang mondial pour les oranges (dont elle tire principalement du jus). Pourtant, l'agro-industrie ne contribue que marginalement au PIB floridien.

Berceau de l'aviation

Beaucoup ignorent que c'est entre St Petersburg et Tampa que fut inauguré le 1er vol commercial de l'histoire, en 1914. Depuis, le Sunshine State vise le ciel ! Le ***secteur aéronautique*** emploie 106 000 personnes, notamment dans le comté de Miami-Dade avec les compagnies *American Airlines* et l'avionneur *Embraer,* dans le *Florida High Tech Corridor* (au nord d'Orlando) et autour des bases de lancement de la NASA à Cape Canaveral. Qui plus est, ***l'aéroport de Miami est devenu une véritable plaque tournante pour les voyageurs internationaux*** (3e rang national derrière JFK à New York et Los Angeles). À la pointe de la technologie, la Floride joue la carte de l'avenir, avec la plus grande université privée entièrement tournée vers les métiers de l'aéronautique, qui assure notamment la formation de pilotes.

Miami, pépinière de start-up

Du fait de son secteur technologique en plein essor, du niveau de son enseignement supérieur (l'un des meilleurs des États-Unis) et de sa qualité de vie, Miami séduit aujourd'hui les jeunes chercheurs et créateurs d'entreprises dans le domaine du numérique. Selon certaines études, Miami serait même devenue la ***1re ville des États-Unis pour le coworking.*** Du coup, incubateurs et promoteurs de start-up ont éclos un peu partout en ville, de Brickell à Coral Gables, ce qui permet aujourd'hui à Miami de rivaliser avec New York, San Francisco et Los Angeles. Gros bonus : l'impôt sur les sociétés n'est ici que de 5,5 % !

Passerelle vers l'Amérique latine

Terre d'accueil, la Floride doit une partie de son essor économique à l'***immigration.*** Elle accueille chaque jour 380 nouveaux immigrants (surtout latinos) et compte désormais 21,5 % de résidents nés à l'étranger (54 % à Miami). La ville, pourtant dénuée de grosses entreprises, se place au 12e rang des villes américaines par son PIB. Le secteur bancaire y est très florissant, notamment grâce à l'arrivée massive de capitaux en provenance d'Amérique latine, l'absence d'impôt sur le revenu et d'impôt sur la succession encourageant le mouvement... L'immigration vers la Floride concerne désormais autant d'investisseurs étrangers que de migrants désargentés.

Miami : immobilier chéri

Les investisseurs latinos ne sont pas étrangers à l'essor considérable du marché immobilier de la région de Miami ces dernières années. Optimiste, quand on sait que les prévisionnistes les moins alarmistes s'accordent à dire que, vers 2160, il ne restera en Floride que 3 % de terres émergées ! On est désormais bien loin de la crise des *subprimes,* comme en témoigne le ***Miami Worldcenter, le 2e plus gros projet de développement immobilier des États-Unis,*** en cours de construction en plein centre-ville (près de 1 900 apparts, 1 700 chambres d'hôtel, centre de conférences, 28 000 m^2 de commerces...).

Mentionnons aussi le ***Magic City Innovation District,*** un projet cornaqué (entre autres associés) par Guy Laliberté, créateur du Cirque du Soleil, qui envisage une gentrification de 7 ha au cœur du quartier déshérité de Little Haïti... avec autorisation d'y dresser des tours de 25 étages (au-dessus des maisons en bois) ! Les opposants, souvent locataires de leur maison, qui craignent de se voir chasser encore plus loin, parlent, eux, de *Tragic City...*
Miami vise grand et toujours plus haut, comme en témoignent les quelque 200 programmes immobiliers neufs en cours de planification ou de réalisation. Le plus fou : *Miapolis,* une tour de 975 m (coût : 22 milliards de dollars), voudrait dépasser le Burj Khalifa de Dubaï. Peu probable qu'elle voie le jour ! Un poil plus raisonnable (3,2 milliards quand même), l'aménagement du front de la baie de Biscayne par *Resorts World Miami* inclurait pas moins de 6 gratte-ciel aux formes organiques inspirées des massifs coralliens conçus par l'architecte Bernardo Fort-Brescia et un méga-casino. Lui aussi reste en plan pour l'instant... Le *SkyRise Miami,* une tour de 301,8 m flanquée de restos, de bars et de boîtes de nuit, présentée comme la plus grande attraction de Floride du Sud dans le futur, devrait être achevé en 2021 sur South Bayshore Drive. Le *Brickell City Center* regroupe déjà 6 immeubles résidentiels et de bureaux ainsi que 2 hôtels et une foule de boutiques de grand luxe. Et l'on ne vous parle même pas du nouveau *Miami Worldcenter* en cours de réalisation et du projet de super-port à l'horizon 2035, qui ambitionne de faire de Miami l'une des principales plaques tournantes logistiques mondiales... Rappelons quand même que ***Miami est la 4e métropole américaine où les inégalités sont les plus élevées...***

ENVIRONNEMENT

La Floride est un État plat, constitué de ***grands espaces sauvages ponctués de plus de 30 000 lacs*** – le plus grand étant l'*Okeechobee lake* (1 900 km²), le 7e du pays, situé en plein centre de la péninsule. Ce vaste plan d'eau collecte les pluies et les redistribue vers les terres basses du sud de l'État, où s'étendent les ***immenses marais et terres humides des Everglades.*** Ces derniers sont protégés depuis 1947 par le plus vaste des parcs nationaux floridiens et le 3e des États-Unis en superficie, après ceux de *Death Valley* et *Yellowstone* (6 100 km², soit l'équivalent d'un département français). Au-delà, 175 parcs d'État font aussi résonner l'appel de la nature !
Si l'écologie n'est guère au cœur des préoccupations américaines actuelles, l'État de Floride ferait bien de s'en inquiéter, tant ses plaines littorales et ses îles coralliennes sont directement menacées par le réchauffement climatique. Quand bien même on construirait des digues, Miami, ville basse construite sur un sol calcaire, ne pourrait être protégée de la montée des eaux annoncée d'ici à la fin du siècle... En attendant, le climat continue de se détraquer et les ***ouragans*** de gagner en puissance et en récurrence : d'abord Irma en septembre 2017 (le plus puissant cyclone jamais enregistré dans l'Atlantique nord, heureusement un peu affaibli lors de son arrivée vers Miami), responsable de la destruction de 75 % des maisons en bois des Keys ; puis Michael en octobre 2018, qui a frappé de plein fouet la base du Panhandle. Dans ce contexte, l'annonce par Donald Trump en 2017 du retrait des États-Unis des accords de Paris de 2015 (suite à la COP21) était proprement hallucinant ! Le jour même de son investiture, le 20 janvier 2021, ***Joe Biden a annoncé le retour du pays dans les accords de Paris...*** Ouf !

Everglades menacés

Classé réserve de la biosphère et Patrimoine mondial par l'Unesco, cet écosystème unique au monde couvrait, avant l'urbanisation du XXe s, une superficie totale de 11 000 km². Si, au sud du Tamiami Trail (route 41), il a largement conservé sa virginité, il n'a cessé d'être rogné aux entournures pour favoriser le développement de l'agriculture, au prix d'un assèchement des terres. À l'est, l'extension continue de Miami menace, et la pression démographique s'intensifie. La consommation d'eau, due en majeure partie à l'agriculture, est 3 fois plus élevée ici qu'en Europe – où elle n'est déjà pas faible ! Une réglementation plus stricte d'utilisation de l'eau par les particuliers a certes permis à la Floride du Sud de réduire sa consommation de 20 % (soit 8 milliards de litres d'eau par an !). Un temps classé sur la liste du Patrimoine de l'humanité en danger, les Everglades en ont été retirés suite à cet effort... puis remis en 2010. En effet, les rejets de phosphates utilisés dans la culture de la canne à sucre et le déficit en eau perdurent, perturbant les équilibres écologiques et limitant la croissance des plantes et, par voie de conséquence, des poissons et des oiseaux qui s'en nourrissent. Le taux de nidification des espèces peuplant les Everglades a été divisé par 10 par rapport aux années 1940. Et les alligators ont perdu en moyenne 20 % de leur poids ! Bref, toute la chaîne alimentaire est déséquilibrée et le plan de restauration peine à atteindre ses objectifs. Il sert d'ailleurs bien trop souvent à détourner des cours d'eau vers des terres agricoles qui en manquent...

L'emprise du monde moderne

La croissance démographique constante de la Floride ne fait qu'accentuer les problèmes de cohabitation entre l'homme et la nature. Le ***Florida Reef,*** qui forme la 3e plus longue barrière corallienne du monde (570 km), reste ainsi très menacé malgré son classement en *National Maritime Sanctuary* en 1990. Principales sources d'inquiétude, la ***pollution,*** le réchauffement et l'acidification des eaux. L'impact des millions de plongeurs, adeptes de snorkelling et pêcheurs qui fréquentent les récifs chaque année est important. Mais les rejets des activités terrestres sont encore plus dévastateurs, en particulier ceux de l'agriculture, dont les composants chimiques favorisent le développement des algues et l'appauvrissement des eaux en oxygène. Même constat pour les fosses septiques, dont les effluents s'infiltrent dans la table corallienne poreuse... Le constat est sévère : 90 % des coraux ont déjà disparu. Les coraux durs, très exigeants en termes de propreté de l'océan, sont les 1ers à s'évaporer, un temps remplacés par des coraux mous et des éponges, plus tolérants à la turbidité des eaux.
La diversité marine est directement impactée, d'autant que les eaux floridiennes souffrent des marées vertes d'algues sargasses et des assauts du *lionfish,* une sorte de rascasse vorace originaire de la zone indo-pacifique. Une jolie mais sale bête qui dévore tout ce qui compose l'écosystème des récifs de la zone caraïbe.
Les plus grosses espèces ne sont pas indemnes. ***Lamantins*** *(manatees)* et ***dauphins*** sont souvent blessés par les hélices des nombreux bateaux de plaisance. Tout comme les ***tortues marines,*** qui se retrouvent trop souvent au *Turtle Hospital* de Marathon (Keys), carapace brisée – même si la vitesse est très réglementée dans les chenaux afin d'enrayer ce carnage. Beaucoup de ces animaux souffrent aussi de l'ingestion de déchets plastique, confondus avec des méduses (une de leurs proies favorites) et de tumeurs favorisées par la pollution.

Notes positives

Dans ce monde qui semble aller à vau-l'eau, un animal tire son épingle du jeu : l'***alligator.*** Autrefois menacé de disparition en raison d'une chasse intensive, il a reconquis tous les marais de Floride, jusqu'aux lacs urbains et, parfois même... les égouts et canalisations. Aujourd'hui présent dans les 67 comtés de Floride, il atteint une population d'environ 1,3 million d'animaux. Cette réussite, bien sûr, ne fait pas que des heureux... Certains commencent même à parler de surpopulation. Pour gérer les inévitables conflits de territoire avec les habitants, la

Florida Fish and Wildlife Conservation Commission accrédite des équipes de trappeurs pour supprimer les bestioles de plus de 4 pieds (1,22 m) maraudant hors des zones protégées.
Autre *success story* : le ***lamantin.*** Sur le point de disparaître il y a un demi-siècle, il a vu sa population rebondir grâce à la création de sanctuaires et au contrôle de la vitesse des bateaux dans les zones qu'il fréquente. On le rencontre désormais aisément le long de la Nature Coast (mais pas que).
Mentionnons aussi le beau come-back de la ***panthère de Floride.*** Au début des années 1990, il ne restait plus qu'une vingtaine de ces animaux, sous-espèce locale du puma. On en compterait aujourd'hui entre 120 et 130. Un sauvetage rendu possible au prix de croisements avec des pumas venus d'autres régions. Mais chaque année, 20 à 30 animaux meurent de collision avec des véhicules. Et la population baisse à nouveau...

L'ALLIGATOR VA DEVENIR SYMPATHIQUE

Les biologistes ont découvert que le sang d'alligator contient des globules blancs extraordinaires, capables de synthétiser une protéine qui combat virus et bactéries (dont le méchant staphylocoque doré, résistant aux antibios classiques) sans même avoir jamais été en contact avec eux. Ce puissant système immunitaire permet aux sauriens de cicatriser rapidement après de violents combats. Une vraie révolution en perspective, notamment pour les grands brûlés.

GÉOGRAPHIE

La Floride forme une longue péninsule située à l'extrême sud-est des États-Unis, bordée à l'est par l'océan Atlantique et à l'ouest par le golfe du Mexique. Ses côtes, étirées sur plus de 1 900 km, ne comptent pas moins de 1 067 km de plages !
Autrefois, le territoire se réduisait pour l'essentiel à de ***vastes marécages*** envahis de moustiques. Le développement de l'agriculture et le peuplement rapide de la région entamés dans la 2de moitié du XIXe s ont engendré de sacrées transformations. Les travaux d'assainissement des zones humides, le creusement de voies navigables et la construction de digues pour lutter contre l'ensablement ont fait pousser des villes comme des champignons dès la fin de la grande récession de 1929. ***Miami*** en est la principale. Située à la pointe sud-est, au bord de l'océan, elle bénéficie d'une situation idéale sur la baie de Biscayne, qui en a fait une plaque tournante du trafic vers les Caraïbes et l'Amérique latine. À ses portes, le ***parc national des Everglades*** rappelle à la Floride son passé de terres envahies par les eaux. Ici, la faune et la flore règnent encore en maîtres sur plus de 6 000 km².
En direction du sud s'étire le long ***archipel des Keys,*** formé de quelque 1 700 îles et îlots, en grande partie inhabités. Il est souligné, au sud, par la barrière corallienne du Florida Reef, la 3e plus grande au monde, ancrée à quelques kilomètres au large – mais désormais très menacée (voir « Environnement »). Une route mythique, l'*Overseas Highway,* s'élance ici en mer en direction de Key West, au gré de 42 ponts. C'est le point le plus au sud des États-Unis, à tout juste 150 km de Cuba !
La ***côte orientale*** de la Floride est soulignée, sur presque toute sa longueur, par d'interminables plages de sable, sur lesquelles ont poussé des stations balnéaires très populaires auprès des retraités. Elles s'enchaînent au point de ne plus former qu'une immense conurbation entre Miami et West Palm Beach. Tout du long court l'Intracoastal Waterway, une voie navigable par de gros bateaux, qui suit la côte, à l'abri de longues îles littorales. C'est ici que se trouvent le *Kennedy Space Center,*

à Cape Canaveral, Daytona Beach et, un peu plus au nord encore, St Augustine, qui se targue d'être la plus vieille ville des États-Unis.
À 360 km au nord de Miami, ***Orlando,*** importante ville universitaire, est la capitale des parcs d'attractions (Walt Disney World Resort, Universal Orlando Resort, Sea-World Orlando...). À ses portes, la grande forêt d'Ocala, protégée par un parc de 1 572 km², regroupe pins, cyprès, prairies humides et lacs.
Sur la ***côte ouest*** de la Floride, les inséparables ***St Petersburg*** et ***Tampa,*** situées de part et d'autre de la baie de Tampa, sont les 2 villes les plus importantes. La conurbation s'étend au sud jusqu'à Sarasota, avant de retrouver des paysages un peu plus naturels. De très nombreuses îles longent ici aussi le littoral, certaines très développées, d'autres plus naturelles et quelques-unes même encore vierges ! Les plages sont ici superbes, tapissées le plus souvent d'un sable très blanc.
Au nord-ouest de l'État se jette la ***Suwannee River,*** principal fleuve de Floride (426 km), né dans les marécages de l'Okeechobee, à la frontière de la Géorgie. Peu après débute le ***Panhandle,*** la « queue de la poêle » floridienne, qui s'étire sur 320 km de long jusqu'aux portes du Mississippi. Peu visitée par les touristes étrangers, la région possède pourtant de splendides îles littorales et plages de sable blanc dans le Gulf Islands National Seashore, facilement accessible depuis Pensacola.

HISTOIRE

Quelques dates

- ***Vers 5000 av. J.-C. :*** 1res traces de peuplement en Floride le long de la St Johns River.
- ***1513 :*** Ponce de León découvre la Floride pour les Espagnols.
- ***1565 :*** Pedro Menéndez de Avilés fonde San Augustín (St Augustine).
- ***1763 :*** traité de Paris, la Grande-Bretagne acquiert la Floride et rend Cuba aux Espagnols.
- ***1783 :*** 2^d^ traité de Paris, la Grande-Bretagne reconnaît l'indépendance américaine, gagne les Bahamas et Gibraltar, et rend la Floride à l'Espagne.
- ***1785-1821 :*** accrochages frontaliers fréquents entre Espagnols et Américains.
- ***1819 :*** pour rembourser une dette de 5 millions de dollars envers les États-Unis, l'Espagne leur cède tous ses territoires à l'est du Mississippi, dont la Floride.
- ***1824 :*** le village indien de Talasi est choisi comme site de la capitale du nouvel État sous le nom de Tallahassee.
- ***1832 :*** traité de Payne's Creek ; 15 chefs séminoles cèdent leurs terres aux États-Unis et acceptent de partir vers l'ouest.
- ***1836 :*** mise en marche du 1er chemin de fer en Floride.
- ***1852 :*** la Floridienne Harriet Beecher Stowe publie *La Case de l'oncle Tom.*
- ***1861-1865 :*** guerre de Sécession.
- ***1865 :*** Abraham Lincoln proclame l'abolition de l'esclavage.
- ***1886 :*** Flagler entame la construction du *Florida East Coast Railroad.*
- ***1918 :*** début de la Prohibition en Floride.
- ***1926 :*** ouragan sur les Everglades et Miami *(The Big Blow).*
- ***1929 :*** krach de Wall Street le 24 octobre.
- ***1931 :*** Hemingway acquiert une maison à Key West.
- ***1939 :*** Al Capone se retire dans sa propriété de Palm Island à Miami.
- ***1941-1945 :*** Seconde Guerre mondiale ; les États-Unis se rangent du côté des Alliés contre les forces de l'Axe.
- ***1945 :*** la disparition d'un avion donne naissance à la légende du triangle des Bermudes.

– ***1958 :*** la sonde *Explorer 1* est lancée par la NASA, qui vient de s'établir à Cape Canaveral pour développer son programme de lancement de fusées.
– ***1959 :*** prise du pouvoir par Fidel Castro à Cuba, et exode de 300 000 Cubains pour la Floride. 1re édition des *200 Miles* de Daytona.
– ***1962 :*** crise des missiles de Cuba.
– ***1963 :*** assassinat de John F. Kennedy à Dallas le 22 novembre.
– ***1964 :*** début de la guerre du Vietnam. Martin Luther King est arrêté et emprisonné à St Augustine.
– ***1968 :*** assassinat de Martin Luther King le 4 avril.
– ***1971 :*** ouverture du parc Disneyland à Orlando.
– ***1973 :*** le comté de Miami-Dade (anciennement comté de Dade) devient officiellement bilingue (anglais et espagnol).
– ***1976 :*** la Floride est le 1er État à rétablir la peine de mort (après sa suspension provisoire en 1972).
– ***1977 :*** reconnaissance de l'éligibilité locale des homosexuels par les États-Unis.
– ***1980 :*** l'opération *Mariel* ordonnée par Fidel Castro oblige 125 000 Cubains à émigrer en Floride.
– ***1982 :*** protestant contre les autorités américaines, Key West se proclame « République Conch » pendant 1 semaine.
– ***1992 :*** l'ouragan Andrew ravage le sud de la Floride.
– ***1994 :*** nouvel afflux de Cubains en Floride.
– ***1997 :*** assassinat à Miami du styliste italien Gianni Versace.
– ***1998 :*** Jeb Bush est élu gouverneur de Floride pour le Parti républicain. Il est respectivement le fils et le frère des 2 anciens présidents George H. W. Bush et George W. Bush.
– ***2000 :*** les condamnés à mort de Floride ont désormais le choix entre l'injection létale et la chaise électrique. Lors de l'élection présidentielle, Al Gore est battu de très peu par George Bush Jr, les résultats du scrutin de Floride sont un temps suspectés d'irrégularités.
– ***2003 :*** explosion de la navette *Columbia* à son entrée dans l'atmosphère.
– ***2004 :*** George W. Bush est réélu président en novembre, face à John Kerry. 6 ouragans font plus de 40 milliards de dollars de dégâts en Floride.
– ***2005 :*** fin août, le cyclone Katrina, l'un des plus dévastateurs de l'histoire américaine, frappe le sud de la Floride mais sans conséquence dans cet État.
– ***2008 :*** une crise économique et financière sans précédent frappe les États-Unis. Le démocrate Barack Obama succède à George W. Bush et devient le 1er président noir à entrer à la Maison-Blanche.
– ***2010 :*** Barack Obama réussit à faire passer auprès du Congrès sa réforme du système de santé. En avril, une plateforme pétrolière de la *British Petroleum (BP)* sombre au large de la Louisiane et provoque l'une des plus grandes marées noires que les États-Unis aient jamais connues.
– ***2012 :*** en novembre, réélection d'Obama à l'issue de la campagne présidentielle la plus coûteuse de l'histoire.
– ***2013 :*** George Zimmerman est acquitté dans l'affaire du meurtre du jeune Noir Trayvon Martin, tué en Floride en février 2012. Le verdict du jury relance le débat sur la discrimination raciale aux États-Unis. Le 1er octobre, entrée en vigueur du 1er volet de l'*Obamacare* (assurance santé).
– ***2015 :*** au printemps, rétablissement des relations diplomatiques entre les États-Unis et Cuba après un demi-siècle d'embargo. En juin, la Cour suprême autorise le mariage homosexuel sur tout le territoire américain. Le 17 juin, à Charleston, en Caroline du Sud, 9 Afro-Américains sont abattus dans une église par un suprémastiste blanc.
– ***2016 :*** le 12 juin, tuerie revendiquée par Daech dans une boîte gay d'Orlando (49 morts). Le 8 novembre, Donald Trump remporte l'élection présidentielle face à la démocrate Hillary Clinton.
– ***2017 :*** en septembre, l'ouragan Irma dévaste la côte sud de la Floride.

– ***2018 :*** en février, fusillade dans un lycée au nord de Fort Lauderdale (17 victimes, élèves et professeurs), qui relance à nouveau le débat sur le contrôle des armes.
– ***2019 :*** le 18 juin, à Orlando, Donald Trump lance officiellement sa campagne pour un 2d mandat en Floride.
– ***2020 :*** à la mi-mars, l'état d'urgence national est déclaré pour lutter contre la pandémie de Covid-19. De nombreuses manifestations marquées par le mouvement *#BlackLivesMatter* ont lieu à la suite de la mort de George Floyd, le 25 mai, à Minneapolis. La crise du coronavirus pousse à l'adoption d'un plan de relance de 2 200 milliards de dollars, financé par la dette. À la suite de l'élection présidentielle le 3 novembre 2020, le démocrate Joe Biden est déclaré vainqueur après un décompte des scrutins controversé ; sa vice-présidente, Kamala Harris, est afro-américaine et d'origine indienne.
– ***2021 :*** le 6 janvier, des milliers de partisans pro-Trump refusant sa défaite envahissent le Capitole à Washington DC après l'un de ses discours complotistes, déclenchant une procédure pour destitution. Lors de son investiture le 20 janvier, Joe Biden devient officiellement président des États-Unis. Il réengage immédiatement les États-Unis dans les accords de Paris pour le climat et travaille à un 2d super plan de relance de 1 900 milliards de dollars – visant à réduire les inégalités sociales, moderniser les infrastructures vieillissantes du pays et accélérer la transition énergétique.

De la Floride précolombienne aux 1ers contacts

En Floride, les 1res traces retrouvées de peuplement semi-permanent datent de 5000 av. J.-C. environ, le long de la St Johns River. Le passage de tribus nomades à une société plus sédentarisée date du Ier millénaire av. J.-C.
À l'arrivée de l'homme blanc, la Floride est habitée par près de 350 000 personnes réparties dans plus d'une centaine de tribus, dont les Apalachee (au nombre de 50 000 et organisés politiquement) et les Timucua (dont les dialectes étaient parlés par près de 150 000 individus), au nord, et les Myami, les Calusa ou les Tequesta, au sud.
Dans le prolongement de la découverte des Amériques par Christophe Colomb et Amerigo Vespucci en 1492, ***l'Espagnol Ponce de León « découvre » la Floride, le 2 avril 1513.*** La découverte ayant lieu le jour des Rameaux, *La Pascua Florida* en espagnol (« Pâques des fleurs »), le navigateur donne au nouveau territoire le nom de « Florida ». L'exploration aura lieu un peu plus tard, avec l'expédition organisée en 1528 par Pánfilo de Narváez, puis, en 1539, avec celle de l'explorateur et conquistador espagnol Hernando de Soto.

LA ROUTE DES DINDES

N'étant pas très fort en géographie, Christophe Colomb était persuadé d'avoir découvert l'Inde quand il débarqua en Amérique. D'où le nom de ces poules locales qu'il rapporta. Les Anglais, qui ne font jamais comme les autres, appellent ces bestiaux... turkey ! Ils avaient vu des volatiles similaires en Turquie.

20 ans plus tard, en 1559, Tristan de Luna y Arellano fonde la 1re colonie espagnole floridienne à Pensacola (nord-ouest de la Floride), mais l'aventure ne dure finalement que 2 ans.

L'arrivée des Français

En 1562, le Français Jean Ribaut est envoyé outre-Atlantique pour fonder un établissement huguenot tricolore en Amérique. Dans une baie du nord de la Floride, il fonde Charlesfort (du nom du roi de France Charles IX) et y installe une garnison avant de retourner en France. Durant son absence, la garnison se mutine et laisse le fort à l'abandon. Au printemps 1564, une armée espagnole finit par le détruire.

L'année suivante, un autre Français, Laudonnière, est chargé de construire un nouveau bastion, Fort Caroline (toujours Charles IX, du latin *Carolus*), près de l'actuelle Jacksonville. Mais l'incursion de protestants français sur le sol de Floride ne plaît définitivement pas aux « très catholiques » Espagnols, qui s'emparent du fort et en massacrent les occupants.
En 1568, le Gascon Dominique de Gourgues détruit quelques forts espagnols (dont Fort Caroline, rebaptisé San Mateo par les Espagnols), mais c'est le dernier épisode de la présence française en Floride si l'on exclut une brève occupation de Pensacola de 1719 à 1722.

Les Anglais s'en mêlent

Après l'évincement des Français, les Espagnols, dont l'établissement principal est San Augustín (futur St Augustine), doivent faire face à l'appétit des Anglais. En 1585, le conflit religieux en Europe s'aggrave et entraîne l'Angleterre dans une guerre opposant protestants et catholiques. Dès 1586, le conflit s'exporte aux Amériques. L'explorateur et corsaire anglais Francis Drake pille San Augustín.
Dans la foulée, ***l'Angleterre entame sa colonisation du Nouveau Monde.*** En 1607, 144 personnes débarquent sous le commandement de John Smith. Grâce à sa liaison avec la princesse indienne Pocahontas, le commandant comprend l'intérêt de la culture du « blé indien », ou maïs, pour l'installation durable des Anglais en Amérique. Dès lors, la colonie peut s'étendre rapidement.
Tout au long du XVIIe s, les nouveaux établissements anglais en Virginie puis en Caroline ne feront que repousser les frontières des possessions espagnoles vers le sud. ***En 1763, la Floride, presque dépeuplée, est finalement cédée aux Anglais par le 1er traité de Paris,*** à l'issue de la guerre dite « de Sept Ans » et en échange de Cuba.
L'installation des Anglais en Floride est difficile. Elle est marquée par la ***migration d'une importante partie d'Indiens creek, qui formeront la nation séminole,*** et, en 1768, par une tentative hasardeuse de peuplement dans l'actuelle ville de New Smyrna.
Durant la guerre d'Indépendance, la Floride, très peu peuplée, reste en retrait des événements. Mais elle n'échappe pas aux convoitises des Espagnols et des Français, établis sur le Mississippi, et alliés aux Américains. ***Au 2d traité de Paris, en 1783, les Espagnols récupèrent finalement le territoire au détriment des Anglais et des Américains.***

La 2de domination espagnole

Durant leur 2de période de domination, les Espagnols sont peu présents en Floride. Ils l'ouvrent à l'immigration et en font une terre d'accueil pour les esclaves en fuite et pour les Indiens. Cette politique est très vite dénoncée par les États-Unis, fraîchement constitués, qui y voient une menace pour leur équilibre. À partir de 1810, ils vont donc procéder à une politique d'annexions progressives des territoires floridiens, qui débute avec l'incorporation à l'actuelle Louisiane des régions de l'Ouest en rébellion.
En 1817, les Indiens séminoles de Floride se rebellent et organisent des raids sur la Géorgie. La réponse américaine est immédiate : les troupes du général Andrew Jackson s'engagent, en plein territoire espagnol, dans une guerre punitive qui leur permet également d'occuper la quasi-totalité du territoire. ***En 1821, ayant perdu pratiquement toute autorité, les Espagnols finissent par céder la Floride aux Américains pour 5 millions de dollars.***
Andrew Jackson devient le 1er gouverneur du territoire de Floride avant d'être élu, 8 ans plus tard, à la présidence des États-Unis (fonction qu'il occupa jusqu'en 1837).

L'intégration aux États-Unis et l'expulsion des Indiens

L'annexion de la Floride aux États-Unis, son passage du statut de territoire à celui d'État, se fait en plusieurs étapes. Tout d'abord l'attribution d'une ***capitale administrative à Tallahassee,*** idéalement placée à mi-chemin entre St Augustine à l'est et Pensacola à l'ouest. Dans un 2d temps, le gouvernement américain cherche à pallier le problème que lui posent les Indiens séminoles qui continuent d'accepter au sein des leurs des groupes d'esclaves en fuite. En 1832, par le traité de Payne's Landing, certains chefs séminoles acceptent d'exiler leurs tribus plus à l'ouest en échange de terres. Ceux qui font le choix de rester sont rapidement contraints à la résistance armée contre des colons qui ne veulent plus entendre parler d'eux. Cette nouvelle ***guerre séminole*** dure 7 ans, de 1835 à 1842, et se conclut par l'exil forcé de 3 000 Séminoles vers l'ouest.

Le 3 mars 1845, une fois le capitole de Tallahassee achevé, la Floride, dont la population est formée pour moitié d'esclaves noirs exploités dans les plantations, devient officiellement le ***27e État des États-Unis d'Amérique.***

La guerre de Sécession

L'aspect immoral de l'esclavage d'un homme n'est pas la vraie raison du déclenchement de la guerre de Sécession, qui opposa les États unionistes et abolitionnistes du Nord aux États séparatistes et esclavagistes du Sud, dits « confédérés ». Il s'agit d'abord pour le Nord de défendre une Union indivisible, fracturée suite à l'élection d'Abraham Lincoln. ***Abraham Lincoln n'a que peu de sympathie pour la « cause noire »,*** la libération des esclaves ne s'inscrivant alors que dans le cadre du combat contre le Sud. Il déclare à ce sujet : « Mon objectif essentiel dans ce conflit est de sauver l'Union... Si je pouvais sauver l'Union sans libérer aucun esclave, je le ferais... »

Le conflit dure de 1861 à 1865, et c'est un véritable massacre (environ 630 000 morts et 400 000 blessés). 2 profonds changements dans la société américaine sont issus de cette guerre civile : le 1er est l'***abolition de l'esclavage le 18 décembre 1865,*** et le 2d sera la ***volonté de l'Union de représenter et de garantir une nouvelle forme de démocratie. Lincoln,*** le président américain dont l'élection a tout déclenché, en sort grandi et devient un héros national... avant d'être assassiné.

LA FIN D'UN MYTHE

En souvenir du roman anti-esclavagiste de Harriet B. Stowe, les Américains furent fiers de découvrir l'authentique case de l'oncle Tom. Les travaux de rénovation du site dépassèrent allègrement les 3 millions de dollars. Puis on se rendit compte qu'il ne s'agissait que d'une modeste cuisine où le héros ne vécut jamais.

État esclavagiste par excellence, la Floride est l'un des 4 membres fondateurs des États confédérés d'Amérique. Les États du Nord établirent un véritable embargo sur les principaux ports de cet important fournisseur de ressources pour l'armée confédérée. Mais, à part quelques exceptions, l'État resta néanmoins épargné par les combats. Une fois la guerre terminée, la Floride sera finalement admise à réintégrer les États-Unis en juillet 1868, et les esclaves des plantations obtiennent leur liberté, ce qui fait s'écrouler les bases de l'économie floridienne.

Mais si les Noirs américains acquirent leur liberté au sortir de la guerre, ils durent encore se battre un siècle de plus contre la ***ségrégation,*** jusqu'à conquérir, dans les années 1960, des droits civiques équivalents à ceux des Blancs. Encore aujourd'hui, l'exclusion raciale passée (et parfois présente) a pour conséquence ***le paupérisme et l'exclusion d'une majorité des Noirs américains.***

La reconstruction

Au sortir de la guerre civile, la Floride, ruinée, reconstruit son économie en misant avec succès sur le ***développement du tourisme.*** S'appuyant sur des capitaux du Nord, les ***magnats des chemins de fer Henry Plant et Henry Flagler*** entreprennent ***la restauration et l'amélioration des réseaux ferroviaires et hôteliers*** dès la fin des années 1870. L'intérieur et autour de Tampa pour Plant, de Jacksonville à Key West pour Flagler. De son côté, l'industriel Hamilton Disson fait l'acquisition des Everglades en 1881. Il y fait creuser des canaux et y implante un système hôtelier qu'il fait relier par *steamboats* (bateaux à vapeur). ***La Floride se transforme en havre de paix pour touristes fortunés.*** Sa tranquillité est à peine troublée par la ***Première Guerre mondiale,*** à laquelle les États-Unis prennent part en 1917.

CRISE DE L'ARME

Selon la journaliste Corine Lesnes du Monde, *les civils détiennent des armes depuis la guerre de Sécession. Quand la paix revint, les gouvernements ne récupérèrent pas les winchesters comme en France en 1944. Ce furent les Indiens qui en firent les frais. La culture des armes est très forte dans les zones pauvres où la sécurité est moins évidente.*

Les années de boom et la guerre

Au lendemain de la guerre de 1914-1918, la suprématie européenne est en déclin et les États-Unis, moyennement meurtris et très enrichis, deviennent une puissance importante sur l'échiquier mondial. Ce sont les « ***années Boom*** », caractérisées par une ***très forte croissance économique,*** notamment dans le domaine de l'immobilier. L'automobile, rendue plus accessible, permet à de nombreux Américains de partir en vacances. Et les investisseurs floridiens s'en frottent les mains, car ***de nouvelles villes sont créées*** à dessein, ***telles Miami et Palm Beach.*** Néanmoins, l'inflation galopante dans le secteur de l'immobilier entraîne une 1re crise en 1925, suivie du passage d'un violent ouragan en 1926. Les prix chutent, les faillites pleuvent... si bien que la ***Grande Dépression,*** déclenchée par le krach boursier de Wall Street en 1929, atteint moins la Floride, dont la crise est déjà bien avancée ! Celle-ci passée, les investisseurs reviennent et entreprennent la ***construction des 1ers parcs à thème,*** dont Cypress Gardens près de Winter Haven (1936) et Marineland près de St Augustine (1938). Néanmoins, l'État ne retrouvera la cote économique qu'au sortir de la guerre.

La ***Seconde Guerre mondiale,*** justement (décembre 1941-août 1945 pour les Américains), mobilise la nation entière et transforme cet État côtier en important lieu stratégique. ***La Floride accueille ainsi de nombreuses bases militaires, navales ou aériennes*** (par exemple : Jacksonville, Mayport, Cecil Field, Homestead...), et assure sa prospérité économique en servant également de base d'entraînement pour de nombreuses unités.

Tourisme, missiles, cigares et jus d'orange

Après la guerre, les bases militaires ferment peu à peu et ***la Floride redevient une destination touristique de 1er plan.*** La région exploite habilement ***son principal atout*** : ***le soleil*** ! L'équation « centaines de kilomètres de plages de sable fin + ***ouverture à Orlando des parcs d'attractions*** » ***(Walt Disney World Resort en 1971 et Universal au début des années 1980)*** achève de dynamiser le tourisme en ouvrant la région à un public plus large. Les retraités s'y plaisent et sont nombreux à s'y installer. Miami est même surnommée « la salle d'attente de Dieu »...

Le climat subtropical du Sunshine State est aussi propice à la ***culture des agrumes*** (oranges, pamplemousses, citrons, etc.) ***et du tabac,*** qui en font, grâce au développement de l'industrie agroalimentaire, le 2e producteur mondial.
La Floride fait aussi partie de la ***Sun Belt,*** la région dynamique du sud des États-Unis qui attire ingénieurs et hommes d'affaires du monde entier. Les industries de haute technologie (aérospatiale, aéronautique, etc.) s'y développent, notamment avec la ***construction du Kennedy Space Center à Cape Canaveral.*** Surnommée ***Space Coast*** (la « côte spatiale »), la zone voit le lancement du ***1er homme sur la Lune en 1969.*** La guerre froide entre les États-Unis et l'URSS va aussi modifier le visage de la Floride avec l'***arrivée massive d'immigrés cubains*** suite au renversement du dictateur Batista par Fidel Castro en 1956 (300 000 rien que la 1re année, puis par vagues successives jusqu'à aujourd'hui...). Cette importante immigration cubaine achève de dynamiser la région. Partis de peu, ils forment aujourd'hui une communauté influente et toujours grandissante en Floride (environ 1,2 million d'individus) et s'organisent pour aider leurs familles restées à Cuba.

Yes, we can ?

En 2007, sans doute lassée des Bush et visiblement emportée par l'élan national en faveur du futur 1er président noir, ***la Floride vote Obama*** et, malgré les attentes en partie déçues, lui renouvelle sa confiance 4 ans plus tard. En 8 ans de pouvoir démocrate, elle va se faire l'écho des grands enjeux qui traversent le pays. Ce qui ne l'empêche pas, dès 2010, de se choisir pour gouverneur le républicain Rick Scott, fieffé opposé à la réforme du système de santé prônée par Obama, lequel ordonnera au cours de son mandat l'exécution de 22 prisonniers en attente dans les couloirs de la mort (rappelons que la Floride avait été le 1er État à rétablir la peine de mort dès 1976). En 2012, un jeune Afro-Américain, ***Trayvon Martin,*** est abattu par George Zimmerman. La raison ? Zimmerman avait trouvé l'adolescent suspect. Plaidant la légitime défense, il n'est même pas arrêté. Face aux manifestations qui prennent de l'ampleur, il sera finalement inculpé, puis acquitté. L'affaire fait grand bruit et donne naissance au mouvement ***#BlackLivesMatter*** (« les vies noires comptent »), dénonçant l'impunité des meurtres d'Afro-Américains.
Mais les années Obama sont aussi celles de l'ouverture. En 2015, ***les relations diplomatiques avec Cuba sont rétablies*** après 54 ans de gel. Acte historique s'il en est, le président américain se rend en personne sur l'île serrer la pogne à Raul. Quelques mois plus tard, Fidel passe l'arme à gauche. Une page se tourne.

POURQUOI LA FLORIDE EST UN ÉTAT CLÉ

Avec ses 29 grands électeurs sur un total de 538, la Floride pèse lourd dans la balance électorale. Le plus gros des swing States (États bascule) est d'autant plus courtisé que l'afflux permanent de nouveaux habitants est susceptible de changer la donne d'une élection à une autre.

L'épisode Trump

On attendait pour la 1re fois une femme, ***Hillary Clinton,*** mais c'est le ***milliardaire-affairiste Donald Trump*** qui, sans avoir jamais exercé de mandat politique, endosse le costume de 45e président des États-Unis. Lui-même surpris de sa victoire, il s'embarque dans une aventure politique peu banale à coups de tweets, vilipendant tous ceux qui osent s'opposer à lui. Sa méconnaissance des dossiers est évidente, sa légèreté en matière de relations internationales inquiétante, ses volte-face et ses fanfaronnades pathétiques, son manque d'empathie pour les victimes des ouragans et des fusillades à répétition troublant... Durant la 1re année de

son mandat, Trump passe davantage de temps sur les greens que son prédécesseur en 4 ans.
La présidence Trump n'est pas un long fleuve tranquille. ***Son administration est chaotique*** et ses conseillers valsent à tour de bras... Ses opinions, toutefois, sont bien ancrées et, après un temps d'adaptation, il s'attaque à ses mantras : ***stopper l'immigration, abroger l'Obamacare*** (le système de santé instauré par Obama, jugé trop coûteux), ***réduire les réglementations environnementales et financières*** – et, plus globalement, tout ce qui entrave le business.

RETOUR À L'ENVOYEUR

Bâtie en 1927 sur 8 ha en bord de mer, la résidence de Mar-a-Lago, à Palm Beach, avait été léguée en 1973 au gouvernement américain pour en faire une retraite présidentielle. L'État la revendit pourtant à Donald Trump en 1985, qui la transforma en club privé (200 000 $ l'adhésion aujourd'hui !) et y fit aménager un golf. Pendant son mandat présidentiel, il y passait ses week-ends (aux frais du contribuable...). Il y réside désormais avec sa famille depuis son départ de la Maison-Blanche.

Trump conduit pourtant, a contrario, une ***politique de relocalisation des entreprises américaines*** et érige au fil des mois des barrières douanières pour protéger les emplois nationaux. Des droits de douane sont établis sur l'acier, puis sur des centaines de millions de dollars d'importations chinoises (notamment). Sur le plan international, Trump n'en fait tout autant qu'à sa tête. Adversaire déclaré du multilatéralisme, auquel il préfère les accords bilatéraux, ***il retire les États-Unis des accords de Paris*** destinés à limiter le réchauffement climatique, ***puis de l'accord de Vienne sur le nucléaire iranien*** (pourtant respecté par l'Iran), et renégocie au forceps les accords de libre-échange avec le Mexique et le Canada (ALENA). Il s'embarque parallèlement dans des rapprochements hasardeux avec certains régimes forts, dont la Corée du Nord. Ses relations troubles avec la Russie de Vladimir Poutine font couler beaucoup d'encre.
Économiquement, tout va bien. La réforme fiscale passée fin 2017 a déversé 1 500 milliards de dollars aux particuliers et aux entreprises, contribuant à un fort surcroît de croissance. Le chômage est parallèlement au plus bas. Mais ces excellents chiffres cachent un (très) gros écueil : les baisses d'impôts ne reposent sur aucune réduction de dépenses ! Elles sont donc intégralement financées par de la dette.
En novembre 2018, ***les élections de mi-mandat marquent un tournant.*** Les républicains se retrouvent minoritaires à la chambre des représentants et les démocrates lâchent les chiens. Affaire russe, entrave à l'exercice de la justice, paiements dissimulés à des femmes pour cacher de supposées relations extraconjugales avant son élection, allégations d'agressions sexuelles, etc., les raisons de faire tomber Trump sont nombreuses... quoique largement contreproductives sur le plan électoral.
Quelques mois plus tard éclate l'« affaire Biden » : Donald Trump a demandé au président ukrainien de lancer une enquête sur le fils de Joe Biden, candidat démocrate et son futur adversaire pour l'élection de 2020. L'affaire fait grand bruit et ***une procédure de destitution est lancée envers Donald Trump.*** Le Sénat, à majorité républicaine, vote l'acquittement.

Délicate transition

Les États-Unis entrent dans l'épidémie de ***Covid-19*** la tête la première. Opposé à des restrictions qui pourraient entraver le business et la liberté individuelle, Donald Trump fanfaronne le plus souvent sans masque, incitant les Américains à faire de même... Résultat : il tombe malade (s'en remet) et le corona explose au pays de l'Oncle Sam – qui reste, au printemps 2021, le pays le plus endeuillé de la planète, avec près de 600 000 morts.

Le contraste avec Joe Biden et ses équipes, qui se présentent masqués et respectant les distances de sécurité, est flagrant. La ***campagne électorale présidentielle*** qui débute est marquée, le 25 mai 2020, par la mort à Minneapolis de ***George Floyd,*** un homme noir victime d'une énième bavure policière à caractère racial. Les images filmées de son arrestation, sur lesquelles on l'entend dire « *I can't breathe* », font le tour de la planète. De grandes manifestations ont lieu partout dans le pays, réaffirmant le mouvement politique ***#BlackLivesMatter*** qui dénonce le racisme systémique envers les Noirs. Des statues confédérées, d'évangélistes du temps de la colonisation, d'anciens présidents américains, mais aussi de Christophe Colomb sont vandalisées ou déboulonnées. Ces manifestations ont des répercussions dans le monde entier. Grande première, le policier responsable, Derek Chauvin, sera condamné pour meurtre en avril 2021.

C'est dans ce climat politique tendu que se déroule l'***élection présidentielle américaine,*** le 3 novembre 2020. La participation citoyenne est spectaculaire : le vote devient un référendum pro ou anti-Trump. Si la Floride reste fidèle au président en exercice, ***Joe Biden est finalement annoncé vainqueur*** le 7 novembre par les grands médias américains, après un dépouillement long et controversé – en raison du recours massif au vote par correspondance dû à l'épidémie de Covid-19. Donald Trump nie sa défaite en bloc, se déclare victime d'une escroquerie électorale sans aucune preuve et appelle ses électeurs à s'y opposer. Ainsi, des centaines de partisans pro-Trump envahissent le Capitole le 6 janvier 2021 dans le but de paralyser la certification des voix par le collège électoral. Une ***2e procédure de destitution*** est lancée contre Trump pour « incitation à l'insurrection » suite à l'événement... du jamais-vu dans l'histoire du pays ! Il sera acquitté bien que 7 sénateurs républicains se joignent aux démocrates pour le déclarer coupable.

Le 20 janvier 2021, ***Joe Biden est investi 46e président des États-Unis et Kamala Harris 1re femme vice-présidente.*** Dirigeant américain le plus âgé de l'histoire à prendre la tête du pays, Biden revient immédiatement, par décrets et ordonnances, sur tout un éventail de politiques trumpiennes : gestion prioritaire de la crise sanitaire, transition écologique, lutte contre le racisme, fin de la construction du mur à la frontière mexicaine, politique internationale... rien n'est laissé au hasard. En quelques semaines, déjà, Joe Biden s'affirme comme un président offensif, qui est parvenu à faire adopter un plan de relance économique de 1 900 milliards de dollars, même s'il a dû remettre à plus tard sa volonté d'inscrire dans la loi l'évolution du salaire minimal à 15 $ de l'heure (contre 7,25 $/h précédemment).

MÉDIAS

La presse écrite

À l'échelle nationale, les ***quotidiens*** les plus importants sont *The New York Times* (journal progressiste de qualité, plus d'un million d'exemplaires vendus chaque jour, près d'un million et demi le dimanche), *The Washington Post* et *Los Angeles Times* (inspiration politique plutôt libérale). Également *The Wall Street Journal* (sérieux et conservateur) et *USA Today* (très grand public et de qualité médiocre). Et encore plein de journaux locaux concentrés sur les faits divers et les manifestations culturelles, le plus lu en Floride étant *The Miami Herald.* Il y a aussi les tabloïds (appelés ainsi à cause de leur format), *Daily News* et compagnie, souvent gratuits et sans contenu de fond ; on se contente des nouvelles locales, et le reste de l'actualité n'est traité que sous forme de dépêches.

La télévision

Il existe 5 réseaux nationaux : *ABC, CBS, NBC, FOX* et *PBS* (la chaîne publique financée par l'État et les particuliers, sans pub, proposant les meilleures émissions mais pas pour autant les plus regardées). Chaque État possède pléthore de chaînes locales ou régionales. À ces réseaux hertziens vient s'ajouter le câble. Citons les chaînes d'informations en continu comme *CNN* (plutôt démocrate) et *FOX* (clairement républicaine, axée sur les *trash news* – scandales), sans compter les thématiques, dont *HBO,* qui diffuse films et séries (l'équivalent de Canal+). Le plus insupportable étant l'omniprésence de la pub : 18 mn 30 s en moyenne par heure de diffusion !

Votre TV en français : TV5MONDE la 1re chaîne culturelle francophone mondiale

Avec ses 10 chaînes et ses 14 langues de sous-titrage et sa nouvelle plateforme numérique TV5MONDEplus, TV5MONDE s'adresse à 353 millions de foyers dans 198 pays du monde par câble, satellite et sur IPTV est présent dans plus de 3 millions de chambres d'hôtel. Vous y retrouverez de l'information, du cinéma, du divertissement, du sport, du documentaire... Préparez votre séjour grâce à son site voyage • *voyage.tv5monde.com* • et, en voyage, restez connecté avec les applications et le site • *tv5monde.com* • Demandez à votre hôtel le canal de diffusion de TV5MONDE et contactez • *tv5monde.com/contact* • pour toutes remarques.

Radio

Nombreuses radios locales, essentiellement musicales. On les retrouve sur la bande FM. En écoutant la radio, on retrouve la « couleur » de l'État dans lequel on est. Latino et rock en Floride, country dans le Sud... Les stations de radio portent des noms en 4 lettres, commençant soit par W (à l'est du Mississippi), soit par K (à l'ouest).
Le réseau public américain, le NPR *(National Public Radio),* propose des programmes d'une qualité supérieure.

Liberté de la presse

Aux États-Unis, la liberté de la presse, inscrite dans le marbre du ***1er amendement à la Constitution de 1787,*** a dû faire face ces dernières années à des obstacles majeurs. Lors de la cérémonie d'investiture, le nouveau président américain ***Joe Biden*** a promis de placer son mandat sous le signe de la vérité. Dans un autre discours, il insiste sur le fait qu'« une presse libre est essentielle à la bonne santé de la démocratie ». L'inquiétude demeure cependant. Force est de constater que le ***mandat de Trump*** n'a fait qu'aggraver la situation en matière de liberté de la presse, celle-ci ayant déjà été affectée par la précédente administration. Quand il était au pouvoir, Trump a fustigé la presse comme étant « l'ennemie du peuple américain » à plusieurs reprises lors d'attaques verbales contre des journalistes. Il a également tenté de restreindre l'accès à la Maison-Blanche à plusieurs rédactions et a systématiquement qualifié de « fausses informations » les articles et reportages critiques à son égard. Il a même demandé que des autorisations d'antenne soient retirées à certains organes de presse. Cette ***violente rhétorique anti-média émanant du sommet de l'État*** s'est couplée d'une hausse des violations en matière de liberté de la presse au niveau local. Des reporters ont par ailleurs été l'objet d'agressions physiques alors qu'ils étaient en train de travailler. Les lanceurs d'alertes risquent des poursuites dans le cadre de la loi ***Espionage Act*** s'ils révèlent des informations d'intérêt public. Les journalistes ne bénéficient toujours pas d'une « ***loi bouclier*** » *(shield law)* leur permettant de protéger leurs sources. De plus, des ***fouilles prolongées*** de journalistes et de leur matériel ont encore lieu aux frontières des États-Unis et certains journalistes étrangers sont toujours interdits de voyage dans le pays en raison de leur couverture de certains sujets sensibles, comme les Farc en Colombie ou le Kurdistan.

Ce texte a été réalisé en collaboration avec ***Reporters sans frontières.*** Pour plus d'informations sur les atteintes aux libertés de la presse, n'hésitez pas à les contacter.

■ ***Reporters sans frontières :*** *CS 90247, 75083 Paris Cedex 02.* ☎ *01-44-83-84-84.* ● *rsf.org* ●

PERSONNAGES

– ***Ray Charles*** *(1930-2004)* **:** chanteur, pianiste, saxophoniste, dont les lunettes noires masquaient une cécité contractée à l'âge de 6 ans, Ray Charles fut élevé dans la région de St Augustine. Inspiré à ses débuts par le blues californien, il crée, dans les années 1950, un style musical alliant jazz, blues et gospel : la *soul music.* Sa disparition laisse un immense vide dans le monde de la musique afro-américaine. Pour comprendre son parcours exceptionnel, voir ou revoir le film *Ray* avec l'excellent Jamie Foxx.

– ***Patricia Cornwell*** *(née en 1956)* **:** native de Miami, descendante de Harriet Beecher Stowe (l'auteure de *La Case de l'oncle Tom*), elle est, après le divorce de ses parents, élevée dans une famille d'accueil très stricte et religieuse du Tennessee. Enfance et adolescence difficiles justifient sans doute son intérêt précoce pour l'écriture. D'abord journaliste pour *The Charlotte Observer,* spécialisée dans les faits divers criminels, elle publie son 1er roman en 1990. Depuis cette date, elle a vendu plus de 100 millions de livres ! La clé de son succès : le personnage féminin récurrent de Kay Scarpetta, médecin légiste née, elle aussi, à Miami.

– ***Walt Disney*** *(Walter Elias Disney ; 1901-1966)* **:** curieusement, Disney n'était pas un dessinateur exceptionnel. Très vite, il s'arrêta même de dessiner. C'était surtout un homme d'idées, à qui on doit, entre autres, le concept des parcs d'attractions. Son 1er trait de génie fut de donner aux visages de ses héros des expressions reflétant leurs émotions. Disney inventa aussi les études de marché : il invitait son équipe au cinéma et faisait projeter son dernier dessin animé devant le public. On notait ensuite les réactions dans la salle pour modifier le scénario. Au fait, saviez-vous que Mickey, créé en 1928, tint le 2d rôle jusqu'aux années 1940 ? La vedette, c'était Pluto.

MICKEY CRÉÉ PAR DÉPIT

Walt Disney commença par créer le lapin Oswald en 1927. Les studios Universal, producteurs et propriétaires des droits, lui refusèrent une augmentation. Viré, il imagina alors une petite souris qui ressemble d'ailleurs à Oswald (mais sans les oreilles tombantes du lapin). Ne trouvant pas de diffuseur, Disney prit le risque de se produire lui-même. Ce fut le début de sa fortune.

– ***Faye Dunaway*** *(née en 1941)* **:** née à Bascom, elle fait sa 1re apparition au cinéma à l'âge de 21 ans avant d'obtenir le 1er rôle aux côtés de Warren Beatty dans *Bonnie and Clyde.* Elle enchaîne avec *L'Affaire Thomas Crown* et *Portrait d'une enfant déchue,* puis tourne avec des réalisateurs aussi prestigieux qu'Elia Kazan et le Français René Clément. Suivent *Chinatown,* de Polanski, *Les Trois Jours du Condor,* de Sydney Pollack, *Les Yeux de Laura Mars,* d'Irvin Kershner... En 1976, elle reçoit l'oscar de la meilleure actrice pour son rôle dans *Network,* de Sidney Lumet. Dans les années 1990, elle joue avec Johnny Depp dans *Arizona Dream,* d'Emir Kusturica, et avec Joaquin Phoenix et Mark Wahlberg dans *The Yards,* du New-Yorkais James Gray. Elle poursuit une carrière riche dans les années 2010 au cinéma et à la télévision avant de se faire plus rare au fil des années.

– ***Thomas Edison*** *(1847-1931)* **:** un petit génie de l'invention que son professeur d'école trouvait « stupide » à cause de toutes ses questions ! En tout, il déposa plus de 1 100 brevets, dont 75 pour la seule année 1882 ! Le phonographe (1877) et la lampe à incandescence (1878) sont ses 2 inventions phares. Il passa de nombreux étés à Fort Myers et se construisit plus tard un cottage pour l'hiver, juste à côté de son ami Henri Ford, avec lequel il travailla en contribuant à la technologie automobile. À sa mort, le gouvernement lui rendit hommage en plongeant tout le pays dans l'obscurité pendant 1 mn.

AIDEZ VOTRE PROCHAIN

Incompris à l'école, Thomas Edison fut déscolarisé et instruit par sa mère. Passionné par les sciences, il dévorait tous les livres spécialisés qui lui passaient entre les mains et commença à travailler dès 12 ans comme vendeur de journaux dans un train. À 15 ans, il sauva le bébé d'un chef de gare qui allait se faire écraser. Pour le remercier, celui-ci lui apprit le métier de télégraphiste. Peu à peu, il améliora la machine (d'abord pour ne pas avoir à se réveiller la nuit !) et déposa son tout 1er brevet. Plus d'un millier d'autres suivirent. Il mourut milliardaire.

– ***Henry Flagler** (1830-1913) :* cet homme d'affaires averti, grand pote de Rockefeller, avec qui il fonda la Standard Oil Company, tomba sous le charme de St Augustine, où il était venu passer l'hiver, mais le niveau hôtelier et les transports ne lui convenaient pas (le *Routard* n'existait pas encore...). C'est ainsi qu'il construisit, l'année d'après, le *Ponce de León Hotel,* avec 540 chambres, ainsi qu'une ligne de chemin de fer, la Florida East Coast Railway. De quoi faire de Flagler l'initiateur du tourisme en Floride.

– ***Andy García** (né en 1956) :* suite au débarquement de la baie des Cochons en 1961, l'acteur quitte La Havane pour Miami. Après de petits rôles TV, il accède à la reconnaissance en 1987 avec *Les Incorruptibles* (Brian de Palma) dans le rôle d'un inspecteur du FBI recruté pour combattre Al Capone. Essai confirmé en 1990 dans *Le Parrain 3,* de Francis Ford Coppola, pour lequel il prend la succession de Don Corleone. Ça y est, Andy García fait partie de la mafia du cinéma ! Suivent des films mineurs, puis la trilogie des *Ocean's Eleven* (2001-2007)... Fier de ses origines, il réalise 2 hommages à la culture cubaine : *Cachao* (1993), un documentaire consacré à l'inventeur du mambo, et *Adieu Cuba* (2007), une saga familiale sur fond de révolution castriste.

– ***Ernest Hemingway** (1899-1961) :* l'un des romanciers et des nouvellistes les plus connus de la 1re moitié du XXe s. *Le soleil se lève aussi* (1926) le fait connaître, *Le Vieil Homme et la Mer* (1952) lui vaut le prix Pulitzer. En 1954, il reçoit le prix Nobel de littérature. Hemingway puise son inspiration dans ses voyages et sa vie d'aventures ; il est blessé en Italie en 1918 *(L'Adieu aux armes),* couvre la guerre d'Espagne (*Pour qui sonne le glas,* qu'il écrit dans sa maison de Key West), assiste à des corridas à Pamplona, voit la libération de Paris, s'écrase en avion en Afrique... et se suicide, comme son père.

– ***Eva Mendes** (née en 1974) :* née à Miami de parents cubains, elle s'installe rapidement à Los Angeles et tente sa chance au cinéma. Après des débuts classiques (clips et séries TV) vient la superproduction *2 Fast 2 Furious* (2003). Sa carrière est lancée, tout comme son statut de sex-symbol ! Son jeu est charnel, mais pas seulement, et, surtout, ses choix de rôles sont osés et variés. Les cinéphiles la retiendront pour *La nuit nous appartient* (2007 ; James Gray), *The Spirit* (2008 ; Frank Miller), *Bad Lieutenant* (2009 ; Werner Herzog) et *Holy Motors* (2012), pour le rôle imaginé par l'esprit torturé et génial du Français Leos Carax, un personnage entre mannequin voilé et Vierge à l'Enfant... Son compagnon Ryan Gosling l'a choisie pour tourner dans son 1er long métrage, *Lost River* (2014).

– ***Zora Neale Hurston** (1891-1960) :* cette écrivaine afro-américaine s'est fait connaître grâce à sa nouvelle engagée *Their Eyes Were Watching God,* dans laquelle elle manifeste son attachement au mouvement de *La Renaissance de Harlem.* Ses romans sont empreints de l'atmosphère de la ville d'Eatonville, en Floride, où elle a passé toute son enfance.

– ***Jim Morrison*** *(1943-1971)* **:** « homme de mots », comme il se définissait, Jim Morrison, originaire de Melbourne (en Floride), chef de file du groupe The Doors qu'il forme avec Ray Manzarek, est un « monument » de la scène rock des années 1960. En concert, ce jeune éphèbe électrise les foules, se délivre et se livre sous l'emprise de diverses substances. Le groupe incarne alors toute une culture. Jim Morrison a été retrouvé mort à Paris dans des conditions encore mystérieuses, qui ont contribué à forger sa légende. Sa tombe au cimetière du Père-Lachaise est visitée par les touristes du monde entier.

– ***Pitbull*** *(Armando Christian Pérez ; né en 1981)* **:** né à Miami, Pitbull est un des rappeurs les mieux payés du monde. Son 1er album, *M.I.A.M.I. (Money Is A Major Issue),* sorti en 2004, est inspiré par ses origines cubaines comme le suivant, *El Mariel,* une référence aux bateaux transportant les réfugiés cubains dans les années 1980. En 2010, il connaît un succès planétaire avec le tube *Give me Everything* et, 4 ans plus tard, c'est lui qui est choisi par la FIFA pour interpréter l'hymne officiel de la Coupe du monde de foot à Rio. Mordu de foot et très investi dans le club de Miami, l'artiste-entrepreneur s'est vu remettre les clés de la ville par le maire, lors de sa fête d'anniversaire en 2015. Il est propriétaire de plusieurs restaurants en Floride.

– ***Sidney Poitier*** *(né en 1927)* **:** ce grand acteur et cinéaste est né (un peu par hasard) à Miami, dans le quartier de Coconut Grove. Après une enfance aux Bahamas, passionné par le 7e art, il émigre à New York et intègre l'American Negro Theater. Il jouera dans une cinquantaine de films, dont *Devine qui vient dîner ?* et *Dans la chaleur de la nuit* (1967), qui dénoncent tous 2 le racisme imprégnant les États-Unis. Il fut par ailleurs le 1er Afro-Américain à remporter l'oscar du meilleur acteur, en 1963, pour *Le Lys des champs,* de Homer Smith.

– ***Mickey Rourke*** *(né en 1952)* **:** une enfance à Miami marquée par un beau-père violent pousse le jeune Mickey à se réfugier dans la boxe. Après des études de cinéma à New York, il finit par percer en 1983 grâce à son rôle de motard dans *Rusty James,* de Coppola. Alors icône du cinéma américain, il travaille avec des réalisateurs aussi brillants que polémiques : *L'Année du Dragon,* de Michael Cimino, *9 semaines ½,* d'Adrian Lyne, *Barfly,* de Barbet Schroeder... Mais alcoolisme, violence et mauvais choix lui valent une longue traversée du désert. Ruiné, il devient boxeur professionnel, en témoigne son visage transformé par les coups et les chirurgies successives. Retour sur les écrans très remarqué en 2008, avec le rôle sur mesure d'un catcheur sur le déclin dans *The Wrestler,* de Darren Aronofsky, pour lequel il obtient le Golden Globe du meilleur acteur.

Les Français célèbres en Floride

– Né en 1785, ***Jean-Jacques Audubon*** s'installe dans le pays et se fait naturaliser sous les prénoms de John James. Il se prétend élève de David, ce qui est peu probable. Il deviendra quand même le plus grand peintre naturaliste du XIXe s, quand bien même il était bien reconnu en France. De 1827 à 1838, il édite en 4 volumes 435 planches intitulées *Birds of America.* Cet ouvrage sera réimprimé en France en 1986 par Mazenod sous le titre *Grand livre des oiseaux.* On peut visiter à Key West une jolie maison qui abrite quelques-unes de ses œuvres, puisqu'il séjourna dans l'île en 1835.

– ***De 1815 à 1830, de nombreux bonapartistes hostiles au retour des Bourbons*** partent pour les États-Unis, et surtout pour le Sud, la Virginie, la Louisiane et la Floride. Ils forment un peu partout de petites colonies mi-militaires, mi-agricoles. Le plus illustre d'entre eux, ***Joseph Bonaparte,*** le frère aîné de Napoléon, a vécu 23 ans dans l'opulence aux États-Unis, près de Philadelphie (il avait volé les bijoux de la famille royale d'Espagne !). Il descendra peu dans le Sud, malgré ses partisans mexicains qui voulaient en faire leur roi... ***Achille Murat,*** fils du roi de Naples et de Caroline (la sœur de Napoléon), s'installe lui comme colon à Belleview, épouse une petite-fille de George Washington, et devient juge à St Augustine puis à Tallahassee, où il sera enterré. En 1860, ***Napoléon III,*** qui avait fait un court séjour aux États-Unis en 1837, quand il n'était encore que prétendant, apporte son aide aux États confédérés du Sud, dont la Floride, pendant la guerre de Sécession. Il tente même d'établir un empire profrançais au Mexique.

POPULATION

La Floride est le ***3e État le plus peuplé des États-Unis*** après la Californie et le Texas, juste devant New York. Parmi ses 21,7 millions d'habitants, la grande majorité se concentre dans les villes, et plus particulièrement les villes côtières du Sud-Est, où l'agglomération de Miami compte plus de 6 millions d'habitants, ce qui en fait la 7e zone urbaine des États-Unis. Suivent les métropoles de Tampa-St Petersburg (3,2 millions), d'Orlando-Kissimmee (2,6 millions) et de Jacksonville (1,5 million). L'expansion continue de la population se retrouve dans l'origine des habitants : les deux tiers sont originaires d'un autre État et plus de 1 Floridien sur 5 est né hors des États-Unis (53,7 % à Miami !). La Floride est aussi l'État où les plus de 65 ans sont les plus nombreux : ils représentent en effet 20,9 % de la population (et jusqu'à 57,6 % dans le comté de Sumter !).

Les Hispaniques forment la principale minorité, avec plus de 26 % de la population globale de l'État, jusqu'à près de 70 % à Miami. Une majorité d'entre eux est d'origine cubaine, dont nombre de *balseros,* des immigrants ayant fui le régime castriste sur des radeaux ou des bateaux de fortune. On trouve aussi un nombre important de Centre-Américains (Mexicains, Honduriens, Nicaraguayens), Portoricains et Sud-Américains. Les Noirs (17 %) se trouvent plutôt dans le nord de l'État et les zones rurales, ainsi que dans la région de Miami, où la communauté haïtienne atteint environ 400 000 personnes. Les descendants des peuples amérindiens ont, eux, presque disparu. Tout juste compte-t-on 2 500 Séminoles et Miccosukees, installés pour la plupart aux abords du Tamiami Trail (route 41), sur 7 réserves où l'on trouve... autant de casinos ! Bref, l'État tout entier est une grande terre d'accueil, un véritable melting-pot. « Plus un kaléidoscope qu'une communauté ! » disait l'ex-gouverneur Buddy MacKay.

LES SÉMINOLES, UN PEUPLE INVAINCU

Originaire de Floride, la nation séminole est composée d'Indiens, mais aussi d'Afro-Américains de Géorgie (les Séminoles noirs). Tandis que 3 000 Séminoles étaient déportés, 500 d'entre eux combattirent l'armée fédérale autour des Everglades, causant la mort de 1 500 soldats américains. Aucun traité de paix ne leur ayant été proposé, ils ne se sont jamais rendus au gouvernement. Aujourd'hui, ils disposent de la souveraineté sur leurs terres, et leur économie est fondée sur le tabac, le tourisme et le jeu.

Miami, la ville la plus inégale d'Amérique

Miami a beau brasser du béton à tour de bras et favoriser le développement des start-up, elle n'en demeure pas moins, avec Atlanta, la ville des États-Unis où les inégalités sont les plus grandes. Fer de lance du développement touristique, immobilier et bancaire aux yeux des étrangers, Miami peine à fournir des emplois pérennes et une vie décente à une partie de ses habitants. La raison ? Mis à part *American Airlines* et le croisiériste *Carnival Cruise,* elle ne possède pas de grandes entreprises. Résultat, le revenu médian des ménages est inférieur de près de 10 % à la moyenne nationale, tandis que, dans l'hôtellerie et le bâtiment, c'est carrément la misère... Si *Magic City* a sorti de son chapeau une petite dizaine de milliardaires (immobilier surtout), elle caracole en tête dans le classement des ménages les plus endettés et connaît d'énormes inégalités, ne serait-ce qu'au niveau de l'espérance de vie : 86 ans pour ses habitants les plus aisés et 71 ans pour les plus défavorisés, alors que seulement 3,5 km séparent les résidences des uns et des autres.

RELIGIONS ET CROYANCES

Pour comprendre l'importance de la religion aux États-Unis, il faut la replacer dans son contexte historique. Tout a commencé avec l'***implantation des 1ers colons, pour qui l'Amérique du Nord représentait un nouveau monde – au sens littéral du terme – et dans lequel ils allaient enfin pouvoir pratiquer leur religion sans être persécutés.*** En effet, les conséquences de la réforme protestante au début du XVIe s s'étaient traduites par une mise au ban, voire une persécution, des non-conformistes, et c'est en partie pour fuir la vindicte des autorités que les candidats à l'émigration optèrent pour le grand voyage. L'Amérique leur offrait un espoir de survie et la possibilité de réaliser leurs objectifs religieux. C'est donc dans cet état d'esprit que débarquèrent les 1ers colons du *Mayflower* en 1620.
L'Amérique du Nord devint donc un refuge pour nombre de communautés persécutées dans l'Ancien Monde. Le ***Massachusetts*** accueillit des ***puritains*** et des ***calvinistes.*** La ***Virginie,*** identifiée à l'origine avec la nouvelle Église d'Angleterre, reçut par la suite ***baptistes*** et ***calvinistes.*** Le ***Maryland*** devint terre des ***catholiques.*** L'***État de New York*** et la ***Pennsylvanie*** accueillirent ***William Penn et ses quakers,*** ainsi que des ***luthériens et divers protestants allemands*** (les amish d'aujourd'hui). Le pays grandit, et, sous l'influence de nouveaux flux d'émigrants, le paysage religieux se modifia. ***Au XIXe s, l'arrivée massive d'Irlandais augmenta considérablement le poids de la communauté catholique*** ; tendance qui s'accentua avec l'arrivée d'Espagnols, d'Italiens, de Grecs et de Polonais. ***En provenance d'Europe de l'Est, une partie de la diaspora juive débarqua à son tour. Ce n'est qu'au milieu des années 1960 que la communauté musulmane s'étoffa,*** grâce notamment à l'afflux de « cerveaux » en provenance du Pakistan, d'Inde, du Bangladesh, du Liban ou de Syrie. Parallèlement aux obédiences conventionnelles se développèrent de ***nombreuses sectes et Églises dissidentes*** permettant à chaque Américain d'embrasser le corpus dogmatique le plus proche de ses aspirations. Dans son analyse de la société américaine, Tocqueville précise que cette pluralité de l'offre religieuse a sans doute permis à l'Amérique de ne jamais tomber dans l'opposition entre le spirituel et le politique. Ainsi la notion de secte ne revêt pas le même sens qu'en Europe.
Si l'Amérique ne s'est pas dotée dès le départ d'une religion d'État, c'est en partie en raison du grand nombre de ces sectes protestantes qui gouvernaient les idées de l'époque, et dont aucune n'était prédominante. La devise nationale des États-Unis, *E pluribus Unum* (« de plusieurs, un »), en est l'expression même.

Séparation de l'Église et de l'État

C'est en ***Virginie,*** où l'Église anglicane était la religion établie, que ***s'est jouée la bataille décisive de la séparation de l'Église et de l'État.*** Cette victoire occupe une place fondamentale dans l'histoire des États-Unis. À la ratification du ***1er amendement de la Constitution américaine en 1791,*** soit 15 ans après la Déclaration d'indépendance, les privilèges de toutes les Églises anglicanes (à l'exception du Maryland) avaient été abolis. En protégeant le libre exercice de la religion tout en interdisant l'établissement d'une religion officielle, le 1er amendement de la Constitution américaine fait des États-Unis le pays le plus religieux de la planète. Et quand bien même aujourd'hui les jeunes adultes, les fameux *millenials,* reconnaissent être bien moins religieux que leurs parents ou grands-parents, 9 Américains sur 10 confient croire en Dieu en avouant que la religion occupe une place importante dans leur quotidien. Ce ***sentiment d'être investi d'une mission divine,*** en partie dû au puritanisme enraciné dans le calvinisme, n'a jamais cessé d'émailler les discours politiques des présidents américains. Pas étonnant que Bush, protestant méthodiste, ait appelé à une croisade contre « l'axe du Mal » au lendemain du *September Eleven.* Quant à ***Donald Trump,*** il a été le 1er président des États-Unis à s'entourer d'autant de conseillers religieux, s'inscrivant ainsi dans la droite ligne de Ronald Reagan, lequel, durant ses 8 ans de mandat, aurait mené selon ses termes « une politique guidée par Dieu ».

Incontournable religion

Aujourd'hui, ***les Américains continuent d'accorder un rôle essentiel à la religion dans la vie sociale et politique de leur pays.*** Depuis l'école où les élèves prêtent serment au drapeau « sous les auspices de Dieu » au serment du président sur la Bible, la religion s'immisce dans tous les aspects de la vie civile, comme les grands sujets de société tels l'avortement ou l'homosexualité (même si, en juin 2015, la Cour suprême a autorisé le mariage homosexuel sur tout le territoire). La radio, la télévision et surtout Internet sont devenus les composants majeurs de l'outil religieux. L'explosion de la visibilité permet aux sectes, même mineures, de s'épanouir. ***La population est en prise directe et permanente avec le contenu religieux.*** À titre d'exemple, chaque semaine, le nombre d'Américains célébrant un office religieux est supérieur à celui assistant à une rencontre sportive. Une grande majorité d'Américains est affiliée à une paroisse, et le choix de résidence est le plus souvent assujetti à l'emplacement d'un lieu de culte. Le moindre bled compte toute une tripotée d'églises (souvent alignées côte à côte), se concurrençant les unes et les autres à coups de slogans publicitaires (jusqu'au basique mais efficace *« our god is the best »* !), et pour cause, toutes vivent des dons de leurs fidèles. Le ***phénomène des « megachurches »*** est un exemple probant de l'instrumentalisation de la religion au service des idéaux libéraux. Dans son étude de la société américaine au début du XXe s, Max Weber, l'un des fondateurs de la sociologie moderne, soulignait déjà le rapport étroit entre l'éthique protestante et le capitalisme. Ces ***établissements conceptuels du « tout religieux »*** dépassent largement le cadre du simple lieu de culte. On y trouve des garderies, des bibliothèques, des salles de spectacle et même des terrains de sport. Tout a été pensé pour le confort intellectuel du croyant, ce qui incite les familles à venir y passer leur temps libre.

UNE TRADITION BIEN ANCRÉE

L'usage de la Bible pour prêter serment n'est pas spécifié dans la Constitution américaine. Si les présidents américains le font depuis plus de 2 siècles, c'est uniquement par mimétisme. George Washington, 1er président de l'histoire des États-Unis, a imposé ce geste et aurait même embrassé sa Bible une fois l'acte accompli. 2 présidents ont dérogé à cette tradition : Quincy Adams et Theodore Roosevelt, qui prêta serment un peu à l'arrache suite à l'assassinat de McKinley, son prédécesseur. Et Trump ? Pas moins de 2 Bibles pour lui, tout comme Obama !

Les religions en quelques chiffres

Les États-Unis forment donc un ***véritable patchwork de religions.*** Sur les 77,2 % d'Américains qui se déclarent croyants, on compte environ 46,6 % de protestants, 20,8 % de catholiques, 1,9 % de juifs, 1,6 % de mormons, 0,9 % de musulmans et 0,7 % d'hindous et de bouddhistes. Chaque année, de nombreux Hispaniques, d'obédience catholique, embrassent une ***Église évangélique comme le pentecôtisme.*** Ces Églises ont connu une croissance importante depuis les années 1970.

SITE INSCRIT AU PATRIMOINE MONDIAL DE L'UNESCO

En coopération avec le

Organisation des Nations Unies pour l'éducation, la science et la culture

Centre du patrimoine mondial

Pour figurer sur la liste du Patrimoine mondial, les sites doivent avoir une valeur universelle exceptionnelle et satisfaire à au moins un des 10 critères de sélection. La protection, la gestion, l'authenticité et l'intégrité des biens sont également des considérations importantes.
Le patrimoine est l'héritage du passé dont nous profitons aujourd'hui et que nous transmettons aux générations à venir. Nos patrimoines culturel et naturel sont 2 sources irremplaçables de vie et d'inspiration. Ces sites appartiennent à tous les peuples du monde, sans tenir compte du territoire sur lequel ils sont situés. Pour plus d'informations : • *whc.unesco.org* •
Un seul site inscrit en Floride : le ***parc national des Everglades*** (1979), qui figure également sur la ***liste du Patrimoine mondial en péril,*** en raison de la dégradation continue de son écosystème.

SPORTS ET LOISIRS

En Floride, comme partout aux États-Unis, on ne plaisante pas avec le sport ! ***Base-ball, hockey sur glace, football américain*** et ***basket-ball,*** chaque sport américain emblématique est ici bien représenté : les *Florida Marlins* à la batte, les *Florida Panthers* à la crosse, les *Miami Dolphins* sous leur casque grillagé, et les *Miami Heat* et *Orlando Magic* au panier. Le ***soccer*** gagne aussi du terrain, les équipes de football de Miami attirant de grands noms internationaux : l'Anglais David Beckham est devenu l'un des propriétaires de l'Inter Miami et l'Italien Paolo Maldini a investi dans la création du Miami FC. Ne pas oublier non plus le ***golf,*** orgueil de la Floride, qui crie haut et fort avoir le plus grand nombre de terrains au kilomètre carré, avec des émissions de télé en boucle sur les compétitions qui s'y déroulent quotidiennement. Ni le ***tennis*** – les meilleurs tennismen mondiaux se réunissant en mars à Key Biscayne à l'occasion des Masters de Miami –, ni le ***jai alai,*** une variante de la pelote basque typiquement floridienne qui serait, selon les fans, le sport le plus rapide au monde... Enfin, le ***catch*** est très populaire en Floride. Le camp d'entraînement de la célèbre franchise WWE se trouve d'ailleurs à Orlando, et la région compte de nombreuses écoles réputées.

DU PAIN ET DES JEUX

En 2020, en pleine crise du coronavirus, les combats de catch de la WWE obtiennent le statut de « services essentiels » en Floride, sur décision du gouverneur Ron DeSantis. Un statut réservé jusque-là aux hôpitaux, aux pompiers, aux pharmaciens et aux supermarchés ! Les matchs reprennent donc immédiatement, mais sans public. Une décision critiquée par plusieurs maires de Floride et jugée d'autant plus suspecte que le PDG de la WWE et sa femme, Vince et Linda McMahon, étaient des proches de Donald Trump...

les ROUTARDS sur la FRANCE 2022-2023

(dates de parution sur • routard.com •)

Découpage de la FRANCE par le ROUTARD

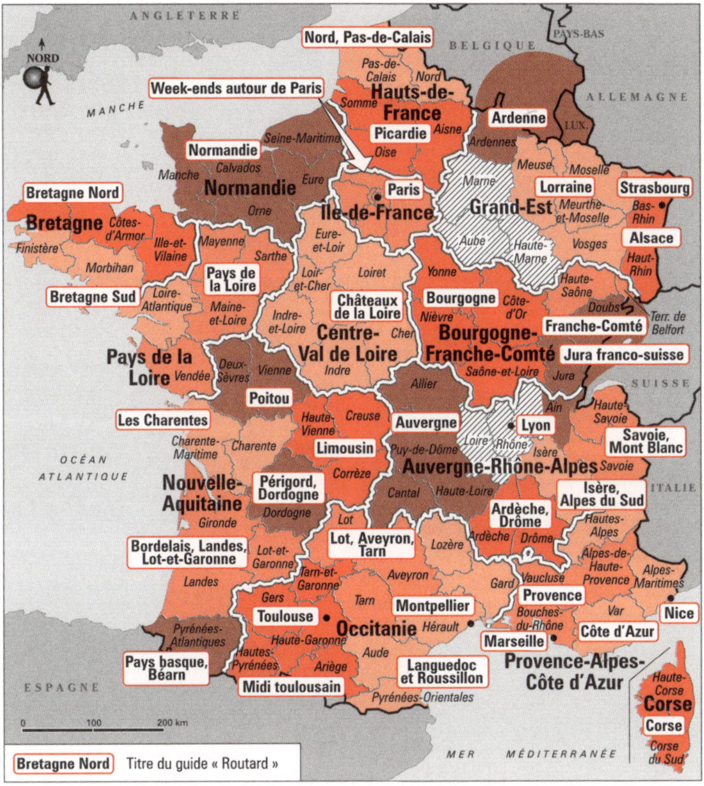

Autres guides sur la France

- Nos meilleurs campings en France
- Nos meilleures chambres d'hôtes en France

Autres guides sur Paris

- Paris
- Paris balades
- Restos et bistrots de Paris
- Le Routard des amoureux à Paris
- Week-ends autour de Paris

Le Routard à vélo

- EuroVelo6
- La Bourgogne du Sud à vélo
- La Flow Vélo
- La Loire à Vélo
- La Vélo Francette
- La Vélodyssée (Roscoff-Hendaye)
- Le Canal des 2 mers à vélo
- Paris Île-de-France à vélo
- ViaRhôna
- Les plus belles escapades à Vélo en France

les ROUTARDS sur l'ÉTRANGER 2022-2023

(dates de parution sur • **routard.com** •)

Découpage de l'ESPAGNE par le ROUTARD

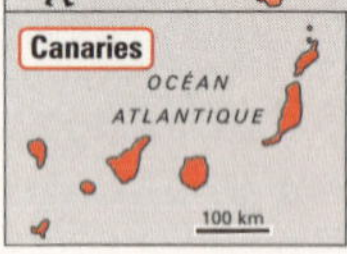

Découpage de l'ITALIE par le ROUTARD

Autres pays européens

- Allemagne
- Angleterre, Pays de Galles
- Autriche
- Belgique
- Bulgarie
- Crète
- Croatie
- Danemark, Suède
- Écosse
- Finlande
- Grèce continentale
- Hongrie
- Îles grecques et Athènes
- Irlande
- Islande
- Madère
- Malte
- Norvège
- Pays baltes : Tallinn, Riga, Vilnius
- Pologne
- Portugal
- République tchèque, Slovaquie
- Roumanie
- Suisse

Villes européennes

- Amsterdam
- Berlin
- Bruxelles
- Budapest
- Copenhague
- Dublin
- Lisbonne
- Londres
- Moscou
- Naples
- Porto
- Prague
- Saint-Pétersbourg
- Stockholm
- Vienne

les ROUTARDS sur l'ÉTRANGER 2022-2023

(dates de parution sur • *routard.com* •)

Découpage des ÉTATS-UNIS par le ROUTARD

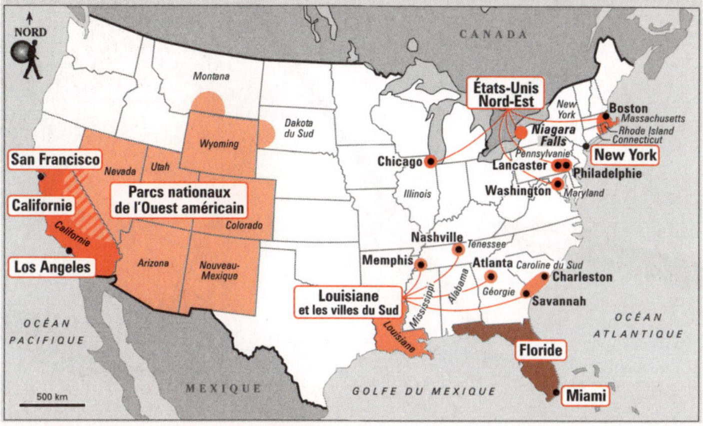

Autres pays d'Amérique

- Argentine
- Brésil
- Canada Ouest
- Chili et île de Pâques
- Colombie
- Costa Rica
- Équateur et les îles Galápagos
- Guatemala, Belize
- Mexique
- Montréal
- Pérou, Bolivie
- Québec et Ontario

Asie et Océanie

- Australie côtes est et nord + Red Centre
- Bali, Lombok
- Bangkok
- Birmanie (Myanmar)
- Cambodge, Laos
- Chine
- Hong Kong, Macao, Canton
- Inde du Nord
- Inde du Sud
- Israël et Palestine
- Istanbul
- Jordanie
- Malaisie, Singapour
- Népal
- Shanghai
- Sri Lanka (Ceylan)
- Thaïlande
- Tokyo, Kyoto et environs
- Turquie
- Vietnam

Afrique

- Afrique du Sud
- Égypte
- Kenya, Tanzanie et Zanzibar
- Maroc
- Marrakech
- Sénégal
- Tunisie

Îles Caraïbes et océan Indien

- Cuba
- Guadeloupe, Saint-Martin, Saint-Barth
- Île Maurice, Rodrigues
- Madagascar
- Martinique
- République dominicaine (Saint-Domingue)
- Réunion

Guides de conversation

- Allemand
- Anglais
- Arabe du Maghreb
- Arabe du Proche-Orient
- Chinois
- Croate
- Espagnol
- Grec
- Italien
- Japonais
- Portugais
- Russe
- G'palémo (conversation par l'image)

Livres-photos/Livres-cadeaux

- 50 voyages à faire dans sa vie
- 52 escapades nature en France (**nouveauté**)
- 52 week-ends coups de cœur en Europe (city trips)
- 52 week-ends coups de cœur en France
- 120 coins secrets en Europe
- 1 200 coups de cœur en France
- 1 200 coups de cœur dans le monde
- Cahier de vacances du Routard
- La France de Stéphane Bern
- Nos plus belles balades et randos en France (**nouveauté**)
- Road Trips Monde
- Road Trips en France
- Sacré : 100 lieux d'inspiration divine (**nouveauté**)
- Voyages
- Voyages : États-Unis
- Voyages : France
- Voyages : Italie

Visa
Guide
Médocs
Passeport
Assurance
AVI
Assurance voyage et bien plus

Routard Assurance

adaptée à tous vos voyages, en solo, à deux ou en famille, de quelques jours à une année entière !

- Garantie Covid.
- Pas d'avance de frais.
- Un vaste réseau médical.
- À vos côtés H24.
- Dès 29 € / mois.
- Reconnue pour tous les visas.

RÉSUMÉ DES GARANTIES*	MONTANT
FRAIS MÉDICAUX dont Covid (pharmacie, médecin, hôpital)	*100 000 € U.E.* *300 000 € Monde*
RAPATRIEMENT MÉDICAL	*Frais illimités*
VISITE D'UN PARENT en cas d'hospitalisation de l'assuré de plus de 5 jours	*2 000 €*
RETOUR ANTICIPÉ en cas de décès accidentel ou risque de décès d'un parent proche	*Billet de retour*
ASSURANCE RESPONSABILITÉ CIVILE VIE PRIVÉE	*750 000 € corporel* *450 000 € matériel*
ASSURANCE BAGAGES en cas de vol ou de perte par le transporteur	*2 000 €*
AVANCE D'ARGENT en cas de vol de vos moyens de paiement	*1 000 €*
CAUTION PENALE	*7 500 €*

* Les garanties indiquées sont valables à la date d'édition du Routard. Par conséquent, nous vous invitons à prendre connaissance préalablement de l'intégralité des Conditions générales à jour sur www.avi-international.com.

Souscrivez dès à présent sur www.avi-international.com

AVI
Assurance voyage et bien plus

Nous tenons à remercier tout particulièrement Loup-Maëlle Besançon, Thierry Bessou, Gérard Bouchu, François Chauvin, Grégory Dalex, Fabrice Doumergue, Cédric Fischer, Carole Fouque, Nicolas George, Michelle Georget, David Giason, Claude Hervé-Bazin, Emmanuel Juste, Dimitri Lefèvre, Fabrice de Lestang, Romain Meynier, Éric Milet, Pierre Mitrano, Jean-Sébastien Petitdemange, Thomas Rivallain et Jean Tiffon pour leur collaboration régulière.

Brice Andlauer
Jean-Jacques Bordier-Chêne
Agnès Debiage
Coralie Delvigne
Jérôme Denoix
Tovi et Ahmet Diler
Clélie Dudon
Sophie Duval
Alain Fisch
Bérénice Glanger
Adrien et Clément Gloaguen
Sébastien Jauffret
Alexia Kaffès
Augustin Langlade
Jacques Lemoine
Aline Morand
Louis Nagot
Caroline Ollion
Martine Partrat
Odile Paugam et Didier Jehanno
Céline Ruaux
Prakit Saiporn
Nejma Tahri Hassani
Alice Tonasso
Caroline Vallano

Direction: Sidonie Chollet
Direction éditoriale: Élise Ernest
Édition: Matthieu Devaux, Olga Krokhina, Gia-Quy Tran, Julie Dupré, Pauline Janssens, Amélie Ramond, Margaux Lefebvre et Lucie Léna
Ont également collaboré: Marie Sanson, Catherine Hidé et Élisabeth Thebaud
Cartographie: Frédéric Clémençon et Aurélie Huot
Contrôle de gestion: Jérôme Boulingre et Yannis Villeneuve
Secrétariat: Julia Lorrain
Fabrication: Nathalie Lautout et Liza Sacco
Relations presse: COM'PROD, Fred Papet. ☎ 01-70-69-04-69.
• *info@comprod.fr* •, Martine Levens (Belgique) et Maureen Browne (Suisse)
Direction marketing: Élodie Darty
Couverture : le-bureau-des-affaires-graphiques.com
Silhouette du Routard : Clément Gloaguen (d'après Solé)
Maquette intérieure: le-bureau-des-affaires-graphiques.com, Thibault Reumaux et npeg.fr
Contact Partenariats : Jérôme Denoix • *jeromedenoix@gmail.com* •
Contact Partenariats et régie publicitaire: Florence Brunel-Jars
• *fbrunel@hachette-livre.fr* •

INDEX GÉNÉRAL

LISTE DES CARTES ET PLANS

Remarque importante aux hôteliers et restaurateurs

Les enquêteurs du *Routard* travaillent dans le plus strict anonymat. Aucune réduction, aucun avantage quelconque, aucune rétribution n'est jamais demandé en contrepartie. Face aux aigrefins, la loi autorise les hôteliers et restaurateurs à porter plainte.

Avis aux lecteurs

Le Routard, ce n'est pas comme le bon vin, il vieillit mal. On ne veut pas pousser à la consommation, mais évitez de partir avec une édition ancienne. Les modifications sont souvent importantes.
Les réductions accordées à nos lecteurs ne sont jamais demandées par nos rédacteurs afin de préserver leur indépendance. Les hôteliers et restaurateurs sont sollicités par une société de mailing, totalement indépendante de la rédaction, qui reste donc libre de ses choix. De même pour les autocollants et plaques émaillées.

Avec routard.com, choisissez, organisez, réservez et partagez vos voyages !

✓ Rejoignez la plus grande communauté francophone de voyageurs : **plusieurs millions d'internautes.**

✓ Échangez avec les routarnautes : forums, photos, avis d'hôtels.

✓ Retrouvez aussi toutes les informations actualisées pour choisir et préparer vos voyages : près de 300 guides destinations, une centaine de dossiers pratiques et un magazine en ligne pour découvrir tous les secrets de votre destination.

✓ Enfin, comparez les offres pour organiser et réserver votre voyage au meilleur prix.

Les **Routards** *parlent aux* **Routards**

Faites-nous part de vos expériences, de vos découvertes, de vos tuyaux et de vos coups de cœur. Aidez-nous à remettre l'ouvrage à jour. Indiquez-nous les renseignements périmés. Faites profiter les autres de vos adresses nouvelles, combines géniales... On adresse un exemplaire gratuit de la prochaine édition à ceux qui nous envoient les meilleurs courriers, pour la qualité et la pertinence des informations.
Quelques conseils cependant :
– Envoyez-nous votre courrier le plus tôt possible afin que l'on puisse insérer vos tuyaux sur la prochaine édition.
– N'oubliez pas de préciser l'ouvrage que vous désirez recevoir, ainsi que votre adresse postale.
– Vérifiez que vos remarques concernent l'édition en cours et notez les pages du guide concernées par vos observations.
– Quand vous indiquez des hôtels ou des restaurants, pensez à signaler leur adresse précise et, pour les grandes villes, les moyens de transport pour y aller.
Si vous le pouvez, joignez la carte de visite de l'hôtel ou du resto décrit.
En tout état de cause, merci pour vos nombreux mails.

122, rue du Moulin-des-Prés, 75013 Paris

● *guide@routard.com* ● *routard.com* ●

Routard Assurance *2022*

Enrichie au fil des années par les retours des lecteurs, *Routard Assurance* reste l'assurance voyage référence des globe-trotters. Tout y est inclus, même la **Covid** : frais médicaux, assistance rapatriement, bagages, responsabilité civile… Avant votre départ, appelez *AVI* pour un conseil personnalisé. Besoin d'une **attestation Covid,** d'un avis médical, d'une prise en charge dans un hôpital ? Téléchargez l'appli mobile *AVI International* pour garder le contact avec *AVI Assistance* et disposer d'un vaste réseau médical à travers le monde. *AVI Assistance* est disponible 24h/24 pour une réponse en temps réel. De simples frais de santé en voyage ? Envoyez les factures à *AVI* dès votre retour, ils vous remboursent sous une semaine. *Le Colisée Gardens, 10 avenue de l'Arche, CS 70126, 92419 Courbevoie Cedex. ☎ 01-44-63-51-00. ● avi-international.com ● Ⓜ La Défense.*

Édité par Hachette Livre (58, rue Jean-Bleuzen, CS 70007, 92178 Vanves Cedex, France)
Photocomposé par Jouve (1, rue du Docteur Sauvé, 53100 Mayenne, France)
Imprimé par Jouve Print (Quai n° 2, 733, rue Saint-Léonard, BP 3, 53101 Mayenne Cedex, France)
Achevé d'imprimer : août 2021
Collection n° 13 - Édition n° 01
47/1533/1
I.S.B.N. 978-2-01-787134-7
Dépôt légal : août 2021

PAPIER À BASE DE FIBRES CERTIFIÉES